INDEX APOLOGETICUS

SIVE CLAVIS

IUSTINI MARTYRIS OPERUM

ALIORUMQUE APOLOGETARUM PRISTINORUM

COMPOSUIT

EDGAR J. GOODSPEED Ph. D.

Wipf and Stock Publishers
EUGENE, OREGON

Wipf and Stock Publishers
199 West 8th Avenue, Suite 3
Eugene, Oregon 97401

Index Apologeticus
Iustini Martyris Operum: Aliorumuque Apologetarum Pristinorum
By Goodspeed, Edgar J.
ISBN: 1-59244-167-X
Publication date: March, 2003
Previously published by J.C. Hinrichs'sche Buchhandlung, January, 1912 .

Druck von August Pries in Leipzig.

TO PRESIDENT JUDSON

IN ACKNOWLEDGMENT OF GENEROUS INTEREST

SHOWN THROUGH TWENTY YEARS

Praefatio

Documentorum literaturae Christianae aevi pristini Graece asservatorum indices faciundi opus, iam ante quinque annos cum Indice Patristico inceptum, nunc in Indice Apologetico continuatur. Quibus operibus pars longe maior literaturae Christianae ante-Catholicae iam comprehensa est.

Iustini praesertim scriptorum indice iamdudum opus est, cum quibus reliquas apologias eiusdem aevi includere multis rationibus visum est. Indicis enim completi faciundi ratio ad monumenta pristina apologetica exquirenda et comparanda admodum apta est, propterea quod haec scripta magnam partem easdem res tractant et ad eundem finem tendunt. Scripta apologetica usque ad A. D. 180 sola inclusimus; Theophili ad Autolycum libros A. D. 181—190(?) scriptos, et opera aploogetica Catholica quae secuta sunt, cum his antiquissimis monumentis vix includenda arbitrati sumus.

Index Apologeticus haud aliter fere ac ille Index Patristicus confectus est, nisi quod codicum manuscriptorum lectiones variae praecipuae inclusae sunt. In quo haec documenta inclusa sunt:

Quadratus, fragmentum Eusebianum
Aristides, Apologiae fragmenta Graeca
Iustinus, Apologia, Appendix
Iustinus, Dialogus cum Tryphone
Tatianus, Oratio ad Graecos
Melito, fragmenta Eusebiana
Athenagoras, Supplicatio pro Christianis.

Iustini Apologiae et Appendicis qui vulgo Apologia Secunda appellatur, indicem confecit Martin Sprengling; Dialogi vero Alonzo Rosecrans Stark; Tatiani Orationis Hermon H. Severn; Athenagorae Supplicationis Conrad H. Moehlmann. Quibus amicis qui autem annis prioribus studiis patristicis me comite incubuerunt, gratias quam plurimas ago.

Apologetarum textus nonnnumquam male asservatus (Athenagoras) aut parum critice editus (Dialogus) est. Codices manuscripti pauci plerumque et recentiores sunt. Multo peior vero est Aristidis Apologiae causa, cuius versioni soli Syriacae fragmenta Graeca in Barlaam et Ioasaph narratione conservata parum consentiunt. His tamen a viro doctissimo Geffcken instructis (Zwei Griechische Apologeten, 1907) usi sumus. Quadrati et Melitonis fragmentorum quae in Eusebii Historia Ecclesiastica reperta sunt (4:3:2; 4:26:3—14) (edit. Ed. Schwartz) indices confecimus.

Capitulorum sectionumque numeris usi sumus Iustini Apologiae Appendicisque, a Krüger adsignatis (in Apologia vero 67:8 [Krüger, ed. 3, 1904] in 67:7 corrigendum arbitrati sumus); Dialogi ab Archambault, Aristidis Apologiae a Geffcken (Seeberg). Quod vero capitula Tatiani et Athenagorae nondum ab editoribus in sectiones divisa sunt, haec in divisiones singulas vocabula centena continentes partiti sumus, quo accuratius locus vocabuli cuiusque significaretur.

Ad indices singulas comparandas editionibus praecipuis recentioribus usi sumus: Iustini Apologiae et Appendicis, Otto[3], Krüger; Iustini Dialogi, Otto[2] (quae editio saepe codici Parisino fidelior quam ed.[3] esse videtur), Archambault; Tatiani, Schwartz; Athenagorae, Geffcken, Schwartz. Lectiones autem nonnullas codicum praecipuorum inclusimus; quae cum in codicibus ipsis verificare non potuissemus, ad auctoritatem editorum adduximus, quamquam in Iustini Dialogo ipsum Otto interdum errare invenimus.

Nobis vero non latet ad studium apologiarum priscarum textus editione opus esse quae haec documenta et fragmenta omnia in capitula sectionesque divisa contineat. Cuiusmodi Corpus Apologeticum hoc tempore pro viribus conficere conamur et brevi tempore ad prelum dabimus, quod non solum per se ipsum ad comparationem scriptorum apologeticorum valeat, sed etiam huius Indicis usum multo faciliorem faciat.

Edgar J. Goodspeed

Chicagine, Ex Universitatis Aedibus
MCMXII.

Tabula

qua huius Indicis sectiones Tatiani, Athenagorae in editt. Schwartz inveniantur.

Tat.	ed.Sch.
1:2 incip.	p. 1, l. 13
3	2, 5
4	17
2:2	3, 2
3:2	23
3	4, 7
4	19
4:2	5, 2
3	13
5:2	26
3	6, 9
6:2	26
7:2	7,17
3	28
8:2	8,15
3	26
4	9,11
5	22
9:2	10, 4
3	15
4	26
10:2	11, 9
3	20
11:2	12, 6
12:2	27
3	13, 7
4	18
5	30
13:2	14,20
3	30
14:2	15,19
3	16, 3
15:2	14
3	24
4	17, 4
16:2	23
3	18, 5
17:2	23
3	19, 4
4	16
18:2	20, 6

Tat.	ed.Sch.
18:3 incip.	p. 20 l. 17,
19:2	21, 7
3	18
4	22, 3
20:2	20
3	23, 1
21:2	17
3	24, 4
4	15
22:2	25, 1
3	13
23:2	27
25:2	26,29
3	27,10
26:2	26
3	28, 6
4	18
27:2	29, 1
3	12
29:2	30, 8
30:2	28
31:2	31,15
3	32, 4
4	16
32:2	33,12
3	23
33:2	34,13
3	24
4	35,10
34:2	36, 2
3	13
35:2	37, 9
36:2	38, 5
37:2	39, 5
38:2	18
39:2	40, 7
3	17
40:2	41,13
41:2	42, 4
3	16
4	43, 5

Ath.	ed.Sch.
1:2 incip.	p. 1, l. 18
3	2, 6
4	17
2:2	3,11
3	22
4	4, 2
3:2	26
4:2	5,11
5:2	6, 4
6:2	23
3	7, 8
4	19
5	28
7:2	8,11
3	21
8:2	9, 2
3	12
4	21
9:2	10,14
10:2	11, 2
3	12
4	23
11:2	12,11
3	23
12:2	13,14
3	25
13:2	14,18
14:2	15,15
15:2	16, 9
3	19
16:2	17, 6
3	17
4	18, 3
17:2	18
3	19, 4
4	15
18:2	20, 7
3	18
4	21, 2
19:2	19
3	22, 6
20:2	20
3	23, 2
4	14
21:2	24, 6
3	19

Ath.	ed.Sch.
21:4 incip.	p. 25, l. 7
5	22
22:2	26,20
3	27, 3
4	13
5	24
6	28, 2
7	13
8	23
23:2	29,13
3	24
4	30, 7
5	18
6	31, 5
24:2	21
3	32, 3
4	11
5	21
25:2	33,20
3	34, 5
4	16
26:2	35, 5
3	15
4	26
27:2	36,11
28:2	37, 1
3	13
4	24
5	38,11
6	22
29:2	39,16
30:2	40,16
3	41, 1
4	10
31:2	27
3	42, 6
4	15
32:2	43, 2
3	12
33:2	44, 2
34:2	24
35:2	45,17
3	46, 1
36:2	14
3	25
37:2	47,11

Sigla et Compendia

Q Quadrati fragmentum
Ar Aristidis Apologiae fragmenta Graeca
Ap Iustini Apologia (Prima appellata)
App Iustini Apologiae Appendix (Apologia Secunda appellata)
  D Iustini Dialogus
    A Codex Parisinus Bibl. Nat. 450, A. D. 1364
    B Codex Claromontanus 82, A. D. 1541
    C Codex Ottobonianus Graecus 274, saec. XV
  T Tatiani Oratio ad Graecos
    M Codex Mutinensis III D 7, saec. XII
    P Codex Parisinus Bibl. Nat. 174, saec. XII
    V Codex Marcianus 343, saec. XI
M P Melitonis De Pascha fragmentum
M Ap Melitonis Apologiae fragmenta
M Ek Melitonis Eclogarum fragmentum
  Ath Athenagorae Supplicatio pro Christianis
    A Codex Arethae Parisinus Bibl. Nat. 451, A. D. 914
  HE Eusebii Historia Ecclesiastica
    A Codex Parisinus Bibl. Nat. 1430
    B Codex Parisinus Bibl. Nat. 1431
    D Codex Parisinus Bibl. Nat. 1433; D^1 man prim
    E Codex Laurentianus 70, 20
    M Codex Marcianus 338
    T Codex Laurentianus 70, 7; T^1 man prim
    Λ Versio Rufini Latina
    Σ Versio Syriaca
  O Otto
K, Kr Krüger
  Ar Archambault
  Sch Schwartz
  Geff Geffcken
  Hen Hennecke
  Eus Eusebius
  ed Editoris vel editorum lectio

Addenda et Corrigenda vide pp. 299/300.

Index Apologeticus

Ἀαρών D 37:2, 4; 38:1; 64:4;
  86:4; 90:4; 97:1
Ἄβας T 39:1
ἀβασανίστως Ath 23:5; 30:2
ἄβατος D 22:3
Ἀβδήρων T 17:1
Ἀβδηριτῶν Ath 31:1
ἀβδηρολόγος T 17:1
Ἄβελ D 19:3; 99:3
ἀβελτερίας T 16:3
  ἀβελτερίᾳ T 7:3; 12:4
ἀβελτερώτεροι Ar 12:1
ἀβοήθητος T 13:2
Ἀβραάμ Ap 46:3; 63:7, 11, 17² D
  11:1, 5; 16:2; 19:4, 5; 23:3²,
  4; 25:1, 2; 27:5; 33:2; 35:5;
  37:1; 43:1², 7; 44:1, 2;
  46:3³, 4²; 47:4; 56:1, 2, 4,
  5, 7⁴, 8², 9², 10, 11, 13, 15,
  17³, 18², 19, 22²; 57:1, 3²;
  58:4, 10, 12; 59:1, 2, 3;
  60:2², 3², 5; 66:4; 75:1, 4;
  76:4; 80:4²; 84:4; 85:3;
  86:5; 92:2, 3²; 100:3²;
  106:4; 113:2, 4, 7; 114:3;
  119:4², 5³; 120:2², 6; 126:2,
  4³, 5³; 127:1, 4; 128:2;
  130:2; 140:2, 4
ἀβρᾷ App 11:4
ἀβρυνόμενον T 22:1
ἀβύσσου Ap 59:3; 60:9 D 61:4;
  91:1
  ἀβύσσους D 61:3; 129:3
ἀγαθοποιός Ath 26:2
ἀγαθός Ap 16:7 D 50:3; 101:2
  Ath 2:3; 26:2
  κἀγαθός App 2:7

ἀγαθόν Ap 4:1; 44:1 D 1:2;
  2:4; 4:1 T 17:3 M Ap HE
  4:26:7
ἀγαθοῦ Ap 3:2 D 10:3 M Ap
  HE 4:26:8
  τἀγαθοῦ T 7:1
ἀγαθῷ Ap 14:2
ἀγαθῷ Ath 24:2; 25:1
ἀγαθόν Ap 10:2; 43:2 D 23:2;
  38:3; 101:2
ἀγαθήν D 113:3
ἀγαθόν Ap 43:8; 44:1 App
  3:7; 12:2 D 1:5; 43:6³;
  66:3³ T 1:3; 18:1 Ath 23:4
ἀγαθέ Ap 16:7 D 101:2
ἀγαθοί Ap 44:13; 65:1
ἀγαθά Ap 43:6 Ath 2:2
ἀγαθῶν Ap 6:2; 12:4; 45:1
  T 3:2; 7:2
ἀγαθῶν Ap 12:2 App 12:2
  D 44:4
ἀγαθοῖς Ath 34:2
ἀγαθοῖς Ar 15:10
ἀγαθούς Ap 3:4 Ath 11:1;
  23:2; 24:4
ἀγαθάς Ap 43:2 Ath 2:2; 11:3;
  23:2
ἀγαθά Ap 10:1; 28:4; 44:4
  App 9:4; 12:5 D 11:4; 24:3;
  27:1; 44:1; 53:1; 93:2; 96:2
ἀγαλλίαμα D 81:1²
ἀγαλλιάσθω D 69:5; 73:4
ἀγαλλιᾶσθε Ap 40:17
ἀγαλλιάσομαι D 81:1
ἀγαλλιάσεται Ap 40:4; D 64:8;
  69:5
ἀγαλλιάσονται D 73:4

ἀγαλλιάσεως D 38 : 4; 56 : 14;
     63 : 4; 86 : 3
ἀγαλλιάσει D 38 : 5
ἄγαλμα Ath 28 : 3
     ἀγαλμάτων Ath 27 : 2
ἀγάλματα Ar 3 : 2; 7 : 4; 13 : 1
     Ath 15 : 1; 23 : 1; 26 : 3
ἄγαμαι D 8 : 3; 79 : 2
Ἀγαμέμνων T 19 : 3; 39 : 1
     Ἀγαμέμνονος T 39 : 3
     Ἀγαμέμνονα T 21 : 3; 36 : 1 Ath
     1 : 1
ἀγάμους Ath 33 : 1
ἀγανῇσι Ath 13 : 2
ἀγάνορι Ath 29 : 1
ἀγαπᾷ D 37 : 3; 64 : 4; 93 : 3
     ἀγαπῶμεν App 13 : 4
     ἀγαπᾶτε Ap 15 : 9
     ἀγαπᾶτε Ath 12 : 3
     ἀγαπῶσι D 61 : 5
     ἀγαπᾶτε Ap 15 : 9 Ath 11 : 1
     ἀγαπᾶν D 85 : 7; 133 : 6 Ath
       11 : 2, 3
     ἀγαπῶν D 93 : 2^2, 3
     ἀγαπῶντες D 85 : 9
     ἀγαπῶντας Ap 15 : 9 Ath 12 : 3
     ἀγαπώμενον D 93 : 2
     ἀγαπήσεις D 93 : 2
     ἠγάπησας D 38 : 4; 56 : 14; 63 : 4
     ἀγαπησάντων D 114 : 4
     ἠγαπημένος D 20 : 1
     ἠγαπημένου D 137 : 2
ἀγάπην D 17 : 4; 93 : 4
Ἄγαρ D 56 : 7
Ἄγαρις Μ Ρ ΗΕ 4 : 26 : 3 (ΜΣ)
ἀγγαρεύοντι Ap 16 : 2
ἀγγελικῆς Ap 52 : 3
Ἀγγελίωνος Ath 17 : 3
ἀγγέλλουσι D 58 : 10
     ἀγγέλλειν D 56 : 4, 10; 75 : 3
     ἀγγέλλεται Ap 63 : 5 D 128 : 2
     ἀγγεῖλαι D 56 : 4
ἄγγελος Ap 33 : 5, 8; 63 : 5, 7, 11,
     14 D 34 : 2; 56 : 4, 10; 58 : 3,
     4, 10; 59 : 1; 60 : 1, 2, 3^2, 4^2;
     61 : 1; 83 : 1; 86 : 3; 116 : 1;
     126 : 1, 6; 128 : 1

ἀγγέλου D 78 : 3; 100 : 5; 115 : 2
ἀγγέλῳ D 126 : 6
ἄγγελον D 59 : 3; 60 : 1, 2, 5^3;
     75 : 1; 76 : 3; 93 : 2; 105 : 3;
     115 : 3; 127 : 4; 128 : 2, 4
ἄγγελοι Ap 51 : 9 App 5 : 3; 7 : 1
     D 45 : 4; 56 : 5, 9, 19^2, 23;
     57 : 2; 58 : 11; 75 : 3; 79 : 2,
     3, 4; 85 : 4, 6^2; 128 : 4; 130 : 1^2;
     140 : 4; 141 : 1 ⟨T 7 : 2⟩ Ath
     24 : 3^2; 25 : 1^2
ἀγγέλων Ap 6 : 2 App 5 : 6; 7 : 5
     D 19 : 4; 31 : 1; 56 : 13, 15, 22;
     57 : 2; 62 : 3; 131 : 1, 3 T 7 : 1
     Ath 10 : 3; 24 : 3
ἀγγέλοις App 5 : 2 D 56 : 1, 10;
     62 : 3; 76 : 5 T 12 : 4
ἀγγέλους App 5 : 5; 9 : 4 D 76 : 3;
     79 : 1, 2; 88 : 5; 100 : 6; 102 : 4;
     128 : 3; 141 : 1, 2 T 7 : 2; 15 : 4
     Ath 24 : 4
ἀγγελτικόν Ap 22 : 2
ἀγέλας Ap 27 : 1 T 28 : 1
ἀγένητος Ath 8 : 2; 30 : 3
     ἀγένητον Ath 19 : 1
     ἀγενήτου Ath 23 : 2
     ἀγενήτῳ Ath 22 : 2
     ἀγένητον Ath 6 : 2, 3; 10 : 1;
       22 : 3; 23 : 2, 6
     ἀγένητον Ath 4 : 1; 15 : 1; 19 : 1
     ἀγένητοι Ath 8 : 1
     ἀγένητα Ath 8 : 1
ἀγεννής App 3 : 3
ἀγέννητος D 5 : 1^2, 4
     ἀγέννητον D 5 : 5
     ἀγεννήτου App 13 : 4 D 126 : 2
     ἀγεννήτου D 5 : 6
     ἀγεννήτῳ Ap 14 : 1, 2; 25 : 2;
       49 : 5; 53 : 2 App 6 : 1
     ἀγεννήτῳ D 5 : 5
     ἀγέννητον App 12 : 4 D 5 : 1;
       114 : 3; 127 : 1
     ἀγέννητοι D 5 : 5^2
     ἀγέννητα D 5 : 6
Ἀγήνορος T 33 : 4
ἀγιάζετε D 21 : 2
ἀγιάσματος Ap 41 : 2

ἁγιάσματι D 73:3
ἅγιος D 37:3, 4; 64:4; 72:4;
   119:3; 135:1
ἁγία D 62:5
ἅγιον Ap 44:1; 47:2; 53:3
   D 25:1, 5; 36:6; 37:2, 3;
   52:1; 54:1; 55:2; 56:5;
   64:4; 73:2; 74:2; 77:4;
   84:1; 88:8; 100:5; 114:1;
   124:1, 4
ἁγίου D 12:1; 14:4; 17:2;
   25:2; 32:4; 37:1; 55:2;
   78:8; 84:4; 116:1; 133:4, 5
ἁγίας [Ar 15:1]
ἁγίου Ap 32:2; 33:5; 61:3, 13;
   65:3; 67:2 D 25:3, 5; 32:3;
   33:2; 34:1; 36:2; 56:3, 14;
   61:1; 74:2; 78:3, 8; 87:2;
   97:1
ἁγίῳ D 31:7; 36:3; 100:1
ἁγία Ap 60:3 D 27:1; 73:4
ἁγίῳ Ar 15:1[, 3] D 4:1; 7:1;
   25:6; 26:1; 29:1; 49:3;
   81:2; 98:2 T 15:1
ἅγιον D 13:2; 26:3; 119:3
ἁγίαν D 12:2; 26:1; 113:3²,
   4, 7; 115:2, 5; 119:5
ἅγιον Ap 40:13 D 37:4; 56:15;
   88:3; 135:4² Ath 10:3²;
   24:1
ἅγιοι D 31:5
ἅγια D 79:1
ἁγίων Ap 45:4 D 32:6; 63:3;
   82:1; 83:2, 4; 92:6; 111:2;
   139:4
ἁγίων D 32:2; 55:3; 115:2
ἁγίοις D 31:5; 80:1 (Ar); 120:5
ἁγίαις Ap 41:3
ἁγίους D 31:5, 6
ἅγια D 27:1; 46:5
ἁγιωσύνη D 73:3
ἀγκάλαις Ath 5:1
ἁγνίσαι D 86:6
ἀγνοῶ D 33:1
ἀγνοεῖ D 136:3
ἀγνοεῖτε T 26:1, 3 Ath. 26:3
ἠγνόει D 99:3

ἀγνοῆτε App 1:1
ἀγνοεῖν Ap 3:4 D 123:7
ἀγνοῶν D 136:3
ἀγνοοῦντες Ap 13:4; 61:10
   App 5:5 D 17:1; 32:4
ἀγνοοῦσι Ath 30:2
ἀγνοῆται Ap 52:2
ἀγνοεῖσθαι D 121:3
ἀγνοούμενον Ap 31:7
ἀγνοούμενα Ap 52:2
ἀγνοουμένων Ap 32:2
ἀγνοούμενα T 20:2
ἀγνοήσουσι Ap 49:1
ἠγνόησαν Ap 49:5; 53:6
ἀγνοίας Ap 61:10 App 14:1 Ath
   2:4
ἀγνοίᾳ Ap 7:5; 12:11
ἄγνοιαν Ap 12:11 T 7:3 M
   Ap HE 4:26:10
ἀγνοιῶν T 14:1
ἄγνωμον T 31:1
ἄγνωστος D 8:4
ἀγνώστου App 10:6
ἄγνωστον App 6:3
ἄγονος D 120:2
ἄγονον Ap 53:9
ἀγορᾶς Ath 26:2
ἀγοράν Ath 34:1
ἀγορευτόν D 4:1
ἀγορεύειν Ath 11:2
ἀγορευόμεθα Ath 4:2
ἄγους Ap 27:1
ἄγος Ath 35:2
Ἀγραύλῳ Ath 1:1
ἄγριος Ath 21:1
ἄγριον D 88:7
ἄγροικοι T 1:2
ἀγροῦ D 22:8²
ἀγρῶν D 14:7
ἀγρούς Ap 67:3
ἀγρυπνεῖς T 11:2
ἀγρυπνῶν D 61:5
ἀγχινοίας T 41:3
Ἀγχίσῃ Ath 21:3
Ἀγχίσην Ar 11:3
ἄγει Ap 10:4 Ath 4:2; 13:2;
   23:2; 25:1

ἄγομεν Ap 65:1
ἄγετε Ap 25:1
ἄγουσι Ath 14:2; 16:1
ἄγουσιν Ath 1:1; 14:2
ἦγον Ath 28:2
ἄγοι Ath 22:8
ἄγοιμεν Ath 15:3
ἄγειν Ap 16:3 D 103:2 Ath
    13:1; 14:1
ἄγων Ap 44:11; 54:7
ἄγοντος Ap 61:10 (ed)
ἄγοντα Ar 10:8
ἄγοντες Ap 61:10 (AB) Ath 6:3;
    10:1; 15:1; 30:4
ἀγόντων D 121:1
ἄγουσιν Ath 1:4
ἄγοντας Ath 10:3
ἄγονται Ap 61:3 Ath 26:3
ἄγεσθαι Ath 25:3
ἀγόμενος D 72:3
ἀγόμενοι D 141:4 T 9:2
ἀγομένας Ath 35:2
ἄξω D 122:1
ἀχθήσεται D 89:3²
ἀχθήσεσθαι D 32:2; 90:1
ἀχθήσονται D 38:5
ἤχθη Ap 50:10 App 2:12
    D 13:5; 43:3; 103:2; 111:3;
    114:2
ἤχθησαν App 10:4
ἀχθέντος Ap 32:6
ἠγάγετε D 115:5
ἀγαγεῖν Ap 32:6; 45:1 D 53:2,
    4; 63:2
ἠγάγετο Ath 33:1
ἀγῶνα D 43:5²; 66:2²; 142:2
ἀγώνων T 12:4
ἀγωνία Ath 28:2
ἀγωνίας Ath 35:1
ἀγωνιᾶσαι Ap 4:2
ἀγωνίζομαι D 38:2; 44:1 T 11:1
ἀγωνιζόμεθα D 82:3
ἀγωνίζονται Ap 14:1; 58:3
ἀγωνίζηται D 47:1
ἀγωνίζεσθαι D 78:10; 105:5
ἀγωνιζόμενος App 13:2 D 125:4
    M Ek HE 4:26:13

ἀγωνιζόμενοι D 104:1
ἀγωνιζομένων D 96:2
ἀγωνιζομένους Ap 14:1 D 68:2
ἀγωνίσομαι D 65:2
ἀγωνιοῦμαι D 68:3
ἠγωνίσμεθα App 12:6
ἀγωνιστῶν Ath 16:2
ἀγωνοθέτου T 23:2
    ἀγωνοθετῶν T 23:1
Ἀδάμ D 19:3; 40:1; 62:3; 81:3;
    84:2; 88:4; 94:2; 90:3;
    100:3 (Ar); 103:6; 124:3,4²;
    129:2; 131:1; 132:1
ἄδεια D 1:5
ἀδείας Ath 3:1; 7:1; 32:1
ἀδελφή Ath 22:5
ἀδελφῇ Ath 32:1
ἀδελφήν Ar 11:2
ἀδελφαί T 10:1
ἀδελφάς D 134:3 Ath 32:3²
ἀδελφοκτονίαν T 34:1
ἀδελφοκτόνους Ar 8:2
ἀδελφοῦ Ar 12:2 App 1:2 D
    22:10; 58:8; 60:5; 134:6
    Ath 22:6
ἀδελφῷ Ar 15:7 Ap 27:3 M
    Ek HE 4:26:13
ἀδελφόν Ar 12:2 D 58:10
ἀδελφοί D 52:2; 58:3; 85:8;
    96:2; 137:1
ἀδελφῶν Ap 65:3 App 1:1;
    5:5 D 106:1; 134:6 T 9:3
ἀδελφοῖς D 47:2; 91:1; 98:5;
    106:2; 139:3
ἀδελφούς Ar 15:7 Ap 65:1 D
    106:3 Ath 23:4; 32:2, 3
ἀδεῶς App 12:5
ἀδήλων Ath 5:2
ᾅδου D 99:3; 119:2 Ar 11:3²
    (Ἅιδου)
ἀδιαίρετος Ath 8:2
ἀδιαλείπτως D 133:6
ἀδιάρρηκτον Ar 13:5
ἀδιαφθόρων Ap 18:3
ἀδιάφθορα Ath 32:3
ἀδιαφορίας App 3:7
ἀδιάφορον App 3:7

ἀδιάφοροι Ath 32 : 1
ἀδιαφόρως Ath 32 : 1
ἀδιήγητον D 32 : 2
ἀδικοῦμεν Ath 36 : 2
  ἀδικεῖτε D 133 : 3
  ἀδικοῦσι D 4 : 3
  ἀδικῶμεν Ap 27 : 1
  ἀδικεῖν Ap 3 : 1; 5 : 1 D 46 : 5;
    134 : 1 Ath 1 : 2; 3 : 2
  ἀδικῶν Ap 7 : 4 Ath 2 : 1
  ἀδικοῦντες Ap 4 : 2; 8 : 5; 12 : 3;
    24 : 1 D 93 : 1
  ἀδικούντων Ap 68 : 1
  ἀδικοῦσιν Ap 12 : 3
  ἀδικοῦντας Ap 15 : 5 M Ap HE
    4 : 26 : 5 Ath 1 : 3; 2 : 1
  ἀδικήσετε D 84 : 4
  ἀδικήσουσιν D 81 : 2
  ἠδίκησεν Ath 2 : 2
  ἠδικήσαμεν D 95 : 3
ἀδίκημα [Ath 1 : 2]
  ἀδικήματος Ath 12 : 3
  ἀδικήματι Ath 2 : 3
  ἀδίκημα App 2 : 16 D 115 : 6
    Ath 2 : 2
  ἀδικημάτων App 2 : 6 Ath 2 : 2
  ἀδικήμασι Ath 3 : 1
ἀδικία Ap 28 : 4; 43 : 6 D 92 : 5
  ἀδικίας Ap 37 : 8; 48 : 6 D 11 : 4;
    15 : 4; 16 : 5; 17 : 1; 34 : 5;
    94 : 1
  ἀδικίᾳ Ap 68 : 2 T 1 : 3
  ἀδικίαν Ap 4 : 7 D 17 : 1; 47 : 5;
    70 : 2²; 107 : 2; 124 : 2
  ἀδικίαι D 94 : 2
  ἀδικίας D 21 : 1
ἄδικος Ap 7 : 4 D 19 : 5 Ath 2 : 4
  ἀδίκου App 4 : 4
  ἄδικον D 15 : 4; 23 : 5; 47 : 5;
    70 : 2; 78 : 10 T 8 : 1
  ἄδικοι Ar 13 : 7² Ap 16 : 12;
    52 : 7 App 9 : 1, 2²; 11 : 1 D
    111 : 4; 140 : 4
  ἀδίκων Ap 20 : 4; 52 : 3 App
    5 : 1 D 95 : 4
  ἀδίκων D 20 : 4

ἀδίκοις Ap 18 : 1
ἀδίκους Ap 8 : 4; 15 : 7 App 1 : 2
  D 5 : 3; 35 : 5 Ath 11 : 1
  ἄδικα D 17 : 3; 82 : 3
ἀδίκως Ap 1 : 1; 2 : 1; 4 : 2; 14 : 3;
  19 : 8; 20 : 3; 21 : 6; 45 : 6 App
  9 : 1 D 121 : 3 T 9 : 4 M Ap HE
  4 : 26 : 6
Ἀδμήτεια Ath 21 : 4
Ἄδμητος Ath 21 : 5
  Ἀδμήτου T 21 : 1
ἀδολεσχοῦσιν Ath 1 : 4
ἀδόλως D 125 : 1
ἀδοξίαν T 22 : 1
  ἀδοξίας Ap 12 : 8
ἄδοξος D 32 : 1; 49 : 7²; 110 : 2
  ἄδοξον D 32 : 2
  ἄδοξον D 36 : 6
ἀδοξήσει Ap 50 : 4 D 13 : 3
  ἀδοξήσοι Ap 50 : 4 (B)
Ἀδράστειαν Ath 1 : 1
Ἀδριανός M Ap HE 4 : 26 : 10
  Ἀδριανοῦ Ap 68 : 3². 4
  Ἀδριανῷ Ἀντωνείνῳ, T., Ap 1 : 1
    ⟨Ar Ins⟩
  Ἀδριανῷ Ἀντωνείνῳ, T. ⟨Αἰλίῳ⟩,
    ⟨Ar Ins⟩ (Hen)
ἁδροῦ D 107 : 2
ἀδυνατεῖ D 56 17; 126 : 4
  ἀδυνατοῦσι T 16 : 2
  ἀδυνατοῦσιν Ar 3 : 2
  ἀδυνατῇ Ath 21 : 2
ἀδύνατος T 16 : 1 Ath 15 : 2
  ἀδύνατον Ar 5 : 2 Ap 12 : 11;
    19 : 4; 61 : 5 App 3 : 7 Ath
    6 : 2; 16 : 3; 19 : 2; 23 : 3; 30 : 1
  ἀδύνατον Ap 8 : 5; 12 : 1, 3; 18 : 6
    App 12 : 1 D 68 : 1; 84 : 4
    T 20 : 2 Ath 6 : 2; 23 : 4
  ἀδύνατοι D 123 : 4 Ath 11 : 3
  ἀδύνατα Ap 19 : 6; 33 : 2
  ἀδύνατα Ap 19 : 6
ἀδυνατώτερον Ath 23 : 5
ᾄδει T 33 : 2
  ᾄδειν T 1 : 1
  ᾀδόντων T 22 : 2
  ᾄδοντας D 74 : 3

ᾄσατε Ap 41 : 1 D 73 : 3³; 74 : 2³
Ἄδωνιν Ar 11 : 3², 4 Ap 25 : 1
ἀεί QHE 4 : 3 : 2² Ap 13 : 4; 16 : 5;
   21 : 3; 44 : 11; 49 : 1, 5; 53 : 6;
   57 : 2; 63 : 14; 67 : 1² App 7 : 9;
   8 : 2; 10 : 2; 11 : 4; 12 : 2 D
   1 : 5; 3 : 5; 5 : 6; 6 : 2; 20 : 4;
   23 : 1, 2; 27 : 2; 28 : 1; 30 : 1,
   3; 39 : 1; 46 : 5²; 54 : 1; 56 : 1;
   65 : 5; 67 : 3, 4; 68 : 1²; 85 : 5³;
   92 : 4, 6; 93 : 1; 102 : 5, 6²;
   113 : 4; 116 : 1; 125 : 1; 128 : 4;
   131 : 4; 134 : 2; 138 : 1 T 6 : 1;
   35 : 2 Ath 11 : 2²; 19 : 1²; 28 : 1;
   30 : 2
ἀειδής D 14 : 8; 49 : 2; 100 : 2
  ἀειδοῦς D 88 : 8
  ἀειδεῖ D 121 : 3
  ἀειδῆ D 36 : 6; 85 : 1
ἀείζωον Ap 60 : 9
ἀείμνηστον T 34 : 2
ἀενάων (ἀεννάων) D 91 : 1
ἀεροφοίτων T 19 : 3
ἀετός T 10 : 2
  ἀετοῦ T 10 : 1
Ἀζαρίας Ap 46 : 3
ἀζήτητον Ap 68 : 7
ἄζυμον D 12 : 3
  ἀζύμων D 14 : 2
ἀζυμοφαγιῶν D 14 : 3
Ἀζωτίους D 132 : 2
ἀηδῶς D 80 : 4
ἀήρ Ath 22 : 1², 2, 5
  ἀέρος T 15 : 3 Ath 22 : 7
  ἠέρος Ath 22 : 1
  ἀέρι Ath 16 : 2
  ἀέρα Ar 11 : 7 Ath 5 : 2; 6 : 5;
   22 : 2, 7; 25 : 1
ἀθανασίας Ap 44 : 9 T 7 : 1; 14 : 2;
  15 : 4
  ἀθανασίᾳ D 45 : 4 T 13 : 1
  ἀθανασίαν T 14 : 2; 20 : 3; 25 : 2
ἀθάνατος D 4 : 2; 5 : 1² T 13 : 1
  Ath 27 : 2
  ἀθάνατον Ath 22 : 5
  ἀθανάτου D 1 : 5
  ἀθανάτῳ T 14 : 1

ἀθάνατον D 1 : 5; 5 : 1; 69 : 7 T 16 : 1
  ἀθάνατον T 7 : 1; 14 : 2; 15 : 4
  ἀθάνατοι D 5 : 2 Ath 28 : 5
  ἀθανάτους D 46 : 7; 117 : 3;
   124 : 4
  ἀθάνατα D 130 : 2
ἀθέμιτον Ap 9 : 5
ἄθεος D 108 : 2 T 6 : 2 Ath 6 : 3
  ἀθέῳ Ap 27 : 3
  ἄθεον Ap 5 : 3 D 17 : 1 : 77 : 4
  ἄθεοι Ap 6 : 1²; 13 : 1; 46 : 3;
   92 : 4 Ath 4 : 1; 5 : 1; 6 : 3;
   10 : 1; 30 : 4
  ἀθέων App 3 : 2 Ath 11 : 1
  ἀθέων Ap 58 : 1
  ἀθέοις D 35 : 6
  ἀθέους D 35 : 5; 80 : 3 Ath 10 : 3 :
   21 : 2; 31 : 1
  ἄθεα Ap 5 : 1; 10 : 6 D 35 : 4;
   80 : 3; 82 : 3; 108 : 2
ἀθεότητος D 120 : 2 Ath 4 : 2
  ἀθεότητα Ap 4 : 9 D 47 : 5 T
   22 : 2 Ath 3 : 1; 4 : 1; 13 : 1; 14 : 1
ἀθέσμοις D 10 : 1
  ἀθέσμους Ath 34 : 1
ἀθετεῖτε D 16 : 4
  ἀθετήσω D 78 : 11
ἀθεώρητος Ath 27 : 1
  ἀθεώρητοι Ath 13 : 1
ἀθεωτάταις T 23 : 2
  ἀθεωτάτους T 27 : 1
Ἀθηλᾶ Ath 20 : 2
Ἀθηλᾶς Ath 17 : 3
ἀθήλη Ath 17 : 3
Ἀθηνᾶ T 8 : 3²; 21 : 1 Ath 21 : 1
Ἀθηνᾶς Ath 17 : 3; 22 : 5
Ἀθηνᾷ Ath 1 : 1 (Sch); 20 : 2
Ἀθηνᾶν Ap 64 : 5² T 21 : 3
Ἀθήνησιν T 31 : 3
Ἀθήνας T 39 : 3
Ἀθηναῖος ⟨Ar Ins⟩ T 26 : 4; 27 : 1 :
  31 : 2 Ath 1 : 1
Ἀθηναίου T 33 : 3; 41 : 1, 2
Ἀθηναίης Ath 28 : 5²
Ἀθηναῖοι T 8 : 3 Ath [1 : 1 :]
  1 : 1; 4 : 1; 14 : 1; 31 : 1
Ἀθηναίων T 26 : 3; 35 : 1

Ἀθηναίοις T 27:1; 39:2
Ἀθηναίους T 8:4; 9:2; 39:3
    M Ap HE 4:26:10
ἀθλεῖν T 3:2
ἀθλοθέται Ath 16:2
ἄθλου App 11:8
    ἆθλα Ap 4:9
ἀθροίσω D 109:3
ἀθυμοῦντα D 107:3
ἀθύροντες T 9:2
ἀθῷος D 36:3; 38:2; 44:1; 82:3
αἲ Ath 21:2²
αἶαν Ath 21:5
αἴγειροι T 10:1
Αἰγυπτιακῶν T 38:1
Αἰγυπτίας D 56:7
Αἰγυπτίᾳ D 79:2
Αἰγύπτιοι Ar 12:1; 13:1 T 1:1
    Ath 1:1; 28:2, 5
Αἰγυπτίων Ar 12:6; [13:5] Ap
    31:2 D 68:7; 71:1; 79:3;
    84:3; 111:3; 119:4 T 38:1
    Ath 28:4
Αἰγυπτίοις Ap 31:4, 5 D 28:4;
    123:5 T 1:1; 36:1
Αἰγυπτίους Ar 2:1 D 79:3 Ath
    14:2; 28:3
Αἰγύπτου Ap 60:2 D 11:1, 3;
    21:2; 22:6; 59:2; 91:3;
    106:3; 113:3; 115:5; 120:3;
    131:3; 132:3 T 38:1² Ath
    28:2²
Αἰγύπτῳ D 59:2; 69:1; 79:4;
    111:3²; 123:5 Ath 28:1
Αἴγυπτον Ap 62:3, 4: 63:8 D
    28:3; 78:4, 7; 79:3; 102:2;
    103:3
αἰδεῖσθε T 34:2, 3
    αἰδεῖσθαι D 67:2
    αἰδούμενος D 79:1
    ᾐδέσατ' Ath 29:1
    αἰδέσθητε App 12:7² T 33:2
ἀίδηλον Ath 21:2
ἀίδιος Ath 10:2; 30:3
    ἀίδιον Ath 19:1
    ἀιδίου T 14:2 Ath 25:2
    ἀιδίῳ Ath 15:3; 22:2

ἀίδιον Ath 6:2; 10:1; 22:3;
    23:4
    ἀίδιον Ath 4:1
    ἀιδίοις App 11:5
    ἀιδίως Ath 10:2; 26:2
αἰδοίων T 8:2
    αἰδοῖα Ath 20:2; 26:1
Ἀϊδωνεύς T 8:4 Ath 22:1³
    αἰδοῖ Ath 30:2
αἰέν Ath 21:2
αἰθέριον Ath 6:3
αἰθέρος Ath 5:2
    αἰθέρι Ath 16:2 (Sch); 24:3
    αἰθέρα Ath 5:1; 13:2; 28:4
Αἰθίοπες D 34:4
αἴθων Ath 29:1
αἰκίαν D 34:8
αἰκίζειν D 122:2
    αἰκιζομένους Ath 26:1
αἰκισμῶν App 12:4
Αἰλίῳ Ἀδριανῷ Ἀντωνείνῳ, Τίτῳ,
    ⟨Ar Ins⟩ (Hen) Ap 1:1
αἰλούρους Ap 24:1 Ath 1:1
αἷμα Ap 32:9; 66:2, 3 D 24:1;
    111:3³ Ath 27:1
    αἵματος Ap 32:7; 37:6 App
    12:5² D 13:1; 27:2; 63:2²;
    70:2, 4; 111:4²; 134:5; 135:6
    Ath 13:1
    αἵματι Ap 32:1, 5, 7: 54:5 D
    20:1; 24:1; 40:1; 52:2;
    54:1²; 63:2; 76:2 Ath 26:1;
    31:2
    αἷμα Ap 32:9, 11²; 37:7; 66:2²
    D 22:9; 26:4²: 54:2⁴; 76:2²:
    82:3; 130:1 Ath 21:1; 27:2
    αἱμάτων Ap 13:1 D 118:2
    T 8:3
    αἵμασι Ar 4:3 D 13:1 T 29:1
    αἵματα App 12:5
αἱματεκχυσίαις T 23:2
Αἰνείας Ath 21:3
αἰνέσεως D 22:9, 10
αἰνετός Ap 41:1 D 73:3; 74:3
αἰνεῖτε D 85:6⁴
    αἰνεῖν D 106:1²
    αἰνοῦντες Ap 13:1

ἤνεσαν D 52:2
αἰνέσατε D 98:5; 106:2
αἰνέσαι Ath 21:4
αἰνίσσεται D 5:4; 76:1
αἶνος Ap 41:2
αἶνον Ap 65:3
αἴνους D 118:2
αἶγες D 4:3
αἰγῶν Ap 27:1
αἶγας D 58:4, 5
Αἰολεῖς T 1:2
αἵρεσις D 62:3 108:2
αἵρεσιν D 17:1 T 5:1 (MPV)
αἱρέσεις D 35:3
αἱρέσεων Ap 26:8
αἱρέσεις D 51:2 (Ar): 80:4
αἱρεσιώτας D 80:3
αἱρεῖ Ap 3:4
ᾕρει D 2:6 Ath 21:1
αἱροῦμαι D 80:3
αἱρούμεθα D 96:2 Ath 12:1
ᾑρεῖτο Ap 12:2
αἱρῶνται D 47:2, 3
αἱροῖντο D 88:5
αἱρεῖσθαι Ap 2:1; 12:8; 28:3;
　43:3
αἱρουμένῳ T 27:1
αἱρούμενοι Ap 44:5
αἱρουμένων T 7:2
αἱρουμένοις Ap 4:7
αἱρουμένους Ap 10:3.4 D 130:3
αἱρήσεται Ap 12:8
ἑλέσθαι Ap 10:3
ἑλόμενος Ap 43:8
ἑλομένου Ap 44:8
ἑλομένῳ Ap 61:10
αἴρετε D 73:4
αἴροντα Ap 16:1
αἴροντες D 133:5
αἴρεται Ap 51:1 D 13:6: 43:3;
　63:2
αἱρόμεθα D 110:6
αἴρονται Ap 48:5 D 16:5(O);
　110:6
αἱρόμενα D 117:3
ἄρῃς D 27:1

ἄρῃ D 109:2
ἄρωμεν D 136:2; 137:3
ἄρατε Ap 51:7 D 36:4²; 85:1;
　127:5
ᾔρθη Ap 50:11 D 13:6
ἄρθῇ D 31:4
ἀρθέντων D 52:3
ᾖρται Ap 48:6² D 16:5²; 97:2;
　118:1
αἰσθάνονται Ar 7:4; 12:8
αἰσθανόμενον T 17:4
αἴσθησις Ap 18:2
αἰσθήσεως D 4:1
αἰσθήσει Ap 18:3; 20:4; 52:3, 7
αἰσθητοῦ Ath 19:1
αἰσθητόν T 17:4 Ath 15:1;
　19:1
αἰσθητῶν D 2:4 T 4:2 Ath
　23:4; 36:2², ⟨3⟩
αἰσθητοῖς Ath 36:2
αἴτιον M Ap HE 4:26:7
αἴσχιστον App 7:3
αἶσχος Ap 25:1
αἰσχρᾶς Ath 34:1
αἰσχροῦ App 14:2
αἰσχρά App 9:3³; 15:3
αἰσχρῶν T 22:3
αἰσχρῶν Ap 21:5
αἰσχρά Ap 43:3 App 14:2 T
　22:2; 28:1
αἰσχρότερα Ar 11:7
αἰσχρῶς Ap 27:1 D 90:1
Αἰσχύλος Ath 21:5
αἰσχύνη Ath 1:4
αἰσχύνης Ap 16:3; 38:2
αἰσχύνην Ar 13:5 D 13:9; 79:3²
αἰσχύνεσθε D 123:4
αἰσχυνθήσεται D 85:8
αἰσχυνθῶ Ap 38:3
Αἴσωπον T 34:2
αἰτῶ Ath 16:3
αἰτοῦμεν Ap 56:3 D 30:2
αἰτοῦσι Ap 12:5; 35:4 D 15:3
αἰτῶμεν D 105:3
αἰτεῖν Ap 4:2; 61:2 D 105:3, 5
αἰτῶν D 98:1

αἰτοῦντι Ap 15:10
αἰτοῦσιν Ath 11:3
αἰτήσω D 43:5; 66:2
αἴτησον D 43:5
αἰτησάσης D 49:4
αἴτησαι Ap 40:15 D 66:2;
  122:6
αἰτήσασθαι D 49:4²
αἴτησις D 105:3
αἰτήσεις Ap 13:2
αἰτία Ap 44:8 App 1:3; 2:16
  D 92:2 Ath 4:2; 7:1
αἰτίᾳ D 47:4; 140:4²
αἰτίαν Ap 43:6; 46:5; 67:6
  App 4:1; 14:1 D 2:3; 4:6;
  18:2; 23:2; 88:4; 113:1;
  125:2 T 26:4; 30:2 Ath 2:2
αἰτιῶν Ath 31:1
αἰτίαις Ath 2:3
αἰτίας T 16:3
ᾐτιάσαντο T 20:2
αἰτιάσαιτο Ap 22:3
αἴτιος D 129:1 T 17:1
αἴτιον App 7:1 D 3:5; 4:1
  T 12:2; 31:4; 33:3 Ath 23:4
αἰτίου Ath 19:2
αἴτιον Ath 6:4; 16:2
αἴτιον D 5:6² Ath 19:3
αἴτιοι App 4:3 D 17:1²; 44:1;
  103:2
αἰτίους Ap 25:3 D 103:2
αἰφνίδιος D 107:3
αἰχμαλωσίαν D 39:4; 87:6
αἰχμαλωσίας Ar 8:6
αἰχμαλωτεύουσι T 18:2
ᾐχμαλώτευσεν D 39:4; 87:6
αἰχμαλωτεῦσαι D 39:4
αἰχμάλωτος D 115:3
αἰχμάλωτοι D 22:5
αἰῶνος Ar 15:3 D 11:1; 25:4;
  31:4²; 34:6; 38:4. 5; 56:14;
  61:3²; 63:4; 64:6; 79:2;
  109:3; 118:2; 129:3²; Ath
  22:6
αἰῶνα Ap 28:1 D 32:6; 33:1, 2;
  34:6²; 38:3. 4. 5²; 50:4;

56:14; 63:3, 4; 64:6; 79:2:
  83:2, 3; 109:3; 119:5; 121:1
  T 26:2
αἰῶνες T 20:2
αἰώνων Ap 41:2 D 31:4; 48:1
  T 6:1
αἰῶνας D 34:6
αἰώνιος D 11:2; 30:1; 31:4;
  33:1; 36:1; 43:1; 46:1;
  113:5; 118:2; 140:2
αἰωνία Ap 18:2
αἰώνιον D 113:5
αἰωνίου Ap 8:2 D 42:1;
  118:3; 120:5 M Ek HE 4:
  26:13 Ath 32:3; 33:1
αἰωνίου Ap 17:4 T 17:1
αἰωνίῳ D 117:3
αἰωνία Ap 52:3
αἰωνίῳ Ap 21:6 App 1:2; 2:2;
  7:5; 8:3, 4; 9:1
αἰώνιον Ap 65:1 D 12:1;
  13:9; 14:4; 19:4; 31:7;
  32:1, 2; 33:2; 34:2²; 39:7;
  70:2; 76:1; 96:1; 113:4:
  116:2; 117:3; 122:5; 135:1
αἰωνίαν Ap 8:4; 12:1, 2; 45:6
  D 81:4
αἰώνιον Ap 15:2; 16:12; 52:3
  D 14:7; 67:10
αἰώνιοι D 36:4²; 85:1;
  127:5
αἰωνίους D 47:2; 123:4
αἰώνια D 28:4; 45:4; 46:2;
  139:5
ἀκαθαρσίας Ar 15:6
ἀκαθάρτου D 7:3; 13:2; 82:3;
  93:1
ἀκάθαρτοι D 25:4; 141:3
ἀκαθάρτων D 20:4
ἀκάθαρτα D 20:3
ἄκακον D 72:2, 3
ἀκαμάτως D 59:1
ἀκάνθας D 28:2. 3; 125:1
ἀκανθώδη D 20:3
ἄκαρπος D 120:2
ἀκατάληπτον Ath 10:1

ἀκατασκεύαστος Ap 59:3; 64:3
ἀκερσεκόμης T 21:1
ἀκίνητον Ath 22:5
  ἀκινήτους Ath 23:1
ἀκλινεῖς Ath 31:3
ἀκλινῶς ⟨Ath 24:3⟩
ἤκμασε T 31:3
  ἤκμασεν T 31:2 M Ap HE 4:
  26:7
  ἠκμακέναι T 31:2
ἀκμήν D 89:2
ἀκοῆς [Ath 1:2]
  ἀκοῇ Ap 50:5 D 13:3; 42:2²;
  114:2; 118:4
  ἀκοήν D 8:4; 28:6
  ἀκοάς D 131:4
ἀκολασίας Ap 15:7
  ἀκολασίας App 5:4
  ἀκολασταίνουσα App 2:1
  ἀκολασταίνοντι App 2:1
  ἀκολάστους Ap 9:5; 15:7 App
  1:2
ἀκολουθεῖν D 80:3
  ἀκολουθοῦντας Ap 3:2
  ἀκολούθησον Ap 16:2
  ἀκολουθῆσαι D 2:2; 8:3
ἀκόλουθον D 100:1
  ἀκόλουθα D 101:1, 3; 105:1;
  120:5
  ἀκολούθως Ap 16:14
ἠκονημένα D 38:3
ἀκόσμητος T 9:3
  ἀκόσμητον T 5:2
ἄκοσμον D 9:2
ἀκουστικά Ap 53:1
ἀκουστόν D 26:3
ἀκούω D 70:5 (O); 114:3
  ἀκούει Ap 16:10²; 63:5
  ἀκούομεν Ath 34:1
  ἀκούετε Ap 2:2 D 12:2; 123:8;
  136:2
  ἤκουον Ath 28:3
  ἀκούητε Ap 36:1
  ἀκούοις D 90:3
  ἀκούοιτε D 112:1
  ἄκουε D 56:7; 61:5; 87:3
  ἀκουέτω App 9:3 D 51:3

ἀκούετε D 43:5 T 5:2
  ἀκούειν D 51:3; 59:1; 69:6;
  79:2; 123:2, 3
  ἀκούων Ap 63:5 App 12:1
  D 3:5; 113:1; 127:2
  ἀκούοντι D 70:3
  ἀκούοντες Ap 54:4 D 70:5:
  123:4, 8 Ath 14:1
  ἀκουόντων D 107:1
  ἀκούουσιν Ath 34:2
  ἀκούοντας Ap 3:4 App 3:6 D
  32:5 T 8:2; 36:1
  ἀκούονται Ap 40:2 D 64:8
  ἀκούεσθαι D 78:8
  ἀκούσετε D 38:2
  ἀκούσομαι D 22:3; 114:3
  ἀκούσεται D 123:8
  ἀκουσόμεθα D 113:7; 122:5;
  130:2
  ἀκούσεσθε D 20:2; 135:1
  ἀκούσονται D 69:5; 112:4
  ἀκούσεσθαι D 1:2
  ἀκουσθήσεται D 135:2
  ἤκουσα D 23:3
  ἤκουσε D 85:9
  ἠκούσαμεν D 25:4
  ἠκούσατε D 123:3
  ἤκουσαν Ap 54:8 D 7:1
  ἀκούσω D 70:5
  ἀκούσῃ D 70:2
  ἀκούσητε D 80:4; 98:1
  ἀκούσαις D 3:6
  ἀκούσαιμεν D 10:4; 57:2
  ἀκούσειαν D 89:3
  ἄκουσον Ap 62:3 D 22:8; 38:4;
  39:4; 63:4, 5; 115:3
  ἀκούσατε Ap 33:1; 34:1; 35:1;
  40:1; 47:1; 48:1, 4; 49:6;
  50:1; 51:6, 8; 52:7; 59:1;
  60:8 D 11:3²; 12:1; 22:1;
  56:6; 62:4; 66:2; 70:2;
  85:7, 8; 86:1; 124:1; 139:3
  T 33:1
  ἀκοῦσαι Ap 60:11 D 2:4; 8:4;
  70:3; 121:4
  ἀκούσας Ath 10:3

ἀκούσαντες Ap 11:1; 49:5;
  54:2, 6; 62:1 D 3:7
ἀκούσαντα D 109:1
ἠκούσθη D 78:8
ἀκουσθῇ D 81:1
ἀκουσθῆναι D 15:3; 55:3
ἀκήκοε Ap 62:4
ἀκηκόαμεν D 28:1; 48:1; 56:16
ἀκηκόασι Ap 50:4 D 13:3; 118:4
ἀκηκοέναι D 73:6
Ἀκραγαντῖνοι T 34:1
ἀκρασίας T 33:4; 34:1
ἀκρασίαν T 2:1; 8:4
ἀκρατής App 12:2 T 9:1
ἀκρατεῖ Ap 27:3
ἀκριβείας T 39:1; 41:1, 3
ἀκριβείᾳ T 27:1
ἀκρίβειαν D 31:4 M Ek HE
  4:26:13
ἀκριβέστερον T 15:2 Ath 9:2
ἀκριβεστέρους Ath 17:1
ἀκριβῇ Ap 2:3
ἀκριβές D 115:6 T 31:4; 37:1
  Ath 6:2; 20:2; 23:1
ἀκριβεῖς T 38:1
ἀκριβολογοῦμαι Ath 11:1
ἀκριβοῦν Ath 6:2
ἀκριβοῦντες Ath 23:2
ἀκριβώσασθαι Ath 32:3
ἀκριβῶς Ap 9:4; 24:3; 32:2;
  44:10; 47:6; 54:4; 60:5;
  62:4 D 95:1 M Ek HE 4:
  26:14 Ath 11:1
ἀκρίδας D 88:7
Ἀκρίσιος T 39:1
Ἀκρίσιον T 39:3
Ἀκρισιώνης Ath 21:4
ἄκριτος Ath 2:1; 31:2
ἀκρίτου Ath 2:5
ἀκρίτως Ap 5:1; 11:1
ἀκροάσθωσαν D 9:2
ἀκροᾶσθαι T 32:1
ἀκροωμένους T 22:3
ἀκροάσει D 118:5
ἀκροατήρια T 22:2
ἀκροατής D 2:4
ἀκροαταί D 38:2; 129:4

ἀκροατάς T 22:3 Ath 2:4
ἀκροβυστίας D 113:6, 7
ἀκροβυστίᾳ D 11:5; 19:3²:
  23:4; 33:2²; 92:4
ἀκροβυστίαν Ap 53:11 D 15:7:
  27:5; 28:2; 29:3
ἀκροβυστίας D 28:3
ἀκρόβυστον D 19:3
ἀκρογωνιαῖος D 126:1
ἀκρογωνιαίου D 114:4
ἀκροθίνια T 34:1
ἄκρου D 64:8²; 65:5,6; 91:1, 3;
  109:2
ἄκρον D 58:13
ἄκρα D 13:2; 91:2
ἄκρων D 34:5; 64:7
ἄκρα D 61:4
ἄκρου Ath 20:4
ἀκροτόμων D 114:4
Ἀκταῖος T 39:2
Ἀκταία T 39:2
ἀκτῖνα Ath 10:3
ἄκτων Ap 35:9; 48:3 (ed)
ἀλαζονείας T 2:1
ἀλαζονείαν T 3:3
ἀλαζονικόν T 3:2
ἀλαλαγμῷ D 37:1
ἀλάλαξον D 53:3
ἀλεεῖναι D 3:1
Ἀλεξανδρείᾳ Ap 29:2
Ἀλεξάνδρειαν App 2:6
Ἀλέξανδρος Ath 26:3, 4; 28:1, 3
Ἀλεξάνδρου Ath 26:2², 3²
Ἀλέξανδρον T 2:1; 36:1
ἤλευψας D 58:5
ἀλήλιφέναι D 86:2
ἀλέκτῳ D 127:2
ἀλήθεια Ath 23:4; 24:5
ἀληθείας Ar 2:1; 3:1 Ap 12:
  6², 11; 44:10; 68:1 App
  3:6; 15:4 D 2:2; 7:2; 24:2;
  38:3; 39:5; 121:2 T 17:1:
  27:2 Ath 3:2; 7:1
ἀληθείᾳ Ap 6:2 D 73:4
ἀλήθειαν Ap 2:1 D 90:2; 96:2:
  110:6; 123:8; 129:2; 131:2;

139:5 T 3:3; 13:1; 19:1;
26:2; 34:3; 40:1 Ath 7:2;
25:2
ἀληθείαισιν Ath 5:2
ἀληθεστάτη Ap 30:1
ἀληθεστάτου Ap 6:1
ἀληθέστερον Ath 18:2
ἀληθέστεροι Ap 53:10
ἀληθεστέρους Ap 53:3
ἀληθεύειν Ap 68:4 App 4:4 T
31:4
ἀληθής Ap 3:1; 43:6 D 92:5²,6
ἀληθές D 6:1; 7:1
τἀληθές Ap 5:2
ἀληθοῦς D 3:4 T 5:3 Ath 27:1;
28:2
ἀληθεῖ Ap 5:3 D 10:1; 44:1
ἀληθῆ D 68:7
ἀληθές Ap 2:1; 23:1; 43:2, 6
D 3:7; 7:1; 62:3; 82:3
τἀληθές Ap 2:1; 53:12; 56:3
D 120:6 T 27:1; 29:1 Ath
11:1; 23:4; 30:2
ἀληθεῖς Ath 30:3
ἀληθῆ Q HE 4:3:2 Ap 18:2:
23:1 Ath 3:1
ἀληθεῖς Ath 18:1
ἀληθῆ Ap 12:11; 61:2; 65:1;
66:1 App 3:5 D 2:2 T 31:4
τἀληθῆ Ap 16:5; 28:3; 58:2
ἀληθινόν D 11:5; 116:3; 135:3
ἀληθινοῦ Ap 53:6
ἀληθινῆς D 35:2; 41:4; 107:2
ἀληθινῷ Ar 15:7 App 2:14
ἀληθινήν D 15:1; 18:2
ἀληθινά D 123:9
ἀληθινούς D 118:2
ἀληθινά D 12:3
ἀληθῶς Ap 14:4 App 3:4 D 2:1;
5:3; 28:1; 53:2; 56:17;
58:2; 68:4; 80:1; 84:2²;
87:3; 93:3; 94:4; 98:1;
99:2; 103:8; 133:6; 135:1
ἄληπτον Ap 3:2
Ἁλικαρνασσεύς T 31:2
ἁλισκομένους Ath 2:3
ἑάλω T 39:1, 3

ἁλῷ D 108:1
ἁλούσης D 108:3
ἁλόντας Ap 3:1 (O)
Ἀλκμαίωνος T 24:1
Ἀλκμάν Ath 14:1
Ἀλκμήνης D 69:3 Ath 21:4
ἀλλά Q HE 4:3:2² Ar 4:1; 9:1;
10:8; 13:5, 6, 8; 15:7 Ap
3:1; 5:1, 2, 4²; 7:1, 4; 9:3;
10:5; 12:3; 14:5; 15:5²,
7, 8; 16:3, 8; 17:3; 18:4,
6; 22:4; 26:1; 27:1, 5; 30:1;
33:4, 6; 36:3; 37:8; 43:2,
6, 8²; 44:11, 13; 49:5; 50:6,
52:11²; 53:4; 58:2; 60:5;
11; 61:10 App 3:6; 6:3;
7:2, 3; 8:3; 9:4; 10:8;
11:5; 12:5; 15:3 D 1:4;
3:6, 7; 4:1²: 5:3²; 6:1, 2²;
7:1,3; 9:1²; 13; 1².4; 14:5;
15:4; 17:1²; 19:6; 20:3;
21:2; 22:11; 23:5²; 24:4;
25:2; 27:2; 28:4; 29:2;
30:1; 34:1, 8²; 35:2, 8,
36:5; 38:2²; 39:4; 42:1, 2;
4; 43:2; 48:1.2,3.4; 52:4;
53:4, 5: 54:2; 55:3²; 56:5;
14; 57:2; 58:1, 7, 8; 61:2;
62:4; 64:2; 67:2, 6, 11;
68:6; 73:6; 76:1; 77:3;
78:4, 7, 10; 79:4; 80:3,
4² (4 Ar); 81:4; 87:1; 88:1;
6, 7; 92:1, 3; 93:5; 96:2:
99:3; 102:6, 7; 107:3; 108:
3; 110:5; 111:2; 113:2, 3;
114:5; 115:1; 118:2, 3;
119:3, 4; 120:2, 3; 121:1;
122:1, 2, 4, 5; 123:4, 7. 8:
124:4; 125:1; 127:2; 128;
4²; 131:6; 133:3, 5, 6; 134;
2, 3; 136:2; 137:4; 138:3;
140:1, 4² T 13:1; 15:2;
17:4; 19:4; 27:1; 32:1, 2;
36:1 M Ap HE 4:26:8, 10
Ath 1:[2,] 3, 4; 2:1, 3, 4;
3:1; 4:2; 7:2; 8:4; 10:3;
11:1, 3; 13:1; 16:1², 3²;

9, 11, 14; 60: 5; 68:4; 90:5;
127:4 T 22:1 Ath 1:1; 7:2;
9:2; 25:4
ἄλλη D 4:2²; 24:1; 44:4;
106:4
ἄλλο Ar 13:7 D 10:1; 91:2;
93:3; 135:5; 139:1
ἄλλου Ap 54:8 D 8:3; 34:1;
36:5; 56:1; 123:5; 131:6
T 35:1
ἄλλης Ap 41:1 D 11:4; 78:7;
87:4; 107:3
ἄλλου Ap 57:2 D 16:3; 19:4;
91:1, 2; 111:1; 138:2 T 5:3
ἄλλῳ Ap 33:9; 66:1 D 65:7;
120:1
ἄλλη D 4:3
ἄλλῳ Ap 55:4 D 35:6
ἄλλον Ar 15:3 Ap 26:5²; 58:1
D 2:3; 11:1³; 35:5; 56:15;
68:3; 74:1; 84:2²; 85:1;
89:3; 93:2; 100:4²; 118:2;
131:3 T 26:2; 29:1 Ath
25:3
ἄλλην Ap 16:1; 67:6 D 87:4;
132:1 Ath 18:3; 20:3;
33:2
ἄλλο Ap 19:5; 33:6; 55:4;
58:3 App 2:17; 14:2 D 6:1²;
32:4; 61:1, 2; 68:4; 142:3
Ath 1:4; 4:1; 22:3²
ἄλλοι Ap 46:3 D 1:5; 35:5,
6; 45:4; 46:3; 80:2, 5; 81:
2²; 85:1; 87:4²; 92:2:102:7;
110:4; 119:4; 120:2; 141:2
Ath 22:2; 24:4; 26:2; 28:2, 4
ἄλλαι D 84:4; 85:1; 94:2
ἄλλα D 3:7; 17:1; 93:1; 96:2;
127:1; 128:4
τἄλλα D 84:2
ἄλλων Ap 6:2; 24:1; 25:1;
65:1 App 6:6; 12:5; 13:1,
2; 14:2 D 1:1; 3:3; 10:3;
14:3; 35:8; 37:2; 64:7;
88:2; 92:2; 119:4, 5; 134:
1, 6; 138:1 T 3:2 Ath 23:
3, 5

ἄλλων Ap 6:1; 32:12 D 92:2
ἄλλων Ap 24:1 D 14:3; 16:2;
35:7; 55:1; 86:3; 113:6
Ath 18:2
ἄλλοις Ar 3:2; 10:6 Ap 19:6;
35:5; 60:10 App 9:3; 14:1
D 12:1; 17:1; 56:9, 14;
58:6; 64:5; 76:5; 84:1;
97:3; 110:5; 113:4; 122:3;
126:5, 6 T 17:4 M Ap HE
4:26:10 Ath 21:5
ἄλλαις M Ap HE 4:26:7 D
29:3²; 110:4
ἄλλοις Ap 26:3 App 15:3 D
3:5, 6; 17:2; 91:2 T 16:1
Ath 1:1; 7:1
ἄλλους Ap 35:1; 56:1, 2; 64:6
App 8:1; 10:6 D 16:3; 23:1;
24:1; 32:3; 38:2; 47:1;
93:2; 106:3; 118:2; 130:3;
136:1 T 26:2 Ath 2:2; 6:2;
7:2; 23:4; 26:2; 28:4
ἄλλας Ap 25:2 D 13:1; 46:2,
3; 57:4; 132:1 T 32:2
ἄλλα App 12:1 D 2:2; 5:2;
8:1, 3; 10:4; 19:1; 21:1;
23:1; 31:5; 40:4; 47:2;
52:3; 62:2; 67:5; 69:3;
74:2; 85:5²; 86:3; 95:1;
137:4 T 38:1 Ath 22:6;
23:2; 27:1
ἄλλοτε Ap 31:8 Ath 22:6
ἄλλοτ' Ath 27:1
ἀλλοτρίῳ D 8:2
ἀλλότριον App 2:14
ἀλλοτρίαν App 2:3
ἀλλότριοι D 16:2
ἀλλότρια App 13:2 D 30:3
ἀλλοτρίων D 30:2
ἀλλοτρίων M Ap HE 4:26:5
ἀλλοτρίοις D 119:2
ἀλλοτρίαις T 35:1
ἀλλοτρίους D 74:4 T 26:1
ἀλλότρια Ar 15:4
ἀλλοφύλων D 22:4
ἀλλοχόσε Ap 24:1

ἄλλως Ap 4:7 D 141:1 T 8:2;
41:2 Ath 7:2; 16:1; 22:2;
25:3, 4
ἀλογεῖν D 93:5
ἀλογισταίνοντες Ap 46:1
ἀλογιστίαν T 17:1
ἀλογίστου D 93:4
ἀλόγιστοι D 110:2
ἄλογον Ath 7:2
ἀλόγου App 3:3
ἀλόγῳ Ap 2:3 M Ap HE 4:
26:9 Ath 2:4; 11:1; 25:3
ἀλόγῳ Ap 5:1
ἄλογον Ap 3:1; 9:3; 12:5 T
5:2; 9:1
ἄλογοι Ath 27:1²
ἄλογα T 15:1
ἀλόγων Ap 24:1; 55:4 App
12:5 D 107:2 T 25:1
ἀλόγοις Ath 36:1
ἄλογα Ar 12:1, 6 App 11:6
D 30:1
ἀλόγως Ap 12:5; 57:1; 58:2
App 1:1; 2:15 Ath 4:2²
ἀλόχοιο Ath 21:4
ἀλύπητον D 69:7
ἀλυπία D 45:4
ἀλύπους D 117:3
ἀλύτῳ D 117:3
ἄλυτον T 25:2
ἄλυτα Ath 6:3
ἄλφα D 113:2
ἄλωνα D 49:3
ἀλώσεως T 31:2; 36:1; 38:2
ἄλωσιν T 31:3; 41:3
ἅμα Ap 4:9; 48:4 D 1:1; 19:4;
27:3²; 29:1; 33:2; 41:1;
46:5; 53:4; 56:1; 77:4;
78:4², 7, 9; 79:4; 80:1, 4;
81:2, 4; 88:1, 8; 91:1, 3;
92:2; 98:1; 102:2²,6; 103:
6; 106:4; 130:1; 139:5 T
20:2 Ath 28:1; 31:1
Ἀμαζόνας T 32:2
Ἀμάθ D 22:4
ἀμαθεῖς Ath 13:1
ἀμαθεῖς T 35:2 Ath 21:1

ἀμαθίας Ath 21:2
ἀμαθίαν T 3:1; 26:1; 32:3
Ath 29:2
Ἀμαθούσιοι Ath 14:1
ἀμαθῶς T 2:1.
Ἀμαλήκ D 49:8⁴; 90:4²; 91:3;
131:4², 5
Ἀμανιτῶν (Ἀμμ-) D 119:4
ἀμάξης D 132:2
ἀμαξοβίων D 117:5
ἀμάραις T 3:2
ἁμαρτάνειν App 7:3 D 27:5
ἁμαρτάνοντα Ap 4:6
ἁμαρτάνοντες D 61:5; 111:4
ἁμαρτήσαντες Ap 61:6
ἡμάρτομεν D 25:4
ἡμάρτον D 26:1; 138:3
ἁμάρτῃ D 82:3 Ath 13:2
ἁμαρτεῖν Ath 31:2; 36:2
ἡμαρτηκέναι D 102:7
ἡμαρτημένοις Ap 61:10 D 95:3
ἁμαρτήματος Ap 68:10 D 139:1
Ath 31:2
ἁμαρτήματα D 50:3
ἁμαρτημάτων D 47:5; 141:2
ἁμαρτήμασι D 141:2
ἁμαρτήματα D 15:2
ἁμαρτία D 50:3
ἁμαρτίας Ap 51:3 D 13:6[;
23:3] T 14:2
ἁμαρτία D 82:3; 140:3
ἁμαρτίαν D 141:2², 3 T 11:2;
20:1
ἁμαρτίαι Ap 44:3; 61:7 D 56:18
ἁμαρτιῶν Ap 33:5, 8; 37:2;
49:3; 61:10; 66:1 D 24:4;
44:4²; 54:1; 95:3; 111:4;
116:3
ἁμαρτίαις Ap 50:10 D 13:5;
79:3; 86:6
ἁμαρτίας Ap 50:2, 8, 9; 51:4,
5; 61:6 D 13:1, 4, 5, 7²;
14:5; 17:2; 22:1, 10, 11;
25:5; 79:3; 116:3; 133:4
T 14:1
ἀμάρτυρον Ath 24:5
ἁμαρτωλός D 81:1; 82:3

ἁμαρτωλοῦ Ap 15:8 D 124:2
ἁμαρτωλῷ D 22:9
ἁμαρτωλόν Ap 37:2 D 47:5;
 78:10
ἁμαρτωλοί Ap 15:5; 24:1; 40:
 10 D 43:2, 3; 140:2; 141:2
ἁμαρτωλῶν Ap 40:8 D 23:2;
 40:4; 95:4; 124:2
ἁμαρτωλούς Ap 15:8, 13
Ἄμασις Ath 26:4
ἀμβλωθριδίοις Ath 35:2
ἀμείβειν Ath 34:2
 ἀμείβεσθαι D 18:3
 ἀμείψεσθαι Ap 44:11
ἄμεινον D 8:3
 ἀμείνονος D 8:3
 ἀμείνονα Ath 31:3
 ἄμεινον Ath 22:5
ἀμελεῖτε D 10:4
 ἀμελεῖν D 1:2
 ἀμελήσητε Ap 18:2
 ἀμελήσας Ath 24:5
ἀμέμπτως D 8:3
ἀμερίστῳ Ath 18:2
ἀμεταβλήτως D 141:2
ἀμεταθέτοις D 120:5
ἀμετροεπές T 32:3
 ἀμετροεπῇ T 27:2
ἄμετρον D 47:5
ἀμήν Ap 65:3, 4; 67:5
ἄμητον Ath 33:1
ἀμήτορα T 8:3
ἀμηχανίᾳ D 2:6
Ἀμίλκαν Ath 14:1
ἄμιλλα T 27:2
ἀμισθωτί D 58:1
ἄμματι Ath 20:3
ἄμμος D 58:12; 120:2
ἀμνημονοῦντες D 92:4
ἀμνός Ap 50:10 D 13:5; 114:2
ἀμοιβῆς Ap 43:8
 ἀμοιβήν Ap 44:13 T 32:1
 ἀμοιβάς Ap 43:2
ἀμοιροῦσι T 14:1
ἀμοίρῳ Ath 16:3
Ἀμορραῖος D 77:4
ἀμόρφου Ap 10:2

ἄμορφον Ap 59:1
ἄμπελος D 110:3, 4
 ἀμπέλου Ap 32:11; 54:6 D
 54:2; 69:2; 76:2; 109:3;
 110:4 Ath 22:6
 ἄμπελον Ap 32:1, 5, 6; 54:5
 D 52:2; 53:1; 110:3 Ath
 22:7
ἀμπελῶνα D 133:3
 ἀμπελῶνας D 81:2
ἀμπνοάν Ath 29:1
Ἀμπρακιώτου T 34:1
ἀμπώτεις T 20:2
ἀμυδρῶς App 13:5
ἀμυήτους Ath 9:1
ἀμύνει Ath 21:2
 ἀμύνηται T 17:4 (MPV)
 ἀμύνεσθαι T 17:2
 ἀμυνεῖται T 17:4
ἀμφί Ath 21:3
Ἀμφιάρεω Ath 29:2
ἀμφέβαλλον D 123:7
 ἀμφιβάλλειν D 51:2
ἀμφιβολίας Ath 11:2
ἀμφίβολοι D 51:1
 ἀμφίβολα D 51:1
ἀμφιγυήεις T 8:3
ἠμφιέσμεθα D 116:1
Ἀμφικτύονος T 39:2
Ἀμφιλόχου Ap 18:4
Ἀμφίστρατος T 33:1
Ἀμφίων T 41:2
 Ἀμφίονος T 41:1
ἀμφότεροι T 1:2
 ἀμφοτέρων D 111:2
 ἀμφοτέρων D 103:5; 134:4
 ἀμφοτέροις D 1:2
 ἀμφοτέραις D 134:3
 ἀμφότερα App 7:6 D 53:4; 111:2
ἀμφοῖν Ath 29:1
ἄμωμος D 34:1
 ἀμώμου D 17:3
 ἄμωμον D 17:1; 35:8
 ἄμωμοι D 30:3
Ἀμώς D 22:1
Ἄμωσις T 38:1[2]
Ἄμωσιν T 38:1

ἄν Ar 10:8 Ap 2:1; 3:2, 3², 4;
4:3; 5:1; [10:6 ed;] 12:2,
4, 8; 15:1, 12; 16:2, 8;
18:1; 19:1, 2, 4, 5; 32:1,
2; 37:5; 40:9; 43:6; 44:7;
45:1, 2; 53:2, 7; 54:5; 61:
2, 4; 63:3, 13; 68:8, 10
App 1:2; 3:5; 5:1; 6:1;
7:2, 5, 6, 6 (ed); 11:1;
12:2, 7 (ed) D 1:3², 4; 2:
1: 3:3³, 6², 7; 4:4, 7²; 5:3,
5², 6; 6:1²; 8:2, 4; 9:1:
11:1; 14:5, 6⁴; 15:4;
16:4; 18:2; 19:3²; 32:3,
6; 36:5, 6; 47:5; 48:4;
50:1; 52:2; 56:7, 14; 57:1,
2⁴; 58:7, 12; 61:3; 62:3;
64:2, 3²; 65:3; 68:1², 6, 8,
9; 72:1; 74:2; 78:4, 10;
80:4; 81:3; 83:1, 2; 87:1²;
90:3; 91:2; 93:2, 3²; 98:1;
100:1; 102:4; 103:3²; 110:
4; 112:1; 114:1; 119:1;
120:2, 3², 4²; 122:1; 123:
3², 8; 126:1, 2; 127:3, 5;
130:1; 133:6; 135:2, 5; 137:
4; 140:3², 4; 141:1, 4²;
142:1 T 2:2; 3:1², 3²; 10:
1; 12:4; 14:1; 15:1; 16:1,
2²; 17:3²⟨, 4⟩; 19:2, 3; 21:
2, 3²; 22:1; 23:1; 26:2;
27:3; 30:1; 31:1, 3; 32:2,
3⟨; 35:1⟩ M Ap HE 4:26:6
Ath 1:1; 2:3²; 4:2; 7:2;
9:1; 10:3; 11:3; 12:1; 13:
1; 14:2; 16:1; 17:1; ⟨18:1⟩
(Sch); 19:2, 3; 20:1, 3²; 21:
2; 22:2, 3; 23:1; 24:1, ⟨2,⟩
4; 25:2; 28:3; 30:3²; 31:3;
32:2²; 33:1, 2; 34:1; 35:
1 ⟨1⟩, ⟨2⟩ (Sch); 36:1², 2
κἄν Ap 11:1
ἀνά (acc. μέσον) Ap 39:1 D 21:2;
102:3; 107:4²; 109:2
ἀνέβαινε D 56:2
ἀνέβαινεν D 36:5
ἀνέβαινον D 58:11

ἀναβαίνων D 26:3
ἀναβαίνοντες D 58:4
ἀναβαίνοντας D 58:5
ἀναβήσεται Ap 32:12 D 14:7²;
36:3; 87:2; 133:5
ἀνέβης D 52:2
ἀνέβη Ap 32:13 D 37:1; 39:4;
58:6; 87:6; 127:1
ἀναβῇ D 72:1
ἀναβῶμεν D 109:2
ἀνάβηθι D 50:4
ἀναβῆναι D 103:6
ἀναβάς App 12:7 D 36:5
ἀναβάντος D 39:5; 85:2
ἀναβάντα D 17:1; 126:1
ἀναβεβηκέναι D 38:1; 127:1
ἀναβάλλειν Ath 13:2
ἀναβιβάσει D 27:1
ἀναβιβάσας T 10:2
ἀναβλαστῆσαι D 110:4
ἀναβλέψουσι Ap 48:2
ἀνάβλεψον D 58:5
ἀναβλέψας D 56:2; 62:5; 126:4
ἀνέβλυσε D 131:6
ἀνέβλυσεν D 69:6
ἀναβλύσαν D 86:1
ἀνεβόησεν App 12:7
ἀναβόησον D 15:2
ἀναγγέλλω D 65:5
ἀναγγέλλει Ap 40:1 D 64:8²
ἀναγγελεῖ D 70:2; 131:1
ἀναγγελοῦσι D 65:6
ἀναγγελοῦσιν D 22:7
ἀνήγγειλε T 13:3
ἀνηγγείλαμεν Ap 50:5 D 13:3;
42:2, 3
ἀναγγείλω D 61:3; 129:3
ἀνάγγειλον D 15:2; 58:7
ἀναγγείλατε Ap 41:1 D 73:3
ἀναγγεῖλαι D 65:5
ἀνηγγέλη Ap 50:4 D 13:3;
118:4
ἀνεγέλασαν D 8:3; 9:2
ἀναγεννῶνται Ap 61:3
ἀνεγεννήθημεν Ap 61:3
ἀναγεννηθῆτε Ap 61:4
ἀναγεννηθῆναι Ap 61:10

ἀναγεννηθείς T 5:3
ἀναγεννηθέντος D 138:2
ἀναγεννήσεως Ap 61:3
ἀναγέννησιν Ap 66;1
ἀναγινώσκων D 113:1
  ἀναγινώσκοντος Ap 67:4
  ἀναγινώσκοντα T 3:1
  ἀναγινώσκοντες Ap 31:5 D 29:2
    T 26:1
  ἀναγινωσκόντων Ap 44:12
  ἀναγινώσκεται Ap 67:3
  ἀναγινωσκόμεναι D 55:3
  ἀνέγνων D 11:1
  ἀνέγνως D 10:3; 11:3; 18:1
  ἀνέγνω Ap 60:6
  ἀναγνούς Ap 60:5
ἀναγκάζει D 23:4; 57:1
  ἀναγκάζουσι D 67:8; 137:1
  ἀναγκάζουσιν D 32:1; 67:8;
    68:2
  ἀναγκάζῃ D 9:1; 49:2
  ἀναγκάζωσι D 47:3
  ἀναγκάζεσθαι D 5:5
  ἀναγκαζόμενοι D 68:9
ἀναγκαία D 19:2, 3, 5
  ἀναγκαῖον D 56:18; 67:11;
    68:4 Ath 2:4; 23:1; 28:1
  ἀναγκαίου Ap 46:6
  ἀναγκαίαν D 2:3
  ἀναγκαῖον D 56:8; 58:10 Ath
    1:2
  ἀναγκαίων Ath 22:4
  ἀναγκαίων Ath 23:3
  ἀναγκαίοις D 45:1
  ἀναγκαῖα D 2:5
ἀναγκαίως D 69:4; 70:2
ἀνάγκη Ap 21:4; 52:1 D 5:2;
    56:13 Ath 17:1; 19:3; 20:3;
    22:3
  ἀνάγκης Ap 61:10
  ἀνάγκῃ Ap 44:11 Ath 25:2
  ἀνάγκην Ar 1:2; 4:2³; 6:1, 3;
    7:1 Ap 30:1; 43:1; 61:10
    App 7:4 Ath 24:2
ἀναγλύψας Ath 17:2
ἀναγραφή T 31:4; 39:1
  ἀναγραφῆς T 4:2

ἀναγραφήν T 20:2; 35:1; 37:1
  ἀναγραφαί T 1:1; 38:1
ἀναγράφουσι Ap 54:6
  ἀναγράφεται Ap 27:4
  ἀναγράψομεν T 41:3
  ἀνέγραψε Ap 60:4; 63:17 D
    126:3
  ἀνέγραψεν D 29:2 T 38:1
  ἀνεγράψαμεν T 41:3
  ἀναγράψαι Ap 63:9
  ἀνεγράφησαν T 39:2
  ἀναγραφῆναι D 99:3; 131:4
  ἀναγραφεῖσαν D 69:2
  ἀναγέγραπται Ap 60:2 D 33:2;
    45:3
  ἀναγεγραμμένος D 126:5
  ἀναγεγραμμένα D 56:22
ἀνάγουσι Ath 28:4
  ἀνῆγες D 56:16
  ἀνάγοντα D 32:3
  ἀναχθήσεσθαι D 142:2
  ἀναγαγεῖν Ath 11:2
ἀναγωγῇ D 142:1
ἀνεδείξαμεν T 11:2
  ἀνέδειξαν T 7:2
  ἀναδείξαντες T 8:1; 11:2
  ἀναδέξασθαι D 95:2
ἀναδίδωσι D 110:4
  ἀνέδωκεν Ap 29:2
  ἀνεδώκαμεν Ap 67:7
  ἀναδέδωκε App 2:8
ἀναδύντος D 88:3
ἀναζητεῖν T 15:1
  ἀναζητῶν D 5:6
ἀνεθήλαμεν D 119:3
ἀνάθεσις D 91:4
  ἀναθέσεις T 26:1
ἀνέθορε T 8:3
ἀναιδῇ D 105:3
  ἀναιδεῖς M Ap HE 4:26:5
ἀναίμακτον Ath 13:2
ἀναίρεσιν T 10:3
ἀναιρεῖτε D 95:4
  ἀναιροῦσιν Ap 57:3
  ἀναιρεῖν Ap 57:1 D 72:3 Ath
    35:2
  ἀναιροῦντες Ap 31:5 D 95:2

ἀναιροῦντα D 96:2
ἀναιρούντων Ap 11:2
ἀναιροῦντας Ap 19:7
ἀναιρούμεθα Ap 24:1
ἀναιρώμεθα Ap 11:2
ἀναιρούμενοι D 35:4
ἀνελεῖ D 112:2 (ed)
ἀναιρεθήσεσθαι D 91:4
ἀναιρεθησόμενος Ap 48:4
ἀναιρεθῆναι D 78:7; 119:3
    Ath 23:6
ἀνεῖλε D 112:2
ἀνεῖλεν D 83:1
ἀνελεῖν D 102:2
ἀνελόντος D 103:3
ἀνῃρηκέναι D 73:6
ἀνῄρηται T 21:2
ἀνῃρημένα D 78:8
ἀναισθησίαν Ap 18:1; 57:3
ἀναισθητεῖν Ath 15:3
ἀναίσθητα Ar 13:1
ἀναισχύντως D 52:3
ἀναίτιος Ap 44:8 D 94:1, 5 Ath
    2:4
ἀναίτιον Ap 43:3
ἀναιτίους Ap 3:1 App 12:7
ἀνακάμψω D 56:6
ἀνακείσθω Ath 37:1
ἀνακλιθήσονται D 76:4; 120:6;
    140:4
ἀνακομιδή T 39:3
ἀνακομισθείσας T 35:1
ἀνέκραγον D 122:4
ἀνάκρισιν T 42:1
ἀναλαμβάνω D 116:1
ἀναλαμβάνεις D 22:9
ἀναλαμβάνει T 10:1
ἀναλαμβάνειν D 45:1; 92:5
ἀναλαμβάνεσθαι D 80:4
ἀναλήψει D 123:8; 135:2
ἀναλήψομαι D 65:3
ἀνελήφθη D 32:3
ἀναληφθείς Ap 29:1
ἀνέλαβε Ar 15:1
ἀνελάβετε D 22:3
ἀναλαβέτω D 34:3
ἀναλαβέτωσαν D 64:6

ἀναλαβών D 48:1; 55:1; 66:1
ἀνάληψιν Ap 26:1 (Eus)
ἀναλίσκει T 11:1; 25:3
ἀναλώσαντας D 57:3
ἀναλωθῆναι Ar 10:9
ἀναλλοίωτος Ar 4:1
ἀναλλοίωτον Ath 22:5
ἀναλογίαν Ap 17:4
ἀναλύειν D 67:4
ἀναλυόντων Ath 11:2
ἀναλύεσθαι Ap 20:2
ἀναλυόμενοι D 128:4
ἀναλυόμενα App 7:9
ἀναλυθῇ T 12:4
ἀνάλωσιν Ap 20:1
ἀναμάρτητος D 102:7
ἀναμαρτήτῳ D 103:2; 110:6
ἀναμάρτητον D 47:5
ἀναμαρτήτως D 44:4
ἀναμένειν D 32:1
ἀναμενόντων D 11:4
ἀνάμεινον D 115:3
ἀναμιγείς T 18:1
ἀναμιμνήσκομεν Ap 67:1
ἀναμιμνήσκειν D 55:3
ἀναμιμνησκόμενος D 63:2
ἀναμνήσω D 65:3
ἀναμνήσομαι D 34:1
ἀναμνήσθητε D 64:7
ἀναμνήσει D 117:3
ἀνάμνησιν Ap 44:11; 66:3 D
    27:4; 41:1; 70:4²
ἀναμφιλέκτως D 62:2
Ἀνανίας Ap 46:3
ἄνα Ath 30:2
Ἀνάξαρχος T 19:2
ἀναξιοπαθήσητε T 12:5
ἀνάξιον App 2:14
ἀνάξιαι D 4:6
ἀναξίους D 76:5
ἀνάπαυσις D 8:2
ἀνάπαυσιν D 87:3, 5; 135:4;
    138:3
ἀναπαύσει D 121:3
ἀναπαύσεται D 87:2
ἀνεπαύσατο D 87:5
ἀνεπαύσαντο D 10:1

ἀναπαυσάμενοι D 9 : 2
ἀναπεισθέντες M Ap HE 4 : 26 : 9
ἀναπέμπει Ap 65 : 3; 67 : 5
ἀναπεσών D 52 : 2
ἀναπλάσσετε D 8 : 4
　ἀναπλάττουσιν Ath 27 : 1
ἀνάπλεῳ D 5 : 5
ἀναπληρώσαντα D 81 : 3
ἀναπνοή Ap 55 : 4
ἀναποδείκτοις D 9 : 1
ἀναπολόγητον Ap 3 : 5
　ἀναπολόγητον Ap 28 : 3
ἀνεπτέρου D 2 : 6
ἀνάπτεται T 5 : 2
　ἀναπτόμενα D 128 : 4
　ἀνάψας Ath 29 : 1
　ἀνήφθη D 8 : 1; 61 : 2; 88 : 3
　ἀναφθῆναι D 128 : 4
　ἀναφθέν D 61 : 2
ἀναρίθμητος D 120 : 2
　ἀναρίθμητον Ap 15 : 7
ἀνάριθμος D 131 : 6
ἀνηρτημένος ⟨Ath 24 : 3⟩
ἄναρχος T 4 : 1; 5 : 3
ἄναρχον T 5 : 3
ἀνάσσης Ath 21 : 4
ἀναστάσεως D 81 : 4 Ath 37 : 1
　ἀναστάσει D 45 : 2, 4
　ἀνάστασιν Ar 15 : 3 D 80 : 4, 5;
　　81 : 4: 82 : 1; 113 : 4 T 6 : 1
　　Ath 36 : 1²
ἀναστατώσει D 31 : 6
ἀναστέλλει D 128 : 3
ἀναστρέφω D 56 : 17
　ἀνεστράφησαν Ap 53 : 3
ἀναστροφῆς Ap 10 : 2
ἀνατέλλει Ap 15 : 13 Ath 11 : 1
　ἀνατέλλουσι Ar 4 : 2
　ἀνατέλλειν D 106 : 4
　ἀνατέλλοντα Ar 6 : 1 D 96 : 3
　ἀνατέλλουσαν Ar 6 : 3
　ἀνατελεῖ Ap 32 : 12 D 15 : 5, 6;
　　34 : 4; 106 : 4; 121 : 1, 2
　ἀνέτειλε Ap 32 : 13
　ἀνατεῖλαι D 107 : 3
　ἀνατείλαντος D 106 : 4
ἀνατίθετε Ap 55 : 7

ἀνατίθενται Ap 9 : 5
　ἀνεθήκαμεν Ap 25 : 2; 61 : 1
　ἀνέθηκαν Ap 49 : 5
　ἀνατεθεικότες Ap 14 : 2
ἀνατολή D 100 : 4; 106 : 4; 121 : 2;
　126 : 1
ἀνατολῆς D 28 : 5; 41 : 2; 117 : 1
ἀνατολήν M Ek HE 4 : 26 : 14
ἀνατολῶν D 22 : 7; 76 : 4; 117 : 4;
　120 : 6; 140 : 4
ἀνατολάς D 58 : 12
ἀνατρέπειν D 87 : 1
ἀνατετραμμένου Ap 27 : 5
ἀναδραμεῖν T 20 : 3
ἀνατροπήν Ap 26 : 7
ἀνατροφῆς D 93 : 1
ἀνατροφῇ Ap 29 : 1
ἀνατροφαῖς Ap 61 : 10
ἀνετύπωσε T 13 : 2
ἀνεφαίνοντο T 13 : 3
ἀναφέρει D 98 : 1
ἀναφέρουσι Ap 27 : 4
ἀναφέρουσα App 2 : 2
ἀναφέροντες App 12 : 7
ἀναφέρεσθαι D 118 : 2 Ath 18 : 1
ἀνοίσει Ap 51 : 4 D 13 : 7
ἀνοίσομεν D 112 : 2
ἀνήγεγκα D 71 : 3
ἀνήνεγκε Ap 51 : 5 D 13 : 7;
　86 : 6
ἀνήνεγκαν App 5 : 5
ἀνηνέχθησαν App 3 : 5
ἀναφής T 4 : 2
ἀναφθέγγοντο D 9 : 2
ἀνεφθέγξατο D 74 : 2
ἀναφυσήσεις T 3 : 2
ἀναφυήσονται Ap 52 : 5
Ἀνάχαρσιν T 12 : 5
ἀναχωρεῖτε D 76 : 5
ἄναψις D 61 : 2
ἀνδραγαθημάτων T 7 : 1
ἀνδραγαθία T 23 : 1
ἀνδρείας T 8 : 3
ἀνδρείαν T 2 : 1
ἀνδριαντοποιητική Ath 17 : 2
ἀνδριαντοποιητικήν Ath 17 : 3
ἀνδριάς Ap 26 : 2

ἀνδριάντι Ap 26:2; 56:2
ἀνδριάντα Ap 56:4 Ath 26:3
ἀνδριάντες Ath 26:2
ἀνδριάντων T 35:1
ἀνδροβατεῖν App 12:5
ἀνδροβάτην Ar 9:9
ἀνδρόγυνον T 34:3
ἀνδρογύνων Ap 27:1 T 29:1
ἀνδροκτασιῶν T 29:1
ἀνδροφονοῦμεν Ath 35:2
ἀνδροφονοῖμεν Ath 35:2 (Sch)
ἀνδροφονεῖν App 12:5 Ath 35:2
ἀνδροφονία D 93:1
ἀνδροφονίαν Ath 35:1
ἀνδροφόνον App 2:16
ἀνδροφόνοι Ap 29:1
ἀνδροφόνους Ath 35:1
ἀνδρούμενον Ap 31:7
ἀνδρωθῇ Ap 35:1
ἀνδρωθέντα D 102:2
ἀνεγείρειν Ap 64:1
ἀνεγείροντα Ap 31:7
ἀνεγειρόμενον Ap 31:7
ἀνεγερεῖ Ap 52:3
ἀνεγερεῖν Ap 48:1; 54:10
ἀνήγειρεν D 106:1
ἀνεγεῖραι Ap 22:6
ἀνεγείρας Ap 38:8
ἀνεγείραντα D 69:3
ἀνεγήγερται Ap 26:2
ἀνέγκλητον D 35:8
ἀνέδην Ap 26:7; 29:2 App 7:2
ἀνιέναι Ap 51:6 D 64:7
ἀνεκδιήγητον Ap 43:3
ἀνεκδιηγήτου D 43:3
ἀνεκδιηγήτῳ Ath 10:1
ἀνεκδιήγητον Ap 51:1 D 76:2²
ἀνέλεγκτος Ap 7:4
ἀνέλεγκτον App 13:3
ἀνέλευσιν Ap 26:1 D 39:4; 87:6
ἀνελλιπεῖ D 131:3
ἄνεμος Ap 40:10 D 25:4
ἀνέμων Ar 5:4, 5 D 61:4
ἀνέμοις Ap 52:10
ἀνεμπόδιστος D 3:2
ἀνενδεής T 4:2 Ath 13:1
ἀνενδεῇ Ap 13:1 D 23:2

ἀνενδεεῖς Ap 57:2
ἀνεξαρνήτου T 42:1
ἀνεξαρνήτους D 30:2
ἀνεξέταστον Ath 36:1
ἀνεξετάστως T 27:1
ἀνεξικάκοις Ath 34:2
ἀνεξικάκους Ap 16:1
ἀνεπιδεές Ath 29:2
ἀνεπίληπτος Ath 31:2
ἀνεπιμίκτου Ap 6:1
ἀνεπιστημόνως Ath 5:1
ἀνεπιστήμων T 13:2
ἀνεπιτήδευτον T 29:2
ἀνεπιφθόνως Ar 15:7
ἀνέρχομαι App 9:5
ἀνέρχεται T 13:2
ἀνερχόμενος D 34:2
ἀνερχόμενον Ap 21:3; 31:7:
50:12
ἀνελεύσεται Ap 54:7, 8
ἀνῆλθεν D 85:1
ἀνελθών Ap 42:4 M Ek HE
4:26:14
ἀνελήλυθεν Ap 46:5 D 63:1
ἀνελήλυθει D 78:4
ἀνεληλυθέναι Ap 21:1, 2; 54:
6, 7 D 39:7; 69:2, 3; 108:2
T 10:2
ἀνεληλυθότα D 132:1
ἀνερωτῶ D 67:8
ἀνερώτα D 68:3
ἀνερωτῆσαι App 2:10
ἀνερωτήσασθαι D 68:3
ἀνερωτηθῆναι D 124:1
ἀνηρωτημένοις D 68:3
ἀνερωτήσεων D 68:3
ἀνεταζομένους Ap 11:1
ἄνευ Ap 4:1; 21:1; 29:2; 46:4:
55:2, 3 D 3:3; 67:10; 70:
1; 76:1²; 102:7²; 114:4
Ath 6:2; 15:2; 23:3; 24:2
ἀνεύθυνοι Ap 55:8
ἀνευθύνων Ap 46:1
ἀνευρέσει Ath 22:6
ἀνέχομαι Ap 37:5
ἀνέχεσθε D 136:2
ἠνειχόμην D 2:5

ἠνειχόμεθα D 56 : 16
ἀνέσχου Ap 47 : 3 D 25 : 2(A), 5
ἠνέσχου D 25 : 2 (O)
ἀνάσχου D 45 : 1
ἀνάσχεσθε D 59 : 1; 109 : 1
ἀνασχέσθαι D 68 : 1; 92 : 4
ἀνασχόμενος D 2 : 3
ἀνήκοος Ath 27 : 1
ἀνηκόους Ath 9 : 1 (Sch)
ἀνηκόως D 137 : 4
ἀνηλεής Ath 2 : 1
ἀνημερώτερος Ath 3 : 1
ἀνήρ Ap 40 : 8 App 2 : 6, 7, 9; 3 : 6²
    D 14 : 5; 26 : 4; 59 : 1; 61 : 5;
    81 : 4; 106 : 4; 109 : 3; 126 : 1;
    128 : 1 T 34 : 1; 36 : 1, 2; 38 : 1
    Ath 26 : 2
ἀνδρός Ap 15 : 3; 68 : 6 App 1 : 2;
    2 : 5; 12 : 5 D 23 : 3; 56 : 10;
    58 : 10; 78 : 3; 132 : 1, 3 Ath
    17 : 2
ἀνδρί App 2 : 1, 4 D 2 : 4, 6
    Ath 26 : 2
ἄνδρα Ar 12 : 2 Ap 53 : 5 App
    2 : 2; 3 : 2 D 13 : 8; 53 : 6;
    85 : 5; 128 : 2 Ath 21 : 1; 33 : 2
ἄνδρες Ap 39 : 3; 48 : 5 D 10 : 1;
    16 : 5 (O); 23 : 2; 24 : 1; 28 : 5;
    30 : 2; 32 : 2²; 35 : 4; 39 : 1, 8;
    41 : 1; 42 : 4; 54 : 2; 56 : 2, 17,
    18, 19; 59 : 3; 63 : 2; 65 : 3; 78 :
    10; 110 : 1, 6; 119 : 1; 120 : 4;
    122 : 3; 124 : 1; 125 : 1; 126 :
    4, 5: 130 : 3; 138 : 1; 141 : 4;
    142 : 3 T 1 : 1; 4 : 1; 12 : 4;
    13 : 1; 21 : 1, 2; 25 : 2; 37 : 1;
    42 : 1
ἀνδρῶν Ap 22 : 1; 53 : 8 D 3 : 2;
    8 : 1; 35 : 4; 107 : 4; 111 : 2
    T 7 : 1 (MPV); 34 : 2 Ath 21 :
    2²; 28 : 1; 29 : 1
ἄνδρας D 5 : 6; 17 : 1; 35 : 2;
    56 : 5²; 108 : 2 T 34 : 2 Ath
    28 : 4; 30 : 1; 33 : 1
ἀνήροτον D 28 : 3
ἀνθοῦντι App 11 : 4
ἀνθήσειν D 86 : 4

ἀνθίσταται T 25 : 2
ἀνθεῖστήκει Ath 24 : 2
ἄνθος Ap 32 : 12, 13 D 50 : 4²;
    87 : 2: 126 : 1; 133 : 5
ἀνθῶν Ap 9 : 1 Ath 13 : 1
ἄνθρακος D 133 : 5
ἀνθρωπαρεσκείᾳ Ap 2 : 3 (O)
ἀνθρώπειον Ap 43 : 3; 55 : 4 D 62 : 3
ἀνθρωπείου App 10 : 1, 8 (ed);
    15 : 3
ἀνθρωπείας D 63 : 3
ἀνθρωπείου Ap 19 : 1; 23 : 2;
    32 : 9, 11; 53 : 2; 54 : 1; 63 : 10
    D 54 : 2; 63 : 2; 74 : 3; 95 : 2
ἀνθρωπείᾳ Ap 60 : 11
ἀνθρώπειον Ap 11 : 1 (A mg)
ἀνθρώπειον Ap 19 : 2 App 4 : 2.
    3; 5 : 4
ἀνθρώπειοι Ap 10 : 6
ἀνθρώπεια Ap 53 : 4
ἀνθρωπείων Ap 26 : 7 App 12 : 2
    (Eus K)
ἀνθρωπείοις D 3 : 5; 48 : 4; 68 : 1
ἀνθρωπείους D 68 : 8
ἀνθρώπεια Ap 19 : 4 App 12 : 5
ἀνθρωπικόν Ath 9 : 1
ἀνθρωπικῶν Ath 34 : 2
ἀνθρωπικῶν Ath 35 : 1
ἀνθρωπικοῖς Ath 11 : 1
ἀνθρωπικούς Ath 32 : 2
ἀνθρώπινον D 76 : 1
ἀνθρωπίνης D 10 : 2
ἀνθρωπίνου D 76 : 1
ἀνθρωπίνῳ Ap 15 : 5
ἀνθρωπίνη Ap 60 : 3 (A mg) D
    29 : 2 T 32 : 1
ἀνθρώπινον Ap 11 : 1, 2 D 142 :
    3 (A)
ἀνθρωπίνην T 19 : 2
ἀνθρώπινον Ar 2 : 1 Ap 28 : 2, 3
    App 10 : 4
ἀνθρωπίνων Ap 18 : 3; 20 : 5 (ed)
    App 12 : 2
ἀνθρωπίνων D 3 : 5
ἀνθρωπίνοις T 4 : 1
ἀνθρωπίναις Ath 7 : 3
ἀνθρωπίνοις D 80 : 3

ἀνθρωπίνως T 4 : 1 Ath 29 : 2 (Sch)
ἀνθρωπίου App 10 : 8 (AB)
ἀνθρωποβορίαν Ath 35 : 1
ἀνθρωποκτόνος T 8 : 3
ἀνθρωποποιόν T 10 : 2
ἀνθρωποπαρεσκείᾳ Ap 2 : 3 (AB)
ἄνθρωπος Ap 15 : 12; 22 : 1; 23:2;
32 : 10, 11; 46 : 5; 50 : 1, 7, 10;
63 : 10, 16 App 2 : 12; 6 : 5;
13 : 4 D 6 : 2²; 13 : 4, 5; 21 :
2; 22 : 2; 33 : 2; 34 : 2; 48 : 1,
2, 3²; 54 : 2²; 57 : 3; 58 : 6;
59 : 1; 61 : 5; 63 : 1; 68 : 1, 3;
71 : 2; 76 : 2²; 93 : 3; 98 : 1, 3;
99 : 2; 100 : 2; 101 : 1², 2;
105 : 1; 110 : 2; 113 : 4; 116 :
3; 124 : 2 (ed); 125 : 3³, 4;
126 : 3 T 7 : 1; 15 : 1², 2, 3;
16 : 1; 17 : 1 Ath 3 : 1 (Sch);
20 : 3; 25 : 3
ἄνος Ath 31 : 2
ἀνθρώπου Ar 13 : 5 Ap 5 : 4;
15 : 16; 51 : 9; 52 : 3; 54 : 7²
App 6 : 4 D 4 : 1, 2, 5; 31 : 1,
3; 32 : 1: 50 : 4; 54 : 2; 58 : 10;
61 : 1; 62 : 1; 68 : 4; 76 : 1²,
7; 79 : 2; 85 : 2; 93 : 3; 100 : 3²;
103 : 2; 126 : 1 T 21 : 1; 35 : 2
Ath 17 : 4
ἀνθρώπῳ Ap 13 : 4; 44 : 1; 53 : 2
App 11 : 1 D 4 : 5; 20 : 2; 142 :
3 (ed) T 20 : 2
ἄνθρωπον Ar 7 : 1, 3 Ap 23 : 3;
30 : 1; 42 : 3; 43 : 5, 8; 53 : 2;
54 : 7 App 2 : 16 D 3 : 3, 6;
8 : 3; 10 : 3; 15 : 4; 17 : 1; 32 :
4; 38 : 1; 41 : 1; 48 : 1, 4;
49 : 1³; 62 : 1², 2, 5; 64 : 7;
67 : 2, 6; 75 : 4; 76 : 1; 87 : 2;
99 : 3; 100 : 4; 127 : 4; 128 : 2
T 4 : 1; 7 : 1; 15 : 1; 22 : 2
Ath 13 : 2; 22 : 4
ἄνθρωπε D 9 : 1; 32 : 1; 38 : 1;
45 : 3; 51 : 1; 68 : 4; 79 : 2²;
80 : 1 T 20 : 2; 25 : 1; 26 : 3
ἄνθρωποι Ar ⟨8 : 5;⟩ 11 : 7 Ap

9 : 1; 12 : 2; 18 : 4; 31 : 1; 32 :
8; 68 : 7 App 7 : 1, 7; 9 : 4;
11 : 1 D 42 : 3; 43 : 3, 4; 57 : 2;
88 : 7; 124 : 2, 3; 139 : 5; 140 :
4; 141 : 1, 4 T 7 : 2; 8 : 1, 2;
12 : 4; 15 : 4; 17 : 2, 3; 32 : 3
(MPV); 39 : 1 Ath 1 : 1; 12 : 2;
13 : 2; 26 : 1; 28 : 4, 5; 29 : 2²;
30 : 1
ἀνθρώπων Ar 2 : 1; 4 : 3², 4;
5 : 1, 3²; 6 : 1, 3; 10 : 2; 11 : 4;
13 : 2[; 15 : 1] Ap 1 : 1; 5 : 3;
10 : 1, 5; 12 : 1; 15 : 4, 6, 17;
16 : 2; 17 : 3; 21 : 2; 25 : 1;
26 : 5; 28 : 1; 30 : 1; 31 : 2, 7;
32 : 4; 39 : 3; 40 : 7; 44 : 11³;
46 : 1, 2; 50 : 4², 12; 52 : 3;
53 : 3; 54 : 2, 3 (ed); 63 : 17
App 5 : 2; 6 : 3, 5, 6; 7 : 5, 9;
8 : 1, 4; 9 : 1, 3; 11 : 7. 8;
12 : 3; 13 : 1; 14 : 2² D 3 : 1;
4 : 3; 7 : 3; 9 : 1; 13 : 3, 4;
18 : 3; 23 : 1, 2; 35 : 8; 38 : 3;
41 : 1; 44 : 3; 48 : 1, 3, 4; 49 :
1²; 54 : 2²; 58 : 7; 61 : 4; 63 : 2;
64 : 2; 67 : 2; 73 : 2; 76 : 2²;
78 : 11; 84 : 2; 87 : 6; 88 : 2, 4;
92 : 5; 93 : 1; 94 : 5; 95 : 1, 2,
3; 98 : 3; 101 : 1, 2; 102 : 3,
6; 106 : 1; 107 : 2; 108 : 2;
111 : 4; 112 : 5; 117 : 2,5; 119 :
4; 121 : 2; 123 : 5; 124 : 1, 3;
127 : 1, 4; 131 : 5; 132 : 1, 3;
133 ;6; 134 : 5, 6; 138 : 1²;
140 : 2 T 6 : 1; 7 : 1²; 9 : 2;
15 : 1; 16 : 1; 17 : 3; 21 : 3;
29 : 1 M Ap HE 4 : 26 : 9 Ath
2 : 1; 3 : 1; 10 : 1; 12 : 1; 17 : 4;
21 : 3; 23 : 2; 24 : 1, 4; 27 : 2;
28 : 3, 4; 29 : 2; 30 : 1, 2
ἀνθρώποις Ar 8 : 2, 6; 11 : 1 Ap
5 : 2, 4; 19 : 6²; 20 : 5 (AB);
23 : 3; 28 : 3; 33 : 2; 48 : 4;
56 : 1 App 5 : 2; 9 : 3; 14 : 1
D 7 : 1; 8 : 3; 17 : 1, 3; 30 : 1;
39 : 4; 43 : 3, 5; 49 : 7; 51 : 2;
56 : 4; 60 : 2; 64 : 7; 66 : 2;

80:3; 87:5; 88:6², 8²; 101:
2; 110:5; 128:2² T 8:2;
10:1; 12:1, 4; 14:1, 2; 15:
4²; 16:1², 2; 20:2; 26:2
Ath 21:4
ἀνθρώποισιν Ath 28:1
ἀνθρώπους Ap 3:1; 5:3; 9:5²;
10:2; 12:3; 26:1; 28:4;
31:4, 7; 35:1; 40:5; 44:12;
50:6; 54:2; 58:3; 63:17
App 5:2, 4; 6:6; 7:3; 9:1;
10:6; 15:4 D 2:1; 5:2;
10:1; 11:2; 16:3; 47:1;
67:3; 69:6; 76:3²; 88:5, 8;
93:3; 100:6; 102:4; 108:2;
123:6; 124:4; 128:2; 130:
3; 141:1, 2 T 7:2; 17:3²;
18:2, 3; 21:1²; 22:1; 23:1,
2; 26:2; 35:2 Ath 16:4;
21:1; 25:3; 28:1, 2 (Sch),
3, 4; 34:2 (Sch)
ἀνθρωποσφαγίαν T 23:2
ἀνθρωπότητος T 15:2
ἀνθρωποφαγία T 25:3
ἀνθρωποφαγίαν T 34:1
ἀνθυπάτου M Ap HE 4:26:3
ἀνθυπάτῳ M Ap HE 4:26:10
ἀνιάτου D 132:2
ἀνιωμένου D 107:3
ἀνήσειν D 9:2
ἀνῆκε D 24:3; 135:6
ἀνειμέναι D 69:5
ἀνίσταται D 127:2 T 13:1; 15:1
ἀνιστάμεθα Ap 67:5
ἀνίστασθαι D 97:2; 100:1;
118:1 T 3:1 Ath 26:2
ἀνιστάμενοι QHE 4:3:2
ἀναστήσει D 46:7; 69:7; 95:2
ἀναστήσεται D 107:1 Ath 36:2
ἀναστήσονται Ap 40:10; 48:2
D 31:6; 35:3
ἀναστήσεσθαι D 107:1 Ath 36:1
ἀναστησομένοις Ath 36:1
ἀναστησόμενα Ath 36:1
ἀναστήσῃ D 117:3
ἀναστῆσαι Ap 45:1
ἀναστήσας D 69:6

ἀνέστην Ap 38:5
ἀνέστη Ap 42:4; 46:5; 67:7
D 20:1; 36:5; 53:5; 58:13;
85:1; 97:1
ἀνάστα D 124:2
ἀνάστηθι D 58:5
ἀναστῆναι Ap 19:4 D 32:3;
51:2; 69:2; 76:7; 100:3;
106:1; 108:1
ἀναστάς Ap 63:16 D 9:2; 58:
6; 63:1; 85:4; 138:1
ἀναστάντος Ap 50:12 D 41:4:
85:2
ἀναστάντα Ap 19:3; 21:1 D
17:1; 73:2; 108:2; 132:1
ἀναστάντες QHE 4:3:2
ἀνιστόρουν D 128:1
ἀνιστορεῖν D 58:1
ἀνιστορῶν D 56:4
ἀνιστοροῦντες D 134:1
ἀνιστορήσω D 14:3; 70:2
ἀνιστόρησα D 40:4; 69:4; 78:
6²; 84:2; 120:5
ἀνιστόρησας D 74:1
ἀνιστορήθη D 20:1
ἀνιστορημένον D 54:1
ἀνιστορημένα D 126:5
ἄνοδον D 82:1
ἀνόητος T 16:1
ἀνόητον D 68:8
ἀνόητον D 68:9
ἀνόητοι D 36:2; 134:1
ἀνοήτων Ap 63:10
ἀνοήτοις Ap 12:6
ἀνοήτους D 39:5
ἀνόητα D 23:1; 80:3
ἀνοήτως D 64:5
ἀνοίας Ar 9:5
ἄνοιαν D 98:2; 99:2, 3³
ἀνοίγει Ap 50:10² D 13:5²
ἀνοιχθήσονται D 69:5
ἠνοίξατε D 16:5
ἤνοιξαν D 98:4; 102:1; 103:1.3
ἀνοίξῃς D 25:3
ἀνοῖξαι D 26:2; 36:5; 65:4;
122:3
ἀνοίξασαι Ath 1:1

25   Index Apologeticus   ἀντιπαίειν

ἀνεῴχθησαν D 31:2
ἀνοίχθητε Ap 51:7
ἀνοιχθῆναι D 7:3
ἀνεῷχθαι D 123:2
ἀνεῳγμένος D 27:3
ἀνεῳγμένα D 123:3
ἀνῳκοδομήθη D 34:7
ἀνοικοδομηθῆναι D 80:1
ἀνομημάτων Ar 8:2
ἀνομίας Ap 16:11 D 14:1; 32:4
ἀνομίαν Ar 11:7 Ap 51:2 D 13:6; 22:10; 38:4; 56:14; 63:4; 70:2; 102:7
ἀνομιῶν Ap 51:1 D 13:6; 43:3; 89:3
ἀνομίας Ap 50:9; 51:5 D 13:5, 7; 15:2; 17:2; 18:2; 24:3; 25:4; 63:2; 133:4
ἀνόμοια Ath 8:1
ἀνόμοια T 12:3
ἄνομος D 14:5; 108:2
ἀνόμου Ar 15:6
ἀνόμῳ D 17:2; 133:2
ἄνομον D 77:4
ἄνομοι Ap 37:2 D 16:5; 70:2; 123:3
ἀνόμων Ap 50:2
ἀνόμοις Ap 50:2; 51:5 D 13:7; 35:6; 89:3
ἀνόμους D 35:5
ἄνομα D 108:2; 110:2
ἄνος Ath 31:2
ἀνόσιον Ath 32:1
ἀνόσιον Ath 1:2
ἀνοσίους Ap 5:4
ἀνόσια D 108:2
ἀνταίρειν Ap 16:3
ἀντάλλαγμα Ap 15:12
ἀνταναιρεθῇ D 34;4
ἀνταποδίδωσι D 69:5
ἀνταποδώσει D 69:5; 130:1²
ἀνταπόδομα D 27:2; 82:4
ἀνταποδόσεως D 26:4
ἀνταπόδοσιν D 85:8
ἀνταπεκρίνατο Ap 17:2
ἀντερείδων T 31:1

ἀντέχῃ T 27:1
ἀντί Ap 51:2² D 13:6²; 14:7²: 32:2; 35:5; 38:5; 97:2 T 9:2; 14:2 Ath 11:2²; 22:8
ἀνθ' Ap 50:2; 51:5 D 13:7; 21:3
Ἀντιγενίδην T 24:1
ἀντεγέννησε T 5:2
ἀντίγραφον Ap 68:5
ἀντίγραφον Ap 68:4
ἀντιγράφοις D 72:3
ἀντιδοξοῦσι T 3:3
ἀντιδοξοῦν Ath 24:2
ἀντίθεον Ath 24:2
ἀντικεῖσθαι D 79:4; 115:2
ἀντικείμενος D 116:1
ἀντικειμένου D 116:3
ἀντικειμένης Ath 3:1
ἄντικρυς Ath 4:1
ἀντιλαμβάνονται D 4:7
ἀντελαμβάνετο D 103:8
ἀντιλαμβανόμενος D 24:2
ἀντιλήψομαι D 123:8; 135:2
ἀντελάβετο Ap 38:5 D 26:4: 97:1
ἀντιλαβέσθαι D 25:5
ἀντιλέγομεν Ath 23:1
ἀντιλέγετε D 64:2
ἀντιλέγειν D 64:3; 68:2; 115:3
ἀντιλέγοντα Ap 35:3; 38:1; 49:3 D 24:4; 97:2; 114:2
ἀντιλεγόντων Ap 35:6
ἀντιληπτικός D 98:1
ἀντιλήψει D 125:5
ἀντίληψιν D 98:5; 105:1
ἀντιλογίαν T 35:2
Ἀντίμαχος T 31:2
Ἀντίνοος T 10:1
Ἀντίνους Ath 30:2
Ἀντινόου Ap 29:4
Ἀντιόπην Ar 9:7 Ap 25:2
Ἀντιοχεία Ap 26:4
Ἀντιοχικῶν [T 39:2]
Ἀντιόχῳ T 36:2
ἀντιπαθείας T 17:2
ἀντιπαθειῶν T 17:1
ἀντιπαίειν Ath 1:4

ἀντιποιῇ D 8:2
　ἀντιποιούμεθα Ap 8:2
　ἀντιποιῦνται D 11:2
　ἀντιποιουμένους T 34:3
　ἀντεποιησάμην T 35:1
ἀντισοφιστεύματα T 12:5
ἀντισοφιστεύουσι T 13:3
ἀντιτιθείς Ap 30:1
ἀντιτυπεῖ Ap 8:2
ἀντιτυπίαν D 5:2
ἀντιτύπτειν Ath 11:3
ἀντείπατε D 71:3
　ἀντείποι D 6:1
　ἀντειπεῖν Ap 19:2 D 33:1;
　　55:3; 95:1
　ἀντειπών D 67:11
ἄντρον Ath 30:3
Ἀντωνείνῳ, Τ. Ἀδ. ⟨Ar Ins⟩
Ἀντωνείνῳ, Τ. Αἰλίῳ Ἀδριανῷ
　⟨Ar Ins⟩ (Hen)
Ἀντωνίνῳ, Τ. Αἰλ. Ἀδ. Ap 1:1
Ἀντωνίνῳ, Μ. Αὐρ. [Ath Ins]
ἀνύβριστα Ath 32:3
ἄνυδρος D 69:5
ἀνυπαίτιος Ath 31:2
ἀνυπόπτους T 31:1
Ἀνύτης T 33:2
ἀνυτικώτατα D 3:2
Ἄνυτον T 3:2
ἄνω D 22:7; 61:4; 94:1 T 13:2;
　27:2 Ath 22:6
ἄνωθεν D 24:2; 63:3; 64:7;
　99:1; 125:5; 130:3 Ath
　18:2; 31:1
ἀνώμοτος Ap 39;4
ἀνωνόμαστον Ap 63:1 T 4:2
ἀνώτατον D 91:2
ἀνωτάτω Ath 22:3
ἀνώτερος T 11:1; 19:3
　ἀνώτεροι T 9:2; 12:1
　ἀνώτερα T 31:1
ἀνωτέρω D 7:2; 136:1 T 12:5
　Ath 6:1; 8:2², 3, 4
ἀνωφελής D 2:3
　ἀνωφελές D 19:2
　ἀνωφελῆ Ar 3:2
ἀξίαν (κατ' ἀξ.) Ap 12:1; 17:4;

43:2; 44:11² D 39:6 —
(πρὸς ἀξ.) Ath 1:2; 3:1;
　30:4
ἀξιέραστον App 3:6
ἀξίνης D 86:6
ἀξιολογώτερον Ath 17:1
ἀξιοπιστίας T 11:2; 25:1
ἀξιόπιστοι D 7:2
ἀξιοπίστως T 2:1
ἄξιος Ap 22:1; 43:8
　ἄξιον App 3:2 D 10:2: 19:1;
　　28:1; 57:1
　ἀξίῳ D 135:5
　ἄξιον D 87:5; 92:2 Ath 12:2
　ἀξίαν Ap 13:1; 19:5 App 8:3
　ἄξιον Ap 4:8 D 100:1
　ἄξιοι D 39:2 M Ap HE 4:26:6
　　Ath 37:1
　ἄξιαι D 5:3
　ἄξια [Ath 1:2]
　ἀξίων Ap 52:3 D 117:2
　ἀξίοις D 8:3
　ἀξίους Ap 10:2 D 120:5 Ath
　　25:2
　ἄξια Ap 43:7² D 3:3; 10:3;
　　30:1; 94:5; 112:4 Ath 34:1
ἀξιῶ D 64:3; 68:1, 2
　ἀξιοῖ D 14:3 Ath 23:2
　ἀξιοῦμεν Ap 3:1; 7:4: 12:11;
　　16:14; 23:1 App 9:1; 14:1
　　D 71:4 Ath 2:1, 3
　ἀξιοῦτε Ap 3:1 D 39:8; 93:4
　ἀξιοῦσι D 15:7
　ἀξιοῦσιν D 114:3
　ἠξίου D 2:3; 106:1
　ἀξιοῦν Ap 68:3 D 92:2; 125:4
　ἀξιῶν Ap 29:2; 31:2 D 38:1;
　　125:4
　ἀξιοῦσα App 2:8
　ἀξιοῦντες Ap 21:3
　ἀξιώσομεν Ap 7:5
　ἠξίωσε M Ek HE 4:26:13
　ἠξίωσε Ap 31:4
　ἠξίωσεν D 78:7; 105:4
　ἠξιώσαμεν Ap 68:3²
　ἠξίωσαν T 9:1
　ἀξιώσαντες Ath 7:2

ἀξιώσαντας D 74:1
ἠξιώθησαν Ap 26:1 (Eus)
ἠξίωται T 10:2; 28:1; 34:2
ἠξιωμένοι D 123:1
ἀξιωμάτων App 1:1
 ἀξιώματα Ath 11:2
ἀξίως App 15:5 D 58:2 T 7:2
ἀξιώσεως Ap 56:3
 ἀξίωσιν Ap 68:8
 ἀξιώσεσιν Ap 68:8
ἀοίκητον D 61:4
ἀοίκων D 117:5
ἀόκνως Ath 3:2
ἀόρατος Ar 4:1 Ap 59:3; 64:3
 T 4:2
 ἀόρατον Ar 13:8 Ath 10:1
 ἀόρατον T 4:2
 ἀοράτων T 4:2 (MPV); 5:1
ἀοργήτους Ap 16:1
ἀπαγγέλλει Ap 63:5
 ἀπαγγέλλομεν T 21:1
 ἀπαγγέλλειν Ath 23:3
 ἀπαγγέλλων T 24:1
 ἀπαγγέλλουσα App 2:2 D 131:6
 ἀπαγγελῶ App 1:3 D 73:3
 ἀπαγγελοῦμεν Ap 53:5, 10
 ἀπηγγέλθη App 2:6
ἀπαγορεύσεων T 7:2
ἀπαγορεύουσαν Ath 20:2
 ἀπαγορεύοντες Ar 13:7
 ἀπηγορεύσαμεν Ath 35:2
 ἀπηγόρευται D 46:2
ἀπάγει Ath 33:1
 ἀπάγειν Ap 5:3; 58:3
 ἀπάγεσθαι Ap 31:6
 ἀπάξειν Ath 31:1
 ἀπήχθη D 52:3
 ἀπαχθῆναι App 2:15, 18
ἀπαγωγῇ Ap 54:1
ἀπαθανατιζούσης T 16:2
 ἀπαθανατίζεσθαι Ap 21:3, 6
 T 25:2
 ἀπηθανάτισται T 10:3
ἀπαθείᾳ App 1:2 D 45:4
ἀπαθής Ath 8:2
 ἀπαθές D 1:5
 ἀπαθεῖ Ap 25:2 Ath 16:2

ἀπαθῆ Ap 58:3 Ath 10:1
 ἀπαθεῖς Ap 57:2 Ath 31:3
 ἀπαθεῖς Ap 10:2 D 46:7;
 124:4
ἀπαιδεύτως T 2:1
ἀπαίρεσθαι Ap 58:3
ἀπαιτῶ D 77:1
 ἀπαιτεῖς D 57:4
 ἀπαιτεῖν Ap 68:3
 ἀπαιτοῦντες D 133:2
 ἀπαιτοῦσι App 14:2
 ἀπαιτήσει D 125:2²
 ἀπαιτήσοντες Ap 2:3
 ἀπαιτήσεσθαι Ath 36:1
 ἀπαιτηθήσεται Ap 17:4
 ἀπαιτηθήσεσθαι Ap 17:4
ἀπαλλαγήν D 100:6
ἀπαλλασσούσης Ap 44:7
 ἀπαλλάσσονται D 126:4
 ἀπαλλάξοντες Ap 57:3
 ἀπαλλάξομαι D 68:1
 ἀπαλλάξαι App 4:4
 ἀπηλλάγην D 2:3
 ἀπηλλάγησαν D 9:3
 ἀπαλλαγῆς D 142:1
 ἀπαλλαγῶσιν D 47:4
 ἀπαλλαγῆναι App 14:1 D 103:3
 ἀπαλλαγεῖσα D 4:4
 ἀπαλλαγέντος QHE 4:3:2
 ἀπαλλαγείσης App 2:7
 ἀπαλλαγέντες Ath 31:3
 ἀπαλλαγέντων D 78:7
 ἀπήλλαγμαι T 11:1
 ἀπήλλακτο D 56:5
 ἀπηλλάχθαι App 2:19
 ἀπηλλαγμένος Ap 12:2
 ἀπηλλαγμένοι D 93:1
 ἀπηλλαγμένοις Ap 27:5
 ἀπηλλαγμένους Ath 28:1
 ἀπηλλαγμένας Ap 20:4
ἀπαλή Ath 27:1
ἀπημελημένον Ath 25:3
ἀπημφιεσμένοι D 116:3
ἀπαναίνεται D 117:1
ἀπάνθρωπος T 14:1
 ἀπάνθρωπον T 24:1
ἀπαντήσω Ath 4:1; 31:2

ἀπαντήσεσθαι Ap 44:11
ἀπήντησε D 58:11
ἀπήντησαν Ap 60:2
ἀπαντῆσαι M Ap HE 4:26:8
ἅπαξ Ap 61:5 D 85:9 (Ar) T 6:1
ἁπαξαπλῶς T 21:3; 32:1
ἀπαξιῶν Ath 23:2
ἀπαράβατον Ap 43:7
ἀπαραίτητον Ar 4:2
ἀπαραιτήτους Ath 31:1
ἀπαρακαλύπτως D 76:3
ἀπαραλλάκτῳ Ath 17:2
ἀπαρέσκεσθαι App 4:2
ἀπαρκεῖ Ath 34:2
ἀπηρκούμεθα Ath 9:1
ἀπαρτήσας D 56:5
ἀπηρτημένα D 3:3
ἀπαρτίζοντα D 67:6
ἀπαρτίζεσθαι D 134:3
ἀπαρτίσας D 56:5 (Ar)
ἅπαν D 98:5²; 106:2²
ἅπαντα D 1:3; 72:1; 77:4
    Ath 1:2
ἅπαντες D 19:5; 108:1
ἅπασαι D 40:2
ἁπάντων Ar 15:3 Ap 13:4 D
    35:8; 49:2; 58:10; 80:3;
    88:2; 118:1 T 28:1
ἁπάντων Ap 58:1 D 4:1; 5:6;
    47:2; 52:4; 53:2; 60:3;
    131:5 (Ath 24:3)
ἅπασι D 84:1; 96:2
ἅπασιν D 17:1; 110:5
ἁπάσαις D 3:5; 29:3
ἅπαντας Ap 15:9 D 119:5
    Ath 2:3; 6:4
ἁπάσας D 46:2
ἅπαντα D 23:5; 46:2; 60:2;
    83:4 M Ap HE 4:26:8
ἀπατῶμεν Ath 36:2
ἀπατᾶτε D 141:2
ἀπατᾶν D 102:7; 117:4; 123:
    6; 125:1 (Ar)
ἀπατῶνται T 8:4
ἀπατωμένους Ap 56:1
ἠπάτησε T 8:3
ἀπατεῶνας T 19:1

ἀπάτῃ Ap 54:1
ἀπατηλόν App 2:11
ἀπατηλοί Ath 27:2
ἀπαυγάσματα T 15:3
ἀπαύστου D 130:2
ἀπαύστως D 45:4
ἀπειθεῖ D 43:6; 66:3
ἀπείθει D 75:1
ἀπειθοῦντα Ap 35:3; 38:1:
    49:3 (ed) D 24:4; 97:2;
    114:2
ἀπειθές D 130:3
ἀπειθεῖς D 140:2
ἀπειθέσι D 120:5
ἀπειλεῖ D 136:1
ἀπειλῶν D 83:1
ἀπειλοῦντος D 123:4
ἀπειλῆται Ap 2:1
ἀπειλουμένου Ap 25:1
ἀπείη Ap 21:5
ἀπίασιν T 16:3
ἀπῄεσαν D 142:3
ἀπίτωσαν D 9:2
ἀπιόντας Ap 62:1 (AB)
ἀπείργει T 41:2
ἀπειρίαν D 125:1
ἄπειρος T 20:1 Ath 27:1
ἄπειρον T 12:1
ἄπειρον Ath 5:1
ἄπειρον D 5:6 T 14:3; 35:2
ἀπείρους T 34:2
ἅπερ v. sub ὅσπερ
ἀπέραντον Ap 28:1 D 119:5
ἀπεργάζονται T 17:3
ἀπεργάσεται T 17:4
ἀπεργασαμένης T 3:1
ἀπερείσηται D 22:2
ἀπερινόητος Ath 27:1
ἀπερίτμητος Ap 53:11 D 16:1;
    19:4³; 28:3
ἀπεριτμήτῳ D 28:2
ἀπερίτμητοι D 123:1
ἀπερίτμητα D 28:3
ἀπηρυθριασμένος Ath 35:1
ἀπέρχεσθαι D 9:2
ἀπῆλθε D 56:19
ἀπῆλθεν D 56:19; 102:2

ἄπελθε D 58:5
ἀπελθών App 2:20 (AB)
ἀπελθόντος D 56:22
ἀπελθόντες D 103:3
ἀπεχθάνεται [Ath 1:2]
ἀπέχει D 14:5²; 78:11
ἀπέχομεν Ath 32:1
ἀπέχων D 26:3
ἀπέχουσα Ap 34:2
ἀπέχωνται Ath 1:2
ἀπέχεσθαι App 7:7 D 20:1,4
ἀποσχέσθαι Ath 36:1
ἀπίθανον Ath 20:1
ἀπιθοῦντα Ap 49:3 (AB)
Ἆπις T 39:1
ἀπιστεῖς Ath 30:2
ἀπιστεῖ Ap 28:4 D 126:6
ἀπιστοῦμεν D 75:4
ἀπιστεῖτε Ap 55:8 (AB)
ἀπιστοῦσι Ap 57:3
ἀπιστῆτε Ap 55:8 (ed)
ἀπιστεῖν Ap 19:6 Ath 23:3; 30:3
ἀπιστεῖται Ap 52:2 (A)
ἀπιστούμεθα Ath 12:3
ἀπιστῆται Ap 52:2
ἀπιστηθῇ Ap 33:2
ἀπιστηθεῖεν Ath 32:2
ἀπιστία Ap 19:3
ἀπιστίαν D 33:2 T 32:2
ἀπίστῳ D 73:6
ἀπίστῳ D 73:5
ἄπιστον Ap 8:5 D 68:1; 130:3
ἄπιστοι D 140:2 Ath 24:4; 30:3
ἄπιστα Ap 33:2
ἀπίστοις D 91:3
ἀπιστότερον Ap 19:1
Ἀπίων T 38:1
Ἀπίωνος T 27:1
ἀπλανῆ T 9:2
ἀπλανῶν Ath 6:3
ἀπλανεῖς Ath 23:2
ἄπλασεν Ath 32:2 (Geff) (ex err?)
ἀπληστίαν T 11:1
ἀπλότητος T 5:1
ἁπλῶν Ath 19:2

ἁπλῶς Ap 67:6 App 2:16 D 1:3;
5:4; 6:1; 8:4; 11:2; 14:2;
17:1; 18:2; 37:2; 40:2;
42:4; 46:1, 2, 4; 49:8;
64:2; 65:2; 67:3; 78:7;
85:1,7; 87:4; 102:5; 107:2;
112:3; 113:4; 114:4; 116:
1; 117:5; 119:4; 125:1;
127:4; 129:4; 130:2; 132:
1; 133:6; 134:6
ἀπό Ar 4:2; 6:1, 3; 11:3, 7;
15:1, 6² Ap 1:1; 26:2, 4, 6;
27:2; 32:2, 12, 13, 14; 33:
5, 8; 36:1², 2³; 37:1, 3, 9;
38:1, 2; 39:3; 40:10; 41:
3, 4; 44:2, 3; 45:5; 47:1;
48:6; 49:1, 5²; 50:4²: 51:
1², 4; 52:12; 53:3², 5². 7,
10; 55:4; 56:1; 58:1, 3;
60:2; 61:7; 64:5; 65:5;
67:5; 68:6 App 2:13; 8:1;
10:8; 11:8; 13:3, 4 D 2:4;
7:3; 10:3; 11:4²; 13:3, 6²,
7; 14:2⁴, 5³; 15:5, 6; 16:2²,
3, 5; 17:1; 18:2; 22:5 (A),
7; 23:3; 25:1, 2, 3³, 4²; 26:
1, 3, 4; 27:1²; 28:2, 5; 30:
2³, 3; 31:4; 32:2³, 3, 5;
34:1, 2, 4², 8; 35:2, 3, 4,
6², 8³; 36:6²; 38:4²; 39:4,
5, 6; 40:3; 41:1³, 2, 4²;
42:1, 2, 3; 43:1³, 3², 6³, 7;
44:4; 45:4²; 46:4; 47:1²,
3, 4, 5²; 48:2, 4; 49:6, 7²;
50:5; 51:2; 52:2, 4; 53:2,
4⁴, 6²; 55:3; 56:2, 10, 15,
17; 58:8, 11²; 59:1, 2; 60:
1, 3, 5; 61:1², 3; 62:4²;
63:2, 4²; 64:1, 2³, 3³, 5;
66:3³, 4; 67:2, 6; 68:5;
70:2; 71:2²; 72:1, 2. 4²;
73:1³, 2, 4³, 5; 74:1. 3;
76:4; 77:4; 78:1, 2, 3², 4²,
5, 6, 7, 8², 10; 79:1; 80:1;
81:3; 82:1, 3; 84:2, 3; 85:
5, 9²; 86:1, 2, 3², 5, 6; 87:
4, 5; 88:1, 3, 4, 7. 8²;

89:3; 91:1⁶ (¹ed), 3; 92:2³,
3, 5; 94:2; 96:1; 98:1, 2,
3², 5²; 99:2; 100:1, 2², 3²,
4², 5, 6; 102:1², 2²; 103:1²,
3, 5, 6; 105:1³, 2², 3; 106:
3, 4; 107:1, 2³, 3; 108:1²,
2³; 109:1³, 3; 110:2⁴, 3, 5²,
6; 111:4; 112:5; 113:4, 6³,
7²; 114:4²; 115:2; 116:2³;
117:1, 2, 3, 4², 5; 118:1²,
2; 119:5²; 120:3, 5⁴, 6²;
121:3²; 123:9²; 124:1; 126:
4, 5²; 127:1, 4; 128:1, 4²;
130:2, 3; 131:3, 4, 6²; 132:
3; 134:4²; 135:3; 138:1;
139:1, 2⁴, 3², 4⁴; 140:1³,
2, 4; 141:4; 142:1, 3² T
1:1, 2; 5:2; 7:1; 8:2, 3²;
12:5²; 17:1²; 20:1; 29:1;
32:3; 33:1; 39:2, 3; 40:1²;
41:1 M Ap HE 4:26:8 Ath
2:2, 3², 5; 4:1; 5:2; 6:4;
8:1; 11:3; 12:3³; 13:1, 2:
15:1; 16:2; 17:2, 3; 18:3;
19:2; 20:2², 3, 4; 22:1, 3;
23:2, 5, 6²; 24:2; 25:2;
26:1; 27:1, 2; 36:3

ἀπ᾿ Ar 15:1 Ap 16:11; 26:3
(Eus), 4; 36:1; 56:3 App
5:5²; 13:6 D 5:2; 6:2;
11:1; 17:1; 22:3, 5 (O); 25:
2, 3, 5; 30:2; 64:7, 8; 65:
5², 6; 74:4²; 76:5; 78:1:
79:2; 80:4; 83:3; 91:1, 3²;
96:2; 98:3, 5²; 99:2; 102:
6; 105:1; 106:3: 113:3;
115:5; 118:2; 119:2; 123:6;
130:2, 3; 132:3; 133:6;
135:6; 136:2 T 7:3; 8:3,
4; 12:3⟨, 5⟩; 16:1; 17:2;
20:1; 23:2; 27:2; 34:2;
38:1 Ath 6:3; 15:1; 23:4;
25:1; 29:1

ἀφ᾿ Ap 12:9; 15:3; 32:3;
40:11; 43:8² D 38:2; [52:
3;] 55:3; 87:5; 91:2; 113:
5; 116:1; 117:3; 118:2 T

1:2; 8:2; 17:4; 26:1; 27:1:
35:1; 39:2 M Ap HE 4:26:9
Ath 18:1

ἀποβαίνει T 14:2
ἀποβαίνειν D 114:1 T 7:2; 25:2
ἀποβαίνοντα D 7:2
ἀποβήσεται D 110:5; 123:2
ἀποβήσονται Ap 52:2
ἀποβήσεσθαι D 110:2
ἀπέβη Ap 52:2
ἀποβάντα D 7:2; 67:1
ἀποβέβηκε T 1:2
ἀποβέβηκεν T 14:3
ἀποβεβήκασι T 7:3
ἀποβάλλεται Ar 13:5
ἀποβάσεις T 7:2
ἀποβλέποντες D 112:1
ἀποβλέψατε Ap 18:1
ἀποβλέψαντος T 21:2
ἀποβολήν T 15:4
ἀπογεννήματα T 8:1
ἀπογινομένων T 6:1
ἀπογραφῆς D 78:4
ἀπογραφῶν Ap 34:2
ἀπογράψασθαι D 78:4
ἀποδείκνυμι D 34:2: 40:1
ἀποδείκνυσιν Ap 12:7 App 9:4
　　D 67:7
ἀποδείκνυμεν Ap 43:4; 52:1
　　(AB); 54:1 D 39:5
ἀποδείκνυτε D 67:2
ἀπεδείκνυμεν Ap 52:1 (ed) App
　　12:5
ἀπεδείκνυσαν Ath 28:1
ἀποδεικνύναι D 42:4; 68:1²;
　　74:1; 93:4
ἀποδεικνύντος D 56:16
ἀποδεικνύντων D 93:4
ἀποδεικνύντας Ap 36:3
ἀποδείκνυται D 64:5; 67:1;
　　71:2; 117:5 T 7:3; 39:1
ἀποδείκνυσθαι Ap 4:3
ἀποδεικνυμένου D 48:3
ἀποδεικνυμένων D 53:2
ἀποδεικνύω D 48:3
ἀποδεικνύεις D 77:1
ἀποδεικνύει D 54:2

ἀποδεικνύουσι D 39:6
ἀποδεικνύουσιν D 68:9; 86:1
ἀποδείκνυε D 56:16
ἀποδεικνύων D 66:1; 98:1
ἀποδεικνύοντος D 59:1
ἀποδεικνύηται D 48:3; 72:3 T 31:1
ἀποδεικνύωνται Ap 3:1
ἀποδείξω D 33:1; 60:4; 68:7, 8, 9; 99:1
ἀποδείξεις D 50:1
ἀποδείξομεν Ap 13:3; 22:4
ἀποδείξετε D 92:2
ἀποδειχθήσεται D 11:5 T 3:2
ἀπέδειξα D 90:5; 100:1²; 105: 4; 113:4; 114:2; 115:3; 118:1; 140:4
ἀπέδειξας D 56:9²
ἀπέδειξε D 86:4
ἀπέδειξεν D 85:4 T 34:2
ἀπεδείξαμεν D 86:2, 3²; 88:6; 100:6; 120:4 T 16:1; 41:3
ἀπέδειξαν D 140:2 T 3:2
ἀποδείξωμεν Ar 4:1
ἀποδείξωσιν T 9:1
ἀπόδειξον D 36:1; 39:7; 55:1; 56:12; 63:1²; 90:1
ἀποδείξατε D 77:2
ἀποδείξαι Ap 16:4; 53:1 D 43:8; 48:2; 50:1; 51:1; 52:3; 56:10, 15; 62:3; 77: 1, 3²; 89:2; 91:2; 115:4; 124:4
ἀπεδείχθη D 43:1; 68:3
ἀποδειχθῶ T 4:1
ἀποδειχθείη D 67:4
ἀποδειχθῆναι D 48:1; 85:1; 87:2
ἀποδειχθείς D 60:2
ἀποδειχθέντα D 60:3
ἀποδέδεικται Ar 13:8 Ap 22:4 D 36:5; 39:7, 8; 49:2; 60:2; 63:2; 110:2; 113:6; 124:4²; 125:5; 126:5; 128: 1, 4²; 134:6; 137:2
ἀποδεδειγμένων T 41:3
ἀπόδειξις Ap 23:3; 30:1

ἀποδείξεως Ap 14:4; 20:3; 46:6 D 7:2²; 123:7 T 36:1; 38:2
ἀπόδειξιν Ap 30:1; 54:1; 58:2; 63:10 D 21:1; 51:1; 56:3. 18; 71:3²; 73:6; 92:6; 120: 5; 123:7; 129:1 T 41:3
ἀποδείξεων Ath 23:3
ἀποδείξεις Ap 46:6 D 28:2; 32:2; 36:2; 39:8; 44:1; 55:3; 56:16; 57:4; 58:2; 67:3; 68:9
ἀποδεκατοῦτε D 17:4
ἀποδεκατοῦντες D 112:4
ἀπόδεκτος Ap 43:2
ἀποδέχομαι D 8:3; 47:3
ἀποδεχόμενος T 30:1
ἀποδέξομαι T 11:1
ἀποδεξαίμην T 3:1
ἀποδέξασθε Ap 18:6 T 21:2
ἀποδέουσι T 19:1
ἀποδέων D 3:1
ἀπόδημοι D 3:2
ἀπεδίδρασκες D 60:5
ἀποδιδράσκειν D 58:8
ἀποδιδῶ D 116:1
ἀποδιδόναι D 92:1
ἀποδιδούς D 105:5; 121:3
ἀποδιδόντος D 85:8
ἀποδιδόντες App 11:1 Ath 15:1
ἀποδίδοσθαι Ap 43:2
ἀποδώσω D 57:4
ἀποδώσει D 96:2
ἀποδώσειν Ath 36:1
ἀποδώσων D 57:3
ἀπέδωκεν D 94:4
ἀπεδόθη Ap 35:2
ἀπόδος D 22:9; 39:7
ἀπόδοτε Ap 17:2
ἀποδοκιμασθῆναι D 76:7; 100:3
ἀποδοχῆς D 3:3
ἀπεδυσάμεθα D 116:1
ἀποδύσασθαι T 30:1
ἀποθήκην D 49:3
ἀποθνήσκεις (ἀποθνῃ-) T 11:2
ἀποθνήσκει Ath 21:3

ἀποθνήσκομεν Ap 39:3 T 11:2
 Ath 12:2
ἀποθνήσκετε D 124: 2, 3 T 19:2
ἀποθνήσκουσιν D 5:3,5 Ath 14:2
ἀπέθνησκον Ath 29:2
ἀποθνήσκοιεν Ap 26:4
ἀπόθνησκε T 11:2
ἀποθνήσκειν App 10:8 D 5:3;
 43:3; 97:2; 80:4; 105:2;
 119:6 T 11:2; 13:1; 14:1
ἀποθνήσκων D 71:2; 81:1
ἀποθνήσκοντα Ap 31:7 D 74:3
ἀποθνήσκοντες T 14:2
ἀποθνησκόντων Ap 55:7
ἀποθνήσκοντας Ap 21:3; 57:3
 D 114:4
ἀποθανεῖται D 81:3
ἀπέθανε D 58:8
ἀπέθανεν D 13:1; 103:3; 105:2
ἀπέθανον Ap 18:1
ἀποθάνω D 56:20
ἀποθανεῖν Ar 10:5, 9; 11:4
 Ap 11:2; 19:7; 57:2; 60:4
 D 63:1; 67:6; 90:1; 121:2
 T 10:1; 16:1
ἀποθανών Ap 42:4; 46:5; 63:
 16 D 97:4
ἀποθανόντος D 85:2
ἀποθανόντα Ap 21:1 D 69:2,
 3; 95:2
ἀποθανόντων Ap 18:4
ἀποθανοῦσι Ap 24:2
ἀποθανόντας Ap 63:17 D 121:3
ἀποτέθνηκεν T 2:1
ἀποικίαν T 31:3³
ἀποικιζομένων D 22:5
ἀποίου Ath 10:2
ἀποκαθημένης D 25:4
ἀποκαθιστῶσιν T 18:3
ἀποκαθιστάν T 18:3
ἀποκαταστήσει D 49:5
ἀποκαταστῆσαι T 6:2
ἀποκαλῶν D 67:11
ἀποκαλοῦντες T 1:1
ἀποκαλῇ T 18:2
ἀποκαλύπτοντι D 94:4
ἀποκαλύψει D 13:2

ἀπεκάλυψεν D 100:2
ἀπεκάλυψαν D 90:2
ἀποκαλύψῃ Ap 63:3, 13; 100:1
ἀπεκαλύφθη Ap 50:5 D 13:3;
 42:2; 118:4
ἀποκαλυφθῇ D 78:4; 103:3
ἀποκεκάλυπτο D 78:7
ἀποκαλύψεως D 62:4; 115:3;
 116:1
ἀποκαλύψει D 81:4; 115:3
ἀποκάλυψιν D 78:2; 100:4;
 115:4; 116:1
ἀποκαρτερῶν T 2:2
ἀποκατάστασιν D 134:4
ἀπόκειτει Ap 18:2; 32:1, 2; 54:5
 D 120:3, 4
ἀπόκεινται D 29:2
ἀποκείμενα D 52:2; 120:3²
ἀποκείμενα T 6:2
ἀποκεκρυμμένως D 115:1
ἀποκέκλεισται Ath 8:2
ἀποκοπήν T 5:1
ἀπόκοπον Ar 9:5
ἀποκόπτονται Ap 27:4
ἀποκρίνεται D 36:6; 39:1; 125:4
ἀποκρίνεσθαι Ap 68:8 D 50:1;
 115:3
ἀποκρινόμενος D 64:2; 103:9
ἀποκρινομένων Ap 36:2
ἀποκρινομένων Ath 20:4
ἀποκρινοῦμαι App 9:1
ἀπεκρινάμην D 3:5; 4:2; 35:2;
 38:2; 47:2; 51:1; 57:2;
 58:2; 60:2; 63:2; 67:6;
 74:2; 79:2; 87:3
ἀπεκρίνατο Ap 16:7; 17:2 D
 36:1; 46:2, 3; 49:2²; 55:1;
 65:7; 67:1, 9; 100:5; 101:
 2; 107:1
ἀπόκριναι D 50:1; 67:7
ἀποκρίνασθε D 23:2; 56:15
ἀποκρίνασθαι Ap 68:8 (Eus)
 D 28:1; 68:9; 102:5; 103:6
ἀποκρινάμενος App 2:17
ἀποκριναμένου D 23:3
ἀπεκρίθης D 3:6
ἀποκριθείς D 31:4

ἀποκρίσεις App 3:6
ἀποκρίσεις D 45:1; 56:16; 68:9
ἀποκρύπτετε T 26:3
ἀποκρύπτομαι T 27:2
ἀποκρυβήσεται D 64:8
ἀπέκρυψεν D 55:3
ἀποκρύφου T 30:1
ἀποκτείνεσθαι Ap 5:3
ἀπέκτεινε Ar 12:2
ἀπέκτεινεν D 131:3
ἀπεκτείνατε D 16:4
ἀπέκτειναν D 39:1
ἀποκτείνατε Ath 3:1
ἀποκτεῖναι Ap 2:4; 5:3 (AB) D 102:3 Ath 35:2
ἀποκτείνας D 103:3
ἀποκτείναντες D 133:6
ἀποκτείνασι Ath 35:1
ἀπεκυήθη Ap 32:14; 46:5
ἀποκυηθείς App 6:5
ἀποκυΐσκεσθαι Ath 23:5
ἀποκυριεύειν D 83:4
ἀπελάκτισεν D 20:1
ἀπολήψεσθαι Ap 18:6
ἀπολαύσεως T 14:2
ἀπολαύουσιν T 32:1 Ath 1:3
ἀπολαύοιεν Ap 3:2
ἀπολαύσετε T 17:1
ἀπολαύσωσιν T 18:3
ἀπολαῦσαι T 33:3
ἀπολείποντας D 39:2
ἀπολείπεσθε D 10:3
ἀπολιπέτω D 14:5
ἀπολιπεῖν D 135:5
Ἀπολλόδωρος T 31:2 Ath 28:4
Ἀπολλόδωρον T 31:3
ἀπόλλυται D 48:2
ἀπόλλυσθε D 8:4
ἀπώλλυντο D 111:3
ἀπόλλυσθαι T 21:2
ἀπολλύμενον T 17:2
ἀπολῶ D16:1 (A;ἀπολῷ O); 123:4
ἀπολεῖται Ap 40:10 D 82:3; 140:3
ἀπολεῖσθε Ap 40:18
ἀπολοῦνται D 31:4; 107:2
ἀπώλεσε T 8:5

ἀπώλεσεν T 11:2
ἀπώλεσαν D 93:1
ἀπολέσω D 136:1
ἀπολέσῃ Ap 15:12
ἀπολέσαι D 31:7
ἀπώλετο Ap 48:5 D 16:5; 31: 3; 107:4; 110:6
ἀπόληται D 55:3
ἀπολοίμεθα Ath 31:3
ἀπολωλέκαμεν T 15:1
ἀπολώλασιν D 134:5
ἀπολωλυίας T 9:2
Ἀπόλλων T 8:2, 3; 19:3 Ath 28:2, 2 (Sch)
Ἀπόλλωνος T 8:4
Ἀπόλλωνα Ar 11:1 Ap 25:1 T 22:1 Ath 28:1, 2
Ἀπόλλω T 19:2 Ath 14:1; 21:5
ἀπολογοῦνται Ath 22:7
ἀπολογεῖσθαι Ath 2:4
ἀπολογούμενον Ath 11:2; 17:1
ἀπολογήσασθαι App 2:8 D 10:4
ἀπολελογῆσθαι Ath 31:2
ἀπολογίαν Ap 42:1 App 12:5
ἀπολουσομένους D 13:1
ἀπολύτρωσιν D 86:1
ἀπολύειν Ath 33:2
ἀπολυούσης Ath 2:3
ἀπολύηται Ap 7:4
ἀπολυόμενος Ath 18:1
ἀπολυομένους Ath 2:3
ἀπολύσῃ Ath 33:2
ἀπολυσάμενος Ath 2:4
ἀπολυσάμενοι Ath 2:5
ἀπολυθεῖσα D 4:5
ἀπολελυμένην Ap 15:3
ἀπομαντευόμενος D 9:1
ἀπομεριζομένης D 128:4
ἀπομνημονεύματα Ap 67:3
ἀπομνημονευμάτων D 105:1, 5
ἀπομνημονεύμασι D 100:4; 101:3; 102:5; 103:6; 104:1; 105:6; 106:1, 4
ἀπομνημονεύμασιν Ap 66:3 D 103:8; 106:3; 107:1
ἀπομνημονεύματα T 21:2

ἀπεμνημόνευσα D 130:1
  ἀπομνημονεύσαντες Ap 33:5
ἀπονέμει D 130:4
  ἀπονέμομεν Ath 32:3
  ἀπένειμε D 88:2
  ἀπονεμηθεῖσαν D 103:4
ἀπένευσε D 125:4
  ἀπονενοημένοι D 141:3
ἀπονοίας T 7:2
ἀποπαύσησθε T 17:1
ἀπέπεμπε D 2:5
ἀποπτάμενοι T 18:3
ἀποπίπτουσιν Ath 22:6
  ἀποπίπτοντες Ath 22:7
ἀποπλανῆσαι D 124:3
ἀποπληροῖ T 38:2
  ἀποπληρώσωμεν T 41:3
ἀποπλύνειν D 54:1
ἀποπομπαῖος D 40:4
  ἀποπομπαῖον D 40:4
ἄποπτον App 13:3 (ed)
ἀπόπτυστοι Ath 30:1
  ἀποπτύοντες D 120:2
ἀπορῶ T 1:3
  ἀπορεῖς D 113:1
  ἀπορεῖ T 21:2
  ἀποροῦμεν D 10:3; 75:4; 89:2
  ἀπορεῖτε D 93:5
  ἀπορεῖν D 19:1; 39:8; 112:3
  ἀπορούμενοι D 72:3
  ἀπορῆσαι Ath 10:3
  ἀπορήσαιμεν D 57:2
  ἀπορῆσαι D 57:1
ἀπόρημα D 87:3
  ἀπόρημα D 55:1
ἀπορίαν Ap 46:1 D 65:2; 68:6
ἄπορον T 12:1 (MPV)
  ἄπορα D 32:2
ἀπορρέον Ath 10:3
  ἀπορρυήσεται Ap 40:9
  ἀπορρυήσεσθαι D 86:4
ἀπόρρητα Ath 11:2; 34:1
ἀπορρίψωμεν Ap 40:11
  ἀπορρίψασα T 20:1
ἀπόρροια Ath 24:2
  ἀπόρροιαν Ath 10:3
ἀποσβεννύντες D 10:1

ἀποσκευάσει Ath 2:1
  ἀποσκευάσησθε Ath 9:2
ἀποσκορακίζοντι T 12:3
  ἀποσκορακίζοντες T 12:5
ἀποσπᾷ D 116:2 T 29:2
  ἀποσπῶντα Ar 10:8
ἀποστασίας D 110:2 T 8:1
  ἀποστασίου D 114:5
ἀποστάσεως Ap 31:6
ἀποστάτης D 103:5; 125:4
  ἀποστάται D 79:3
ἀποστέλλω D 75:1
  ἀπόστελλε D 15:4
  ἀποστέλλεται Ap 63:5
  ἀποστελλόμενοι D 75:3
  ἀπέστειλεν D 83:3
  ἀποστείλω D 58:7
  ἀπόστειλον D 58:6; 75:3
  ἀποστεῖλαι Ap 31:4
  ἀποστείλαντος Ap 16:10; 63:5
  ἀπεστάλησαν Ap 39:3
  ἀποσταλείς Ap 33:5
  ἀποσταλέντα D 113:1
  ἀπέσταλκε D 115:1
ἀποστερῶν Ath 33:2
  ἀποστεροῦντες Ap 57:3
ἀποστολῆς Ap 68:3 (AB)
ἀπόστολος Ap 12:9; 63:5, 10, 14
  ἀπόστολοι Ap 45:5; 49:5; 50:
    12; 66:3 D 75:3; 88:3
  ἀποστόλων Ap 42:4; 53:3;
    61:9; 67:3 D 42:1, 2; 81:
    4; 100:4; 101:3; 102:5;
    103:6, 8; 104:1; 106:1², 3.
    4; 109:1; 110:2; 114:4;
    119:6
  ἀποστόλοις Ap 67:7
  ἀποστόλους D 76:6
ἀποστρέψω D 58:12; 74:4²; 119:2;
  126:4
  ἀποστραφήσεται D 14:6
  ἀπέστρεψα Ap 38:2
  ἀπέστρεψας D 25:5
  ἀποστρέψῃς D 27:1
  ἀποστρέψωσιν Ap 44:12
  ἀποστρέψαι D 105:3
  ἀποστρέψας D 83:3

ἀποστρέψαντες D 56 : 18
ἀπεστράφη D 83 : 1; 102 : 5
ἀπεστράφησαν D 133 : 5
ἀποστραφῇ D 14 : 6
ἀποστραφῆτε Ap 15 : 10
ἀπέστραπται Ap 50 : 7 D 13 : 4
ἀποστροφῇ D 74 : 4
ἀποστροφήν App 13 : 1
ἀποστυγήσητε T 19 : 4
ἀποταγῆς D 107 : 2
ἀπεταξάμεθα D 119 : 6 T 1 : 3
ἀπετάξαντο Ap 49 : 5
ἀποτελεῖν Ar 4 : 2 Ath 11 : 2
ἀποτελοῦντας Ap 62 : 1
ἀπετελεῖτο D 134 : 2; 141 : 4
ἀπετελοῦντο D 134 : 2
ἀποτελεσθείς Ath 8 : 2
ἀποτέμνουσι Ath 26 : 1
ἀποτέμνοντα T 32 : 2
ἀποτεμνόμενοι Ath 6 : 2
ἀπετμήθητε T 26 : 2
ἀποτμηθέν T 5 : 1
ἀποτίθεται Ap 67 : 6
ἀποτιθέμενος D 2 : 5
ἀποτίκτουσι Ath 27 : 1
ἀποτίκτουσαν Ath 22 : 4
ἀποτμήσεις T 8 : 2
ἀποτομήν D 61 : 2; 128 : 4
ἀποτρέψωσι Ap 14 : 1
ἀποτρέχω D 39 : 8
ἀποτροπήν Ap 46 : 1
ἀπετρύγησαν D 22 : 4
ἀποτυχών D 2 : 5
ἀπετυμπανίσθη D 31 : 3
ἀποφαίνειν D 23 : 2
ἀποφαίνομαι D 47 : 2, 4²; 49 : 1
ἀποφαίνῃ D 56 : 16
ἀποφαινόμεθα Ap 43 : 2, 6 (ed)
ἀποφαίνονται Ap 57 : 3
ἀποφαινοίμεθα Ap 43 : 6
ἀποφαίνεσθαι D 64 : 2
ἀποφαινόμενος D 44 : 2; 47 : 1
ἀποφαινομένῳ Ath 4 : 1
ἀποφαινόμενον T 3 : 1
ἀποφαινόμενοι D 48 : 4
ἀποφανοῦμαι T 4 : 2
ἀποφανεῖται Ap 3 : 2

ἀποφανεῖσθε T 21 : 2
ἀπεφήναντο Ap 20 : 5 App 7 : 4
ἀποφήνασθαι T 31 : 4
ἀποφηναμένους T 40 : 2
ἀποφέρουσι Ap 65 : 5
ἀποφεροίμεθα Ath 36 : 2
ἀπενεχθήσονται D 38 : 5³
ἀπήνεγκαν D 103 : 4
ἀπηνέγκατο T 33 : 4
ἀπηνέγκασθε T 1 : 1
ἀπενεγκαμένην T 34 : 1
ἀπενεχθῆναι D 132 : 2
ἀπενεγκεῖν D 56 : 23 (O)
ἀπείπωμεν Ath 1 : 4
ἀπειπεῖν D 9 : 1
ἀπειρῆσθαι Ap 29 : 2
ἀποχεόμενον Ath 23 : 4
ἀποχωρεῖτε Ap 16 : 11
ἀπρονοήτων T 2 : 2
ἀπρονόητα T 2 : 2 Ath 25 : 2
ἀπροσδεής Ath 13 : 1
ἀπρόσιτον Ath 16 : 2
ἀπρόσιτον T 20 : 2
ἅπτεται Ath 3 : 1
ἅπτεσθαι Ath 34 : 2
ἁπτόμενος D 137 : 2²
ἅψεται Ath 21 : 4
ἥψατο D 58 : 6
ἅψησθε D 13 : 2
ἅψασθαι D 125 : 5
ἁψάμενον D 46 : 2
ἁψαμένοις D 2 : 2
ἀπώσαντο D 21 : 3
ἀπῶσμαι D 22 : 2
ἀπωλείας Ar 13 : 8
ἀπώλειαν D 56 : 5
ἄπωπτον App 13 : 3 (AB)
ἄρα Ar 13 : 7² D 3 : 2, 6; 4 : 3²,
    4, 7; 5 : 2; 6 : 2; 67 : 4; 85 : 3;
    112 : 2; 123 : 8 T 13 : 1; 19 : 3
    Ath 8 : 2; 22 : 5; 29 : 1
ἄρ' T 8 : 1
ἆρα Ar 10 : 2; 11 : 1 D 5 : 4; 56 :
    17; 126 : 4 T 23 : 1 Ath 12 : 1
ἆρ' Ath 23 : 4
Ἀργεῖος T 39 : 1
Ἀργείας T 33 : 2

3*

Ἀργεῖον Τ 38:1
Ἀργείαν Τ 33:4
Ἀργείων Τ 39:1
ἀργεῖ D 23:3
ἀργοῦντες D 12:3
Ἄργην Ath 18:4
ἀργής Ath 22:1
ἀργίαν Ap 37:5 Τ 23:1
Ἄργει D 1:2 Ath 17:3
ἄργυρον Ath 15:1
ἀργυρωνήτων D 10:3
Ἀργώ Τ 9:3
ἀργῶς D 113:1
ἀρέσκοντες Ath 26:1
ἠρέσκετο Τ 2:1
ἤρεσεν Ath 32:3
ἀρεστόν App 9:1
ἀρεστά Ap 7:3; 10:3
ἀρετή Ap 43:6 App 9:1 Ath 24:4
ἀρετῆς App 2:13; 7:6; Ath 31:1
ἀρετῇ Ap 12:2 App 11:7², 8 D 4:3 Ath 31:1
ἀρετήν Ap 5:4; 28:4 App 7:9; 11:3, 5 Τ 2:1 Ath 3:1; 24:4
ἀρετῶν Ap 6:1
ἀρετάς D 65:1, 5, 6
Ἄρης Ar 10:7 Τ 8:3; 34:2 Ath 21:3
Ἄρεως Ath 21:2
Ἄρην Ar 11:3
Ἄρηα Ath 21:2
Ἄρες Ath 21:3
Ἄρες Ath 21:3
Ἀριάδνην Ap 21:3
ἀριθμῶν D 70:3
ἀριθμεῖται D 128:4
ἀριθμουμένων D 42:3
ἀριθμήσωμεν D 32:4
ἀριθμῆσαι D 61:3; 129:3
ἀριθμητικήν D 3:6
ἀριθμητικούς Ath 6:1
Ἀριθμοί Μ Ek HE 4:26:14
ἀριθμός Ap 45:1 Ath 6:1
ἀριθμοῦ D 129:2
ἀριθμῷ D 56:11; 62:2; 114:4; 128:4; 129:1, 4; 138:1²

ἀριθμόν Ap 39:3 D 41:4; 42: 3; 46:6²; 62:3; 131:1 M Ek HE 4:26:13 Ath 6:1
ἀριθμῶν Ath 6:1
ἀριθμούς D 131:1
Ἀριμάσπια Τ 41:1
Ἀρισταίου Τ 41:1
Ἀρισταῖον Ath 14:1
Ἀρίσταρχος Τ 31:2
Ἀρίσταρχον Τ 31:3
Ἀριστείδης, Μαρκιανός ⟨Ar Ins⟩
ἀριστεράς D 107:4
ἀριστερά D 13:8
Ἀρίστιππος Τ 2:1
Ἀριστόδημον Τ 34:2
Ἀριστόδοτος Τ 33:2
Ἀριστόξενον Τ 24:1
ἄριστε Ath 26:3
Ἀριστοτέλης Τ 2:1; 25:2 Ath 6:1, 3
Ἀριστοτέλην Τ 2:2; 25:2
Ἀριστοτέλη Ath 25:2
ἀριστοτελικῶς Τ 2:1
Ἀριστοφάνης Τ 31:2
ἀρκοῦνται Ap 7:5
ἠρκέσθη Ap 29:3
ἠρκέσθησαν Ar 12:1 Ap 56:1
ἀρκεσθέντες Ar 12:6
ἄρκτος D 22:2 Τ 9:3
ἄρκτον Τ 2:1 Ath 16:1
ἅρματος Ath 20:2
ἅρμα Ath 23:5
ἁρμάτων D 131:3
Ἀρμενιακοῖς [Ath Ins]
ἁρμόζειν D 68:8
ἁρμόζουσα D 61:4
ἁρμόζοντι D 36:2
ἁρμόζον D 67:10
ἁρμόζουσιν D 88:2
ἁρμοσάμενος D 19:6; 67:10
ἁρμοσάμενον Ath 16:2
ἁρμονία Ap 52:5 Τ 12:3
ἁρμονίαν Τ 1:2 Ap 52:5 D 6:2
Ἁρμονίαν Τ 34:2
ἁρμονικούς Ath 6:1
ἀρνούμεθα App 4:4
ἠρνούμεθα Ap 11:2

ἀρνοῖντο Ap 31:6
ἀρνεῖσθαι Ap 4:7; 8:1; 26:5;
  58:1 D 48:3; 71:2; 96:2;
  131:2 T 4:1
ἀρνούμενος App 2:14
ἀρνουμένου Ap 4:6
ἀρνήσεσθε D 49:8
ἠρνησάμην D 3:2
ἀρνήσασθαι D 78:10; 121:2
ἀρνησάμενοι Ap 50:12
ἀρνησαμένους D 47:4
ἀρνηθῆναι D 69:4
ἀρνίον D 72:2, 3
ἄρνες Ap 58:2 D 81:2
ἀρνῶν Ap 37:7
ἄρνας D 22:5; 50:4
ἄροτρα Ap 39:1 D 88:8; 109:2;
  110:3
ἀροῦται Ap 55:3
ἁρπαγή D 133:3 T 37:1; 39:3
ἁρπάζει T 8:4
ἁρπάζουσιν D 51:3
ἁρπάζωσι Ar 8:4
ἁρπάζων D 98:4; 102:1; 103:1
ἁρπάζουσιν Ath 1:4
ἁρπαζόμενοι Ath 11:3
ἁρπάσῃ D 22:10
ἁρπάσαι T 19:2
ἁρπάσας T 33:4
ἡρπάγησαν Ar 13:6
ἁρπαγείσης D 132:2
ἅρπαγα App 2:16
ἅρπαγες Ap 16:13 D 35:3²
ἅρπαγας Ar 8:2
ἁρπασταί T 10:2
Ἀρραβίας D 34:5; 77:4; 78:1,
  2. 5. 7, 8; 88:1; 102:2;
  103:3; 106:4
Ἀρραβία D 78:8
ἀρραβικῆς D 78:10
ἀρραβικῇ Ap 62:3
Ἀρράβων D 34:4; 119:4
ἄρρενος D 23:5
ἄρρενος Ath 22:4
ἄρρενας Ar 8:2 App 5:5
ἀρρητοποιῶν Ap 27:1
ἄρρητος D 127:2

ἀρρήτου App 10:8; 13:4 D 126:2
ἀρρήτῳ Ap 61:11
ἄρρητον Ap 9:3 App 12:4 D
  127:4 Ath 6:1
ἀρρήτων T 34:3
ἀρρήτων D 18:3
ἀρρητουργοῖς T 3:2
ἀρσενόθηλυν Ath 22:2
ἀρσενοκοιτίας Ar 13:7
ἄρσεν Ath 22:5
ἄρσεν D 62:1; 85:8
ἄρσενες Ath 34:1
ἀρσένων Ap 25:1 Ath 34:1
ἄρσεσι Ath 34:1
ἄρσενας Ap 27:1 D 88:1 Ath
  20:2
Ἄρτεμις T 8:2 Ath 17:3
Ἀρτέμιδος T 3:1; 9:2 Ath 17:3
Ἄρτεμιν Ar 11:2 T 29:1 Ath
  26:1; 28:2
ἄρτι D 130:1
ἄρτος Ap 65:3; 66:4; 67:5 D
  70:3
ἄρτου Ap 65:5 D 41:1. 3;
  70:4; 117:1
ἄρτον Ap 37:8; 66:2, 3 D 12:3;
  14:6; 15:5, 6; 57:2; 72:2;
  81:2; 131:3
ἄρτους Ap 67:3 (A)
ἀρυσαμένοις T 40:1
ἀρχαίαν T 20:3
ἀρχαῖον T 6:2; 18:3; 20:1
ἀρχαιότερος T 36:1
ἀρχαιοτέρα T 35:1
ἀρχαιότεροι T 41:2
Ἀρχέλαος D 103:3
Ἀρχέλαον D 103:4
Ἀρχεστρατείοις App 15:3 (ed)
ἀρχή Ap 35:2; 45:4 D 19:4;
  32:6; 62:4; 65:5; 111:2;
  138:2 T 4:1; 26:2 Ath 18:3;
  19:1, 2; 37:1
ἀρχῆς Ap 55:2, 6; 63:16 D
  5:2; 22:5; 25:2, 3; 31:3;
  65:5; 91:1; 120:6; 135:6
  M Ap HE 4:26:7 (EDM). 8

Ath 8:1², 4; 10:2; 17:4;
18:2, 4; 20:2; 28:2; 37:1
ἀρχῇ Ap 59:2; 64:2 D 35:6;
47:1; 61:3; 79:4; 86:1;
90:5; 129:2, 3; 137:3 T 5:
1, 2 Ath 24:4; 30:1; 32:2;
33:2
ἀρχήν Ar 4:2 Ap 10:2, 3, 4;
19:4; 28:3; 29:1; 59:1
App 6:3; 7:5 D 22:11;
27:4; 31:7; 45:4; 46:4;
52:3; 61:1, 3; 66:1; 67:7;
84:2; 91:4; 100:4; 102:3;
112:2, 3; 113:7; 129:3 T
5:1²; 41:2 M Ap HE 4:26:7
Ath 10:3; 19:1, 2; 36:3
ἀρχαί D 49:8
ἀρχῶν App 7:8 D 7:2
ἀρχάς D 2:3; 22:4; 41:1;
121:3; 131:5 Ath 7:1
ἀρχηγέτης Ap 28:1; 31:6
ἀρχηγέτου D 35:6
ἀρχηγόν T 31:1
ἀρχηγοί Ar 2:1 D 79:3
ἀρχηγοῖς D 22:4
ἀρχῆθεν Ar 12:2 T 13:2
ἀρχιερατικόν D 116:3
ἀρχιερέως D 42:1
ἀρχιερέα D 33:2; 52:3; 86:4;
116:1
ἀρχιερεῖς D 29:3; 117:3
ἀρχιερεῖς D 27:5
ἀρχικόν Ath 22:2²
Ἀρχίλοχος T 31:3
Ἀρχιλόχῳ T 31:3
Ἀρχίππου T 31:3
ἀρχιστράτηγος D 34:2; 62:5²
ἀρχιστράτηγον D 61:1
ἀρχισυνάγωγοι D 137:2
ἦρχε D 111:1
ἦρχεν D 90:4
ἀρχέτωσαν D 62:1
ἄρχησθε D 46:5
ἀρχομένου Ath 22:2
ἀρχομένῳ Ath 2:4
ἀρχόμενον Ath 19:1
ἀρχόμενοι Ap 3:2, 3 Ath 30:2

ἀρχόμενα Ath 22:2
ἀρχομένοις Ap 53:12
ἀρχομένους Ap 3:2
ἦρξας D 25:3
ἄρξαντα T 7:2
ἠρξάμην D 10:1
ἤρξατο D 35:4; 43:1
ἤρξαντο Ar 3:2 D 102:4
ἀρξάμενος T 35:1
ἀρξαμένη M Ap HE 4:26:8
ἄρχων Ap 32:1, 2; 54:5 D 52:
2, 3²; 120:3 Ath 24:4; 25:1
ἄρχοντος T 31:3 Ath 22:2;
25:4
ἄρχοντα Ap 12:7; 32:2 D 14:4
Ath 24:5
ἄρχοντες Ap 3:2. 3: 12:6;
40:11 D 36:4². 5. 6; 37:1;
73:5; 82:4; 85:1; 127:5
Ath 30:2
ἀρχόντων Ap 12:4 D 39:6;
124:2, 3²; 133:3 T 29:2
ἄρχουσι D 82:4
ἄρχοντας Ap 3:2; 17:3 App
1:2; 12:2 D 38:5 T 27:2
Ath 16:1; 28:1: 31:1
ἀρωγοί Ap 12:1
ἀσαγής D 53:1, 4
ἄσαρκος T 15:2
ἀσαφῆ D 32:2
ἄσβεστος T 8:1
ἀσβέστου D 120:5
ἀσβέστῳ D 49:3
Ἀσβόλου T 41:1
ἀσέβεια Ap 28:4; 43:6
ἀσέβειαν Ar 11:7 Ap 4:7: 58:3
ἀσεβοῦμεν Ath 15:1
ἀσεβοῦσιν D 61:5 Ath 14:2
ἀσεβῶμεν Ap 27:1 Ath 14:2
ἀσεβεῖν D 46:5 Ath 1:1
ἀσέβημα D 115:6
ἀσεβημάτων App 2:6
ἀσεβής D 14:5
ἀσεβοῦς D 56:18
ἀσεβοῦς [App 15:1]
ἀσεβεῖ Ap 27:3

ἀσεβῇ Ap 5:3 D 47:5; 133:5
Ath 21:3
ἀσεβές App 2:4; 4:4 Ath 1:2
ἀσεβεῖς Ar 13:7 Ap 40:10² App
10:4 D 92:4
ἀσεβῶν Ap 40:8, 10; 53:8;
57:1 App 3:2
ἀσεβεῖς Ap 15:7; 24:1; 54:2
D 35:5; 70:2; 80:3
ἀσεβῇ Ar 8:4 Ap 23:3
ἀσελγείας T 32:1
ἀσελγείᾳ Ar 12:1
ἀσέλγειαν Ar 9:5; 11:7 T 33:2,4
ἀσελγείαις App 2:3
ἀσελγῇ Ap 4:9
ἀσελγεῖς Ap 9:4
ἀσθένειαν D 112:1
ἀσθενέστερος Ath 21:3
ἀσθενέστερον Ath 34:2
ἀσθενής T 32:3
ἀσθενῇ Ath 16:2
ἀσθενές D 47:2
ἀσθενεῖς D 44:1; 134:5 T 32:3
Ἀσίας M P HE 4:26:3 M Ap HE
4:26:10
Ἀσίαν M Ap HE 4:26:5
Ἀσκαλωνίτην D 52:3
ἀσκεῖτε Ath 16:1
ἀσκεῖν T 1:1; 19:1
ἀσκοῦντα D 8:3
ἤσκησεν Ath 22:6
ἠσκημένη Ath 22:8
ἠσκημένην Ath 16:1
ἀσκήσεως T 19:1
Ἀσκληπιός Ar 10:6 T 8:3; 21:1
Ath 17:4
Ἀσκληπιοῦ Ap 22:6; 29:1
Ἀσκληπιόν Ar 10:5 Ap 21:2;
25:1; 54:10 D 69:3 Ath 30:2
ἀσκόπως D 8:4
ᾆσμα D 73:3; 74:2
Ἆισμα Ἀισμάτων M Ek HE 4:26:14
ἀσμένως D 1:2
ἀσόφους D 103:9
ἀσπαζόμεθα Ap 45:5; 65:2
ἀσπάζεσθαι Ap 39:5 App 12:2
ἀσπαζόμενοι Ap 14:2

ἀσπαζομένοις Ap 53:12 App 4:2
ἀσπίλῳ D 110:6
ἀσπίδες Ap 60:2
ἀσπίδων D 27:3
ἀσπίδας Ath 1:2
ἀσπόρως [Ar 15:1]
Ἀσσυρίου D 103:4
Ἀσσυρίων D 43:6²; 66:3²; 77:
2³,4; 83:1³ T 36:2²; 42:1
Ἀσσυρίοις D 123:5²
ἄστεγον Ap 37:8
ἀστέγους D 15:5
ἀστεῖον D 1:6
ἀστερόεντα Ath 18:4
ἀστέρος D 78:1; 106:4
ἀστέρες T 10:1
ἀστέρων Ar 6:1 T 26:2
ἀστέρας Ath 6:3²; 23:2
ἀστραγάλοις Ath 26:1
ἀστραπῶν D 67:10
ἀστροθεσίας T 8:1; 9:1
ἀστροθετούμενον T 9:3
ἄστρον Ap 32:12, 13 D 106:4²;
126:1
ἄστρον D 22:3
ἄστρα Ar 4:2
ἄστρων T 1:1; 27:3
ἄστροις Ath 13:2
ἄστρα D 85:5
ἀστρονομεῖν T 1:1
ἀστρονομία D 2:4
ἀστρονομίαν D 3:6
ἀσύγκριτον T 15:2
ἀσυμφωνίας T 31:4
ἀσύμφωνοι T 25:2
ἀσυνάρτητος T 31:4
ἀσυναρτήτοις T 35:1
ἀσύνετος D 27:4
ἀσυνέτῳ D 119:2
ἀσύνετοι D 20:4; 32:5
ἀσυνέτων Ar 12:6 D 95:4
ἀσυνέτοις D 134:1
ἀσυνέτους D 92:6
ἀσφαλής D 80:1
ἀσφαλές App 10:6
ἀσφαλῇ D 8:1
ἀσφαλεῖς D 61:4

ἀσφαλῶς Ar 3:2; 15:10
ἀσχημάτιστον T 12:1
ἀσχημονεῖ T 33:1
  ἀσχημονείτωσαν D 9:2
ἀσχολεῖσθαι T 27:3
  ἀσχοληθήσομαι D 20:3
  ἠσχολήθησαν Ap 63:17
ἀσχολία D 9:2
ἀσώματον D 1:5
  ἀσωμάτου Ap 63:16
  ἀσώματον D 1:5 T 25:2
  ἀσώματα Ath 36:2
  ἀσωμάτων Ap 63:10
  ἀσωμάτων App 7:8 D 2:6 Ath
    36:3
ἀσωτία T 17:4
  ἀσωτίαν T 23:1
ἄσωτον Ap 61:11
  ἄσωτοι T 12:3
ἄτακτον Ath 25:3
  ἀτάκτους Ath 25:3
Ἀταλάντη T 8:3
ἀτάρ Ath 16:3; 25:1
ἀτάραχοι Ap 46:4
ἄτε v. sub ὅστε
ἀτεκνωθῆναι D 123:6
ἄτερ Ath 1:3
ἀτιμάζει Ath 21:2
  ἀτιμάζετε D 16:4 T 10:2
  ἀτιμάζοντας D 78:10
  ἠτιμάσθη Ap 50:7 D 13:4
  ἀτιμασθῆναι Ap 50:1
ἄτιμος D 14:8; 32:1; 49:2; 100:
  2; 110:2
  ἄτιμον Ap 50:6 D 13:4
  ἀτίμου Ap 52:3
  ἀτίμῳ D 121:3
  ἄτιμον D 85:1
  ἄτιμον D 36:6
  ἀτίμων Ap 9:2
ἀτιμοῦντες Ath 34:1
  ἀτιμωθήσεται D 89:3
  ἀτιμωθείς D 101:2
  ἀτιμωθέντα D 40:4
  ἠτιμώσατε D 12:2
ἀτιμωρήτους D 88:5
ἀτίμως D 89:2; 90:1

Ἄτλας T 39:2
ἄτμητον D 128:3²
ἀτμίς D 56:2
ἀτονίαν T 20:1
ἄτονον T 32:2
ἀτοπίαν Ar 9:1
ἄτοπον T 27:1; 32:2; 35:2
  ἄτοπον Ap 29:4 D 18:1; 85:5
  ἄτοπα D 23:1
ἀτοπώτατον T 1:3
Ἄτοσσα T 1:2
ἄτρεπτον Ap 13:4
Ἀτρεύς T 39:1
Ἄτροπον Ath 18:4
ἀττικίζεις T 26:4
Ἀττική T 27:3; 39:2
  Ἀττικῆς T 1:2
  Ἀττικῶν T 39:2
Ἄττιν T 8:2
ἄτυφον T 29:2
ἀτυχήμασι Ar 12:6
αὖ Ap 3:2; 14:1; 20:2; 43:3
  D 80:2; 87:4; 119:1 T 30:1
  Ath 23:1
Αὐαρίαν T 38:1
αὐγήν Ap 67:7 (A)
Αὐγούστου M Ap HE 4:26:7, 8
  Αὐγούστῳ M Ap HE 4:26:7
αὐθαίρετον Ath 24:4
  αὐθαίρετοι Ath 24:4
αὖθις T 1:3; 6:2
αὐλαίων D 13:8 (ed)
αὐλέων D 13:8
αὐλῇ D 73:4
  αὐλήν D 22:11
  αὐλαῖς Ap 41:3
  αὐλάς D 73:4
αὐλητής Ath 9:1
  αὐλητήν T 24:1
  αὐλητικήν T 1:1
αὐλόν Ath 9:1
αὐξάνων D 88:2
  αὐξάνεσθε D 62:1
  αὐξήσει D 88:2
  ηὔξησεν Ar 12:2
  ηὐξήθη M Ap HE 4:26:7
αὔξην Ath 37:1

αὔξησιν App 5:2
αὐξομένην Ar 6:3
αὖρα T 8:4
  αὔρας T 8:5
Αὐρηλίῳ [Ath Ins²]
αὔριον Ath 12:2
Αὐσῆς D 75:2
  Αὐσῆ D 132:3²
  Αὐσῇ D 106:3; 113:2
  Αὐσῆν D 113:1
αὐτάρκειαν T 2:1; 19:1
  αὐταρκείας D 73:6
αὐτάρκεις Ap 53:1
αὐτάρκως T 31:4
αὐτεξούσιον T 7:1; 11:2
  αὐτεξουσίου D 102:4
  αὐτεξουσίῳ T 7:2
  αὐτεξούσιον App 7:5 D 102:4
    T 1:3; 7:2, 3; 15:3
  αὐτεξουσίους D 88:5; 102:4;
    141:1
αὐτίκα Ap 44:7 D 2:6; 33:1
αὐτοδίδακτον T 3:1
αὐτοκράτειαν Ar 6:2
αὐτοκράτορι ⟨Ar Ins⟩ Ap 1:1 App
  2:8, 16
  αὐτοκράτορες Ath 2:4; 13:1
  αὐτοκρατόρων Ap 55:7 Ath 18:1
  αὐτοκράτορσιν [Ath Ins]
  αὐτοκράτορας Ap 21:3
αὐτολεξεί Ap 32:1; 33:1; 59:1
αὐτοποίητον Ath 34:1
αὐτός Ar 4:1 Ap 10:4; 32:1, 4;
  33:5, 8; 35:3; 37:3; 40:4;
  50:2, 9, 10; 51:4, 5³; 53:2;
  54:5; 63:3, 5²; 67:6 App
  2:15; 12:1 D 2:3²; 3:2;
  5:4; 8:3, 4; 10:3; 13:1, 5,
  7³, 9; 16:1; 18:1; 23:4;
  27:4; 29:3; 34:1; 36:3, 4,
  6; 37:4; 38:2, 4; 40:4;
  43:5; 46:1, 2; 48:2; 49:3;
  51:2, 3²; 52:2, 4; 53:3, 5;
  56:22, 23; 58:8; 59:1, 3²;
  60:4; 61:3; 63:4, 5; 64:4,
  8; 65:2; 66:2; 67:2, 11; 69:5,
  7; 71:2; 72:3; 75:2; 76:6;

78:4; 79:4²; 80:4; 82:3;
  83:3; 84:1; 86:2, 3; 88:6,
  7; 90:4, 5²; 94:1, 3; 95:2;
  97:2; 98:1; 101:1; 106:4;
  111:3; 112:1²; 113:6; 114:
  2; 116:3; 117:2; 118:1, 2;
  120:3², 5; 121:1; 122:1;
  124:1; 125:1; 126:6²; 127:
  3²; 133:3, 4; 134:6; 137:2;
  140:1 T 1:1; 4:1, 2; 5:1²,
  [1,] 2²; 6:1; 17:3; 18:1²;
  19:1; 35:1 M Ap HE 4:
  26:6 Ath 7:1; 8:3, 4; 10:2;
  13:1; 16:2; 20:3; 21:5⁴;
  23:2², 5; ⟨24:3;⟩ 25:3; 26:
  3; 28:2, 5; 36:1
αὐτή Ar 4:3 App 2:1, 2 (ed), 8
  D 4:5; 6:2; 22:2; 68:6
  T 13:1²; 15:1 Ath 20:2
αὐτό Ar 5:1 App 2:12; 6:3;
  13:6 D 5:4; 61:2; 62:4;
  91:2², 3; 103:2; 109:2;
  111:1; 120:5; 129:2; 137:4
  T 15:2 Ath 22:2
ταὐτόν D 5:5 T 12:5 Ath 15:1
αὐτοῦ Ar 1:5²; 2:1; 4:2; 7:1;
  11:2, 4; 12:2; 15:3, 10; Ap
  4:9; 5:4; 6:2; 10:2; 12:
  10; 13:1; 14:4, 5²; 15:8,
  12, 13; 16:14; 17:1, 4; 21:
  5; 23:1, 2²; 26:3; 28:1;
  29:2; 31:7; 32:1³, 3, 5³, 6,
  7, 12; 33:1, 5², 8²; 35:7, 8;
  36:2; 37:1; 38:8; 40:1, 4²,
  5, 6, 7, 8², 11, 12², 13², 18;
  41:1², 2², 3³; 42:4²; 44:11;
  45:5; 48:2, 6; 49:1², 5²;
  50:2, 4, 5, 6, 7, 9, 10³, 11²,
  12²; 51:1², 2³, 4, 5, 9; 52:
  3²; 53:2, 3; 54:5⁴, 6, 7;
  55:2; 56:11; 58:1, 3; 62:3;
  63:2, 4, 14, 17; 65:3; 66:
  2; 67:2, 7 App 5:5; 6:3²;
  12:2 D 1:1; 2:3, 4; 3:7;
  4:2; 7:3³; 8:1, 4; 9:2; 11:
  2, 4; 12:2; 13:1, 2, 3², 4²,
  5⁴, 6⁷, 7²; 14:5², 8; 15:4;

16:4², 5; 17:1, 2; 19:6²;
20:1, 2; 21:1²; 22:2², 7⁷,
11; 23:1; 24:3; 26:3²; 27:
4²; 28:4²,5; 29:3; 30:2,3⁴;
31:1², 2⁴, 3, 4³, 5, 6; 32:2⁵,
3², 6; 33:2²; 34:4³, 5³, 6⁴,
7², 8; 35:2², 5, 7², 8³; 36:
1, 3³, 4, 5; 37:1, 3, 4⁴; 38:
5; 39:2, 5, 6; 40:2, 4²; 41:
1, 3; 42:1, 2², 3³, 4; 43:3⁵,
4, 5; 45:3, 4; 46:1, 7; 47:5;
48:4²; 49:2², 3⁴, 4, 6; 50:2,
4⁴, 5; 51:2⁴; 52:2⁷, 4; 53:
1⁶, 2², 4, 5³, 6²; 54:1⁶; 55:
3²; 56:2³, 7, 10, 15, 19⁵, 22²;
58:1, 6⁶, 8³, 11, 13³; 60:2;
61:2², 3², 4; 62:2, 5; 63:1,
2⁴, 5²; 64:1², 4⁵, 5, 6³, 8⁶;
65:1, 3², 5, 6; 66:2; 67:6;
68:4, 5²; 69:2, 3, 6, 7²;
70:3, 4; 72:1, 2², 3, 4³; 73:
3⁷, 4⁴; 74:2³, 3; 75:1², 2, 3;
76:2², 3, 5; 77:4; 78:3, 8;
79:1, 2; 80:4; 81:1; 82:1,
2², 3³; 83:1, 3², 4²; 85:2,
6², 8, 9; 86:2²; 87:3², 5, 6²;
88:2², 3², 8³; 90:3, 4; 91:
1³, 4²; 92:3, 4, 5; 93:2, 4;
95:2, 3², 4; 96:3; 97:1²,
2², 3²; 98:1², 5; 99:2; 100:
1², 2, 3, 4⁴; 101:1³, 3; 102:
2, 3², 5⁴; 103:3, 8²; 104:1,
2; 105:1, 3, 5, 6; 106:1⁴, 3,
4; 107:1, 4²; 108:2, 3; 109:
1, 2², 3²; 110:2, 3², 4, 5;
111:2²; 113:3², 4, 7; 114:
3, 4; 115:2³, 3²; 116:1, 2²,
3³; 118:1, 2³, 4; 119:2, 4;
120:3; 121:1³, 2⁴, 3⁴; 122:
2, 4, 5²; 123:1, 3, 6, 8³;
124:4³; 125:2, 5; 126:4², 5;
127:2, 3, 4³; 128:3, 4; 129:
3²; 130:1³, 2², 4³; 131:1²,
5²; 132:1; 133:1, 2, 3², 4,
6²; 134:1, 4; 135:2³, 6;
136:1, 2², 3; 137:1; 138:1³,
2; 139:1³, 3⁴, 5²; 140:1, 3;

141:1², 3 T 2:2; 4:2³; 5:1;
7:3; 8:4³; 10:2²; 11:2; 19:4²;
23:2; 26:1; 27:1; 31:2;
32:3; 33:4; 34:1; 41:1²
Ath 4:2; 6:3³, 4; 10:1, 2,
3², 4; 11:1; 12:2; 15:2;
16:1, 2; 17:2; 18:2, 3²;
20:2; 21:3; 23:4; 24:1, 2,
3²; 28:5; 30:2, 4; 32:2;
33:2; 35:2², 3

αὐτῆς Ar 4:3; 11:3; 12:2 Ap
15:1, 5, 12; 47:2, 5 App 2:
5, 8 D 1:5; 2:2; 3:4; 6:2²;
10:3; 11:3; 13:2; 22:2 (ed),
9:23:4; 36:3; 38:5; 50:3³;
53:2, 4; 56:7³; 58:8, 11,
12; 62:1, 5²; 65:4; 73:4;
78:8; 85:9²; 86:2; 100:5;
102:3; 119:2; 123:6; 128:2;
132:1; 134:1 T 8:1; 10:1;
11:1²; 12:1, 2, 3: 15:3;
18:1²; 19:2; 21:3; 26:1, 2;
27:3; 33:3; 36:1 Ath 6:2;
15:3; 20:1, 2; 21:4; 22:3;
24:2; 28:1; 29:2; 30:1;
32:2

αὐτοῦ Ap 40:9³; 55:3 D 3:6;
31:3, 5⁵; 43:3; 86:4³ T 13:
1, 2; 16:1, 3

ταὐτοῦ D 128:4 Ath 19:2

αὐτῷ Ar 1:2; 7:3; 15:7, 10
Ap 5:2 (AB); 8:2²; 10:1, 3,
4; 13:2; 15:5; 16:6, 7; 26:
3, 4; 31:2, 7; 32:6, 7, 8;
35:6; 40:7, 17; 44:11; 45:
1²; 50:6; 51:4, 9; 52:6;
60:3; 62:3, 4; 63:14, 16;
67:5 App 2:10; 4:2; 9:1;
11:2 D 1:1, 2², 3, 4; 2:4,
5; 3:1, 3, 5, 7; 9:3; 13:3,
4, 7; 17:2; 22:2, 4, 7. 10²,
11; 27:2, 5; 28:1; 30:3;
31:1, 2², 4, 7²; 33:2³; 34:
4², 5, 6, 7²; 38:4; 39:1, 7;
40:4²; 41:1, 3; 43:4; 45:
4²; 46:1; 47:1²; 49:4, 5;
50:5²; 52:2, 4; 53:1, 2, 5;

54:1; 56:1, 2, 5, 10, 18, 21;
58:6, 7², 8², 10²; 59:3; 60:
4, 5; 61:4³; 62:5³; 63:4, 5;
64:6; 68:5; 70:1, 3; 72:1;
73:2; 75:1³, 2; 76:3; 77:
4; 78:2, 3²; 79:2, 4; 81:4;
82:3²; 83:1²; 85:1, 7; 86:
2⁴; 88:1, 5², 6, 8²; 89:3;
92:3, 5; 101:2², 3; 102:5;
103:1², 2, 5, 4, 6⁵, 7, 8;
105:1; 106:1, 4²; 107:1,
3², 4; 115:2; 116:1, 3²;
117:1; 118:2; 119:6²; 120:
3, 4; 121:1²; 123:7; 125:
4³, 5; 126:3; 129:1; 130:
1³, 4; 133:2, 6; 135:3; 136:
1; 137:4; 138:3; 139:3, 4, 5
T 3:3; 5:1[, 1]; 6:2; 7:3;
11:2; 12:2; 17:1; 18:1;
19:2; 32:3; 36:2; 38:1;
40:1 M Ap HE 4:26:10
Ath 6:1; 10:4; 13:1, 2;
14:1; 15:2; 20:3; 22:5;
23:4, 5; 24:2; 31:2; 32:3
αὐτῇ Ap 21:3; 47:5, 6; 67:7
(ed) App 11:4, 7 D 4:5;
36:3; 49:4²; 62:5; 65:4;
69:5; 81:1²; 100:5; 115:6;
139:4 T 1:2², 3; 4:2; [5:3;]
12:1[, 1], 4; 13:1; 18:1²;
25:2; 34:2 Ath 16:1; 20:2;
24:4; 25:4
αὐτῷ D 3:2; 4:1; 62:1; 109:2
T 12:2²; 13:2; 15:2 Ath 16:3
ταὐτῷ Ath 8:1²
αὐτόν Ar 4:2; 6:1; 7:1, 3;
10:5, 7, 8 Ap 4:6, 7; 5:
3(, 3 ed); 10:1², 2, 3; 13:3;
15:2; 17:2; 19:3, 4; 20:2;
21:5; 22:2, 3, 6; 23:3; 26:
4, 4 (Eus); 28:4; 31:4, 8;
32:4; 35:6², 8²; 36:3; 40:
7, 19; 43:5; 44:11; 45:1;
46:1; 48:4; 49:1³, 6; 50:
6, 8, 9, 10², 12²; 51:2; 52:
2, 10; 53:2; 54:6, 7, 10;
60:1, 6; 63:10; 67:7 App

2:7², 15, 18; 3:4; 5:5; 7:9;
10:5² D 1:1; 2:3, 5; 3:1;
8:1, 4; 11:1²; 12:1, 2; 13:
4², 5², 6; 14:4, 5; 16:4²;
17:1, 3; 19:2, 3, 4²; 20:1;
22:2; 23:1, 2; 26:1, 3;
27:2, 4; 29:1; 30:2³; 31:3;
32:2, 3²; 33:2; 34:1, 2, 5,
6; 35:7², 8²; 36:6²; 39:2,
4²; 40:1², 4³; 42:4; 43:6;
45:3; 46:3, 4; 47:4; 48:4;
49:1², 4, 5, 6; 50:5²; 51:2²;
52:1, 2, 4; 53:2, 4³, 5²; 56:
6, 8, 11², 12, 13; 58:3, 6²,
7, 8, 13; 60:2, 4, 5³; 62:1,
2; 63:3, 5; 64:1, 6, 7; 65:
4; 66:1, 3; 67:2, 4, 6³;
68:5; 69:2², 3, 6, 7³; 70:1,
4³, 5; 72:1², 2, 3; 74:1, 4;
75:4; 76:1², 2⁴, 3², 7; 77:
1², 2, 3, 4; 78:1², 5², 7;
79:2; 81:3; 83:1, 2; 85:1,
6³; 86:4; 87:2⁴, 3, 5; 88:
1², 3, 4³, 6, 7; 89:1, 3²;
91:4; 92:1, 3; 94:3; 95:2²,
3; 97:1, 3², 4; 98:3³, 5².
99:1, 3²; 100:2, 3², 4³, 6;
101:1, 2², 3⁴ (3 ed); 102:2⁶,
6, 7; 103:1, 2, 3², 4, 5², 6,
7²; 104:1², 2²; 105:3; 106:
1³, 2³, 3², 4; 107:1, 2², 3²,
4; 108:1, 2³, 3; 110:1, 4;
111:3; 112:1²; 114:3; 115:
3; 116:3; 117:2; 118:2²;
119:3, 4, 5, 6; 121:2², 3²,
4; 122:5; 123:8²; 125 2, 4³;
126:1, 2²; 127:1, 2; 128:3,
130:1; 131:5²; 135:2²; 136:
1, 3²; 140:4 T 2:1; 3:2;
6:2; 7:1³; 8:4; 10:2; 11:
1; 12:3; 15:2; 18:1, 2; 22:
2; 25:2; 26:2; 27:2; 31:2,
3, 4; 34:1, 3; 36:1, 2; 41:
2³, 4; 42:1 Ath 4:2; 5:1;
6:4; 8:2, 3, 4; 9:1; 10:2;
14:1; 15:2; 18:3, 4; 20:2,
4; 23:5, 6; 29:1; 31:3

αὐτήν Ar 4:3; 6:3: 11:3 Ap
33:4, 5²; 47:5; 64:1 App
2:7; 11:4 D 2:4; 5:1; 6:
1. 2; 29:3; 31:6²; 36:3²;
43:2; 50:3; 51:3; 58:11,
12; 65:4; 66:1; 67:2; 68:8;
74:4; 78:3, 4; 79:2; 85:5,
9²; 100:5²; 113:3; 123:7;
132:2, 3; 139:3² T 11:1;
12:1; 13:2; 14:2; 15:1;
23:2; 34:3; 35:2 M Ap HE
4:26:11 Ath 20:3; 22:⟨2.⟩7
αὐτό Ap 5:3; 8:4; 40:11; 61:
10; 67:3 App 2:10 D 2:4²;
3:6; 4:1³. 2, 5; 10:1; 11:1;
28:5; 41:2; 44:3; 49:3. 6;
62:1, 4; 64:2; 65:2; 76:1²;
84:2; 101:2; 111:4; 115:6;
117:1; 133:4; 134:3; 142:2
T 10:2; 12:2 Ath 10:3;
26:3 (Sch)
αὐτοί Ar 2:1; 8:2, 5; 12:6;
14:1 Ap 3:4 (ed); 5:3 (AB);
35:5; 38:4; 44:10; 61:3
App 4:3: 12:4² D 1:2; 17:
4; 26:1; 46:1; 47:2; 57:2;
68:8; 71:1; 81:2²; 82:1;
93:2; 97:3; 98:4; 104:1²;
112:5; 119:2; 135:3. 5;
139:2, 3; 142:3 T 8:2;
9:1; 14:1; 16:3 Ath 14:2;
20:4; 30:2[, 2]; 37:1
αὐταί D 4:2 T 17:2
αὐτά Ap 24:3 App 9:4 D 119:1;
128:4; 131:6
αὐτῶν Q HE 4:3:2 Ar 2:1;
3:2; 4:1; 5:1. 3; 7:4; 8:
4, 5; 9:5, 6; 11:7³; 13:1,
2, 5³, 6, 7⁴; 15:2, 10 Ap
1:1; 3:1, 4 (AB); 14:1; 16:
13; 31:1², 3; 32:2; 33:5, 8;
36:1, 3; 39:1²; 40:2, 3², 6,
11²; 44:11, 11 (AB); 47:5⁵;
49:3; 50:4; 51:1, 5; 52:8²,
11; 53:7,9; 62:1;66:3 App
5:5; 9:2; 10:5 D 2:2; 4:6;
7:2²; 9:3; 10:3; 11:3²;

13:3, 7; 15:2²; 16:1³; 17:
2³; 19:4; 21:3³, 4; 22:4,
5, 6; 23:5; 24:4; 25:1;
26:4²; 27:3⁴; 28:3²; 30:1
(A); 32:5; 33:1; 34:5²; 35:
6; 37:4³; 42:1², 2; 44:3²;
45:4; 56:2, 5, 17, 18², 22;
64:4; 65:2, 6; 67:3, 8; 68:
8; 70:2; 74:4²; 78:5, 6, 7,
11³; 80:4; 81:1, 2⁶, 3; 82:
3; 83:4; 85:8; 88:4; 98:4;
100:2, 3; 102:1, 4; 103:1,
2, 3²; 106:1; 107:2², 4²;
109:1, 2², 3; 111:1, 2; 117:
2, 3, 4; 118:4; 119:2⁴; 120:
6; 121:1, 4; 123:2, 3. 6;
124:1; 125:1; 126:2, 4, 5;
130:3; 133:2², 4², 5³; 134:
4; 135:6; 136:2; 137:3;
139:4; 140:2, 3²; 141:4;
142:3 T 1:2; 6:1; [8:2;]
9:2; 12:3; 16:1; 17:3²;
23:2; 27:2; 31:1; 34:2;
36:2; 41:2 Ath 1:1; 2:2.
3; 7:2; 8:1². 2; 10:3; 16:2;
17:1, 2, 4; 18:1, 2², 3; 19:1;
20:1; 21:4; 22:1; 23:2, 4;
24:1; 26:1, 2; 27:2; 28:2.
4². 5; 30:3, 4; 32:1, 3;
36:1, 3
αὐτέων Ath 28:3
αὐτῶν D 56:15, 16; 140:1 T
17:1; 29:1; 33:3 Ath 16:3;
18:3
αὐτῶν Ap 14:3; 24:1; 26:6;
57:2 App 7:6 D 1:4; 3:5;
27:4; 30:2; 31:3; 64:8³;
86:2; 87:1; 92:1; 105:4;
109:3 T 8:3; 17:2²; 26:3;
37:1 Ath 9:2; 11:1; 15:1²;
22:5, 6; 23:1; 25:1, 3; 34:1
αὐτέων Ath 28:6
αὐτοῖς Ar ⟨8:5;⟩ 9:2; 13:5;
15:5, 10 Ap 3:4 (AB); 7:3;
16:11; 17:2; 23:1; 39:5;
40:6, 7; 44:12; 46:3; 50:
12²; 53:6; 55:1; 60:2; 61:2;

62:1, 2; 63:13; 66:3² App 8:4²; 9:2 (K); 10:2, 6; 13: 3 (AB) D 1:2, 3, 5; 3:7; 5:1; 9:2; 10:1; 20:4; 21: 1, 4; 22:2; 26:4; 27:4; 36:6; 37:4²; 38:1; 44:2; 45:3²; 46:4, 5; 47:2, 3, 4; 49:5; 56:2, 4, 15; 63:4; 64:4, 5; 67:2, 10; 68:9; 72:4; 74:4; 76:5; 78:4, 6, 7²; 79:4; 85:6; 90:2; 91:3; 103:3; 106:1; 107:1², 2; 112:3; 113:4; 119:2², 6; 121:3; 123:3, 6; 126:2, 4, 6; 130:4; 131:3; 132:2, 3; 134:4; 135:5; 137:3; 140:3; 141:2, 3 T 3:3; 8:1²; 9: 1, 2; 14:1², 2³; 15:3, 4; 16:2³; 17:2⟨, 2⟩, 3; 21:3; 23:1; 28:1; 36:1; 37:1; 39:1 Ath 5:2; 9:1; 14:1², 2; 17:4; 18:2²; 20:1, 2, 4; 22:1, 7; 24:4; 27:2; 28:2,4

αὐταῖς Ap 31:4; 44:13; 53:8 App 2:3 D 78:8 T 12:3; 13:3

αὐτοῖς Ar 4:2 Ap 8:4; 63:7 App 3:3 D 4:4; 5:6; 10:2; 21:2, 4; 29:2²; 73:4; 91:1; 103:3 T 3:2; 8:2 Ath 2:2; 10:3; 16:4; 22:6; 24:3; 25:3

αὐτούς Ar 3:3; 15:5² Ap 8:4; 16:13; 21:5; 24:2; 36:1; 40:12⁴, 15²; 53:1; 63:2,3,12 App 7:8; 12:1 D 2:2; 3:2; 7:1; 8:2; 11:3; 16:1; 19: 5; 21:3⁵, 4; 22:6; 26:4³; 29:2; 31:5, 6; 32:5; 33:2; 35:5; 37:4; 38:5; 42:2; 47:1, 2; 53:1, 5; 56:17, 20²; 58:6; 59:2; 62:1²; 64:4, 7; 65:3, 7; 67:9; 68: 8; 70:1; 72:4; 73:6²; 74:4; 77:4; 78:6, 7, 9, 11; 79:3; 80:4; 81:2; 88:5; 98:2; 101:1; 102:4; 103:2²; 111:

4; 112:4; 113:7; 114:1; 117:3; 119:2³; 120:6; 123: 1, 4; 124:1; 126:2; 130:4²; 133:5²; 134:5³; 141:1, 2³; 142:1 T 3:1,4; 12:4; 15:1; 16:2; 17:3; 18:3; 21:2; 23:1; 29:1; 35:1; 38:1; 40:1 Ath 3:2; 6:3, 4; 9:1; 13:1; 14:1², 2²; 15:1; 16: 3; 19:1, 2²; 21:1, 3; 24:4; 26:1²; 28:1[, 1], 3, 4; 29:2; 30:1, 2, 3, 4; 32:1, 2; 34:2; 35:1

αὐτάς Ap 31:4 D 4:7²; 5:2, 3, 5; 27:2; 65:5; 68:1²; 74:1; 84:3; 85:5; 90:4; 137:3²; 139:2, 4

αὐτά Ar 4:1 Ap 15:14; 18:5; 20:4; 24:1; 32:12; 60:10; 68:1 App 2:7; 5:2; 7:8, 9; 9:2; 10:5; 12:5 D 1:2, 3:3, 5; 8:1; 10:2; 20:3; 21:2²; 22:3; 23:1; 27:2²; 30:1, 2; 52:1; 55:2; 56:18; 58:4; 67:2; 68:1, 2; 69:4; 85:6; 87:5; 92:1, 5², 93: 1, 2; 95:1; 99:2; 101:3; 105:3; 112:5; 117:3; 118:5; 120:1; 139:2 T 17:3 Ath 16:4; 26:3; 34:1; 36:1, 3

ταὐτά Ap 20:5; 23:1; 59:5 D 1:5; 47:1; 48:4; 93:3; 118:4; 123:4

αὐτοῦ D 17:2
αὐτόχειρες D 16:4
αὐτοχειρί Ath 21:5
αὐτόχθων D 123:1
αὐτοφία D 115:3
αὐχοῦσιν T 34:1
αὐχοῦντες Ath 34:1
αὐχένος Ath 20:4
αὐχένα D 53:1
αὐχμηρῷ App 11:5
ἀφαίνοντας App 11:2 (B)
ἀφαιρῶνται Ath 12:1
ἀφαιροῖντο Ath 1:4
ἀφελῶ D 32:5; 78:11

ἀφαιρεθέντων D 139:2
ἀφεῖλεν D 43:6; 66:3
ἀφέλῃς D 15:6
ἀφέλετε Ap 44:3; 61:7
ἀφελεῖν Ap 29:2; 51:4 D 13:7
ἀφείλοντο D 72:1; 73:1; 139:3
ἀφέληται T 26:1
ἀφέλεσθε D 18:2
ἀφελόμενοι D 139:2
ἀφανῆ Ath 22:4
   ἀφανῆ D 120:5
ἀφανίζει Ap 15:11², 12
   ἀφανίσω D 21:4
   ἀφανίσαι D 31:7
   ἀφανισθείημεν Ath 31:3
   ἀφανισθέν Ath 36:2
ἀφασίᾳ Ath 25:2
ἄφεσις D 44:4; 95:3; 141:3
   ἀφέσεως Ap 61:10; 66:1 D
      84:4
   ἀφέσει D 15:4
   ἄφεσιν Ap 61:2 D 54:1; 111:
      4; 116:3; 141:2
ἀφηγεῖται T 36:2
ἀφηγημάτων Ath 28:3
ἀφήλικες D 115:5
ἀφηλωθείς D 108:2
ἀφηνιάσαντες T 12:4
ἀφθαρσία T 7:1
   ἀφθαρσίας Ap 10:3; 39:5 T
      32:1
   ἀφθαρσίᾳ Ap 13:2 D 45:4
   ἀφθαρσίαν Ap 19:4; 42:4; 52:3
ἄφθαρτος Ar 4:1 D 5:4
   ἄφθαρτον D 69:7
   ἄφθαρτον Ap 39:5 App 11:7
   ἄφθαρτοι App 11:8
   ἀφθάρτων App 11:7
   ἀφθάρτους Ap 10:2 D 46:7;
      88:5; 117:3
   ἄφθαρτα D 139:5
ἀφθονία App 7:3
ἄφθονον T 30:2
ἀφθόνως Ap 6:2 D 58:1
ἄφθορος D 100:5
   ἄφθοροι Ap 15:6
ἀφθόρως [Ar 15:1]

ἀφίετε Ap 4:6
ἀφίεται Ath 2:4
ἀφίενται T 1:3
ἀφίεσθαι Ap 4:2 Ath 2:3
ἀφιέμενοι T 12:4
ἀφήσει D 14:5
ἀφῆκαν D 73:1
ἀφείθη D 141:3
ἀφεθείη D 9:1
ἀφείσθω Ath 2:4
ἀφικνεῖται T 21:1
   ἀφικνεῖτο D 58:11
   ἀφικνούμενοι Ath 16:1
   ἀφικνουμένων D 31:1
   ἀφίκετο T 41:1
   ἀφίκοντο Q HE 4:3:2
   ἀφίκωνται T 3:4
   ἀφικόμενος D 3:1
ἀφῖκται D 127:2
ἀφῖχθαι Ath 28:1
ἀφιγμένων D 94:4; 122:4
   ἀφιγμένους D 118:4
ἀφιλοσόφου App 3:1 (Eus)
ἄφιξις T 37:1; 39:3
ἀφίσταται D 116:1
   ἀφιστάμεθα D 110:4
   ἀφίστασθαι D 8:2; 20:1; 106:1
   ἀφισταμένους D 111:2
ἀποστήσω D 118:2
   ἀπόστησον D 22:3
   ἀπέστη D 6:2
   ἀπέστημεν Ap 14:1
   ἀπέστησαν Ap 50:12 D 70:2
   ἀποστῇς D 98:3; 102:6
   ἀπόστητε D 13:2³
   ἀποστάντες D 78:9
   ἀποστάντας D 76:3; 79:1;
      121:3
ἀφεστῶτες T 26:3
ἄφοβοι Ap 46:4
   ἀφόβους App 12:1
   ἀφόβως Ap 44:13 App 4:1
ἀπεῖδον D 134:2
   ἀπιδών D 122:5
ἀφώριζε D 61:4
   ἀφορίσθητε D 13:2
   ἀφωρισμένον D 44:1

ἀφωρισμένοι D 16:2
ἀφορμῆς T 30:1
  ἀφορμήν Ar 11:7 T 22:1; 30:
  1, 2 M Ap HE 4:26:5
  ἀφορμάς Ap 4:7; 44:9 D 93:5
  T 16:2
ἀφωσιωμένος D 70:2
ἀφραίνομεν T 21:2
  ἀφραίνοντας App 11:2
ἀφροδισίων Ap 33:3
Ἀφροδίτη Ar 9:4 T 8:2 Ath 17:3;
  21:2², 3; 22:4
  Ἀφροδίτην Ar 10:7; 11:3 Ap
  25:1 T 22:1; 34:2
ἀφρονέστεροι Ar 12:1
ἀφροντιστήσετε Ap 17:4
ἀφρόνως D 112:2
ἀφροσύνης D 5:5
ἄφωνος Ap 50:10 D 13:5
Ἄχαζ D 43:5²; 66:2²
ἀχάριστος D 19:5 T 4:1
  ἀχάριστον D 27:2
  ἀχάριστοι D 102:6; 131:4
  ἀχαρίστους D 96:3
ἄχθεσθε D 29:3
Ἀχιλλεύς T 32:2
  Ἀχιλλέα Ap 25:2 T 21:3
ἠχρειώθησαν D 27:3
ἄχρηστον D 130:3
  ἄχρηστοι Ap 46:4
ἄχρι D 64:6 T 38:2
  ἄχρις Ap 35:1 D 78:4; 103:3²
ἄχυρον D 49:3
  ἄχυρα D 81:2
Ἀχώρ D 135:4
ἀχώρητος D 127:2 Ath 20:4
  ἀχωρήτῳ D 128:2
  ἀχώρητον Ath 10:1
  ἀχώριστον D 128:3
  ἀχώριστον D 128:3
ἀψευδές Ath 21:5
ἀψύχους Ath 23:1
  ἄψυχα Ap 9:1 Ath 22:4
ἄωρος D 81:1

Βάαλ D 39:1; 46:6; 136:3
Βαβυλῶνι D 115:4

Βαβυλῶνα D 52:3
Βαβυλώνιος T 36:1
Βαβυλωνίᾳ D 115:3
Βαβυλώνιοι T 1:1
Βαβυλωνίους T 12:5
βαδίζον Ath 6:4
  βαδίζοντα App 11:3
βάθος D 43:5; 66:2
βάθη D 70:3; 121:2
βαθείας Ath 1:3
βαθύν Ath 12:2
Βαιθήλ D 58:8³
βάντε Ath 21:3
Βάκιδος T 41:1
βακτηρία D 86:5 (A)
βακτηρίῳ D 86:5 (ed)
Βακχείου Ap 1:1
βαλανεῖον D 13:1
βάλανον D 58:8²
βάλλοντες D 97:3
βάλλεται Ap 16:13
βαλλόμενα Ap 18:6
ἔβαλον Ap 35:5, 8; 38:4 D
  97:3; 98:5; 104:1
βαλών D 86:1, 2, 6 Ath 29:1
βάμμα D 46:5
βάναυσα D 3:3
βαναυσουργοί Ap 55:3
βαπτίζω D 49:3
  ἐβάπτιζε D 88:3
  βαπτίζειν D 51:2
  βαπτίζεσθαι D 46:2
  βαπτίσει D 49:3
  βαπτίσθητε D 14:2
  βαπτισθῆναι D 88:4
  βεβαπτισμένῳ D 29:1
  βεβαπτισμένους D 86:6
βαπτίσματος D 14:1; 29:1; 43:2;
  88:2
  βάπτισμα D 14:1; 19:2²; 88:7
βαπτιστής D 50:2
  βαπτιστοῦ D 49:5; 51:3
  βαπτιστήν D 84:4
Βαπτιστῶν T 80:4
βαράθρων T 26:1
βαρβαρικῇ T 12:5
βαρβαρικαῖς T 1:3; 29:1

βαρβαρικώτερον T 26:4
βάρβαρον D 119:4
  βαρβάρου T 31:1; 35:1
  βάρβαροι T 30:1
  βαρβάρων Ap 60:11 D 117:5
    T 1:1; 28:1; 35: 2 M Ap
    HE 4:26:6
  βαρβάροις Ap 5:4; 7:3; 46:3
    M Ap HE 4:26:7
  βαρβάρους T 1:1; 21:3; 42:1
  βεβαρημένους T 23:1
  βάρεων D 38:4; 63:4
  βαρύνων D 70:2
  βαρυτάταις D 86:6
Βαρχωχέβας Ap 31:6
  βασανίσαντας D 68:2
  βασάνοις D 110:4
  βασάνους App 12:4
  βασιλεία D 31:4, 6, 7; 46:1;
    51:2, 3; 79:2; 140:2 T
    39:2, 3
  βασιλείας D 38:4; 39:7; 56:
    14; 63:4; 76:4; 120:5, 6;
    140:4 T 3:3; 9:3; 39:1
    M Ap HE 4:26:7 Ath 6:2;
    37:1
  βασιλείᾳ D 76:4; 117:3; 118:
    2; 120:6; 140:4 M Ap HE
    4:26:7, 8
  βασιλείαν Ap 11:1, 2; 15:2, 4.
    16; 16:9; 61:4 D 31:4, 7;
    32:1; 34:2; 39:7; 68:5;
    76:1; 105:6; 116:2 T ⟨8:1;⟩
    39:3 Ath 1:3; 3:2; 18:1,
    2; 37:1
  βασιλεῖαι D 31:4
  βασιλειῶν D 22:4; 31:7
  βασιλείας D 31:6; 121:3; 131:5
    T 9:3²
Βασιλειῶν M Ek HE 4:26:14
  Βασιλείαις D 34:8
  βασίλειον Ap 32:2
  βασίλειον D 31:5
  βασιλεύς Ap 31:2, 3; 32:2; 35:
    6, 11; 40:13; 51:7² D 34:
    2², 7; 36:1, 4⁵, 5, 6³; 37:1;
    38:4; 49:4; 52:1; 53:3;

59:2; 63:4,5; 78:1²; 83:1²;
  85:1; 86:3; 97:4; 102:2;
  113:5; 118:2; 127:5; 135:
  1; 141:3 T 4:1; 38:1 M
  Ap HE 4:26:6
  βασιλέως Ap 40:1, 6 D 29:1;
    34:3; 36:6; 37:3; 38:3. 5²;
    43:6; 64:4, 6; 66:3; 77:2³
    T 19:1 Ath 18:2
  βασιλεῖ D 34:2, 3; 37:1; 38:
    3, 5; 64:6; 68:7; 71:1;
    84:3; 103:4 T 37:1
  βασιλέα App 2:19 D 33:1;
    34:1, 2; 37:2²; 43:6. 8;
    52:4; 62:5; 66:3; 70:3. 4;
    77:4; 85:1; 96:1; 103:3;
    107:2;135:1³;137:2 T 38:1²
    Ath 23:4
  βασιλεῦ Ar 1:1; 2:1; 4:1;
    8:4; 11:7; 13:6, 8; 14:
    1⟨; 17:1⟩
  βασιλεῖς Ap 31:1; 40:11. 16;
    50:4 D 11:3; 13:3; 31:6;
    34:4³, 7; 86:3²; 118:4 T
    39:1 Ath 16:1; 28:2
  βασιλέων Ap 14:4; 18:1; 38:
    4; 43:6; 63:4; 66:3; 85:3
    T 36:2; 37:1; 38:1; 39:2
    Ath 1:1; 2:1; 11:2
  βασιλεῖς Ap 17:3 D 31:6; 32:
    6; 52:3 Ath 28:4
  βασιλέας T 10:2 Ath 28:2
βασιλεύει Ap 51:1
  βασίλευε D 38:3
  βασιλεύειν D 74:3 T 11:1
  βασιλεύων T 6:2; 9:3
  βασιλεύοντι Ap 31:2
  βασιλεύοντα D 77:4
  βασιλεύσει Ap 41:1 D 109:3
  βασίλευσε Ath 30:1
  ἐβασίλευσεν Ap 41:4; 42:4 D
    34:7; 37:1, 3; 64:4; 73:
    1², 2, 4
  ἐβασιλεύσατε Ap 32:3
  βασιλεῦσαι Ar 9:6 D 31:7;
    32:4; 68:9 Ath 28:1, 2;
    32:1

βασιλεύσαντος Τ 41:3
Βασιλιδιανοί D 35:6
βασιλική D 31:4
βασιλικόν App 3:5
βασιλικοῦ D 4:2
βασιλικῆς Ap 17:3
βασιλικήν Ath 16:1; 37:1
βασιλικάς Ath 16:1
βασιλικώτατον Ap 12:7
βασιλίδι Ap 26:2; 56:2
βασίλισσα D 38:4; 63:4
βασίλισσαν Τ 33:3
βασκάνων Μ Ap HE 4:26:9
βαστάσαι D 49:3; 88:7; 111:2
βαστάσαντες D 53:1
βάτος D 60:4³
βάτου Ap 62:3; 63:7, 17 D
    59:1; 60:3, 4²; 127:4; 128:1
βάτῳ Ap 63:11; 91:1; 128:1
βδέλυγμα Ap 37:7
βδελύγμασιν D 119:2
βδελύττεσθαι Τ 34:1, 3
βδελυσσομένοις D 85:8
βεβαίαν D 69:1
βέβαιοι Ap 12:10 D 53:6
βεβαιότεροι D 35:2
βεβαιοῦσιν Ath 22:7
βεβαιούμενα Τ 32:2
βεβαίως D 58:3
βεβήλοις Τ 8:4
βεβηλοῦτε D 28:5; 41:2; 117:1;
    120:4
ἐβεβήλουν D 21:2, 3
βεβηλοῦν D 41:3
βεβηλοῦσθαι D 120:4
βεβηλωθῇ D 21:1, 3
βεβηλωθῆναι D 117:3
Βελλεροφόντην Ap 21:2; 54:7
βέλη D 38:3
βέλτιον D 134:1
βέλτιον D 85:5
βελτίους Ath 10:1
Βερενίκης Τ 10:1
Βηθλεέμ Ap 34:1 D 78:1², 2²,
    4, 5, 7, 8; 102:2; 103:3²
Βηθφαγῆς D 53:2
Βήλου Τ 36:1

βήματος Ap 35:6; 68:8
βῆμα App 12:7
Βηρωσός Τ 36:1, 2
Βηρωσοῦ Τ 36:2
Βησαντίδα Τ 33:3
βίας Ath 18:3
βία Ap 3:2 D 26:3
βιάζεται D 51:3
βιάζεσθαι Ath 34:2
βιαζομένη App 2:5
βιασάμενος Ath 20:3
βιαιοθάνατος Ar 11:4
βιαίων Ap 16:4
βιαίων Ap 37:8 D 15:4; 40:4
βιαίως Ar 11:4
βιασταί D 51:3
βιβλίδιον Ap 29:2 App 2:8; 14:1
βιβλιοθήκην Ap 31:2
βιβλίου D 62:4
βιβλίῳ D 75:1; 95:1
βιβλίον D 114:5
βιβλίων Τ 26:1 Μ Ek HE 4:
    26:13 Ath 9:2
βιβλίοις Ap 31:1 Τ 27:2; 36:2
βιβλία Μ Ek HE 4:26:14²
βίβλου D 59:1
βίβλῳ D 20:1; 59:2
βίβλοι Ap 31:5 D 31:2 Τ 36:2
βίβλοις Ap 31:7
βίβλους Ap 31:2; 36:3; 44:12
    Τ 37:1
βιβρώσκεσθαι D 20:3
βεβρώκασι D 57:2
βεβρώκασιν D 57:2
βεβρωκέναι D 57:2², 3
βίος D 10:1 Ath 2:4; 31:2
βίου Ap 3:2, 4; 8:2; 10:4
    D 47:4; 105:3 Τ 11:1;
    39:1 Ath 3:2; 12:1²; 25:
    4; 31:1, 2, 3; 36:1
βίῳ Ath 33:1
βίον Ap 4:6; 7:2; 58:3 D
    10:3; 88:8 Ath 2:2; 12:1,
    2³, 3; 31:2, 3; 35:2; 37:1
βίους Τ 37:1
βιοτήν App 12:2
βιότητος Τ 14:3

ιοῦμεν D 10:1
βιοῦν Ap 61:2 App 8:2; 9:1
    T 14:2
βιοῦντι Ap 66:1
βιοῦντες Ap 16:8; 46:4 Ath
    12:3
βιούντων Ap 12:5; 46:4
βιοῦσιν App 2:2
βιοῦντας Ap 16:14; 21:6; 57:1
βιώσεσθαι D 1:5 Ath 31:2, 3
βιώσαιτο D 4:3
βιώσαντες Ap 14:3; 19:8;
    46:3, 4²
βιώσαντας App 1:2
βλάβη Ath 1:4
βλάβην Ap 27:5; 45:6
βλακείας D 2:6 T 32:3
βλάπτομεν T 25:2
βλάπτοντα D 18:3
βλάπτεσθαι D 35:1
βλάψετε D 84:4
βλαβησόμεθα Ap 17:4
ἔβλαψε Ath 26:2
βλάψωσι T 16:2
βλάψαι Ap 2:4
βλαβείην D 68:1
ἐβλαστήσαμεν D 119:3
βλαστήσῃ D 14:6 (A)
βλαστοῦ D 52:2
βλαστόν D 86:4
βλαστά Ar 6:1; 12:1
βλασφημοῦσιν D 122:2
ἐβλασφημεῖτε D 126:1
βλασφημῆτε D 35:8; 82:4
βλασφημοῖεν Ap 31:6
βλασφημεῖν D 35:5; 72:3; 80:4
βλασφημεῖται D 17:2
βλασφημεῖσθαι D 117:3
βλασφημία Ath 31:2
βλασφημίας Ap 26:5
βλάσφημοι D 79:1
βλάσφημα Ap 26:5 (Eus) D
    32:3; 35:4; 38:1; 80:3;
    82:3
βλέπει D 4:1, 4
βλέπουσι D 12:2
βλέπῃς Ath 30:3

βλέπειν T 34:1
βλέπων Ath 32:1
βλέπουσα Ath 27:1
βλέποντες Ap 16:2 T 8:1
βλέπεται D 91:2
βλέπονται T 16:2
βλέπηται Ath 21:1
βοαῖς Ap 68:8
Βοανεργές D 106:3
βοῶ D 24:1
βοᾷ D 12:1; 14:1; 17:2; 20:
    4; 24:3; 25:1; 27:2, 3:
    36:2; 48:2; 67:10; 110:6;
    112:2; 114:5; 122:3
βοῶσι D 70:5
ἐβόα D 17:4; 49:3; 70:7;
    84:1; 88:7
βοῶν D 17:3; 22:1; 51:2
βοῶντος D 35:1; 50:3; 88:7:
    108:1; 123:6
βοήσω D 50:4
βοήσῃ D 15:5
βοήσεται D 65:6
βοήσονται D 65:6
βόησον Ap 53:5 D 13:8; 50:4
βοηθείας Ap 25:2
βοήθειαν D 79:3; 98:5; 102:6:
    105:1 T 17:3
βοηθεῖν D 103:2 T 17:3, 4
βοηθῶν D 98:3; 102:1; 103:1,2
βοηθήσει Ar 10:6
βοηθήσων T 23:1
ἐβοήθησα D 122:5
βοηθῆσαι Ar 10:6, 8; 11:4
βοηθηθῆναι D 79:3
βοηθός Ap 38:3 D 26:4; 34:4:
    103:2 T 9:2
βοηθόν App 5:1 D 30:3
βοηθοῖς T 31:1
βοηθούς T 17:2
βόθρος Ap 18:5
Βοΐσκος T 33:1
Βοιωτίας T 39:1
βολβίτοις T 3:1
βορά Ap 44:5; 58:2
βορᾷ T 17:1; 21:1
βοράν App 12:2

βοράς Ap 26:7
βόρβορον T 21:4
βορρᾷ Ap 52:10
  βορρᾶν D 58:12
βοσκηθήσονται D 81:2
Βοσόρ D 26:3
βοτά Ath 25:2
βότρυϊ D 136:1
βούκερων Ath 28:3
βουκολοῦσιν D 140:2
βουκολοῦσιν Ath 21:5
βουκολίων D 22:5; 135:4
βουλεύματι Ap 10:2
βουλεύοντες D 70:3
βουλευόμενον Ap 12:3
ἐβουλεύσαντο D 72:3; 132:2
βουλεύσαιτο M Ap HE 4:26:6
βουλευσάμενοι D 72:3
βεβούλευνται D 17:2; 133:2;
  136:2; 137:3
ἐβεβούλευτο D 76:3
βουλή D 17:2; 133:4 M Ap HE
  4:26:6
βουλῆς D 39:2; 76:1, 3²; 87:
  2, 4; 126:1
βουλῇ Ap 23:2; 40:8, 10 App
  4:3 D 60:2; 84:2; 100:4;
  101:1; 125:3; 126:5; 128:
  4; 130:3; 141:1
βουλήν Ap 46:5; 63:16 App
  6:5 D 17:2; 23:3; 41:1;
  43:1; 48:3; 75:4²; 76:7;
  79:3; 84:4; 87:2; 95:2;
  103:3; 123:4; 127:4; 130:
  4; 133:2; 136:2, 3; 137:3;
  139:3
βουλαί D 14:5²
βουλάς D 14:5
βουλήματι D 61:1
βούλημα D 103:3 T 7:2
βούλησιν D 5:4; 63:1
βούλομαι Ap 37:7 App 3:4 D
  36:2; 39:3; 45:1; 67:3;
  68:3; 71:2; 77:1; 92:5;
  99:2; 130:3 T 4:1; 10:1;
  11:1; 22:2; 30:1; 35:1

βούλει D 27:1; 36:2²; 45:1;
  51:1
βούλεται Ar 4:1 Ap 51:2, 4;
  67:6 D 6:1; 13:6, 7; 47:1;
  56:4, 10; 84:4; 92:6; 93:
  2; 128:2; 132:2; 141:4³
  T 6:2; 15:2; 18:2; 36:1
  Ath 1:2; 10:2
βουλόμεθα Ap 8:2; 57:1 D
  89:2
βούλεσθε Ap 26:8; 56:4; 62:4
  D 68:1; 77:2²; 93:5; 124:
  4; 131:2; 137:3 T 4:1
βούλονται D 1:5; 9:2; 122:2
  T 17:3
ἐβουλόμην D 125:1; 135:4;
  142:2
ἐβούλετο App 2:7 D 27:5;
  56:8; 86:6
βούληται D 49:4; 128:3²
βούλησθε D 44:1
βούλωνται D 46:1; 47:2
βουλοίμην D 8:2
βούλοιο D 9:1
βούλοιτο Ap 68:9 D 92:2
βούλεσθαι D 87:1; 125:1 T 2:1
βουλόμενος Ap 15:5 D 2:4;
  79:2; 88:5; 116:1; 141:1
  T 17:2; 21:1
βουλομένου App 2:7 D 20:2;
  93:2; 102:5
βουλομένῳ Ap 6:2
βουλόμενον Ap 15:10
βουλομένην T 13:2
βουλόμενοι Ap 53:9; 63:9;
  67:6 D 18:3; 141:2 T 12:
  5; 32:3
βουλομένων D 40:4
βουλομένοις D 23:3 T 15:4;
  30:2
βουλομένους D 24:2; 64:2;
  93:2; 114:4; 128:2 T 32:1
βουλήσεται D 93:2²
βουλήσονται D 25:1
ἐβουλήθης M Ek HE 4:26:13
ἐβουλήθη App 2:4 D 95:2;
  141:1

4*

βουληθείς D 78:3; 84:3
βουληθέντος Ap 29:3
βουληθέντες T 8:3
βεβούληται Ap 16:3 D 56:11;
 103:8; 127:4
βεβούλησθε D 48:2
ἐβεβούλητο D 97:3
βεβουλῆσθαι D 23:1
βουνός D 50:3
βουνοῦ D 111:1
βουνοί D 14:7; 34:3; 64:6
βουνῶν D 61:3; 91:1; 129:3
βουνούς D 109:2
βοῦς Ap 37:1; 63:2 D 81:2
βόες D 22:8
βοῶν Ap 27:1
βοῦς T 21:1 Ath 28:2
Βούσιρι Ath 28:4
Βούσιριν T 3:2
Βουτακίδου Ath 14:1
βούτυρον D 43:5; 66:2
ἐβουφόρβουν Ath 21:5
βραβεῖον T 33:4
βραδέως T 32:2
βραχέως D 118:4
βραχίων Ap 50:5 D 13:3; 26:4;
 42:2; 50:3; 118:4
βραχίονι D 11:1; 50:4; 131:3
βραχίονα Ap 32:12 D 11:3;
 13:2
βραχυεποῖς App 9:1 (AB)
βραχυεπῶς Ap 49:6 App 9:1
βραχύς D 28:2
βραχύν D 29:2
βραχύ T 15:4
βραχεῖς Ap 14:5
βραχέων (διὰ βρ.) Ap 8:3 D
 128:4; 141:1 T 41:3 Ath
 10:2; 17:1
βραχεῖς D 65:3; 109:1
βραχείας D 73:1 T 8:5
βραχέα D 18:1; 43:8
βραχυτάτου Ath 31:2
βραχυτάτων T 30:1 Ath 36:2
βρεφῶν T 30:1
βρέχει [Ap 15:13] Ath 11:1
βρέχοντα D 96:3

ἔρρεξε D 129:1
ἔρρεξεν D 56:12, 21, 23; 127:
 5; 131:3
βραχῇ Ar 4:3
Βριάρεων Ath 18:4
Βρισηΐδα Ap 25:2
βροντῆς D 106:3
Βρόντην Ath 18:4
βρότειον Ath 22:1
βρότεια Ath 25:1
βροτολοιγόν Ath 21:3
βροτολοιγέ Ath 21:3
βροτῷ Ath 21:4
βροτῶν D 1:3
βροτοῖς Ath 29:2
Βρύαξις T 33:4
βρυγμός Ap 16:12
βρυούσης D 114:4
βρύον Ath 21:5
βρύουσι D 9:1
βρώματος Ar 7:2
βρώματι Ar 15:10
βρωμάτων D 20:1
βρῶσις Ap 15:11², 12
βρώσεως D 57:3
βρῶσιν D 14:6
Βύβλον Ar 12:2
Βυζαντίαν T 33:1
βωμολοχίας T 35:2

Γαβριήλ D 100:5
γαῖα Ath 22:1
γαῖαν Ath 5:2
Γαῖα Ath 18:4
Γαίης Ath 30:1
Γαῖαν Ath 30:2
γάλα D 52:2
γαλαθηνά D 22:5
Γαλιλαίου D 108:2
Γαλιλαίων D 80:4
γαμετή T 21:1
γαμετῇ D 110:3
γαμετήν App 2:3
γαμεῖ Ap 15:3
ἐγαμοῦμεν Ap 29:1
γαμῶν T 8:1

136:1, 2, 3²; 137:1, 2, 3²,
4; 138:1, 2², 3; 139:1², 3;
140:3; 142:1 T 1:1³, 2, 3³;
2:1; 3:1⁴, 2², 3²; 4:1², 2²;
5:1², 2², 3; 6:1²; 7:1; 8:
1³, 2², 3; 9:1², 3; 12:2, 4;
13:1³, 2; 14:1²; 15:1⁴, 3²;
16:1², 2³; 17:1, 2, 3, 4³; 18:
1², 2, 3; 19:1, 2²; 20:1³⟨, 1⟩;
21:1, 2³, 3, 4; 22:1, 2; 23:2;
25:1; 26:1, 2², 3², 4; 27:1,
2, 3; 28:1; 30:1³, 2²; 31:1³,
2, 4³; 32:1², 2, 3; 33:1³,
2², 3²; 34:1², 3; 35:1, 2²;
36:1²; 39:1, 2; 40:1; 41:
1, 2, 3, 4 M Ap HE 4:26:
5², 6, 7² Ath 1:[2,] 3, 4;
2:1. 3², 4²; 3:2; 4:1², 2;
5:1³; 6:1, 2, 4; 7:1; 8:1².
2³, 3⁵; 10:1², 2², 3; 11:1².
2, 3; 12:2, 3²; 14:2²; 15:
1, 2²; 16:1², 2², 3²: 17:1,
2, 3³; 18:1, 2², [2,] 3; 19:
1³, 2, 3; 20:4³; 21:1²,
4²; 22:1, 2, 6, 7, 8; 23:1,
5; 24:1, 3, 4; 26:1³, 4; 28:
3, ⟨3,⟩ 4; 29:2; 30:1², 2,
3⁴; 31:2³, 3; 32:1², ⟨1,⟩ 2;
33:1, 2⁴; 34:1², 2²; 35:1²,
2; 36:1, 2. 3; 37:1
γαστρός Ap 45:4 D 32:6; 63:3²;
   76:7; 78:3; 83:4; 98:3²;
   102:1 Ath 35:2
γαστρί Ap 33:1. 4, 5 D 43:5,
   8²; 50:4; 58:4; 66:2; 67:
   1²; 68:6; 71:3²; 84:1², 3
γαστριμαργίαν T 2:1; 25:1
γε Ap 4:1 (ed), 4; 12:5: 15:17
   App 3:2, 6²; 11:2; 12:2;
   15:2 D 1:5; 2:1; 3:6; 5:1;
   7:3; 13:1; 56:17; 76:6;
   82:4; 92:1; 93:1; 103:4;
   105:6; 125:2; 126:4; 127:
   2, 3; 129:4 T 8:2; 14:2;
   23:1; 40:1 M Ap HE 4:
   26:11 Ath 3:1²; 13:1:14:2:
   22:7; 23:3

γέεννα Ap 19:8
γεέννης D 122:1
γέενναν Ap 19:7
Γέθ D 22:4
ἐγείνατο Ath 18:4
γείτονος App 1:2
γειτόνων Ap 16:4
γελῶ T 3:2; 33:4
γελᾶτε T 32:2
γελῶν T 8:1
γελᾶσθαι T 32:2
ἐγέλασε D 56:17; 126:4
γελάσαιμι T 2:2
γελάσειεν T 32:2
γελαιάζοντες D 67:3
γελοῖον Ap 39:5 D 85:5: 123:2
   T 9:3 Ath 4:1: 14:2
γελοίῳ D 68:9
γελοῖον D 68:9 Ath 10:1
γελοῖα Ath 1:1
γελοῖα Ar 7:4 D 23:1
γελοιότατον Ap 64:5
γελοιότερον D 123:2
γέλως T 8:1
γέλωτος T 17:1
γέλωτα Ath 21:1
γεμίζεται Ar 4:3
γέμοντες D 17:4; 112:4
γενεά D 36:4; 107:1: 119:2
γενεή Ath 30:1
γενεᾶς D 115:5
γενεᾷ D 38:5² T 41:1. 3
γενεάν Ap 51:1 D 13:6; 43:3:
   63:2; 68:4; 76:2; 107:2
γενεήν Ath 20:3
γενεαί D 92:5
γενεῶν D 34:3; 64:6
γενεαῖς T 41:2
γενεάς D 34:3: 64:6: 92:2
   T 38:2; 39:1
γενεαλογοῦνται Ar 15:1
γένειον T 19:1
γενεσίων D 49:4
γένεσις T 8:1; 13:2 Ath 18:3;
   20:4; 22:1; 23:3
γενέσεως D 43:3; 58:5: 85:7
   T 6:2 Ath 19:1: 23:5

γενέσει Ath 6:4
γένεσιν Ap 22:2;61:10 D 88:8
  T 9:1; 11:1,2; 12:2; 21:2;
  26:2 Ath 18:2, 3; 19:1;
  23:3; 25:3
γενέσεις Ath 30:3 (Sch)
γενέσεις Ath 18:2
Γένεσις M Ek HE 4:26:14
Γενέσεως D 20:1; 79:4
γενετῆς Ap 22:6 D 69:6
γενήματα D 91:1 (A)
γενήσεις Ath 30:3
γενητός Ath 8:2; 21:4
γενητή T 5:3
γενητόν Ath 19:1; 20:1
γενητοῦ Ath 23:6
γενητοῦ App 7:6
γενητήν Ath 4:2
γενητόν Ath 15:1; [19:1]
γενητά Ath 8:1
γενητούς Ath 6:3
γενικήν Ath 24:3
Γενιστῶν D 80:4
γενναῖος T 32:2
γεννᾷ D 61:3; 129:3 Ath 18:4
γεννῶμεν D 61:2
γεννᾶν D 84:3 Ath 23:4
γεννῶντος D 129:4
γεννώσῃ D 85:9
γεννῶντα Ath 22:4
γεννῶσαν D 85:9 Ath 22:4
γεννᾶσθαι Ap 34:1 D 63:3;
  84:1² Ath 23:5
γεννώμενος App 6:3
γεννώμενον D 34:2; 100:5;
  129:4
γεννωμένῳ App 11:1
γεννώμενον Ap 31:7
γεννωμένων D 100:3
γεννωμένους Ap 61:5 D 27:5
γεννώμενα Ap 27:1 D 41:4; 86:2
γεννήσω D 123:6
γεννήσειν D 136:2
γεννησόμενον Ap 33:5 (AB)
γεννηθήσεσθαι D 76:7
ἐγέννησα Ap 45:4 D 32:6;
  63:3; 83:2, 4

ἐγέννησεν D 54:2;76:2 T 33:3
  Ath 18:3, 4
γεννήσαντος D 61:3; 123:9
  T 7:1
γεννήσαντα Ap 12:7 D 85:5;
  119:2
ἐγεννήθη Ap 34:2; 35:2 D
  84:2; 101:1 Ath 18:3
ἐγεννήθησαν Ap 15:4 D 38:5
  Ath 23:3; 24:5
γεννηθῆναι Ar 9:4 App 4:3
  D 45:4; 48:1, 3; 50:1; 63:
  1; 66:1; 68:1; 75:4; 77:4;
  78:9; 88:1, 4; 102:2; 106:
  4; 113:4; 127:4 Ath 20:3
γεννηθείς [Ar 15:1] Ap 35:1
  D 43:4; 48:3; 54:2; 57:3;
  61:3; 88:2 T 5:2; 6:2;
  41:3; 42:1
γεννηθέντος Γ 85:2
γεννηθέντος D 78:5
γεννηθέντα Ap 13:3 D 23:3;
  43:1; 126:1
γεννηθέν Ath 35:2
γεννηθέντων D 86:6
γεννηθέντας Ap 28:2; 61:5
  (AB mg) App 5:5 D 27:5;
  103:3
γεγέννηκα Ap 40:14 D 88:8;
  103:6; 122:6
γεγέννηκε D 61:1
ἐγεγεννήκει D 102:2
γεγεννηκότος Ath 18:3
γεγεννηκότα T 5:2
γεγέννηται Ap 23:2 D 43:7;
  48:2;66:4;67:2;78:1 (ed);
  100:6
γεγεννήμεθα Ap 61:10
γεγέννηνται D 26:1
ἐγεγέννητο D 62:4; 103:3
γεγεννῆσθαι Ap 21:1; 22:2, 5;
  46:1 D 61:1 (ed); 70:1 (ed),
  5; 87:2; 128:4; 129:4
γεγεννημένος D 43:7; 66:4
γεγεννημένου D 63:2
γεγεννημένον D 135:6
γεγεννημένοις D 135:5

γέννημα Ap 21:1 D 62:4²
γέννημα D 129:4 Ath 10:2
γεννήματα D 91:1
γεννήματα D 17:2; 81:2; 119:
  2; 133:2
γεννήσεως D 100:3
γεννητός D 5:2²; 66:1
γεννητοῦ App 7:6 (ed)
γεννητά D 5:4
γεννήτορα Ap 13:4; 21:5
γεννήτορας D 100:3
γένος Ap 43:3; 46:2; 60:2 D
  11:5; 55:3; 78:4; 89:1;
  93:1; 95:1; 102:4; 116:3;
  117:4, 5; 123:9; 135:3 M
  Ap HE 4:26:5
γένους Ap 1:1; 23:2; 25:1;
  32:14; 40:7; 53:2; 54:1;
  63:10 D 10:3; 19:4; 23:
  3, 4; 26:2; 43:1, 3²; 45:4;
  47:3; 48:2, 4; 54:2; 64:2²,
  3; 65:4; 67:6; 68:4; 71:2;
  73:2; 74:3; 80:1; 88:4;
  95:2²; 100:2, 3; 106:4;
  107:1; 108:1; 117:2, 4²;
  119:4; 120:2, 6; 121:2, 3;
  122:3; 124:1; 130:2, 3;
  131:5; 134:5; 138:2; 139:1;
  141:4 T 31:2 Ath 3:1; 28:
  3; 32:3; 33:2
γένει Ap 39:3; 56:1 App 8:1
  D 15:2; 43:7; 49:3; 51:1,
  3; 52:1, 3², 4; 66:4; 67:10;
  69:6; 82:1; 84:2; 87:3;
  93:1; 95:3; 97:4; 102:5;
  108:2; 111:4; 115:3; 120:
  2, 6; 121:3; 138:3; 140:1;
  141:1 Ath 1:4; 12:1
γένος Ar 2:1 Ap 15:6; 26:5;
  28:2, 3; 31:7; 44:11; 50:
  12; 51:1; 53:8 App 4:2, 3;
  5:4; 7:5 D 1:3; 23:1, 5;
  32:2; 63:2; 76:2²; 89:3;
  100:3; 102:6²; 106:1; 120:
  5; 130:3²; 139:3 T 33:3
  Ath 25:2; 28:4
γένη Ar 2:1² Ap 53:4 T 28:1

γενῶν Ap 13:2; 31:8; 32:4
  D 1:4; 130:3
γένη Ar 2:1 D 31:4; 130:3;
  135:6 Ath 17:1
γέρας D 3:4
γέρας M Ap HE 4:26:6
Γερμανικοῖς Ath Ins (Sch)
γερουσίαν D 59:2
γεφυρῶν Ap 26:2
γεωγραφίας T 20:2
γεωμετρεῖν T 1:1
γεωμετρίᾳ D 2:4
γεωργοῦμεν D 110:3
γεωργία T 39:3
γεωργικά D 110:3
γεωργός Ath 33:1
γεωργοί Ap 44:13
γῆ Ap 32:4; 34:1; 37:4; 41:1.
  3; 47:1, 5; 55:3; 59:3; 64:3
  D 15:6; 22:11; 34:6; 36:3;
  37:3; 42:1; 43:6; 52:4;
  62:5; 64:4, 6; 66:3; 73:3.
  4²:74:2; 78:1; 81:1; 85:9;
  91:1; 138:3 T 12:2 Ath 9:2;
  17:4; 18:3; 22:1; 25:2
γῆς Ar 3:2; 12:1 Ap 15:11;
  32:3; 34:1; 40:10, 11, 15;
  44:4; 51:1; 53:3; 54:7;
  58:3 D 11:1; 13:2, 6; 14:
  5; 22:6; 26:3; 27:1; 31:4²,
  6; 32:3; 34:4, 5, 6; 37:1²;
  38:1; 43:3; 49:5, 8; 52:3;
  56:2², 10; 58:5, 12²; 60:2;
  61:4; 62:1²; 63:2; 64:6;
  65:5; 72:2; 73:6; 74:3³, 4;
  78:10; 91:1², 3; 94:1; 101:
  2; 107:3; 108:3; 110:2, 3,
  6; 112:1; 117:1; 119:3, 5²;
  120:1²; 121:4; 122:6; 123:
  8; 124:2; 127:3; 128:3;
  129:1²; 132:1; 135:2 T 9:
  1²; 20:1; 27:3 Ath 5:2;
  10:2; 22:7; 23:4, 6; 34:1
γῆ Ap 50:5; 62:3 D 13:3, 9;
  16:1; 17:3; 34:5; 42:2;
  58:8 (ed), 11, 12; 60:3; 69:
  5, 6; 77:4; 115:3; 117:5;

120:4; 123:5; 138:3²; 139:
3, 4, 5 T 42:1
γῆν Ar 1:1; 4:3, 4; 11:7 Ap
18:6; 19:4; 40:3, 16; 54:
9: 59:2; 64:2 D 14:6; 17:
1; 22:7²; 26:4³; 31:6; 34:3;
38:5; 42:1; 50:5; 56:2, 12,
21: 58:5, 8, 12; 61:3; 62:
1, 2, 5; 64:8; 65:4; 69:3, 5;
72:4; 73:4; 74:1; 75:1, 2;
78:4; 81:2; 106:3; 110:4;
113:1. 3³, 5, 7; 115:2, 5;
117:3; 119:2, 5; 122:5;
124:2; 125:1, 2: 129:3;
130:1; 132:3²; 139:3; 141:4
T 27:2²; 35:1 Ath 5:1:
13:1, 2; 22:4, 7: 25:1; 28:
4: 33:1: 36:1
Γῆ Ath 18:3, 4
Γῆς Ath 23:3
Γῆ T 8:3 Ath 18:4
γηϊνων Ap 58:1 Ath 20:4
γηϊνοις Ap 58:3
γηόρας D 123:1
γηόραν D 122:1
γήρᾳ T 32:2
γηράσκειν T 35:2
γηράσκοντα Ar 7:1
γεγήρακα D 56:17; 126:4
γεγήρακεν T 21:2
γίγας Ap 40:4; 54:9; 64:8; 69:3
γίγαντες Ath 24:5
γιγάντων Ath 24:5; 25:1
γίνομαι T 5:2: 11:1
γίνῃ T 25:1
γίνεται Ar 4:3² Ap 43:2: 67:
3, 5, 6 App 2:14: 13:6 D
3:2: 7:1; 8:2; 17:1; 32:3;
103:5; 110:4; 114:4 T 5:1:
6:1: 7:1, 3; 10:1²; 19:3:
25:1, 3; 27:2 Ath 4:2
γίγνεται Ath 6:4
γινόμεθα Ap 12:10 D 35:2;
105:3
γιγνόμεθα Ath 18:2
γίνεσθε D 68:1; 122:1 T 19:2
γίνονται Ap 44:5: 55:6: 58:2

App 14:1 D 1:3; 110:4:
140:4 T 8:1; 11:2
ἐγίνετο D 2:3; 40:4; 90:5
T 7:2; 8:3
γίνηται D 110:4
γίγνηται T 3:1
γίνωνται D 117:5
γίνοιτο D 2:3
γίνεσθε Ap 15:13 D 96:3
γίνεσθαι Ar 15:5 Ap 9:3; 33:
2; 39:1; 42:1; 43:1; 44:11:
52:1; 66:4: 68:3 (Eus) App
7:4, 9; 10:8 D 16:3; 22:1;
30:2; 35:2; 40:3, 4, 5: 42:
4²; 43:4; 45:3; 53:3; 58:1:
68:6; 69:7; 78:8; 82:1:
84:2, 4; 87:6; 88:8²; 96:1:
102:5; 105:3; 112:1; 114:
1; 115:4²; 117:1; 139:4:
142:2 T 16:1 Ath 18:1
γίγνεσθαι Ath 23:1
γινομένη App 2:6
γιγνομένη Ath 27:1
γινόμενον M Ap HE 4:26:6
γινομένη D 31:1
γινόμενον App 7:9 T 8:3: 22:1
Ath 6:4: 22:4
γινόμενον Ap 12:10 D 5:2:
61:2²; 96:2 T 20:1
γινόμενοι Ap 14:3 D 38:2 T
23:2
γινόμεναι D 40:2; 117:2
γινόμενα Ap 12:10; 18:3
γινομένων Ap 8:4; 45:1 T 6:1
γιγνομένων Ath 37:1
γινομένων D 35:8
γινομένων App 6:5 D 85:1;
103:8; 114:1 Ath 25:1
γιγνομένων Ath 19:3
γιγνομένοις Ath 23:5
γινομένους Ap 19:4
γινομένας Ap 5:2 D 117:1²
γινόμενα Ap 30:1; 43:1 App
7:3, 9 D 20:4; 39:6: 61:3:
69:7; 101:2: 129:3
γενήσεται Ap 63:6 D 44:4:
56:6 Ath 22:3

γενήσεσθαι Ap 8:4; 12:9; 19:
8; 20:1; 31:1; 32:11; 33:
2; 36:2; 60:8 App 7:3;
8:5 D 32:2; 33:2; 35:7;
49:1, 2; 51:2, 3; 53:2; 80:
5; 81:4; 86:4: 87:3, 5;
91:4; 111:1, 4
γενησόμενος D 36:1: 76:6
γενησομένη D 35:8
γενησόμενον D 17:1; 92:2
γενησόμενον Ap 33:5 (ed) D
49:3²; 80:2; 103:4
γενησόμενοι D 139:2, 5; 140:4
γενησόμεναι D 49:2
γενησόμενα Ap 50:12; 52:4
γενησομένων Ap 32:5; 52:1
D 35:7; 86:1
γενησομένους D 76:3; 141:2
γενησόμενα Ap 42:2
ἐγενήθην Ap 49:2 D 24:3
ἐγενήθη Ap 47:2³; 52:12 D
2:2; 25:5³; 98:4; 102:1;
103:7; 119:4; 131:1; 133:5
M Ap HE 4:26:7
ἐγενήθημεν Ap 53:7 D 140:3
γενηθήτω Ap 59:4 D 139:3
ἐγένου D 37:4
ἐγένετο Ar 5:3 Ap 19:5; 38:3:
59:4 D 34:7; 40:1; 50:5;
56:7, 20; 58:4; 62:5; 119:4
T 9:2; 20:1; 38:1 M P HE
4:26:3 Ath 9:2; 10:2; 14:1
γένετ' Ath 30:1
ἐγενόμεθα D 9:3; 25:3, 4 T
11:2
ἐγένοντο Ap 31:8 D 5:2; 7:1;
35:4; 51:1 Ath 30:3
γένηται Ap 4:6; 23:1; 33:2;
37:1; 47:6 App 1:3; 2:6
D 24:2; 32:3; 56:6; 62:4;
81:1; 84:2; 95:3; 110:1;
119:1
γένησθε D 92:4 Ath 11:1
γένωνται D 16:2
γένοιτο Ap 4:3; 65:4 D 1:2:
34:6²; 64:6²: 100:5; 133:1

T 16:1 Ath 19:3: 20:4;
31:2
γένοιτ' T 31:3
γένοιντο T 16:1
γενέσθω Ap 68:2 D 50:3
γένεσθε Ap 44:3; 61:7 D 18:2
γενέσθαι Ar 9:7 Ap 10:4: 12:
10²; 13:2; 19:1, 2, 4, 5;
20:2, 4; 23:3: 30:1: 31:1;
52:1, 7; 54:6; 57:1: 68:3
App 2:11 D 2:4; 3:2; 16:4;
23:3; 35:7; 67:6; 68:1. 9;
84:2; 93:3; 94:1,2,5: 100:2;
102:4; 124:4²; 127:2; 141:1
T 6:2; 9:3; 12:4: 19:3;
23:2 M Ek HE 4:26:13 Ath
2:4; 17:1, 4; 28:1. 2. 3
γενόμενος Ap 23:2; 32:1: 43:
8; 50:1; 56:2: 63:10. 16
App 6:3 (B); 10:5: 13:4
D 34:2; 48:3; 50:2: 56:6;
68:3; 101:1; 105:1: 113:3;
125:3 T 6:2; 9:3: 16:1;
29:1; 38:1 M Ek HE 4:26:
14 Ath 8:4; 24:5: 32:2
γενομένη D 4:5²; 11:2
γενόμενον D 49:3, 6: 53:2,
84:2; 104:1 M Ap HE 4:
26:5 Ath 19:1; 24:3
γενομένου Ap 5:4: 13:3; 32:4;
34:2; 40:6; 56:1 App 10:8
D 3:1; 9:3: 30:3; 41:1;
56:6; 85:2; 110:2: 115:4
T 41:2, 4
γενομένης D 87:5: 131:3 T
29:2 Ath 20:2; 36:3
γενομένου Ap 31:5; 60:4 App
1:3 D 30:3: 103:2; 114:2
γενομένῳ Ap 31:6 (Eus) D 8:
2; 49:3; 71:1; 84:3
γενομένη D 60:2; 63:5: 81:4
γενόμενον Ap 13:3: 21:2. 5;
26:4²; 42:3; 53:2: 54:7
App 2:9 D 1:3; 34:2: 38:1:
43:8; 46:2; 48:1, 4: 49:1;
64:7: 67:2: 69:2,3: 76:1:
77:3 Ath 4:2; 10:2: 19:2

γενομένην Ap 26:3; 32:3; 52: 3; 60:3 App 2:15 D 141:3
γενόμενον Ap 19:2
γενόμενοι Ap 4:9; 31:1 App 9:4; 12:5 D 52:4; 56:9; 67:7; 68:6, 7; 74:2; 92:2: 134:4
γενόμεναι Ap 53:8
γενόμενα Ap 52:2 App 1:1 Ath 8:1
γενομένων Ap 7:3; 18:1; 42: 3; 52:3 App 1:2 D 53:6; 80:1; 82:1; 96:2 Ath 17:2 (Sch); 19:2; 24:1
γενομένων Ap 34:2
γενομένων Ap 35:9; 48:3 D 53:1, 2; 93:5; 133:1
γενομένοις Ap 18:2 D 2:2: 117:3 Ath 9:2
γενομένοις Ap 66:3 App 15:3 (AB)
γενομένους Ar 8:2 Ap 10:2: 54:1 (ed); 61:5 (AB) App 5:5 D 27:5; 42:3; 76:3; 88:5; 139:2 Ath 31:2
γενομένας D 117:4
γενόμενα Ap 13:1; 23:3;30:1; 42:1, 2; 52:1; 53:2
γεγένηται Ap 28:2: 32:14 D 8:4; 78:1; 87:3; 99:2: 131:4 Ath 10:1
γεγένησθε D 23:3 T 26:2
γεγένηνται Ap 28:3; 31:1 D 67:4
ἐγεγένητο D 117:5
γεγενῆσθαι Ar 8:2 Ap 20:4: 22:2 (AB), 6; 47:4; 59:5 D 33:2; 38:1; 42:3;60:1: 61:1; 67:4; 69:2: 70:1: 76:3; 116:1; 127:5 T 12:2
γεγενημένος D 60:3: 105:1; 125:4
γεγενημένη D 91:4
γεγενημένον D 78:9; 106:1; 111:2
γεγενημένου Ap 29:4 D 63:2: 115:3

γεγενημένης D 62:4: 115:3; 128:1; 131:2: 132:2
γεγενημένου D 91:3
γεγενημένῳ Ap 31:6
γεγενημένον D 103:3
γεγενημένην Ap 40:6 D 103:3 T 4:2; 5:1
γεγενημένον D 23:5: 100:3; 131:4
γεγενημένοι D 92:4: 131:4 T 9:1
γεγενημέναι D 92:5
γεγενημένων Ap 23:1 D 52:3; 71:2; 80:3; 85:3
γεγενημένων Ap 26:8 D 71:2
γεγενημένων Ap 16:4 D 102:1; 112:3; 114:1, 2
γεγενημένους D 124:4
γεγενημένας D 132:1
γεγενημένα Ap 19:5: 47:1: D 92:1²; 108:1
γέγονας M Ap HE 4:26:7
γέγονε Ar 5:1 Ap 35:9: 39:2; 55:8 App 6:5 D 49:6, 8; 52:3; 53:5: 60:2: 68:2: 70:4: 83:1: 84:2: 97:1; 112:3; 114:4; 127:4 T 7:1 Ath 24:3
γέγονεν Ap 32:10: 35:1: 38:7 App 13:4 D 5:4: 14:1; 16:3: 32:1: 33:1: 34:2; 43:4: 52:4; 57:3: 61:2; 62:3: 75:3. 4; 98:1: 103: 7: 118:3; 125:4: 120:2; 134:2: 135:1: 138:1. 2; 139:3: 142:1 T 4:2: 5:1; 13:2; 19:4: 37:1: 39:1: 41:2, 3 Ath 16:2: 18:2
γεγόναμεν Ap 61:10 D 41:1 T 11:2
γεγόνατε D 117:5 T 25:3
γεγόνασι App 5:4: 8:1 (B) D 45:4: 46:3: 87:4: 92:2; 134:4: 141:1 T 8:4: 37:1
γεγόνασιν Ar 2:1 Ap 14:5; 60:2: 63:10 App 7:2: 8:1 D 128:4 T 12:3: 26:2;

39:1; 41:2 Ath 17:1; 19:1;
  24:3, 4; 26:1
ἐγεγόνει Ap 43:8 D 111:4
ἐγεγόνειμεν D 43:2
γεγονέναι Ap 13:2; 21:5; 54:
  6: 56:1; 60:11 App 10:1
  D 2:6; 5:2³; 49:1², 6: 50:
  1: 52:3; 60:3; 62:2; 88:1;
  100:4; 103:8 T 21:1; 25:2;
  31:3²; 32:2; 36:1. 38:1 Ath
  9:1; 17:4; 20:1; 23:4; 29:2
γεγονώς T 4:2; 6:2²; 7:1², 3:
  31:2; 36:1 (MPV). 2; 39:1;
  41:3 Ath 20:3; 22:5
γεγονός Ath 25:3
γεγονυῖα T 5:3
γεγονότος Ath 11:2
γεγονυῖαν T 12:1
γεγονότες T 8:1 Ath 29:2²
γεγονότων T 3:2 Ath 32:2
γεγονότων Ath 8:2²
γεγονότας D 1:5 T 12:4 Ath
  23:2; 28:2
γεγονυίας T 41:3
γεγονότα T 36:2
γινώσκω D 110:1; 128:2 T 4:1
γινώσκει Ap 40:10 App 7:1
  D 83:3; 100:1; 127:2
γινώσκομεν Ap 9:1; 26:7 App
  4:4 D 46:7
γινώσκετε Ap 4:8 D 138:1 T
  26:2
γινώσκουσι Ar 15:3
γινώσκουσιν D 141:2
ἐγίνωσκον T 6:2
ἐγίνωσκε D 102:4²
ἐγίνωσκον Ap 12:2 T 20:3
γινώσκωμεν Ath 13:1
γίνωσκε D 118:5
γινώσκειν D 19:6; 21:2; 62:3
γινώσκων Ap 12:2 App 2:19
  D 39:2; 78:7 T 42:1
γινώσκουσα T 13:1
γινώσκοντες Ap 11:1; 63:15
  T 17:2; 26:3
γινώσκεται D 110:1
γινώσκονται T 39:2

γνώσῃ D 126:6
γνώσεσθε D 74:2
γνώσονται D 70:2; 115:1
γνωσθήσεται D 110:1
ἐγνώσθησαν App 3:6
γνωσθῇ App 14:1 D 84:2
γνωσθῆναι Ap 63:5 App 14:1
γνωσθέν D 53:2
γνωσθέντι App 10:8
ἔγνων Ap 38:3 D 28:6
ἔγνως D 15:3
ἔγνω Ap 37:1²; 63:2², 3, 12.
  13 App 2:2 D 25:2; 50:5;
  139:3
ἔγνωμεν Ap 19:6 D 18:2; 79:
  4; 81:3; 130:2
ἔγνωτε D 123:2
ἔγνωσαν Ap 54:9; 56:1; 63:
  3, 14; 64:5 D 27:3; 107:4;
  122:1; 124:2 T 40:1
γνῶ D 56:18; 68:4
γνῶμεν D 17:2; 133:4
γνῶτε D 70:2
γνῶτε D 28:3
γνῶναι D 15:2; 30:1; 43:6³;
  66:3³; 68:1; 77:2², 3²; 102:
  5; 123:4; 130:4; 132:2 Ath
  23:3. 5
γνόντες D 100:2
γνόντας D 74:3
ἔγνωκα D 22:8
ἐγνώκατε D 17:1
ἐγνώκειτε D 126:1
ἐγνωκέναι D 78:1; 92:2
ἐγνωκότες D 139:5 Ath 13:1
ἐγνωσμένον D 139:4
ἐγνωσμένα Ap 42:2
Γίτθων Ap 26:2 (Eus)
Γιττῶν Ap 26:2 (ed)
Γλαυκίππη T 33:3
Γλαυκίππην T 33:3
ἐγλυκάνθη D 131:3
Γλυκέραν T 33:4
γλυκύ Ap 49:7² D 17:2²; 86:1;
  133:4²
γλυκέων D 20:3
γλυκύτερα D 30:2

γλυπτοῖς D 65:5
γλῶσσα Ap 39:4 (AB); 48:2;
    52:6 D 22:10; 38:3; 69:5;
    98:4; 102:1, 5; 103:9
γλῶσσ᾽ Ap 39:4
γλώττης Ap 16:8 T 12:5; 24:1
γλῶσσαν D 16:5; 102:5 Ath
    28:2
γλωσσῶν D 102:4
γλώσσαις D 27:3
γλώσσας D 130:3
γλωσσομανίαν T 3:3
γνάθοις D 57:2
γναμπτάς T 8:3
γνόφος D 22:2
γνώμη D 35:4
γνώμης D 35:6; 47:2; 80:2;
    93:2, 4; 125:4 T 32:3 Ath
    34:1
γνώμῃ D 44:2; 56:11; 95:2;
    127:4 T 7:2; 32:2
γνώμην App 2:11 D 1:6; 39:
    1; 44:1; 56:12; 68:8; 77:4;
    137:1, 3 T 14:1, 2; 16:2
    M Ap HE 4:26:11
γνῶμαι Ar 13:6
γνώμας T 16:1
γνωρίζεις D 3:2
γνωρίζει Ath 3:1
γνωρίζομεν Ap 12:11; 25:3
    D 14:1; 46:2
γνωρίζετε D 71:3; 82:4
ἐγνώριζε D 102:4
γνωρίζῃς D 79:2
γνωρίζητε Ap 68:4
γνωρίζοι D 125:2
γνωρίζειν D 80:2
γνωρίζον D 93:1
γνωρίζοντες D 35:5; 36:6
γνωρίζεσθε D 16:3
γνωριζέσθωσαν Ap 16:8
γνωριζόμενος D 64:1
γνωριζόμενοι D 92:3
γνωριεῖ D 14:8
ἐγνώρισεν D 50:5
ἐγνώρισαν Ap 36:3 App 10:3
γνωρίσητε D 64:7; 65:3

γνωρισθέντες Ar 12:6
γνώριμοι Ap 50:12
γνώριμα Ap 31:4
γνωρίμους Ap 32:6
γνώρισμα D 88:6[2]
γνωριστικόν App 14:2 (ed)
γνωριστόν App 14:2 (AB)
γνῶσις D 88:8
γνώσεως D 1:4; 14:1; 20:1;
    69:4, 6; 87:2, 4 T 12:4;
    19:2
γνώσει D 39:5
γνῶσιν Ap 40:1; 44:12 App
    8:3; 13:3 D 3:5; 27:4;
    28:4; 64:8; 69:1; 99:3;
    112:3
γογγύλας Ath 4:1
γογγυσμοῦ D 15:6
γόητες T 17:1
Γόμορρα Ap 53:7, 8 D 140:3
Γομόρρας D 56:2, 17, 18
Γομόρροις D 56:23
Γόμορρα D 56:21, 23
Γομορραίων D 55:3
Γόμφος T 33:1
γονέων Ap 39:5; 61:10
γοναῖς Ath 30:2
γόνυ Ap 52:6
γόνυ D 39:1; 46:6
γόνατα D 69:5
γόνασιν D 90:5 T 10:2
Γοργοῦς T 8:2
γοῦν Ap 53:12 D 63:2, 5; 120:3
    T 2:1; 15:3[2]; 19:1; 28:1;
    34:1 Ath 2:1; 6:4
γραΐδια Ath 11:3
γραμμάτων Ap 2:3; 55:7 T 1:1;
    9:3; 17:2[2]; 26:3; 31:1;
    38:1
γράμμασι D 29:2
γράμματα D 70:5
γραμματέως D 38:3
γραμματεῖς D 17:4[2]
γραμματέων D 51:2; 76:7;
    100:3; 103:1; 105:6
γραμματεῦσιν D 17:4
γραμματεῖς D 102:5

γραμματικός D 70:3 T 38:1
γραμματικοί T 26:2; 31:2
Γρανιανοῦ Ap 68:6
γραολογίαν T 3:2
γραπτήν Ap 19:2
γραφή D 23:4; 37:4; 56:12, 15,
  17; 57:1, 2; 65:2²; 67:1;
  86:2; 106:4; 123:1; 126:6;
  135:1²; 138:3; 140:1, 2
  T 9:1
γραφῆς D 65:1; 85:5; 118:1;
  135:5 T 12:3
γραφῇ D 85:7 Ath 28:6
γραφήν D 68:8; 69:3,4; 84:3;
  125:4; 137:3
γραφαί D 23:4; 32:1; 39:6;
  64:1; 67:8², 9; 68:2; 70:5;
  85:1²; 86:1; 88:8; 89:1, 2;
  110:6; 140:2 T 38:1
γραφῶν App 5:4 D 28:2; 32:
  2²; 34:1, 2; 39:7²; 53:2;
  55:3; 56:10, 15; 61:1; 64:
  3; 65:1; 67:2, 3; 68:3;
  70:5; 71:4; 73:5; 85:5;
  86:2,3; 87:4; 90:1; 100:2;
  117:5; 120:5
γραφαῖς Ap 24:2 (AB); 60:2
  D 68:3, 8; 69:1; 76:6;
  80:1; 90:4; 119:1 T 29:1
γραφάς D 9:1; 56:4, 11, 16;
  58:1²; 65:2²; 68:1,9; 71:
  2; 73:6; 75:4; 79:1; 82:4²;
  85:5; 100:6; 127:5; 137:3
γραφική Ath 17:2
γραφικῆς Ath 17:2
γράφουσιν Ath 28:3
γράφειν D 56:18 T 31:4; 35:1
  Ath 7:1
γράφων T 36:2 M Ap HE 4:
  26:10
ἔγραψεν M Ap HE 4:26:10
ἔγραψαν D 88:3
ἐγράφη M P HE 4:26:3
γραφεῖσαν Ap 68:6
γέγραπται Ap 21:4 D 17:3;
  34:6, 8; 49:5; 55:1; 56:8;
  57:2; 58:3; 78:1; 79:4;

86:5; 90:4; 100:1; 101:3;
103:6, 8 (Ar); 104:1; 105:6;
106:4; 107:1; 111:3; 121:2;
125:4; 141:3
γεγράφθαι D 68:8; 106:3
γεγραμμένος D 56:11
γεγραμμένον D 57:3
γεγραμμένον D 79:4; 100:4
γεγραμμένοι D 79:2; 115:5
γεγραμμένα Ap 31:4
γεγραμμένων D 46:5
γεγραμμένοις D 114:5
γεγραμμένοις App 15:3 D 95:1
γεγραμμένας Ap 31:3
γεγραμμένα D 8:4
Γύγην Ath 18:4
Γύγην T 31:3
γυμνητεύοντι T 20:3
γυμνόν Ap 37:8 D 15:5
γυμνήν Ar 13:5
γυμνώσει D 139:1
γυναικήιον Ath 28:3
γυναικωνίτιδος T 33:1
γυναιμανές Ath 26:3
γύναιον T 33:2
γύναιον T 34:1, 3
γυναίων T 33:3
γύναια App 12:4
γυνή Ar 11:2 App 2:1,4 D 78:8;
  84:3, 4; 110:3 T 1:2 Ath
  22:5; 30:1²
γυναικός App 1:2 D 56:19;
  102:3; 138:1 T 10:3 Ath
  17:2; 21:4; 33:2
γυναικί Ap 15:1, 5 D 110:3
  Ath 32:1
γυναῖκα D 13:9²; 34:8; 46:3;
  78:3; 116:3; 141:4 Ath
  32:1; 33:1, 2²
γυναῖκες D 32:2; 84:3
γυναικῶν App 5:3; 11:3 D 78:
  8; 138:1; 140:1 T 34:2
γυναιξί T 33:1 Ath 3:1
γυναιξίν App 12:5 Ath 28:2
γυναῖκας Ar 9:6; 10:8 Ap
  5:2; 21:5; 33:3 D 58:6;

134:1; 141:4³ T 33:4 Ath
33:1
γωνίας T 26:3

δᾳδουχῇ T 27:2
δαί D 2:4
Δαίδαλος Ath 17:3
Δαιδάλου Ath 17:3
δαιμονικαί Ath 25:3
δαιμονιολήπτους Ap 18:4 App 6:6
δαιμόνιον D 85:2 T 32:3
  δαιμονίου D 78:9
  δαιμόνιον T 19:2
  δαιμόνια D 30:3; 49:8; 73:3;
    79:4; 83:4³; 131:5
  δαιμονίων Ap 26:4; 41:1 D
    30:3; 55:2; 73:2; 85:3;
    131:2
  δαιμονίοις D 19:6; 27:2; 73:6;
    119:2; 133:1; 135:4
  δαιμόνια Ap 5:3 App 10:5 D
    7:3; 30:3; 76:5. 6; 83:4;
    121:3
δαιμονιῶντας App 1:2
δαιμονῶντα T 22:1
  δαιμονῶντας App 1:2 (B)
δαίμων T 7:3 Ath 25:1; 26:2
  δαίμονος D 78:9
  δαίμονι D 135:4
  δαίμονα T 29:1
  δαίμονες Ap 5:2, 3; 10:6; 14:
    1; 21:6; 26:1; 40:7; 54:6;
    56:1; 57:1; 58:1, 3; 62:1,
    2; 63:10; 66:4 App 1:2;
    5:3; 7:1; 8:2, 3; 11:1;
    12:3 T 8:2; 9:1; 12:3;
    14:1, 2; 15:3; 16:1², 2, 3;
    18:2; 20:1; 21:2 Ath 25:1²;
    26:1; 27:2²
  δαιμόνων Ap 5:1, 2, 3; 9:1;
    12:5; 26:2, 4 (Eus), 5; 28:
    1; 44:12; 52:3; 54:1; 58:2
    App 6:5; 7:2, 3; 13:1 D
    18:3; 91:3 T 7:3; 9:2;
    12:4, 5; 15:3²; 17:2, 3, 4;
    22:1; 40:1 Ath 23:2, 3, 5²;
    24:1; 25:4; 26:1

δαίμοσι T 13:3; 14:1
δαίμοσιν T 14:2
δαίμονας Ap 5:2. 4²; 23:3;
  25:3; 45:1; 64:1 App 5:5;
  6:6; 10:6 T 19:4 Ath 23:2³;
  26:1
δακνόμενοι D 94:3
δακνομένους D 94:3
δάκη D 22:2
δακόντων D 91:4; 131:4
δεδηγμένους D 112:1
δακρύων D 90:5
δακρύοις Ath 22:1
δακτύλων D 114:3
δακτύλους D 114:3
δαλός D 115:2; 116:3
δαμάλεως D 13:1; 17:2; 133:4
δαμάλεις D 132:3
δαμάλεις D 132:2
Δαμασκός D 78:10
Δαμασκοῦ D 22:4; 43:6; 66:3;
  77:2², 3³; 78:9
Δαμασκῷ D 77:2; 78:9²
ἐδάμασσεν Ath 21:4
δαμῆναι Ath 21:2
Δανάης Ap 21:2 D 67:2 Ath
  21:4
Δανάην Ar 9:7
Δαναΐδων T 26:1
Δαναός T 39:1
Δαναοῦ T 39:3
Δαναόν T 41:3
δανείζετε Ap 15:10
δανείζητε Ath 12:3
δανείζουσιν Ath 12:3
δανείσασθαι Ap 15:10
Δανιήλ D 14:8; 31:1, 7; 32:3,
  4; 44:2; 45:3; 70:1; 76:1;
  79:2; 87:4; 126:1; 140:3
  M Ek HE 4:26:14
δαπανᾶν Ap 13:1
ἔδαψεν Ath 21:2
Δαρδανίας T 39:3
Δαρδάνου T 36:1; 39:3
δᾳδός T 5:2²
  δᾳδῶν T 5:2

Δαυΐδ (mss fere δαδ) Ap 35:6;
40:5; 41:1; 42:3; 45:1 D
12:1; 14:4; 19:4; 22:7;
28:6; 29:2; 32:3, 6; 34:1,
6; 36:3; 42:1; 43:1, 5;
45:4; 55:2; 56:14; 63:3;
64:3, 4, 5, 7; 66:2; 68:5,
6³; 73:1; 74:1; 76:7; 79:4;
83:4; 85:1, 4²; 86:4, 5;
87:4; 88:8; 97:1, 3; 100:3;
118:2; 120:2, 5; 121:1;
123:9; 124:2; 126:1; 127:
5; 141:3, 4² M Ek HE 4:
26:14

Δάφνη T 8:4
Δάφνης T 19:3
δέ Q HE 4:3:2 Ar 1:2, 5²; 2:1;
4:1, 2⁴, 3³; 5:1, 3³, 4; 6:
1², 3; 7:1, 2, 3²; 8:2²; 10:
1, 5², 6, 7², 8², 9; 11:1², 2,
3³, 4; 12:1⟨, 7⟩: 13:6, 7⁶;
15:1²⟨; 16:6⟩ Ap 2:2; 3:
1²[, 1], 2, 4; 4:4, 5, 6, 9;
5:3; 6:1; 7:4; 8:4; 10:1;
12:6²; 13:2; 14:1, 2³, 3, 4,
5; 15:4², 8, 9², 10, 11², 12,
13, 14, 16, 17; 16:1, 2², 5⁴,
6, 11, 12, 13², 14²; 17:1, 2,
3, 4²; 19:6, 7, 8; 20:1, 2²,
3, 4³, 5; 21:1, 2⁵, 5, 6²;
22:1, 2, 3, 4, 5, 6; 23:1;
24:3²; 25:2, 3; 26:3, 4, 5²,
7, 8; 27:1, 4; 28:4²; 29:4;
30:1; 31:2, 4, 8³; 32:4, 5,
9, 10, 12, 13, 14; 33:1, 3,
5, 7, 9; 34:1², 2; 35:1, 2,
6, 7, 11; 36:1, 2⁴; 37:1²;
38:1, 2, 5; 39:1, 3, 4, 5;
40:1, 5, 8, 13; 41:1; 42:1,
2, 4; 43:1, 6²; 44:1, 4, 5,
7, 10, 12², 13; 45:1, 2, 6²;
46:1², 3, 4, 6; 47:1, 2, 5,
6; 48:1, 2, 3 (K), 5; 49:1²,
2, 5², 6, 7; 50:1, 2, 9, 12;
51:1, 6, 7, 8, 9; 52:1, 3,
3 (K), 4, 5, 7, 8, 10; 53:4,
5², 6, 7, 10, 11²; 54:1, 4, 6,

8, 10; 55:3², 4, 5, 6²; 56:
1; 57:3; 58:1², 3; 59:1². 3;
60:4, 7², 9, 11; 61:1, 5, 7,
8, 9, 11, 12, 13; 62:1, 4;
63:1, 2, 3, 4, 5, 6, 7, 10²,
12, 17²; 64:1, 3, 5; 65:1,
4, 5; 67:1, 6, 7; 68:1, 3, 4
App 1:1, 2, 3; 2:2, 3, 6, 7, 9,
12, 16, 19, 20; 3:6², 7; 4:1,
2, 4³; 5:1, 4²; 6:1, 2, 3, 4;
7:2², 3, 6, 7²; 8:1², 3; 9:
1, 3³, 4, 5; 10:3, 5, 6³, 8;
11:1, 6, 8; 12:1, 5, 6; 13:
3; 15:2, 3² D 1:2². 3³, 4,
5², 6; 2:2². 3, 4, 6; 3:1²,
2³, 3⁴, 4, 5, 6; 4:2². 4, 5,
6, 7; 5:1, 3, 4²; 6:1⁴; 7:1,
2², 3; 8:1, 3³, 4²; 9:1, 2⁴,
3²; 10:1, 2², 3², 4; 11:1²,
2³, 4; 12:1; 13:5, 6; 14:1,
2, 3, 7, 8; 15:2, 6; 16:4;
17:3, 4²; 18:2, 3; 19:3;
20:3; 21:2; 22:8, 9²: 23:
1², 2, 5²: 26:1, 3; 27:1, 4³;
28:4, 5³; 29:2⁵; 30:2; 31:
1, 2, 4; 32:1, 2², 4, 5; 33:
1⁴; 34:1³, 3, 7; 35:3². 6³,
7; 36:1, 2, 3; 37:3; 38:2²;
39:2⁶, 4, 5, 6, 7, 8; 40:4³;
41:1, 2, 3², 4; 42:3, 4: 43:
2, 3, 8; 44:1, 2²; 45:3. 4;
46:1, 3, 4², 7; 47:1², 3, 4²;
48:3, 4; 49:1², 2, 3², 5. 8;
50:4, 5; 51:2, 3; 52:1². 2,
4²; 53:2, 3, 4, 6; 54:1². 2²;
55:1, 3; 56:2³, 3², 5, 6, 7⁴,
8, 9, 12, 14, 17⁴, 18², 19⁴,
20²; 57:1, 2; 58:2², 5, 6³,
7⁵, 8³, 11², 12, 13; 59:2;
60:1, 4³; 61:1⁷, 3², 4. 5;
62:3, 4, 5; 63:1; 64:1, 2,
3, 6, 8²; 65:2, 3², 4; 66:2;
67:1, 2, 9, 10; 68:1³, 6, 9²;
69:3², 4², 5, 6³, 7²; 70:1,
2², 5; 72:1, 4; 73:2, 3². 5;
74:1, 4; 75:1², 3; 76:1. 3,
4, 7; 77:1, 2, 3²; 78:3. 5,

6^2, 10^2, 11^3; 79:1^3, 2, 3^2;
80:1, 3, 4. 5; 81:1, 2; 82:
1, 3^2, 4; 83:2, 4; 84:3, 4;
85:1^2, 3, 4, 5, 6, 8, 9^2; 86:
1: 87:4^2; 88:1, 5; 89:2^2, 3;
90:1, 2, 4^2, 5^2; 91:3^2, 4^2;
92:2, 3, 4, 5, 6; 93:1, 2^2,
3, 4; 94:2, 5; 95:1, 4; 97:3;
98:1, 2^2, 3, 4, 5; 100:1^3, 5,
6; 101:1^2, 2^2; 102:3, 6^2;
103:1, 4, 5^2; 104:1; 105:1^2,
4, 6; 106:2, 4; 107:3; 109:
2, 3; 110:1, 2, 5, 6^3; 111:
1, 2^2, 3^2; 112:1, 2, 4^3; 113:
1, 2, 3, 4; 114:1^2, 4; 115:1,
3, 4, 6^2; 116:2, 3; 117:1^2,
2, 3^2, 4; 118:2^2, 3, 5; 119:
3, 4^2, 5; 120:1, 2^5, 4, 5^2, 6^2;
121:1^2, 2, 3^2; 122:1^2, 2, 4;
123:1, 2^3, 4, 7; 124:2^3, 3,
4; 125:1^3, 3^2, 4, 5^2; 126:2,
4^3, 5, 6^3; 127:1; 128:1, 2^2,
3; 129:1^2, 3; 130:1^3, 3^2, 4;
131:1^2, 5, 6; 133:3, 6; 134:
3^2, 4; 135:3^2, 4, 5, 6; 136:
2^2; 137:2, 4; 138:1, 3^2;
139:1, 2, 3^2; 140:2, 4; 141:
1, 2^3, 3^2, 4; 142:1^3, 2^2 T
1:1^3, 2^4, 3; 2:1, 2; 3:2^2, 3^5;
4:1^2, 2^3, 3; 5:1^6, 2^2, 3^2;
6:1^3, 2^3; 7:1^3, 2^3, 3^2; 8:1,
2^2, 3; 9:1, 2^3, 3^3; 10:1^4,
2^2, 3; 11:1, 2^4; 12:1^7, 2^6,
3^4, 4^3, 5^4; 13:1^3, 2^6, 3^3; 14:
1^2, 2^2; 15:1^2, 2^8, 3^6, 4^3;
16:1^2, 2^4, 3; 17:1^2, 2^3, 3^3,
4^2; 18:1^4, 2^8; 19:1^3, 2^3, 3,
4; 20:1^4, 2^7, 3; 21:1,
2, 3^5; 22:1^3, 2^3, 3; 23:
1^3, 2^4; 24:1^2; 25:1^4, 2^8,
3; 26:1^5, 2^3, 3^6, 4; 27:1^2,
2^2; 28:1^3; 29:1^5, 2^3; 30:1^2;
31:1^6, 2^4, 3^5, 4; 32:1^5, 2^4,
3^2; 33:1^3, 2^4, 3, 4^2; 34:1,
2^4, 3^2; 35:1^5, 2; 36:1^3, 2^3;
37:1^3, 2; 38:1^8; 39:1^2, 2^4,
[2.] 3^4; 40:1; 41:1^5, 2^5, 3^4;

42:1^3 M Ap HE 4:26:6^2,
7, 10^3, 11 M Ek HE 4:26:13
Ath [Ins;] 1:1^3, 2^2, [2.] 3^3,
4^2; 2:1, 2^4, 3, 4^5; 3:1^3; 4:
1^3, 2^3; 5:1, 2; 6:1^6, 3, 4^4,
5: 7:1^2, 2^2: 8:1^2, 2^3, 3^2. 4^3;
9:1, ⟨1,⟩ 2^2; 10:2^2, 3; 11:
1^2; 12:1, 2^3, 3^2; 13:1; 14:
1^3, 2^2; 15:1^3, 2^3; 16:1^2, 3;
17:1^5, 2^4, 3^4, 4^2; 18:1^3,
2, 3^6, 4; 19:1^3, 2^4[, 2]; 20:
1^3, 2^3, 3, 4^3; 21:1^3, 2^4, 3^2;
22:1^3, 2^3, 3^3, 4^4, 5^6, 6^2, 8;
23:1, 2^3, 3^4, 4, 5^2, 6; 24:1^4,
3^2, 4^2, 5^5: 25:1^2, 3, 4: 26:
1^2, 2^4, 3^3, 4; 27:1^5, 2; 28:
1^5, 2^6, 3, 4^4, 5^3; 29:1^6, ⟨2⟩
(Sch); 30:2^2, 3^2: 31:1^3, 2,
3⟨, 3:⟩; 32:1^3, 2^2, 3: 33:1^2,
2; 34:[1,] 2: 35:1, 2: 36:1^4,
2, 3: 37:1^4

δ' Ap 2:4^2; 3:2; 4:8; 8:1, 4;
10:4; 12:1, 3, 3 (ed), 4, 5, 7;
14:1; 16:2, 8; 25:1; 26:1;
44:8; 46:5; 52:3; 54:3;
57:3; 63:9, 16 App 1:2;
3:5; 5:3 D 1:1; 2:1; 3:3,
4, 7; 4:1, 2, 3, 4, 6; 5:2;
6:1; 8:2; 10:1; 34:3; 44:4;
59:2; 60:4; 65:3; 67:8;
68:8,9; 74:1; 80:2, 3; 81:
3; 112:1; 120:2; 126:1;
131:2; 137:4; 138:1 T 2:2;
8:1, 4^2; 10:2; 12:3; 16:3;
17:3; 19:1; 20:2; 27:3;
30:1; 31:1; 32:2 Ath 5:1;
6:2; 7:2; 11:3; 17:2; 18:
⟨1⟩(Sch), 4; 20:2; 21:1^2, 2^2,
3^2, 5^2; 25:1^2, 2^2: 26:3;
28:3, 5; 29:1; 30:1. 2^3;
32:1; 33:1; 37:1

Δεβόρρα D 58:8
δεδίττεσθαι Ath 31:1
δέησιν M Ap HE 4:26:6
δέδοικα D 64:2
δεδοίκαμεν Ap 57:2
δεδοικέναι D 121:3   5

δέδιεν D 111:2
ἐδεδίει T 19:1
ἐδεδίεσαν T 34:1
δεδιέναι Ap 12:4 D 131:5 T
　19:2
δεδιότες T 16:3
δείκηλα Ath 28:5
δείκνυσι Ap 68:10
δείκνυσιν Ap 43:6; 55:4:68:10
　(Eus) D 23:5: 91:2: 111:1:
　141:4 T 33:3
δεικνύασι Ath 28:6
δεικνύς Ap 19:2; 44:11
δεικνύντι D 115:1
δεικνύντες Ap 55:6 Ath 10:1
δεικνύντων T 16:2
δεικνύντας Ath 10:3
δείκνυται Ap 55:2: 57:1 App
　3:6 D 31:1: 63:1: 78:9:
　93:4 T 9:2: 27:1: 34:1
　Ath 28:5
δείκνυσθαι D 131:5
δεικνυμένου D 132:3
δεικνύει Ath 6:1
δεικνύουσι App 7:7 Ath 32:1
δεικνύουσιν Ap 57:3 Ath 21:3
δεικνύειν T 19:4 Ath 6:2; 23:1;
　36:2
δεικνύουσαν D 67:10
δεικνύουσιν Ath 4:1
δείξω D 9:1: 22:10: 119:2
δείξει D 117:3
δειχθήσεται Ap 2:2: 35:2 T
　15:1; 40:2 Ath 1:3
ἔδειξε D 115:2
ἔδειξεν D 50:5
ἐδείξαμεν D 119:3
ἔδειξαν Ap 5:2
δείξωσι Ap 10:2
δεῖξον D 107:1
δεῖξαι Ap 15:6; 51:4 D 3:3;
　13:7
δείξας D 130:3
δείξασα D 86:6
ἐδείχθητε D 93:4
δειχθῆναι Ap 12:10
δέδεικται Ath 10:1

δειλαί D 5:5
Δεινομένης T 33:3
δεινός Ath 21:2
δεινήν Ath 20:3
δεινόν D 29:3 Ath 32:1
δειναῖς Ar 11:7
δεινάς Ap 31:6
δεινά Ar 8:4 Ath 34:1
δεινότατος D 9:1
δεινότητος Ap 68:10
δεῖπνον T 25:3
δεῖπνα Ath 3:1
δεισιδαιμονίας T 22:1
δεισιδαιμόνων Ap 2:3
δέκα D 31:5, 6² T 19:3 Ath 6:1
δεκαδύο Ap 39:3
δεκαπέντε D 138:3
δεκάτη Ath 30:1
δεκάτας D 19:4: 33:2
δεκτικός Ap 43:6
δεκτικόν T 15:1
δεκτικόν App 7:6
δεκτικά T 15:1
δεκτῷ D 122:5
δεκτήν D 15:4
δεκτά D 91:1
Δελτωτόν T 9:3
δέμνια Ath 21:3
δένδρον Ap 16:13 T 10:1
δένδρα Ap 24:1: 43:8
δεξιός Ap 15:2
δεξιά D 38:3
δεξιόν Ath 15:2
δεξιᾶς D 107:4
δεξιᾷ D 32:3; 36:5: 83:1
δεξιῶν Ap 45:2 D 32:6²: 38:
　4: 56:14; 63:4: 79:4; 83:
　1, 2; 115:2: 127:5
δεξιά D 13:8
δεξίωμα Ath 29:2
δέομαι D 56:20
δεῖται Ath 13:1, 2: 21:3
δεόμεθα D 19:3; 64:1 M Ap
　HE 4:26:6, 11 Ath 1:3
δέονται D 1:5 Ath 37:1
δέοιντο Ath 16:1
δεῖσθαι T 25:1

δέεσθαι Ap 10:1 App 14:2
δεόμενος Ar 7:2
δεομένου Ath 16:1
δεομένῳ Ap 14:2
δεόμενοι D 131:3
δεομένων D 55:3
δεομένοις Ap 13:1; 15:10
δεομένοις Ap 9:3
δεήσομαι Ath 18:1
δεηθῆναι Ar 10:7 Ath 2:4
δέει Ap 5:2 Ath 1:2
δέος D 8:2; 82:4
Δερκετώ Ath 30:1
Δερκετοῦς Ath 30:1
δέρματα Ap 16:13 D 35:3²
δερματίνην D 88:7
δέροντα Ath 1:4
δεσμεύων Ap 32:1, 5; 54:5 D
  52:2; 53:1
δέσμιος Ar 10:7
δέσμιον Ar 9:5
δεσμός T 15:2
δεσμοί Ath 21:3
δεσμῶν D 26:2; 65:4; 122:3
δεσμοῖς Ap 67:6 App 2:11;
  7:3 D 110:4
δεσμούς Ap 40:11
δεσμά App 2:10; 14:2 Ath 21:3;
  22:4
δεσμωτηρίῳ App 2:11
δεσπόζοντος Ap 14:3; 44:13
δεσπότης App 6:2 T 4:1; 5:1; 12:4
δεσπότου Ap 12:9; 36:2; 40:7;
  44:2; 46:5; 61:3, 10 D
  140:4 T 6:2
δεσπότῃ T 18:2
δεσπότην Ap 32:10 T 9:2 Ath
  16:3
δέσποτα D 62:5
δεσπόται Ath 32:2
δεσποτῶν App 2:19
δεσπότας Ath 16:1
Δευκαλίωνος T 39:2
Δευκαλίωνα App 7:2
δεῦρο Ap 31:5 D 56:10; 135:6
δεῦτε Ap 44:3; 61:7 D 24:3³;
  72:2; 109:2

Δευτερονόμιον M Ek HE 4:26:14
δεύτερος Ar 9:6 T 39:3 Ath 33:2
δευτέρα D 110:2; 114:4
δεύτερον Ath 23:4
δευτέρας D 12:3; 40:4; 49:2
δευτέρου Ath 23:4; 32:3
δευτέρα Ap 13:3 D 45:4; 54:
  1; 69:7; 85:6; 94:4; 110:5;
  122:4
δευτέραν Ap 13:4; 52:3; 60:7
  D 14:8; 32:2; 87:4; 113:
  6, 7; 114:4
δεύτερον Ap 25:1 T 40:1; 42:1
  Ath 35:1
δεύτερα D 3:3 Ath 23:4
δέχεται D 116:3
δέχονται Ath 2:3
δέξομαι D 22:8
ἐδεξάμην Ap 68:6
ἐδέξατο D 50:3
ἐδέξασθε D 136:3
δέξαιτο Ath 20:4
δέξασθαι D 9:1; 51:3
δεῷ Ap 26:2 (AB) DEO (ed)
δεῖ Ar 13:8 Ap 2:1; 9:2; 16:
  3, 6; 17:2; 42:2; 57:2; 63:5
  App 11:8 D 1:2; 32:4;
  44:4; 49:1; 51:2; 68:2;
  76:7; 84:4; 100:3; 102:5,
  6; 106:1; 114:1; 125:2;
  130:3; 135:6 T 1:3; 20:1;
  22:2 Ath 5:2²; 13:2; 19:2;
  20:4; ⟨22:5⟩ 24:1; 29:2;
  32:3
ἔδει D 43:1; 56:14; 68:1;
  87:5; 88:6; 141:1 T 19:2
  Ath 17:4; 21:1; 28:3
δεῇ D 6:2²; 120:6
δεῖν Ap 12:8; 20:5 D 47:2;
  49:5 T 19:2
δέον Ap 4:6 App 2:7 D 11:2
δέον Ap 27:2 T 26:3 Ath 13:2
δήσωμεν D 17:2; 133:2; 137:3
δήσας Ath 18:4; 20:2
δήσαντες D 103:4
δεθέν Ath 6:3

5*

δέδεται Ath 29:1
δεδεμένος Ap 32:6
δεδεμένον D 103:4
δή Ap 5:1; 31:7; 39:5 (ed); 62:1
  D 2:6; 3:5; 7:1; 8:2; 9:3;
  10:1; 13:1; 22:10; 25:2;
  43:5; 66:2; 71:3; 73:6;
  94:5; 105:4; 117:2; 124:3;
  137:1 T 37:1; 41:3 Ath
  2:4; 16:3; 17:3; 18:4; 23:
  1, 5; 24:4; 28:4; 30:1³
δηγμάτων D 94:2
Δηΐφοβος T 21:1
δηλαδή D 5:1 T 21:3
δηλητήριον T 19:4
  δηλητήρια T 18:1
Δήλιος Ath 17:3
δηλονότι D 45:3; 47:1; 64:3;
  103:8; 130:3
Δῆλος T 10:1
  Δήλῳ Ath 28:5
δῆλον D 57:2; 83:2; 110:4;
  122:2; 136:1 T 39:2 Ath
  20:4
δῆλον D 63:1 (ed)
δηλοῖ Ap 33:7; 55:6 D 33:2;
  56:23; 70:4; 76:1, 1 (ed);
  91:4; 103:3 Ath 23:5; 28:4
δηλοῦσιν Ath 28:4
ἐδήλου D 33:2; 54:1; 76:2;
  107:2; 111:2, 4; 129:4
ἐδήλουν D 85:1
δηλῶν D 98:1; 99:2
δηλοῦν D 85:6
δηλοῦται D 72:3; 91:3; 106:1;
  126:6; 131:1 T 37:1
ἐδηλοῦτο D 79:1
δηλοῦσθαι App 7:8
δηλώσομεν Ap 52:4
ἐδήλωσα D 80:3; 104:2; 126:2
ἐδήλωσε D 31:4; 33:2; 62:1;
  76:7
ἐδήλωσεν D 62:4; 106:1
ἐδηλώσαμεν Ap 63:13
δηλώσῃ D 124:3
ἐδηλώθη D 65:5
δεδήλωκε D 86:2

δεδήλωκεν D 54:2
δεδήλωται D 36:5; 75:3; 102:5
δεδηλῶσθαι D 75:1
δεδηλωμένου Ap 32:14
δεδηλωμένην Ap 33:3
δηλωτικόν Ap 32:5 D 42:3; 91:
  3; 103:2; 129:2
δηλωτικά D 101:1
δημεύοντι Ath 4:1
Δημήτηρ T 8:4; 9:2
Δήμητρος Ath 20:1; 21:4
δημήτορος Ath 20:1
δημίων Ap 12:4
δημιουργῶν T 8:3
  ἐδημιούργησεν Ap 59:1 T 17:3;
  33:4; 34:3
δημιουργῆσαι Ap 10:2
δημιουργήσας T 5:2
δημιουργήσαντος T 12:3
δημιουργήσαντα Ar 13:8
δεδημιουργήκασι T 17:2
δεδημιούργηται Ath 6:3
δημιουργίαν T 4:2
δημιουργός T 7:1; 17:3 Ath 6:3;
  10:4; 13:1; 15:2, 3
δημιουργοῦ Ap 8:2; 26:5 T 5:3
  Ath 15:2; 16:3; 22:8
δημιουργόν Ar 15:3 Ap 13:1;
  20:5; 58:1; 63:11 App 10:6
  Ath 6:3; 13:2
δημιουργοί T 33:2
δημιουργῶν Ar 13:2
δημιουργούς Ar 8:2 Ath 16:4
Δημόδοκος T 41:2
Δημοδόκου T 41:1
Δημόκριτος Ath 31:1
Δημόκριτον T 17:1; 25:2
δῆμος D 42:3; 119:4
  δήμῳ Ap 1:1
  δῆμον Ap 56:2, 3
  δήμους Ap 1:1
δημόσιον Ath 26:2
δημοσίου T 32:1
δημοσίας T 33:3
δημοσίᾳ App 3:2; 12:5 T 18:3;
  25:1; 26:3
δημοτελεῖς Ath 26:3

δημοτελεῖς T 22:1 Ath 14:2
δημῶδει M Ap HE 4:26:6
δημῶδει Ath 23:5
δήπου T 5:2
διά (gen) Ap 2:3; 4:6; 5:3, 4;
8:3²; 9:2; 12:2; 13:2; 14:
1²; 16:3, 8; 17:4; 19:8;
20:1; 22:5; 25:1, 2; 26:2,
4, 5; 28:4; 31:7; 32:2, 8,
14²; 33:1², 2, 3, 5, 6²; 37:
1, 9; 39:3; 40:1; 42:4;
43:2; 44:1, 2, 5, 11, 12;
45:1, 6; 46:5³; 47:5; 48:4;
49:5, 6; 51:8; 52:1, 5, 10;
53:3, 6², 10; 54:2², 4, 7, 8²;
55:3, 5, 7, 8; 56:1; 58:1;
59:1², 5; 60:8; 61:1, 6, 13;
62:1; 63:1, 10, 14, 16²;
64:1, 5; 65:3; 66:2; 67:2²,
4, 5 App 2:3, 9; 5:4³; 7:9²;
8:4; 9:2, 4; 10:6, 7, 8;
11:7; 12:3, 5, 6; 13:5 D
4:2, 5; 6:2; 11:1², 3, 4, 5;
13:1; 14:1; 15:7; 16:1, 5;
19:4; 20:1, 4; 21:2; 22:6,
7, 9; 23:3; 24:1, 3; 25:1;
26:2; 27:1, 2², 4; 28:5, 6;
29:1²; 30:2, 3; 32:2, 3, 6;
34:8; 35:8; 36:5; 38:2;
39:2, 7²; 41:1, 2, 4; 43:1,
2², 4; 44:1, 4; 45:2, 4³;
46:1, 2, 5⁴, 7; 47:1, 3; 48:
2, 4; 49:2, 50:1; 52:1, 4²;
53:1, 4, 5; 54:2; 55:2; 56:
13, 14²; 57:3, 4; 58:1, 3, 4;
60:2, 5; 61:3; 62:1, 3, 4²;
63:1, 3; 64:3, 5, 7; 66:1²;
67:4, 5, 6, 7, 10; 68:3², 6;
69:1², 6; 70:4; 72:2, 3;
73:1; 74:2, 3(?); 75:1, 4;
76:6; 78:8; 79:3, 4; 82:3;
83:1; 84:2²; 85:2, 4, 7², 8;
86:1, 6; 87:2⁴; 88:8²; 89:
2; 90:1, 4; 91:1, 3², 4⁴;
92:2², 4², 5, 6; 93:5; 94:
1², 2², 5; 96:2; 97:1, 2, 4;
99:2, 3; 100:2², 3, 4², 6;

102:5; 104:1; 105:1, 5;
106:1, 4; 107:3; 110:2², 3,
4; 111:1; 112:2², 3; 113:4,
6, 7; 114:2, 4⁴; 115:4; 116:
1², 3⁴; 117:1, 2, 5; 118:3,
5; 119:5, 6²; 120:1, 2; 121:
1, 4; 122:1²; 123:5, 8; 124:
2; 125:3, 4, 5²; 126:1⁹, 2;
127:4, 5²; 128:4²; 130:2,
3; 131:2², 4, 5; 132:3²;
133:1, 2; 138:2, 3; 141:1;
142:3 T 1:1², 2; 3:1²; 4:
2³; 5:1, 2; 6:2²; 8:2; 9:1;
11:2; 12:3, 4²; 13:1, 3;
14:1, 2²; 15:1, 2, 4²; 18:1,
2³; 19:3; 20:2; 22:1, 3;
26:3; 27:2; 29:1; 30:1²;
31:1; 33:1³, 3; 34:2, 3;
36:2; 40:1; 41:3 Ath 4:1,
2²; 10:1, 2, 4; 11:2; 15:1;
17:1; 18:3; 22:2, 3, 5; 31:3;
35:1
διά (gen) Ar 1:5 Ap 4:3; 8:2;
10:2, 4; 14:1; 31:1; 32:7;
12; 35:5; 40:5; 41:1²; 49:
1; 54:5, 8; 55:4, 6; 59:1;
63:14; 65:1; 66:2 App 6:3²;
10:2, 8; 12:4 D 1:4; 4:1;
7:2; 17:1²; 30:3; 31:5;
40:3; 42:1; 44:4; 47:5;
48:4; 54:1; 55:1, 3; 56:1,
14, 18; 62:4; 64:5; 74:3;
78:3, 7, 8; 79:3; 83:4; 85:
6, 7; 86:6; 90:3; 91:1;
92:2; 93:1; 94:1, 2, 4, 5;
97:2; 98:1; 99:1; 100:4, 6;
101:1; 102:5; 105:2; 106:
3²; 109:1; 111:2, 4³; 112:
3; 113:5, 7; 114:4; 117:1;
119:5; 121:1; 125:5; 126:
5; 128:2; 131:1, 2, 3 (A);
133:6; 134:5; 137:1; 138:
2, 3; 139:1; 141:4 T 1:1;
7:2:8:2; 10:2; 11:1, 2; 14:1;
17:2, 3; 18:2, 3; 20:2; 34:1
Ath 2:2; 6:4²; 5; 10:2; 11:1;
22:6; 24:2; 29:1; 31:2; 35:1

διά (acc) Ar 12:2[; 15:1] Ap 3:1; 4:2^{3}, 6, 9; 7:2; 10:3; 12:3^{2}; 13:2; 14:3; 15:4; 19:3; 22:1; 23:1, 3; 24:1; 25:1, 2^{2}; 26:7; 28:2; 29:4; 30:1^{2}; 38:3; 40:10; 44:6, 11; 50:9^{2}, 10; 51:5^{2}; 67:6 App 1:1, 2; 2:13; 3:6; 4:2, 4; 7:1; 8:1; 9:1^{2}; 10:1; 14:2^{3} D 2:2, 3; 4:1, 3^{2}, 6; 5:2, 4^{2}; 7:3; 8:2; 12:3; 13:1, 5^{3}, 7^{2}; 16:4; 18:2; 20:3^{2}; 21:1^{3}; 22:1^{4}, 5, 11; 23:3, 4, 5; 24:3; 25:3^{2}, 4^{2}, 5; 26:4; 27:1, 2, 4^{2}, 5; 32:5, 6; 33:2^{2}; 34:1, 8; 38:3, 4, 5; 39:2, 6; 41:1; 42:2; 43:1, 2, 5; 44:1^{2}, 2; 46:4, 5, 7; 47:2^{3}; 50:1; 52:1; 53:1; 55:3; 56:4, 14^{2}, 21; 63:2, 4; 66:2; 67:2, 4^{2}, 8; 74:4; 77:4; 78:6, 8, 11; 82:2, 4^{3}; 84:4; 85:1, 4, 5; 86:3^{2}, 6; 88:1^{2}, 8; 90:5; 92:2, 3^{2}, 5^{2}; 95:1, 2; 100:3; 102:6^{2}, 7^{2}; 103:2, 3; 106:1; 112:4^{2}; 113:2^{3}; 114:3, 4; 115:5; 116:3^{2}; 118:4; 119:5; 121:2^{2}, 4; 123:1, 4; 124:3; 125:1, 2; 132:2; 133:5; 135:1; 140:1; 141:3 T 2:1^{3}; 3:1, 3; 4:1; 5:2, 3; 6:1^{2}; 7:2, 3^{2}; 8:2, 3^{2}, 4; 9:2, 3^{2}, 4; 10:1; 11:1, 2^{2}; 13:2^{2}; 14:2, 3; 15:3; 18:1, 2^{2}; 19:2^{2}, 4; 20:1, 2; 21:1, 2; 23:1, 2[, 2]; 25:1^{4}; 26:1, 2, 3^{2}; 27:1; 28:1; 29:1; 32:2, 3; 33:1^{2}, 3, 4^{2}; 34:1^{3}, 2, 3; 35:1 Ath 2:2^{2}, 3; 21:2; 23:5; 25:3; 30:1^{2}; 31:2; 32:2, 3; 35:2; 36:2

δι᾽ (acc) Ap 10:2; 24:1; 25:1, 2; 45:1; 46:5; 67:6 App 4:1^{2}; 5:2; 10:1; 13:4 D 17:2; 18:2; 23:2, 5; 63:2; 67:8; 70:4; 74:1; 78:6; 85:4, 6; 103:8; 105:5; 108:3; 113:1; 117:3; 119:2; 125:1, 2; 131:3; 134:2; 141:1^{2} T 4:2; 7:1; 10:1^{2}; 11:2; 20:1 Ath 10:2; 15:1; 26:2; 29:2; 30:3

διαβήσῃ D 126:6
  διέβη D 58:6^{2}
  διάβητε D 22:4
  διαβάς D 86:5

διαβάλλει T 25:2
  διαβάλλειν T 8:3
  διαβάλλοντες T 34:2
  διεβάλλετο T 32:3
  διαβαλλομένους App 12:1
  διαβέβληται D 10:1

διάβασις T 39:3
  διάβασιν D 58:6

διαβεβαιούμενος Ap 19:2

διεβίβασε D 58:6

διαβιβρώσκεσθαι D 130:2

διαβλητέος T 4:2

διαβολῇ M Ap HE 4:26:9
  διαβολαί Ath 3:1
  διαβολάς Ath 2:4; 18:1

διάβολος Ap 28:1 D 69:1; 79:4^{2}; 103:5, 6; 115:2; 116:1, 2; 125:4^{2}
  διαβόλου D 78:6; 82:3; 116:3; 131:2
  διάβολον D 103:5; 115:2, 3 T 22:1

διαγγέλλειν D 60:3
  διαγγέλλων Ap 40:3

διαγελᾶτε T 21:1

διαγινώσκειν Ap 68:9
  διεγνώσμεθα Ap 2:4

Διαγόρας T 27:1
  Διαγόρᾳ Ath 4:1, 2

διάγραμμα T 8:1

διάγοιμεν Ath 37:1
  διάγειν Ap 20:4
  διάγων D 1:3; 106:1
  διαχθήσεσθε D 14:7
  διήγαγεν D 138:2

διαγωγῆς Ap 8:2^{2}

διαδέχησθε Ath 37:1

διαδέχεσθαι Ap 12 : 8
διαδεχόμενοι Ath 28 : 3
διεδέξω Ap 68 : 6
διεδέξατο D 103 : 3
διαδέξασθαι D 139 : 4
διαδεξαμένου D 103 : 4
διαδεξάμενον D 49 : 6
διάδοσις Ap 67 : 5
διαδοχῆς T 39 : 2
    διαδοχήν Ap 32 : 14 D 52 : 3
    Ath 28 : 3
    διαδοχάς Ap 31 : 8 T 25 : 2
διάδοχος D 113 : 3 M Ap HE 4 :
    26 : 7
    διάδοχον D 103 : 3
διαθέσεως Ath 15 : 3
    διαθέσει Ath 16 : 1 ; 25 : 4
    διάθεσιν D 79 : 2 Ath 4 : 2
    διαθέσεις Ath 20 : 3
διαθήκη D 11 : 2³, 4 ; 24 : 1 ; 43 : 1 :
    51 : 3 ; 67 : 9 ; 122 : 6
    διαθήκης D 10 : 4 ; 11 : 3 ; 118 :
    3 ; 122 : 5 ; 123 : 1 M Ek HE
    4 : 26 : 14
    διαθήκην D 11 : 3, 4 ; 12 : 1, 2 :
    14 : 4 ; 22 : 7, 9 ; 26 : 2 ; 34 : 1 :
    65 : 4 ; 67 : 9, 10 ; 74 : 4 : 122 :
    3, 5² ; 123 : 4 ; 126 : 2
διάθρυπτε Ap 37 : 8 D 15 : 5
διαίρεσις Ath 12 : 2
    διαίρεσιν T 5 : 2 ; 12 : 1 Ath 10 : 3
διαιρετικῷ Ath 24 : 1
διαιρεῖ Ath 23 : 2
    διαιροῦσιν Ath 4 : 1
    διαιροῦνται Ar 2 : 1
    διαιρούμενος Ath 8 : 2
    διελών M Ek HE 4 : 26 : 14
    διελόντες Ath 17 : 2
    διῃρημέναι Ar 13 : 6
διαίτης T 7 : 3 ; 9 : 1 ; 15 : 3
διαιτωμένη T 13 : 2
διαιτήσειν App 11 : 4
διακαθαριεῖ D 49 : 3
διακατάσχεσιν D 139 : 4
διακατέχειν D 32 : 4
    διακαθέξουσι D 139 : 2
    διακαθέξουσιν D 139 : 2

διακαθέξειν D 32 : 3
διακατέσχετε D 139 : 3
διακατέσχον D 139 : 2². 3
διάκεισθε D 137 : 3
    διακειμένου D 3 : 1
    διακειμένους Ath 1 : 3
διακλώμενον T 22 : 1
διακονεῖν D 79 : 2
    διακονοῦντες Ar 15 : 2
διάκονος T 19 : 2
    διάκονον T 13 : 3
    διάκονοι Ap 65 : 5
    διακόνων Ap 67 : 5
διακορεύσας T 21 : 1
διακοσίοις T 31 : 3
διακοσμεῖν T 5 : 2
    διακοσμῶν Ath 23 : 5
    διακοσμήσαντα Ath 7 : 1
    διακεκόσμηται Ath 10 : 1
    διακεκοσμημένον Ath 22 : 8
    διακεκοσμημένοις Ath 24 : 3
διακόσμησις T 12 : 2 ; 27 : 2
    διακοσμήσεως T 20 : 1
    διακόσμησιν Ar 1 : 1
    διακοσμήσεις T 21 : 3
διήκουσαν Ath 22 : 5
διακρατοῦν Ar 1 : 2
    διακρατοῦντα Ar 1 : 2
    διακρατουμένου Ar 1 : 2
διακριβοῦντες Ath 23 : 2 (Sch)
διακρίνει D 124 : 2
    διακρίνομεν D 20 : 3
    διακρίνοντες Ath 15 : 1
    διέκρινεν App 7 : 2 Ath 13 : 2
    διακρῖναι D 22 : 7 Ath 15 : 1
    διακριθείσης Ath 22 : 1
διάκρισιν T 12 : 1 Ath 15 : 2
διελάλουν D 9 : 3
διαλάμβανε Ap 68 : 10
διαλέγομαι D 26 : 3
    διελέγετο D 100 : 3
    διαλέγεσθαι App 3 : 3
    διαλεγόμενος Ath 19 : 1
    διαλεγόμενοι T 26 : 3
    διαλεγόμενα Ap 36 : 2
    διελέχθην D 2 : 4
    διαλεχθῶμεν Ap 44 : 3 ; 61 : 7

διείλεκται Τ 21:3
διαλέκτου Τ 30:2
διαλέκτῳ Ap 33:7
διάλεκτον Τ 1:3
διάλευκοι D 58:4
διαλεύκους D 58:5
διαλλάσσετε D 10:3
διαλλάσσειν Ath 20:4 (Sch)
διαλλαττουσῶν Ath 24:5
διαλογιζόμενος D 8:1
διάλογος D 3:2
διαλύσεως Ath 36:3
διαλυτόν Ath 20:1
διαλύομεν Ap 43:1 (AB)
διάλυε Ap 37:8 D 15:4
διαλυόντων Ath 11:2
διαλύσω App 5:1
διαλύσομεν Ap 43:1
διαλυθέν Ath 36:2
διαλυθέντα Ap 19:4(.4 AB)
διαλελυμένῳ Ath 37:1
διαμαρτύρῃ D 82:3²
διαμαρτυρούμαι D 22:8
διεμαρτύρατο D 82:3
διαμάχῃ Τ 27:1
διαμάχεσθε Τ 25:2
διαμένει D 7:2; 34:6; 64:6
διαμένουσι Ap 15:6
διαμένουσαν Τ 20:2
διεμέριζεν D 131:1
διαμεριεῖ D 113:3
διεμερίσαντο D 97:3; 98:5;
　　104:1
διαμνημονεύουσιν Ath 11:3
διένειμε Ath 10:4
διένειμεν D 113:3
διενείμαντο Τ 8:3; 9:3
διανοηθῆτε D 72:1
διανοήματα D 14:5
διανοίας D 14:5
διανοίᾳ Ath 32:3
διάνοιαν Ap 61:12 D 5:6
διανοίαις D 82:3
διανοίας Ap 52:11
διανοῖγον D 21:4
διαπαντός (διὰ παντός ed) D 6:2;
　　12:3; 15:6; 22:8; 34:5

διαπείρων Τ 2:2
διεπέμψατο Ap 31:3
διαπεμφθῆναι Ap 31:2
διαπερονᾶται D 40:3
[δια]πεπηγός Τ 20:2
διαπορεύονται D 124:2
διαπορεύεσθαι D 21:4
διαπορῶν Ath 5:1
διαπράττεται Τ 22:2
διαπραξαμένοις Τ 14:2
διαπρύσιος Τ 25:2
διαρπάζοντες Μ Ap HE 4:26:5
διαρρήξωμεν Ap 40:11
διαρρήθην D 27:1; 34:2; 53:2;
　　56:6; 63:5; 68:8.9; 71:2:
　　75:4; 76:6; 140:2
διασαφήσομεν Ap 42:1; 54:4
διασαφῆσαι Ap 33:3
διασκεδάσουσι D 74:4
διεσκεδάσθησαν D 53:5
διασκορπισθήσονται D 53:5.6
διεσκόρπισε D 130:3
διασκορπίσαι D 21:3
διεσκορπίσθη D 98:4; 102:1:
　　103:1, 7
διασπαραχθέντα Ap 21:2; 54:6
　　D 69:2
διάσπα Ap 37:8 D 15:4
διασπῶντες D 40:4
διασπασθῶ Τ 6:2
διέσπειρεν D 131:1
διασπεῖραι D 21:3
διασπορά D 117:5
διασπορᾷ D 117:2,4
διασποράν D 113:3
διασποράς D 121:4
διαστείλῃ Ath 23:6
διέσταλται D 10:3
διεστάλθαι D 20:2
διαστήματι Ar 4:2
διαστολήν D 20:2
διέστρεφον D 101:3
διασύροντες Ap 35:6
διεσώθη D 138:2
διεσώθησαν Ap 53:8
διασωθῆναι D 56:20
διαταγῆς D 67:7

διάταγμα M Ap HE 4:26:6
διαταγμάτων M Ap HE 4:26:5
διαταχθήσεσθαι D 11:4; 51:3
διέταξεν Ath 10:4; 24:4
διατάξαντος D 11:1
διατάξασθαι App 9:4
διαταχθέντα D 45:2; 47:3
διαταχθέντα D 42:4; 45:3;
 46:1, 2, 7; 67:5
διετάγη D 67:9, 10
διαταγῆναι D 67:10
διετέτακτο D 44:2
διατετάχθαι D 43:1; 47:2
διατεταγμένα App 9:1
διατελοῦσι Ath 11:2
διέτεμε D 86:1
διατιθέασι Ap 9:2 D 93:2
διατιθέντας D 18:3
διατίθεσθε T 1:1
διατιθεμένους D 22:7
διαθήσομαι D 11:3; 12:1; 14:4
διαθήσεσθαι D 34:1; 67:9
διεθήκατε D 101:2
διατεθῆναι Ap 63:10
διέθεσαν D 67:6
διεθέμην D 11:3; 74:4
διατεθείκασιν Ath 20:1
διατεθεῖσθαι D 142:1
διατριβῆς D 3:6
διατριβαῖς D 3:2
διέτριβον T 41:2
διατρίβειν T 9:1
διατρίψας D 2:3
διατροφήν Ap 13:1
διαφανέστεραι T 39:2
διαφέρει Ap 55:4 Ath 24:5
διαφέρετε Ap 15:14
διαφέρειν D 10:3
διοίσει D 31:6²
διήνεγκεν D 31:7
διενηνόχασιν Ath 20:4 (Sch: al
 Geff)
διαφεύξεσθαι Ath 12:1
διέφυγεν Ath 22:3
διαφύγωμεν Ath 12:3
διαπέφευγεν Ath 17:4
διέφθειραν Ap 5:2

διαφθαρέντες D 93:1
διαφθοράς D 134:2
διαφθοράν T 1:4
διαφορά D 5:6
διαφοράς D 5:6
διαφοράν Ap 21:4
διαφοραί T 12:2²
διαφοράς T 12:1, 5
διάφορον T 12:3
διάφορα Ap 22:4
διαφόρων D 3:5
διαφόρους App 9:3
διαφορωτέραν T 26:2
διαφυλάσσων D 58:12
διαφωνῶσιν Ath 14:2
διαφωνία Ar 13:5
διαχυθέντα Ap 19:4 (ed)
διεχρήσατο T 8:4
διαχρύσῳ D 38:4; 63:4
διαψάλματι D 37:1
διγαμίας Ap 15:5
δίδαγμα App 8:4
διδάγματος App 15:1(?)
διδάγματα Ap 18:5 App 13:2;
 15:3 D 94:4 T 22:1
διδαγμάτων Ap 14:4 D 69:7;
 112:5 T 27:1
διδάγμασι Ap 56:3; 57:2 App
 3:3; 12:1; 13:1 D 48:4
διδάγμασιν Ap 16:14 App 15:3
 D 49:3; 68:1; 80:3²
διδάγματα Ap 4:9; 16:8 App
 2:2²; 4:3 D 30:1; 35:2;
 78:10; 120:2; 134:1
διδασκαλεῖον App 2:13 (ed)
διδασκαλία D 105:1
διδασκαλίας App 10:1 D 35:2;
 39:2 T 32:1
διδασκαλία Ath 33:2
διδασκαλίαν D 103:1
διδασκαλίας D 27:4; 78:11;
 140:2
διδασκάλιον App 2:13
διδάσκαλος Ap 12:9 App 8:5 T
 19:3; 41:1
διδασκάλου Ap 4:7; 32:2 D
 2:2 T 2:1

διδασκάλῳ Ap 15:5 D 7:1
διδάσκαλον Ατ 10:8 Ap 13:3;
  19:6; 21:1, 2 App 2:9 D
  76:3; 108:2
διδάσκαλε Ap 16:7 D 101:2
διδάσκαλοι Ατ 2:1 D 43:8;
  62:2, 3; 83:1; 103:2; 110:
  1; 112:2, 4; 114:3; 117:3,
  4; 120:5; 134:2; 140:2
διδασκάλων Ap 59:1 D 38:2;
  48:2; 142:2
διδασκάλοις D 9:1; 38:1; 68:
  7; 71:1; 134:1; 137:2
διδασκάλους D 94:4; 102:5;
  103:2, 9
διδάσκει Ap 58:1 D 105:5 Ath
  19:1
διδάσκομεν Ap 8:3; 14:4;45:5
διδάσκουσι Ap 63:1 D 82:3;
  114:3
διδάσκουσιν D 35:5; 80:3;
  128:3; 137:2
ἐδίδασκε D 27:5
ἐδίδασκεν D 91:4
διδάσκειν D 38:2
διδάσκων Ap 26:5 App 9:2
  D 88:8; 92:5 Ath 5:2
διδάσκοντος D 55:2; 102:6
διδάσκοντες D 27:4; 63:5; 78:
  11; 140:2
διδασκόντων Ap 45:5
διδάσκοντας D 35:2
διδάσκονται Ap 61:2
διδασκόμενα Ap 37:9
διδασκομένους T 35:2
διδασκόμενα Ap 61:2
διδαχθήσεσθε D 14:7 (A) Ath
  1:3
ἐδίδαξε Ap 16:8; 19:8; 44:1;
  67:7 App 8:5; 10:6 D 96:3
ἐδίδαξεν Ap 15:9; 23:2 D 76:
  3²; 96:3 T 1:1
ἐδίδαξαν Ατ 15:2 Ap 4:9; 33:
  5; 50:12; 54:6 D 35:4;
  53:5; 68:8; 82:3²
διδάξαι Ap 39:3; 46:1
διδάξας D 30:1

διδάξαντος Ap 50:12 App 10:8
διδάξαντα Ap 6:2
διδαξάντων D 118:3
ἐδιδαξάμην T 3:1
ἐδιδάχθην D 1:2
ἐδιδάχθημεν Ap 6:2; 13:1;
  17:1; 46:2; 66:2 D 133:6
ἐδιδάχθητε D 71:3
διδαχθείης D 2:4
διδαχθεῖσι D 48:4
διδαχθέντα D 18:1
δεδιδαχέναι Ap 46:1 D 108:2
δεδιδάγμεθα Ap 10:1, 2; 14:4;
  21:6; 27:1 App 4:2
δεδιδαγμένων Ap 46:1
δεδιδαγμένα Ap 12:10; 66:1
διδαχή D 35:1
διδαχῆς Ap 53:3 App 5:4 D
  35:8
διδαχήν Ap 40:1 App 2:13
διδυμάονε Ath 12:2
διδύμους Ap 29:2
δίδωμι D 76:6
δίδωσι Ap 60:7; 67:6 D 102:5
  T 29:2
δίδωσιν Ap 65:5 (A) D 65:3;
  87:5; 130:4 T 9:3
διδόασιν Ap 65:5 (ed)
διδῶς D 65:6
δίδοτε Ap 15:10
διδόναι Ap 13:4 D 94:4 Ath 11:3
διδούς D 65:4
διδόντα D 125:2
δίδοται D 79:2
δίδοσθαι D 142:3
δώσω Ap 40:15; 51:2 D 13:
  6; 58:12; 61:1; 65:1, 5;
  68:9; 79:2; 97:2; 122:6
δώσει Ap 15:12; 40:9 D 43:
  5; 66:2; 84:1; 108:1; 113:4
δώσομεν Ap 26:8
δώσετε D 115:6
δώσουσι D 65:6
δώσειν D 1:5; 65:7; 80:4;
  126:6
δοθήσεται D 34:5; 44:2; 45:
  3; 70:3; 107:1; 140:2

δοθήσεσθαι D 44:1
ἔδωκα D 21:4; 26:2; 65:4:
  85:9; 114:5; 122:5
ἔδωκε D 31:5; 39:4; 87:6;
  134:4
ἔδωκεν Ap 17:4 D 19:4: 30:3:
  37:4; 64:4; 113:4
ἔδωκαν D 111:4
ἐδόθη D 11:2; 16:2; 31:3²,
  4, 7: 46:4; 58:1; 69:5;
  106:3; 121:4; 131:6: 141:3
δοθῇ D 140:3
δοθέν App 13:6
δοθεῖσαν D 28:4; 139:4
δῷ D 7:3; 14:6
δῶτε Ap 51:3 D 13:6
δός D 34:2, 3; 64:6
δότε Ap 41:2 D 94:3
δοῦναι Ap 39:5 D 39:4: 65:1
δούς T 37:1
δοῦσα App 2:6
δόντος D 85:1
δόντα Ap 21:2
δόντες Ath 17:1
δόντας Ath 17:1
δέδωκα D 12:1: 14:4: 135:2
ἐδεδώκει D 20:2; 121:2
δέδοται D 23:5; 46:1
δεδόσθαι D 4:1: 123:2
δεδομένη D 137:1
διέξειμι Ath 6:2: 11:1
διέξει Ath 21:3
διεξῆλθον Ath 18:2
διεξεληλύθασιν Ath 20:2
διεξόδους Ap 40:9 D 86:4
διερινοῦντες D 101:3
διερρινοῦντες D 101:3 (ed)
διῆλθε Ath 25:1
διεληλυθέναι D 86:2
διευθύνων ⟨Ath 24:3⟩
διηγῇ Ath 21:3
διηγοῦνται D 64:8
διηγεῖσθαι Ath 28:3
διηγήσομαι D 98:5; 106:2
διηγήσεται Ap 51:1 D 13:6;
  43:3; 63:2; 68:4; 76:2
διηγήμασιν T 21:1

διήγησιν T 30:2
διηγήσεις T 36:1
διήκει Ath 6:4
διήκων T 4:1
διῆκον T 4:2
διεστᾶσι Ath 15:1
διϊσχυρίζεσθαι Ap 68:8
δικάζουσι T 6:1
δικαζόντων Ath 2:2
δικάζεσθαι Ath 1:4; 11:3
δικάσειν Ath 12:1
δικαιοπραγήσωσι Ap 12:4
δικαιοπραξίας D 47:5: 70:1;
  137:1
δικαιοπραξία D 140:3
δικαιοπραξίαν D 44:2: 46:7:
  102:4; 141:1
δικαιοπραξίας D 47:2
δίκαιος Ap 48:5,6 D 4:3: 16:5²:
  46:4; 53:3; 86:4; 92:3. 5:
  93:3; 110:6; 138:1 T 7:1:
  10:3 M Ap HE 4:26:6
δίκαιον Ap 4:5 D 24:2: 48:3;
  81:2: 115:6
δικαίου D 17:1; 133:5
δικαίας Ap 40:18
δικαίου D 17:3
δικαίῳ D 20:1
δίκαιον Ap 51:4 App 12:6 D
  13:7; 16:4: 17:1, 2: 23:2,
  5; 47:5: 56:18: 86:4: 119:
  3: 125:1; 133:2: 136:2²:
  137:3² Ath 34:2
δικαίαν Ap 3:2; 68:3 (Eus)
  D 15:3 Ath 15:3
δίκαιον Ap 4:2 App 2:4 D
  25:4: 119:6; 133:5: 137:4
  T 1:3
δίκαιοι Ar 13:7² Ap 16:12:
  48:5 D 7:1, 3: 16:5 (ed);
  19:5: 29:3: 46:3: 52:4:
  67:7: 92:4: 110:6: 136:2
δίκαια Ar 15:4
δικαίων Ap 40:10² D 26:1:
  85:3: 93:4: 102:6: 105:4
  T 3:2
δικαίοις D 45:4; 86:1

δικαίους Ap 15:7,8,13 D 27:5:
96:3 Ath 11:1
δίκαια Ap 2:1; 3:5; 12:11:
68:3 App 15:5 D 23:1. 5;
28:4; 30:1; 45:3; 92:5:
93:1
δικαιοσύνη D 4:7; 11:3: 15:5;
22:3; 25:4; 34:4: 50:3:
105:6 Ath 34:2
δικαιοσύνης Ap 2:2:6:1 D 3:5:
23:5: 38:3; 88:8: 93:3 Ath
2:1; 32:2
δικαιοσύνῃ Ar 15:2 D 4:3:
26:2: 34:3: 45:3; 64:6:
65:4; 70:2: 73:4: 122:3
δικαιοσύνην Ap 10:1 D 15:2:
22:7: 23:4, 5: 26:3; 34:3²:
37:3: 38:4; 56:14. 20: 63:
4: 64:4, 6²: 92:3: 93:1. 2:
110:3: 119:6 Ath 34:2
δικαιοτάτῳ D 110:6
δικαιότατον Ap 12:7
δικαιότατον Ath 37:1
δικαιότατα Ath 1:3
δικαιότεροι Ath 37:1
δικαιοῦντες D 25:1: 133:5
δικαιοῦσθαι D 92:2
δικαιούμενον D 67:6
δικαιώσατε Ap 44:3: 61:7 D
124:2
δικαιῶσαι Ap 51:4 D 13:7
δικαιώσας Ap 38:3
ἐδικαιώθη D 23:4
δικαιώματα D 21:2². 3. 4: 22:9;
46:2
δικαίως Ar 15:10 Ap 43:8: 63:
14 App 7:5 D 16:3; 17:2:
20:4; 23:4; 107:3; 110:6:
112:3,4 T 7:1; 13:3 M Ap
HE 4:26:6 Ath 35:1
δικαστήρια App 10:4
δικαστής T 12:4
δικαστοῦ Ath 12:1
δικαστῇ Ath 2:4: 31:4
δικαστῶν App 14:2
δικαστάς App 1:2
δίκης Ath 1:1. ⟨2.⟩ 3

δίκῃ Ap 4:2 D 4:3: 16:2:
19:2 Ath 2:2
δίκην Ap 19:4 D 1:5; 102:5:
130:1 Ath 3:1²:10:2;13:1:
20:4; 25:2; 34:2
δίκαν Ath 25:1
δίκαις Ath 34:2
δίκας Ap 17:4
διό Ar 4:2; 5:2, 3. 5: 6:2, 3
D 3:3: 14:3; 16:5; 19:2:
35:8: 38:2; 42:1; 47:5:
49:5: 64:2; 78:11: 100:5
Ath 7:2; 18:4: 20:1: 22:
3. 5; 25:3
Διογένης T 2:1
διοικεῖ Ath 25:1
διοικοῦντος M Ap HE 4:26:10
διοικεῖται Ap 55:2
διοικήσασθαι App 2:8
διοίκησις Ath 25:2
διοικήσεως T 26:2
διοικήσει Ap 57:2
διοίκησιν App 2:8 D 29:3 Ath
24:3. 5
Διομήδης Ath 21:2
Διομήδους T 17:1 Ath 21:2. 3
Διονύσιος T 31:2
Διονυσίου T 2:1
Διόνυσος Ar 10:8 T 8:3 Ath
20:3; 28:2
Διονύσου T 8:4; 39:3 Ath 28:
2², 2 (Sch)
Διόνυσον Ar 10:8 Ap 21:2:
25:1:54:6 D 69:2 Ath 22:6
διόπερ T 3:3; 17:1: 21:2; 35:1:
39:1 Ath 1:2
διόριζε Ap 68:10
διορύσσουσι Ap 15:11
διορύσσεται Ar 4:3
δι' Ath 21:3
Διόσκοροι T 10:2
Διοσκούρους Ap 21:2
διότι D 17:2; 19:3; 22:3; 28:5:
41:2; 43:6²; 66:3²: 74:4:
117:1;136:2;141:2 T 19:1:
23:2
διπλότερον D 122:1, 2

διπλᾶ D 50:3
δίς D 85:5
δισσοῦ Ath 19:2
διστάζετε D 39:6
  διστάζετε D 28:2
δισχιλίοις Ap 31:8
δισώματος Ath 18:3
διφυής T 39:2
  διφυῆ Ath 22:2
δίχα D 23:3 Ath 22:8
διχῇ D 93:3
  διχῇ D 120:5
διψῶσα D 69:5
  διψώσῃ Ap 50:5 D 13:3; 42:
  2; 69:5
  διψῶσαν D 69:5
ἐδίωκε Ath 20:2
διώκωμεν Ap 27:1 (AB)
διώκειν Ar 13:5 D 8:1
διώκοντες D 26:1; 27:2; 39:6;
  82:4
διωκόντων Ath 1:3; 11:1
διώκουσιν Ath 3:2
διώκοντας D 131:3
διώκεται T 28:1 M Ap HE 4:
  26:5
διωκόμεθα Ath 4:2
διώκονται Ap 26:7
διώκησθε D 39:6
διώκεσθαι App 7:3 Ath 1:3
διωκόμενον Ath 21:1
διῶξαι T 19:2
διώξαντες D 26:1
ἐδιώχθησαν Ar 13:6 Ap 26:1
δόγματος Ap 44:11 App 10:8
  T 25:2
δόγμα Ap 20:4 T 3:3
δογμάτων Ap 7:3; 26:6; 44:9;
  58:2 App 8:1 T 8:2; 25:2;
  27:1 (MPV); 32:1; 35:2;
  42:1 Ath 3:2; 11:1
δόγμασι T 19:2; 25:1
δόγμασιν T 1:1; 2:1, 2; 12:5;
  24:1; 35:1 M Ap HE 4:26:5
δόγματα Ap 26:7 App 0:4 T
  27:3; 29:1; 35:2; 40:1
  Ath 6:1

δογματίζει D 62:3
δογματίζουσι Ap 20:2 T 6:1:
  15:1
δογματίζουσιν T 3:3
δογματίζων Ath 5:1
ἐδογμάτισεν Ath 7:2
δογματίσαντες Ap 4:8; 7:3
δογματίσασιν Ap 2:1
δοκῶ D 24:1; 45:1
δοκέω Ath 17:1
δοκεῖς App 2:17 D 2:4: 49:6:
  58:2
δοκεῖ Ap 44:10; 68:1². 7 D
  4:5; 5:2, 4; 28:1: 42:4;
  47:1, 2; 48:1², 2; 49:6;
  56:4, 18; 57:4; 58:2; 63:2;
  74:1; 87:3; 88:5: 93:2;
  132:1; 137:4 T 26:4 Ath
  2:2, 4; 36:2
δοκέει Ath 28:5
δοκεῖτε D 12:3; 19:3: 137:4
δοκοῦσιν D 46:3; 49:1 T 8:3
ἐδόκουν D 32:2
δοκῇ Ath 1:4
δοκῶμεν Ath 36:2
δοκεῖν Ap 22:4 App 7:3 D
  92:1
δοκοῦσα D 65:2
δοκοῦσιν D 90:3
δοκοῦν App 14:1
δοκοῦντας D 38:2
δοκοῦντα App 11:6
δόξει D 92:1 T 9:3
δόξομεν Ap 20:4²; 22:6 Ath
  15:3
δόξουσιν D 55:3
ἔδοξε D 2:6; 3:1; 9:3 Ath
  30:1
ἔδοξεν D 17:3; 28:1; 30:1
ἔδοξαν Ath 5:1
δόξῃ Ap 3:1
δόξωμεν Ap 14:4; 61:1
δόξητε D 118:2
δόξαι Ap 19:1; 43:6
δόξαι Ap 30:1
δόξας Ath 2:4
δοξάντων Ap 7:3

δοκιμάζομεν T 32:3
　δοκιμάζουσιν Ath 12:3
　δοκιμάζοντες Ath 12:3
　δοκιμάσας T 29:1
δοκιμαστής T 6:1
δοκιμώτατος T 38:1
　δοκιμώτατοι T 1:1
δολιότητας D 22:10
ἐδολιοῦσαν D 27:3
δόλος Ap 51:2 D 13:6
　δόλου D 14:2
　δόλῳ D 36:3
　δόλον D 102:7
δόματα D 39:2, 4², 5; 87:5, 6
Δομετιανός M Ap HE 4:26:9
δόξα Ap 41:2; 47:2; 50:4, 6;
　52:12 App 6:3 D 13:3, 4;
　15:5; 25:5; 31:4; 38:5;
　50:3, 4; 61:1, 3; 69:5 Ath
　4:2
δόξης Ap 50:1; 51:2, 7², 8;
　52:3 App 3:3; 10:3; 13:1
　D 7:1; 25:2; 29:1; 34:2,
　6²; 36:4⁵, 5, 6³; 39:7; 42:
　1; 64:6²; 68:5; 70:3, 4;
　80:1; 85:1, 9; 110:2; 127:
　3, 5; 131:3 T 11:2; 12:2;
　26:3; 33:1
δόξῃ Ap 28:4; 43:6; 52:10
　App 7:3 D 10:1; 14:8;
　49:3; 128:1 T 32:1 Ath
　16:1
δόξαν Ap 9:3; 12:6; 15:10;
　41:2; 65:3 App 1:1 D 64:
　8; 65:1², 3, 5, 6, 7²; 69:5;
　73:3³; 127:3; 128:2 T 18:3
　Ath 15:3²; 25:2; 27:2; 30:
　1; 31:2; 36:2
δόξαι Ath 25:3
δόξαις Ap 2:1 T 35:1 Ath 7:3
δόξας App 9:4 T 27:1²; 31:4
　Ath 6:2; 24:1; 27:1, 2
δοξάζομεν Ap 12:1; 60:10
　δοξάζουσι Ath 29:2
　ἐδόξαζον D 7:3
　δοξάζειν Ap 5:1 D 41:3
　δοξάζοντος D 6:1

δοξάζουσι D 1:5
δοξάσεις D 22:9
δοξάσει D 22:10
δοξασθήσεται Ap 50:3 D 13:2
　ἐδόξασε D 12:1; 14:4
　δοξάσωμεν D 29:1²
　δοξάσωσι Ap 43:1
　δοξάσατε D 98:5; 106:2
　δοξάσαι Ap 42:1
　δοξάσαντες Ap 4:8 D 48:4
　δοξασθῆναι D 85:8
　δοξασθείς D 91:1
　δεδοξάκαμεν D 1:4
　δεδόξασται D 28:5; 41:2; 117:1
δοξολογοῦσιν D 7:3
δοξομανίας T 11:1
　δοξομανίαν T 19:2
δοριάλωτος Ap 32:4
δόρατι T 2:2
δουλαγωγεῖ App 11:7
　δουλαγωγῶν D 110:4
δουλείαν D 134:4, 5; 139:4 T
　4:1; 11:1; 29:2
δουλεύει Ar 5:4 D 134:3²
　ἐδούλευον D 83:4
　δουλεύειν T 4:1; 17:3
　δουλεύοντος D 136:1
　δουλεύοντα Ap 51:4 D 13:7
　δουλεύοντες Ath 35:3
　δουλεύοντας Ap 44:12 Ath 31:2
　δουλεύσουσιν D 34:4
　ἐδούλευσε D 28:6; 134:5
　ἐδούλευσεν D 134:3, 5
　δουλεύσατε Ap 40:17
　δεδουλευκότας Ar 8:2
δούλας D 87:6; 140:1
δοῦλος T 11:1 Ath 21:4
　δοῦλοι D 123:3; 135:4; 139:5
　　T 11:2 Ath 35:1
　δούλων D 134:3, 4²
　δούλοις D 123:4
　δούλους Ar ⟨8:2⟩ Ap 14:1 D
　　25:3; 87:6
　ἐδούλωσαν App 5:4
　δουλωθῆναι App 5:4
δρακαίνης Ath 20:2
δράκων T 8:4; 10:1 Ath 18:3; 20:1

δράκοντος Ath 20:3, 4²
δράκοντα Ath 20:3
Δράκων T 41:3
δραματουργίαις T 16:1
δρακί D 50:5
δραπέτης Ar 10:8
δράξασθε Ap 40:18
δραστηρίου Ath 19:2
δραστικαί T 16:1; 17:2
δραστικωτέρας T 16:1
δρῶσιν D 3:3
   δράσαντες D 1:5
δρέπανα Ap 39:1 D 109:2
δριμύν D 2:3
   δριμεῖς D 123:4
δριμύτερον D 3:1
δρόμου T 2:2
   δρόμοι T 27:3
δρόσων D 91:1
δρυμοῦ D 73:4
δρυμῷ D 135:4
Δρύμωνος T 41:1
δρυοτόμου T 25:1
δρῦς T 19:3
   δρυός T 12:5
   δρυΐ D 56:1, 2; 86:5; 126:4
   δρῦν D 56:4, 8
δρώσαις D 3:2
δύναμαι D 42:4; 56:20; 142:3
   T 29:1 (MPV)
δύναται Ap 53:12; 55:2 App
   11:7 D 58:6; 73:5; 82:4;
   87:2 T 26:1 Ath 22:1; 26:3
δυνάμεθα D 68:4; 90:1 Ath
   11:1; 35:2
δύνασθε Ap 2:4; 12:6; 28:1:
   31:5; 34:2; 35:9; 37:9;
   38:7; 39:2; 45:6; 48:3;
   59:5; 63:9; 64:1; 66:4 App
   6:5 D 40:1; 49:8; 112:5;
   130:3; 140:1
δύνανται Ap 12:6; 57:1²; 68:
   8 (Eus) D 21:1; 46:1; 47:2;
   62:3; 78:10; 128:4; 141:2, 3
ἐδύνατο Ap 54:7 D 76:6; 141:1
ἠδύνατο D 27:5; 102:3³
ἐδύνασθε D 77:3

ἐδύναντο App 13:5
ἠδύναντο Ath 8:1
δύνωμαι D 48:2 T 29:1
δύνηται Ap 4:3
δύνωνται Ap 31:5; 68:8 App14:1
δύναιτο App 12:2 Ath 19:2
δύναιτ' App 12:2 (Eus)
δύναιντο App 15:2
δύνασθαι Ap 2:4; 8:2; 19:5;
   53:1; 61:2 D 4:1, 7; 10:2;
   23:5²; 32:2; 39:8; 55:3;
   65:2; 67:9; 68:8; 84:4;
   88:5; 93:5; 102:6, 7²; 124:
   4; 140:1 T 30:2; 32:3
δυνάμενος Ap 43:8 App 2:9
   D 20:3; 48:1; 82:3 T 17:4
   Ath 23:5
δυναμένη T 13:2
δυναμένου Ap 39:5
δυνάμενον Ap 19:7 D 105:3
δυνάμενον Ap 28:3 D 14:1
δυνάμενοι Ap 39:3 D 38:2;
   129:2 Ath 15:1; 22:7; 25:1
δυναμένων Ap 39:5 D 64:2;
   140:1
δυναμένοις D 28:1 T 31:4
δυναμένους Ap 19:7; 58:3
δυνάμενα Ap 43:8
δυνήσομαι D 56:21
δυνήσεται Ap 46:5 D 55:3 T
   17:4
δυνήσεσθε D 74:2 T 30:2
δυνήσονται D 19:2; 114:1, 5
δυνήσεσθαι Ap 54:2
ἠδυνήθη Ar 10:6, 8
ἐδυνήθητε D 16:4
ἠδυνήθησαν Ap 10:6
δυνηθῇ Ap 56:3
δυνηθῆναι D 103:6; 119:1
δυνηθέντα Ar 11:4
δυνηθέντες Ath 7:2
δεδύνηνται Ap 44:9
δεδυνῆσθαι D 75:4
δύναμις Ap 13:1; 14:5; 23:2;
   32:10; 33:4; 55:8; 67:5
   App 10:8 D 4:1; 31:1;
   49:8; 58:1; 61:3; 80:3;

100:5; 102:5; 105:1; 110:
1; 125:1, 3, 4; 128:4 T 5:1;
7:2² Ath 16:2
δυνάμεως Ap 17:3; 32:9, 11,
14; 33:6; 35:2; 39:3; 45:
3, 4, 5; 46:5; 55:6 App
10:7 D 11:4; 32:6²; 42:1;
54:2²; 62:5; 76:6; 78:9;
83:2, 3, 4; 87:4, 5; 88:1;
120:6; 131:3; 132:1, 3 T
4:2; 5:1, 2; 7:1; 13:2;
16:1, 3 Ath 23:4
δυνάμει Ap 60:11 D 5:5; 9:1;
42:2; 54:1; 79:4; 84:2;
100:4; 127:2; 128:1, 4;
132:2; 138:1 T 18:1, 2 Ath
8:3; 10:1, 2; 24:2
δύναμιν Ap 19:5; 33:6; 43:3;
50:12; 55:6; 60:5; 62:4;
68:10 App 7:6; 13:6 D
8:4; 30:3; 43:6; 58:2; 61:
1; 66:3; 77:2², 3³; 78:9²,
10; 87:4; 88:2, 6; 94:2;
105:5; 112:1; 125:3; 128:
2, 3², 4; 139:4 T 5:1; 12:3
Ath 10:3; 18:1; 22:2; 23:6;
24:1; 30:4
δυνάμεις D 85:4, 6²
δυνάμεων Ap 10:4; 17:4 D
29:1; 35:8; 36:2, 4, 5, 6;
53:6; 65:6; 72:1; 85:1², 4;
87:2; 105:4; 109:3; 115:1;
121:2
δυνάμεις Ap 16:11; 26:2; 30:
1; 56:1 D 7:3²; 87:3; 88:
1; 115:4; 132:1 Ath 16:3²;
24:2
δυνάστου D 34:4
δυνάσται D 133:5
δυναστῶν D 22:5
δυνατός Ap 51:7 D 30:1; 36:4;
49:7; 58:7; 84:3; 111:2;
125:2² T 13:1; 16:3 Ath
7:2
δυνατόν Ap 39:4; 63:9 App
7:2 D 4:5; 11:4; 24:1;
46:2²; 57:3; 69:4; 85:1;

99:2; 103:8; 120:4; 137:1;
142:1 T 15:4; 16:2; 20:
2, 3; 31:4² Ath 23:6
δυνατῷ D 129:1
δυνατόν Ap 12:3; 19:1, 4, 5
T 12:3
δυνατέ D 38:3²
δυνατοί T 11:2; 17:2
δυνατά Ap 19:6
δυνατῶν Ap 14:4
δυνατούς D 62:5
δυνατωτέρου T 7:3
δυνατωτέρῳ T 18:2
δυνατώτεροι App 11:1
δύνουσιν Ar 4:2
δύνοντι D 131:3
δύνοντα Ar 6:1
δύνουσαν Ar 6:3
δύσῃ D 128:3
δύναντα D 132:1
ἔδυ D 58:11
δύο Ap 15:2; 16:2; 26:2;
52:3 D 9:3; 32:2, 4; 40:
4², 5; 43:6; 49:2; 52:1, 4;
56:1, 5, 13, 15, 19, 22, 23;
57:2; 58:6²; 60:1, 2; 62:
3; 66:3; 85:5; 106:3; 110:
2; 111:1; 129:1; 134:3;
135:6³; 139:1, 4; 140:1²
T 12:1; 36:2 M Ek HE 4:
26:14 Ath 8:1; 15:1; 18:3;
20:1²
δυσί D 139:4 T 41:2
δυσίν D 56:10; 93:2; 134:4
δυσειδεῖς Ath 20:4
δυσεξηγήτου App 6:3
δυσκίνητον App 1:2
δυσμετάθετον App 1:2
δυσμῶν D 22:7; 28:5; 41:2;
76:4; 117:1, 4; 120:6; 140:4
δυσμάς D 137:4
δύσπαρι Ath 26:3
δυσπείστως D 89:2
δυστυχῆ Ath 5:1
δυσφημοῦντες Ap 49:6
δύσφημα Ap 49:6
δύσφημα Ap 23:3; 26:7

ἐδυσφρόνουν D 2:5
δυσχεραίνετε T 27:1
δυσχεράνητε T 35:2
δύσχρηστος D 17:2, 3; 133:2;
   136:2; 137:3²
δυσωπεῖ D 46:4; 134:1
ἐδυσώπει D 69:6
δυσωπῶν D 46:5
δυσωπούμενος D 65:1
δυσωπούμενοι D 123:3
δυσωπήσω D 68:7
δυσωπήσεσθαι D 120:6
δυσωπῆσαι D 8:2; 77:1
δυσωπηθέντες D 7:1
δεδυσώπηκε D 89:1
δώδεκα D 14:8; 19:5; 22:1;
   28:5; 41:2; 42:1²; 53:3;
   68:6; 86:5; 87:4; 107:4;
   109:1; 126:1 M Ek HE
   4:26:14
Δωδώνης Ap 18:4
δώμασιν D 21:4
δώματ' Ath 21:4
δωρεάς T 10:2; 32:1
δωρεάν T 19:1
ἐδωρήσατο Ap 10:4 T 37:1
δεδώρηται T 15:4
Δωριέων T 1:2
δωρίζειν T 26:4
δωροδοκτέον T 4:2
δωρολήπτας T 10:1
δῶρον D 16:1
   δώρων D 70:2; 133:5
   δώροις D 19:3; 28:4; 38:5
   δῶρα D 27:2; 34:4²; 78:2; 82:4

ἐάν Ar 4:3²; 15:7 Ap 3:1; 4:2,
   6²; 7:4; 10:2; 44:3², 4²;
   51:3; 60:3; 61:7², 8; 68:2
   App 4:3; 9:3, 4; 15:2
   D 12:3; 13:6; 14:2; 15:5,
   6; 22:3, 9; 23:1; 25:3;
   27:1; 28:2; 44:1, 2; 46:1;
   47:1⁴, 2, 3; 48:2, 3²; 49:1,
   2, 4; 55:1; 61:3; 65:2; 67:2;
   68:7; 72:1²; 82:3²; 85:1,
   3, 5; 88:5; 102:3; 105:6;

110:4; 112:3, 4, 5; 114:1, 3;
   116:2; 124:4; 127:5; 129:3;
   134:1; 141:1², 2, 3; 142:1
   T 11:1; 26:1 Ath 12:2, 3;
   22:2; 31:3 (Sch); 32:3 (v.ἄν,ἤν)
κἄν Ap 2:1; 11:2; 12:3; 16:8;
   18:6; 26:7; 37:7; 44:13;
   46:3; 52:2; 55:8; 57:2
   App 1:1; 3:1; 8:1, 2; 15:3
   D 1:2; 9:1²; 10:4; 22:11
   (O); 25:1; 27:2², 5; 28:4;
   38:2; 45:3; 57:2²; 60:2²,
   3; 64:2; 67:3; 69:7; 93:1;
   108:1, 3; 115:6; 118:5;
   120:6; 123:7; 140:2, 3;
   141:2 T 1:3; 3:3; 6:1, 2⁴;
   11:1; 12:5²; 13:1; 18:1²;
   20:1; 21:2²; 25:1, 3; 27:1,
   2; 32:1², 3 Ath 1:1, 4²;
   2:2; 6:4; 7:1; 12:1⁴; 20:3;
   21:4; 22:8; 24:2; 25:2²;
   30:3; 31:2, 3; 35:1²; 36:2
κἄνπερ Ath 23:3
ἑαυτοῦ Ap 2:1; 29:3²; 43:8²;
   54:8; 67:6 App 10:7, 8
   D 26:3; 53:1; 56:1; 61:1;
   95:2; 99:3; 103:8; 110:3;
   125:2, 5; 140:3 T 2:1;
   17:4²; 27:3; 33:3; 37:1
   αὐτοῦ T 8:4; 30:1 Ath 7:1, 2
ἑαυτῆς App 2:8; 11:7 T 33:2
   αὐτῆς Ath 27:1
   ἑαυτοῦ Ath 2:2
   αὐτοῦ Ath 2:2
ἑαυτῷ Ar 10:6, 8 Ap 5:2 (O)
   App 2:13; 5:6 D 13:9;
   65:7; 68:5; 93:2², 3; 130:3
   T 5:2 Ath 10:2; 22:4; 25:4
   αὐτῷ T 5:1 Ath 16:2; 36:1
ἑαυτῇ Ap 43:6 T 7:2
ἑαυτῷ Ar 13:5
   αὐτῷ T 12:5 Ath 22:2
ἑαυτόν Ap 12:2; 21:2; 38:6, 8
   App 2:11, 14; 11:5; 12:2
   D 8:4; 61:1; 62:2; 85:5;
   93:2, 3; 100:3; 101:3;
   116:1; 128:3 T 3:1; 11:2;

19:3; 21:1; 23:1 Ath 15:2;
23:4, 5; 26:3; 33:2; 36:1
αὐτόν Τ 18:2 Ath 8:2 (Sch);
   26:3; 29:1
ἑαυτήν App 2:5 D 4:5; 6:1²
   Τ 13:1² Ath 22:8
αὐτήν Ath 27:2
ἑαυτῶν Ap 2:3; 3:2; 9:4; 18:6;
   19:6; 27:4; 39:5; 65:1
   App 9:4; 14:1; 15:5 D 17:2;
   30:1; 39:5; 40:1; 61:5;
   133 : 1, 2; 136 : 2; 137 : 3;
   140:4; 142:2 Ath 18:1; 23:3
αὐτῶν Τ 19:1
ἑαυτοῖς Ar 15:5⟨; 16:6⟩ Ap 3 : 4;
   13:1; 15:11²; 35:8; 44:10
   App 4:4; 5:4; 10:3; 12:7;
   13 : 3 D 8:2, 4; 14:1, 3;
   17:1; 19:2; 22:3, 4; 28:2;
   39:5; 44:1; 97:3²; 98:5;
   104 : 1, 2; 114:5; 124:4;
   133:4 Τ 3 :3²; 16:3[, 3];
   25:2; 26:3; 27:1 Ath 16:1;
   35:2
αὐτοῖς Ath 25:4; 34:1
αὐταῖς Ath 27:1
ἑαυτούς Ar 15:7⟨; [16:6]⟩ Ap
   3:1; 10:2; 14:2; 15:4; 19:5;
   25:2; 26:1; 49:5; 53:3;
   57:3; 61:1; 62:1 App 4:1,
   3; 14:2 D 25:1; 32:5; 34:1;
   35:2, 6; 40:1; 44:1; 56:19;
   62:2; 64:2, 3; 74:2; 84:4;
   93:4; 95:2; 96:2; 102:7;
   112:5; 117:4²; 123:6; 124:4;
   125:5; 140:2; 141:1, 2 Τ 8:2;
   11:2; 16:2; 17:2; 23:1;
   30:1 Ath 1:3; 11:2, 3;
   12:1; 22:2; 34:2; 36:2
αὐτούς Τ 18:3 Ath 26:1; 31:4;
   32:2
ἑαυτάς Τ 17:2 Ath 23:1
ἑῶ Ath 26:1
ἑᾶν D 85:5
εἴασε D 21:1 Τ 12:4
ἑάσωμεν D 4:4
ἑβδομήκοντα D 68:7; 71:1; 86:5;

120:4; 124:3; 131:1: 137:3²
   Τ 36:2
ἑβδομηκοντοῦτα· Ap 15:6
ἑβδόμης D 24:1
ἑβραῖδι Ap 31:1. 3; 33:7: 65:4
Ἑβραῖος D 1:3
ἐγγαστριμύθου D 105:4
   ἐγγαστριμύθῳ D 105:4
ἐγγίζει Ap 38:3 D 11:3; 78:11
   Τ 37:1
ἐγγίζῃ D 14:5
ἐγγίζειν Ap 35:4 D 15:3
ἐγγίζοντες D 22:5; 70:2
ἐγγισάτω D 17:2; 133:4
ἐγγίσας D 56:18
ἐγγίνεσθαι D 101:3
ἐγγινόμενον D 4:1·
ἐγγινομένην D 137:1
ἐγγενέσθαι D 4:5
ἔγγονα D 81:2
ἐγγόνοις Ath 23:3
ἐγγράψω D 80:3
ἐγγεγραμμένη D 72:3
ἐγγράφως D 120:6 Μ Ap ΗΕ
   4:26:10
ἐγγύς Ap 21:6 D 51:2; 50:21;
   98:3; 103:1 Ath 6:1
ἐγγυτάτω Ath 6:1²
ἐγείρουσιν Ath 14:2
ἐγείρων Τ 19:3
ἐγερῶ D 123:5
ἐγερεῖ D 52:2
ἐγήγερται D 108:2
ἐγγήγερθαι D 108:2
ἐγκαλεῖτε D 30:1
ἐγκαλεῖν Ap 24:2
ἐγκαλοῦμαι Τ 26:2
ἐγκαλούμεθα Ath 15:2
ἐνεκαλέσαμεν Ap 33:3
ἐγκαλέσωσιν Ap 33:3
ἐνεκλήθη App 10:5
ἐγκατέθαψεν Ath 36:1
ἐγκαταλείποντες D 135:4
ἐγκαταλείψουσι D 74:4
ἐγκατέλιπες D 98:2; 99:1²;
   119:2
ἐγκατέλιπε D 20:1; 55:3

ἐγκατέλιπεν Ap 53:7 D 140:3
ἐγκατελίπετε Ap 37:2 D 19:2;
  114:5
ἐγκαταλίπω D 58:12
ἐγκαταλελοιπώς D 15:2
ἐγκισσῆσαι D 86:2
ἐγκλεισθέντες App 8:3
ἐγκλήματος Ath 2:4
ἔγκλημα Ath 2:4
ἐγκλημάτων Ath 1 : 4: 4 : 1;
  20:1
ἐγκλήματα Ath 3:1: 31:2:37:1
ἐγκόπτουσιν Ath 26:1
ἐγκόπτειν D 45:1
ἐγκράτειαν D 2:2; 8:3
ἐγκρατεύονται Ar 15:6
ἐνεκρατευόμεθα Ap 29:1 (O)
ἐγκρατευόμενος T 9:1
ἐγκυλιόμεθα D 10:1
ἐγκυμονεῖν D 78:3
ἐγκύμονα Ap 33:6
ἐγκυρήσας T 35:1
ἐγκωμιαστής T 7:2
ἐγκωμίων T 18:3
ἐγχέσπαλος Ath 21:3
ἐγχωρεῖ Ap 67:3 D 118:4
ἐγώ Ar 1:1 Ap 15:9; 35:3;
  38:1, 5; 40:13, 14; 63:7,
  11, 17 App 12:1: 13:1
  D 1:3; 2:1, 3²; 3:2, 3. 4²,
  5, 7²; 4:1, 3, 6; 5:1. 3, 6;
  8:2; 9:2; 10:1; 11:1:15:4²;
  16:1; 19:6; 20:2; 21:2², 3,
  4; 22:8; 23:3; 26:2, 3;
  31:7; 38:3; 45:1; 47:2;
  49:3; 56:10, 17³, 20; 58:2,
  5², 10, 12², 13; 60:5; 61:4;
  62:3, 5; 65:1, 3, 4, 5²:
  67:3; 68:1, 3: 72:2; 74:4:
  75:1; 78:11; 80:2²,5;81:1²,
  2; 85:9²; 88:8; 89:3; 94:4:
  97:1; 98:3; 99:2: 101:1, 2:
  103:6; 111:4; 114:2: 115:1:
  118:2; 119:1: 122:3, 6:
  123:8; 124:2; 125:1:126:2,
  4, 5; 135:1, 4: 137:3: 142:3
  T 5:2; 22:2; 25:2⁵: 27:2:

33:3 Ath 6:3; 9:1. 2; 19:1;
  21:1, 4
ἐγών Ath 21:2
κἀγώ App 3:1 D 1:1: 4:7:
  26:1; 27:2; 28:2; 32:2:
  35:2; 36:2; 38:2: 39:1. 4.
  8; 45:1. 3: 46:2², 3, 4. 5;
  47:1; 48:2; 49:2, 6²; 50:2.
  3; 51:1; 55:3; 56:4, 11, 12.
  17; 57:2, 4; 58:1, 2, 3; 60:2.
  4; 63:2; 64:2; 65:2; 66:1;
  67:6, 9, 11; 68:2, 3, 4², 6;
  72:1; 77:2; 79:2; 80:2;
  85:7; 87:3; 94:5: 107:4:
  119:2; 122:1 T 5:2 Ath
  21:5
ἐμοῦ Ap 16:11; 40:15: 63:5
  D 1:4; 8:4: 11:3; 14:3:
  21:2; 22:3, 8; 26:4; 29:2:
  56:12, 15; 64:3; 67:3;
  68:3; 76:5; 78:11; 79:3:
  87:4: 92:2; 98:3, 5; 99:2;
  102:6; 105:1; 115:5; 122:6;
  126:5; 131:5; 137:3; 142:2
  T 17:4 Ath 6:3: 9:1, 2²:
  17:1
μου ⟨Ar 17:1⟩ Ap 16:9, 10, 13;
  34:1; 35:3, 5², 7; 37:1. 4.
  5; 38:1, 2³, 3², 4², 5; 40:14:
  44:4²; 45:2²; 49:2, 3. 4:
  50:3; 61:8; 63:8; 66:3³
  App 3:6 D 2:3, 4, 6; 3:1³,
  5; 8:3; 9:2; 11:3⁷; 12:1:
  13:2, 6; 14:4, 5⁴, 6³; 15:2²:
  16:1: 17:2, 3; 21:2⁶, 3⁷:
  22:8², 9³. 10, 11; 24:4³:
  26:4²; 28:5⁴. 6; 31:4³. 7:
  32:1,6²; 35:3; 38:3³; 39:1:
  41:2⁴; 43:3: 45:1, 3; 46:1:
  49:3: 50:3; 51:1; 52:2:
  53:6²; 56:7. 14², 17. 20.
  21; 57:1; 58:1, 7²; 59:1:
  61:5⁴; 64:2; 65:1³. 5³:
  68:1: 69:1, 5; 70:2; 74:2.
  4⁴; 75:1². 2; 78:1; 79:2. 3;
  80:3. 4: 81:1², 2², 3: 83:1².
  2²; 87:1, 6³: 88:7, 8; 97:1³.

6*

2, 3⁵; 98:2⁴, 3⁴, 4⁹, 5⁷;
99:1, 2³; 101:2; 102:1¹⁰,
2², 5³, 6; 103:1, 6², 7³, 9³;
104:1⁵; 105:1⁴,2³,5; 106:2;
109:1; 114:2; 115:5; 117:1;
118:2²; 119:2², 4; 121:4;
122:1, 6; 123:3, 5², 6, 8³;
126:2², 3, 5, 6; 127:1, 5²;
133:2, 3³; 135:2⁴, 4⁵ T 6:2;
10:2; 11:1; 17:1, 4; 29:2
Ath 9:2²
ἐμοί App 11:5 D 1:2; 3:2, 6;
6:1; 8:1, 2; 10:2; 24:3;
28:2; 31:7; 47:1, 2; 49:1;
57:4; 58:1; 65:2; 98:2;
99:2, 3; 142:1 T 17:4 Ath
28:5
μοι Ap 16:9, 11; 17:2; 37:3,
4, 5, 7; 68:6, 7 App 2:17;
9:4 D 1:1², 2, 3; 2:1, 3,
6²; 3:2⁵; 4:4, 5; 15:3;
22:3², 11²; 23:2; 27:2, 5;
28:1, 6; 29:1; 31:4², 6;
36:2; 39:1, 3; 42:4; 45:2;
48:1², 4; 49:6; 50:1², 2;
56:15, 18; 58:1, 2, 4, 5, 7;
59:2; 61:3; 63:2; 64:3;
65:3; 67:7; 73:6; 74:1;
76:5; 77:2; 78:11; 80:1;
87:2; 92:5; 93:2; 94:1, 3,
4; 98:2, 3; 99:1; 100:1, 5;
102:1, 5; 103:1, 6; 113:6;
115:1, 2, 3; 118:2; 120:4;
124:4; 125:5; 127:1; 131:1;
132:1; 136:1; 137:4³; 142:3
T 8:3, 4²; 9:2; 10:1²;
11:2²; 18:2; 19:3; 21:2;
24:1³; 26:1, 4; 27:1, 2;
29:1²; 31:1; 33:2; 34:1, 2;
36:1; 42:1 Ath 2:4; 9:2²;
10:1²; 13:1, 2; 17:1; 18:1,
2; 21:2, 3; 23:1; 25:1;
28:4, 5
ἐμέ Ar 2:1 Ap 49:2² D 1:5;
15:2; 24:3²; 56:20; 61:5;
72:2; 79:3; 98:4; 102:1;
103:1,3 T 19:1 Ath 9:2:21:2

κἀμέ D 64:3
με Ap 16:10; 35:4; 37:1;
38:3; 40:14; 63:2², 5, 12²
App 1:1; 3:4 D 2:3, 5, 6;
3:2², 5; 8:1; 11:3; 15:3;
16:1; 21:2, 4; 22:9², 10;
24:4; 31:4; 39:8; 47:1;
48:3; 56:18, 20; 58:6, 7,
12; 61:3³, 5; 67:3, 8; 68:9;
74:2, 4²; 75:3; 78:11²;
79:1; 80:3²; 87:1, 2; 89:1;
97:3; 98:2, 3³, 4⁶, 5; 99:1²;
101:2, 3²; 102:1², 5; 103:1²,
2; 104:1⁴; 105:1, 2; 115:1;
118:5; 119:2⁴; 123:7; 124:1;
126:6; 129:3³; 135:4² T
1:3 Ath 10:3; 14:2; 21:2;
29:2
μ' Ath 21:4
ἡμεῖς Ap 2:4; 5:4; 8:4; 14:1;
17:4; 20:2; 21:6; 27:1;
45:5; 46:6; 50:8, 9; 53:1;
59:5; 60:10; 61:3; 65:1;
67:1; 68:2 App 7:3; 15:2
D 1:4; 9:2, 3; 11:5; 13:4,
5; 14:1; 18:2; 19:3; 25:4,
5; 29:2; 32:2; 35:2, 7;
39:5²; 43:2²; 46:7; 49:1,
3; 53:6; 56:16; 62:2; 64:1;
75:1; 76:6; 77:1, 3; 82:4;
85:6; 87:4; 89:3; 90:1²;
92:4; 95:3; 96:2; 105:3;
108:3; 109:3; 110:6; 114:4;
116:3; 118:3²; 119:3², 6;
121:1; 123:1, 9; 132:1;
134:6; 135:3; 137:1; 140:1;
141:1 T 9:2; 11:2; 12:1;
14:2; 20:2; 21:2, 3; 30:1;
32:1 M Ap HE 4:26:6 Ath
1:3; 2:1, 3, 4²; 6:3; 7:1, 2;
12:1, 3; 14:2; 15:1; 18:2;
23:1; 24:1; 32:1; 35:2
ἡμῶν Q H E 4:3:2 Ap 4:1,
4; 5:1, 3; 11:1; 13:4²; 14:1;
17:4; 21:1; 23:3; 33:1, 5;
40:11; 43:1; 46:1; 47:2²;
50:1, 5, 8², 9², 10; 51:4;

52:12; 55:5; 56:3; 58:2;
61:2², 3², 10; 63:5; 65:5(A):
66:1, 2³; 67:5 App 1:1;
3:2, 3; 9:1; 11:1; 13:4;
14:2; 15:3 D 1:4; 4:1;
9:3; 10:1³; 11:1; 12:3;
13:3, 4², 5⁴, 7; 15:3; 16:2,
4; 17:1²; 18:1; 22:7; 25:2⁴,
3, 4³, 5⁴, 6; 29:1; 32:5;
34:1; 35:4; 37:1², 3, 4³;
38:2; 41:1, 3, 4; 42:2;
43:8; 50:2, 3; 53:2; 61:2;
62:3²; 64:4; 69:5; 72:1²;
76:6; 78:10; 80:1; 81:4;
85:7, 8; 86:6; 88:3; 89:1;
92:4; 96:1, 2; 98:2; 101:1;
105:3, 5; 108:2, 3; 109:3;
110:4; 111:2; 112:4; 113:1,
6; 114:2, 4; 116:1; 117:3;
118:4; 127:2; 129:2²; 133:6²;
134:3, 6; 138:1; 140:4;
142:1 T 4:1,2²; 12:5³;
19:1, 2, 4; 20:2; 21:2;
27:1; 30:1²; 31:1²; 35:2
M Ap HE 4:26:10 M Ek HE
4:26:13 Ath 1:3²; 2:1², 2,
4; 4:2; 8:1; 9:1²; 10:3;
11:1; 18:1; 31:1², 2, 3;
32:1; 33:1²; 35:1; 36:1;
37:1

ἡμῖν Ar 2:1 Ap 8:1; 10:6;
13:3; 14:3; 24:2; 26:8;
27:5²; 28:1; 29:2; 30:1²;
33:3; 35:2², 6; 43:2; 45:6;
51:1; 52:12; 53:7; 60:11;
65:5; 66:1 App 1:2; 4:1,
3; 7:2; 10:5; 12:4; 14:2;
15:4 D 1:6; 2:3; 3:6;
4:1, 2²; 5:2, 6; 9:1; 11:2,
5; 17:2; 18:3; 23:1; 24:1;
25:1; 29:3; 35:7, 8²; 39:4,
7²; 48:3; 55:1; 57:2, 3;
61:2; 62:1; 67:4, 5; 70:4;
71:4; 74:4; 76:6; 77:1;
78:9; 80:3; 81:4; 82:1⁴,
4; 85:4; 88:1; 90:1, 2;
96:2²; 100:2; 101:2; 102:3;

107:1; 113:4; 114:5; 116:1;
119:6; 121:4; 130:2; 133:2.
6; 134:5; 135:1; 136:2;
137:3²; 140:3; 142:3 T 6:1²;
15:2; 16:3; 24:1; 25:3;
26:2; 29:2; 31:1², 4; 32:1².
2², 3²; 33:2³, 3, 4; 34:2;
41:4 Ath 1:[2,]3, 4²; 2:3,
4; 3:1, 2; 4:1, 2; 7:1;
11:3; 13:1; 14:1, 2; 23:3;
25:2; 31:2; 32:1, 2³, 3²;
33:1²; 35:1

ἡμᾶς Ap 6:2; 8:5; 10:4;
11:1²; 13:4; 16:3; 18:6;
20:4; 21:1; 23:2; 31:5²;
36:3; 39:4, 5; 42:4; 43:1;
44:1; 46:1; 47:3; 52:12;
53:3; 57:1, 2, 3; 68:4 App
1:2; 8:1; 10:1; 11:8; 12:4;
13:4 D 1:4; 2:1; 9:3;
10:1, 4; 17:1²; 18:3³;
23:4; 25:2⁵, 3, 4, 5²; 29:1;
30:2²; 32:1; 38:1²; 39:1,
4; 41:1, 3; 46:7; 55:2;
56:9; 57:1; 63:5; 67:8;
68:2²; 69:5; 74:1; 78:11;
79:2; 82:1², 4; 85:6; 86:6;
90:1; 91:4; 92:4; 93:5;
96:2, 3; 99:3; 103:8; 105:5;
109:2; 110:2, 4; 113:6;
114:4; 116:1, 2³; 119:1, 4,
5; 122:1², 2, 5; 123:9;
124:1; 130:2; 133:6; 135:6;
142:1² T 4:1, 2; 5:2; 6:1²;
9:4; 11:2; 15:1; 16:1; 19:4;
20:1²; 21:1², 2; 27:1³;
29:2; 33:1; 35:1; 36:2;
40:1; 41:2 M Ap HE 4:26:6.
7, 8, 9 Ath 1:3, 4; 2:1, 4;
3:1, 2⟨2⟩(Sch): 8:3; 9:1.
2; 11:1; 12:1²; 23:3; 24:5;
26:2; 31:1, 3, 4; 32:2, 3;
34:1; 35:1; 36:2

ἥρπασε Ath 13:1

ἑδρασθῆναι: D 61:3; 129:3

Ἐδώμ D 20:3; 28:3, 4

Ἐζεκίας D 33:1; 50:3; 77:2; 83:3

Ἐζεκίου D 85:1
Ἐζεκίαν D 33:1; 43:8; 67:1;
  68:7. 8: 71:3; 77:1, 2:
  83:1; 85:1
Ἔζρας M Ek HE 4:26:14 (T¹)
ἐθελοκακεῖν Ath 31:4
ἐθέλει D 12:3
ἤθελον D 31:5
ἤθελε D 78:8
ἤθελεν D 67:6
ἤθελον T 38:1
ἐθέλητε T 30:2
ἠθέλησα D 14:6
ἠθέλησε D 95:3
ἠθέλησεν T 15:3
ἠθέλησαν D 49:5; 133:5 M
  Ap HE 4:26:9
ἔθνος Ap 37:2: 39:1 D 19:5²;
  24:2: 56:10: 108:1: 109:2:
  119:4: 123:1
ἔθνους Ap 53:3 D 119:4
ἔθνει Ap 49:2 App 15:1 D
  119:2², 4
ἔθνος Ap 27:1: 39:1 D 85:9;
  109:2, 3: 119:6: 130:4
ἔθνη Ar 16:6⟩ Ap 32:12:
  40:11: 50:4: 53:4, 6, 11
  D 11:3; 12:1; 13:2, 3:14:4;
  17:1: 24:3: 25:3. 5 (A):
  26:1; 28:3: 29:1: 31:4;
  34:4, 6: 50:5²; 52:1; 64:6;
  85:3: 95:1: 96:2: 109:2;
  115:1: 117:4; 119:3, 4:
  120:1: 121:1²; 122:6;
  123:8; 130:1, 4: 135:2
  Ath 14:2
ἐθνῶν Ar 12:1², 6 Ap 31:7;
  32:1. 4²: 39:1; 41:1; 49:1,
  5: 53:3. 5, 10: 54:5 D 10:3;
  11:3. 4², 5: 13:2; 16:2;
  21:3: 22:4; 26:2, 4; 34:8;
  39:7; 41:3: 47:1, 3; 52:2,
  4²; 53:1. 4²; 55:2; 64:1;
  65:4, 7: 69:6: 73:2, 3²:
  79:4: 83:4²: 91:3; 111:4;
  119:4; 120:3³, 5²; 121:1,

  4: 122:3². 5: 131:1²: 135:3
  Ath 34:2
ἔθνεσι Ar 2:1 Ap 42:4; 54:3
  D 12:1: 14:4; 17:2; 21:3;
  28:5²: 32:6; 35:6: 41:2²:
  55:1: 72:1; 73:2, 3: 91:3:
  116:3; 123:2
ἔθνεσιν Ap 26:3; 41:4; 42:3
  D 14:4: 24:4; 69:4: 73:1².
  4: 117:1: 123:8; 124:2:
  135:2 M Ap HE 4:26:7
ἔθνη Ap 40:15; 53:3 (B) App
  5:5 D 13:8; 21:1; 26:3:
  29:1; 37:1; 52:4: 83:4:
  91:1, 3: 109:1, 2; 121:1:
  122:5², 6: 123:1; 126:6:
  130:2, 4: 131:1² Ath 1:1:
  23:1: 25:3
ἔθος T 18:3: 35:1 Ath 31:1
ἔθος D 87:3
ἔθη D 25:5 [T 33:1]
ἐθῶν D 63:5; 93:1 T 33:1
ἔθεσι Ap 57:1: 61:10 Ath 1:1
ἔθεσιν M Ap HE 4:26:7 (Λ)
ἔθη Ap 12:6; 14:3: 49:6:
  53:3
εἴωθεν T 9:2: 14:1
εἰ Ar 3:2: 8:1, 5; 9:1: 10:6.
  8: 13:5². 6, 7⁶ Ap 2:2; 3:1;
  4:2: 8:5; 10:6; 11:2; 12:2,
  3. 6: 14:4; 15:2, 9, 10, 17:
  16:7: 17:2, 4; 18:1; 19:1,
  2: 20:3: 22:1, 2, 3, 5; 26:7,
  8: 27:3; 28:4; 29:1: 31:6;
  33:4. 9; 43:2², 3, 6, 8; 44:7;
  45:6: 53:2. 7; 54:7; 55:2,
  3. 6: 56:3. 4; 57:2, 3; 61:11;
  62:4: 63:3², 13²; 68:1², 9,
  10² App 2:10, 12: 3:3, 5,
  6²: 4:3: 5:1²; 7:2, 6; 8:3,
  4; 9:1²: 11:1; 15:2, 3
  D 1:2: 2:4; 3:2, 4, 6²:
  4:3. 4, 5, 7; 5:1, 2², 5, 6;
  6:1²; 7:1, 3; 8:2, 4²; 9:1,
  2²: 10:3, 4; 11:4; 12:3³;
  18:2, 3: 19:3: 20:3; 22:4,
  10: 23:2, 3; 26:1: 27:5;

31:1; 32:2, 4; 36:1; 38:2;
39:1; 40:2, 5; 44:1; 45:1,
4; 46:2, 3², 4; 47:2; 49:8;
51:1, 2, 3; 56:2, 10, 15, 16,
18²: 57:2²; 60:2; 64:2², 3;
65:2²; 67:4; 68:1³, 4, 6²;
73:5; 75:2, 4; 76:6; 77:3;
78:10; 80:4, 5; 82:4; 84:1²,
3; 85:3, 5², 9²; 88:5; 89:2³,
3³; 90:1, 4²: 91:2; 92:1², 2³, 3,
5; 94:3; 95:1, 2², 3², 4;
97:4; 99:2; 100:1²; 102:7;
103:8; 105:6; 107:1; 110:1,
6; 111:4; 112:1; 115:3;
116:3; 119:1; 120:5; 121:1,
3; 122:5; 123:1, 2, 4, 7, 8;
125:2; 126:1, 2, 6²; 127:3;
129:4; 131:2; 132:2; 134:1;
136:1, 3; 137:2; 140:3;
141:2, 3, 4; 142:1, 2 T 1:3;
4:1; 10:2; 15:2; 16:1, 2;
17:4; 18:1²; 19:2², 4;
26:1, 3; 27:1; 30:1; 31:4;
32:2², 3; 33:3; 34:3; 36:1;
39:1, 2 M Ap HE 4:26:6³
Ath 1:4; 2:1², 2, 3²: 3:1⁴;
4:2; 6:1, 2, 3, 4; 7:2; 8:1³,
2², 3³, 4²: 9:1²: 10:2; 11:1,
3; 12:1, 3; 15:1², 2, 3; 16:2,
3²: 17:4; 19:1, 2; 20:1, 4;
21:1; 22:1, 2, 3, 5², 7;
23:1²; 24:1, 2, 4, 5;⟨25:2;⟩
28:3, 5²; 30:1, 3, 4; 31:2;
32:1, 3; 33:1, 2; 35:1; 36:2
εἴγε D 120:2
εἶδος Ap 50:4, 6² D 13:3, 4²
T 7:1; 15:2; 17:4; 18:1
εἴδει D 4:5; 88:4, 8
εἶδος Ap 50:6 D 13:4; 32:2;
36:6; 58:7; 126:3 T 29:1;
34:3 Ath 26:3
εἴδη T 14:2 Ath 22:3
εἰδῶν D 1:4 Ath 7:2; 24:4
εἴδεσι Ath 22:3; 24:3
εἴδη Ath 15:3; 22:6, 7; 26:1
εἴδεα Ath 17:2
εἰδωλόθυτα D 34:8; 35:1

εἰδωλολατρείας D 114:4
εἰδωλολατρείαν D 67:8
εἰδωλολατρεῖαι D 94:2
εἰδωλολατρείας D 22:1
εἰδωλολατρῆτε D 19:6; 22:11
εἰδωλολάτρει D 34:8
εἰδωλολατρεῖν D 46:6
εἰδωλολατροῦντες D 92:4
εἰδωλολατροῦντα D 95:1
εἰδωλολατρῆσαι D 34:8; 132:1
εἰδωλολατρήσαντες D 130:4
εἰδωλολάτραι D 93:4
εἰδωλολάτρας D 130:4
εἰδωλομανεῖς Ath 27:1
εἴδωλον Ath 22:5
εἰδώλῳ App 12:5
εἴδωλον Ap 64:1
εἴδωλα Ap 41:1 D 55:2; 73:2
Ath 17:3
εἰδώλων D 11:4; 91:3; 113:6
Ath 18:1; 23:1²; 27:2
εἰδώλοις Ap 49:5 D 46:6;
119:2 Ath 15:1; 23:1
εἴδωλα Ar 13:1 Ath 17.3;
18:1; 23:1; 26:1; 27:1;
28:3
εἶθε App 12:7
εἰκῇ App 4:2 D 97:1
εἰκονοποιηθέντα Ap 19:1
εἴκοσι T 38:2
εἰκοστῷ D 97:3
εἰκοστήν T 31:3
εἰκότως Ath 4:1, 2; 24:1; 29:1²;
36:2
εἴκοντας Ath 21:2
ἔοικας D 50:1
ἔοικε D 73:5, 6
ἔοικεν D 4:7; 5:1
ἐοίκατε Ap 12:4
ἐοίκασιν T 26:1
ἐοικέναι T 18:2
ἐοικυίας D 103:8
ἐοικότα Ap 28:4
ἐοικυῖαν T 30:1 (v. et. εἰκώς)
εἰκών T 12:1; 15:1, 2; 33:3
Ath 26:2, 4
εἰκόνος Ap 63:16 T 34:1

9:2; 10:1², 2: 11:1, 4:
12:3²; 13:4: 14:3, 8: 19:3:
17:3; 19:1²; 22:7, 8, 9, 11:
23:2; 25:2, 5, 6; 26:4:
27:3²; 30:1, 2, 3; ,32:4:
33:1; 36:4³, 5, 6³: 37:3:
39:6, 7²; 42:3: 43:3, 7:
44:2; 46:1²; 47:4: 48:3²:
51:2², 3; 52:4: 54:2; 55:2:
56:3, 8, 9, 12, 15, 21: 57:2,
3; 58:1, 7, 8; 59:2, 3: 64:2,
4, 8; 65:2; 67:2; 68:8:
70:3²; 72:3: 73:2, 3: 75:1,
2, 3; 76:1, 2; 78:10; 79:1:
82:1; 83:3²; 84:1, 2; 85:5,
6; 88:1, 6²; 89:2: 91:2, 4;
92:5²; 93:3, 4, 5: 94:1, 5:
98:3; 99:3: 100:5; 101:2²:
102:1; 103:1, 2: 106:3:
107:2; 110:1, 4²: 112:3:
113:1², 4, 5³; 115:6: 117:4:
118:1; 119:2, 4: 121:1, 2:
123:1, 2; 125:2, 5: 126:1,
5; 127:1; 128:4; 129:1, 2:
131:4; 134:1; 136:1, 2:
137:3²; 138:1; 141:2 T 1:3:
4:1; 6:1; 8:2, 3, 4; 10:1,
2; 12:1², 2², 3, 4, 5²: 13:1³,
2³; 14:1; 15:1, 2², 3², 4:
16:1; 17:1; 18:1²: 19:4:
22:1²; 25:2, 3; 26:1; 27:2²,
3; 28:1; 31:4; 32:1; 34:2:
36:2; 41:1 Ath 5:1, 2; 6:1²,
3: 7:2; 8:2², 3¹⁰, 4; 10:1;
12:1; 15:2; 16:2; 19:1²,
2; 20:4; 21:4³, 5; 22:3, 4²:
23:4³; 24:2²; 25:1; 26:1,
2, 3; 28:3 (Sch), 5³; 32:2;
33:2; 35:1

ἐσμέν Ap 12:1; 13:1 D 11:5;
53:6; 56:16; 116:2, 3; 119:3,
4; 123:1, 9; 131:2; 135:3
T 9:2 Ath 4:1; 30:4; 35:2

ἐστέ, ἐστε Ap 47:4 D 27:4:
32:5; 53:2; 92:3; 96:2:
123:4², 7; 124:2: 125:5
T 14:1; 26:3

εἰσί, εἰσι Ar 4:1: 13:7⁴: 15:5
Ap 9:4: 15:4³, 5: 26:4:
35:11; 40:2: 46:3: 47:2:
49:2; 65:1 D 1:4: 4:6:
8:1; 9:3; 14:1. 8; 21:2:
31:2, 4: 34:3; 35:3²: 36:2:
37:3; 39:1.2, 4: 45:4; 48:4:
58:11; 62:3; 64:3, 6, 8²:
65:3, 4; 70:2: 78:8: 79:3:
82:1; 85:8; 93:1, 2: 103:2;
109:2; 110:2; 114:2; 117:2:
124:1: 130:1: 131:1; 132:2:
140:2; 141:1 T 12:2; 17:2²:
36:2 Ath 11:2; 25:1; 26:2:
28:3, 5

εἰσίν, εἰσιν Ar 2:1²; 13:7³;
15:10 Ap 18:3; 31:5: 32:8:
41:1 App 5:3 D 2:1; 3:2:
4:2; 5:1, 5: 14:5; 29:2:
32:6; 35:4², 6: 47:2²:
55:2; 64:4: 67:4; 70:3:
73:6; 79:1, 2, 3, 4: 80:5:
83:4; 85:4, 6; 94:2; 95:1;
112:4; 114:4; 122:4; 128:4;
136:2²; 140:4 T 8:1; 9:1;
12:2; 15:3; 16:1, 3; 17:2;
18:1; 21:2²; 22:3; 33:2:
38:1²; 40:2; 41:2 M Ap HE
4:26:6 Ath 8:1; 11:3;
17:1, 4; 19:1; 20:4; 22:0:
23:1; 26:1, 3; 30:3²; 35:1

ἤμην D 9:2; 61:4² T 6:2

ἤν Q HE 4:3:2 Ar 10:5, 7, 8
Ap 10:4; 12:11: 14:5; 18:1;
29:4; 31:4: 32:2, 4, 5, 6, 7:
33:2, 4; 35:7: 39:4, 5; 43:6,
8: 53:6; 54:5: 59:3: 64:3
App 7:2², 6, 6 (AB): 10:8:
15:4 D 2:6; 5:3, 6; 8:3:
11:1; 13:1; 16:3; 19:3, 4,
5: 23:3; 24:1: 26:4; 33:2:
38:1; 40:1², 3, 4; 41:1, 4:
42:1; 45:4: 49:7: 52:3:
53:1, 4²; 56:5, 10, 14, 18;
58:8, 13; 60:1, 3; 62:3, 5²;
64:5; 75:1, 2²; 78:4², 10:
82:1; 83:3; 86:2, 3, 6;

94:1; 99:3; 100:3; 102:5;
103:1, 7, 9; 104:1; 105:1, 3;
106:3; 107:1, 3; 111:1, 2³,
3; 113:4, 6; 114:1; 115:3;
118:1; 119:4; 120:2, 4;
125:5; 126:5; 127:2; 131:5;
137:1; 142:1² T 1:[2,]3;
5:1³[,1]; 9:1, 3; 10:2; 17:3;
19:1; 20:2; 21:1; 27:1;
32:2, 3²; 33:4; 34:2, 3;
39:1 Ath 18:3; 20:1, 4;
21:3; 24:4

ἦτε D 123:3

ἦσαν Q HE 4:3:2 Ap 12:3;
43:6; 46:4 App 11:1 D 2:1;
5:5²; 7:3; 21:3; 29:3; 40:4;
56:5, 9; 57:2; 60:2; 78:9;
82:1; 86:6; 98:1; 101:1;
103:2, 3; 134:3, 5 Ath 8:1²;
17:2, 4; 18:2; 28:1; 29:1, 2

ἔσαν Ath 30:2

ὦ D 38:2 T 11:1

ἥ App 9:4 D 1:2; 19:5;
22:10; 27:5; 28:4; 114:5
T 18:1 Ath 1:1; 2:3; 4:1;
12:1; 14:2; 22:7, 8; 24:3

ὦμεν Ap 29:1 D 30:3

ἦτε D 14:2; 16:2; 27:2; 57:4

ὦσι Ap 14:3; 57:2 App 7:1
D 140:2; 141:2 T 32:1, 3

ὦσιν Ap 2:1; 44:3²; 61:7²
T 12:1

εἴην T 17:4

εἴη Ar 10:8 Ap 3:3; 5:1;
12:2, 4; 56:3 App 2:12;
3:5; 15:5 D 78:10; 93:3;
115:6 T 15:2; 17:4 M Ap
HE 4:26:6

εἶεν Ap 49:6 M Ek HE 4:26:13
Ath 2:3

ἔστω Ap 14:4; 16:5; 19:2;
22:2, 5 D 36:1; 56:7, 8;
64:1; 88:1 T 32:2; 36:1
M Ap HE 4:26:6 Ath 2:4

ἔστωσαν Ath 15:1; 21:1. 2

εἶναι Ar 1:2; 4:2², 3. 4; 5:1.
2, 3². 4, 5; 6:1. 2, 3²; 7:1,

3²; 8:2²; 9:5, 9; 10:1, 2,
3, 5, 7. 8; 11:1²; 2, 3, 4;
12:1, 6; 13:6 Ap 3:1; 4:5,
6²; 5:2, 4; 6:1; 8:1; 9:5;
10:5; 11:1; 12:1, 3; 16:1,
3; 18:6; 19:5; 21:4; 22:4;
24:1; 26:1; 27:1; 28:3, 4²;
30:1; 35:6; 43:2, 6², 7, 8;
44:10; 46:2, 3; 49:6; 50:6,
8; 53:1; 55:4; 57:3; 60:5;
61:2, 11; 63:11, 15, 17;
64:1. 5; 66:1, 2 App 2:7,
11, 17; 4:3; 7:3, 6, 9²; 9:1;
12:1; 14:2 D 2:3; 3:3, 5;
4:1; 5:2, 3, 4; 6:2; 10:2;
13:4; 17:3; 20:3; 22:1;
25:1; 27:5; 30:1, 3; 33:2;
35:2²; 36:1; 37:2; 38:1;
42:4; 44:1; 46:5; 47:1, 4;
48:1², 2². 3, 4; 49:1; 51:1;
52:4; 55:1, 3; 56:8, 16;
58:2, 10; 60:2, 3; 62:3;
65:2²; 68:3, 4, 7, 9; 69:7;
74:1; 78:4; 80:1, 4²; 86:4;
87:3; 88:1, 6², 7; 89:2;
92:3, 6; 93:4; 95:1, 3;
96:1, 2; 99:3; 100:3; 102:3,
4³, 7³; 103:2, 3²; 106:3;
108:2; 115:4; 120:6; 121:4;
123:1, 6; 124:1; 125:2, 3;
126:2, 3; 128:3; 129:1;
130:2, 3; 131:5; 132:1;
136:2; 137:4; 139:1; 141:1;
142:3 T 2:2; 3:1, 2; 6:2;
8:2; 9:3; 12:2²; 15:1;
16:2; 19:3; 21:3; 25:2³;
26:1, 2², 4; 28:1³; 31:1²;
32:2, 3; 33:1, 4² Ath 2:4²;
4:1³; 5:2³; 6:1; 7:1³; 8:1;
9:1; 10:1², 2, 3², 4; 17:1;
18:1², 3; 19:1², 3; 20:3;
21:5; 22:2, 4; 24:1, 2², 3;
25:2; 26:1, 2; 28:1², 2, 6;
30:1, 3; 32:1, 2²; 34:2²;
35:1, 2²; 36:1

ὤν Ar 10:6 Ap 1:1 (O); 10:6;
12:9; 43:8; 50:7; 63:7, 10,

11, 13, 15, 17² App 2:15;
3:3; 10:8 D 13:4; 22:11;
23:4; 45:4; 48:2; 49:1;
51:3; 57:3; 59:3; 67:4,
11; 76:2; 103:8; 113:4;
115:3; 126:6; 128:1; 134:6;
138:2; 140:1 T 3:2; 4:1;
6:1, 2; 14:1; 15:3; 17:1;
26:4 Ath 3:1 (Sch); 6:1;
8:4²; 10:2²; 13:1; 21:5;
26:2; 29:1

οὖσα D 6:1; 41:4, 4 (ed);
65:2; 100:5 Ath 20:2; 27:2
ὄν Ar 13:5 D 4:1², 4; 61:2;
95:1 T 15:2 Ath 4:2²; 19:1²
ἐόν Ath 28:3
ὄντος Ap 44:11; 46:6; 63:14
D 2:6; 23:1; 32:3; 36:6;
49:7; 52:3; 87:3; 128:3
T 17:4; 21:3 Ath 8:2, 3, 4;
10:2²
οὔσης D 2:1; 67:2; 78:4;
103:8 T 1:2 Ath 24:5
ὄντος Ar 4:1 Ap 44:11 D 3:4;
43:3; 90:5 T 15:2 Ath 8:3;
19:2; 24:2
ὄντι App 6:1 D 20:1; 138:2
T 7:2
οὔσῃ Ath 17:2
ὄντι App 11:8 D 2:1; 55:2;
57:2; 62:4; 122:1 Ath 16:1
ὄντα Ar 6:2; 10:5; 11:4 Ap
10:2; 12:7; 13:4; 26:5;
28:4; 30:1; 31:7; 36:2;
46:2 App 2:11 D 23:2;
37:2; 48:1; 52:3; 53:2;
56:6, 10; 60:5; 62:2; 76:7;
92:2; 96:1; 100:4; 103:3;
127:4; 129:1 Ath 20:4; 31:3
ἐόντα Ath 21:2
οὖσαν Ar 6:3; 11:2, 3 Ap 33:4;
53:9; 59:1 App 11:4, 5
D 78:10
ὄν App 3:6 D 4:1, 1 (ed);
68:9; 86:1 T 12:3 Ath 7:2;
15:1²; 19:1²; 23:4

ὄντες Ar 12:1 Ap 16:8, 13;
55:8 D 7:2; 20:1; 27:4;
42:3²; 53:5; 64:1; 81:4;
119:5; 120:2; 123:6; 134:1;
138:1; 140:1; 141:1 T 21:2
Ath 12:3²; 13:1; 19:1;
27:2; 30:3
ὄντα D 51:2; 82:1
ὄντων Ap 46:1; 60:11 App
1:1; 3:2 D 55:2; 78:5;
80:2; 113:3; 117:2, 4; 118:3;
134:6 Ath 19:2
ὄντων Ar 4:4 Ap 7:3; 26:6
(Eus); 57:2 D 105:1 T 12:2
οὖσι Ap 19:2; 67:6³ D 63:5;
140:2
οὖσιν D 45:1 Ath 23:3
οὖσιν Ath 11:1
ὄντας Ar 8:4 Ap 10:3; 12:3;
13:2 D 46:6; 60:1; 62:5;
69:6; 80:3; 82:4; 106:3;
129:1; 130:4; 140:1 T 19:4
Ath 9:1; 28:4; 35:1
ἐόντας Ath 28:1
οὔσας Ap 20:4
ὄντα App 11:7; 13:5 D 95:1;
101:2; 140:2
ἔσομαι D 22:10; 58:5; 118:2
T 6:2
ἔσῃ D 27:1; 58:7; 82:3 M Ap
HE 4:26:7
ἔσται Ar 11:2; 13:5 Ap 16:12;
32:1, 4; 40:9; 47:5; 48:2,
6; 54:5, 7 D 5:4; 8:4; 11:1;
14:6, 7; 15:6²; 16:5; 21:2;
25:3; 31:6; 33:2; 34:5, 6;
48:3; 49:8; 50:3; 52:1, 2,
4; 56:17; 58:7, 8, 9, 12;
60:2; 69:5³; 74:4; 79:3;
81:1³, 2; 87:6; 95:3; 109:2,
3²; 111:2; 118:2; 119:2;
120:3², 5; 123:5²; 126:4;
133:5; 134:4; 139:3² T 15:4;
16:2, 3 Ath 8:4; 9:2
ἐσόμεθα Ap 44:13 App 4:3
ἔσεσθε D 72:1; 123:6
ἔσονται D 22:5; 35:3; 44:3;

52 : 1: 81 : 2². 3, 4: 115 : 1;
  135:4: 140:3
ἔσοιτο D 11 : 2
ἔσεσθαι App 2 : 2 D 1 : 5; 3:1:
  54:2: 67:10: 88:1: 120:1
  T 6 : 1[.1] Ath 19 : 2: 36 : 1
ἐσομένης App 8 : 4
ἐσομένην Ap 68 : 2
ἐσόμενα Ath 21 : 5
ἤειμεν D 9 : 3
εἴπερ D 5 : 5 T 17 : 3 Ath 5 : 1:
  26 : 2
εἴργεται Ath 1 : 1
  εἴργονται Ap 4 : 9
  εἴργεσθαι Ap 10 : 5
εἰρήνη D 50 : 3
  εἰρήνης Ap 50 : 9 D 13 : 5:
    27 : 3; 34 : 4 Ath 1 : 3
  εἰρήνη Ap 48 : 6 D 16 : 5
  εἰρήνην Ap 12 : 1 D 24:2; 34:3;
    64 : 6
εἰρηνικόν Ath 1 : 2
  εἰρηνικούς D 131 : 5
εἰρωνεύεσθαι D 58 : 2
  εἰρωνευόμενοι D 101 : 3
εἰς Q HE 4 : 3 : 2 Ar 1 : 1; 2 : 1;
  4 : 2, 4; 5 : 1, 3³; 6 : 1², 3²;
  8 : 2; 9:6, 7⁵; 11 : 3; 12 : 2;
  15 : 2 Ap 5 : 3; 9 : 1, 5; 10 : 4;
  11 : 2; 13 : 1, 2, 3; 14 : 2;
  15 : 2², 7, 8, 10; 16 : 2. 9, 12,
  13; 17 : 4; 18 : 1, 5, 6; 19 : 4,
  5, 7; 20 : 2; 21 : 1, 2. 3, 4;
  26 : 1; 27 : 1, 4²; 28 : 1; 31:4,
  6, 7²; 32 : 6; 35 : 1, 10; 38:2²;
  39 : 1², 3, 4; 40 : 3², 7: 42 : 4;
  44 : 2, 11, 12, 13; 45 : 1; 46:1.
  5; 47 : 2; 50 : 1. 2, 12²; 51:1.
  5, 6, 8; 52 : 3, 7, 12²; 53 : 1;
  54 : 6, 7², 8; 55 : 1; 56 : 2;
  57 : 3; 58 : 3; 61:4, 5, 9; 62:1.
  3, 4; 63 : 8. 10; 64 : 4; 66 : 1.
  3; 67:7. 7 (A); 68 : 8 App 2:5.
  6, 10; 4 : 3; 5 : 2, 4, 5²; 7 : 3,
  9; 9 : 3: 10 : 4, 6; 12 : 4². 7:
  13 : 1[; 14 : 1] D 2 : 1. 4, 5;
  3 : 1²; 4 : 6. 7: 5 : 5; 7 : 3: 8:3;

9 : 3; 11 : 1³, 3². 4: 13 : 1. 5, 6.
7. 8²; 14 : 6, 7². 8³; 15 : 3, 5;
16 : 2²; 17 : 1⁴; 18 : 3: 19 : 4,
5: 20 : 2²; 21 : 1, 2; 22 : 2, 4³.
5. 9; 23 : 1. 4², 5; 24 : 3; 25 : 5;
26 : 1, 2², 3, 4²; 27 : 2, 4:
28 : 3, 4, 6; 29 : 1; 30 : 1. 2²;
31 : 3, 6; 32 : 2², 3², 4, 6: 33 : 1².
2: 34 : 1², 2⁴. 3, 6³; 35 : 8³;
36 : 2⁴, 3, 5; 37 : 1. 4; 38 : 1.
3². 4², 5²: 39 : 2, 4², 5, 7:
40 : 1², 4; 41 : 1: 42 : 1², 4:
43 : 1, 3, 5². 8²: 44 : 2². 3²;
45 : 4; 47 : 4: 48 : 3: 49 : 3².
4: 50 : 3³, 4, 5³; 51 : 1; 52 : 3;
53 : 2², 5, 6; 55 : 3; 56 : 2², 3,
6, 12, 13, 14, 15, 17², 18, 19³.
20³. 21², 22²: 58 : 1, 5. 8²,
11². 12²; 61 : 3. 5²; 63 : 1, 2².
3. 4. 5; 64 : 5³, 6², 7. 8²; 65 : 2.
4². 7; 66 : 2²; 67 : 1², 2, 3;
68 : 1, 7², 8³. 9; 69 : 2, 3. 5²:
70 : 4³. 5; 71 : 3²; 72 : 1², 2.
4: 73 : 4, 6; 74 : 1³. 4²; 75 : 1,
2: 76 : 3, 4, 5; 77 : 1², 2: 78 : 2.
4³. 7², 11; 79 : 2, 3⁴: 80 : 4:
81 : 2². 3; 82 : 1²; 83 : 1², 2².
3². 4; 84 : 1²; 85 : 1⁷, 2: 86 : 1,
2. 6²; 87 : 2, 6²; 88 : 6²; 89 : 1,
3²: 90 : 1; 91 : 2, 3², 4: 92 : 3.
4: 95 : 4; 97 : 3, 4; 98 : 1, 2.
4. 5; 99 : 1, 2², 3⁵; 100 : 6:
101 : 2; 102 : 2; 103 : 2, 3², 4.
7. 8; 104 : 1; 105 : 1, 5, 6;
106 : 3; 108 : 2², 3; 109 : 2⁴.
3³: 110 : 1, 2², 3², 4; 112 : 1².
4: 113 : 1, 3², 7; 115 : 1, 5;
116 : 1, 3; 117 : 3; 118 : 2².
3: 119 : 2, 3, 5, 6; 120 : 3².
6: 121 : 1, 2², 4²; 122 : 1², 2².
3². 5; 123 : 1, 4, 6, 8, 9; 125 : 1²:
126 : 1², 4³, 6; 127 : 3²; 128 : 3.
4: 129 : 1, 3; 130 : 2, 4; 131 : 2.
3. 4. 5. 6; 132 : 1, 2, 3⁵; 133 : 1.
3². 4; 134 : 4²; 135 : 4²; 136 : 3²;
137 : 1³; 139 : 4²; 140 : 1, 3
T 6 : 1; 10 : 2, 3: 13 : 1; 14 : 1;

εἰσορῶντες Ath 25:2
εἰσιδεῖν Ath 20:4
εἰσπηδήσῃ D 22:2
εἰσποιητῷ Ap 1:1
εἰσπορεύεται D 74:4
  εἰσπορεύεσθε D 73:4
εἰσρεῖν Ath 27:2
εἰσέφερε D 36:2
  εἰσφέρειν Ap 5:3 App 10:5
εἰσφοράς Ap 17:1; 27:2
εἶτα Ar 9:7; 10:3, 9 Ap 67:4
  D 2:2; 5:6 (A); 8:4; 33:2;
  34:2; 38:1; 48:1; 56:5;
  60:5; 97:1; 126:4, 5 T 4:2;
  6:2; 9:3; 18:3; 34:2
εἶθ' Ath 12:2; 17:2; 20:3
κᾆτα T 10:2
εἴτε Ap 54:7³ App 3:3; 7:9
  D 1:4⁴; 5:6; 86:3³; 115:6²;
  117:5³; 139:5²; 140:4² Ath
  16:2², 3; 22:4³; 25:1²
ἐκ Q HE 4:3:2 Ar 4:1, 2, 3;
  5:3; 8:6; 9:7; 15:1 Ap
  1:1; 2:1; 4:1, 4; 7:3;
  8:1; 11:1; 12:2, 3, 5; 15:6;
  16:4, 5, 13; 19:1, 2, 4;
  21:2², 3; 22:2, 4, 6; 25:1;
  28:1, 2; 32:1, 4², 9, 11;
  33:2, 5; 34:1, 2; 35:9;
  37:8; 39:1; 40:4, 7; 43:1²;
  45:1, 2, 4; 46:5; 48:3, 6;
  50:12; 54:5; 55:2; 59:1,
  5; 62:2, 3, 4; 63:6, 7, 17;
  64:1; 67:7; 68:3² App 2:4;
  6:2, 5; 7:7; 11:4, 8; 12:2;
  14:2 D 1:2³, 3², 5; 3:6²;
  10:3; 11:1, 3, 4²; 13:2,
  9; 14:6²; 15:6; 16:5; 17:1;
  19:4; 22:2, 4, 5², 6, 7, 8²;
  23:4; 24:1; 25:2²; 26:2,
  3; 27:1, 5; 28:5; 30:2, 3;
  31:2, 5²; 32:2, 3, 6⁵; 33:2;
  34:4, 5³; 35:1, 2, 7; 36:5;
  38:4; 39:5, 8; 41:2, 4; 46:2;
  47:1, 2, 3; 48:3; 49:1²;
  50:1, 2, 3; 52:2²; 53:5;
  54:2²; 55:3; 56:2, 9, 10, 12,

14², 21, 23; 58:3, 5, 8, 13;
  59:1; 60:3, 4²; 61:1²;
  62:4; 63:2, 3, 4; 64:2, 7, 8;
  65:2, 4; 66:1; 67:2, 11;
  69:2, 6; 70:1, 5; 71:2;
  72:2, 3²; 76:7; 78:1, 3;
  79:1, 4; 83:1², 2, 4; 84:1²;
  85:1², 2, 4, 6, 8; 86:4; 87:2²;
  88:8; 90:1; 91:3; 95:2;
  97:2; 98:3², 5²; 100:1; 102:1;
  105:1², 2², 3, 4, 5; 106:1².
  4; 107:3; 108:2²; 109:2;
  111:3, 4; 115:2³; 116:3;
  117:1; 118:1; 119:2; 120:3;
  121:1, 2, 3; 122:3; 124:2;
  125:3²; 127:4, 5²; 129:1;
  130:3; 131:1, 5, 6; 134:5;
  135:3, 6 T 5:2; 7:1; [20:1;]
  33:3; 39:3 M Ap HE 4:26:5,
  8 M Ek HE 4:26:13 Ath 6:3;
  8:2; 18:3²; 19:2; 20:1, 4;
  22:4, 5; 23:3, 4; 24:5²;
  26:1; 32:1, 3; 36:3²
κἀκ D 107:3
ἐξ Ar 13:6 Ap 4:3; 9:2; 10:2;
  15:7; 16:3, 6²; 19:5²; 21:2;
  30:1; 31:7; 32:1, 9, 11, 12;
  39:1; 40:5, 18; 41:1; 45:3,
  5; 47:5; 51:8; 52:3; 53:3;
  54:5, 7; 61:10; 63:9; 66:2;
  68:3 App 5:5; 7:2 D 9:1;
  15:2; 16:2, 3; 18:3; 21:1;
  22:5; 26:2, 3; 32:2, 3; 33:1;
  34:5; 35:4, 7; 38:1, 4; 47:3;
  48:1, 3, 4; 49:1², 3; 52:2,
  3; 54:2³; 56:16; 61:1, 2³,
  3; 62:2², 3², 5; 63:2², 4, 5;
  64:1, 5; 65:3², 4; 67:2, 3²;
  69:3, 4²; 70:1, 2; 71:2; 73:3;
  74:2; 75:4; 76:1, 2²; 78:1;
  82:1; 85:1, 3; 86:2; 93:2⁴,
  3²; 97:1; 100:3, 5; 102:4;
  103:5²; 105:1, 4; 106:4²;
  109:2; 116:2; 120:1, 2, 3²;
  126:4; 128:4²; 129:2², 3;
  130:3; 132:1; 135:4², 5³,
  6; 136:1²; 140:1 T 12:1²,

2, 3, 4; 38:1 M Ek HE4:26:14
Ath [1:2;] 8:1³, 4; 10:2;
17:4; 18:2, 3; 19:2; 20:1,
3², 4; 22:6; 25:1; 29:2;
30:1; 36:3
ἕκαστος Ap 4:6; 5:2; 67:6 App
5:6; 13:3 D 2:2; 35:6²;
39:2; 45:3; 87:4²; 97:3;
101:3; 110:3³, 5; 134:4;
140:3², 4² T 3:3 Ath 1:2;
7:2²; 8:1, 2; 18:2; 33:1
ἑκάστη D 35:4; 134:2 T 26:1
ἕκαστον Ath 19:1; 25:3
ἑκάστου Ap 18:1; 21:4; 43:2;
D 1:4; 88:4 Ath 17:3;
26:1; 31:2
ἑκάστης D 2:6; 5:2
ἑκάστου D 121:3
ἑκάστῳ Ap 10:6; 65:5; 67:5
D 16:3; 39:6; 113:3
ἑκάστη D 88:2; 134:2
ἑκάστῳ Ath 15:1
ἕκαστον Ar 9:1 Ap 5:2; 12:1;
17:4; 44:11 App 5:6; 7:3
D 87:5; 88:5²; 99:3; 134:1
T 17:3 Ath 28:4
ἕκαστον Ap 19:5 T 41:2 Ath
4:1; 6:2, 5
ἕκαστα Ath 6:4
ἑκάστοις Ath 18:2; 22:5
ἕκαστα D 1:4 T 12:3
ἑκάστοτε Ap 7:2 D 1:3; 123:3
ἑκάτερον T 7:1
ἑκάτερον T 31:1
ἑκάτεροι Ath 28:1
ἑκάτερα T 12:1
ἑκατέρων Ath 13:1; 18:3
ἑκάτερα Ath 4:2; 5:2; 23:1
ἑκατέρωθεν D 9:3; 91:2
ἑκατέρως D 90:4
ἑκατέρωσε D 111:3
ἑκατηβόλος T 8:4
Ἑκατόγχειρος Ath 18:4; 20:1
ἑκατόμβης Ath 13:2
ἑκατόν Ap 46:1 D 32:4; 81:1²;
83:1 T 31:3³; 41:3
ἑκατόνταρχος App 2:11

ἑκατόνταρχον App 2:10
ἑκατοντάχειρος Ap 25:2
ἑκατοστόν T 31:2
ἐκβληθήσονται D 76:4; 120:6; 140:4
ἐξεβλήθητε D 110:6
ἐκβληθῆναι D 92:2
ἐξεβάλομεν D 76:5
ἔκβαλε D 56:7
ἐκβαλεῖν D 78:3²
ἐκβαλών App 10:6
ἐκβέβληκεν D 78:4
ἐκβέβληται Ap 15:5 D 110:5
ἐκβλαστήσῃ D 14:6 (O)
ἔκβλητος T 9:3
ἔκβλητοι T 9:1
ἐκβρασθῆναι D 107:2
ἐκγελάσεται Ap 40:12
ἐξεγένοντο D 5:6
ἐκγόνους Ath 23:4
ἐκδαπανηθῷ T 6:2
ἐκδέχεται Ap 48:5 D 16:5 (O);
89:1; 110:6
ἐκδέχεσθαι Ap 42:2 App 11:6
ἐκδεχόμενον Ath 12:2
ἐκδεχομένας D 5:3
ἐκδιηγῇ D 22:9
ἐκδικῶν D 37:4
ἐκδικεῖται D 130:1
ἐκδικήσει D 130:1
ἐκδικήσεις Ap 68:10
ἐκδικηθῆναι Ath 32:1
ἔκδικος T 17:4; 25:1
ἐκδιώκοντες App 6:6
ἔκδοσις T 3:1
ἐξεδυσωπεῖτο App 2:5
ἐκεῖ Ap 15:16; 29:2; 62:3, 4
Ath 12:3 D 13:1; 22:10;
56:21⁴; 58:5², 7, 8², 11, 13;
75:3; 78:4, 5; 81:1; 92:2;
103:3; 117:2; 121:1; 135:4,6
κἀκεῖ D 56:6; 103:3; 126:6
ἐκεῖθεν Ap 50:12 D 13:2; 22:4²;
56:17, 18; 126:5
ἐκεῖνος Ap 8:4; 43:2 D 1:3;
3:2, 4, 5, 6; 4:2, 4; 8:1;
103:8; 113:3², 4, 6; 116:3;
119:6; 125:2 Ath 2:4

κἀκεῖνος 36:1; 45:2; 46:2²,
4; 47:2; 49:2, 7; 50:2;
56:4, 5; 57:4; 58:2; 67:9;
68:4; 118:5
ἐκείνῃ D 10:3; 23:4; 67:10;
74:4; 125:4
ἐκεῖνο D 13:1; 14:1; 31:5;
40:3; 119:4 Ath 19:1;
23:4; 26:2
ἐκείνου Ar 15:2 Ap 10:2;
13:1; 25:2; 26:4; 42:3;
56:3; 62:4; 66:2 App 3:6;
5:5; 6:3 D 3:1; 4:2; 17:1;
18:1²; 23:3, 4; 27:4; 35:2;
53:6; 56:14; 58:7, 8; 61:2;
80:3; 87:5; 95:4; 96:2;
98:1; 102:6; 103:3; 117:2;
123:9; 124:3; 127:4; 130:2;
132:1, 3; 134:1 T 24:1;
33:4; 40:1 Ath 5:2; 23:2, 4
ἐκείνης App 2:9 D 19:3; 24:1;
62:3; 78:9; 103:1.7; 107:2;
115:5; 119:5
ἐκείνου App 13:6 D 6:1; 14:1;
29:1; 78:9; 87:5; 128:4
ἐκείνῳ Ap 13:2 D 1:2; 8:3;
9:3; 58:11; 75:4; 95:4;
113:1; 133:6
κἀκείνῳ D 93:2
ἐκείνῃ D 74:4², 76:5; 78:5; 81:3;
105:4; 109:3; 115:1; 119:3;
123:5; 139:5
ἐκείνῳ D 4:1
ἐκεῖνον Ap 6:2; 26:3²; 42:3
D 11:1; 17:1; 19:6; 30:3;
34:1; 56:15; 60:3; 64:7;
77:1; 85:1; 87:3²; 93:2,
4; 95:4; 98:1; 106:3; 113:1;
119:3; 122:2; 123:2; 127:4;
137:1 T 36:1
κἀκεῖνον Ath 29:1
ἐκείνην App 2:9 D 58:6; 78:4,
10; 113:7; 116:1
ἐκεῖνο Ap 17:2; 19:5²; 26:3;
33:5; 43:6; 57:1; 60:2;
62:3 App 11:2 D 4:1, 4;
10:3; 19:2; 31:5; 61:2;

67:3; 117:5; 128:4 Ath
18:2
κἀκεῖνο Ap 7:3 D 46:2
ἐκεῖνοι Ar 8:2 Ap 63:17 App
9:2 D 5:1; 56:5; 84:3
Ath 24:5; 31:1
κἀκεῖνοι D 85:8
ἐκεῖνα D 4:4; 73:2; 131:5
ἐκείνων Ap 9:1; 14:1; 18:6;
22:4; 32:3 App 5:5 D 3:3;
8:1; 19:4; 56:5, 10; 96:2;
111:2; 117:1; 123:1 T 16:2;
27:1; 29:1 M Ap HE 4:26:10
Ath 1:4; 9:2; 28:1
κἀκείνων Ap 4:9 D 59:1
ἐκείνων Ap 63:9 D 44:2
ἐκείνοις App 9:3 D 67:2;
70:1; 103:8; 120:1; 131:2;
136:1 T 18:3 M Ap HE
4:26:11 Ath 14:2
κἀκείνοις D 17:1; 122:1
ἐκείναις MP HE 4:26:3
ἐκείνοις D 7:2; 68:2 T 15:3
ἐκείνους Ap 10:1; 63:17 D 39:2;
68:6; 78:6; 122:1; 123:2
T 31:2 Ath 15:1; 18:1²;
23:3
ἐκείνας D 59:2 Ath 15:2
ἐκεῖνα Ap 26:7 D 2:5; 56:18;
62:2
κἀκεῖνα D 67:4; 123:1
ἐκεῖσε D 6:2
ἐκζητήσω D 82:3
ἐκζητηθήσεται D 95:4
ἐξεζήτησε Ap 37:8
ἐκθηλάσαντες D 85:9
ἐκθλίβει T 10:2
ἐκτεθλιμμένην D 109:3²; 110:5
ἐξεκαθαίρομεν Ath 12:1
ἐκκαθαριεῖ D 130:1
ἐκκεκαθαρμένοι Ath 11:2
ἐκκαυθῇ Ap 40:18
ἐκκέκαυται D 119:2
ἐξεκάλυψαν Ar 13:5
ἐξεκεντήσατε D 32:3
ἐξεκέντησαν Ap 52:12
ἐξεκέντεσαν D 14:8

ἐκκεντήσαντες D 64:7; 118:1
ἐξεκεντήθη D 32:2
ἐκκηρύσσετε T 27:1
ἐξέκλεψαν Ath 23:6
ἐκκλησία D 42:3; 134:3
ἐκκλησίας D 98:5; 106:2
ἐκκλησίᾳ D 63:5²
Ἐκκλησιαστής M Ek HE 4:26:14
ἐξέκλιναν D 27:3
ἐκκόπτεται Ap 16:13
ἐξέκοψαν D 72:3
ἔκκοψον Ap 15:2
ἐκκόψαι Ap 27:2
ἐκκρεμαμένην D 96:1
ἐξέλαβες D 22:9
ἐκλεγόμενος D 27:1
ἐκλεγομένοις Ap 43:7
ἐκλέξεται D 43:6 (A); 66:3;
　115:2
ἐξελεξάμην D 15:4²; 122:1
ἐξελέξατο D 119:4
ἐξελέξασθε D 135:4
ἔκλεξαι Ap 44:1
ἐκλέξασθαι D 43:6²; 66:3;
　97:3
ἐκλεξάμενος D 79:4; 115:2
ἐκλεξάμενοι D 17:1
ἐκλεγῆναι D 67:2
ἐκλελέχθαι D 67:4
ἐκλεῖπον Ap 50:6 D 13:4
ἐκλείποντα Ar 6:2
ἐκλείψει Ap 32:1; 54:5 D 14:7;
　52:2; 102:4; 120:3
ἐκλείψειν Ap 32:2
ἐξέλιπεν D 15:6
ἐξέλιπον D 34:6
ἐκλείψεις Ar 6:3
ἐκλεκτός D 123:8; 135:2
ἐκλεκτοί D 81:2; 135:4
ἐκλεκτούς D 17:1; 108:2
ἐκλογῇ D 48:3
ἐκλογήν D 49:1
ἐκλογάς M Ek HE 4:26:13, 14
ἐκμανθάνουσι Ap 54:1
ἐκμελετῶσιν D 8:2
ἐκμυκτηριεῖ Ap 40:12
ἐξεμυκτήρισαν D 98:3; 101:3

ἐκνεύσαντες D 9:3
ἐξένηψε D 139:3
ἐκπαιδεύεσθε T 19:1
ἐκπαιδευομένων Ap 21:4
ἐκπαιδεύσωσιν T 14:1
ἐξεπέμψατε D 17:1
ἐκπερινοστήσαντα Ap 54:9
ἐξεπέτασα Ap 35:3; 38:1; 49:3
　D 24:4; 97:2; 114:2
ἐκπέτασον D 13:8
ἐκπετάσας D 90:4
ἐκπεπιεσμένην D 109:3
ἐξεπίκραναν D 119:2
ἐκπεσεῖσθαι Ath 18:4
ἐξέπεσε D 50:4
ἐξέπεσον D 3:5
ἐκπεσόντες Ath 25:1
ἐκπονέσαντες T 20:2
ἐξεπορεύετο D 62:5
ἐκπορευόμενος Ap 40:4 D 31:2;
　64:8
ἐκπορθηθήσεσθαι Ap 47:1
ἐκπορνεύσασαν T 10:3
ἔκπυρον T 20:2
ἐκπυρωθήσεσθαι Ath 19:2
ἐκπύρωσις T 39:2
ἐκπυρώσεως T 3:1
ἐκπύρωσιν Ap 20:4; 57:1;
　60:8 App 7:3 T 3:2; 25:2
　Ath 22:3
ἐξερρύημεν D 25:4
ἐκρίπτει Ap 40:10
ἐκσπάσας D 98:3
ἐξεσπασμένος D 115:2; 116:3
ἐκστάσει D 31:7; 115:3
ἔκστασιν Ath 9:1
ἐξέστρεφον Ap 38:8
ἐξεστραμμένη D 119:2
ἐκτάσεως D 91:3; 112:2; 131:4
ἔκτασιν Ap 55:4
ἐξέτεινε Ath 13:1
ἐκτείνας D 111:1
ἐκτείναντες D 56:19
ἐξετάθη Ap 35:6
ἐκτελειούμενον T 7:1
ἐκτελέσαι D 9:2
ἐκτέμνεται Ath 21:3

ἐξέτεμεν Ath 20 : 2
ἐκτέμῃ D 110 : 4
ἐκτετμῆσθαι D 70 : 1
ἐκτενοῦς D 107 : 2
ἐκτιθέναι Ap 27 : 1 Ath 35 : 2
  ἐκτιθέντων Ath 35 : 2
  ἐκτιθέμενος T 38 : 1
  ἐκθήσομαι T 4 : 3
  ἐκτεθέντων Ap 29 : 1
  ἐξεθέμην T 35 : 1
  ἐξέθεντο Ar 8 : 2
  ἐκθέμενος T 36 : 2
ἐξέτεκεν D 85 : 8
  ἐκτέκῃ D 14 : 6
ἐκτομαί Ath 30 : 3
ἕκτου D 37 : 1
ἕκτοτε D 20 : 2; 91 : 4; 113 : 7
  M Ap HE 4 : 26 : 7
ἐκτρέπεσθαι D 24 : 1
  ἐκτρεπομένους D 8 : 2
ἐξέθρεψας D 107 : 4
ἐκτρίβειν D 2 : 5
  ἐκτρίψωμεν D 72 : 2
ἐκτύπωμα Ar 3 : 2
  ἐκτυπώματα Ath 19 : 3
Ἕκτορα T 21 : 1, 3 Ath 1 : 1; 14 : 1
ἐξέφανεν D 90 : 3
ἐξοίσει D 123 : 8²; 135 : 2²
  ἐξηνέγκατε T 2 : 1
ἐκφεύξεσθε Ap 68 : 2
  ἐκφεύξονται D 138 : 3
  ἐκφύγῃ D 22 : 2
  ἐκφυγεῖν Ap 60 : 4
ἐξεῖπεν D 1 : 3
  ἐξεῖπον D 7 : 1
  ἐξειπεῖν T 23 : 1 Ath 23 : 5
  ἐξειπών Ath 23 : 4
ἐκφοβῶν D 109 : 3; 110 : 4
ἔκφρων T 19 : 3
ἐκφωνοῦσι Ath 10 : 3
  ἐξεφώνησεν T 18 : 2
  ἐξεφώνησαν Ath 9 : 1
  ἐκπεφώνηκε T 3 : 3
  ἐκπεφωνίκασι Ath 7 : 2
  ἐκπεφώνηται Ath 24 : 5
  ἐκπεφώνητο D 97 : 1
ἐκφωνήμασιν T 22 : 3

ἐκφωνήματα T 33 : 2
ἐκφωνήσεως T 12 : 5
  ἐκφωνήσεις T 26 : 3
ἐκχεῶ D 87 : 6
  ἐκχέαι D 21 : 3
  ἐξεχύθη D 38 : 3; 98 : 4; 102 : 1;
    103 : 1, 7
ἐκχωρήσατε T 24 : 1
ἑκοῦσαι D 5 : 5
ἐλαίας Ath 17 : 3
  ἐλαιῶν D 103 : 1, 2, 7
ἐλαίου D 86 : 3; 112 : 4
  ἔλαιον D 38 : 4; 56 : 14; 58 : 13;
    63 : 4; 86 : 1, 3
Ἐλαιών D 99 : 2
ἐλάσσονα D 88 : 2 (v ἐλάττων)
ἐλαττῶσαν D 61 : 2
  ἐλαττοῦσαι T 5 : 2 D 131 : 1
  ἐλαττουμένου D 61 : 2
  ἐλαττουμένου D 128 : 4
  ἐλαττούμενον T 12 : 2
  ἠλαττώθησαν T 15 : 4
  ἐλαττωθῆναι D 61 : 2
ἐλαττώματος T 11 : 1
  ἐλαττώματα Ar 7 : 3
ἐλάττων App 3 : 3 T 19 : 3 (v sub
  ἐλάσσων)
  ἔλαττον T 4 : 2; 15 : 3
  ἐλάττονα Ar 6 : 2, 3
  ἐλάττους Ath 29 : 2; 35 : 1
  ἐλάττονα T 14 : 2; 23 : 1
  ἐλαττόνων T 20 : 1
  ἐλάττους Ath 31 : 2
ἐλαύνων Ath 23 : 5
  ἐλαύνοντες Ath 34 : 2
  ἠλαύνετο Ath 31 : 1
  ἐλαύνεσθαι Ath 1 : 3; 4 : 2
  ἐλαυνόμενον M Ap HE 4 : 26 : 5
ἔλαφος Ap 48 : 2 D 69 : 5 T 18 : 2
  ἐλάφου T 27 : 2
  ἔλαφον Ar 11 : 2
ἐλαχίστη Ap 34 : 1 D 78 : 1
  ἐλάχιστον D 62 : 3 Ath 6 : 1
  ἐλαχίστῳ D 127 : 3
  ἐλάχιστον D 32 : 4
  ἐλάχιστα Ath 28 : 3
ἔλεγχον Ap 4 : 4; 23 : 3 D 46 : 5; 67 : 3

ἐλέγχων Ath 2:2
ἐλέγχους T 27:1; 31:2 Ath
   22:7 (Sch)
ἐλέγχει D 46:6
ἐλέγχουσιν Ap 64:6
ἤλεγχε D 102:5
ἐλέγχειν Ap 3:1; 4:6 Ath 2:1;
   4:1; 18:1
ἐλέγχων Ap 63:3 D 103:9
ἐλέγχον Ap 63:2, 12
ἐλέγχοντα D 68:8
ἐλέγχοντας D 39:1
ἐλέγχεται D 120:2
ἐλεγχόμεθα Ap 8:5
ἐλέγχεσθε D 131:4; 133:1
ἐλέγχονται Ap 44:10; 63:14,
   15 D 38:2
ἐλεγχώμεθα Ap 2:4; 4:2
ἐλέγχησθε D 67:2
ἐλεγχόμενον App 2:16
ἐλεγχόμενοι App 8:3
ἐλεγχομένους Ap 4:2
ἐλέγξω D 22:8, 10
ἐλέγξει Ap 39:1 D 109:2
ἐλεγχθησόμεθα D 141:1
ἤλεγξας T 8:4 (MPV)
ἤλεγξεν D 107:3
ἐλέγξῃ D 55:2
ἐλέγξαι App 3:4; 10:4 D 82:4;
   99:3
ἐλέγξας D 125:4
ἠλέγχθη Ap 5:4
ἠλέγχθησαν Ap 7:1
ἐλεγχθῆναι Ap 4:4 Ath 2:2
ἐλεγχθείς Ap 7:4
ἐλήλεγκται Ath 2:1; 30:4
ἐληλεγμένος D 125:4
ἐλεοῦμεν Ap 25:3
ἐλεοῦντες Ap 57:1
ἐλεηθήσεται D 14:5
ἐλεῆσαι D 106:1
ἐλεηθῆτε D 96:3
ἐλεηθῆναι D 18:3
ἐλεημοσύνην D 36:4
ἐλεήμων D 107:2
Ἑλένη T 10:2

Ἑλένη T 21:3
Ἑλένην Ap 26:3 Ath 1:1
ἔλεος D 8:4
ἐλέους D 25:2; 108:3; 141:2
ἔλεος D 43:2; 56:20; 118:2;
   133:1
ἔλεον D 25:4
ἐλευθερία D 1:5
ἐλευθερία T 7:1
ἐλεύθερος T 11:1
ἐλευθέρα Ap 43:3, 4 D 88:5
ἐλεύθεροι D 139:5 T 11:2
ἐλευθέρων D 134:4; 140:1
ἐλευθέρων D 134:4
ἐλευθέροις D 140:1
ἠλευθερωκέναι D 41:1
Ἐλευσίς T 8:4
Ἐλευσῖνι T 39:3 Ath 4:1
ἐλεφαντίνων D 22:5
ἐλεφαντίνων D 38:4; 63:4
Ἐλεφαντίδος T 34:3
ἐλέφαντα T 33:3
ἑλικτός Ath 20:1
ἕλικι D 52:2; 53:1
ἕλικας T 8:3
Ἐλισάβετ D 84:4
Ἐλισσαῖος D 86:6
ἕλκη D 115:5
ἕλκουσι Ath 27:1
εἷλκεν D 31:2
ἕλκειν D 68:8; 116:1
ἕλκοντα App 11:8
ἕλκοντες Ath 26:1
εἵλκυσαν App 12:4
Ἑλλάνικος T 1:2
ἑλλάδα Ap 31:4
Ἑλλάδι D 1:3
Ἑλλάδα Ath 28:2
ἔλλειψιν App 1:2
Ἕλληνα T 1:3
Ἕλληνες Ar 8:2, 4; 11:7; 13:1
   T 1:1; 4:1; 12:4; 13:1;
   14:1; 17:1; 21:1, 2; 25:2;
   28:1; 42:1 Ath 28:1, 3
Ἑλλήνων Ar 12:1; 13:[5,] 7
   Ap 25:2 D 67:2; 117:5 T 29:1;
   31:1; 39:1 Ath 29:1

7*

Ἕλλησι Ap 5:4; 7:3; 24:1;
  44:8; 46:3; 54:3; 59:1
  D 67:2; 69:1 T 31:1; 33:1;
  40:1 Ath 17:1
Ἕλλησιν T 31:1; 39:2; 40:1
Ἕλληνας Ar 2:1; 8:1 T 21:3;
  30:1; 35:2 M Ap HE 4:26:10
  Ath 28:2
Ἑλληνιανῶν D 80:4
ἑλληνίδι Ap 33:7
Ἑλληνίδα T 37:1
ἕλη D 69:5
ἐλπίζομεν D 92:4
  ἐλπίζετε Ap 15:10 D 10:3, 4
  ἐλπίζουσιν D 135:3
  ἤλπιζον D 2:6 Ath 21:5
  ἐλπίζειν D 47:2; 69:4; 102:6;
    112:3
  ἐλπίζων D 32:2
  ἐλπίζουσι D 1:5
  ἐλπίζουσιν Ap 48:4
  ἐλπίζοντας D 16:4
  ἐλπιοῦσι D 11:3
  ἐλπιοῦσιν Ap 32:12 D 123:6;
    135:2
  ἤλπισεν D 98:3; 101:3
  ἤλπισαν D 98:2³; 101:1³
  ἐλπίσωμεν D 72:1
  ἐλπίσαντι D 8:3
  ἐλπίσαντας D 101:1
  ἠλπίκαμεν D 11:1²
ἐλπίς D 8:3; 44:4; 98:3; 102:1, 2
  ἐλπίδος D 2:5; 102:7
  ἐλπίδι D 35:2; 125:2 Ath 33:1
  ἐλπίδα App 2:5 D 44:4; 96:1;
    110:3; 141:3 Ath 25:1, 2;
    33:1
  ἐλπίδας Ap 11:2 D 10:3
ἐμαυτοῦ T 5:2
  τἀμαυτοῦ T 35:1
  ἐμαυτῷ D 3:1
  ἐμαυτόν D 2:3; 3:2; 8:1
    T 3:1; 29:1; 42:1 Ath 31:2
ἐμβῆναι Ap 61:5
ἐμβακχεύοντες T 16:1
ἐμβάλλουσιν Ap 58:3

ἐμβάλλειν D 65:2
ἐμβαλλόμενα D 82:3
ἐμβάλωμεν D 72:2
ἐμβαλεῖν Ap 19:7
ἐμβαλόντος D 9:3
ἐμβαλόντα App 2:10
ἐμβλέψῃ Ap 15:1
ἐμβροντησίας Ap 9:5
ἐμβοᾷ D 16:5
Ἐμμανουήλ D 43:5; 66:2
ἐμμελές Ath 16:2
ἐμμένει D 95:1
ἔμμηνα D 46:2
ἐμός D 125:1, 2
  ἐμή D 22:9
  ἐμόν Ath 21:1
  ἐμοῦ D 120:6
  ἐμῷ App 15:1
  ἐμόν D 71:3 Ath 21:5
  ἐμήν Ath 30:4
  ἐμά D 22:8
  ἐμῶν D 61:5
  ἐμαῖς D 61:5
  ἐμούς T 4:2
  ἐμά T 26:2
  τἀμά Ath 25:2
ἐμπαθῶς Ap 57:1
ἔμπαλιν D 1:1, 5
Ἐμπεδοκλῆς Ath 22:1
Ἐμπεδοκλέους Ap 18:5 T 3:2
Ἐμπεδοκλέα Ath 22:2; 24:2
ἔμπειροι D 57:2
ἐμπεριείληφος Ath 6:4
ἐμπήσσοντες D 97:3
ἐμπαγῆναι App 3:1
ἐμπίπλασθαι App 12:5
  ἐμπιπλάμενοι D 7:3
  ἐμπλήσει D 81:1; 87:2
  ἐμπλησθήσῃ D 15:6
  ἐμπλήσῃς D 15:6
  ἐνεπλήσθη D 20:1
  ἐνεπλήσθημεν T 30:1
  ἐμπλησθῆτε D 85:9
ἐμπίπτειν D 23:1
  ἐμπεσόντος M P HE 4:26:3
  ἐμπεσόντα Ath 34:2
ἐμπλάστρων Ar 10:5

ἐμπλέοντες T 26:1
ἐμπνεύσαι Ath 9:1
  ἐμπεπνευσμένων Ap 36:1
ἐμποδιζομένην T 16:1
ἐμπόδιον D 4:4
ἐμποδών D 9:2 T 20:1
ἐνεποίει D 88:6
ἐμπορηϑῆναι D 3:1
ἔμπροσϑεν Ap 16:2; 47:5 D 15:5;
  34:7; 79:4; 114:5; 118:2;
  126:6; 140:4 Ath 9:2; 23:3
ἐμπτυσμάτων Ap 38:2
ἐνεπυρίσατε D 133:3
ἐμφαίνων D 3:1
ἐμφανής Ap 49:2 D 24:3; 110:1;
  119:4
  ἐμφανές D 109:2
ἐμφανῶς D 22:7
ἐμφορῆσαι Ap 53:12
  ἐμπεφορημένοι D 93:1
ἐμφυσήματος D 40:1
ἔμφυτος App 6:3
  ἐμφύτου App 13:5
  ἔμφυτον App 8:1
ἔμψυχον D 20:1
  ἔμψυχα Ath 22:4
ἐν Ar 1:2; 2:1; 12:1, 6; 13:5;
  15:1, 3, 10⟨; 16:6⟩ Ap 5:4²;
  7:3²; 9:1; 10:6; 12:6;
  13:2², 3³, 4; 15:11, 12, 17;
  16:2, 9; 18:3; 19:1; 20:4;
  21:6; 23:3; 24:2; 26:2², 3,
  4, 6 (O); 29:2, 4; 31:1³, 4,
  6, 7; 32:1, 2, 4, 5, 6, 7, 8,
  10; 33:1, 4, 5; 34:1, 2³;
  35:3, 5, 7²; 38:1, 6; 40:4,
  8⁴, 9, 10², 12³, 15, 17², 18;
  41:2, 3, 4; 42:1, 4; 44:8;
  45:3, 4²; 46:3²; 47:5, 6;
  48:6; 49:3; 50:5, 7, 8³, 11,
  12; 51:2, 5; 52:3, 7, 10, 11;
  53:3, 8; 54:3², 5, 6, 9; 55:2,
  3, 4, 6; 56:1², 2; 57:1, 2;
  59:1, 2; 60:1², 2², 3, 5, 7;
  61:1, 3, 10²; 62:3², 4;
  63:7², 9, 10², 11³, 16; 64:2;
  66:3, 4²; 67:6², 7 App 1:1,

2²; 2:2, 6, 11²; 3:3; 6:6;
7:1, 3², 5, 8², 9; 8:1², 3, 4;
9:1; 10:8; 11:3, 5; 12:1,
5³; 13:3; 14:2; 15:1 D
1:1, 2², 3; 2:6²; 3:2, 5³,
6; 4:2, 3, 4, 5², 6; 5:3², 4,
6; 7:1; 8:1, 2, 3, 4; 9:3²;
10:2, 3; 11:1, 2, 3, 5; 12:1,
3²; 13:3, 4⁴, 6², 7; 14:5,
7², 8²; 15:2, 3², 4, 6; 16:1²,
2, 3, 4, 5²; 17:2², 3²; 19:2,
3², 5; 20:1³, 3, 4²; 21:2⁴,
3⁴, 4⁴; 22:2, 3, 5, 7, 8, 9, 11;
23:4; 25:3, 6; 26:1, 2², 3,
4²; 27:1, 3³, 4², 5; 28:3,
5⁴; 29:2², 3⁴; 30:1; 31:1,
3, 4, 7; 32:1, 2, 3, 5, 6⁶;
33:2⁵; 34:3², 4, 5, 6, 7², 8²;
35:2², 4, 6², 8; 36:1, 2², 3²,
4, 5², 6; 37:1³, 2, 3², 4³;
38:1, 2, 3³, 4², 5⁴; 39:5²,
8; 40:4³, 5; 41:1², 2⁴, 3;
42:2; 43:4, 5, 7, 8⁴; 44:2,
3; 45:2, 3, 4³; 46:2, 4, 5³,
6; 47:1, 4², 5²; 48:3²; 49:2³,
3⁸, 4, 6³, 7³, 8; 50:3², 4;
51:1, 2², 3; 52:1³, 2², 3³,
4; 53:2, 4, 6; 54:1⁴; 55:3;
56:1, 6, 7, 9, 10, 14, 19², 20,
22, 23; 57:2²; 58:1², 4², 5,
6², 8³, 10², 11², 12³, 13;
59:1, 2², 3; 60:1², 2³, 3, 4,
5²; 61:1, 3, 4³; 62:2, 5²;
63:2², 3, 4³; 64:3, 4⁵, 5, 6³,
7, 8; 65:3, 4³, 6; 66:2, 4;
67:1³, 2, 7, 9, 11; 68:3,
6⁴, 7², 8, 9; 69:1³, 2, 5², 6²,
7²; 70:2³, 4; 71:3²; 72:1,
3²; 73:1², 2², 3⁴, 4⁶; 74:2²,
4²; 75:1³, 2, 3, 4; 76:1, 2,
4, 5, 6²; 77:2², 3², 4³; 78:1⁵,
2, 4, 5⁴, 6, 7, 8², 9³, 10;
79:2, 3, 4³; 80:1², 3, 5; 81:1²,
3³, 4²; 82:1², 3, 4²; 83:1²,
2², 3, 4; 84:1², 3²; 85:6²,
7², 8, 9; 86:1³, 2², 4, 5, 6²;
87:3, 5², 6; 88:3, 4, 5, 8²;

89:2², 3; 90:1, 2, 4², 5³;
91:1⁴, 2, 3³, 4; 92:2, 4, 5;
93:1, 2²; 94:1², 5; 95:1²;
96:1, 2; 97:2, 3³, 4; 98:1,
2, 4, 5; 99:2, 3²; 100:1⁴, 3,
4²; 101:1, 2, 3³; 102:1, 2,
4, 5; 103:1, 3³, 5², 6, 7, 8²,
9; 104:1; 105:4, 6; 106:1²,
2, 3, 4²; 107:1, 4²; 109:1,
2, 3⁴; 110:2³, 5; 111:1², 3⁴,
4; 112:3, 4²; 113:3², 5, 6²;
114:2²; 115:1⁴, 2, 3⁵, 4²;
116:1, 3²; 117:1², 2², 3², 4³,
5⁴; 118:1², 2⁴; 119:1², 2²,
3², 5², 6²; 120:1³, 2², 3, 4²,
6²; 121:1⁴, 3³; 122:1, 3, 4,
5; 123:3, 5⁴, 8³; 124:1, 2⁴,
3, 4; 125:5⁴; 126:2, 6²;
127:2, 3³, 5; 128:1³, 2³, 3,
4; 129:1, 2, 3²; 130:3;
131:3⁴; 132:1; 133:4³, 5²;
134:2³, 3, 4; 135:4, 6; 136:1³,
3; 137:3, 4; 138:1², 2, 3;
139:1, 2, 3, 4, 5²; 140:1,
4²; 141:1; 142:1 T 1:2², ⟨2,⟩
3; 2:1²⟨, 1⟩; 3:1, 2²; 4:1²,
2; 5:1², 2²; 6:2³; 8:1, 4;
9:1³, 2, [2,] 3; 10:1, 2²;
11:2; 12:1, [1,] 2², 4⁶, 5;
13:1²; 14:1, 2; 15:2²; 16:1³,
3; 17:1, 4²; 18:1, 2²; 19:2³,
3², 4; 20:2; 21:1, 3; 22:2;
23:1, 2; 26:1, 3²; 29:2;
31:4; 32:1²; 33:1; 34:2;
36:2; 37:1; 38:1²; 39:3;
40:2; 42:1 M P HE 4:26:3²;
M Ap HE 4:26:6, 7, 7 (M),
9, 10² M Ek HE 4:26:14
Ath 2:3; 4:1; 5:1²; 6:1;
8:1², 2, 3⁶, 4²; 9:1; 10:2⁴,
3², 4; 11:1; 14:2²; 16:1²,
2; 17:1, 2⁴, 3⁴, 4; 18:2;
20:3²; 21:1, 2, 4², 5; 22:4, 7;
23:5²; 24:4²; 25:2², 4; 26:1;
28:1⁴, 4², 5⁵; 29:1; 31:3;
32:2²; 33:1³, 2²; 34:1;
37:1

ἐνί Ath 21:4²
κἄν Ap 8:4 (O)
ἐναλείψαντος Ath 17:2
ἐναλλάξ D 87:4
ἐνάμαρτον T 19:4
ἔναντι D 43:6; 56:2, 18; 66:3;
    77:2³
ἐναντίον Ap 49:4; 50:10 App
    4:3 D 13:3, 5; 16:1; 24:4;
    50:4; 56:7², 8, 20; 114:2
ἐναντία D 3:2; 65:2²
ἐναντίον Ath 24:3
τοὐναντίου Ath 25:3
τοὐναντίον M Ap HE 4:26:8²
    Ath 11:2; 36:1
ἐναντίων Ap 7:3; 43:5, 6 Ath
    3:2
ἐναντίας D 65:2²
ἐναντία Ap 4:8; 43:6, 7; 44:10
    App 10:3 T 3:3 Ath 25:1
τἀναντία App 13:3
ἐναντιότης T 8:2
ἐναντιουμένων D 27:2
ἐναπίπτοντας Ath 25:1
ἐναπόκειμαι T 6:2
ἐναποσβέννυσθαι Ath 36:1
ἐναποσφραγίσητα: Ath 27:2
ἐναργεῖς Ath 18:1
ἐναργῶς D 54:1; 114:1
ἐνάρετον Ap 4:3
ἐνάρετον Ap 12:1; 45:1
ἐναρέτους App 1:2
ἐνάρετα D 23:5
ἐναρέτως Ap 21:6 App 9:1
ἔναρθρον T 15:3
ἐνητένισα D 3:1
    ἐνατενίσατε Ap 42:2
ἐνάτῳ D 22:7
ἐνάτην T 41:3
ἔναυσμα T 13:2
ἐνδεής D 22:1, 11²; 87:2; 88:4
    T 4:3
ἐνδεοῦς D 87:3
ἐνδεῇ Ar 11:1 D 88:1
ἐνδεᾶ D 88:4 T 5:2
ἐνδεεῖς App 5:4
ἔνδειαν D 67:8

ἐνίοις T 28:1
ἐνίους T 9:3
ἔνια Ap 20:3
ἐνστησαμένους D 142:2
  ἐνέστη D 31:5
  ἐνεστηκότα Ath 27:2
  ἐνεστώς T 26:1[2]
ἐνίσχυσας D 58:7
ἐνισχυσάτωσαν D 130:1
ἐνεκλήθη App 10:5 (v ἐγκαλέω)
ἐνεκρατευόμεθα Ap 29 : 1 (O)
  (v ἐγκρατέω)
ἐννέα Ath 6:1
ἐννεοττεύσας T 19:1
ἐννοοῦμεν Ath 31:3
  ἐνενόουν App 12:1
  ἐννοηθέντα Ap 64:5
ἔννοια Ap 21:5 App 5:1
  ἐννοίας Ap 64:5 Ath 32:2;
    33:1
  ἔννοιαν Ap 26:3; 64:5 App
    7:9 D 90:1 Ath 31:2
  ἐννοιῶν T 12:5; 17:2
  ἐννοίαις Ath 9:1
  ἐννοίας D 93:1 Ath 33:1
ἔννομον D 47:4[2]
ἐννόμως D 67:2, 4
ἐνοικήσουσι D 81:2
ἐνῶρτο T 8:1
ἑνότης Ath 12:2
  ἑνότητι Ath 10:2
ἑνουμένων Ath 12:2
  ἑνούμενα Ath 24:1
  ἡνωμένα Ath 24:2
ἐνοχλεῖν Ath 22:5
  ἐνοχλοίημεν Ath 12:3
ἔνοχος Ap 16:2
  ἔνοχοι Ar 13:7
ἐνέσκηψε Ath 29:1
ἐνστάσεως D 112:5 Ath 31:1
ἔνταλμα D 67:10
  ἐντάλματα D 4:6; 46:5; 78:11;
    140:2
ἐνταῦθα Ap 13:4; 57:3 D 57:2;
    60:5; 70:1 Ath 11:1; 12:1[2],
    2; 31:2, 3; 36:1
ἐνταυθοῖ T 20:1

ἔντεινε D 38:3
ἐντελοῦμαι Ap 52:10[2]
ἐνετειλάμην D 22:6
ἐνετείλατο D 19:6; 22:1, 11;
    46:5; 67:8
ἐντειλάμενος D 94:1
  ἐντειλαμένου D 23:1
  ἐντειλάμενον D 46:5
ἐντέταλται D 21:1; 40:1
  ἐνετέταλτο D 67:10; 92:5
  ἐντέταλτο D 27:4
  ἐντετάλθαι Ap 66:3 D 23:2
  ἐντεταλμένων Ap 65:1
  ἐντεταλμένα D 95:1
ἐντέμνουσιν Ath 26:1
ἐντεῦθεν D 6:1 T 20:2
  τοὐντεῦθεν D 4:2
ἔντευξιν Ap 1:1
ἐντέχνως T 34:3
ἔντιμον D 34:5
ἐντολή Ap 16:6 D 11:2; 40:1;
    41:4; 44:2[2]
  ἐντολήν D 46:4
  ἐντολῶν D 67:4; 92:2
  ἐντολαῖς D 93:2
  ἐντολάς Ar 15:3 D 10:3;
    92:5; 95:3; 116:2; 123:9;
    134:4
ἐντός D 2:6
ἐντοσθίων T 12:2
ἐντραπήσεται D 16:1
ἐνετράπην Ap 38:3
ἐντραπῇς D 13:9
ἐντρεφόμεθα Ath 11:1
ἐντρόμου D 103:8
ἐνετρυφᾶτε D 16:5
ἐντρυφᾶν T 12:4
ἐντυγχάνομεν App 44:13
ἐντυγχάνειν App 15:3
ἐντυγχάνων D 39:1
ἐντυγχάνοντες D 114:1 T 27:1
ἐντυγχάνουσιν Ap 42:1
ἐντυγχάνοντας Ap 44:12
ἐντεύξεσθε Ap 45:6
ἐντυχεῖν Ap 14:1; 26:8; 50:12
  D 2:6; 10:2 T 29:1
ἐντυχών App 3:3[2]

ἐντυχόντα D 7:2
ἐντυχόντες Ath 16:1
ἔντυφον T 3:3
ἐνυβριζόντων Ath 2:2
ἐνύβρισαν Ath 24:4
ἔνυδρα Ar 12:1
ἐνυπνιάσθη D 58:11
ἐνώπιον Ap 50:5 D 13:2; 16:2;
   21:3; 22:7, 8; 31:3; 34:4,
   5; 39:5; 42:2, 3; 73:3;
   133:4; 135:4; 136:2
ἔνωσις Ath 12:2
ἑνώσει Ath 10:3
ἕνωσιν Ar 13:5 Ath 33:2
ἐνωτίζεσθε D 11:3
Ἐνώχ D 19:3; 23:1; 43:2; 45:2,
   4; 92:2
ἕξ D 132:1 M Ek HE 4:26:14
ἐξαγγελίαν D 114:2
ἐξαγγέλλων D 58:8
   ἐξηγγέλθη D 75:1
ἐξαγοράσῃ Ar 11:3
ἐξαγορεύειν Ath 28:5
ἐξάξω D 136:1
   ἐξάξειν D 136:1
   ἐξήγαγον D 21:3
   ἐξήγαγε Ap 62:4
   ἐξήγαγον D 56:20
   ἐξαγάγω D 135:4
   ἐξάγαγε Ap 63:8
   ἐξαγαγεῖν Ap 62:3, 4 D 11:3;
   22:6; 26:2; 65:4; 122:3
ἐξαγαγόντα D 11:1; 120:3
ἐξαγωνίους Ath 36:2
ἐξαδελφῆς D 49:4
ἐξαδυνατῶσιν T 16:1
ἐξαδυνατήσουσιν T 26:1
ἐξαίρετος D 118:2
   ἐξαίρετον T 26:2
   ἐξαίρετον D 2:4
ἐξαιρέτως D 142:1
ἐξελοῦμαι D 22:9
   ἐξέλεσθε D 124:2
ἐξαρθήσεται D 22:5
   ἐξῆρα D 21:3
   ἐξάρατε D 26:3
   ἐξᾶραι D 102:3

ἐξαίσιον T 29:2
ἐξαιτήσωνται D 44:2; 45:3;
   140:3
ἐξαίφνης D 4:1; 107:3
ἐξακολουθεῖν Ap 2:1
   ἐξακολουθῆσαι Ap 10:4
ἐξακοσίους T 19:1
ἐξακούστου Ath 11:1
ἐξακούειν D 57:2
ἐξακριβώσασθαι D 31:5
ἐξαλείφειν D 131:4
ἐξαλλοιώσει D 102:4
ἐξαλοῦνται D 14:7
ἔξαλλα D 110:2
ἐξημάρτανον D 5:5
   ἐξαμαρτήσετε Ath 2:4
   ἐξήμαρτον D 4:6
   ἐξαμαρτεῖν D 4:7
ἐξαμβλώσεως Ath 35:2
ἐξαμελοῦσι T 25:1
ἐξαναγκάζει D 7:2
   ἐξαναγκάζουσι App 12:4
   ἐξηνάγκασε App 1:1
ἐξανθοῦσι T 14:2
   ἐξανθείτω D 69:5
   ἐξανθήσει D 69:5
   ἐξανθήσουσιν D 34:5
ἐξαναστάντες D 56:17; 126:5
ἐξαπατᾶτε D 34:1; 44:1
   ἐξαπατῶντες T 22:3
   ἐξηπάτησαν Ap 56:1
   ἐξαπατήσωσιν Ap 14:1
   ἐξαπατῆσαι Ap 26:4; 39:3
   ἐξαπατηθῆναι D 8:3
   ἐξηπατήκασιν T 14:1
ἐξαποστελεῖ Ap 45:3 D 32:6;
   83:2
   ἐξαπέστειλε D 83:4
ἐξαφθέντων D 42:1
   ἐξῆφθαι D 42:1
ἐξηρίθμησαν D 97:3; 98:4; 104:1
ἐξαρκεῖν Ath 34:2
   ἐξαρκέσει D 126:6
ἐξηρνεῖσθε D 126:2
ἔξαρνος Ap 4:6 App 2:14
ἐξαρπάσαι Ath 21:2
ἐξαρτήμασι T 17:2

ἐξαρτύεις Τ 26:3
ἐξησκήσατε Τ 14:1
ἐξατμισθεῖσαν Τ 6:2
ἐξαφανίσῃ Τ 6:2
  ἐξαφανισθῆναι D 5:4
ἔξαψιν Τ 5:2
ἐξηγέρθην D 97:1
  ἐξηγέρθη D 58:13
  ἐξεγέρθητι D 53:6
  ἐξεγήγερται D 115:2
ἔξεστι Ath 28:3
  ἔξεστιν Ath 16:3; 26:3; 32:2; 34:2
  ἐξεῖναι Ath 7:1; 32:1
  ἐξόν Ap 66:1
ἐξελαυνόμενοι Ap 5:1
ἐξεληλεγμέναι Τ 12:3
ἐξεργάζεσθε D 120:4
ἐξηρεύξατο D 38:3
ἐξελεύσεται Ap 34:1; 39:1 D 11:3²; 65:6; 78:1; 87:2; 109:2
ἐξελεύσεσθε D 14:7
ἐξελεύσονται D 44:3
ἐξῆλθεν Ap 40:3 D 24:1; 42:1; 56:12, 21; 58:11; 64:8; 125:1
ἐξήλθομεν D 119:5
ἐξῆλθον Ap 39:3; 60:2 D 103:7
ἐξέλθῃ D 14:6
ἔξελθε D 58:5
ἐξέλθετε D 13:2²
ἐξελθεῖν D 78:4; 119:5
ἐξελθόντος D 110:2
ἐξελθόντι D 91:3
ἐξελθόντες Ap 45:5; 49:5 D 53:5
ἐξελθόντων D 78:7; 106:3; 113:3; 115:5; 132:3
ἐξελθόντας D 103:2
ἐξετάζετε Ap 5:1
ἐξετάζητε Ap 7:2
ἐξετάζοιτε D 112:1
ἐξέταζε D 45:1
ἐξετάζειν D 1:3; 92:2 Τ 30:2; 31:4 Ath 18:2; 24:1

ἐξετάζοντες D 142:1
ἐξετάζοντας Ap 39:3
ἐξετάζοιτο D 85:5
ἐξεταζέσθω Ath 2:4
ἐξετάζεσθαι Ap 3:1
ἐξεταζόμενοι Ap 4:7 App 4:1, 4
ἐξεταζομένους Ap 8:1
ἐξετάσετε Ath 2:2
ἐξήτασα D 128:4
ἐξετάσῃ D 80:4
ἐξετάσωμεν D 46:4 Ath 18:1
ἐξετάσαι Ap 14:4; 32:2 D 45:1 Ath 9:2
ἐξετάσαντες Ath 34:2
ἐξετάσαντας D 2:2
ἐξητάσθη App 2:12
ἐξετασθῆναι D 45:1
ἐξητάκαμεν Ath 23:1 (Sch)
ἐξετασμένοι D 116:2
ἐξέτασιν D 68:2 Ath 3:2
ἐξετάσεις D 45:1
ἐξετασταί D 38:2
ἐξεταστικόν Ap 2:3
ἐξεταστικῶς Ap 5:3
ἐξηῦρεν Ath 18:2
ἐξεῦρον Τ 1:1
ἐξευρεῖν Τ 29:1
ἐξημρημένον Τ 22:2
ἐξέχον D 91:2
ἐξηγοῦμαι D 99:1
ἐξηγεῖσθε D 20:3; 32:4; 34:1; 43:8; 115:6; 120:4; 124:2
ἐξηγοῦνται D 112:4
ἐξηγεῖσθαι D 33:1; 68:8; 71:1²; 77:2; 85:1; 112:4; 129:2
ἐξηγούμενος D 58:4; 63:2
ἐξηγουμένη D 135:1
ἐξηγούμενοι D 112:1; 117:4
ἐξηγουμένων Ap 13:4 D 112:4
ἐξηγησόμεθα Ap 61:1
ἐξηγησάμην D 32:2; 118:1
ἐξηγήσατο D 72:1
ἐξηγήσαντο Ap 44:9 D 68:6,7; 84:3²; 120:4; 131:1; 137:3²
ἐξηγήσασθαι D 43:8; 83:1; 89:3

ἐξηγήθη D 68:6
ἐξηγηθῆναι D 55:3
ἐξηγημένα D 126:5
ἐξηγημένων D 79:1
ἐξήγησις Ap 35:7
ἐξηγήσεως D 55:1 T 35:2
ἐξηγήσει Ap 61:1 D 124:3
ἐξήγησιν Ap 68:3 D 68:7;
    72:1; 79:2; 115:3; 131:1
ἐξηγήσεις D 79:1
ἐξηγήσεων D 71:2; 72:1;
    115:6
ἐξηγήσεις D 84:3
ἐξηγητοῦ Ap 32:2
ἐξηγηταί D 36:2
ἐξηκοντοῦται Ap 15:6
ἑξῆς Ap 32:10 D 42:2; 56:18,
    19²; 67:1; 99:2; 102:1;
    103:1; 126:5; 130:1
ἐξιλάσεται Ap 50:2
ἕξις D 31:7
ἕξιν T 16:3
ἐξισοῦντες Ath 15:3
ἐξισοῦσθαι D 79:4
ἐκστήσετε D 67:3
ἐκστήσονται Ap 50:4 D 13:3
ἔξοδος D 64:8
ἐξόδῳ D 105:3, 5
ἔξοδοι D 61:5²
Ἔξοδος D 59:2 M Ek HE 4:26:14
Ἐξόδου D 59:1; 75:1; 128:1
Ἐξόδῳ D 126:2
ἐξοκείλαντες T 14:1
ἐξολοθρεύσει D 126:6
ἐξολοθρευθήσεται D 10:3; 23:4
ἐξολοθρευθήσεσθαι D 131:5
ἐξομοιοῦσθαι D 122:2
ἐξομοιούμενοι D 124:4
ἐξομοιουμένων Ap 6:2
ἐξομοιωθέντες D 44:2; 45:4
ἐξομολογήσεται Ap 52:6
ἐξομολογήσονται D 38:5
ἐξομολογησάσθωσαν D 37:3;
    64:4
ἐξομολόγησις D 73:3
ἐξωρίσθησαν T 20:1
ἐξορκίζουσι D 85:3

ἐξορκίζητε D 85:3
ἐξορκίζοι D 85:3
ἐξορκίζοντες D 76:6
ἐξορκιζόμενον D 85:2
ἐξορκιζόμενα D 30:3
ἐξορχησάμενον T 27:1
ἐξότου (ἐξ ὅτου) D 32:3; 51:3;
    52:3; 88:8
ἐξουδενωθείς D 101:2 (A)
ἐξουδένωμα D 101:1
ἐξουθενημένου D 131:2
ἐξουθενημένη D 121:3
ἐξουθενηθῆναι Ap 63:16
ἐξουθένημα D 98:3; 101:2²
ἐξουθενωθείς D 101:2 (O)
ἐξουσία D 31:4³, 7
ἐξουσίας D 120:6
ἐξουσίαν Ap 40:7 D 16:4;
    76:6; 95:4; 103:4; 105:4;
    133:6 T 30:1
ἐξουσίαι D 31:7; 49:8
ἐξουσίας D 41:1
ἐξυπηρετῆσαι T 17:4
ἔξω D 56:20; 135:2 T 2:1
    Ath 28:3; 32:3
ἔξωθεν Ap 16:13 D 17:4; 35:3²;
    112:4; 127:1 T 22:1 Ath
    25:3
ἐξωσμένην D 109:3; 110:5
ἐξώτερον D 76:4,5; 120:6; 140:4
ἑορτάζουσιν Ath 14:1
ἑορτήν Ath 28:4
ἑορταί D 43:1 Ath 26:3
ἑορτῶν D 23:3
ἑορτάς Ar 10:8 D 8:4; 10:3;
    18:2, 3; 22:2; 26:1
ἐπαγγέλλομαι T 42:1
ἐπαγγέλλεται D 130:1
ἐπαγγελλόμενος T 23:2
ἐπαγγελλομένῳ D 126:6
ἐπαγγελλόμενον T 36:1
ἐπηγγείλατο D 119:4
ἐπήγγελται Ap 40:7 D 67:9;
    116:2; 139:4
ἐπηγγελμένην D 106:3
ἐπάγει D 39:2; 55:2; 99:3;
    126:6

ἐπάγειν Ap 3:1
ἐπαγόμενα D 33:1
ἐπάξει D 43:6; 66:3
ἐπαχθέντα D 60:3
ἐπήγαγον D 129:4
ἐπήγαγε D 60:3
ἐπαγαγεῖν D 42:3
ἐπάδοντα Ath 16:2
ἔπαθλα T 23:1
ἐπαινετόν App 7:6
ἐπαινῶ T 8:4
　ἐπαινοῦμεν Ath 15:2
　ἐπαινοῦντες Ar 13:7
　ἐπαινῆται T 7:2
　ἐπαινούμενον T 22:2
　ἐπαινούμενοι T 1:2
　ἐπαινέσαιμι T 3:1
　ἐπαινέσας D 2:5
ἔπαινος Ap 4:3 D 98:2; 100:1;
　123:4
ἐπαίνου Ap 43:8 D 100:1
ἐπαίρωμεν Ath 13:2
　ἐπαίρεσθαι Ap 58:3 (AB)
　ἐπήρθησαν D 37:1
　ἐπάρθητε D 36:4²; 85:1;
　127:5
　ἐπᾶραι D 85:4
　ἐπηρμένον D 109:2
ἐπαΐειν D 67:9; 112:4
ἐπακολουθοῦντας D 65:2
ἐπακολούθησιν D 65:3
ἐπήκουες D 37:4
　ἐπήκουον Ap 54:3
　ἐπακούειν T 30:2
　ἐπακούσομαι D 81:2
　ἐπήκουσα D 122:5
　ἐπήκουσε D 97:1
　ἐπακούσατε Ap 45:1
　ἐπακηκοέναι D 137:4
ἔπαν D 69:3
ἐπαναγωγῇ Ap 23:2
ἐπαναιρεῖσθε T 26:3
　ἐπανῃρημένην T 29:1
　ἐπανῃρημένοι T 23:1
ἐπαναστάσεως T 12:4
　ἐπαναστάσεις T 29:1
ἐπαναστρέψαι D 56:8

ἐπανατείλας D 107:3
ἐπαναφερόμενον Ath 10:3
ἐπανελθεῖν D 78:2, 4; 103:3
　ἐπανελθών D 56:6, 11
　ἐπανελθόντων D 78:7
　ἐπανελήλυθεν D 56:8
ἐπανθήσασα M Ap HE 4:26:7
ἐπανίστανται Ath 21:3
　ἐπανιστάμενον T 7:2
ἐπηνωρθώσαντο M Ap HE 4:26:10
ἐπάνω Ap 51:9; 59:3²; 60:6;
　64:3 D 14:8; 31:1; 56:2;
　76:6²; 120:4; 126:4; 138:3
ἐπαρχεῶται Ap 68:8 (AB)
ἐπαρχίας Ar 15:2
ἐπαρχιῶται Ap 68:8
ἐπαστῶν App 6:6
ἐπαυθίδα Ar 11:1
ἐπαύλεις D 65:6; 135:4
ἐπεάν Ath 28:6
ἐπεγερεῖ D 65:6
ἐπεί Ap 4:1, 2; 5:2; 9:1; 11:2;
　12:11; 18:2; 43:2, 6 App
　2:2, 5; 7:2; 9:2; 12:6 D
　1:4; 2:3, 5; 3:1; 5:5; 6:1;
　20:2; 23:2; 27:5; 38:2;
　43:8; 45:4; 58:2; 64:2;
　67:7; 68:9; 69:4; 84:4;
　92:5; 94:3; 112:1, 2; 119:4;
　122:3, 5; 125:5; 126:2;
　127:5; 128:2; 131:1; 134:4;
　137:4; 139:1; 141:4 T 6:1;
　17:3 Ath 4:2; 9:1; 11:1;
　12:1; 13:1; 14:1, 2; 15:1;
　18:1; 20:1; 23:4; 24:2, 4;
　25:2; 28:3; 30:3; 31:2
ἐπειγούσας Ap 46:6
ἐπειδάν D 72:3 T 16:1, 3; 17:3;
　18:3
ἐπειδή Ap 12:10; 19:6; 31:4;
　33:5; 52:1; 54:7; 56:1;
　60:6; 61:10; 64:5; 67:7
　App 2:2 (Sch), 5 (Sch), 6;
　8:1; 10:3, 8; 12:4, 6; 13:4
　D 5:2; 7:3; 17:1; 18:1;
　20:4; 28:1; 29:3; 34:2;
　36:6; 42:4; 43:2; 48:4;

53:6; 56:16, 20; 60:3;
68:6; 71:2; 72:3; 77:3;
78:5; 84:4; 92:4, 6; 100:2;
103:2; 113:3; 120:4. 5;
122:5; 123:7; 124:1. 4;
125:2, 5; 128:2⁴; 130:2;
137:1; 142:1 T 7:2; 15:4
M Ek HE 4:26:13 Ath 6:2
ἔπεισιν Ath 10:2
  ἐπιόντες D 17:2 T 16:3
  ἐπιόντας Ap 62:1
ἐπεισάγειν Ath 36:2
ἐπείσαξιν D 135:5
ἐπεισελήλυθεν D 53:2
ἔπειτα Ap 61:3; 65:3; 67:5
  App 2:8 D 2:2², 3; 3:5;
  10:4; 78:2; 81:4; 112:1
  T 18:3; 31:2 Ath 29:1
  κἄπειτα D 2:4
ἐπέκεινα D 4:1; 22:4; 88:1 T
  20:2
ἐπενδεής Ar 10:2, 5; 11:1
ἐπένδυμα T 20:3
ἐπεξεργάσασθαι D 137:4
ἐπεξέλθετε Ath 3:1
  ἐπεξελθεῖν Ar 9:1
ἐπέρχεται D 45:1
  ἐπέρχεσθαι D 138:3
  ἐπελεύσεται D 100:5
  ἐπήλθετε D 139:3
  ἐπῆλθον D 103:1
  ἐπέλθῃ D 81:1
  ἐπελθών App 2:20 D 51:2
  ἐπελθοῦσα Ap 33:4
  ἐπελθόντος D 88:4
  ἐπελθόν T 3:3
  ἐπελθόντες D 139:3
  ἐπεληλυθέναι D 87:3
ἐπερωτῶσι D 24:3
  ἐπερωτῶσιν Ap 49:2 D 119:4
  ἐπερώτησον D 131:1
  ἐπερωτηθῇς D 50:1
ἐπερωτήματος D 45:1
ἐπευφημεῖ Ap 65:3; 67:5
  ἐπευφημήσαντος Ap 65:5
ἐπέχων Ath 8:2; 23:2
  ἐπέχοντος Ath 25:4

[ἐπ]εχούσῃ Ath 25:4
ἐπισχών D 142:1
ἐπεσχημένας D 93:1
ἐπηκόῳ Ath 26:3
ἐπηρεαζόντων Ap 15:9
ἐπηρεαζομένων Ap 1:1
ἐπήρειαν Ath 2:1; 9:2
ἐπί (gen) Ar 11:7; 12:1 Ap 13:3;
  15:11; 16:4; 26:2, 3; 27:1;
  34:2; 35:2. 6. 9; 36:2;
  46:1²; 48:3; 54:7²; 55:1:
  56:2; 61:13 App 1:1, 3;
  6:6 D 5:6; 22:5; 30:3;
  31:5, 6; 36:3²; 37:1, 3;
  38:1; 42:3; 46:6; 49:5;
  51:2; 52:2; 53:1; 56:10;
  57:2; 60:5; 61:2; 62:1²;
  64:4; 68:5; 73:6; 76:6;
  78:4; 82:1; 85:2, 4; 86:2,
  6; 88:6, 7; 90:5; 91:1;
  94:1, 3; 96:1; 97:1²; 99:1;
  101:2; 102:4, 5; 110:2;
  111:1², 4; 112:1²; 115:4;
  117:2; 119:1; 123:8; 126:4;
  128:1², 3; 129:1²; 131:4;
  135:2; 138:1³, 2. 3; 139:1
  T 9:1²; 19:3; 21:3; 22:2;
  31:3, 4; 33:3, 4; 39:2²;
  41:3 M P HE 4:26:3 Ath
  5:1²; 11:2; 15:3; 16:2;
  19:2; 22:3; 23:5; 24:3,
  4; 25:2; 26:2; 29:2; 34:1;
  36:2
ἐπ' (gen) Ap 61:3, 13² D 34:5;
  50:4; 58:11. 12; 61:4; 65:4;
  86:2; 87:3; 109:2², 3; 111:2;
  119:2 T 4:2; 12:2 Ath
  3:1; 7:1; 9:2; 25:2; 32:1;
  34:1
ἐφ' (gen) Ap 4:4²; 5:1, 3;
  19:2; 21:2; 29:3; 54:7
  App 3:5 D 19:5; 34:7:
  58:12; 61:2; 62:5; 80:3;
  110:3; 132:2 T 39:2 Ath
  2:2², 4; 26:2; 31:1
ἐπί (dat) Ar 12:6; 15:7 Ap
  9:3; 12:11; 13:3; 16:13;

27:1; 29:1; 33:1; 42:4;
47:3; 54:1; 55:7; 57:1;
60:3; 61:10: 64:1; 67:2
App 5:2; 6:5; 12:4 D 2:4;
8:2; 11:5; 12:3; 16:5;
19:3; 22:4, 5², 7, 8; 25:5;
28:4; 32:3; 33:2; 34:6;
35:3; 36:3²; 39:6; 40:2;
49:4; 51:2; 56:2, 21; 59:3;
69:1, 3; 78:8; 81:1², 2;
82:2; 91:4; 95:3; 98:2²;
101:1²; 103:3; 104:1; 105:5;
106:1; 107:3²; 112:1; 117:1;
123:6², 8; 124:1; 133:1;
134:3; 135:2; 141:2 T 3:2⁴;
9:1; 13:1 Ath 1:3; 2:2²,
3²; 6:4²; 10:3; 14:1, 2;
15:3; 18:1: 20:1; 21:2;
22:6; 23:1; 24:3²; 28:5,
6; 30:1, 2; 31:4[; 36:1]
ἐπ' (dat) Ar 15:7 Ap 23:2;
40:7 D 3:3; 13:3; 61:5;
68:1; 75:1, 2; 109:2; 117:3;
119:2⁴ T 1:3; 23:1; 27:1
Ath 10:3; 16:4; 22:1, 5,
7; 23:1; 24:3, 4; 25:3, 4;
30:2
ἐφ' (dat) Ap 8:1; 9:3; 13:1;
43:2 App 4:3; 15:4 D 16:4;
17:1; 26:1; 56:5; 79:3;
91:2; 107:3; 108:1; 110:5;
133:1; 138:3 Ath 2:3; 7:1;
18:1; 23:1; 24:4; 33:2
ἐπί (acc) QHE 4:3:2 Ar 2:1;
4:3; 8:1; 14:1 Ap 8:2;
10:5; 15:13; 21:5; 25:2;
32:12; 33:3, 6; 35:3², 5,
8, 10, 11; 38:1², 4; 39:1;
40:8, 11, 13; 46:6; 49:3²;
50:4, 10; 58:3; 61:10;
62:1; 65:1, 3; 67:3; 68:8
App 2:11, 12; 9:5; 11:3;
12:7²D9:1; 12:1; 13:3; 14:4,
5²; 16:4, 5; 17:1; 22:2,
4; 24:4; 27:1²; 28:3⁴;
34:3²; 37:1, 3, 4; 38:3, 5;
39:8; 42:4; 43:6⁴; 46:1;

47:2, 3², 4³, 5; 49:3, 6, 7²;
52:1; 53:1, 3, 6; 56:1, 2³,
5, 11, 12², 16, 17, 19, 21,
23; 58:4, 5, 13; 62:5²;
64:4; 65:6; 66:3³; 69:4;
71:2; 72:1, 3²; 74:4; 76:6;
81:1; 83:2, 4; 86:1; 87:6³;
88:3², 4, 8; 89:3; 91:1, 4;
94:1, 2; 96:3²; 97:2, 3;
98:3², 5; 101:1, 3; 102:1,
6; 103:1 (ed); 104:1; 107:2;
110:2, 4, 6; 111:3; 112:2,
3; 113:1; 114:2²; 115:2²,
5; 116:1; 118:2; 119:3;
120:2, 5; 121:1; 125:1²,
2; 126:5; 127:5; 128:1;
133:5; 135:3²; 137:2;
139:5; 142:1 T 3:3; 6:1:
8:2; 12:3; 17:1; 23:2;
25:1; 26:3; 34:2; 36:2;
41:1 Ath 6:2; 7:1²; 11:1²,
2; 12:3; 16:1, 2; 20:1;
22 : ⟨5,⟩ 7; 25:2; 26:2;
30:1, 3
ἐπ' (acc) Ar 4:1 Ap 12:1, 2;
25:2; 40:19; 48:4; 50:9
App 7:6 D 2:3²; 5:6;
10:3; 13:5; 16:4; 21:3²;
24:1; 27:1; 28:2, 3; 47:4;
49:6; 53:4, 6; 56:20; 58:11;
67:2; 69:7; 72:1, 2; 79:3;
85:9; 87:2, 3², 5; 88:1,
3; 98:4; 100:5; 102:1;
103:1, 2, 3, 5, 7; 109:2;
123:8; 133:5; 135:2 T 31:4
37:1 Ath 6:2; 18:1; 20:2;
23:1
ἐφ' (acc) D 25:2, 3; 123:6
T 18:1 Ath 23:1; 32:2²
ἐπιβαίνῃ D 16:2
ἐπιβαίνοντας Ap 62:1, 2
ἐπέβη T 39:1
ἐπιβάς Ap 32:6
ἐπιβεβηκώς Ap 35:11 D 53:3
ἐπιβεβηκός Ap 35:11 (B)
ἐπέβαλε D 133:5
ἐπέβαλον Ath 7:1

ἐπιβαλεῖν D 93:4
ἐπιβαλόντες D 40:4
ἐπεβαλόμην D 68:1
ἐπιβεβληκέναι D 95:4
ἐπιβατεύοντες Ath 23:1; 27:2
ἐπιβατεύοντας Ath 26:·1
ἐπιβλέψομαι D 22:3
ἐπέβλεψα D 26:4
ἐπέβλεψεν D 19:3; 56:2
ἐπιβοήσομεν Ap 68:2
ἐπιβολήν D 97:3
ἐπιβουλεύουσιν Ath 1:4
ἐπιβουλευόντων Ath 11:2
ἐπεβούλευσεν D 102:2
ἐπιβουλευθῆναι App 3:1
ἐπίβουλον Ap 12:1
ἐπιγαμεῖν Ath 33:2
ἐπιγείου T 32:1 Ath 24·5
ἐπίγειον Ath 31:3
ἐπίγεια App 5:2 Ath 27:1
ἐπιγελάσαντος D 139:1
ἐπιγενόμενοι Ath 17:3
ἐπιγενομένων Ath 17:2
ἐπιγινώσκεις D 29:2
ἐπεγίνωσκον Ath 24:1
ἐπιγνώσεται T 19:4
ἐπιγνώσεσθε Ap 16:13 D 32:2;
　　40:4; 75:2
ἐπέγνω D 25:2
ἐπέγνωμεν D 132:1
ἐπέγνωσαν D 49:5
ἐπιγνῶτε D 58:3; 134:2
ἐπιγνῶσι D 88:6
ἐπίγνωτε D 96:2; 117:4
ἐπιγνῶναι D 43:4; 44:4; 51:3;
　　62:2; 68:1; 69:6; 110:6;
　　121:4
ἐπιγνούς M Ap HE 4:26:6
ἐπιγνόντι D 8:2
ἐπιγνόντα D 100:4
ἐπιγνόντες D 34:8; 44:2, 4;
　　46:1; 95:3; 106:4; 110:2;
　　142:3 T 26:3
ἐπιγνοῦσι D 45:4
ἐπιγνόντας D 47:4; 74:3
ἐπίγνωσις D 3:4

ἐπίγνωσιν App 10:6 D 3:5
　　T 13:1; 40:1
ἐπιγραφήν Ap 26:2
ἐπιγράφουσι D 35:6
ἐπιγράφεται D 59:2
ἐπιγράφονται Ap 4:8
ἐπιγεγραμμένους D 64:5
Ἐπιδαύρῳ Ath 17:4
ἐπιδείκνυσθαι D 58:1
ἐπιδεικνύμενος T 2:1
ἐπιδεικνυμένους Ath 11:3
ἐπιδεικνύουσιν Ath 11:3
ἐπιδεικνύων Ath 6:1
ἐπιδεῖξαι D 10:4; 24:1
ἐπιδεδειχώς Ath 20:1
ἐπιδεδειχότι Ath 37:1
ἐπιδείξει Ath 33:2
ἐπίδειξιν D 36:2 Ath 11:3
ἐπιδημοῦντος QHE 4:3:2
ἐπιδημήσωσιν D 141:4
ἐπιδημήσαντι D 2:6
ἐπεδίδουν D 2:6
ἐπιδιδόναι Ath 1:4
ἐπιδιδόντες Ath 3:2
ἐπέδωκα D 2:3
ἐπίδοσιν Ath 37:1
ἐπιεικοῦς Ath 12:1
ἐπιεικεῖς Ar 15:5 Ath 37:1
ἐπιειμένοι T 25:1
ἐπιζητῶ T 20:1
ἐπιζητεῖ D 107:1
ἐπιζητούντων Ath 2:2
ἐπιζητουμένη D 26:3
ἐπιθυμεῖ D 15:6
ἐπιθυμοῦσι Ar 15:4 D 15:3
ἐπιθυμοῦσιν D 15:2
ἐπιθυμοῦντες Ap 8:2 D 22:2
　　Ath 11:2
ἐπιθυμήσει D 38:4; 63:4, 5
ἐπεθύμησεν D 126:6
ἐπιθυμήσῃ D 134:1
ἐπιθυμῆσαι Ap 15:1, 5 Ath
　　32:2
ἐπιθυμήσασι D 131:6
ἐπιθυμημάτων Ar 7:4
ἐπιθυμητής Ar 10:7²
ἐπιθυμητήν Ar 7:3; 10:3

ἐπιθυμία Ath 21:1, 4
ἐπιθυμίας Ap 16:3 Ath 21:1,
  4; 29:2; 31:2; 33:1²
ἐπιθυμίαν Ap 10:6 Ath 22:4;
  24:5; 32:1
ἐπιθυμιῶν App 5:4; 12:2 (Eus)
ἐπιθυμίαις Ath 25:1; 36:1
ἐπιθυμίας Ar 8:4
ἐπικαθίσας D 53:2
ἐπικαλοῦσιν Ath 4:2; 13:1; 14:2
  ἐπεκάλουν Ath 4:1
  ἐπικαλῶσιν Ap 46:1
  ἐπικαλοῦντες Ath 14:1
  ἐπικαλούντων Ath 13:1
  ἐπεκαλοῦντο D 37:4; 64:4
  ἐπικαλούμενος D 25:5 Ath
  28:4
  ἐπικαλουμένῳ D 78:6
  ἐπικαλούμενον Ap 26:6
  ἐπικαλουμένοις D 37:4; 64:4
  ἐπικαλέσονται D 12:1; 14:4
  ἐπεκαλέσαντο D 24:4; 119:4
  ἐπικάλεσαι D 22:9
  ἐπικαλέσασθε D 14:5
  ἐπεκλήθη D 25:3; 106:3;
  134:6
  ἐπικληθῆναι D 92:4
  ἐπικληθείς D 34:7
  ἐπικληθέν D 89:1
  ἐπικληθέντος D 78:8; 123:9
  ἐπικληθέντι D 106:3; 112:2
  ἐπικληθέντα D 22:11
  ἐπικέκληται D 40:2
ἐπικαλύψεται D 126:6 (O)
ἐπικατάρατος D 81:1; 89:2;
  95:1; 96:1; 139:3
ἐπικατηγορεῖσθαι Ath 5:1
  ἐπικατηγορούμενος Ath 31:1
  ἐπικατηγορούμενον Ap 7:3
  ἐπικατηγορούμενον Ap 26:6
  (AB) T 27:1
  ἐπικατηγορήσας Ath 33:6
ἐπικειμένου Ar 7:3
  ἐπικείμενον D 53:4
  ἐπικείμενα Ap 12:3
ἐπικεκαλυμμένως D 68:6; 130:1

ἐπικινδύνους D 56:16
ἐπικλήσεως D 91:3; 111:2; 128:1
  ἐπίκλησιν Ath 18:4
ἐπικλύσας D 131:3
ἐπικοροῦμεν Ap 67:1 (A)
ἐπικοσμούμενοι T 26:1
ἐπικόσμημα T 20:3
'Επικουρείοις App 15:3
ἐπικουρεῖ Ap 67:6
  ἐπικουροῦμεν Ap 67:1
'Επίκουρος T 27:2
  'Επικούρου App 12:5
  'Επίκουρον App 7:3 T 25:1
ἐπικρατεῖν T 9:2; 14:1
  ἐπικρατοῦντας D 16:4
  ἐπεκράτησεν T 30:1
  ἐπικρατῆσαν T 9:2
ἐπικροτοῦντες D 22:5
  ἐπικροτήσει D 14:7
ἐπικύρωσιν Ap 45:1
ἐπιλαμβάνεσθε D 115:6
  ἐπελαβόμην D 11:3; 22:6
  ἐπελάβεσθε D 115:5
ἐπιλανθανόμενοι D 22:10; 135:4
  ἐπιλήσῃ D 13:9
  ἐπελάθου D 119:2
  ἐπιλάθου D 38:4; 63:4, 5
  ἐπιλαθέσθαι D 63:5
ἐπέλεγον D 128:1
  ἐπιλέγοντος Ap 61:10
  ἐπιλέγοντες Ap 61:10 (AB)
  ἐπιλεγόμενοι T 3:3
  ἐπιλεξόμενοι T 12:3
  ἐπιλεχθῆναι Ath 22:6
ἐπιλείψει Ath 14:2
ἐπιλήψιμον D 35:7
ἐπιλόγων Ap 66:4
ἐπίλοιπα D 31:5; 65:7; 68:9
ἐπιμαρτυρῆσαι T 3:3
ἐπιμαστιδίους T 34:1
ἐπιμελεῖται D 1:4
  ἐπιμελούμενος Ath 23:5
ἐπιμέμφεσθε D 10:1
'.πιμενίδου T 41:1
ἐπιμένει App 7:1
  ἐπέμενον D 142:2
  ἐπέμενεν App 2:5

ἐπιμένητε Ap 68 : 2
ἐπιμένειν D 93 : 4
ἐπιμένων App 2 : 3
Ἐπιμηθεύς T 39 : 2
ἐπιμνησθήσομαι D 69 : 4; 78 : 6;
  85 : 4
ἐπιμνησθῆναι Ap 14 : 4; 29 : 4;
  40 : 5 D 36 : 2
ἐπιμνησθείς D 18 : 1
ἐπιμιξίας Ap 21 : 1
ἐπιμονή Ap 28 : 2
ἐπιμονῆς T 32 : 2
ἐπίμοχθος T 9 : 1
ἐπινεύσατε Ath 37 : 1
ἐπινοιῶν T 34 : 3
ἐπινοίαις T 35 : 1
ἐπιορκίας T 10 : 2
ἐπίορκος D 12 : 3
ἐπιπεμφθέντες D 103 : 1
ἐπέπτη D 88 : 8
ἐπιπτῆναι D 88 : 3
ἐπιπλάστου T 40 : 1
ἐπιπλέξαντες M Ap HE 4 : 26 : 10
ἐπιπλοκῆς T 18 : 1
ἐπίπνοιαν Ap 60 : 3
ἐπεπόθησεν T 20 : 1
ἐπιποθήσαντας T 20 : 1
ἐπερρίφην D 98 : 3; 102 : 1
ἐπισημοτάτου App 12 : 5
ἐπίσης T 32 : 2
ἐπισκέπτομαι D 59 : 2
ἐπισκέψομαι D 28 : 3
ἐπεσκέψατο D 29 : 1
ἐπίσκεψιν Ap 3 : 4; 18 : 5; 44 : 13;
  67 : 7
ἐπισκιάσει D 100 : 5
ἐπισκιάσειν Ath 30 : 2
ἐπεσκίασεν Ap 33 : 4
ἐπισκιάσαν Ap 33 : 6
ἐπισκοπῇ D 59 : 2; 131 : 3
ἐπισκοτεῖς Ath 30 : 3
ἐπισκοτεῖ Ath 31 : 2
ἐπισκώψητε D 137 : 2
ἐπισκώψαντες D 9 : 3
ἐπισπώμενοι D 17 : 2; 133 : 4
ἐπισπείρων Ath 33 : 1
ἐπίσταμαι D 10 : 2; 34 : 7; 46 : 4;

55 : 3; 70 : 1; 71 : 2; 85 : 5;
  110 : 1; 125 : 1²
ἐπίσταται App 3 : 2, 4, 6² D
  8 : 4; 47 : 5; 65 : 3; 67 : 10;
  83 : 3; 87 : 5; 90 : 5
ἐπιστάμεθα Ap 26 : 7 App 9 : 4
  D 23 : 5; 35 : 7; 46 : 4; 49 : 3;
  74 : 1; 80 : 5; 83 : 1; 100 : 3
ἐπίστασθε Ap 9 : 4; 21 : 2;
  24 : 3; 47 : 6; 66 : 4 D 40 : 5;
  46 : 4; 56 : 17; 68 : 6; 77 : 4;
  79 : 4; 80 : 2, 3; 110 : 3; 132 : 2;
  135 : 1; 139 : 1
ἐπίστανται App 3 : 3; 14 : 2
  D 12 : 1; 14 : 4; 139 : 5
ἠπίστατο D 2 : 3; 27 : 5; 106 : 1
ἐπίστασθαι Ap 68 : 3 D 2 : 5;
  39 : 3; 47 : 1; 49 : 1; 70 : 5;
  73 : 5; 93 : 1; 105 : 6; 125 : 1,
  2; 141 : 1
ἐπιστάμενος Ap 60 : 5 App 2 : 14;
  D 3 : 5; 103 : 3 M Ek HE
  4 : 26 : 13 Ath 1 : 1
ἐπισταμένῳ Ap 58 : 2
ἐπιστάμενοι Ap 5 : 2; 12 : 3;
  29 : 4; 44 : 13; 46 : 3; 54 : 7;
  63 : 15 D 108 : 1
ἐπισταμένων Ap 60 : 11 D 96 : 1
ἐπισταμένους D 82 : 1
ἐπιστάσεως D 28 : 1
ἐπίστασιν Ap 44 : 11 D 27 : 4
ἐπιστήμη D 3 : 4, 5² Ath 2 : 4
ἐπιστήμης Ap 61 : 10 D 2 : 1;
  3 : 4 T 15 : 1²
ἐπιστήμῃ Ath 13 : 2
ἐπιστήμην App 13 : 3 D 3 : 6, 7
  T 33 : 4 Ath 2 : 3; 5 : 1
ἐπιστημονεστάτους Ath 9 : 1
ἐπιστήμων D 3 : 5
ἐπιστήμονες D 133 : 4
ἐπιστήμονας D 39 : 5
ἐπιστολῆς Ap 68 : 3, 4
ἐπιστολῇ Ath 28 : 1
ἐπιστολήν Ap 68 : 6
ἐπιστολάς T 1 : 2
ἐπιστρέφει D 113 : 3
ἐπιστρέφειν Ap 67 : 7 (A)

ἐπέστρεψαν D 74:4
ἐπίστρεφον D 25:2, 3, 5
ἐπιστρέψαι D 30:3; 121:4
ἐπεστράφην D 3:1
ἐπιστραφήτω D 14:5
ἐπιστραφείς D 1:1
ἐπιστροφήν D 30:1
ἐπισυγκραθεῖσα Ath 27:1
ἐπισυμβέβηκεν Τ 19:4
ἐπισυμβεβηκότα Ath 23:4
ἐπισυνάγων D 13:2
ἐπισυνάπτοιτο Ath 22:2
ἐπισύνθεσιν Ath 36:3
ἐπισυνιστάμενοι D 98:1
ἐπίτασιν Ap 44:11 (AB)
ἐπιτάττοντες Τ 16:1
ἐπιτέτακται Ar 4:2
ἐπετέλουν D 7:3
ἐπιτελεῖται Τ 23:1
ἐπιτελούμεναι Τ 22:1
ἐπιτεχνήσεως Τ 18:1
ἐπιτήδευμα Τ 1:1; 28:1
ἐπιτηδεύματα Τ 27:2; 33:1
ἐπιτηδευμάτων Ar 8:6 Τ 31:1;
  35:1
ἐπιτηδεύμασιν D 21:2
ἐπιτηδεύματα D 3:3; 37:4 Τ
  14:1; 22:2; 33:2
ἐπιτηδεύσεως D 142:1
ἐπιτηδεύω Τ 11:1
ἐπιτηδεύσουσι Τ 18:1
ἐπιτηδεύσας Τ 3:1
ἐπίθεσθε Τ 8:4
ἐπιθεῖναι D 49:6; 132:2
ἐπίθωνται (al -ῶνται) D 102:4
ἐπιτιμᾷ D 116:1
ἐπιτιμῆσαι D 79:4; 115:2
ἐπιτιμηθέντος D 116:3
ἐπιτιμίαν Ath 1:4
ἐπιτίμια Ap 43:7
ἐπιτομήν Τ 22:1
ἐπιτρέπω Τ 20:1
ἐπιτρέπετε Ath 1:2
ἐπιτρέπων Ath 33:2
ἐπιτρέποντος D 142:2
ἐπιτρέπεσθαι D 92:2
ἐπιτρέψατε Ath 11:1

ἐπιτρέψαι Ap 29:2 Ath 2:4
ἐπιτραπήσεσθαι Ap 47:5
ἐπιτρέχοντα D 68:2
ἐπιτροπεύει Ath 25:1
ἐπιτροπῆς Ap 29:2
ἐπιτρόπου Ap 13:3; 34:2; 40:6
  D 30:3
ἐπέτυχεν D 86:2
  ἐπιτυχεῖν D 107:2
ἐπιτωθάζοντες D 67:3 Τ 17:1
ἐπιφανείας Ap 14:1
  ἐπιφάνειαν Ap 14:3; 40:1
  ἐπιφανείας Ap 5:2 D 22:3
ἐπιφανεστάτου Ap 68:3
ἐπιφανής D 34:7
ἐπιφέρει D 126:4; 136:1
  ἐπέφερον D 56:22; 59:1, 3;
    66:4; 69:1; 121:1; 126:6;
    130:1
  ἐπέφερε D 39:2
  ἐπέφερον App 5:4
  ἐπιφέροντος Ath 32:3
  ἐπεφέρετο Ap 59:3; 64:3
  ἐπιφέρωνται D 9:1
  ἐπιφέρεσθαι Ap 60:6, 7; 64:4
  ἐπιφερομένου Ap 64:4 (AB)
  ἐπιφερόμενα Τ 41:2
  ἐπήνεγκα D 52:1, 2; 99:1;
    125:1; 131:1; 137:3
  ἐπήνεγκεν D 39:2; 118:2
  ἐπενηνοχέναι D 60:5
ἐπεῖπον D 33:1; 39:1; 110:1
  ἐπεῖπε D 123:6
  ἐπειπεῖν D 130:3
ἐπιφημίζουσιν Ath 3:1
ἐπιφοιτῶντες Τ 18:3
  ἐπιφοιτήσας Τ 35:1
  ἐπιφοιτήσεις Τ 17:2
  ἐπιφοιτήσεις Τ 26:2
ἐπιφοράς Ath 25:3
ἐπιφυλλίδες Τ 1:3
ἐπίχαρμα D 72:1
ἐπιχρεεῖς D 68:1
  ἐπιχειρεῖτε D 10:4
  ἐπιχειροῦσι D 1:4
  ἐπιχειροῦσιν D 68:8; 129:2
  ἐπεχείρησαν D 70:1

ἐπιχειρήσητε Τ 21:2
ἐπιχειρήμασιν D 68:1
ἐπίχειρα Αp 43:7
ἐπέχεε D 58:13
ἐπιχορηγεῖ Ar 15:7
ἔπῃ Τ 25:1
ἔπεται Ath 18:3; 23:5
ἐπόμεθα Αp 14:1
εἴπετο D 131:6
εἴποντο Αp 8:2
ἔπῃται Αpp 11:4
ἔπεσθαι Αp 2:1 D 1:5; 134:1;
    141:1 Τ 13:2
ἑπόμενοι Τ 32:1
ἑπομένων Αp 6:2; 28:1
ἑπομένων Ath 23:5
ἑπομένοις Τ 14:2
ἑπομένους Αp 26:4 Τ 14:1
    Ath 23:3
ἑπόμενα Αp 63:9 D 56:19
ἐπομβρία Τ 39:2
ἐπονομάζετε Αp 55:7
ἐπονομάζουσιν Αp 9:2
ἐπονομάζεται Αp 9:3; 61:10
ἐπονομάζεσθαι Αp 12:9
ἐπονομαζόμενοι Ath 26:1
ἐπωνόμασε D 100:4; 125:5
ἐπωνομάσθη Αp 46:5
ἐπονομασθείς D 75:2, 3; 90:4
ἐπονομασθέντος D 131:4; 132:1
ἐπωνομάκαμεν Ath 16:3
ἐποπτεύσεις Αp 18:3
ἐποπτεύοντα Ath 13:2
ἐπόπτην Αpp 12:6
ἐπορκίζοντες Αpp 6:6
ἐπορκισταί D 85:3
ἐπορκιστῶν Αpp 6:6
ἐπουράνιος Τ 7:1
ἐπουρανίου Τ 9:1 Ath 24:5
ἐπουρανίου Τ 16:2
ἐπουράνιον Ath 18:1; 31:3
ἐποχοῦνται D 91:2
ἐποχούμενος D 138:2
ἐποχήν D 102:5
ἑπτά D 14:3; 134:3 Τ 9:2;
    41:3²
ἑπτακισχίλιοι D 39:1

ἑπτακισχιλίους D 39:2; 46:6
ἐπωνυμίας Ath 17:1
ἐπώνυμον D 106:3
ἐπώνυμον Ath 29:2
ἐραστῇ Αp 1:1
ἐραστήν Ar 11:3
ἐρασταί Αp 2:2 Μ Αp ΗΕ
    4:26:5
Ἐρατοσθένης Τ 31:2
Ἐρατοσθένη Τ 31:2
ἐρῶσιν Ath 21:3², 4
ἥρα D 4:5
ἥρων Αp 8:2
ἐρᾶν Τ 17:2
ἐρῶντας Αp 39:5
ἐρώμενος Τ 25:3
ἐρωμένου Ath 21:5
ἐρωμένης Τ 8:2
ἐρώμενον Τ 8:2, 5
ἠρασάμην Ath 21:4
ἐργάζεται Αp 45:6 D 100:6
ἐργάζονται D 93:2; 96:2
    124:4 Τ 25:1
εἰργάζετο D 88:8 Ath 17:2
εἰργάζοντο D 112:2
ἐργαζόμενα D 95:1
εἰργάσατο Αp 10:6 Ath 17:3
εἰργάσασθε D 95:2
εἰργάσαντο D 117:3
ἐργάσαιτο D 3:3; 93:3
ἐργάσασθαι D 103:6 Ath 11:2
ἐργασαμένου D 94:2 Ath 15:2
ἐργασμένη Ath ⟨28:5⟩ (Sch)
ἐργαλείων Αpp 55:3
ἐργασίαν Αp 55:3; 114:3
ἐργάται Αp 2:4; 16:11
ἐργάτας Μ Αp ΗΕ 4:26:6
ἔργον Αp 3:4; 12:4, 10 Αpp
    3:5 D 1:3; 50:4; 76:1;
    93:4 Τ 5:1; 27:3 Ath 2:1;
    17:3, 4
ἔργῳ Αp 8:5; 12:10; 15:5;
    32:4 Αpp 4:2 D 51:2;
    67:11 Ath 6:4; 11:3
ἔργον Ar 4:2, 4; 5:2, 3, 5;
    6:2, 3; 7:3 D 3:3²; 23:5;

26:3; 27:1; 67:10; 137:1
Ath 6:2
ἔργα Q HE 4:3:2 Ar 13:7
   Ap 16:2 D 81:2; 88:8
ἔργων Ap 4:3; 8:2; 10:2;
   15:5; 16:13; 65:1 App 6:2
   D 11:4; 14:3; 17:2; 35:8;
   53:1; 59:2; 68:6; 69:6;
   85:7; 133:2 T 23:2; 26:3
   Ath 5:2; 6:3; 11:3; 33:2
ἔργοις Ap 20:5; 53:6 D 39:5
ἔργα Ar 13:8 Ap 16:8; 23:3;
   26:7 D 14:2; 17:2; 25:4;
   38:3; 61:3; 81:3; 114:3;
   129:3; 133:2 Ath 10:3;
   33:2
Ἔρεβος Ap 59:6
ἔρεισμα D 5:6
ἐρεύγεται Ap 40:1 D 64:8
ἐρευνῶντος D 56:16
   ἐρευνήσαντες Ap 28:1
Ἐρεχθεῖ Ath 1:1
ἐρημία Ap 12:6
ἔρημος Ap 47:2², 5 D 25:5²;
   65:6; 69:5²
   ἔρημον D 114:5
   ἐρήμου Ap 53:5 D 13:8
   ἐρήμῳ Ap 60:2 D 19:5; 20:4;
     21:3²; 22:3; 50:3; 57:2;
     69:5, 6; 94:1
   ἔρημον Ap 53:9
   ἔρημοι D 16:2
   ἔρημα Ap 53:6 D 69:5
   ἐρήμοις D 69:4
   ἐρήμους D 122:5
ἠρημώθη D 52:4
   ἐρημωθῇ D 72:1
   ἐρημωθείσης D 108:3
   ἠρήμωτο Ap 47:4
   ἠρημωμένας D 13:8
ἐρημώσεως Ap 47:5
   ἐρήμωσιν Ap 53:3
ἐρίσει D 123:8
ἐρικυδέος Ath 21:4
ἔριον Ap 44:3; 61:7 D 31:2
ἕρμαιον Ap 18:1 D 5:3
ἑρμηνεία D 103:5; 124:4

ἑρμηνείας T 1:3; 12:3
ἑρμηνεύς T 38:1
ἑρμηνευτήν Ar 10:3
ἑρμηνευτικόν Ap 21:2
Ἑρμῆς Ath 28:4
   Ἑρμοῦ Ath 20:3
   Ἑρμῆν Ar 10:3 Ap 21:2; 22:2
ἕρος Ath 21:4
ἑρπετῶν D 62:1
   ἑρπετά T 9:1
ἑρπόντων D 62:1
ἐρρέτω T 24:1
ἔρσενας Ath 28:2
ἐρύθημα D 26:3
ἐρυθρά D 26:4
ἔρχομαι D 3:2; 42:4; 71:2;
   115:1, 4; 120:5
   ἔρχεται Ap 35:11; 51:9 D 50:3,
     4; 73:4²
   ἔρχονται D 11:3; 28:3
   ἔρχησθε Ap 37:5
   ἔρχου D 57:3
   ἔρχεσθαι D 51:3
   ἐρχόμενος D 31:3
   ἐρχομένην D 56:18
   ἐρχόμενοι D 22:5
   ἐλεύσομαι D 36:2
   ἐλεύσεται D 31:1; 49:2, 5
   ἐλεύσονται D 35:3²; 40:2
   ἐλεύσεσθαι D 35:5; 49:2, 3;
     68:9; 88:1
   ἐλευσόμενος D 36:1
   ἐλευσομένους Ath 31:2
   ἦλθον Ar 1:1 Ap 15:8 D
     56:19
   ἦλθε D 49:5; 58:8; 107:4;
     113:4 Ath 28:2
   ἦλθεν D 26:4; 31:3
   ἤλθομεν D 78:1
   ἦλθον D 56:18, 19; 79:4;
     132:3
   ἔλθῃ Ap 32:1, 2; 54:5 D 52:2;
     120:3², 4
   ἔλθωμεν Ar 2:1; 4:1; 8:1;
     14:1
   ἔλθοι D 9:1
   ἔλθοισαν D 91:1

ἐλθέτω D 17:2; 133:4
ἐλθεῖν Ap 21:5; 40:7; 53:2;
  62:1 D 28:2; 31:5; 49:5,
  7: 52:1; 80:1; 85:8; 90:1;
  99:3; 103:3; 112:4; 118:1
  Ath 33:1
ἐλθών D 8:4; 53:1; 59:2;
  76:3; 83:4; 125:2² Ath
  21:5
ἐλθόν Ap 33:6
ἐλθόντος D 56:23; 87:5;
  88:3, 8
ἐλθόντα Ap 6:2 D 49:1
ἐλθόντες Ap 50:12 D 77:4;
  78:5, 9; 88:1; 103:3
ἐλθοῦσαι D 132:3
ἐλθόντων D 78:1, 2
ἐλθόντας Ap 8:4 D 78:6;
  92:5
ἐλήλυθε D 120:4; 134:4
ἐληλύθει D 79:4; 88:8
ἐληλύθεισαν D 78:7
ἐληλυθέναι Ap 25:2; 33:3
  D 49:1; 88:4; 110:1²
ἔρως D 8:1
ἔρωτι Ap 21:5
ἔρωτα D 4:1
ἔρωτες Ath 30:3
ἔρωτας Ap 25:1 T 1:3
Ἔρωτος Ar 10:7
ἐρωτῶ D 87:1
ἐρωτᾷς D 58:7; 123:7
ἠρώτα D 4:2
ἠρώτων Ap 17:2
ἐρωτᾶν D 99:3
ἠρώτησα D 94:4
ἠρώτησας D 87:3
ἠρώτησε D 58:7
ἠρωτήσατε D 64:3
ἠρώτησαν D 79:3
ἐρωτῆσαι D 68:4
ἐρωτήσαντα App 3:4
ἤρετο D 3:5
ἔρηται Ath 35:1
ἐρωτήσεις App 3:6
ἐρωτήσεων App 3:5
ἐρωτήσεις App 3:4

ἐρωτικῶς Ath 17:2
ἐρωτομανές T 33:2
ἐρωτοπεποιημένῳ App 11:4
Ἔσδρας D 72:1² M Ek HE
  4:26:14
Ἔσδρα D 120:5 M Ek HE
  4:26:14 (ER)
ἐσθῆτος Ar 7:2
ἐσθῆτι App 11:4
ἐσθίομεν D 10:1; 20:2, 3
ἐσθίειν D 20:1²; 35:1 Ath
  36:1
ἐσθίον D 31:5
ἐσθίοντος D 88:7
ἐσθίοντες D 20:3, 4; 22:5
φάγεται D 43:5; 66:2; 81:2
φάγεσθε Ap 44:4
φάγονται Ap 47:5 D 17:2;
  81:2²; 133:2
ἔφαγε D 20:1; 57:1
ἔφαγεν D 20:1
ἐφάγομεν Ap 16:11 D 76:5
ἔφαγον D 57:2
φάγῃ D 81:3
φάγωμεν Ath 12:2
φάγητε Ap 15:14, 15 D 12:3
φάγετε D 22:6
φαγεῖν D 34:8; 126:6
φάγωμαι D 22:9
ἑσπέρας D 56:19; 97:1²; 111:1
ἑσπέραν D 97:1
ἔστ’ D 5:3
ἑστίας D 47:2
ἑστίαν Ath 16:1
ἑστίας Ap 14:3
ἐσχάτου D 26:3; 34:8; 109:2;
  121:4
ἐσχάτη D 32:1
ἔσχατον T 35:1
ἐσχάτων D 119:2
ἐσχάτας D 46:7
ἔσωθεν Ap 16:13 D 17:4; 35:3²;
  38:5; 112:4 T 22:1
ἑταίρα T 34:3
ἑταίραν T 33:1, 3, 4
ἑταῖροι D 9:2

ἑταίροις Ath 31:1
Ἐτεοκλέους T 34:1
ἑτερόημεροι T 10:2
ἕτερος Ap 34:1 D 40:4; 49:3;
　　55 : 1; 56:4, 11; 94:4;
　　119:3 T 3:3 Ath 8:2, 4;
　　9:1
ἑτέρα D 49:2 Ath 17:4
ἕτερον App 13:6² D 5:5; 6:1;
　　128:4; 129:4 T 15:2² Ath
　　4:1; 8:4
ἑτέρου Ap 15:3; 35:5, 10;
　　44:2 Ath 8:2², 3
ἑτέρας D 65:3
ἑτέρῳ Ar 5:4; 15:5 D 9:3;
　　65:1², 5 Ath 8:3³
ἑτέρα D 65:2; 87:6
ἑτέρῳ Ath 23:5
ἕτερον Ap 8:5; 58:1 D 62:2;
　　68:6 T 3:3 Ath 8:3³; 18:1;
　　31:3
ἑτέραν D 67:10 Ath 19:2
ἕτερον Ap 43:8 D 23:5² T
　　18:1; 30:1 Ath 1:4; 26:3
ἕτεροι Ap 31:8² T 31:3 Ath
　　23:1; 24:4
ἑτέρων Ap 40:5 T 1:2 Ath
　　26:2
ἑτέρων Ar 10:7
ἑτέροις Ap 63:16 D 58:8;
　　63:4; 76:6; 133:4
ἑτέρους D 31:6; 110:4
ἑτέρας Ap 53:1 Ath 24:1, 2
ἕτερα D 4:7; 80:2; 128:4
　　Ath 32:2
ἑτέρως Ath 19:1
ἐτησίους T 19:1
ἔτι Ar 4:3; 5:3; 6:1; 12:1
　　Ap 12:4; 26:5; 33:4; 39:1;
　　56:1 App 2:5, 9; 6:6; 7:2;
　　14:2 D 1:4, 5²; 2:4; 5:3,
　　4; 6:2; 7:1, 2; 8:1², 3²;
　　10:3; 12:1, 2; 15:5; 16:1;
　　29:1; 34:1; 38:2; 39:1,
　　2; 43:4; 49 : 7; 51:2²;
　　53:2; 58:8²; 64:2; 71:2;
　　72:3; 81:1, 2; 94:5; 109:2;

123:6; 129:1; 133:1, 5, 6
　　T 20:1; 29:1; 31:1; 36:1;
　　[39:2;] 41:1, 3² M Ek HE
　　4:26:13 Ath 8:3; 13:2;
　　17:2; 23:4, 5; 26:2; 28:4;
　　31:1
ἡτοίμαζε D 61:4
ἑτοιμάζοντες D 135:4
ἡτοίμασα D 75:1
ἡτοίμασας D 37:3; 64:4
ἡτοίμασεν D 36:3; 76:5
ἑτοιμάσατε D 50:3
ἡτοίμασται D 61:5
ἡτοιμασμένα D 116:2
ἕτοιμος App 3:5 T 4:1
ἕτοιμον D 109:2
ἕτοιμον T 42:1
ἕτοιμοι Ar 15:10 D 56:16
ἑτοίμως D 50:1
ἔτος T 31:2; 39:1
ἔτη D 81:3
ἐτῶν Ap 46:1 D 81:1² T 31:2
ἔτεσι Ap 31:8; 42:3 T 31:3³;
　　36:1; 39:1 Ath 17:1
ἔτεσιν T 31:3²; 36:2; 41:3²
ἔτη D 32:4²; 80:5; 81:3², 4;
　　88:2; 134:3 T 31:3
ἐτυμολογίας Ath 11;2
ἐτύμοισιν Ath 24:5
εὖ Ap 20:4; 28:3; 51:4 D 4:1.
　　4; 13:7; 69:1; 89:1; 118:5;
　　120:5 T 17:3 Ath 25:2;
　　31:2; 35:1
Εὔα D 84:2; 100:5; 124:4
Εὔας D 124:3
Εὔᾳ D 124:4
Εὔαν D 79:4; 124:3
εὐαγγελίζονται D 12:2
εὐηγγελίζετο D 29:2; 51:2
εὐαγγελίζεσθε D 73:3; 74:2
εὐαγγελιζόμενος D 50:4²; 56:5
εὐαγγελιζομένου D 100:5
εὐηγγελίσατο Ap 33:5
εὐαγγελίσασθαι D 72:4
εὐαγγελισαμένοις D 136:3
εὐαγγελίῳ D 10:2; 100:1
εὐαγγέλια Ap 66:3

εὐάγωγος Ath 27:1
Εὐάνθην Τ 34:2
εὐαρεστοῦσι Τ 9:2
　εὐαρεστῆτε D 15:1; 27:2
　εὐαρεστεῖν D 85:7
　εὐαρεστοῦντος D 92:6
　εὐαρεστοῦντας D 130:2
　εὐηρέστησεν D 19:3
　εὐηρέστησαν D 19:5; 92:2
εὐάρεστον D 115:6
　εὐάρεστοι D 45:4; 92:4; 117:2
　εὐαρέστων D 137:2
　εὐαρέστους D 27 : 5; 76 : 3;
　　116:3; 117:1, 4
　εὐάρεστα Ap 44:13 D 88:5
εὐαρέστως D 45:4; 49:4
εὐγένεια Τ 2:2
　εὐγένειαν Τ 11:1
εὐγενεστάτου App 12:5
εὐδαιμονεῖν App 7:3 D 4:2; 8:2
　εὐδαιμονῆσαι Ap 3:3
εὐδαιμονία D 3:4²
　εὐδαιμονίαν App 11:6 D 1:4;
　　2:4; 3:4 Τ 2:1
εὔδαιμον Τ 2:2
　εὐδαίμονας Ath 11:2
εὐδοκεῖ D 12:3
　εὐδόκησε D 29:1
εὐδοκιμοῦντι D 2:4
εὐδοξοῦμεν Ath 31:2
εὐειδέστερα Ath 34:1
εὐέλπιδες Ap 14:3
εὐεργεσίαις Ath 2:1 (Sch)
　εὐεργεσίας Τ 21:1 Ath 2:1
εὐεργετεῖ Τ 9:2
　εὐεργετοῦσιν Ap 57:3
　εὐεργετεῖν Ar 15:5
εὐεργέτης Τ 18:2
εὐεργέτις Τ 9:2
εὐηθείας Ath 36:2
εὐήθης Ath 14:1
εὐήθως Τ 21:3
εὐθαλεῖς D 119:3
　εὐθαλεῖς D 110:4
εὐθέως D 10:4
εὐθηνοῦσα D 110:3
Εὐθυκράτης Τ 33:2³, 3

εὐθύνῃ Ath 2:3
　εὐθύνην Ap 3:2
εὐθύνειν Ap 4:6
εὐθύς Ap 32 :4 App 11 :4 D 99:1.
　2, 3; 102:3
εὐθεῖαν D 50:3; 70:2
　εὐθείας D 50:3
εὐθύτητος D 38:4; 56:14; 63:4
　εὐθύτητι D 73:4
　εὐθύτητας D 37:3; 64:4
εὐίλατος D 37:4
εὔκαιρον App 11:2
εὐκατάληπτον Τ 16:2
　εὐκατάληπτον Τ 29:2
εὐκατάφοροι D 20:1
εὐκαταφρόνητος D 3:1; 119:4
　εὐκαταφρόνητον Ath 12:1
　εὐκαταφρόνητα D 92:1
Εὔκλου Τ 41:1
εὐκρασίας Τ 20:2
　εὐκρασίαν Ath 22:2
εὐκταῖος Μ Ap ΗΕ 4:26:7
Εὐκτήμονος Τ 33:3
ηὐλαβεῖσθε D 123:3
εὐλαβείσθω D 115:2
εὐλαβηθέντες D 7:1
εὐλαβές D 79:2
εὐλογοῦμεν Ap 67:2
　εὐλόγει D 91:1; 139:1
　εὐλογεῖτε Ap 15:9 Ath 11:1
　εὐλογεῖν D 133:6 Ath 11:2;
　　34:2
　εὐλογῶν D 125:5
　εὐλογοῦντος D 123:6
　εὐλογεῖται D 121:1
　εὐλογήσει D 33:2
　εὐλογήσουσιν D 34:5
　εὐλογηθήσονται D 120:1²
　εὐλογηθήσεσθαι D 121:1
　εὐλόγησε D 38:3; 123:5; 126:3
　εὐλόγησεν D 19:4; 33:2; 58:7,
　　8; 62:1
　εὐλόγησαν Ap 47:2; 52:12 D
　　25:5
　εὐλογήσῃς D 58:7
　εὐλογήσατε D 73:3; 74:2
　εὐλογήθη D 23:4

εὐλογηθέντος D 11:5
εὐλογηθέντων D 139:4
εὐλογημένος D 123:5²; 125:5
εὐλογημένον D 34:6²; 81:2
εὐλογημένον D 123:6
εὐλογημένοι D 121:1
εὐλογητός D 34:6; 64:6; 139:3
εὐλογητόν D 64:6
εὐλογία D 136:1
εὐλογίας D 91:1
εὐλογία D 91:1; 100:1
εὐλογίαν D 36:4; 120:2; 139:4
εὐλογίαις D 139:1
εὐλογίας D 33:2
εὔλογον D 56:10
εὔλογον T 9:1
εὐλόγως Ap 4:3 D 123:4
εὐλογώτερον D 4:4
εὐμαρέστερον T 11:2
εὐμίχλου T 41:1 (MPV)
Εὐμόλπου T 39:3
εὔμορφον D 134:1
εὐνηθεῖσα Ath 21:4
εὐνουχία Ath 33:1
εὐνούχισαν Ap 15:4
εὐνουχίσθησαν Ap 15:4
εὐνοῦχοι Ap 15:4
εὐνούχους Ath 34:1
εὐοδοῦν App 7:8
εὐοδώσω D 14:6
εὐποιῶν App 6:2
εὐποροῦντες Ap 67:6
εὐπρέπεια D 22:7
εὐπρέπειαν T 1:2
εὐπρεπής Ath 33:2
εὑρέσεως App 10:2 T 31:1
εὕρεσιν T 36:1
εὑρέσεις T 1:1
εὑρετήν Ap 54:6 D 69:2
Εὐριπίδης T 10:3 Ath 5:1
Εὐριπίδην T 3:1; 24:1 Ath 25:2
εὑρίσκετε D 15:3
εὕρισκον D 8:1
εὑρίσκειν D 14:5
εὑρίσκεται T 41:3
εὑρισκόμεθα Ap 4:2

εὑρίσκεσθε D 93:4
εὑρίσκονται Ath 24:4
εὑρίσκετο D 19:3
εὑρίσκωνται Ap 16:8
εὑρίσκεσθαι Ap 3:4
εὑρισκόμενοι D 120:2 T 33:3
εὑρήσομεν T 31:1
εὑρήσουσιν D 74:4; 81:1
εὑρεθήσομαι D 44:1
εὑρεθήσεται D 95:1; 136:1
εὑρεθήσονται D 120:2 T 3:2
εὑρέθην Ap 49:2 D 24:3
εὑρέθη Ap 49:2 (B); 51:2 D 13:6 Ath 17:2
εὑρεθῶμεν D 118:3
εὑρεθῆναι Ap 17:3; 65:1 App 13:2 D 32:2
εὑρεθείσης Ath 17:2
εὑρεθέντες Ath 24:5
εὑρεθέντας T 12:4
εὗρεν D 56:20; 86:5
εὕρομεν Ap 31:7; 53:2 D 142:1
εὗρον App 10:2 D 78:5
εὕροσαν D 74:4
εὕροις D 5:6 Ath 33:1
εὕροιτε Ath 11:3
εὑρεῖν App 10:6; 11:3 D 90:2; 123:4 T 30:2 Ath 6:2; 7:2²
εὑρών T 29:1
εὑροῦσα Ath 22:6
εὑρόντα App 10:6 Ath 6:2
εὑρήκαμεν Ath 22:6
Εὐρυσθεύς T 39:1
Εὐρώπη Ath 22:7
Εὐρώπης T 37:1; 39:3
Εὐρώπην Ar 9:7 T 33:3
εὐρωστίαν Ap 13:2
εὐσέβεια D 4:7 Ath 30:3
εὐσεβείας Ap 12:5; 15:5 D 47:5; 87:2, 4 Ath 28:2
εὐσεβεία Ap 3:2 D 131:2 Ath 7:2
εὐσέβειαν D 11:4; 14:2; 23:5; 46:7; 93:2; 95:2; 110:3 Ath 13:1
εὐσεβείας D 47:2

εὐσεβέστατα Ath 1:3
εὐσεβεῖν D 10:3; 12:3
εὐσεβές D 98:1
  εὐσεβοῦς D 80:2
  εὐσεβεῖς Ap 2:2 D 136:2
  M Ap HE 4:26:10
  εὐσεβῶν D 5:3
  εὐσεβεῖς Ap 2:1
  εὐσεβῆ D 45:3
Εὐσεβοῦς Ap 1:1
  Εὐσεβεῖ Ap 1:1 App 2:16
εὐσπλάγχνου D 108:3
εὐσύνοπτον T 15:4
  εὐσύνοπτα T 15:3
εὔτακτον T 12:1
  εὔτακτον Ath 4:2
εὐτάκτως Ath 25:3
εὐταξίας T 12:4
  εὐταξίαν Ath 10:4
εὐτελές T 10:1
εὐτόνῳ D 93:5
εὐτόνως Ap 65:1
εὐτονώτερος App 10:5
εὐτυχοῦντας Ath 25:1
εὐφημήσαντος Ap 65:5 (A)
Εὔφορβος T 25:2
εὐφραῖνον D 119:6
  εὐφραινόμην D 61:4
  εὐφραίνετο D 61:4²
  εὐφραίνου D 115:1
  εὐφραινέσθωσαν D 73:4
  εὐφραίνεσθαι D 130:2
  εὐφραινομένους D 130:4
  εὐφρανθήσομαι D 81:1
  εὐφρανθήσονται D 65:6
  εὔφραναν D 38:4; 63:4
  εὐφράνθητι Ap 53:5 D 13:8;
    65:6; 69:5; 85:9
  εὐφράνθητε D 130:1², 4
  εὐφρανθήτωσαν Ap 41:4
  εὐφρανθῆναι D 80:1
εὐφροσύνη Ap 42:4
  εὐφροσύνῃ D 14:7; 38:5;
    85:8
  εὐφροσύνην Ap 42:3 D 81:1²
εὐφώνως Ap 4:9
εὐχαριστοῦμεν App 11:1

εὐχαριστῶμεν D 41:1
εὐχαριστοῦντες Ar 15:10 D
  70:4
εὐχαριστήσαντος Ap 65:5
εὐχαριστήσαντα App 66:3²
εὐχαριστήσαντες Ap 65:5
εὐχαριστηθεῖσαν Ap 66:2
εὐχαριστηθέντων Ap 67:5
εὐχαριστία Ap 66:1
  εὐχαριστίας Ap 13:1 D 41:1,3²
  εὐχαριστίᾳ D 117:1
  εὐχαριστίαν Ap 65:3²
  εὐχαριστίαι D 117:2, 5
  εὐχαριστίας Ap 67:5 D 118:2
εὐχαρίστους Ap 13:2
εὐχερές D 67:8
  εὐχερεῖς D 20:1
εὐχερῶς App 2:7
εὐχή D 90:5
  εὐχῆς Ap 13:1; 66:2; 67:5
    D 86:6
  εὐχήν D 58:5
  εὐχαί D 117:2, 5
  εὐχῶν Ap 65:2
  εὐχάς Ap 65:1, 3; 67:5² D
    22:9; 117:2², 4 M Ap HE
    4:26:8
εὔχομαι Ap 15:6 D 79:2
  εὐχόμεθα D 35:8; 96:3; 108:3
    Ath 37:1
  ηὔχετο D 90:5; 99:2, 4
  ηὐχόμεθα D 1:4
  εὔχου D 7:3
  εὔχεσθε Ap 15:9²
  εὔχεσθαι Ap 61:2 D 96:3;
    133:6; 142:3
  εὐχόμενος App 13:2 D 99:2;
    142:3
  εὐχομένου D 103:8
  εὐχόμενοι Ap 14:3; 17:3 D
    18:3; 142:3
  εὐχομένων Ap 17:4 D 133:6
  ηὔξω D 58:5
  ηὔξατο D 90:5
  εὔξαιτ' D 93:3
εὐχωλῆς Ath 13:2
εὐχωρεῖν Ap 67:3 (A)

εὐωδία Ath 13:1
  εὐωδίας Ath 13:1
ἐφαπτόμενοι D 22:5
ἐφεῖλκον T 13:3
Ἐφεσίας T 33:2
  Ἐφεσίων Ath 31:1
Ἐφέσῳ Ath 17:3
ἐφετόν D 43:2
ἐφιέμεθα D 20:3
  ἐφίενται T 1:3 (MPV)
  ἐφιέμενος T 11:2
  ἐφιέμενοι T 1:3; 12:4 (MPV)
  ἐφεῖσαν Ath 20:2
ἐφικτόν D 4:2
ἐφίπτασθε D 115:5
ἐπεστήσαμεν D 28:1
  ἐπιστήσαντες Ath 5:1
  ἐπέστη D 26:4
  ἐφέστηκεν D 116:1
  ἐφεστηκέναι Ath 12:1; 31:2
  ἐφεστώτων D 36:6
ἐφορᾷ D 127:2
  ἐφώρα Ath 5:2 (Sch)
  ἐπεῖδον D 97:3; 98:4; 104:1
Ἔφορος T 31:2
Ἐφραΐμ D 22:5; 43:6; 66:3
ἐχθραίνοντες App 1:2
  ἐχθραινόντων D 35:8
  ἐχθραίνουσι Ap 45:6
  ἐχθραίνοντας Ap 45:1
ἐχθροῦ D 76:6
  ἐχθρόν D 93:4 T 17:4
  ἐχθράν D 102:3
  ἐχθροί Ap 45:6; 46:4; 47:5
    D 34:4, 7
  ἐχθρῶν Ap 14:3; 15:9; 45:3;
    51:1; 68:1 D 16:1; 32:6;
    38:3; 52:2; 83:2, 3; 96:3;
    133:6
  ἐχθροῖς D 40:2; 130:1
  ἐχθραῖς D 93:2
  ἐχθρούς Ar 15:5 Ap 31:5;
    39:3; 40:7; 45:2 D 32:3,
    6; 36:5; 56:14; 65:6; 83:1,
    2; 85:7; 127:5 Ath 11:1, 2
ἐχίδνης T 18:2
  ἔχιδναν Ath 20:3

ἔχιδναι Ap 60:2
Ἐχίδναν Ath 20:3
ἔχω D 4:6; 89:2 T 19:4; 27:2²
  ἔχεις D 1:6; 10:4; 50:1; 89:2
  ἔχει Ar 4:2 Ap 17:2; 19:3;
    43:3; 51:1; 61:11 App 6:1,
    4; 11:7 D 3:5; 4:5; 5:2;
    6:1²; 8:4; 12:3; 23:2;
    28:4; 44:2; 46:2; 47:1, 5;
    54:2; 61:1; 67:1; 76:2;
    78:3; 83:2; 86:3; 90:5;
    92:1; 100:1; 112:3 T 4:1;
    7:2; 12:1, 2; 15:3; 29:2;
    37:1; 38:2 Ath 2:1; 13:2;
    15:3; 16:3; 19:3; 20:4;
    23:5; 25:3; 26:2; 29:2
    35:2; 36:2
  ἔχομεν Ap 11:2; 14:2; 16:4;
    19:5; 53:1 D 53:6; 62:2;
    76:6; 77:3; 79:4; 94:4;
    141:3 T 17:1 Ath 7:1, 2;
    15:2; 32:3
  ἔχετε Ap 15:15, 17; 24:2 D
    16:4; 17:4; 46:6; 52:3;
    53:4; 77:3; 137:1, 3
  ἔχουσι Ar 15:3 Ap 56:1 D
    70:5; 120:5 T 11:1; 20:2
  ἔχουσιν Ap 5:4; 9:4; 26:6;
    53:9 D 5:1; 8:2; 93:1
    Ath 22:7
  εἶχον D 56:10; 68:1
  εἶχε App 7:6 D 8:1; 24:1;
    68:6; 86:1; 89:3; 122:5
  εἶχεν Ap 50:6 D 13:4; 31:5;
    78:5 Ath 10:2
  εἴχομεν D 56:10
  εἶχον D 138:1 Ath 29:2
  ἔχῃ Ap 57:2 D 60:2; 65:2;
    102:5 T 7:1
  ἔχωμεν Ath 2:1; 31:3
  ἔχητε D 20:1; 46:5; 95:4;
    112:3; 131:3; 141:1 Ath
    8:1; 11:1
  ἔχωσιν Ap 58:3 D 43:4 T
    19:1
  ἔχοις D 3:6
  ἔχοι Ap 3:1 D 91:2

ἔχοιτε Ath 18:1
ἐχέτω D 58:2; 124:4 Ath 23:3
ἐχέτωσαν T 10:1
ἔχειν Ar 8:6; 11:2 Ap 9:1²;
  14:1, 4; 32:9; 52:1; 55:2,
  4 D 4:3; 5:2, 4; 10:3;
  46:5; 50:1; 53:4; 56:3;
  58:2; 70:2; 76:2; 79:2;
  80:4; 84:3; 89:1, 3; 102:4;
  114:3; 134:1; 141:3 T 11:1;
  17:2; 29:2 Ath 11:1; 17:3;
  18:1; 20:1³, 4; 21:1; 32:2
ἔχων Ar 15:7 Ap 9:3; 26:2
  D 22:2; 31:2; 34:2; 48:3;
  51:3; 53:1; 60:2; 68:1;
  86:1; 92:5; 138:2 Ath
  18:3; 21:4; 23:5 ⟨; 24:3⟩
ἔχουσα T 7:2 Ath 17:2
ἔχον Ar 13:5 D 3:5; 4:1
  T 7:1; 39:2 Ath 19:1;
  24:3
ἔχοντος D 63:2
ἐχούσης Ap 53:5 D 13:8 Ath
  22:8
ἔχοντος D 138:2
ἔχοντι Ar 15:7 D 138:2 Ath
  24:1
ἔχοντα Ar 6:1, 2; 7:3 D 36:6;
  76:2 T 1:2 M Ap HE
  4:26:11 Ath 5:1; 22:4
ἔχουσαν Ar 6:3; 12:2 D 50:4
ἔχον Ap 40:5 D 5:2 T 17:3
ἔχοντες Ar 8:4 Ap 4:6; 13:3;
  36:3; 49:5; 53:1, 6; 58:2;
  63:11; 67:1; 68:3 App 1:2;
  12:4 D 3:7; 19:3; 23:1;
  51:1; 63:5; 69:4²; 75:4;
  92:4; 93:4, 5; 100:4 T
  14:1; 15:1; 19:1; 20:2²;
  25:2; 26:2; 27:1; 34:2, 3
  M Ap HE 4:26:5 Ath 4:2;
  13:2; 19:2; 25:1, 4; 33:1
ἔχοντα Ap 3:1 D 36:1
ἐχόντων Ar 9:5 D 30:1; 51:2
  Ath 24:4, 5
ἐχουσῶν D 78:8
ἐχόντων Ap 55:3

ἔχουσι D 39:8
ἔχουσιν Ap 53:1
ἔχοντας Ap 17:3 D 68:2;
  88:1; 113:7; 122:5
ἐχούσας Ath 24:2
ἔχοντα Ap 9:1
ἔχεται T 33:1
ἔχεσθαι Ap 68:1
ἐχομένη Ath 28:5
ἐχόμενον Ath 28:5
ἕξει Ap 33:1, 4 D 31:4; 43:8;
  56:5; 84:3; 140:1
ἕξομεν Ap 44:13
ἕξετε Ap 12:4 Ath 12:3
ἕξουσιν T 14:2
ἔσχε Ar 11:3 D 86:3; 87:4;
  88:2; 102:5
ἔσχεν Ap 66:2
ἔσχον D 87:4; 141:4 Ath 25:1;
  28:2; 30:1
ἐσχήκαμεν Ap 12:9
ἐσχήκατε D 64:1
ἐσχήκασι Ap 32:3
ἐσχηκέναι App 7:9; 13:3
ἔψησιν Ar 5:3
ἔψοι Ath 4:1
ἐψούμενον Ar 5:1
ἔωθεν D 1:1
ἕως Ar 12:2⟨; 17:1⟩ Ap 32:1,
  2; 45:1, 2; 54:5 D 4:4, 5;
  14:6²; 26:3; 27:3; 28:5;
  31:2, 3², 4², 5, 6, 7²; 32:3,
  6; 34:4³; 36:5; 39:6; 41:2;
  52:2; 56:14, 21; 58:6, 12;
  64:8; 83:1, 2; 91:1, 3;
  109:2, 3; 117:1, 4; 118:2;
  119:2; 120:3², 4²; 121:4;
  123:8; 124:2; 127:5; 134:5;
  135:2² M Ek HE 4:26:14
  Ath 22:6
ἑωσφόρου Ap 45:4 D 32:6; 45:4;
  63:3; 83:2, 4

ζακόρους Ath 28:3
Ζαχαρίας D 29:2; 79:4; 121:2
Ζαχαρίου Ap 52:10 D 49:2;
  53:3, 5, 6; 126:1

Ζαχαρίᾳ D 103:5; 115:1
ζῇ D 6:1³ Ath 3:1
ἐζῶμεν D 119:5
ἔζων T 14:2²
ζῆθι T 11:2
ζῆν Ap 8:2; 40:5 App 12:2
    D 6:1², 2²; 46:1; 47:3;
    56:20; 69:6; 82:4; 110:5
    T 14:2 Ath 11:2
ζῶν D 97:4; T 16:1; 17:4
ζῶντος Ath 26:4
ζώσης D 140:1
ζῶντος D 69:6
ζῶντι D 8:3
ζῶσαν D 19:2; 114:5
ζῶν D 114:4
ζῶντες Ar 15:10 Ap 4:7 D
    119:5 T 14:1 Ath 34:2
ζώντων D 45:4; 72:2; 118:1
ζῶντας D 21:1; 47:4
ζήσεται D 12:1; 14:2; 21:2;
    34:5; 56:21
ζήσονται D 21:4; 45:2
ζήσητε D 44:4
ζήσαντες D 45:2
Ζεβεδαίου D 106:3
ζευγνύναι T 15:1
ἔζευξαν D 132:2
ζέουσα Ath 22:2
ζέον Ath 6:4
Ζεύς Ar 9:6 T 8:3; 10:1; 21:1;
    25:3 Ath 5:1²; 6:4; 20:2,
    4; 22:1³, 2, 5; 23:3, 5
Διός Ar 10:5 Ap 21:2, 4;
    22:3; 53:1; 54:6; 55:1;
    64:1, 4, 5, 6 App 12:5
    D 67:2; 69:2 T 8:2; 9:3²;
    21:1; 27:1; 33:3 Ath 20:1,
    4; 21:2², 3; 22:5, 7; 23:5;
    30:2
Διΐ Ap 21:1; 54:2; 56:1 D
    69:3 Ath 21:1
Δία Ap 21:5 T 21:3; 29:1
    Ath 1:1; 14:1; 20:3; 22:2;
    32:1²
Ζῆνα Ath 5:1²
Ζέφυρος T 8:4²

ζῆλος D 25:2
ζῆλον D 65:6
ζηλῶν T 25:1
ἐζήλωσε D 119:2
ζηλωτής Ar 10:7
ζηλωτήν Ar 7:3; 11:1²
ζηλωτάς Ar 8:2
ζημία Ath 1:3
ζημίαν Ap 11:1
Ζηνόδοτος T 31:2
Ζήνωνα T 3:1
ζητεῖς D 113:1, 2
ζητοῦμεν D 19:1
ζητοῦσι D 15:2; 39:1
ἐζήτουν D 31:4 T 29:1
ἐζητοῦμεν D 46:4
ζητεῖτε Ap 15:16
ζητεῖν D 102:6 T 3:3; 34:3
ζητοῦσα Ar 11:3; 12:2 T 13:2
    Ath 22:6
ζητοῦντος D 56:16
ζητοῦντες T 26:1
ζητούντων D 36:4²
ζητοῦσιν Ap 49:2 D 24:3
ζητοῦντας D 33:2; 90:2
ζητούμενον D 28:1; 32:3
ζητουμένων D 23:2; 50:1;
    68:2
ἐζήτησαν D 135:4
ζητήσητε D 131:3
ζητήσατε D 14:5
ζητῆσαι Ath 7:2
ζητηθέντων D 73:6
ἐζητάκαμεν Ath 23:1
ζήτημα D 123:7
ζήτησις M P HE 4:26:3
ζητήσεως App 10:6 D 112:4
ζήτησιν Ap 63:17 D 68:4
    T 27:3
ζητήσεις D 1:3
ζητήσεσι D 80:1
ζητήσεσιν D 71:2
ζητήσεις D 71:2
ζιβύνας Ap 39:1 D 109:2; 110:3
ζυγοῦ D 17:2; 50:5; 133:4
ζυγῷ D 50:5
ζυγόν Ap 40:11 D 53:1²

ζυγά D 88:8
ζύμης D 14:2
  ζύμην D 14:3
ζωγρεῖν T 18:3
ζῳδιακοῦ T 9:1
ζωή Ap 51:1 D 6:1³; 13:6;
  43:3; 63:2
ζωῆς Ap 39:5; 57:3 D 6:1²;
  14:1; 19:2; 31:3; 61:5;
  81:2; 86:1; 114:4 T 14:2
  Ath 32:3; 33:1
ζωῇ T 14:2
ζωήν Ar 15:3 D 6:1
ζώνην D 88:7
ζῳογονούμενον T 12:2
ζῷον (ζῶον) D 3:6; 93:3 T 10:1;
  15:1 Ath 18:3
ζώῳ Ap 55:4
ζῶον D 114:3 T 10:2 Ath
  6:3; 35:2
ζῶα D 3:7; 4:4²; 84:2
ζώων Ar 4:3; 7:3 Ap 24:1;
  55:4 App 12:5 D 4:2;
  107:2 T 15:2; 19:3
ζώοις T 12:4; 15:1
ζῶα Ar 8:2; 9:6; 12:1,6 D 5:2;
  20:2; 53:4 T 23:2 Ath 13:2
ζωτικόν D 6:2
ζῴωσις T 9:1

ἤ Ar 3:2; 9:9²; 11:2; 12:6
  Ap 2:1, 3, 4; 4:3³; 8:5;
  9:5; 12:1⁴, 8², 10; 15:2,
  8, 12, 14, 15; 16:1, 4³; 19:1,
  6; 23:3; 25:1²; 27:1³, 3²;
  28:4⁵; 29:1²; 30:1; 31:1,
  8; 33:6; 36:2; 40:8, 10;
  42:3; 43:6⁵, 8; 44:9³, 12²;
  45:5; 46:3; 52:1, 11; 53:2,
  5; 54:7³; 55:2, 4²; 57:2;
  58:3; 66:1, 4²; 67:3², 6
  App 1:2⁶; 2:14²; 3:1, 3²,
  6; 4:2³, 3; 7:2, 3², 9²; 9:1;
  10:2; 12:2, 4²; 14:2² D 1:2²,
  3; 2:4; 3:3, 6⁴, 7²; 4:1²,
  2³, 3², 5²; 5:1, 4; 6:1²;
  7:1; 8:3²; 10:1³, 3; 11:3;

12:3; 13:1², 8; 14:6; 15:6;
  16:3; 20:3⁴; 22:6, 9, 11;
  23:1; 27:5⁴; 28:4; 29:1;
  35:7; 36:3, 6²; 39:2; 43:5,
  6⁶, 7; 44:1, 2⁴, 4; 45:2;
  46:2², 3; 47:2, 3; 50:5³;
  52:3; 56:1, 3², 11, 12², 16²;
  58:13; 62:2², 3², 5; 64:2;
  65:2²; 66:2, 3⁶, 4; 67:3²,
  7, 8; 68:1, 6³; 73:2, 6;
  76:3; 77:2⁵, 3⁴; 80:1², 3,
  4; 81:2; 82:4²; 84:4; 85:3⁴,
  8; 86:3; 87:4³; 88:2², 4;
  91:2; 92:1; 93:1, 3, 4;
  100:3; 101:1; 102:6³, 7;
  103:5; 107:4; 111:1; 112:1,
  3, 4³; 114:1; 115:5, 6²;
  117 : 5³; 118 : 2³; 119:4;
  120:6; 122:3; 123:3², 4²;
  125:1; 126:6; 127:1³, 3³;
  128 : 2²; 134 : 1; 136 : 3;
  138:3; '140:3²; 141:1, 4;
  142:1, 3 T 2:1; 6:1; 14:2²;
  15 : 2²; 16 : 2²; 17:1, 3;
  ⟨19:1;⟩ 21:2³; 24:1²; 27:1,
  2; 30:1; 36:1 M Ap HE
  4:26:6 Ath 1:4; 2:1², 2⁵,
  3³, 4; 3:2; 8:1², 2², 3; 9:2;
  10:1²; 11:2²; 12:2; 14:1;
  16 : 3; 18 : 1; 19 : 1³, 3²;
  20:1, 3, 4³[, 4]; 21:2, 4;
  22:4², 5², 6², 7; 23:3, 4,
  5; 24:1²; 25:2³; 26:1, 3;
  27:2²; 28:3²; 29:1, 2⁴;
  30:2², 3²; 31:1², 2², 3³;
  32:1², 2; 33:2²; 35:1²;
  36:1², 2²; 37:1
ἤ D 3:4; 11:1; 122:1; 123:4
  Ath 21:1; 23:4
ἡγεμονεύοντι Ap 29:2
ἡγεμονεύοντα D 3:3
ἡγεμονίας T 36:2
ἡγεμών Ath 23:5
ἡγεμόνος Ap 29:2
ἡγεμόνα Ap 21:5
ἡγεμόσιν Ap 34:1 D 78:1
ἡγεμόνας Ath 34:2

ἡγοῦμαι D 125:1
ἡγεῖται D 35:6
ἡγούμεθα Ap 4:2; 9:1, 3;
  10:3, 5; 64:5 App 11:2
  D 11:1
ἡγεῖσθε D 14:2; 32:4 T 34:1
ἡγοῦνται Ap 21:4; 31:5 D 1:5
ἡγοῦ Ath 5:1
ἡγεῖσθε D 29:3; 127:1
ἡγεῖσθαι Ap 28:4 App 10:5
  D 3:3; 5:2; 85:5; 123:2
  Ath 1:2
ἡγούμενος Ap 32:1; 34:1;
  54:5 App 12:2 D 52:2, 3;
  78:1; 106:4; 120:3
ἡγουμένη App 2:4
ἡγουμένου T 8:2; 38:1
ἡγουμένῳ M Ap HE 4:26:10
ἡγούμενον D 118:2
ἡγούμενοι Ap 53:1 App 4:4
ἡγουμένων App 1:1 D 99:3
ἡγουμένους T 3:3
ἡγησάμεθα Ap 14:4; 29:4
ἡγήσασθαι Ap 54:2
ἡγησαμένη T 1:2
ἡγησάμενοι Ap 63:14
Ἡγησίου T 24:1
ἡδ Ath 22:1
ἡδέως Ap 39:3 D 1:2; 10:4;
  59:1 M Ap HE 4:26:6
  Ath 32:2
ἤδη Ap 7:1; 15:1; 23:1; 29:2;
  30:1; 39:5 (AB); 42:1, 2;
  52:1, 2, 3 App 4:1; 8:4;
  12:3 D 4:2; 8:4; 11:2;
  12:3; 32:3, 5; 39:7, 8;
  43:3; 48:2; 49:5; 51:3;
  53:4; 55:1; 56:12; 57:3;
  58:2, 3; 60:3, 4; 63:2;
  64:3; 68:4; 75:2; 76:2;
  78:7; 85:3; 87:6; 92:4;
  114:2²; 115:5; 119:3, 5;
  120:5; 126:1, 6: 137:3, 4²;
  142:2 T 37:1 Ath 2:1;
  21:3, 4; 25:3; 28:1; 32:2
ἡδίστη D 8:2
ἥδιον D 29:1

ἥδεται T 8:2, 3
ἡδόμενον App 11:4
ἥσθην D 142:1
ἡσθείς Ath 17:2
ἡδονῆς Ap 57:3 App 2:4 T 11:1
  Ath 34:1
ἡδονήν App 3:2
ἡδονῶν Ap 21:5
ἡδονάς Ath 29:2
ἡδύοσμον D 17:4; 112:4
ἡδέων Ath 33:1
ἠέρος Ath 22:1 (v ἀήρ)
ἠθικόν App 8:1
ἦθος D 10:1
ἦθος D 3:1
ἠθῶν App 7:8
ἥκιστα T 17:4
ἥκει Ap 51:1 D 13:6; 65:5
ἥξει D 22:7; 49:3; 53:3;
  69:5; 88:7; 133:3
ἥξουσι D 120:6
ἥξουσιν Ap 16:13 D 76:4;
  140:4
ἥξοντος App 2:5
ἤλ D 125:3
ἠλακάτας T 33:2
Ἠλίας (Ἠλίας) Ap 46:3 D 8:4;
  39:1; 49:5²; 51:3; 87:4
Ἠλίου D 46:6; 49:7
Ἠλίᾳ D 49:3, 6, 7; 69:1
Ἠλίαν D 49:1², 2², 3, 5
ἠλίθιον T 27:2
ἡλικία T 32:1
ἡλικίας T 32:2; 36:2; 37:2;
  41:3
ἡλικίᾳ D 113:3
ἡλικίαν T 40:1 Ath 32:2
ἡλικίην Ath 17:1
ἥλιος Ap 16:12 D 56:12, 21;
  58:11; 137:4 T 4:2
ἡλίου Ar 3:2; 6:3 D 22:7;
  28:5; 34:6; 41:2; 64:5, 6;
  76:7; 91:1; 117:1, 4; 121:2;
  128:3², 4 T 27:3 Ath 10:3;
  22:7
ἡλίῳ Ap 40:4 D 34:3; 64:6,
  8 Ath 17:2

ἥλιον Ar 1 : 1; 6 : 1,2 Ap 15:13
 D 55 : 1; 85 : 5; 96 : 3; 113:4;
 121 : 1, 2³; 132 : 1 T 11 : 1;
 26 : 2; 27 : 2 Ath 6 : 2; 11 : 1;
 28 : 4
Ἡλίου (ἡμέρα) Ap 67 : 3, 7²
Ἡλιουπόλει Ath 28 : 1
ἥλων Ap 35 : 7
 ἥλους D 97 : 3
Ἡλύσια T 10 : 3
ἡμέρα Ap 40 : 1; 67 : 7² D 22:2²;
 24 : 1; 26 : 4; 27 : 5; 56 : 16;
 64 : 8; 81 : 3; 100 : 4; 137 : 4
 Ath 14 : 2
ἡμέρας Ap 40 : 8; 41 : 1 D 1 : 4;
 2 : 6; 5 : 2; 15 : 2; 27 : 5; 43:6;
 49 : 2², 4; 66 : 3; 73 : 3; 74:2;
 98 : 2; 99 : 2; 134 : 5; 138 : 1
ἡμέρᾳ Ap 40 : 1; 45 : 4; 67 : 3,
 7 D 10 : 3; 11 : 3; 22 : 6, 9;
 23 : 4; 27 : 1, 5²; 29 : 3; 32:6²;
 38 : 2; 41 : 4²; 51 : 2; 64 : 8;
 74 : 4³; 76 : 5, 7; 81 : 3; 85:6,
 9; 97 : 1; 99 : 2; 100 : 1, 3;
 107 : 1², 2, 3; 109 : 3; 111:3;
 115 : 1; 119 : 3; 122 : 5; 123:5
 T 12 : 4; 17 : 1 Ath 24 : 2
ἡμέραν Ap 37 : 5; 40 : 7; 41 : 1;
 67 : 7 D 12 : 3; 15 : 2, 4²;
 22 : 2, 5; 24 : 4; 27 : 5; 34:5;
 39 : 2; 55 : 3; 61 : 3, 4, 5;
 73 : 3; 74 : 2; 118 : 1; 129 : 3;
 142 : 1, 2 T 20 : 2 M Ap HE
 4 : 26 : 5 Ath 2 : 1; 31 : 3
ἡμέραι D 11 : 3; 28 : 3; 40 : 2;
 81 : 2, 3
ἡμερῶν D 31 : 2, 3, 5; 32 : 1;
 41 : 4²; 79 : 2; 109 : 2
ἡμέραις D 15 : 3; 29 : 3; 34 : 4;
 50 : 3; 81 : 1; 83 : 1 M P HE
 4 : 26 : 3
ἡμέρας D 2 : 3; 14 : 3; 43 : 6;
 59 : 2; 66 : 3; 81 : 2, 3; 107:2
ἥμερον Ath 1 : 2
ἡμέτερος Ap 12 : 9; 48 : 1; 62 : 3;
 67 : 7 App 8 : 5; 10 : 7 D
 32 : 3; 36 : 5; 43 : 7; 47 : 5;

49 : 3², 5; 62 : 5; 66 : 4; 70:4;
 82 : 1; 83 : 4; 112 : 4; 125:5
ἡμέτερον Ap 3 : 4; 10 : 4; 55 : 8
ἡμετέρου Ap 32 : 2 D 33 : 1;
 52 : 4; 93 : 2; 115 : 4²; 116 : 1
ἡμετέρας D 19 : 3 T 12 : 5
ἡμετέρου D 48 : 4 (O); 80 : 1
ἡμετέρῳ Ap 15 : 5 D 4 : 2; 77 : 3;
 81 : 4
ἡμετέρα D 2 : 6; 79 : 2
ἡμετέρῳ D 4 : 4
ἡμέτερον Ap 19 : 6; 31 : 7; 54 : 4
 D 68 : 7, 8; 85 : 1
ἡμετέραν D 62 : 1 T 21 : 4;
 31 : 1; 34 : 3; 35 : 2
ἡμέτερα App 10 : 1; 14 : 1 T
 32 : 2; 33 : 1 Ath 33 : 2
ἡμετέρων Ap 29 : 2; 59 : 1 App
 6 : 6; 12 : 4
ἡμετέρων Ap 28 : 1 App 3 : 6;
 13 : 4 T 30 : 1
ἡμετέροις Ap 57 : 2 D 29 : 2
 T 21 : 1
ἡμετέρους Q HE 4 : 3 : 2 T 40:1
ἡμέτερα Ap 3 : 4; 60 : 10 T 4 : 3;
 30 : 2
ἥν (ἠμί) D 3 : 4, 7; 4 : 1, 3, 6
ἥμισυ D 31 : 6; 32 : 3
ἡμίτομος T 9 : 3
ἦν Ap 2 : 4; 3 : 5; 4 : 3; 55 : 3;
 58 : 3 App 11 : 4, 5 D 137 : 1
 T 17 : 1; 30 : 2
ἡνίκα D 14 : 5; 56 : 20; 58 : 4;
 61 : 4³; 102 : 5; 105 : 3
ἡνιοχεῖται Ath 5 : 2
ἥπερ T 13 : 3; 14 : 1; 40 : 1
ἤπιον Ath 22 : 1
Ἥρα T 21 : 2 Ath 6 : 5; 17 : 3;
 21 : 1; 22 : 1², 2, 5; 23 : 3
Ἥρη Ath 22 : 1
Ἥρη Ath 21 : 1
Ἥραν T 21 : 3
Ἡρακλειδῶν T 31 : 2
Ἡρακλείτειον T 3 : 1
Ἡράκλειτος Ap 46 : 3 Ath 31 : 1
Ἡράκλειτον App 8 : 1 T 3 : 1
Ἡρακλεωτικῷ Ath 20 : 3

Ἡρακλῆς T 41:1 Ath 18:3²
Ἡρακλέους T 3:2; 17:1; 27:3;
    41:1 Ath 4:1; 29:1
Ἡρακλεῖ T 41:2
Ἡρακλέα Ap 21:2; 54:9; 68:10
    App 11:3, 4 D 69:3 T 3:2;
    27:2 Ath 20:1; 30:2
Ἡρακλῆν Ar 10:9
ἠρεμίας D 3:1
ἤρεμον Ath 37:1
Ἡριγόνης T 9:2
Ἤρινναν T 33:1
Ἡρόδοτος T 31:2; 33:3, 4 Ath
    17:1; 28:1², 2, 3, 4, 5
Ἡροδότου T 27:2 (codd)
Ἡροδότῳ Ath 26:3; 28:3
Ἡροδώρου T 27:2
Ἡρώδης Ap 31:3 D 49:4; 78:1,
    7; 102:2; 103:3
Ἡρώδου Ap 40:6 D 103:3, 4
Ἡρώδῃ Ap 31:2
Ἡρώδην D 52:3; 77:4; 78:2;
    102:3; 103:3
ἡρωϊκῶν T 22:1
ἡρώων T 40:1
ἥρωας Ath 23:2²
Ἡσαΐας (Ἡσαΐας) Ap 32:12;
    35:3 D 11:3; 12:1; 13:1²;
    14:1; 15:1, 2; 17:2; 22:11;
    29:2; 40:4; 42:2; 43:3,
    5; 50:3; 55:3; 63:2; 65:1;
    66:2; 68:6; 75:3; 76:3;
    78:6, 11; 80:5; 81:1; 84:1;
    85:1; 86:4; 87:4; 97:2;
    102:7; 110:6; 111:3; 112:2;
    118:4; 140:3²
Ἡσαΐου Ap 33:1, 5; 37:1;
    44:2; 47:5; 48:4; 49:1, 6;
    53:6, 10; 54:8; 61:6; 63:2
    D 14:3; 16:5; 24:3; 25:1;
    26:2; 27:1; 43:4, 8; 44:4;
    50:2; 66:1; 68:5, 6; 70:1,
    2; 72:3; 78:6; 79:2; 83:1²;
    85:7, 8; 87:2²; 88:1; 97:2;
    102:5; 114:2; 118:1; 120:5;
    123:5; 126:1²; 130:2; 133:2
    M Ek HE 4:26:14 Ath 9:1

Ἡσαΐᾳ D 44:3; 46:6; 75:3;
    91:4; 123:8; 138 1
Ἡσαΐαν D 50:3; 76:2; 78:9;
    118:2
Ἡσαῦ D 58:8, 10; 60:5; 119:4;
    120:1
Ἡσίοδος Ath [14:1;] 29:1
Ἡσίοδον Ath 17:1²
ἡσυχαζόντων D 125:1
ἡσυχίας D 9:2 M Ap HE 4:26:6
ἡσυχίαν D 115:5; 121:1
ἡσύχιον Ath 37:1
ἤτοι D 6:1; 100:3 Ath 8:1
ἤτορ Ath 21:1
ἡττῶνται App 8:4
ἡττᾶτο D 90:4; 91:3
ἡττημένος D 125:4
ἡττημένοι D 7:1
ἡττήθησαν App 5:3
ἡττηθέντες Ap 16:4
ἥττονα Ap 22:4
ἥττω Ap 21:5
ἧττον Ap 18:6 D 95:1
ἥττους Ath 24:5
Ἡφαιστίωνος T 34:3
Ἡφαίστου Ar 10:7 T 8:3
Ἡφαίστοιο Ath 21:3
Ἥφαιστον Ar 10:1 T 8:3

θάλασσα Ap 55:3 D 73:4
θαλάσσης Ar 3:2 D 3:1; 13:1;
    34:4²; 62:1; 112:1; 120:2²;
    131:3; 138:2
θάλασσαν Ar 1:1 D 58:12;
    65:5; 86:1; 131:3
θαλασσῶν D 36:3 T 20:2
θαλάσσαις T 6:2
θαλάσσας Ath 13:2
θαλασσίων D 20:3
Θαλῆς Ath 23:2
Θαλῆτος T 41:4
Θαλιαρχίδος T 33:2
τεθηλόσι D 9:1
Θάμαρ D 86:6
Θάμυρις T 41:2
Θαμύριδος T 41:1
θανάσιμα D 20:3

θάνατος Ap 2:1; 44:12; 47:6
D 45:4; 91:4 T 3:1 Ath
12:2

θανάτου Ar 7:3; 13:7 Ap 22:4;
25:1; 45:5; 51:2 App 10:8;
11:8 D 5:4; 11:4; 13:1, 6;
18:3; 30:2; 32:2; 34:8; 39:5;
90:1; 97:2; 98:1, 4; 100:6;
104:1²; 111:3; 131:2 T 6:2;
11:1; 14:1, 2; 15:4²; 19:1²,
2; 27:2 M Ap HE 4:26:6²

θανάτῳ T 15:4; 17:4; 19:1
θάνατον Ar 11:3 Ap 11:1;
18:1, 3; 20:4; 44:9; 50:2;
51:1, 5; 57:2, 3; 60:4;
63:10; 68:1 App 12:1, 2;
14:2 D 13:6, 7; 30:1; 43:3;
44:1; 52:4; 61:5; 63:2;
88:4; 89:3; 100:5; 120:5;
124:4 T 11:1; 13:1; 15:4;
19:1, 2; 26:2 Ath 12:2;
31:1

ἐθανάτου Ap 60:2
θανατοῦντες D 39:6
θανατοῦσθαι D 94:2; 96:2
θανατούμενοι D 46:7
θανατώσειν D 99:3
θανατωθήσεσθαι D 32 : 2;
102:2

θανατώσαντες D 40:4
θανατωθῇ Ap 29:1
θάπτουσιν Ath 14:2
θάπτεσθαι D 118:1
ἔθαψαν D 97:1
ἐτάφη D 58:8
τέθαπται D 78:8
θαρροῦσιν Ath 2:2
θαρροῦντες D 89:3

Θαρσεῖς D 34:4
Θάσιος T 31:2
Θάσιοι Ath 14:1
θάτερος D 1:2 T 8:1
θατέρου T 25:1
θατέρου D 5:5 T 12:3
θατέρῳ T 8:1
θάτερον T 12:3

θαυμάζω Ar 13:2 D 3:2
θαυμάζει D 16:1
θαυμάζομεν D 10:2
θαυμάζουσι Ath 16:1
ἐθαύμαζον D 115:5
θαυμάζωσι Ap 16:2
θαυμάζειν D 89:3
θαυμάζων D 118:4 Ath 16:2, 3
θαυμάζοντες Ath 1:2
θαυμαζόντων Ap 47:1
θαυμάζεσθαι T 32:2
θαυμάσονται Ap 50:4
θαυμασθήσονται D 13:3
ἐθαύμασα Ar 1:1 D 56:21
T 22:1
θαυμάσητε Ath 11:1; 24:5
θαυμάσαι T 22:1
θαυμάσια Ap 62:4 D 20:4;
34:6; 64:6; 73:3; 74:2
θαυμασιώτατος T 18:2
θαυμασμοῦ D 100:1
θαυμαστός T 34:1
θαυμαστόν App 8:3 D 39:1
T 22:2; 31:1 Ath 14:2;
30:1; 32:1
θαυμαστῇ D 118:3
θαυμαστόν T 25:1; 34:1
θαυμαστῶν D 133:1
θαυμαστά D 10:2
θαυμαστῶς D 38:3
θεά Ath 21:4
θεᾶς Ath 21:4
θεάν Ar 4:3, 4; 5:4, 5; 9:3²;
11:3
θέας D 4:6
θέαν T 23:2
θέας Ath 35:2
Θεαγένης T 31:2
Θεαγένην Ath 14:1
θεάσωνται T 17:3
θεάσασθαι D 132:1
θεαθῆναι Ap 15:17
θεατής T 23:2
θεατροκοπουμένους T 19:2
θεάτρῳ D 122:4 T 8:1
θείῳ Ap 53:8
θεῖον D 56:12, 21, 23; 127:5

ϑείου Ap 62:3
ϑεῖος Ap 10:6
  ϑεία D 4:2
  ϑεῖον D 3:7 T 16:2 Ath 22:5²;
    29:2
  ϑείου Ap 36:1 App 13:3
  ϑείας Ap 32:9 App 2:13
  ϑείου Ap 27:5; 32:2, 8 D 1:3;
    9:1 T 13:2 Ath 7:1 (Sch);
    9:1
  ϑείῳ Ap 33:9 Ath 3:2
  ϑείῳ D 7:1
  ϑεῖον App 5:2 D 23:3 Ath
    31:1
  ϑείαν App 12:5 Ath 21:4;
    28:2
  ϑεῖον D 4:2; 8:3 Ath 1:2, 3;
    4:1; 6:4; 7:1, 2; 20:4; 21:5
  ϑείων Ap 58:3 D 3:5
  ϑείοις App 13:1 D 3:5
  ϑεῖα App 4:3 Ath 25:3; 28:3
ϑειοτάτας T 12:3
ϑειοτέρας T 12:5
  ϑειοτέρου T 4:2
  ϑειοτέραις T 29:1
ϑειότητος D 3:5
ϑειωδέστερον D 134:2
ϑείως Ap 20:3
ϑέλημα Ap 40:8 D 28:5; 41:2
  ϑελήματος Ap 63:10 D 63:2
  ϑελήματι D 113:4; 119:1 T
    5:1; 12:3
  ϑέλημα Ap 16:9 D 12:3;
    68:1; 85:1, 4; 102:5; 116:1;
    140:4
  ϑελήματα D 15:3; 27:1
ϑέλησις D 61:5
  ϑελήσει D 60:2; 61:1
ϑελκτικήν App 11:4
ϑέλω D 2:2 T 4:2; 11:1; 22:2;
    27:1
  ϑέλεις D 8:4; 99:2 T 19:2²,
    3; 25:2
  ϑέλει Ap 15:8 D 28:4; 98:3;
    101:3

ϑέλομεν D 82:4
ϑέλετε D 37:2; 51:3
ϑέλουσιν Ar 15:5 Ath 7:1
ϑέλῃ D 5:3 Ath 25:2²
ϑέλητε Ap 44:4 App 1:1 D
    85:1
ϑέλωσι T 3:3 Ath 7:1
ϑέλωσιν Ath 1:1
ϑέλοι D 6:2
ϑέλων Ath 32:1
ϑέλοντος Ar 7:1 Ath 6:3
ϑέλοντες D 24:3
ϑελόντων D 112:5
ϑελήσομεν Ar 9:1
ϑελήσῃ T 16:2; 26:2
ϑελήσαντος D 119:1
ϑελήσαντες Ar 13:5
ϑεμέλια D 124:2
ϑεμέλια D 61:4; 119:2
ἐϑεμελίωσε D 61:3; 129:3
ἐϑεμελίωσεν D 36:3
ϑέμις Ar 11:7 Ap 33:6 D 5:5
ϑεμιτόν D 134:3
ϑεογονίην Ath 17:1
ϑεοδιδάκτου T 29:2
  ϑεοδίδακτον Ath 32:2
  ϑεοδιδάκτοις Ath 11:1
Θεόδοτος T 37:1
Θεόδωρος Ath 17:3
  Θεοδώρου Ath 17:3
ϑεολογεῖς D 113:2
  ϑεολογοῦσιν Ath 22:7
  ϑεολογεῖν D 56:15 Ath 18:2
  ϑεολογοῦντες Ath 19:1
  ϑεολογήσας T 10:2
  τεϑεολογημένων Ath 19:1
ϑεολογίας Ath 20:1
ϑεολογικόν Ath 10:3
  ϑεολογικοῦ Ath 13:1
ϑεομάχοι T 13:3
ϑεοποιεῖς T 18:2
  ϑεοποιοῦσιν Ath 22:6, 7
  ϑεοποιοῦντες Ath 22:7
  ϑεοποιούμενοι Ar 7:4; 13:1
ϑεός Ar 9:2; 10:6, 7², 8; 11:2:
    13:5, 6; 15:10 Ap 15:14;
    16:7; 17:4; 19:8; 26:2²;

130:1², 131:1, 2, 4; 132:1,
2; 133 : 1; 136 : 3; 137 : 2²;
138 : 1, 3; 139 : 1, 3²;
140:1, 4; 141:2³; 142:2²,
3 T 7:1, 2², 3; 9:2; 10:2;
11:2; 12:1², 4; 13:1, 2, 3²;
15:1, 3²; 16:3; ⟨17:4;⟩
18:1, 2; 19:2; 21:4; 25:3;
26:3; 27:2; 30:1; 32:1²,
2²; 40:2 Ath 5:1, 2; 6:1,
2, 4; 7:1², 2⁶; 8:2, 3, 4;
10:1², 2², 3; 12:2; 15:2,
3²; 16:2², 3; 17:3; 18:2.
3; 19:3; 20:3; 21:4, 5;
22:1, 3³, 6, 7, 8; 23:6; 24:1,
2², 3, 4; 25:1², 2; 26:2;
31:3; 33:2; 34:1²
ϑϛ̄ Ath 25:1 (Sch)
ϑεῷ Ap 10:1; 14:1, 2; 15:1,
5; 17:2; 18:6²; 19:6; 21:6;
23:2; 25:2; 27:4 (AB);
28:3, 4; 33:6; 35:4; 49:5;
53:2; 61:1, 11; 68:2 App
1:2; 4:4 D 2:1; 3:3; 8:2;
11:4, 5; 15:1, 3; 19:5²;
22:9; 23:4; 28:4; 37:1;
41:1; 43:2; 45:4; 56:17;
60:3, 5; 65:5, 6; 74:3;
80:3; 86:2; 90:4; 92:2, 3,
4², 6; 99:3; 108:1; 117:2;
119:2; 124:4; 126:4; 129:1;
130:2; 133:6; 134:1; 137:2
T 4:2; 5:3; 7:1²; 11:2;
17:3; 18:2; 19:4; 20:1
Ath 10:1; 12:1; 18:2; 21:1;
22:2; 24:2²; 3; 26:3; 31:2,
3; 33:1²; 35:2²; 36:1
ϑεόν Ar 1:2; 3:2; 4:2²; 5:1,
2, 3²; 6:1, 2; 7:1, 3; 9:5,
9; 10:1, 2, 3, 5, 8; 11:1²,
4; 13:5, 8; 15:3² Ap 3:5;
8:2; 9:1; 10:1; 12:1, 3, 7;
13:4; 16:6³; 17:3; 19:5;
20:2²; 22:1; 26:3, 5²; 28:2;
29:4; 32:10; 56:2; 58:1²;
59:1; 60:5; 63:1; 64:5
App 4:1, 2; 5:1, 5; 6:3;

7:9²; 12:4, 6; 13:4 D 2:6;
3:5, 6; 4:1, 2², 3³, 7; 5:4;
7:3; 8:3; 10:4²; 11:1²;
14:5; 16:4; 20:1²; 24:3;
25:4; 29:1; 30:3²; 34:8;
35:5; 37:3, 4; 39:1, 5;
46:5²; 48:1; 55:1; 56:6,
10, 13, 15, 16; 58:7; 60:1;
2⁴, 3², 5; 62:1, 2; 64:4, 7;
68:3, 9²; 75:4; 76:7; 80:4⁴;
83:4; 84:4²; 85:6; 86:2,
87:2; 90:5; 92:2²; 93:2³;
3², 4; 96:3; 101:1; 102:6;
103:6; 105:3; 106:1³; 110:2²;
112:3; 114:3; 116:3; 119:2;
120:6; 123:9; 124:4; 125:4;
126:2, 3², 6; 127:1, 4;
128:4; 129:2; 131:2; 138:2;
140:2; 141:2 T 4:1, 2;
7:2; 10:2; 13:2; 15:1, 2²;
19:2; 21:1; 25:1, 2²; 26:3;
33:2; 42:1 M Ek HE 4:26:13
Ath 1:1, 2; 4:1³, 2; 5:1,
2²; 6:1, 2², 3³, 4; 7:1²;
10:1, 3²; 12:1, 2; 13:1, 2;
16:2, 3; 20:4; 21:3; 22:3;
23:2³, 4, 6; 24:1²; 29:2;
30:4; 31:2, 3
ϑεοί Ar 3:2; 4:1; 8:5; 12:6;
13:6, 7³ Ap 24:3; 41:1
D 1:4; 55:2³; 73:3; 79:4;
83:4²; 124:2, 4; 134:5 T
10:1; 18:3 Ath 6:3; 8:1²;
17:4; 18:1, 2; 19:2; 20:4;
21:4; 23:1, 2; 26:1; 28:5;
29:1, 2; 30:1, 4
ϑεῶν Ar 2:1²; 9:1, 6; 11:7²;
13:5, 6², 7² Ap 6:1; 9:5;
21:4, 5; 22:1; 25:1; 27:4²
App 11:8; 12:5 D 22:7;
55:1, 2²; 109:3; 124:2 T
1:3; 8:5; 9:1; 21:2; 22:1;
25:3; 27:1, 2 Ath 5:1; 6:3;
14:1, 2; 18:2, 3; 21:2, 3;
22:⟨5,⟩ 7; 23:3³, 5; 25:2;
28:1, 2, 3, 4; 29:1²; 30:3;
32:1; 34:1

θεοῖς App 12:7; 14:2 D 73:2
Ath 1:2; 14:2; 17:1; 18:1
θεοῖσι Ath 17:1
θεοῖσιν T 8:1
θεούς Ar 2:1; 3:2; 8:2, 4;
12:1, 6; 13:1, 2, 5, 7, 8
Ap 5:2; 9:1, 2, 5; 24:2;
26:1; 41:1; 55:7; 56:2
App 10:5 D 55:1: 73:3:
74:4; 124:2: 134:5 T 4:2;
10:1, 2 (MPV); 13:2: 19:3;
21:2 Ath 1:2; 10:1; 13:1;
14:1², 2²; 15:1, 3; 16:4²;
18:1; 19:1; 20:1, 3; 22:2,
3; 23:1, 5²; 28:1, 2, 4²;
30:1; 34:1
θεοσεβείας D 30:3; 58:2 T 17:3
θεοσέβειαν D 44:2; 91:3;
110:2 Ath 4:2
θεοσεβέστεροι D 118:3
θεοσεβοῦμεν Ath 14:2
θεοσεβεῖν D 46:6 Ath 4:2;
12:2, 3
θεοσεβοῦς D 93:2
θεοσεβές D 119:6
θεοσεβεῖς D 52:4; 110:4 T
13:3 Ath 37:1
θεοσεβῶν D 53:6 M Ap HE
4:26:5
θεοσεβεῖς D 131:5
θεοστυγεῖς Ath 30:1
θεότης T 21:2
θεότητος T 12:4
θεοφάτοις Ath 11:1
θεοφιλεῖς D 7:1
θεοφιλεῖς T 12:3
θεοφοροῦνται Ap 33:9
θεοφορούμενος Ap 35:3
θεραπείας Ap 9:3 T 34:2
θεραπείας Ap 12:5
θεραπευτήν Ap 21:2
θεραπεύω Ath 16:3
θεραπεύεις T 18:2
θεραπεύει T 8:2
θεραπεύομεν Ath 16:3
θεραπεύουσιν T 18:2
θεραπεύειν Ath 16:1

θεραπεύων T 18:2
θεραπεύουσα Ath 27:2
θεραπεύοντα Ap 31:7
θεραπεύεται T 16:3; 17:2;
18:1
ἐθεραπεύοντο D 94:3
θεραπεύησθε T 20:1
θεραπευόμενοι Q HE 4:3:2
θεραπεύσειν Ap 48:1; 54:10
θεραπευθήσεται T 18:1
θεραπεύσαντα D 69:3
θεραπευθῆναι D 57:3
θεραπευθέντες Q HE 4·3:2
θεράπων D 56:1
θεράποντος D 46:3; 79:4;
130:1
θερμαίνειν Ar 6:1
θέρμης D 64:8
θερμόν D 29:3
θέρη Ar 4:2
Θερσίτης T 32:3
Θερσίτην T 27:2
θέσεις T 27:3; 28:1
Θεσπιᾶσι T 21:1
θεσπίσαντες D 7:1
Θεσσαλονικεῖς M Ap HE 4:26:10
Θέτιδος Ap 25:2²
θετόν App 6:1
θετῷ Ap 10:1
θεωροῦσι T 22:2; 34:1
ἐθεώρουν D 31:2, 3²
ἐθεώρεις D 22:10
θεωρῶν T 11:1
θεωροῦντες D 98:3; 101:3²
θεωρῆται Ath 21:1
θεωρούμενον Ath 4:1
θεωρῆσαι App 10:4
θεωρήσας Ar 1:1
θεωρητικοί Ap 28:3
Θεωρητικοί D 2:1
θεωρητοῦ Ath 22:6
θεωρία D 2:6
θεωρίας Ap 44:9 App 10:2
T 20:2
θεωρία Ath 20:3
θεωρίαν Ap 58:3 App 8:3
Θήβαις Ath 28:1

Θήβας Τ 39:3
Θηβαῖον Τ 24:1
   Θηβαίοις Τ 8:3
Θήβῃ Ath 21:4
θήγουσιν D 64:2
θήκη Ar 4:3
θηλάσητε D 85:9
θηλήν Ath 20:2
θηλυδριῶν Τ 29:1
θῆλυ Ath 22:5
   θηλείας D 23:5
   θῆλυ D 23:5; 62:1 Ath 22:4
   θήλειαι D 112:4²
   θηλειῶν Ap 27:1; 64:5 D
      100:3
   θηλείας Ar 8:2 App 5:5 D
      23:5; 88:1 Ath 18:4; 28:2
θημωνίας D 113:6
θηρεύσῃ Ar 11:2
θηριόμορφοι Ath 20:4
θηρίον D 31:3
   θηρίου D 31:5, 6
   θηρίον D 112:3
   θηρία Ap 24:3; 60:2 D 22:8;
      31:3, 4 Ath 3:1
   θηρίων Ap 15:14 D 4:6 T
      6:2; 15:3; 25:1 Ath 3:1²;
      20:4; 35:1
   θηρίοις D 31:3; 110:4
   θηρία Ath 14:2
θηριώδους Τ 39:1
θησαυρίζετε Ap 15:11, 12
   θησαυρίζητε Ap 15:11
θησαυρός Ap 15:16
   θησαυροῦ Τ 30:1
   θησαυρόν Τ 22:1
θῆσσαν Ath 21:4
θητεύουσιν Ath 21:4
θλίψις D 98:3; 103:1
   θλίψεως D 22:9; 116:2
   θλίψεις D 74:4
θνησιμαῖα D 133:5
θνήσκει Τ 13:1²
   θνήσκουσι Τ 14:1
   θνήσκειν Τ 14:2
   θνήσκοντες Τ 14:1
   θάνες Ath 30:2

θανεῖν App 11:1
τέθνηκεν Τ 21:1 Ath 33:2
τεθνηκότι Ath 30:3
τεθνηκότα Ath 30:3
τεθνεώς Τ 10:1; 17:4
τεθνήξομαι Τ 4:1
θνητός D 14:8 Τ 7:3; 8:1
   θνητή Τ 13:1
   θνητούς Τ 21:2 Ath 21:3; 28:4
   θνητάς Ar 9:6
θνητότητος Τ 20:3
θοίνῃ Ath 21:5
θοινώμενος Τ 34:1
θορυβείτωσαν D 9:2
θρασεῖαι D 5:5
θραυσθήσεται D 123:8; 135:2
   τεθραυσμένον D 135:2
   τεθραυσμένους D 15:4
θρεμμάτων Ar 10:7 D 134:5
θρηνεῖτε D 95:2
   θρηνοῦσα Ar 12:2
   θρηνουμένους Ar 8:2
   ἐθρήνησεν D 141:3
   θρηνήσωσι D 141:3
θρησκείαις M Ap HE 4:26:7
   θρησκείας Τ 16:2; 29:1
   θρησκεύοντας Ap 62:2
θριαμβεύοντες Τ 26:1
τριχῶν D 88:7 Τ 12:2
θρόμβοι D 103:8
θρόνος Ap 37:4 D 22:11; 31:2;
   38:4; 56:14; 63:4 Ath 9:2
   θρόνου D 37:1; 68:5
   θρόνον D 61:4
   θρόνοι D 31:2
θυγάτηρ D 38:5 Τ 8:4 Ath 21:2;
   30:1
   θυγατρός D 38:5 Τ 9:2 Ath
      32:1
   θυγατρί D 63:5 Τ 8:4 Ath
      20:3; 32:1
   θυγατέρα Ap 64:1, 4, 5 Τ 8:4;
      33:4; 37:1 Ath 1:1; 20:1
   θύγατερ Ap 35:11² D 38:4;
      53:3²; 63:4, 5; 115:1
   θυγατέρες Ap 53:8 D 27:3;
      38:4; 63:4 Τ 22:2

θυγατέρων D 56:19; 119:2;
  134:3
θυγατράσι D 26:3
θυγατράσιν D 100:3
θυγατέρας D 44:2; 45:3;
  132:1; 140:3 Ath 32:2
θυέστεια Ath 3:1
Θυέστης T 39:1 [Ath 32:1]
Θυέστην Ath 32:1
θυμάτων App 5:4
  θύματα Ap 12:5
θυμαντικούς Ar 8:2
θυμίαμα Ap 37:7 D 41:2
  θυμιαμάτων Ap 13:1 App
  5:4 Ath 13:1
  θυμιάμασι D 85:3
θυμικός T 9:1
θυμός Ap 40:18 D 26:4
  θυμοῦ D 119:2 Ath 21:1
  θυμῷ Ap 40:12 D 26:4
  θυμόν D 8:2; 9:1; 21:3 Ath
  21:4; 29:1
ἐθυμώθη D 133:5
θύρας D 56:2; 126:4
  θύρᾳ D 56:2
  θύραν D 56:19
  θυρῶν D 111:4
  θύραις D 32:3; 61:5
  θύρας T 8:4
θυρίδι D 111:4
θυσία D 22:10; 28:5²; 41:2
  Ath 13:1
  θυσίας Ar 1:5
  θυσίαν D 22:9; 46:6 Ath 13:2
  θυσίην Ath 28:4
  θυσίαι D 43:1; 117:2 Ath
  26:3
  θυσιῶν D 22:6; 41:2, 3; 92:2
  Ath 13:1
  θυσίαις Ap 9:1 D 22:7, 8
  θυσίῃσι Ath 13:2
  θυσίας Ap 24:2 D 19:3, 6;
  22:3², 6, 11; 28:5; 29:1;
  41:2; 67:8; 73:4; 116:3²;
  117:1², 2², 4; 118:2 Ath
  1:1; 18:1
θυσιάζειν D 46:7

θυσιαστήριον D 58:8; 118:2
  θυσιαστήρια D 39:1
θυτικήν T 1:1
θύεις T 10:2
  θύει Ath 1:1
  θύετε T 23:2
  θύουσι Ar 9:2 Ath 26:2; 28:2
  θύουσιν Ath 14:1, 2
  ἐθύομεν D 46:7
  ἐθύετε D 19:6; 136:3
  θύητε D 27:2
  θύειν D 40:1; 46:2; 73:6
  Ath 13:1; 28:3
  θύεσθαι D 40:2; 72:2
  ἔθυσαν D 119:2
  θῦσον D 22:9
  τυθείς D 111:3
  τεθυκέναι D 133:1
θῶκοι D 9:3
θώρακι T 16:2

Ἰαβώχ D 58:6
Ἰακώβ Ap 32:12, 14²; 53:4; 63:
  7, 11, 17² D 11:1, 5; 15:2;
  20:1; 24:3; 26:1; 27:1;
  35:5; 36:2, 4; 37:3; 44:2;
  45:2, 3, 4; 46:3²; 52:1, 4;
  53:4; 54:1; 56:11; 58:4³,
  6³, 7⁴, 8⁵, 10, 11, 13³; 59:
  1, 2, 3; 60:2², 3, 5; 64:4;
  69:2; 75:1, 2, 4; 76:4;
  78:8; 80:4; 85:3; 86:2³;
  98:5; 100:1, 3, 4; 106:2, 3,
  4; 109:2; 110:2; 114:2, 3;
  120:1², 2, 6; 121:4; 123:1,
  8², 9³; 125:3, 5³; 126:1, 2,
  3², 5; 127:4; 128:2; 130:2,
  3²; 131:1; 134:1, 2, 3², 4,
  5, 6²; 135:1², 2, 3², 4, 5³, 6³;
  136:1; 140:1, 3, 4
ἰῶνται App 6:6
ἰᾶσθαι Ath 26:2
ἰώμενα T 18:1
ἰάσατο D 69:6
ἰάσαντο App 6:6
ἰάσασθαι T 18:1

ἰάθημεν Ap 50:9 D 13:5; 32:
    2; 137:1
ἰαθῶμεν D 43:3
ἰαθῆναι D 137:1
ἰαθέντας App 6:6
Ἰαπετός Ath 30:1
ἴασις D 17:1; 95:3
    ἰάσεως D 39:2
    ἴασιν App 13:4
ἰατρικῇ D 3:5
    ἰατρικήν T 3:1
ἰατρῷ Ap 29:2
    ἰατρόν Ar 10:5
    ἰατροί Ap 29:2
Ἰάφεθ D 139:2, 3², 4²; 140:1
ἰδέα Ath 10:3
    ἰδέα Ap 62:3, 4; 63:10 D 56:
        10; 58:10² Ath 10:2
    ἰδεῶν D 2:6
Ἴδης Ath 21:3
ἴδιος Ap 32:2
    ἴδιον D 6:2
    ἰδίας Ar 3:2; 13:2
    ἰδίου D 36:6
    ἰδίῳ D 131:3
    ἰδία Ap 31:1 Ath 8:1, 2; 32:1
    ἰδίῳ Ath 23:6
    ἴδιον D 52:4; 131:3 Ath 25:4
    ἰδίαν D 5:2; 32:2²; 88:4 T
        26:1
    ἴδιον Ap 22:4 D 2:4 T 40:1
        Ath 28:4
    ἰδίων Ar 13:7; 131:4; 138:2
    ἰδίων Ar 13:5 D 5:2; 110:5
    ἰδίοις App 7:2
    ἰδίοις T 26:1
    ἰδίους Ar 4:2 D 121:3 Ath 36:1
    ἰδίας D 27:4
    ἴδια Ar 9:2; 10:9 D 38:2;
        78:8; 125:2²
ἰδίως Ap 22:2; 23:2 D 105:1
ἰδιῶται Ap 39:3 App 10:8
    ἰδιωτῶν Ap 60:11 App 3:5
    ἰδιώτας Ath 11:3
ἰδιωτικῆς App 3:3
ἰδού Ap 33:1, 4, 5; 35:11; 44:1;
    49:2; 51:9 D 11:3; 12:1; 13:

    2; 14:2, 4; 15:3, 5; 24:4; 25:
    4; 26:3²; 28:3²; 31:3; 32:
    5; 43:5, 8²; 50:4³; 53:3;
    56:2², 21²; 58:4, 11, 12;
    62:3, 5; 65:5; 66:2; 67;1²;
    68:6; 69:5; 71:3²; 75:1;
    78:11; 81:1; 84:1³, 3; 85:
    9; 102:4; 106:4; 110:6;
    115:1, 2; 119:4; 123:4;
    124:3; 126:4; 129:2
Ἰδουμαίων D 119:4
ἱδρυόμεθα Ath 23:1
    ἱδρύσαντες Ap 9:1
    ἵδρυται Ap 62:1 Ath 14:1
ἱδρώς D 103:8
Ἰεζεκιήλ Ap 52:5 D 21:2; 44:2;
    45:3; 47:5; 80:5; 82:3;
    118:2; 120:1; 140:3 M Ek
    HE 4:26:14
ἱερατευόντων Ap 62:2
ἱερεῖα Ap 24:3
    ἱερείων Ath 26:1; 27:2
Ἰερεμίας (Ἱερεμίας) D 12:2; 28:
    2; 87:4; 114:5
    Ἰερεμίου Ap 51:8 D 11:3;
        22:6; 72:2, 3²; 78:8; 120:5
        M Ek HE 4:26:14 Ath 9:1
ἱερεύς D 19:4; 32:6; 33:1³, 2³;
    34:2; 36:1; 63:3; 83:2, 3;
    86:3; 113:5; 115:3; 116:3;
    118:2; 127:3 T 36:1; 38:1
    ἱερέως D 42:1; 79:4; 115:3, 4²
    ἱερέα D 19:4; 33:2; 96:1;
        115:2
    ἱερεῖς D 40:4; 50:3
    ἱερέων D 116:3; 117:1
    ἱερεῦσιν D 37:4; 64:4 Ath 28:1
    ἱερεῖς D 51:2
Ἰεριχώ D 62:5³; 111:4
ἱερόν Ap 32:6
    ἱερῷ Ath 28:5
    ἱερῶν Ap 9:5
    ἱεροῖς Ap 62:2 Ath 14:2²
    ἱερά Ap 62:1² Ath 28:4
ἱερῆς Ath 20:3
    ἱερᾷ Ap 1:1 App 2:16
    ἱεράν Ap 56:2, 3

ἱραί Ath 28:3
ἱερῶν D 52:3
Ἱερουσαλήμ (Ἱερουσαλήμ) Ap 35:
11; 39:1, 3; 45:3, 5²; 47:
2, 4: 49:5; 52:11 D 16:2;
17:1; 22:11; 24:3²; 25:5;
34:7; 40:2; 50:3, 4; 51:2;
53:3; 79:4; 80:1, 5; 81:1²,
4: 83:1, 2, 3², 4; 85:7, 9;
92:2; 99:2; 109:1, 2; 110:2;
113:5; 114:5; 115:2²; 117:
2; 123:6; 127:3; 138:1, 3
Ἱεροσολύμων (Ἱεροσολύμων) Ap
34:2 D 36:6; 40:4
Ἱεροσολύμοις D 40:5; 77:4
Ἱεροσόλυμα Ap 32:6; 35:10
D 53:2²; 88:6
ἱερωσύνην Ath 28:3
Ἰεσσαί Ap 32:12, 13, 14 D 34:
6: 86:4; 87:2²; 120:2
ἧκα D 2:3
ἥκασιν D 43:6; 66:3; 119:2
Ἰησοῦς (Ναυῆ) D 62:5³; 116:3;
cf. 75:2; 89:1; 106:3 M Ek
HE 4:26:14
Ἰησοῦ D 62:4: 90:4; 111:4;
113:7; 131:4; cf 75:3; 90:
5; 91:3; 115:4; 132:3²
Ἰησοῦ D 49:6: 61:1; 62:4;
113:2
Ἰησοῦν D 49:6, 7; 62:5²; 113:
1², 7: 120:3
Ἰησοῦς (ἱερεύς) D 116:3
Ἰησοῦ D 79:4; 115:4; cf. 115:3
Ἰησοῦν D 115:2
Ἰησοῦς Ap 33:7; 46:5; 63:13
App 6:4; 8:5; 22:1 D 75:1,
2²: 83:4; 85:7; 89:1; 97:4;
106:3: 111:1; 113:1, 4;
115:3; 116:2; 120:4; 134:6
Ἰησοῦς Χριστός Ap 12:9; 23:
2; 34:2; 35:6; 42:4; 66:2;
67:7 D 24:2; 32:3; 41:1;
47:5: 49:3; 52:3; 53:2;
85:4; 112:4; 113:6
Ἰησοῦς ὁ Χριστός Ap 63:3, 10
D 113:3; 117:1

Ἰησοῦ Ap 66:2 D 33:1; 34:8;
35:4: 40:4; 52:4; 75:3:
88:3²,8; 90:5; 91:3; 103:5:
108:2; 110:2, 4; 111:1:
112:2²; 113:4, 6; 115:3, 4:
116:3; 117:3, 5: 121:2;
122:1; 128:1; 131:4, 5:
132:1, 3²
Ἰησοῦ Χριστοῦ Ar 15:1, 3 Ap
5:4; 25:1: 32:2; 33:5; 61:
3, 13; 67:2 App 6:6; 8:4
D 11:4; 30:3²; 35:2; 41:4;
50:2; 58:1; 93:2; 116:1²
Ἰησοῦν Ap 31:7; 33:5, 8; 61:
13; 66:3 D 35:1, 2, 5, 7:
46:1; 67:2; 76:6; 103:4;
110:4; 132:1; 142:3
Ἰησοῦν Χριστόν Ap 13:3: 19:6;
21:1; 23:3; 68:8
Ἰησοῦν τὸν Χριστόν Ap 31:6,
cf. 7
Χριστὸν Ἰησοῦν D 35:8
ἱκανός D 49:3; 50:5; 88:7
ἱκανόν D 13:1
ἱκανόν Q HE 4:3:2: D 2:3
ἱκανοί D 8:2
ἱκανά D 50:5; 77:1
ἱκανά D 42:4
ἱκανῶς D 39:7; 127:1: 137:2
Ath 10:1
ἱκανώτατος T 36:2
ἱκεσία D 107:2
ἱλαρώτερον T 26:4
Ἰλιακῶν T 36:1
Ἰλιακῶν T 31:3⁴; 36:1; 39:1:
41:2, 3
Ἰλιακοῖς T 37:1
Ἰλιεύς Ath 1:1
Ἰλιεῖς Ath 14:1
Ἰλιον T 39:1, 3
Ἰλίου T 31:2, 3; 36:1; 38:2;
41:3
Ἰλιον T 41:1
ἰλύς Ath 18:3
ἱμάντι D 17:2; 133:4
ἱμάντες D 131:6
ἱματίου D 9:2

ἱμάτιον Ap 16:1 T 25:1 Ath 1:4
ἱμάτια D 15:5; 26:4
ἱματίων D 26:3; 38:4; 63:4
ἱμάτια Ap 52:11 D 97:3²; 98:
  5; 104:1, 2; 116:3²
ἱματισμῷ D 38:4; 63:4
ἱματισμόν Ap 35:5, 8; 38:4 D
  97:3; 98:5; 104:1
ἵμερος T 32:1
ἵνα Ar 3:2; 8:1, 4 Ap 3:1; 7:
  4; 9:4; 14:4; 16:2; 23:1;
  27:1; 33:2; 37:1; 40:11;
  46:1, 51:1, 7; 57:2; 59:1;
  63:16; 68:4, 7 App 7:1;
  9:1; 15:2 D 14:2; 15:1, 3;
  16:2³; 17:2; 19:2, 5, 6²;
  20:1; 21:1; 22:2, 9; 24:1,
  2; 25:3; 27:2; 30:2, 3; 32:
  3, 4, 5; 34:3; 35:8; 36:5;
  38:2; 39:6; 41:1; 43:3, 4;
  44:4; 45:4; 46:5²; 49:7;
  55:2, 3; 56:6, 12, 18; 57:4;
  58:2, 3, 7; 62:4; 64:7; 65:
  2; 70:2²; 75:1; 77:1; 79:2;
  80:1; 84:2; 85:1, 4, 9²;
  86:2; 87:3; 90:1, 4; 92:4;
  95:3; 96:3; 98:2; 99:1², 3;
  100:4; 105:3²; 108:1; 112:
  5; 115:6; 116:1; 118:3;
  119:1; 124:3; 131:3²; 133:
  4; 141:1; 142:3 T 1:3;
  4:1; 8:3; 9:1; 12:1²; 16:
  2; 33:2; 40:1; 41:3 M Ap
  HE 4:26:6 Ath 1:2; 4:1;
  8:4; 11:1; 12:3²; 20:3;
  21:1; 23:6; 28:4; 31:1, 3;
  35:2; 36:2; 37:1
ἵν' Ap 56:3 T 2:2; 7:1 Ath
  2:1; 8:1; 22:7; 24:3
Ἴναχος T 39:1
Ἰνάχου T 38:1
Ἴναχον T 38:1²; 39:1², 2²;
  41:3
ἰνδαλματώδεις Ath 27:1²
Ἰνδία D 3:6
Ἰνώ Ath 29:2
Ἰξιονίης Ath 21:4

Ἰόβας T 36:2
ἰοβόλα Ap 60:2
Ἰορδάνου D 51:2; 69:5; 88:7;
  103:6
Ἰορδάνη D 88:3
Ἰορδάνην D 49:3; 86:5.6; 88:
  3, 8; 126:6
ἰός D 27:3
ἰουδαϊκόν Ap 53:4
ἰουδαϊκῷ Ap 31:6
Ἰουδαίου Ap 47:6
Ἰουδαίας D 30:3
Ἰουδαίᾳ Ap 13:3; 32:4; 34:2
  D 78:4
Ἰουδαίαν D 9:3; 78:4
Ἰουδαῖοι Ar 2:1 Ap 32:3; 36:
  3; 49:1, 5; 53:6; 63:1, 3,
  14 D 72:3
Ἰουδαίων Ap 31:2, 6; 32:2, 3²,
  4, 6, 14; 34:2; 35:6; 38:7;
  40:6²; 47:1; 52:10; 53:3²,
  5; 63:10 D 72:3; 103:3, 5
  T 37:1
Ἰουδαίοις Ap 31:1², 5; 32:2
  D 77:3 T 38:1
Ἰουδαίους Ar 14:1 D 80:4²
  T 36:2
Ἰούδας Ap 32:3 D 126:1
Ἰούδα D 52:2; 123:9(?)
Ἰούδα Ap 32:1, 14²; 34:1²;
  54:5 D 11:3, 5; 43:1, 6;
  50:4; 52:2; 66:3; 78:1²,
  4; 82:3; 100:1; 120:2², 3;
  123:9(?); 135:4.6; 136:1
Ἰούδα D 120:3; 123:5
Ἰούδαν D 28:3; 86:6; 115:2;
  120:3²
Ἰούδα D 52:2
Ἰουστῖνος Ap 1:1 T 18:2
Ἰουστῖνον T 19:1
ἵππος T 8:2
ἵππου Ap 21:2; 54:7³ D 4:2
ἵππον Ath 17:2
ἵπποι D 4:3
ἵππων Ap 27:1 D 22:5 T 17:1;
  28:1; 32:2

ραί Ath 28:3
Ἰσαάκ Ap 63:7, 11, 17³ D 11:1,
    5; 35:5; 46:3²; 56:7³; 58:
    12; 59:2, 3; 60:2, 3; 76:4;
    80:4; 85:3; 100:3; 120:1²,
    6; 126:2, 5; 127:4; 130:2;
    135:1; 140:4
ἰσάγγελοι D 81:4
Ἰσάτιδος T 41:1 (MPV Eus)
Ἰσαύρων T 1:1
Ἴσις Ar 12:2 Ath 22:6
Ἴσιδος Ath 22:5; 28:2², 2 (Sch),
    3⟨, 3⟩
Ἴσιδι Ath 22:6
Ἴσι Ath 28:4
Ἴσιν Ar 12:2
Ἰσμαήλ D 119:4
ἰσοδύναμος T 5:3
ἰσονομοῦνται Ath 1:2
ἴσον D 5:5 Ath 2:3, 4
ἴσης T 4:2 Ath 1:2; 25:2
ἴσῃ Ath 2:3
ἴσῳ Ath 25:4
ἴσον D 8:2
ἴσοι Ath 35:3
ἴσοις Ath 34:2
ἴσους Ath 2:4
ἴσα App 12:5 Ath 22:3; 34:2
ἰσότιμον Ath 22:2
ἴσρα D 125:3
Ἰσραήλ Ap 37:1; 53:4, 11; 63:
    2, 12 D 11:3; 12:1; 13:2,
    9; 14:4; 17:2; 22:3, 4, 8;
    25:2; 28:3; 34:6; 58:7, 8;
    59:2²; 64:6; 72:4; 75:2;
    78:8; 91:3, 4; 98:2, 5; 100:
    1², 4; 106:2, 3, 4; 110:2;
    111:1; 114:1; 121:4; 123:
    5⁴, 6³, 7, 8², 9³; 125:1, 3,
    5²; 126:1; 130:3²; 131:1²;
    133:4, 5; 134:1, 6²; 135:1³,
    2, 3; 137:2
Ἰσραηλῖται Ap 60:2
Ἰσραηλιτῶν Ap 62:3, 4 D 117:2
Ἰσραηλιτικόν D 11:5; 135:3
ἵσταται Ath 10:3
στήσω D 118:2

στήσῃ D 5:6
στήσεται D 36:3
ἔστησα D 126:2
ἔστησε D 50:5; 94:1, 3
ἔστησεν D 11:2; 58:13; 113:
    4; 131:1² T 33:4
στῆσαι Ap 60:3 D 121:4
στήσας D 112:1
στήσαντες Ath 34:1
σταθέντα D 132:1
σταθεῖσαν Ap 26:3
ἔστη Ap 40:8 D 106:1; 124:2
στῆς D 56:20
στῇ Ath 8:4
στῆναι D 79:4; 127:3
ἔστηκας D 62:5
ἔστηκε Ap 27:1
εἰστήκει Ap 32:6 D 56:2; 79:
    4; 115:2
εἱστήκεισαν D 56:2; 126:4
ἑστηκώς D 56:18
ἑστηκότα D 62:5
ἑστῶτα D 115:2 T 26:2
ἑστώτων D 31:4
ἑστῶτα D 22:5
ἱστίον Ap 55:3
ἱστορῶσι D 69:2
ἱστορεῖν Ath 28:3
ἱστορεῖται Ap 22:4
ἱστοροῦνται Ap 21:4; 53:8
ἱστορήσω D 62:2
ἱστορηκότων Ath 30:3
ἱστορίας T 31:4; 39:1; 40:1
    Ath 20:3; 26:1
ἱστορίαν T 36:2² Ath 28:3;
    29:1; 30:4
ἱστορίαι Ar 13:7
ἱστορίαις T 37:1
ἱστορίας T 1:1
ἱστορικῶν T 31:1
ἰσχυρός Ap 40:4; 54:9 D 16:1;
    55:1; 69:3; 75:3; 83:4;
    102:7; 125:2 T 32:3
ἰσχυροῦ Ap 45:5 D 102:5
ἰσχυράς D 70:2; 102:5
ἰσχυρόν Ap 54:9 D 69:3; 76
ἰσχυράν Ap 62:4

ἰσχυρόν D 109:3
ἰσχυρῶν Ap 51:5 D 13·7
ἰσχυροῖς T 14:1
ἰσχυρά D 61:4²; 109:2
ἰσχυρότερος D 49:3; 88:7 Ath
   34:2
ἰσχυρότερον Ar 1:2²
ἰσχυροτέρου D 103:3
ἰσχυρῶς D 63:1
ἰσχύς Ap 41:2 D 25:2; 98:4;
   102:1, 5; 103:9; 111:2
ἰσχύος Ap 16:6; 55:2 D 26:3;
   39:2; 50:4; 65:6; 87:2, 4;
   93:2², 3
ἰσχύι D 15:2; 50:4; 62:5;
   101:1 Ath 6:2; 24:2; 30:2
ἰσχύν D 30:3; 70:2; 91:1;
   102:6; 113:4
ἰσχύει T 15:3
ἰσχύουσι Ar 13:2
ἰσχύουσιν Ar 12:8
ἴσχυεν D 90:4
ἰσχύειν T 17:3 Ath 2:2; 23:1²
ἰσχύων D 90:4
ἰσχύοντες D 133:5
ἰσχύσω D 26:2; 65:4; 122:3
ἴσχυσεν D 121:3; 127:3²
ἴσχυσαν Ap 44:12; 57:1
ἰσχύσατε D 69:5²
ἴσως Ap 4:7; 28:2 D 8:4; 39:
   6; 47:4; 51:1; 68:6; 85:3
   Ath 22:1; 28:1
ἰτέας D 86:5
Ἴφιτον Ath 29:1
ἰχθύος D 107:2
ἰχθύων D 62:1 Ath 34:2
ἰχθῦς Ath 30:1
Ἰώ T 30:2
Ἰσῦν Ath 28:3
Ἰωάννης D 50:2; 51:2; 81:4;
   88:2, 3
Ἰωάννου D 49:4², 5; 50:3;
   51:3; 52:3; 88:6, 7
Ἰωάννῃ D 49:3, 6
Ἰωάννην D 49:7; 51:1; 84:4
Ἰώβ D 46:3; 79:4; 103:5 M Ek
   HE 4:26:14

Ἴωνος T 39:3
Ἴωσι T 1:2
Ἰωνᾶς D 107:3
   Ἰωνᾶ D 107:1, 2, 3²; 108:1²
Ἰωνικήν T 31:3³
Ἰωσήφ D 22:5; 78:3, 5, 7; 88:8:
   91:1²; 100:1; 102:2; 103:
   3; 123:9; 126:1

Καβίρων Ath 4:1
Κάδμος T 39:1
   Κάδμου T 39:3
κάδου D 50:5
καθά Ar 4:2 Ap 68:3 D 15:6;
   29:3 T 1:2 Ath 20:2
καθαιρεῖτε T 26:3
καθαιρήσατε Ap 50:4
καθεῖλεν Ath 29:1
καθαίρων Ap 32:7
καθαιρομένων D 41:1
καθηράμενος D 4:3
καθάπερ D 29:3 T 4:1; 5:2, 3;
   8:3; 14:1; 16:2; 18:1; 19:
   1, 2; 25:3; 26:3; 30:1 Ath
   28:3
καθαπτόμενος D 137:2
καθαρεύοντος D 49:7
καθαριζομένων D 41:1
καθαριζομένοις D 13:1
καθαρισθήσονται Ap 48:2
καθαρίσαι Ap 51:2 D 13:1, 6;
   14:1
καθαρισθέντες D 116:2
καθαρός D 12:3; 36:3
καθαρά D 28:5; 41:2
καθαρόν D 14:2; 31:2 Ath
   27:1
καθαροῦ Ap 8:2
καθαρᾶς D 55:2; 80:2
καθαρόν Ap 58:3
καθαροί Ap 44:3; 61:7 D 18:2
   Ath 12:3
καθαρῶν D 91:1
καθαρούς Ath 28:2
καθαράς D 12:3; 116:3; 117:4
καθαρώτερον T 12:3
καθέδραν Ap 40:8

καθεζόμενος D 49:3; 90:5; 107:3
καθεζομένου D 51:2; 88:7
καθεζόμενοι D 110:3
καθεσθησόμενος Ap 35:10
καθεσθῆναι D 83:1
καθεσθέντα D 88:6
καθεσθέντες D 9:3
καθείρξας T 2:1
καθέλκει T 20:1
καθείλκυσαν T 16:2
καθεύδεις D 58:12
καθεύδει D 127:2
κάθηται D 37:1
  ἐκάθητο D 31:2; 56:19
  κάθου Ap 45:2 D 32:6; 56:
  14; 83:1, 2; 127:5
καθήμενος D 22:10; 37:3;
  64:4
καθημένου D 56:2
καθημένῳ D 126:4
Καθημένην Ath 17:3
καθημένους D 26:2; 65:4
καθίδρυσις T 39:3
καθιδρύσαντος T 33:3
καθιδρύσαντες T 21:3
καθίδρυται T 10:2
καθίζοντα D 32:3
καθίζονται T 23:1
καθίσει D 68:5
καθίσεται D 109:3
  ἐκάθισε Ap 32:6 D 31:7
  ἐκάθισεν Ap 40:8 D 31:2
  ἐκάθισαν Ap 35:6
  καθίσῃ D 36:5
καθειμένον T 19:1
καθίστα D 52:3
καθιστάναι Ap 9:5 Ath 5:1
καθίστατα T 9:3
καθίστανται T 20:2
καταστήσεις D 38:5
καταστήσειν D 19:4
καταστήσεται D 133:3 T 17:4
κατέστησε Ap 33:6 D 65:7
κατέστησεν D 69:1
καταστήσῃ D 117:3
καταστῆσαι D 122:5 M Ap HE
  4:26:9

κατεστάθην Ap 40:13
κατέστη Ath 18:3
καταστῆναι M Ap HE 4:26:9
  (TE)
καθέστηκεν T 2:1 Ath 24:4
καθό T 5:1 Ath 19:2²; 24:3
κάθοδος Ap 18:5
καθόδου T 31:2
καθολικήν D 81:4
καθολικάς D 102:4
καθολικῶς Ath 27:1
καθόλου Ap 7:3 D 45:4
καθωπλισμένος T 16:2
καθορᾶν D 3:3; 4:1 T 13:2
κατόψεσθαι D 2:4, 6
κατιδεῖν D 2:4
καθώς Ar 2:1; 4:1; 15:10 Ap
  51:6 D 118:2 T 33:3
καί passim
Κάϊν D 99:3
καινοποιηθέντες Ap 61:1
καινός D 11:4; 12:3; 14:3;
  18:3; 81:1
καινή D 11:4; 43:1; 51:3;
  81:1
καινόν M Ap HE 4:26:6
καινοῦ D 131:6
καινῆς D 11:3; 118:3; 122:5
καινοῦ Ap 57:2
καινόν D 34:1; 65:5
καινήν D 11:3, 4; 12:2; 34:1;
  67:9; 122:5
καινόν Ap 15:9, 10; 21:1 D
  73:3; 74:2
καινοί D 119:2, 3
καινά D 65:5
καινοῖς M Ap HE 4:26:5
καινά Ap 5:3; 40:11 App 10:5
καινοτομεῖ T 35:2
καινουργεῖν D 113:5
καίπερ Ap 4:4; 7:3; 25:1; 45:5
  D 55:3
καιρός D 8:1; 31:5 T 35:2
  Ath 22:4, 5
καιροῦ Ap 17:2; 26:3; 33:5;
  60:2; 62:3 D 31:3, 6²;
  32:3; 103:3; 117:5 Ath 22:4

καιρῷ Ap 40:9 D 61:4; 86:4;
   122:5 M P HE 4:26:3
καιρόν Ap 19:4 D 32:3, 4;
   56:17; 126:4; 132:1 T 13:1;
   36:1 M P HE 4:26:3 Ath
   3:1; 22:2
καιρῶν D 31:6; 32:4; 131:4
   Ath 22:4
καιρούς Ar 4:2 Ap 31:1 D
   31:6; 32:3, 4; 133:1 T 25:2
Καίσαρος Ap 1:1; 13:3: 17:2²;
   26:2: 56:2; 68:3 App 2:16
Καίσαρι ⟨Ar Ins⟩ Ap 1:1; 17:2²
   D 120:6
Καίσαρα Ap 21:3
καίτοι App 11:2 D 7:3 Ath 3:1;
   8:1; 10:3; 19:2; 21:1;
   22:7; 25:2; 28:3⟨Sch⟩; 35:1
καίεται D 60:4
καιομένης D 133:5
καυθήσεται D 22:7; 119:2;
   133:5
καύσας Ap 53:8
κεκαυμένην Ap 53:9
κακία Ap 8:2; 43:6 App 9:1;
   11:7 Ath 24:4
κακίας Ar 8:4 Ap 2:4; 6:1
   App 7:6 D 14:2; 41:1;
   65:2; 107:2; 109:1; 110:3;
   114:4; 136:2; 142:3 T 17:
   4; 34:1 Ath 3:1; 36:2
κακίᾳ Ap 5:3; 28:4 App 2:7;
   7:9; 9:4; 12:1 D 30:1;
   93:4
κακίαν Ap 9:4; 12:2; 28:4
   App 5:4; 7:9; 8:2; 11:3, 4
   D 22:10; 55:3 T 14:1 Ath
   2:3; 24:4; 31:1
κακίας D 27:4; 74:4
κακίζει Ath 21:5
κακίζοντες Ath 34:1
κακόεργον Ap 12:1 (v κακοῦργος)
κακοηθείᾳ T 16:1
κακοποιεῖν Ar 13:5 T 17:4
   κακοποιῆσαι D 123:4
κακοποιΐαν D 133:6
κακοποιοί Ar 13:6

κακοπραγίας T 29:1
κακός Ap 43:8 T 18:1
κακόν Ap 4:1; 44:1 D 93:1
κακῆς D 14:2; 17:1; 121:3
κακῷ T 19:1
κακῇ Ap 2:3
κακήν Ap 10:6
κακόν Ap 2:4 D 1:5; 27:5;
   43:6;66:3;137:1 Ath 11:2;
   12:1
κακοί Ap 4:2 T 3:2; 16:2
κακαί Ap 94:2
κακά Ap 43:6 D 56:20; 74:4²
κακῶν Ap 9:1; 28:1
κακῶν Ap 21:5 D 115:6
κακῶν Ap 16:3 T 3:2; 18:1;
   23:1
κακοῖς D 5:3
κακοῖς D 17:1 (A);31:6: 108:1
   T 18:1 Ath 14:1
κακούς Ap 5:4; 23:3 Ath 23:2
κακάς D 78:9
κακά Ar 13:7 Ap 28:4 D 93:
   2; 95:1; 116:1; 119:2 Ath
   26:2
κακουργίας Ap 68:7
κακοῦργοι Ap 7:1 (v κακόεργος)
κακούργων D 22:5
ἐκάκωσα D 109:3
κεκακῶσθαι Ap 50:10 D 13:5
κακῶς Ap 4:7 D 12:2; 17:1;
   74:2; 119:5 Ath 4:2; 11:
   2²; 25:2; 34:2
κακώσει Ap 50:8 D 13:4
καλαμῶνται D 133:2
καλάμη D 133:5
κάλαμος D 38:3
κάλαμον D 123:8; 135:2
καλεῖς D 3:5
καλεῖ Ap 40:7² D 27:4; 77:
   4; 78:10; 103:5; 104:1;
   123:8; 124:4; 128:4;130:3
καλοῦμεν D 30:3
καλοῦσι Ap 18:4
καλέουσι Ath 28:5
καλοῦσιν Ar 15:7 Ap 22:1 D
   7:1; 128:2

καλέουσιν Ath 18:4
καλῶσι D 70:1
καλεῖν D 43:6; 66:3; 77:2², 3²; 114:2; 117:2 T 1:3
καλῶν D 139:4
καλοῦντος D 123:6; 136:2
καλοῦντες Ar 3:2
καλοῦμαι App 14:2 (B) D 1:3
καλεῖται Ar 4:2 Ap 28:1; 53: 4; 55:3; 61:12; 63:5; 66: 1, 3 D 3:5; 36:2; 41:4; 42:3; 56:4, 10; 58:9; 60: 3; 61:1; 62:4; 100:1 T 8: 4; 12:1 Ath 22:6
καλούμεθα D 63:5; 123:9
καλοῦνται Ar 15:2 Ap 26:6; 66:3 (A) D 42:3
ἐκαλεῖτο D 2:2
καλεῖσθαι Ap 32:3 D 64:1; 86:3; 112:5; 124:4; 128:2²
καλούμενος D 60:4; 75:2²; 78:8; 134:6 Ath 6:5
καλεομένη Ath 28:5
καλουμένου D 67:2; 132:3²
καλουμένῳ Ap 10:1
καλουμένῳ Ath 20:3
καλούμενον App 7:2 D 2:3; 33:2; 100:4; 113:1
καλούμενον Ap 59:6
καλούμενοι Ap 65:5 D 35:6 Ath 24:5
καλουμένων D 117:2, 5
καλουμένους Ath 10:3
καλέσεις Ap 33:5, 8
καλέσει D 26:3
καλέσετε D 15:4
καλέσουσι D 66:2
καλέσουσιν D 119:3
καλέσεται D 43:5
κληθήσῃ D 26:3
κληθήσεται Ap 33:5 D 13:9; 56:7; 58:7, 8
ἐκάλεσα D 26:2; 65:4; 122: 3; 135:4
ἐκάλεσε D 22:7; 54:1; 56:21; 58:8; 113:1; 119:5

ἐκάλεσεν Ap 15:7 D 58:7, 8. 13; 60:4; 119:5; 126:3
ἐκάλεσαν Ap 49:2
ἐκάλεσσαν Ath 30:1
καλέσῃς D 27:1
καλέσαι Ap 15:8
ἐκλήθη D 103:5; 116:3
ἐκλήθημεν D 131:2
κληθῆναι D 2:2; 105:4; 121:4 Ath 30:1
κληθέντος Ap 5:4 D 11:5
κληθέντες D 131:2
κέκληκε D 13:9; 30:1
κέκληται Ap 63:14 D 36:1; 103:5; 126:1 T 10:1 Ath 20:2
κεκλήμεθα Ap 6:1
κέκληνται Ap 53:4
κεκλῆσθαι D 123:1
κεκλημένη Ap 32:8 D 125:4
κεκλημένου D 124:3
κεκλημένον Ap 31:7
κεκλήσεται Ath 29:2
Καλλιάδου T 34:3
καλλιερήσετε Ap 12:7
Καλλίμαχος T 31:2 (MPV Eus)
Καλλίμαχε Ath 30:2
καλλιπλοκάμοιο Ath 21:4
κάλλιστον T 28:1 Ath 29:2
καλλίστων D 20:3
Καλλίστρατος T 31:2
Καλλιστράτου T 34:3
Καλλιστοῦς T 9:3
καλλισφύρου Ath 21:4
κάλλιον T 12:2
κάλλος D 91:1 T 2:2 Ath 34:1
κάλλους D 38:4; 63:4, 5 Ath 5:2
κάλλει App 11:5 D 38:3² Ath 10:1
κάλλος Ap 50:6 D 13:4 Ath 16:2
κεκαλλωπισμένοι D 29:2
καλός App 2:7 D 123:4 T 10:2 Ath 16:1
καλή D 28:3² T 19:2
καλόν D 4:1, 7; 38:1; 78:10;

137:1 T 17:3; 19:3; 32:2;
  34:2 Ath 20:3
καλῆς D 114:4
καλοῦ App 14:2
καλῇ Ap 35:3; 38:1; 49:3
  D 24:4; 97:2
καλόν Ap 16:13 Ath 21:2
καλήν Ap 3:2 D 28:4; 125:1, 2
καλόν Ap 21:4; 44:3; 49:6;
  61:7 App 1:2; 9:1; 11:2
  D 2:4; 17:2²: 62:3; 102:4³;
  133:4 T 12:2; 18:2 Ath
  12:3; 34:1
καλοί Ar 13:7 T 10:2; 22:3
καλά Ap 16:2 App 9:3³ T
  22:2 Ath 16:3
καλῶν Ap 7:5; 44:12; 67:4
  App 14:1 D 115:6
καλοῖς Ap 11:5
καλάς Ap 14:3
καλά Ar 13:7 Ap 43:3, 7 App
  2:13; 9:1, 4: 11:6, 7, 8 D
  21:4; 45:3, 4
καλῶς Ar 13:7 Ap 14:4; 40:5
  App 10:2; 13:3, 4 D 16:3;
  71:1; 78:10; 89:3; 93:2;
  115:6 T 23:1 M Ap HE
  4:26:6, 8 Ath 16:1
κάματος T 16:3
  καμάτου D 68:2
Καμβύσην T 31:2
καμήλου D 88:7
  κάμηλον D 112:4
  κάμηλοι D 112:4²
καμίνου D 56:2
καμμύων D 70:2
κάμνων T 16:3
  καμνόντων T 18:3
  καμών D 5:6
κάμψει Ap 52:6
  ἔκαμψαν D 39:1
  κάμψῃς D 15:4
  καμψάντων D 46:6
κανονίζεται Ath 31:2
Καππαρεταίας (al Καπαρατταίας)
  Ap 26:4
κάπρον Ar 11:2

καρατιεῖ D 91:3
καρατομίαν T 8:2
καρδία D 12:2; 16:1: 38:3;
  78:11, 98:4; 102:1: 103:7
καρδίας Ap 16:6; 52:11 D
  15:7; 28:2, 3; 92:4; 93:2²,
  3; 103:8²; 113:7; 121:2
καρδίᾳ Ap 15:1; 48:5 D 16:5;
  27:4; 31:7; 36:3; 38:3;
  39:5; 69:5; 110:6 Ath 31:3;
  32:2
καρδίαν Ap 53:11 D 25:2;
  50:3; 69:4; 72:1; 80:4;
  81:1 T 27:2
καρδίαι D 33:1; 114:4
καρδιῶν D 107:2
καρδίαις Ar 15:3 D 28:3;
  46:5; 114:4
Κᾶρες T 1:1
Καρῶν D 119:4
κρατός Ath 20:3
κάρη T 10:2
καρκίνων T 18:2
Καρμήλου D 69:5
καρπογονοῦσα D 120:2
καρπός D 28:3; 34:5; 49:8
καρποῦ D 110:2
καρπόν Ap 16:13; 40:9 D
  86:4; 102:5 Ath 22:6
καρποί Ar 4:3
καρπῶν App 5:2 D 91:1 Ath
  22:6
καρπούς D 16:2
καρποφορήσαντα D 110:4
καρποφόρους D 110:4
καρποῦνται Ath 27:2
  καρπούμενος Ath 15:3
κάρτα Ath 28:4
καρτερίαν Ap 16:4 D 2:2; 8:3
καρτερῶς App 7:8
Καρχηδόνιοι Ath 14:1
κασίαν D 38:4
  κασσίαν D 63:4
Κάστορος Ath 29:2
κατά (gen) Ar 9:5; 11:2: 13:7
  Ap 26:8; 40:6, 11²; 44:12;
  45:5; 47:6; 49:6; 68:1, 8

App 6:6 D 11:2; 17:1, 3;
22:10²; 30:3; 78:3; 85:2,
3²; 91:4; 94:5²; 108:2;
134:3 T 5:1; 11:1; 32:3
M Ap HE 4:26:6 Ath 1:4;
8:4; 21:3; 35:2
κατ' (gen) Ap 68:1 D 98:1;
131:5
καθ' (gen) Ap 2:3; 23:3 D
1:4; 17:1, 2; 32:5; 43:8;
108:3; 133:2; 136:2; 137:3
T 4:1; 35:2 Ath 5:1; 31:1;
35:1
κατά (acc) Ar 1:2; 4:2⁴; 5:3;
6:1, 3; 7:1, 3; 8:4; 15:7²,
10 Ap 2:1, 3; 14:3; 15:6;
19:4; 20:2; 26:5; 27:1;
31:1, 8; 32:14²; 41:2, 3;
46:5; 61:10, 13; 63:16;
66:2; 67:3, 6; 68:4, 10 App
4:4; 6:3, 5, 6; 7:3³, 7; 8:2,
3²; 10:2, 4; 13:6²; 15:3 D
1:2; 3:5; 4:4; 5:1; 9:3;
10:1; 16:2; 17:2; 18:2;
19:4²; 22:10, 11; 23:1², 3;
31:4; 32:2, 6; 33:1, 2²;
35:7, 8; 40:1, 3; 41:1, 4;
43:1, 2, 7; 44:1²; 45:2, 3;
47:3, 4; 48:3; 52:3²; 53:6;
54:2; 55:3; 56:18; 60:5²;
63:1, 3; 64:2; 66:4; 67:1;
69:6; 75:4²; 76:7; 78:6, 7,
10; 80:3, 5; 81:2, 3; 82:4;
83:2, 3; 85:4; 87:2, 3;
88:2; 95:1, 2; 97:3, 4;
100:4, 5; 102:2, 5, 7; 103:1,
3; 110:4; 113:3, 5; 116:1;
117:3, 4; 118:1; 119:5;
120:1; 121:2; 122:2; 125:5;
127:4; 128:3; 130:2; 131:1²;
132:1; 133:1, 2; 134:1, 4²;
139:3², 4; 140:2, 4; 141:2,
4 T 1:3; 2:2; 3:2², 3;
5:1³, 3; 6:1; 7:1, 2; 9:3;
12:3², 4, 5; 13:2; 14:2²;
15:1, 2, 3², 4; 17:1²; 20:1;
24:1³; 25:1, 2³; 26:1, 2²;

27:2; 31:2, 3²; 33:2;
34:2², 3; 35:2; 37:1, 2;
38:1; 39:1³, 2⁵, 3⁴; 40:1³;
41:1, 2; 42:1² M P HE
4:26:3 M Ap HE 4:26:5,
7, 8 Ath 1:1; 2:1; 5:1;
6:1, 4², 5; 7:1; 14:2; 15:2;
18:3; 20:1²; 21:3, 4; 22:2²,
3³; 23:1, 6; 24:1, 2³, 4, 5;
25:2, 3⁴, 4²; 28:1, 2, 3;
30:4; 31:1, 3; 32:1; 33:1,
2; 35:2; 36:2, 3²; 37:1
κατ' (acc) Ap 12:1; 17:2, 4;
21:5; 26:3; 30:1; 33:5;
43:2; 44:11², 12; 54:1;
60:2, 3; 61:10; 62:3 App
1:2 D 2:3; 5:2; 10:3;
21:3; 32:2²; 35:5; 39:6;
49:1; 61:2; 62:1²; 65:3;
78:2; 84:2; 100:4; 102:2;
117:5; 128:4 T 3:1, 2, 3;
7:3; 9:3; 12:3; 15:1; 25:1;
27:1; 29:1²; 35:2; 36:1²;
38:1³; 40:1²; 41:2; 42:1
Ath 5:1; 6:4; 9:1; 14:2²;
16:2; 18:3; 19:1, 2²; 23:3;
24:2; 26:1; 30:1, 4
καθ' (acc) Ar 9:1 Ap 22:3,
42:4; 43:1, 2 App 7:3, 4;
9; 8:1 D 4:5; 39:2; 55:3;
58:4; 61:3, 4, 5; 62:1,
65:1; 74:2; 129:3; 142:1;
2 T 4:1; 5:2; 6:1; 7:2;
8:1; 9:2; 11:1, 2³; 12:3;
13:1²; 17:2²; 21:1, 2; 27:1,
2; 31:2; 32:2; 35:1; 36:2;
40:1; 41:2 M Ap HE 4:26:7,
8, 9 Ath 1:2, 3; 2:1, 4;
6:2, 4², 5; 9:1, 2; 11:1;
13:2; 15:1, 2; 22:8; 23:1,
3, 4, 5; 25:3; 26:2, 3; 27:2;
28:4; 32:2²; 36:2
κατέβαινον D 58:11
καταβαίνοντες D 65:5
καταβήσεται Ap 60:9 D 34:3
κατέβη D 72:4; 127:1
καταβῇ D 14:6

κατάβητε D 22:4
καταβῆναι Ar 11:3 D 79:3
καταβάς Ar 15:1 D 56:18
　　101:3
καταβεβηκέναι D 127:1; 129:1
καταβάλλουσι Ath 21:3
　καταβάλλετε T 1:2; 9:3
　καταβάλλουσαν Ath 22:4
　κατεβλήθησαν T 20:1
　κατέβαλεν D 125:4
　καταβαλεῖν D 125:4
　καταβαλών Ath 33:1
κατεβρώθη T 17:1
κατέβλεψαν D 56:17; 126:5
καταβοθρώσαντες T 34:1
καταβολῇ D 102:4
κατάβρωμα D 74:4
καταγγελία D 40:4
　καταγγελίας D 42:4
καταγγέλλεις T 27:2
　καταγγέλλει Ap 58:1
　καταγγέλλουσι Ap 4:9
　κατήγγελλε App 12:2
　κατήγγελλεν App 12:2 (Eus)
　κατήγγελλον D 7:3; 85:1
καταγγέλλοντες T 21:1
καταγγελλομένων Ap 7:4
κατήγγειλε App 12:2 (AB)
κατηγγελμένη D 35:2
κατηγγελμένην Ap 42:4
κατηγγελμέναι D 110:2
κατηγγελμένων D 44:4
κατηγγελμένα D 44:1; 53:1
καταγελῶσιν Ap 58:2
καταγελῶν T 10:2
κατεγέλασα App 13:1
καταγηράσκοντας Ath 33:1
καταγινόμενος T 3:2
καταγινόμενον T 13:3
καταγινώσκετε D 10:1
κατέγνων T 28:1
κατέγνωσαν Ath 31:1
κατέγνωκα T 33:3
κατεγνωκώς App 2:14
κατεάξει D 123:8
κατάγει D 100:3
κατάγουσιν Ath 1:1

κατάγοντες D 139:3
καταγόμενον T 13:3 (MPV)
κατήγαγον D 26:4²
κατήγαγες D 98:4; 104:1
καταγωγῆς Ath 16:1
καταγωγάς Ath 16:1; 34:1
καταδακνομένοις D 91:4
κατέδραθον Ath 21:3
καταδείξας D 135:1
καταδέσμοις D 85:3
καταδικάζετε Ap 7:2
　καταδικάζειν D 76:5; 104:1
　καταδικάζουσαν Ath 2:3
　καταδικάζεσθαι D 55:3; 124:4
　καταδικαζομένων T 22:1
　καταδικάσει D 125:2
　καταδικάσασθαι D 104:1
　καταδικασθῆτε D 35:8
καταδίκης T 29:2
　καταδίκην Ap 12:2 D 91:3;
　　45:4; 120:5
κατέθλασα D 26:4
καταιγίς D 22:7
κατῃσχύνατε D 133:3
κατῃσχύνθης D 13:9
κατῃσχύνθησαν D 98:2; 101:1
κατακαίεται D 60:4
　κατεκαίετο D 60:4
　κατακαύσει D 25:3; 49:3
　κατέκαυσεν Ath 29:1
　κατακαέντα Ap 21:3
κατακλείομεν Ath 6:2
κατεκληροδότησεν D 132:3
κατακληρονομήσεις D 124:2
κατακληρονομήσει D 115:2
κατακλίσει D 90:5
κατεκλύσθη D 138:3
κατακλυσμός App 7:2 T 39:2
　Ath 30:1
　κατακλυσμοῦ D 138:1³, 3
κατακολουθοῦμεν T 26:3
　κατακολουθεῖν T 14:1
　κατακολουθοῦσα T 10:3; 13:3
　κατακολουθοῦντας T 25:3
　κατακολούθησον T 18:2
　κατακολουθήσατε T 19:4
κατακόπτοντι Ath 4:1

κατακούσατε T 12:5; 17:1; 19:4
κατακρίνειν App 14:2
  κατεκρίθη T 23:2
κατέκρυψεν D 134:5
  κατακρύψαντα T 3:1
κατακυρίευε Ap 45:3 D 32:6
  κατακυριεύεται Ar 5:1, 3
  κατακυριευομένην Ar 4:3
  κατακυριεύσει D 34:4; 83:2
  κατεκυρίευσεν D 83:3
  κατακυριεύσατε D 62:1
κατελάλεις D 22:10
καταλαμβάνει T 13:1
  καταλαμβάνῃ T 16:3
  καταλαμβάνειν D 78:8
  καταλαμβανόμεθα T 4:2
  κατελαμβάνετο Ath 5:2
  καταλαμβανομένου Ap 47:6
  καταλαμβανόμενον Ath 10:1;
    23:4
  καταληφθήσεται D 43:6; 66:3
  κατέλαβεν T 13:1
  καταλάβω D 47:5
  καταλάβῃ D 56:20
  καταλαβεῖν Ap 46:5
  κατειλήμμεθα Ath 24:2
καταλεανεῖ D 31:6
  καταλεανῇ D 31:6 (A)
καταλέγει D 40:4
  καταλέγοιμι Ath 28:4
  καταλέγειν Ap 4:7; 46:3
  καταλέγοντα Ath 14:2
  καταλέγοντες D 17:1
  καταλεγομένους Ap 39:5
  καταλεχθῆναι D 17:3
καταλείπω Ath 9:2
  καταλείπει D 6:2
  καταλείπεται Ath 28:4
  καταλείψω D 74:4
  καταλείψειν D 136:1
  κατέλιπον D 2:3
  καταλιπεῖν Ap 68:7 D 83:4
  καταλιπών D 112:3
  καταλιποῦσα T 10:2
  καταλιπόντι D 8:3
  καταλιπόντα D 60:2
  καταλέλειπται D 52:4

καταλελειμμένη D 26:3
  καταλελειμμένην D 13:9
  καταλέλοιπεν T 13:2
  καταλελοίπαμεν T 26:3
καταληπτόν D 3:7
καταλήψεως T 11:2; 12:5
  κατάληψιν App 7:9 T 5:3;
    15:3; 19:1; 21:4; 27:2;
    30:1; 35:1
  καταλύσει App 6:5 D 121:3
  κατάλυσιν App 7:1 D 41:1;
    91:3; 100:4
καταλύει D 100:6
  καταλύειν D 94:2 T 26:2
  καταλύεσθαι D 111:2
  κατέλυσε D 78:5; 125:4
  καταλύσῃ D 39:6
  καταλῦσαι D 78:5
  καταλυθῶσι D 45:4
  καταλελυκέναι D 41:1
καταμανθάνειν T 27:1
  καταμάθοις D 120:2
  καταμαθών T 35:1
καταμαρτυρεῖ App 3:2
  καταμαρτυροῦντες Ath 35:3 (Sch)
  καταμέμφοιτο Ath 21:2 (Sch)
  καταμέμψαιτο Ath 21:2
  καταμιαίνοντες Ar 11:7
καταναθεματίζοντας D 47:4
  καταναθεματίσαντας D 47:4
  καταναλίσκοντα Ath 22:4
κατανοεῖς D 3:2
  κατανοεῖ Ap 48:5 D 16:5;
    110:6
  κατανοεῖτε D 17:4
  κατενόουν D 31:5
  κατανοεῖν T 34:1
  κατανοοῦντι Ap 19:1
  κατενόησαν D 97:3; 98:4;
    104:1
  κατανοήσατε Ap 55:2 D 87:4
  κατανοῆσαι T 12:3
  κατανοήσαντες Ap 16:4
κατάντημα D 64:8
καταυγέντες D 91:3
καταξιοῦν D 120:5
κατάξιων D 134:4

10*

κατηξίωσε D 130:4
κατηξιώθησαν Ap 26:1
καταξιωθῶμεν Ap 65:1
καταξιωθῆναι Ap 10:2, 3 App 15:4
κατηξίωνται D 124:4²
κατηξιῶσθαι Ap 65:3 D 67:2
κατηξιωμένον D 74:3
κατηξιωμένους D 124:4
κατεπάτει D 31:5
καταπατεῖν D 76:6
καταπατεῖται Ar 4:3
κατεπάτησα D 26:4²
καταπεπατημένης D 26:4
καταπαύσεως Ath 9:2
καταπαύσαντα Ath 28:2
καταπεμπομένους Ath 34:2
κατεπέμφθη D 2:1
καταπίνει T 25:3
καταπίνουσι Ath 34:2
καταπίνων Ath 20:2
καταπίνοντες D 112:4
καταποθῆναι Ath 20:4
καταπίπτομεν Ath 16:2
καταπίπτοντες Ath 22:7
κατάπληξιν D 7:3
κατεπλήξατο Ap 56:2
καταπλαγῆναι Ap 5:2
καταπλαγέντας D 2:2
κατάρα D 94:5²
κατάρας D 94:5
κατάρᾳ D 32:1
κατάραν Ap 47:2 D 25:5; 55:2; 81:2; 90:3; 95:1³; 96:2; 139:1
κατάρας D 95:2
καταρᾶται D 139:1
καταράσθε D 95:4; 96:2; 133:6
καταρᾶσθαι D 91:4; 108:3; 123:6; 139:1
καταρωμένου D 96:1
καταρώμενοι D 16:4
καταρωμένους Ap 15:9 D 93:4; 133:6 Ath 11:1
κατηράσατο D 112:2; 133:2
κατηράθη D 111:2

κεκατηραμένου D 90:1; 95:2
κεκατηραμένου D 89:2
κατηραμένον D 93:4
κεκατηραμένον D 79:4
καταργοῦντες App 6:6
κατήργηται D 24:1
καταριθμεῖ D 56:23; 87:2
καταριθμῶμεν Ap 9:4
καταριθμῶν D 4:4
καταριθμῆσαι D 132:1
κατηριθμησάμην D 42:4
κατηριθμημένων D 100:3
κατηριθμημένας D 87:3; 88:1
κατηριθμημένα D 40:4
κατέρριψεν Ath 20:2
καταρχομένου Ath 19:2
κατέσκαψε T 38:1
κατέσκαψαν D 39:1
κατασκεδάζοντες Ath 1:4
κατεσκέδασαν Ap 10:6
κατεσκεύαζε Ap 31:2
κατασκευάζειν D 115:6
κατασκευάζοντα Ar 10:5
κατεσκεύασεν T 33:4; 34:2
κατασκευασθέν Ar 4:2
κατασκευασθέντα D 57:1
κατεσκευάκει T 17:3
κατασκευάσματα D 69:4
κατασκευαστής T 4:2
κατασκευή Ar 4:2 App 10:8 T 19:2
κατασκευῆς T 7:1; 34:1
κατασκευήν D 58:1 T 12:1; 37:1
κατασκηνώσω D 115:1²
κατασκηνώσουσιν D 119:3
κατάσκοπον D 113:1
κατάσκοποι D 111:4
κατασπαταλῶντες D 22:4, 5
καταστάσει D 115:3
κατεστέναξαν D 59:2
κατηστερίσθησαν T 9:3
κατηστερίσθαι Ap 21:3
κατεστηρίχθησαν T 9:3 (MPV)
καταστρέψει D 31:6
κατέστρεψε Ap 53:8 D 17:3; 56:12, 21

καταστρέψαι D 56:21
κατεστράφη Ap 32:6 D 108:1
καταστραφῆναι D 107:2, 3
καταστραφεῖσα D 108:1
κατεστράφθαι D 107:3
κατάσχεσιν Ap 40:15 D 113:4;
    122:6; 123:6
καταταρταρο῀υται Ath 21:3
κατεταρτάρωσεν Ath 18:4; 20:2
κατέταξεν T 37:1
κατατάξας T 36:2
κατατιθέντι Ath 4:1
κατετέθη D 108:2
κατατρέχει App 3:3
κατετρίβη D 131:6
καταφάγεται Ap 60:9 D 31:6;
    119:2
καταφαίνεται D 2:1
καταφαίνονται Ap 13:4
καταφεύγουσιν Ath 16:1
καταφεύξονται D 12:1; 14:4;
    119:3
κατεφύγομεν D 110:2
καταφυγεῖν D 56:21
κατείποι Ath 35:1
κατειπεῖν App 12:4
κατειπόντες D 108:2
καταφθείροντος D 31:5
καταφιλήσῃ Ath 32:3
κατεφλέχθη Ath 31:1
καταφρονῶ T 11:1
καταφρονοῦμεν Ath 1:4; 33:1
καταφρονεῖν App 11:8 D 1:2
    T 19:1²; 27:2
καταφρονῶν T 19:1(MPV); 27:2
καταφρονοῦντες D 38:2
καταφρονήσεις T 19:4
κατεφρόνησα App 15:1 T 22:1
κατεφρονήσαμεν Ap 25:1
καταφρονήσητε D 112:5
καταφρονήσατε Ap 68:1
καταφρονήσαντες App 10:8 D
    10:4
καταφρονηθῇ D 45:4
καταφρονηταί T 19:2
καταφυγή D 72:1
καταφυτεύσουσιν D 81:2

κατεχεῖτο D 103:8
καταχέας D 86:2   ·
καταχρώμεθα T 32:1
καταχρᾶσθε T 26:3
καταχρώμενοι T 1:3; 14:2
καταχρωμένων T 12:5
καταχρωμένους T 2:2
καταχρήσομαι T 31:1
καταχρήσονται T 18:1
κατεψεύδετο T 3:2
κατεψεύσατο Ath 35:1
καταψηφίζεσθε D 112:1
καταψηφίζεσθαι App 14:2
καταψηφιζομένους App14:2(AB)
κάτεισιν T 23:1
κατιόντα T 3:1
κατέναντι D 62:5
κατενώπιον D 127:3
κατεξουσιάζειν T 15:3
κατεπείγει D 68:9
κατεπείγοντος D 43:3; 45:1
κατεπεῖγον T 35:2
κατεργαζόμενοι Ath 34:1
κατέρχεται D 120:2
κάτελθε Ap 63:8
κατελθεῖν Ap 62:4
κατελθών Ap 62:3, 4
κατελθόν App 7:2
κατελθόντος D 88:3
κατελθόντων D 56:13, 15
κατεληλυθέναι T 27:2
κατεσθίωσιν D 16:2
κατέδεται Ap 44:4, 5, 6, 7; 61:8
    (v κατάφαγεται)
κατέφαγεν D 57:2
καταφαγών T 10:2
κατευοδοῦ D 38:3
κατευοδωθήσεται Ap 40:9
κατέχετε T 26:3
κατέχωσιν Ap 44:12
κατέχειν Ap 45:1
κατέχοντος D 65:7
κατέχοντας App 6:6
κατέχεται Ath 8:3²
κατεχόμενος Ap 56:3
κατεχομένην Ap 12:11
κατεχομένους Ap 2:3

κελευσθέντων D 40:5
κελευσθέντας D 46:2
κελευσθέντα D 78:7
ἐκεκελεύκει D 103:3
κεκελεύσμεθα D 48:4
κεκέλευστο D 78:3
κεκελευσμένοι D 29:3
κεκελευσμένα Ath 37:1
κέν Ath 13:2
κενοδοξεῖν T 12:4
κενοδοξίας T 32:1
κενοδόξως T 12:3
κενός D 64:2 T 5:2
κενοῦ T 5:1
κενόν D 81:2
κεναί Ath 3:1
κενά Ath 2:3
κενοῖς D 9:1
Κένταυρος T 9:3
Κενταύρου T 41:1
κέντρου Ath 13:1
κεραμεύς Ath 15:2²
κεραμέως Ap 40:15
κέραμον Ath 15:2; 17:2
κέρας D 31:3, 5; 91:2²
κέρατι D 91:2
κέρας D 31:5; 91:2
κέρατα D 31:6; 91:1², 2
κεράτων D 31:5; 98:5; 105:
1, 2²
κέρασι D 91:2
κέρατα D 91:2 Ath 20:1
κέρασμα D 135:4
κερατιεῖ D 91:1
κερατισθέντες D 91:3
κερατιστάς D 103:1
κεραυνός Ath 29:1
κεραυνῷ Ath 29:1
κεραυνόν Ar 9:7 Ath 22:7
κεραυνοί Ath 30:3
κεραϋνοῦσθαι Ar 10:5
ἐκεραυνώθησαν Ar 13:6
κεραυνωθείς Ar 10:6
κεραυνωθέντα Ap 21:2
κεκεραυνωμένους Ar 8:2
κερδήσῃ Ap 15:12
κερδήσαντες Ap 44:13

κέρδους Ath 31:2
κέρδει Ath 29:1
κεφαλαίῳ D 57:4
κεφαλαίων D 85:4 T 31:4
κεφαλή D 56:11
κεφαλῆς D 31:2, 4, 5; 40:3;
58:11, 13 Ath 1:4
κεφαλήν Ap 38:6 D 32:6;
33:2; 49:4²; 91:1; 98:3;
101:3 Ath 18:3; 37:1
κεφαλαῖς D 58:10
κεφαλάς Ap 38:8 D 101:3
κεφαλοτομούμενοι D 110:4
Κηδάρ D 65:6
κηδεμών Ap 67:6
κεκηλῆσθαι D 74:2
κῆπος D 15:6
κηρίον D 30:2
κηρός D 25:3; 98:4; 102:1;
103:7
κηρῷ D 103:8
κήρυγμα D 113:6
κηρύγματος Ar 15:2 D 72:1
κηρύγμασι D 136:3
κῆρυξ D 49:3; 88:2
κήρυκα T 17:1
κηρύσσεις Ath 30:2
κηρύσσουσι D 63:5; 89:2
ἐκήρυσσε D 94:2²
ἐκήρυσσον D 88:8
κήρυσσε Ap 35:11 D 53:3
κηρύττειν T 42:1
κηρύσσων D 125:5
κηρύττων T 19:1
κηρύσσοντος D 88:7
κηρύσσοντι D 115:1
κηρύττοντα T 22:2
κηρυσσόντων D 34:2
κηρύττουσιν T 27:2
κηρύσσοντας D 108:2
κηρύσσεται D 39:7
ἐκηρύσσετο D 24:2; 43:1; 86:
3; 113:6
κηρυσσομένη D 51:3
κηρυσσόμενον Ap 54:2
κηρυσσόμενον D 24:1
κηρύξω D 23:3

κεκλοφέναι D 73 : 6
κληδονισμῶν D 135 : 6
κληρονομήσει Ap 51 : 5 D 13 : 7,
    8; 25 : 6; 56 : 7; 135 : 4
κληρονομήσομεν D 119 : 5
κληρονομήσουσι D 26 : 1²
κληρονομήσουσιν D 26 : 1; 123 :
    6; 135 : 4
κληρονομήσειν D 44 : 1; 139 : 5
κληρονομήσωμεν D 25 : 3
κληρονομῆσαι D 25 : 1; 122 : 5;
    130 : 4
κληρονομία D 122 : 6; 123 : 5
κληρονομίας D 11 : 2; 25 : 3;
    44 : 4; 131 : 1; 135 : 5
κληρονομία D 67 : 7
κληρονομίαν Ap 40 : 15 D 26 : 1;
    27 : 1; 113 : 4; 119 : 5; 122 :
    5, 6; 123 : 6; 130 : 4² T 3 : 3
κληρονόμος T 25 : 2
κλήρου D 97 : 3
κλήρῳ D 113 : 3
κλῆρον Ap 35 : 5, 8; 38 : 4 D
    97 : 3; 98 : 5; 104 : 1
κλῆσις T 15 : 4
κλήσεως D 83 : 4; 116 : 3; 118 :
    3; 119 : 5
κλήσει D 42 : 3
κλήσεις Ap 18 : 3
κλίμαξ D 58 : 11
κλίμακα D 86 : 2
κλινῶν D 22 : 5
κλῖνον D 38 : 4; 63 : 4, 5
κλοπαί Ath 30 : 3
κλοπάς Ar 13 : 7
Κλωθώ Ath 18 : 4
κνημοῖσι Ath 21 : 4
Κνίδῳ Ath 17 : 3
κνίσης Ath 13 : 1
κνίση Ath 13 : 2
κνίσας Ap 24 : 2; 62 : 1 Ath 27 : 2
κοιλίας D 98 : 4; 102 : 1; 103 : 7;
    107 : 2; 135 : 3
κοιλίαν D 103 : 8
κοιμωμένου Ath 17 : 2
κοιμώμενοι D 22 : 5
ἐκοιμήθην Ap 38 : 5 D 97 : 1

ἐκοιμήθη D 52 : 2; 58 : 11²
κεκοιμημένων D 72 : 4
κοινή Ath 2 : 1
κοινόν Ap 7 : 3; 22 : 2, 3, 5 D
    3 : 5; 84 : 1
κοινῇ Ap 67 : 5, 7 Ath 2 : 4; 11 : 1
κοινῷ Ath 25 : 4
κοινόν Ap 18 : 1; 66 : 2 D 99 : 3
    T 17 : 1 Ath 25 : 4²
κοινήν Ap 22 : 2 T 12 : 2; 28 : 1
    Ath 5 : 1
κοινόν Ap 14 : 2; 26 : 6; 66 : 2
    D 54 : 2; 88 : 2 Ath 25 : 2
κοινῶν Ap 26 : 6 (Eus, Kr)
κοινάς Ap 14 : 3; 65 : 1
κοινά D 20 : 3; 119 : 5
κοινωνοῦμεν D 35 : 5
κοινωνοῦσι D 35 : 6
κοινωνεῖν Ap 15 : 10 App 3 : 5
    D 47 : 2², 3
κοινωνοῦντες Ap 14 : 2; 26 : 6
    T 19 : 2
κοινωνοῦντας T 22 : 2
κοινωνῆσαι D 38 : 1
κεκοινώνηκε Ath 2 : 1; 16 : 3
κοινωνία Ath 12 : 2
κοινωνίαν Ap 55 : 2 D 112 : 4
    T 18 : 2 Ath 33 : 2
κοινωνίαι App 3 : 5
κοινωνός App 2 : 6
κοινωνοί D 27 : 2; 82 : 4
κοινωνῶν D 64 : 2
κοινωνούς D 58 : 1
κοινῶς App 22 : 1 Ath 14 : 2; 20 : 2 ;
    25 : 3
κόκκινον Ap 44 : 3; 61 : 7
κοκκίνου D 111 : 4
κόκκινον D 46 : 5
κολάζετε Ap 4 : 6; 5 : 1; 12 : 4 (AB)
ἐκολάζετε Ath 24 : 4
κολάζητε Ap 12 : 4
κολάζειν Ap 3 : 1; 4 : 4; 7 : 5
    D 88 : 5 T 27 : 1
κολάζοντες Ap 4 : 2; 31 : 5
κολάζεται Ath 2 : 4
κολάζονται App 9 : 1 D 4 : 7;
    5 : 3, 5

κολάζηται Ap 7:4 T 7:1
κολάζεσθαι Ap 3:1; 16:14;
   19:8; 20:4; 21:6 D 4:7;
   5:3; 45:4 T 14:1 Ath 2:
   1, 2, 3²
κολάσειν Ap 8:4 Ath 12:1
κολασθήσεται T 18:2
κολασθήσεσθαι App 1:2 D 141:2
κολασθησομένων Ap 8:4
κολασθησομένους Ap 28:1; 54:2
   Ath 31:4
ἐκολάσω App 2:16
ἐκολάσατο App 2:9, 11
κολασθῆναι App 2:20
κεκολάσθαι Ath 3:1
κεκολασμένοι Ath 37:1
ἐκολάκευεν T 2:1
κολακεύειν T 3:3
κολακεύσοντες Ap 2:3
κόλασις Ap 4:3; 18:2 D 4:6
   κολάσεως Ap 43:8 App 8:4
   D 4:7²
   κολάσει Ap 52:7; 57:1
   κόλασιν Ap 4:2; 8:4; 12:1;
   15:8; 45:6 App 2:2; 8:3
   D 1:5; 117:3
   κολάσεις D 131:2
   κολάσεις Ap 12:3; 43:2
κολαστηρίων Ap 12:2
κολαστής T 7:2
κεκόλληται D 98:4; 102:1, 5;
   103:9
κολλυβιστῶν D 17:3
κολοβουμένους Ar 13:2
κολοιός T 26:1
κολόκυνθα D 107:3
κολόν D 133:4
Κολοφώνιος T 31:2
κόμην T 25:1
κομιούμεθα Ath 12:1
   κομίσονται App 7:5; 8:3
   κομίσασα D 86:4
   κομίσασι Ath 28:6
   κομισθῇ Ath 28:6
Κομόδῳ, Λουκίῳ Αὐρηλίῳ, [Ath Ins]
κομπολογεῖς D 113:2
κόμποι App 9:1

κεκονιαμένοι D 17:4; 112:4
κονιορτός D 133:5
   κονιορτοῦ T 30:1
κονύζης D 14:7
κοπετός Ap 52:11³
   κοπετούς Ath 14:2
κοπιάσουσι D 79:3
   ἐκοπίασας D 107:4
κόπου D 68:2
κοπωθέντος D 90:4
κοπρία D 133:5
   κόπρου T 3:1
κόπτεσθαι D 64:7; 118:1
   κοπτομένους Ar 8:2
   κόψονται Ap 52:12 D 32:2;
   121:2; 126:1
   κόψαι D 86:6
   κόψωνται D 141:3
κορακόφωνοι T 15:1
κοράκων T 1:3
κόρης D 137:2 Ath 17:2²; 20:2
   κόρην T 19:2
   κόρας Ap 27:1
Κόρη Ath 20:2
   Κόρης Ap 64:1 T 39:3 Ath
   32:1
   Κόρην Ap 64:4 T 8:4 Ath 20:3
Κορινθίου Ath 17:2
Κορινθίας Ath 17:2
Κορίνθου D 1:2
Κορίνθῳ D 1:3 Ath 17:2
Κορίννης T 33:2
χοροκοσμίοις T 8:3
χοροπλαθική Ath 17:2
κόρος Ap 57:2
κόρρης Ath 1:4
κορυφῆς D 91:1³
   κορυφήν Ath 18:3
ἐκόσμει Ap 12:2
   κοσμεῖται Ath 26:2
   κοσμήσεις App 11:5
   ἐκόσμησε App 6:3
   ἐκόσμησεν Ath 8:2; 13:2
   κοσμῆσαι App 6:3
   κοσμήσας App 5:2
   κοσμηθείσῃ D 80:5
   κεκοσμῆσθαι Ap 20:4

κεκοσμημένος D 4:1
κεκοσμημένη Ath 28:5
κεκοσμημένον T 12:1
κεκοσμημένον App 11:4
κεκοσμημένων Ath 15:3
κόσμημα Ath 26:2
κοσμικῆς T 12:5 Ath 24:5
κόσμιοι Ap 12:3 App 8:1
κόσμος Ar 4:2² D 5:2² T 6:2;
   12:3, 4; 20:1 Ath 8:2, 4;
   16:1², 2²
κόσμου App 7:1 D 5:4; 29:3;
   56:10; 110:5²; 113:6 T 5:1;
   12:1; 13:1; 19:2; 26:2²
   Ath 4:2; 6:4²; 7:2; 8:2²,
   3², 4²; 10:4; 16:3; 19:2;
   23:2; 25:3
κόσμῳ Ar 2:1; 4:2 Ap 55:2
   App 11:4, 5 D 43:1, 4;
   119:6; 127:2; 131:3 T 11:2;
   16:1; 17:4; 18:2; 19:2, 3;
   29:2; 32:1 Ath 8:2, 3³, 4
κόσμον Ar 1:1, 2 Ap 15:12;
   19:5; 20:2; 39:3; 59:1², 5;
   64:5; 67:7 App 4:2; 5:2;
   6:6 D 5:1; 41:1; 56:11;
   60:5; 91:4; 127:2 T 25:2
   Ath 8:2², 3, 4²; 10:4; 12:1;
   15:2; 16:3; 19:2; 23:2;
   25:1
κόσμοις App 11:5
Κόττον Ath 18:4
κούρης Ath 21:4
Κούρους Ath 18:4
κουφότερα Ath 10:3
κραδαίνουσιν T 16:3
κραίνει Ath 25:1
κράματος Ap 65:3
κράξει D 123:8
   κεκράξομαι D 98:2; 99:2
   κεκράξεται D 135:2
   ἐκέκραξα D 97:1
   ἐκέκραξαν D 98:2; 101:1
   κεκράξαι D 81:2
   κέκραγε D 15:2; 28:2; 76:1
   κέκραγεν D 12:2; 16:1; 19:2;
   80:4

κεκράγασιν D 70:5
κεκραγώς T 24:1; 25:1
κεκραγότος T 17:1
κραταιός Ap 51:7 D 36:4
κραταιᾷ D 11:1
κραταιοί D 37:1
κρατεῖ Ath 8:3
κρατεῖτε Ath 6:2
κρατοῦντα Ar 10:1; 11:1
κρατέοντα Ath 28:1
κρατοῦντες Ath 35:3
ἐκρατούμεθα App 5:1
κρατήσω D 26:2; 65:4; 122:3
ἐκρατήσατε Ap 32:3
ἐκράτησαν D 56:19
κρατηθέντες T 8:2
Κράτης T 31:2
   Κράτητος T 3:3
   Κράτητα T 31:2
κρατίστας D 22:4
κράτος M Ap HE 4:26:7
κράτος ⟨Ath 24:3⟩
κρατύνῃς D 55:1
   κρατύνωμεν Ath 7:1
   κρατύνειν D 20:2; 78:10 T 35:1
   κρατύνοντες Ath 6:3
   κρατυνθείσης T 3:1
   κρατυνθέντος T 30:1
Κράτωνος Ath 17:2²
κραυγή D 56:18
   κραυγῆς D 81:1; 85:8 Ath 11:1
   κραυγῇ D 15:3
   κραυγήν D 56:18; 129:1
κρέας D 20:1; 126:6
   κρεῶν Ar 5:3 T 23:1 Ath 35:1
   κρέα D 22:6, 9
κρείττων Ap 22:4 D 90:5 (ed)
   T 10:2 Ath 21:5
   κρείσσων D 90:5
   κρεῖττον Ath 29:2
   κρείττονος T 20:1
   κρείττονος T 12:2; 15:3
   κρείττονι D 5:3
   κρείττονα Ap 22:4
   κρεῖττον· Ath 12:2
   κρεῖττον Ap 19:6; 20:2
   κρείττονες T 20:2

κρείττους Ath 19:2; 21:1²
κρείττοσιν Τ 30:1
κρείττονας D 1:5
κρεμάμενος D 96:1
κρεωφαγίας D 131:6
κρεωφαγίαν D 20:2 Τ 23:2
κρηπίδι Ath 28:5
Κρητός Τ 41:1
Κρῆτες Ath 30:2²
Κρητῶν Ath 23:6
Κρῆτας Τ 27:1
Κρήσκης Τ 19:1 (ν Κρίσκης)
Κρήσκεντος App 3:1 (Eus)
Κρήτην Τ 39:3
Κρίασος Τ 39:1
κρίκον D 15:4
κρίμα D 22:3
κρίμα D 34:2, 3; 64:6; 115:6
κρίνον D 69:5
κρίνεις App 2:16
κρίνομεν Τ 32:3
κρίνετε D 115:6; 124:2
κρίνουσιν Ar 15:4
ἔκρινον Ap 5:2
κρίνειν D 34:3; 96:3 Ath 32:1
κρίνων Τ 8:1
κρίνοντος Τ 18:2
κρίνοντες Ap 40:16 D 27:2
κρίνεται Ap 4:1
κρίνονται Ar 13:7
ἐκρίνετο Τ 6:1
κρίνεσθαι Ap 7:4 D 124:4;
  141:1 Ath 2:3
κρινόμενος Τ 8:1 Ath 2:2
κρινόμενοι D 115:6 Ath 2:2
κρινομένων Ath 2:4
κρινομένους Ath 2:3
κρινῶ D 47:5
κρινεῖ Ap 39:1 D 32:6; 34:3;
  64:6²; 73:4²; 109:2
κριθήσεται D 82:3
κριθησομένοις Ath 32:2
κρίνειας Μ Ap HE 4:26:6
κρῖνον Ap 35:6 D 124:2
κρίνατε Ap 44:3; 61:7 D 124:2
κρῖναι App 15:5 D 46:1; 73:4
κριθείη D 112:1

κριθῆναι D 115:6 Ath 12:3
κριθεῖσαι D 4:6
ἐκεκρίκει D 102:2
κεκρῖσθαι Ap 68:3
κεκριμένος Ath 20:3
κριοί D 58:4
κριούς D 58:5
κρίσις Ap 50:11 D 11:3; 13:6;
  31:7
κρίσεως Ap 40:7 App 7:2 D
  5:3; 38:2; 118:1; 128:1
  Τ 6:1; 12:4 Ath 2:3
κρίσει Ap 3:1; 40:10 D 27:2;
  34:3; 58:1; 60:2, 5; 64:6;
  115:6
κρίσιν Ap 2:3; 35:4; 53:2;
  68:2 App 2:15; 15:3 D 15:
  2, 3; 17:4; 26:3; 31:4, 5;
  37:3²; 39:2; 45:4; 50:5;
  56:1; 58:1; 60:5; 64:2, 4²;
  69:5; 70:2; 81:4; 123:8³;
  124:1; 133:3²; 135:2³; 138:
  3; 139:3 Ath 12:1
κρίσεις D 92:5
κρίσεις Ap 5:1; 68:3 D 15:3;
  102:4
Κρίσκεντος App 3:1 (ν Κρήσκης)
Κρίσκεντα App 11:2
κριτήριον D 31:1
κριτής D 22:7; 36:1; 49:2; 118:1
κριτήν D 132:1
κριταί Τ 23:2
κριτάς Ap 3:4 Τ 25:2
Κριταί Μ Εk HE 4:26:14
κροκοδείλους Ap 24:1 Ath 1:1
Κρονικῆς Ap 67:7
Κρονικήν Ap 67:7
Κρονίων Ath 29:1
Κρόνος Ar 9:2 Τ 8:3; 9:3; 25:3
  Ath 20:2; 21:3; 22:4, 5;
  23:3; 30:1
Κρόνου App 12:5 Ath 22:4²,
  5; 23:3, 5
Κρόνον Ath 20:3; 22:3, 4
κροσσωτοῖς D 38:5
κροσωτοῖς D 38:5 (A)
Κρότωπος Τ 39:1

Κρότωπον Τ 39:2
κρούνωμα Ath 22:1
κρύους Ar 5:1 D 131:6
κρύπτει Τ 21:1
  κρύπτοντες D 90:2
  κρύψω D 32:5; 123:4
  κρύψω D 56:17; 126:5
  κέκρυπται D 38:2
  κεκρυμμένην D 123:4
  κεκρυμμένον Τ 13:3
κρυφία D 49:8
  κρυφία D 49:8²
κτώμενοι Ap 31:1
  ἐκτήσατο Τ 1:1
  κτήσηται D 86:2
  κτήσασθαι D 68:2 Τ 20:3
  κτησάμενος D 134:5
  κτησάμενον Ap 37:1; 63:2 D 103:5
  κτησάμενοι Τ 12:3
  κέκτηται Τ 12:5
  κέκτησθε Τ 1:2
  κέκτηνται Τ 15:3
  κεκτῆσθαι D 58:2
  κεκτημένος Τ 12:3
  κεκτημένη Τ 13:2²
  κεκτημένοι Τ 27:1
  κεκτημένους D 29:2; 92:4
  κεκτήσεται Τ 20:3
ἔκτεινας Ath 21:5
  ἔκτανε Ath 29:1
  κτανών Ath 21:5
κτῆμα D 2:1
  κτῆμα Τ 30:1; 34:3
  κτημάτων Ap 14:2 D 110:5
κτήνη D 22:8; 107:4
  κτηνῶν D 62:1; 123:5 Ath 20:4
κτηνοτρόφων D 117:5
Κτησίᾳ Ath 30:1
κτήσει D 53:4
  κτήσεις D 139:2, 4
κτίζω D 81:1
  ἔκτισε App 6:3 D 61:3; 129:3
  ἔκτισεν Ath 10:3
  κτίσαντα Ar 3:2
  ἐκτικέναι D 41:1

κτίσις Τ 39:3
  κτίσεως D 85:2; 138:2 Τ 36:1
  κτίσιν Ar 3:2
  κτισμάτων D 61:1; 100:2; 125:3; 129:4
κτίστης App 6:2
  κτίστην Ar 15:3
κυανῷ Ath 24:3
Κυβέλην Τ 8:2
κυβερνήτου Ath 22:8
  κυβερνήτην Ath 22:8
κυβερνητικῇ D 3:5
κύβοις Τ 8:1
κυεῖ Τ 8:4; 21:2
  κυοῦσιν Ath 27:1
  κυούμενον Ar 7:1
  ἐκύησε Τ 34:1
  ἐκύησεν Τ 33:3²
κύκλου Τ 9:1
  κύκλῳ D 22:7 Ath 16:1; 28:5
  κύκλων Τ 6:1
  κύκλοις Ath 8:2
κυκλοφορητικῶς Ath 6:3
κυκλοφορίας D 41:4
  ἐκύκλωσαν D 98:4; 103:1; 104:1
Κύκλωπες Τ 1:2
  Κύκλωπας Ath 18:4
κύκνος Τ 10:1, 2
  κύκνον Ar 9:7
Κύκνος Ath 22:7
κυλινδουμένοις Τ 21:4
  κυλισθήσεται D 22:3
κυλλόν Ar 10:3
  κυλλούς Ar 8:2
Κυμαῖος Τ 31:2
κυνηγήσαντες D 104:1
κυνηγός Ar 11:2, 4
  κυνηγόν Ar 11:2, 4
  κυνηγούς D 104:1
Κυνικῷ App 3:7
κυνογαμία Τ 3:3
κυοφορῆσαι Ap 33:4
κυπάρισσος D 14:7
Κυπρίου Τ 41:1
Κύπρος Τ 9:3
Κυρηνίου Ap 34:2; 46:1 D 78:4
κυρίας D 50:4

κυριεύοντες D 123:3
κυριεύσουσιν D 133:2
κυριεύσων D 76:6
κυριεύσῃ D 105:3
κυριολογεῖν D 56:15
κυριολογεῖται D 56:14
κύριος (Κύριος) Ar 15:10 Ap 37:
   3; 38:3, 5; 40:10, 12, 14, 18;
   41:1, 4; 44:3; 45:2, 3; 51:
   2, 4, 7²; 53:7; 55:5; 61:7;
   63:5 App 6:2 D 11:3; 12:
   3; 13:2³, 5, 6, 7, 8, 9²; 14:
   7; 15:4; 16:1²; 21:2²; 22:
   3, 4, 7, 11; 26:2, 3; 28:3,
   5²; 32:3, 6⁴; 33:1, 2; 34:2,
   6; 36:2, 4², 5, 6; 37:1, 3²,
   4; 38:4; 41:1, 2²; 43:5²;
   44:3; 47:5; 49:3², 8; 50:
   3, 4; 52:3; 53:2, 6; 55:1,
   2; 56:3, 4, 12, 14, 17², 18,
   19, 21, 22², 23²; 58:3, 10,
   11, 12, 13; 59:1, 2; 60:3,
   4²; 61:1, 3; 62:5; 63:3, 4,
   5; 64:1, 4², 6; 65:1, 4², 5,
   6; 66:2²; 67:6; 72:4; 73:
   1², 3², 4; 74:4; 75:1; 79:
   3, 4; 81:2, 4; 82:1; 83:1,
   2²; 84:1; 85:1, 4, 9²; 97:1²;
   102:4, 5; 109:3; 112:4;
   115:1², 2³; 118:1; 119:2;
   122:1, 3, 5; 123:4, 5; 125:
   1, 2²; 126:2², 6³; 127:1², 2,
   5²; 128:1; 129:1², 3; 130:
   1; 133:3, 5; 134:6; 135:1;
   136:2; 139:3²; 140:3, 4;
   141:2², 3 Ath 9:1; 10:3
κυρίου Ar 15:1, 3 Ap 26:1
   (Eus); 37:1; 39:1; 40:8, 11,
   13; 44:4, 6; 50:5; 61:8;
   63:2 D 13:2, 3; 19:4; 22:
   2³; 24:3; 26:3; 27:1; 29:
   1; 32:2; 34:1; 36:3², 4;
   41:4; 42:2; 43:5; 49:2;
   50:2, 3⁴, 4, 5; 56:2, 12, 18,
   21, 23²; 58:1; 60:3, 4, 5²;
   61:1, 5; 62:5²; 64:2; 66:2;
   69:5; 70:3, 5; 73:2, 4; 79:

4; 81:2, 3; 83:1; 85:8³;
   91:1; 93:2²; 100:5; 109:2³,
   3²; 113:6; 115:2², 3, 4;
   118:4; 119:3; 123:4; 126:
   6; 127:5; 129:1²; 131:1;
   133:5², 6; 135:6; 136:2
κυρίῳ Ap 36:2; 40:17; 41:1,
   2; 45:2; 52:6 D 15:4; 28:2;
   32:6; 43:5; 56:14; 66:2;
   73:3⁶, 4; 74:2³; 83:1, 2;
   126:5; 127:5; 129:1
κύριον Ap 16:6²; 37:2 D 14:5;
   27:1; 32:3²; 33:2; 35:2;
   36:4; 37:2, 3, 4²; 43:5;
   56:13, 15, 19; 60:5²; 64:
   4²; 66:2; 68:3; 76:6; 85:
   1, 6; 92:4; 93:2, 3; 97:1;
   98:3, 5; 101:3; 103:6; 106:
   2; 115:1; 119:3; 125:4;
   127:4, 5 Ath 22:2
κύριε Ap 16:9², 11²; 50:5;
   52:12 D 13:3; 25:2³, 5²;
   37:4; 39:1; 42:2; 56:20;
   58:5; 76:5²; 98:5; 105:1;
   114:2; 118:4
κύριοι T 1:1
κυρίων D 16:1; 55:1, 2
κυρίως App 6:3
κυριωτάτη D 11:2
κυριωτέροις App 13:3
κῦρος ⟨Ath 24:3⟩
κύων T 9:2; 18:2
κυνός D 98:5; 105:1, 2, 3
κύνα T 25:1
κύνες D 98:4; 104:1
κυνῶν Ar 11:2²
κύνας D 5:5; 104:1 Ath 1:2
κώδωνας D 42:1
κῶλα D 44:3; 130:2; 140:3
κωλυτής T 7:2 (MPV)
κωλύει Ap 30:1 D 3:4 Ath 36:3
κωλύετε D 17:4
κωλύσῃς Ap 16:1
ἐκωλύθημεν T 29:2
κώμη Ap 34:2
κώμης Ap 26:2, 4; 32:6 D
   53:2; 78:5

κώμη D 78:5
κῶμαι D 65:6
κωμικῷ Ap 20:5
κωμικόν T 1:3
κωφός D 123:3
κωφῷ T 26:3
κωφῶν D 69:5
κωφούς D 69:6; 123:2
κωφά Ar 13:1

Λάβαν D 58:5; 134:3, 5²
λαβυρίνθοις T 26:1
λάγνος Ath 30:1
Λαΐς T 34:3
Λαΐτος T 37:1
Λακεδαιμόνιος Ath 1:1
Λακεδαιμόνιοι Ath 14:1
Λακεδαιμονίοις T 41:3
λάκκοι D 140:2
λάκκων D 19:2; 140:1
λάκκους D 14:1; 19:2; 114:5
λαλῶ T 5:2
λαλεῖ D 31:3
λαλοῦμεν Ath 31:3
λαλοῦσι T 22:2
λαλοῦσιν T 33:2
ἐλάλει D 37:4; 64:4
ἐλάλουν D 87:4
λαλῇ Ap 39:1
λαλεῖν Ap 39:3 D 32:3 T 26:3
λαλῶν D 70:2; 110:2
λαλοῦντος D 15:5; 136:2
λαλοῦν D 31:5; 77:4
λαλούντων D 81:2
λαλήσω D 22:8
λαλήσει Ap 40:12 D 31:6
ἐλάλησα D 58:12; 135:4
ἐλάλησας D 56:21
ἐλάλησε Ap 44:4; 61:8; 63:7
   D 22:7; 27:1; 50:3²; 126:
   2; 127:1
ἐλάλησεν Ap 44:6; 63:11;
   109:3
ἐλάλησαν Ap 38:6 D 98:3;
   101:3
λαλήσῃς D 27:1

λαλήσειε D 127:3
λαλήσατε D 50:3
λαλῆσαι D 43:5; 66:2
λαλήσαντος Ap 62:4; 63:14
λαλήσαντες D 7:1
λαληθείσῃ D 119:6
ἐλελαλήκει D 52:1
λελαληκέναι Ap 63:1, 14 D
   38:1; 56:12; 59:3
λελαλημένοις D 7:2
λαλιαί Ap 40:2 D 64:8
λαμβάνω T 31:2
λαμβάνεις T 19:2
λαμβάνει D 22:11; 29:1; 39:2
λαμβάνομεν Ap 66:2
λαμβάνετε Ap 4:4; 27:2 D 124:2
λαμβάνουσιν D 39:2 T 17:2
ἐλάμβανεν Ath 15:2
λαμβάνῃ Ath 37:1 D 46:5
λαμβάνητε D 19:6
λαμβάνοι T 32:2
λαμβάνειν D 23:5; 43:2; 141:4
   T 19:1, 3; 30:2]
λαμβάνουσα T 13:1
λαμβάνοντες Ar 11:7 D 87:4
λαμβάνοντα D 58:4
λαμβανόμενοι Ap 18:4
λήψεται D 25:3, 4; 36:4; 43:
   5, 6, 8; 66:2, 3; 67:1²; 68:
   5, 6; 70:2; 71:3²; 77:2, 3³;
   78:9; 84:1²
λήψονται Ap 39:1
λήψεσθαι D 39:7; 77:3
ληψόμενοι D 119:5
ἐλήφθη D 6:2; 132:2
ληφθέντες Ap 7:1
ἔλαβε Ap 17:4; 62:4 D 46:4;
   52:3; 58:6, 13; 77:2; 86:3;
   100:4
ἔλαβεν D 4:1; 23:4; 36:3;
   58:6, 11; 112:3
ἐλάβομεν D 43:2; 119:1 T 29:2
ἔλαβον Ath 25:1
λάβης T 25:1
λάβη D 16:1; 100:4; 141:2
   Ath 21:4
λάβητε D 133:6

λάβωσιν T 10:1; 12:4
λάβοι D 92:1
λάβοιεν D 4:4
λάβετε Ap 41:3
λαβεῖν Ap 15:10; 39:5;44:12;
  60:3 D 44:2;112:5 T 12:1;
  23:2
λαβών Ap 44:8; 60:1; 65:3
  D 19:4; 56:23; 60:3; 100:
  1; 102:2; 113:4; 130:3 T
  12:4
λαβοῦσα D 100:5
λαβόντος D 103:4; 132:3 Ath
  19:2
λαβούσης D 46:4
λαβόντα Ath 59:1; 66:3²
λαβοῦσαν D 113:7
λαβόντες Ap 10:6; 44:9; 50:
  12 D 39:5; 111:4 T 12:3;
  29:2
λαβόντων D 78:10
λαβοῦσι D 30:1; 103:3; 133:1
λαβόντας D 54:1; 136:2 Ath
  2:2
λαβόντα D 87:5
λαβέσθαι App 2:10 D 105:3
λαβόμενος D 9:2
εἴληφε Ap 50:2
εἰληφέναι D 67:7; 116:3²
εἰληφόσιν Ath 18:2
εἴληπται T 5:2
εἴληπτο D 132:3
λαμπρόν M Ap HE 4:26:7
λαμπρά M Ap HE 4:26:8
λαμπροτάτου Ap 68:6
λαμπροτάτῳ App 11:4
λαμπρότητι D 83:2, 4
λαμπρότησι Ap 45:4 D 32:6;
  63:3
ἔλαμπεν D 131:3
λάμπειν D 113:5
ἔλαμψε D 121:3
λάμψωσιν Ap 16:12
λαμψάτω Ap 16:2
Λαμψακηνός T 21:3
λανθάνειν Ap 11:2; 12:3² App
  12:2

λήσομεν Ath 22:2
λήσειν Ap 35:1
ἔλαθε D 5:6
λάθωσι D 111:4
λάθοι Ath 32:2
λαθεῖν Ap 12:1, 3; 57:1 Ath
  35:1
λέληθε D 113:1 T 16:1
λέληθεν D 2:1; 127:2
Λαοδικεία M P HE 4:26:3
λαογγησίαν D 49:6
λαοπλάνον D 69:7
λαός Ap 37:1, 2; 49:4; 63:2,
  12; 65:3; 67:5 D 11:3;
  14:8; 15:2; 19:5³; 20:1;
  22:8; 24:2, 4; 25:5; 27:4;
  28:6; 52:3; 58:8; 69:5;
  70:3, 5; 78:11; 86:5; 90:
  4²,5; 106:3; 110:4; 115:3;
  119:3³; 123:1, 4, 5; 126:6;
  127:3; 131:1; 132:3; 133:
  2, 3; 134:3
λαοῦ Ap 65:5 D 13:6; 22:1;
  23:4; 34:3; 38:4, 5; 40:4;
  43:1, 3; 44:2; 45:3; 46:5,
  7; 47:2; 52:3; 53:4, 6; 63:
  2, 4, 5; 64:5, 6; 67:4, 10;
  73:5; 78:1; 81:2, 3; 82:4;
  85:2, 8; 86:1²; 89:3; 98:
  3; 101:1, 2³; 103:1; 113:3;
  117:3; 124:1; 130:1², 2²,
  4²; 133:3; 135:5; 139:4
λαῷ Ap 60:3 D 28:2; 31:7;
  34:3; 64:6; 65:4; 72:1;
  75:1; 81:1; 91:3; 115:4;
  123:1; 135:4, 5; 138:2, 3
λαόν Ap 33:5, 8; 34:1; 35:3;
  38:1; 39:1; 49:3; 60:2, 4;
  62:3, 4²; 63:8 D 19:6; 22:
  7; 24:3, 4; 26:3; 28:5;
  30:1; 32:5; 34:3; 43:6;
  50:3; 64:6; 66:3; 70:3;
  77:4; 78:1, 11; 79:3; 80:
  1; 81:1; 92:2; 97:2; 110:
  6; 112:2², 3; 113:3², 6;
  114:2; 115:1; 119:3²; 123:

4. 6³; 131:3; 132:3; 133:
3²; 135:6; 136:1; 138:2
λαοί Ap 40:11; 49:1; 52:10
D 12:1; 14:4; 37:3; 38:3,
5; 64:4; 109:2, 3
λαῶν Ap 36:2; 47:1 D 14:1;
24:3; 37:1; 109:2; 139:4
λαοῖς D 73:3; 74:2; 139:4
λαούς D 37:3; 64:4; 73:4²
Λαρισαίους M Ap HE 4:26:10
λάρνακα Ath 1:1
λαρυγγιῶσι T 1:3
λάρυγξ D 27:3
λάρυγγι D 98:4; 102:1, 5;
103:9
Λατιάριον T 29:1
λατομηθέντες D 135:3
λατρείας Ar 2:1
λατρείαν Ath 13:2
λατρευταί D 64:1
λατρεύουσα D 31:4
λατρεύοντα Ap 53:6
λατρεύουσιν App 8:4
λατρεύοντας App 1:2
λατρεύσεις Ap 16:6 D 103:6;
125:4
λάχανον D 20:3
λάχανα D 20:2³, 3
Λάχεσιν Ath 18:4
λαχμόν D 97:3
Λεαρχίδα T 33:1
λέγω Ar 4:1 Ap 15:9; 16:10;
55:6 App 3:5 D 10:1; 18:3;
32:5; 34:3; 38:3; 43:3;
44:2; 46:2, 3; 47:1 1²; 49:5;
56:4, 6, 11; 58:10; 62:4;
69:4; 85:4; 87:3, 6; 102:3;
111:2; 113:1; 115:3, 4;
120:2, 6; 124:3; 125:1;
128:2; 130:2; 134:2; 137:
3 T 3:1; 15:1, 3; 31:4
Ath 11:1; 21:1
λέγεις D 4:4, 7; 5:1, 4; 9:1 1²;
25:6; 27:1; 36:1; 38:1;
45:1; 71:4; 79:1; 87:2²;
90:3; 94:4; 101:2 T 19:3

λέγει Ap 35:5; 36:2; 37:3;
39:1; 44:3, 5, 6; 60:1;
61:7 D 4:2; 11:3; 15:4;
22:1. 3, 4, 11²; 26:2; 27:4;
28:3, 5²; 30:2; 31:4; 39:1;
41:2²; 42:1. 2; 53:6; 56:
4, 5, 14, 17; 57:2; 59:3;
60:5²; 61:1; 62:5; 65:1,
4, 7; 68:5; 72:1; 73:2;
75:1, 3; 79:2, 3; 81:2; 83:
1, 2; 85:9; 86:5; 99:1, 2;
101:1; 110:3; 114:2; 115:
1; 117:1; 118:2; 120:1²;
122:1², 3, 4, 5; 123:1, 4, 7,
8; 124:1; 126:3², 5²; 127:
5; 130:2, 4; 135:1, 3; 136:
1, 2; 137:3; 138:2, 3; 140:
1, 2 T 25:2; 38:1 Ath 1:1
λέγομεν Ap 15:7; 20:3; 21:3;
22:2, 6; 23:1²; 30:1; 44:
11; 53:1; 59:1 App 1:2;
5:1 D 62:2; 77:1; 96:2
λέγετε D 34:1; 52:3; 97:4;
108:2; 117:2
λέγουσι Ar 11:3 Ap 26:3; 60:
10 D 1:5; 80:4; 120:6;
128:3 Ath 6:3; 32:1; 34:1
λέγουσιν Ar 11:3 Ap 19:5;
20:2; 58:2; 63:11 App 14:2
D 10:2; 17:1; 35:6; 55:1;
62:2; 68:8; 110:1; 141:2
Ath 19:1; 22:2, 6; 28:2;
35:1
ἔλεγον D 1:3; 12:1; 14:8;
24:1; 28:2; 32:5; 39:4;
41:1; 46:2; 47:3; 48:4;
54:2; 58:3; 59:1; 66:1;
123:8; 126:5²; 132:2
ἔλεγε Ap 19:2 D 1:3; 2:3;
4:2; 84:1; 101:3, 103:1,
5, 6; 121:4; 123:6
ἔλεγεν Ap 19:1; 44:7; 60:1;
62:2, 3; 84:1; 87:2; 100:3;
106:1; 117:4², 5; 138:1, 3
T 3:2 Ath 28:3
ἔλεγον Ap 29:2 D 69:7; 101:
3; 107:1 Ath 21:1

λέγω D 85:5
λέγης D 118:5
λέγη Ap 37:3; 38:1,4,6;42:1
D 76:1; 99:3; 102:3; 114:
2³,3;127:1;129:1,2;135:1
T 27:1
λέγωμεν D 68:9; 103:8 Ath
25:2
λέγητε D 62:2; 67:3 T 21:2
λέγωσι D 69:2
λέγωσιν Ap 16:8; 44:10 D
69:3; 70:1 Ath 23:3
λέγοιμι D 4:7; 120:6
λέγοι D 3:6; 57:2
λέγοιεν D 3:7
λέγε D 46:2; 58:2; 94:4 T
9:2; 26:4
λεγέτω D 95:3 T 8:4
λέγειν Ar 2:1; 11:7 Ap 2:1;
9:2. 5; 11:1; 16:5; 19:5;
20:4³; 21:4; 23:1; 25:1;
26:5; 46:1; 52:10; 61:11
App 2:9; 3:6 D 1:5²; 5:1:
8:1; 20:3; 28:1; 32:2; 34:
8; 35:1, 4; 43:3, 8; 48:1,
3; 49:1, 6; 55:1; 56:2, 12,
13, 18; 62:1; 64:2; 67:2;
68:2, 7, 8, 9; 69:7; 74:2;
77:3; 80:2, 3; 82:3; 85:5²,
6; 86:6; 92:1; 112:4; 118:
2, 4; 120:6; 125:1³, 2; 129:
2; 141:1 T 17:1; 20:2;
33:2; 35:2; 36:1;40:1 Ath
6:2; 7:1; 23:2; 24:5²; 26:
1; 28:5; 29:2
λέγων Ap 16:7, 9; 65:3; 67:5
App 2:7; 9:3 D 5:4; 13:1;
16:1, 5; 19:6; 25:1; 29:2;
39:3; 43:5; 47:1; 51:2;
50:19; 57:2; 58:2, 6; 59:
2, 3; 60:5; 62:1²; 66:2;
68:1; 69:1; 79:2; 82:3,4;
88:8; 92:5; 99:2; 102:7;
107:3; 117:1; 118:2, 4;
119:4; 121:1, 2; 123:5, 8;
130:4; 131:1;137:3 T 8:4;
17:2; 26:2; 27:2 Ath 6:1

λέγουσα D 56:17; 126:4, 6
λέγοντος D 50:4; 56:16; 68:
4; 74:2; 80:4; 86:3; 88:8;
101:2; 103:8; 107:1; 109:
1; 114:5; 115:5; 123:3 T
8:4 Ath 18:2; 32:3
λέγοντι T 27:2 Ath 28:3
λέγοντα Ath 22:5
λέγουσαν D 85:1
λέγοντες Ar 8:2 Ap 5:3; 13:
1, 4; 18:6; 24:1; 38:6, 8:
40:11; 49:6; 59:5 D 5:1:
10:3; 15:3; 17:1, 2²; 25:1:
36:2; 47:2, 3; 49:1; 52:3;
67:2; 68:8; 71:3; 72:2;
84:3; 100:4; 108:2; 120:4;
133:4²; 134:1 T 2:2; 19:
1; 25:1; 26:1; 32:1; 33:1:
35:2 Ath 28:3, 4; 36:2
λεγόντων Ap 11:1 D 35:1;
42:2; 49:1; 59:1 T 12:5²
λέγουσι Ap 30:1; 49:7 D 49:5
λέγουσιν Ap 22:2
λέγοντας Ap 16:8; 26:1; 36:
3; 64:1 Ath 4:1; 22:3
λέγεται App 6:3; 12:5 D 49:
8; 55:2; 56:4; 58:3; 89:2;
113:6 Ath 26:3, 4
λεγόμεθα Ath 2:3
λέγεσθε Ap 2:2
λέγονται Ap 27:1 D 75:3:
112:4 T 21:2² Ath 28:1
ἐλέγετο D 32:2
λέγοιντο T 30:2
λεγέσθω Ath 23:3
λέγεσθαι Ap 9:5; 22:1; 36:1:
60:11 D 5:4; 32:4²; 70:1:
85:5; 88:8; 99:1; 135:5
λεγόμενος Ap 22:1 App 6:3
D 32:1; 56:11; 58:3; 69:1:
116:3
λεγομένη D 62:3; 88:8
λεγόμενον Ap 19:2; 30:4 D
111:1; 135:5
λεγομένου Ath 23:5
λεγομένης Ap 26:2; 64:1 D
53:2

λεγομένου D 57:1
λεγομένῳ D 114:1
λεγομένῃ Ap 67:3 D 78:10
  Ath 20:2
λεγομένῳ D 10:2
λεγόμενον Ap 30:1; 55:4 D
  32:3; 56:15; 68:3; 85:1;
  103:3
λεγομένην Ap 60:3 (AB)
λεγόμενον App 2:6; 9:1 D 73:
  3; 99:2
λεγόμενοι Ap 18:3; 20:2; 58:3
  App 5:3 Ath 1:3; 30:3
λεγόμεναι D 112:4
λεγόμενα Ap 18:4 App 9:1
  D 46:4; 92:1; 115:1
λεγομένων Ar 2:1 Ap 21:4;
  55:1 D 35:1; 67:2 Ath 23:4
λεγομένων App 9:3 D 67:3
λεγομένοις D 80:4 Ath 17:1
λεγομένοις Ap 22:6; 42:2 App
  15:3
λεγομένους Ap 16:14; 21:1,3;
  54:2(AB); 64:6; 65:1 D 5:1;
  80:3, 4 Ath 23:4
λεγομένας Ap 36:1
λεγόμενα Ap 14:1; 23:3; 54:
  4; 61:2 D 51:1; 64:2; 87:
  1, 4
λεχθήσεται App 9:4
λεχθήσεσθαι D 73:6
λεχθησόμενα Ap 49:6
ἐλέχθη Ap 33:1; 51:7; 52:10;
  53:5; 54:3; 55:5; 61:7 D
  73:2
ἐλέχθησαν Ap 31:1; 37:1; 49:1
λεχθῆναι Ap 44:2; 54:2, 8 D
  69:1
λεχθείς D 97:4
λεχθείσης D 103:6
λεχθέντος Ap 64:4
λεχθέντι Ap 60:7
λεχθέν Ap 54:8
λεχθέντες D 32:6
λεχθέντα D 53:6; 83:1
λεχθέντων App 5:5 D 73:1
λεχθέντων Ap 48:4 D 72:2

λεχθεῖσι D 64:5
λεχθεῖσι Ap 54:2
λεχθέντας Ap 56:1
λέλεκται Ap 49:1; 63:7 D 34:
  2; 43:7; 56:3, 19; 66:4;
  67:2; 122:1; 124:4; 127:5²;
  138:1
ἐλέλεκτο D 86:1; 99:2
λελέχθαι D 57:2; 63:2; 64:7;
  116:3
λελεγμένη D 67:1
λελεγμένον D 119:1
λελεγμένῳ D 126:6
λελεγμένην D 69:3
λελεγμένοι D 114:2
λελεγμένων D 60:5
λελεγμένων Ap 48:1; 55:1 D
  112:3
λελεγμένους D 56:3; 68:6
λελεγμένα D 45:3
λεηλασία M Ap HE 4:26:6
Λεία D 134:3
Λείας D 134:5
Λείαν D 46:3
λείας D 50:3
λεῖπον Ap 32:6
λείποντα Ap 52:2 D 106:1
λειπομένοις Ap 67:1, 6
λιπών App 7:2
ἐλειτούργουν D 31:2
λειτουργῶν Ath 10:3
λείξουσι D 34:4
ἔλειξαν D 34:7
λείψανον T 17:4
λεξειδίου D 120:5
λέξις D 31:7(A) T 1:2; 27:3
λέξεως D 71:3; 74:2; 120:4
λέξιν T 26:1
λέξεις D 70:5
λέξεων D 34:1 T 29:1
λέξεις Ap 35:10; 36:1 D 73:1
λέπρας D 41:1
λέπροι Ap 48:2
λεπτοτάτοις D 46:5
λεπτύνον D 31:4
Λεσβίαν T 33:1
Λευιτικόν M Ek HE 4:26:14

11*

Λευιτικῷ D 16:1
λευκανῶ Ap 44:3²; 61:7²
Λευκιππίδων T 10:2
Λευκοθέαν Ath 29:2
λευκήν D 31:2
　λευκοί D 52:2
λελευκωμένῳ Ath 17:2
λέων D 52:2; 81:2; 98:4; 102:
　1; 103:1, 3 T 18:2
　λέοντος D 22:2; 52:2; 98:5;
　105:1, 2, 3 Ath 18:3
　λέοντα D 103:5 T 27:3
Λέοντος T 27:1
Λεωχάρους T 34:3
Λήδα Ath 22:7
　Λήδας Ap 21:2
　Λήδαν Ar 9:7
λήθη D 46:5
　λήθην Ath 12:2
ληνοῦ D 26:4
　ληνόν D 26:4
　ληνούς D 86:2
ληραίνει T 33:1
λῆρος Ap 68:1 Ath 36:2
　λῆρον T 9:4; 33:1 Ath 21:1, 3
　λήρους T 21:1; 34:2
ληρωδῶν Ap 68:1
ληστεύουσι M Ap HE 4:26:5
　ληστεύων T 14:1; 23:2
　ληστεύοντι T 18:1
　ληστεύοντες T 23:2
ληστής T 18:1
　ληστήν T 27:1
　λησταί Ap 12:6; 15:11 T 12:4
　ληστῶν Ar 3:2 D 17:3
　λησταῖς T 18:3
ληστοτροφεῖν T 23:2
Λητοΐδου T 8:4
　Λητοΐδην Ap 25:1 Ath 29:1
Λητώ T 10:1
　Λητοῦς Ath 21:4
　Λητώ Ath 28:2
λίαν T 2:1; 8:1; 21:3; 36:1
λίβανον D 78:2
　λιβάνων T 19:3
Λίβανος D 50:5
　Λιβάνου D 69:5

Λίβανον D 34:5
λιθίνη Ath 28:5
　λίθινοι D 9:3
λίθος D 34:2; 36:1; 70:1; 86:3;
　90:5; 100:4; 113:6; 126:1²
　λίθου D 86:2; 90:5; 114:4
　λίθῳ Ap 28:4
　λίθον D 58:13; 76:1; 114:2
　λίθοι Ath 17:4
　λίθων D 58:11; 113:6; 114:4
　λίθους T 4:2 Ath 15:1
λίμνη Ath 28:5
　λίμνῃ Ath 28:5
λίνον D 123:8; 135:2
Λίνος T 41:1
　Λίνου T 41:1
ἐλιπάνθη D 20:1²
λισσόμενοι Ath 13:2
λιτανεύσουσιν D 38:5
λίχνοι T 12:3 Ath 27:2
λίχνους T 19:1
λογίζεσθε D 102:7
　ἐλογίζοντο D 72:2
　λογιζόμενος D 58:10
　λογιζόμενοι D 70:5
　λογιζομένους Ath 36:1
　λογισθήσεται D 89:3 Ath 9:1
　λογισθήσονται D 50:5
　ἐλογισάμεθα Ap 50:8 D 13:4
　ἐλογίσαντο D 22:5
　λογίσηται D 141:2², 3
　λογίσασθε Ap 8:1; 10:4
　λογισάμενοι Ap 53:1
　λογισαμένους Ap 12:11
　ἐλογίσθη Ap 50:2, 7; 51:5 D
　13:4, 7; 92:3; 119:6
　ἐλογίσθησαν D 50:5²
　λελογίσμεθα Ap 2:4; 40:5 T
　32:3
　λελογισμένοι Ath 12:2
λογικός Ath 10:2
　λογικόν D 93:3 T 15:1
　λογικῆς T 5:1; 7:1
　λογικόν D 62:2
　λογικήν D 61:1 Ath 13:2
　λογικόν App 10:1
　λογικοί Ap 28:3

λογικῶν Ap 10:4
λογικῶς Ath 27:2
λόγιον Ap 32:14 D 133:5
λογίων T 41:2
λόγια D 18:1
λόγιοι Ar 13:7 T 40:1
λογισμοῦ Ath 9:2
λογισμόν Ap 17:3; 58:3 App
  11:8 D 72:2 Ath 8:1; 18:1;
  25:4
λογισμῶν App 12:4 Ath 9:1
λογισμούς Ath 9:1; 17:1; 18:1
λογιώτατοι Ath 28:4
λογοποιοῦσιν Ath 2:1; 31:1
λογοποιεῖν Ath 32:1
λογοποιίαι Ath 3:1
λόγος ⟨Ar 17:1⟩ Ap 2:1²; 3:1,
  4; 10:6; 12:7, 8; 14:5;
  23:2; 32:8, 10; 30:1; 43:
  6; 63:4, 10, 15 App 6:3;
  9:4; 10:8 D 19:6; 29:1;
  30:2; 38:2; 48:2; 49:2²;
  50:3; 50:4, 5, 6, 13, 23²;
  57:2; 58:4; 60:4, 5²; 61:
  1, 3²; 62:1, 4; 63:2, 5; 65:
  3; 67:7; 68:5; 69:4; 77:2,
  4; 78:9; 83:4; 85:4². 6;
  87:2, 3; 92:5, 6; 93:3; 102:
  4; 103:1, 2; 105:1; 109:2;
  110:3; 117:4; 121:2²; 122:
  1; 124:4; 126:6; 128:4;
  129:1, 2, 4; 131:1; 141:2²
  T 5:1³, 2²; 7:1³; 13:2 Ath
  4:2; 10:2²; 14:1; 16:2;
  22:1; 24:1, 5; 28:4; 30:3;
  32:2; 36:2; 37:1
λόγου Ap 3:2; 5:4²; 13:2, 3;
  22:4; 35:2; 36:1; 45:5;
  46:3, 4³, 5, 6; 53:12; 55:8;
  59:1; 64:5; 66:2²; 67:4;
  68:1 App 2:2; 8:1, 3²; 9:
  2; 10:2, 3, 6, 8; 13:3, 5 D
  2:2; 3:3; 31:7; 35:6; 49:
  8; 53:1; 55:2; 65:7; 68:4;
  73:1; 86:3; 87:2; 102:5;
  110:2; 114:3; 116:3; 130:
  1; 141:1 T 1:2; 5:1, 2², 3;

7:2²; 18:2; 27:2; 32:1 Ath
  1:3²; 2:4; 4:2; 10:1, 4;
  11:1, 3; 13:1; 18:1; 25:2;
  31:1; 32:3
λόγῳ Ar 9:1 Ap 5:2, 3; 6:2;
  13:1; 14:1; 33:9; 53:2;
  59:5; 60:7 App 4:2; 7:8²;
  10:4 D 55:1; 69:6; 84:2
  T 3:2; 6:1; 16:3; 25:3;
  26:3; 30:1 Ath 1:1; 2:4;
  3:1; 4:1; 5:1; 6:3; 10:1;
  11:3; 12:2; 16:3; 17:1;
  18:2; 19:2; 20:3; 22:6, 7;
  23:1², 4; 24:1; 25:3; 29:2;
  35:3
λόγον Ap 2:3; 17:4; 21:1, 2;
  22:2²; 33:6; 39:3; 46:2;
  53:6; 61:9 App 7:3, 7, 9;
  8:1, 2; 10:1; 13:4 D 1:3;
  3:3, 6; 4:4; 5:2; 9:1, 2, 3;
  23:3; 27:1; 35:7; 38:3;
  39:7; 40:1; 42:3, 4; 46:4;
  48:1; 49:2; 52:4; 54:2;
  55:1; 57:3, 4; 61:2³; 65:
  2; 66:1; 68:3; 77:1; 83:4;
  87:3; 92:1; 94:3, 4²; 95:
  2; 100:5; 102:2, 5; 109:1;
  115:6; 116:1²; 120:2; 123:
  7; 128:2, 4; 141:1 T 15:4;
  17:1; 26:3 M Ap HE 4:26:
  8, 9 M Ek HE 4:26:13²
  Ath 1:3; 2:3; 4:1; 6:4;
  9:1; 10:2; 11:1; 12:1, 2;
  16:4; 19:3; 24:1²; 25:3, 4²;
  30:4; 31:1²; 32:2; 35:2²;
  36:1
λόγοι Ar 13:7 Ap 14:5; 37:1;
  40:2 Ap 47:1; 49:1; 63:10
  D 15:7; 29:2; 31:2; 32:6;
  37:3; 39:4; 51:1; 56:8;
  62:3; 63:5²; 64:4, 8; 79:3;
  85:8; 98:2; 99:2; 114:2;
  124:2; 129:2; 137:1 Ath
  11:1; 30:3
λόγων Ar 10:3 Ap 40:5; 54:6
  App 1:1; 3:5; 12:6 D 2:2;
  8:2; 11:5; 14:8; 15:7; 27:1;

31:3, 4; 32:2; 33:1; 34:2;
35:8; 38:1; 39:5, 8; 47:1;
58:1, 2; 60:1, 2; 64:2, 7;
67:3; 72:3², 4; 73:1; 74:
1; 80:3; 92:4, 6; 93:5;
110:2²; 112:4; 114:4: 120:
5; 130:3; 137:4 T 1:3;
22:3; 27:2² Ath 11:2, 3;
27:1; 33:2
λόγοις Ap 35:5; 45:6 D 8:3;
9:1; 10:1; 12:1; 45:1;
55:3; 56:14; 58:6; 63:2;
64:5; 76:5, 6; 81:3; 97:3;
100:3, 4; 112:5; 113:6;
114:1; 126:6; 133:4; 137:
1; 139:5 T 12:5; 27:1 Ath
7:1; 36:2
λόγους Ap 33:3 App 15:2 D
7:2; 8:1; 12:1; 14:3; 22:9;
24:1; 32:3; 34:3; 38:2;
45:1; 50:2; 56:3; 58:10;
62:2²; 65:2, 3; 68:6; 70:
1², 2: 78:6; 109:1; 110:1;
113:7; 114:1²: 129:1; 130:
1, 3; 131:1; 142:1 T 26:
1, 3³; 31:4 Ath 6:1, 4; 11:
3; 21:1; 22:7: 28:1; 36:2
λοιβῇ Ath 13:2
λοιβάς Ap 62:1
λοιδορεῖς T 25:1
λοιδορεῖτε T 22:2
λοιδορῆτε D 137:2
λοιδοροῦντες T 21:1
λοιδορούντων T 32:2
λοιδορεῖται T 25:2
λοιδοροῦνται Ath 34:1
λοιδοροῖντο D 4:4
λοιδορεῖσθαι T 30:1
λοιδορίας T 27:1 Ath 11:2
λοιμῶν Ap 40:8
λοιπός D 49:3
λοιπόν Ath 3:2
λοιπῇ T 16:2
λοιπόν Ap 3:5; 55:8; 67:1
App 2:4; 5:4; 15:4 D 36:1;
44:4; 56:2; 63:1; 87:1; 142:3
T 15:1; 16:1; 20:1; 42:1

λοιποί Ath 8:2; 24:3
λοιπαί T 20:3
λοιπά ⟨Ar 16:6⟩ D 5:4: 31:3;
59:2; 64:6; 110:5 Ath 17:
3; 20:4
λοιπῶν Ar 6:1 Ath 8:2; 9:1
λοιπῶν Ar 3:2; 4:3 Ath 25:2
λοιποῖς Ath 31:3
λοιπαῖς T 13:3
λοιποῖς Ar 2:1; 12:6; 15:10
T 15:3
λοιπούς D 102:6 T 7:2 Ath
30:3
λοιπάς D 46:3; 58:2
λοιπά Ar 1:1 D 3:3; 50:2;
67:1 T 15:3 Ath 6:5; 20:
1; 32:3
λοξῷ Ath 16:1
Λουζᾶ D 58:8²
Λουζᾶ D 58:8 (O 2)
Λούκιος App 2:15
Λουκίου App 2:18
Λούκιον App 2:17
Λουκίῳ Ap 1:1
Λουκίῳ Αὐρηλίῳ Κομέδῳ ⟨Ath Ins⟩
λουτρόν Ap 61:12 D 13:1
λουτροῦ D 14:1
λουτρόν Ap 61:3, 10; 62:1;
66:1 D 18:2; 44:4
λούεται Ap 61:13
λούεσθαι Ap 62:1
λουσόμενον Ap 61:10
λοῦσαι Ap 65:1
λουσάσθω D 12:3
λούσασθε Ap 44:3; 61:7 D
18:2
λούσασθαι D 18:2
λουσαμένῳ Ap 66:1
λουσάμενοι D 44:4
λυαρίαν T 38:1 (M[P]V)
λυγιζόμενον T 22:1
Λυγκεύς T 39:1
Λυγκέως T 41:3
Λυγκέα T 39:3
Λυδόν T 31:3
λύθρων T 8:3
λύθροις T 29:1

λύκου Ap 58:2
  λύκον ⟨Ar 12:7⟩
  λύκοι Ap 16:13 D 35:3²; 81:2
Λυκοῦργος T 41:3
λυμανῇ D 136:1
  λυμανοῦνται D 81:2
λυποῦσιν Ar 15:7
  λυπεῖται Ar 7:2 T 23:2
  ἐλυπεῖτο D 107:3
  ἐλυπήθησαν Ath 23:1
λύπη T 11:1
  λύπης T 2:2 Ath 21:1
  λύπῃ Ath 21:2
λυπηρόν T 14:2
Λύσανδρον Ath 14:1
Λύσιππος T 33:1
λύσεως Ath 16:4
Λῦσις Ath 6:1
Λυσίστρατος T 33:4
λυτόν Ath 6:3
  λυτά Ath 16:3
  λυτά Ath 15:3
λυτρούμενος D 83:3
  λυτρώσεται D 34:5
  ἐλυτρώσατο D 86:6
  λυτρωσάμενος D 19:6
  λυτρωθέντων D 131:3
  λελυτρωμένον D 26:3; 119:3
λυτρώσεως D 26:4
λυτρωτήν D 30:3
λυχνίας Ap 26:7
λύχνους D 10:1
λύει T 29:2
  λύε D 15:4
  λύων Ath 33:2
  λύεται T 13:1
  λυόμενον T 25:2
  λυσόμεθα Ap 46:1
  λυθήσεται D 5:4
  λυθησομένου T 30:1
  λυσώμεθα Ap 46:1 (AB)
  λῦσαι D 62:5
  λυθῇ T 13:1
  λυθῆναι Ap 25:2 D 6:2
  λυθείσης Ath 24:2
  λέλυται D 50:3
λώβῃ D 69:7

λωβηταί T 1:3
λωποδύτην App 2:16
Λώτ Ap 53:8 D 19:4; 50:12,
  19², 20, 21, 23

μά Ap 68:10
μαγεύειν T 1:1
μαγικῆς Ap 26:4
  μαγικῇ Ap 30:1
  μαγικήν D 69:7
  μαγικῶν Ap 14:1 App 5:4
  μαγικαῖς Ap 14:2
  μαγικάς Ap 26:2; 56:1
μάγος T 8:2
  μάγῳ D 120:6
  μάγον Ar 10:3 D 69:7 T 17:1
  μάγοι D 77:4; 78:5, 7, 9; 79:
    4; 103:3; 106:4
  μάγων D 69:1; 78:1. 2. 7; 88:
    1; 102:2
  μάγοις Ap 18:3 T 28:1
μαθημάτων Ap 3:4 App 2:9
μαθήματα App 12:6 D 2:5²
μαθήσεως D 3:6
  μάθησιν D 2:3
μαθητείᾳ D 53:6
  μαθητευομένους D 39:2
  ἐμαθήτευσεν D 53:1
  ἐμαθητεύθησαν Ap 15:6
  μαθητευθῆναι App 4:3
  μεμαθητευμένοι D 39:5
μαθητής T 39:3; 41:2 Ath 17:3
  μαθητήν Ap 26:4
  μαθηταί D 35:2; 49:5; 53:5²;
    108:2 T 33:2
  μαθητῶν D 53:1; 99:2; 100:4
  μαθηταῖς Ap 67:7 D 51:2;
    53:4
  μαθητάς D 53:2; 105:6
μαίνεται T 19:3 Ath 21:3
  ἐμαίνετο Ath 29:1
  μαίνετο Ath 21:3
  μαινόμενος Ar 10:8 T 24:1
  μαινομένους Ar 8:2 Ap 18:4
  μανῆναι Ar 10:9
μέμηνα D 39:4

μέμηνε Ap 61:11
μεμηνέναι Ath 31:1
μεμηνώς Τ 17:2
μεμηνός Τ 2:1
μεμηνότας Τ 17:3
μακάρεσσι Τ 8:1
μακαρίζοντες D 133:3
μακαριοῦσιν D 34:6; 64:6
μακάριος Ap 40:8 D 56:1; 61:5;
   141:2
μακαρίου D 32:3; 112:3
μακάριον D 125:5
μακάριοι Ap 40:19 D 7:1;
   114:4
μακαρίων D 48:4; 67:7
μακαρίων Ath 16:3
μακαρίους D 141:2
Μακεδονικῶν [Τ 39:2]
μακρόβιον Ap 51:3 D 13:6
μακρῷ D 17:2; 133:4
μακράν D 2:5; 3:1; 98:2;
   99:2; 109:2 Τ 12:4; 26:3;
   29:1 Ath 5:2
μακρόν Ap 46:3
μακρύνης D 98:5; 105:1
μάκρυνον D 13:8
μάλα D 3:5; 68:7
μαλακίαν Ap 31:7; 50:7 D 13:4
μεμαλάκισται Ap 50:9 D 13:5
Μαλαχίας D 117:5
Μαλαχίου D 28:5; 41:2
μάλιστα App 2:18 D 1:1; 2:4,
   6; 3:4; 4:5; 10:3, 4; 47:4;
   48:2; 49:2², 7; 56:4, 9;
   84:4; 90:5 M Ap HE 4:26:7
   M Ek HE 4:26:13 Ath 18:3;
   27:1; 35:2
μᾶλλον Ap 3:1, 1 (AB); 4:4; 12:1;
   14:2; 17:4; 18:6; 19:1;
   22:4; 27:5; 31:7; 53:5;
   54:3; 68:3, 9 App 3:3; 8:3
   D 2:5; 3:3; 6:1; 13:8;
   24:1; 27:4; 29:2; 38:2²;
   58:2; 65:2²; 67:2; 79:1;
   80:3; 93:1; 95:1², 2; 96:2²;
   102:3; 107:2; 110:4; 115:
   6; 118:1; 121:2; 134:2;

135:3; 137:2; 141:4; 142:
   1, 2 Τ 3:3; 4:1; 13:3; 14:
   1; 17:4²; 18:1, 2; 23:1;
   31:1; 33:1 M Ap HE 4:26:
   6, 11 Ath 17:3; 21:2; 22:7;
   28:3; 32:3; 33:1²
Μαμβρῇ D 56:1, 2; 86:5; 126:4
Μαμβρῇ D 56:4
μανθάνειν Ap 10:5 D 78:10;
   87:1 Τ 12:5; 34:2
μανθάνοντες D 32:5
μανθανόντων Ap 61:12
μαθήσεσθε Ap 62:4
ἔμαθον D 105:5
ἔμαθεν D 2:2
ἐμάθομεν Ap 59:5; 61:9 D
   87:4; 105:1
ἔμαθον Ap 12:3; 54:10; 56:1
μάθητε Ap 59:1
μάθωσιν Ap 39:1 D 109:2
μάθοις D 6:1
μάθετε Ap 44:3; 61:7 D 15:1
μαθεῖν Ap 6:2; 28:1; 32:2;
   34:2; 35:9; 38:7; 40:5;
   48:3; 60:11; 62:4; 63:9;
   66:4 App 3:4; 6:5 D 89:
   2; 90:2; 125:1 M Ek HE
   4:26:13 Ath 7:2; 23:4, 5;
   28:1
μαθών Ap 56:3 App 13:1 D
   78:1; 102:2 Τ 35:1 M Ek
   HE 4:26:14 Ath 18:4
μαθόντα D 109:1
μαθόντες Ap 13:3; 23:1; 43:2;
   62:2; 65:1 D 108:2
μαθόντων Ap 15:7
μαθοῦσιν Ap 3:5
μεμαθήκαμεν Ap 8:3 Τ 9:2;
   20:2
μεμαθηκέναι Τ 36:2
μεμαθηκότες Ath 1:4
μανίας Τ 22:1; 33:1 Ath 29:2
μανία Ar 12:1
μανίαν Ap 13:4; 61:11 Τ 11:2
   Ath 22:4; 29:2
μάννα D 20:4; 57:2; 73:6; 131:3
μαντειῶν D 135:6

μαντεία Ap 18:4
μαντεύεται Τ 19:3²
μαντεύεσθαι Τ 19:3
μαντευομένης Τ 12:5
μαντευόμενον Ar 11:1
μαντευομένων Τ 19:3
ἐμαντεύσω Ath 21:5
μαντική Τ 19:2
μαντικῇ Ath 21:5
μαντικῷ Τ 19:3
μαντικήν Τ 1:1; 8:4
μάντι Ath 21:5
Μαρία D 78:5; 100:3, 5
Μαρίας D 113:4; 120:1
Μαρία D 78:4,7; 102:2:103:3
Μαρίαν D 78:3
Μαριάμ D 78:3
Μαρκιανοί D 35:6
Μαρκιανός Ἀριστείδης (Ar Ins)
Μαρκίωνα Ap 26:5; 58:1
Μάρκω Αὐρηλίω Ἀντωνίνω [Ath Ins]
Μάρκε Πομπήϊε D 141:5
μαρμαρύσσοντα Τ 22:1
Μαρσύου Τ 1:1
μαρτυρεῖ D 116:3; 117:1; 122:2
  Ath 16:3; 17:1
μαρτυροῦσιν D 110:6
ἐμαρτύρει D 122:1
μαρτυροῦντες Τ 23:1
μαρτυρεῖται D 86:2
μαρτυρούμεθα D 110:6
μαρτυρούμενος D 63:5
μαρτυρήσει D 61:3 Τ 8:4
ἐμαρτύρησεν Μ Ρ ΗΕ 4:26:3
ἐμαρτυρήθη D 92:3
μαρτυρηθέντος D 11:5
μαρτυρηθέντι D 29:1
μεμαρτυρήμεθα D 92:4
μεμαρτύρηνται D 29:3
μεμαρτυρημένοι D 92:6
μαρτυρία D 123:4
μαρτυρίας D 67:3
μαρτυρίαν D 79:2 Τ 1:2; 12:4;
  20:1
μαρτύριον D 88:1
μαρτυρίου D 36:2, 6; 132:2

μαρτύριον D 14:4; 61:1; 141:3
μαρτύρια Ap 53:2 D 37:4;
  64:4
μάρτυς Ap 23:3 D 122:1
μάρτυρα App 12:4 D 12:1
μάρτυρες D 7:2 Ath 3:2
μάρτυσι Τ 36:1
μάρτυσιν Ath 23:2
μάρτυρας Τ 31:1 Ath 7:2
μασώμενοι D 57:2
μασθοῦ D 85:9
μασθῶν D 98:3; 102:1, 2
μαστιχθήσεται D 89:3
μάστιγι Ap 5:1
μάστιγας Ap 38:2
ματαίω D 36:3
ματαίαν D 8:4
ματαίων D 91:3
μάτην D 28:2²; 78:11; 79:3;
  118:3 [Ath 14:1]
μάχαιρα Ap 44:4, 5², 6; 61:8
  D 100:4
μαχαίρας Ap 44:7 D 91:4;
  109:2; 112:2
μάχαιραν Ap 39:1 D 109:2;
  135:4
μαχαιρῶν Ap 44:5
μαχαίραις D 24:2; 113:6², 7;
  114:4 Ath 26:1
μαχαίρας Ap 39:1 D 110:3;
  113:7
μάχη Ar 13:5
μάχης D 90:4, 5; 111:1
μάχην Ath 21:3
μάχας D 15:3 Τ 1:3; 19:3
μάχεσθαι D 120:4
Μεγακλείδης Τ 31:2
μεγαλαυχία Τ 35:1
μεγαλεῖον App 3:3
μεγαλειότερα App 10:1
μεγαλειότης D 31:7
μεγαλοπρέπεια D 73:3
ἐμεγάλυνας D 56:20
μεγαλωσύνην Ar 15:2
μέγας Ap 41:1; 52:11 D 16:1;
  34:7; 37:3; 55:1; 64:4; 73:3;
  75:3; 141:3 Ath 8:3; 23:5, 6

μεγάλη D 38:2
μέγα Ap 27:4 D 41:2; 121:4
μεγάλου Ath 12:1
μεγάλης D 49:2²; 76:3; 91:4;
   92:1; 107:4; 112:2; 126:1;
   131:3 T 29:1 M Ap HE 4:
   26:7 (EDM)
μεγάλου D 70:1; 119:4
μεγάλω Ath 31:4
μεγάλη T 19:1
μεγάλω D 37:3; 64:4
μέγαν D 32:1; 70:3: 115:2
   Ath 18:4
μεγάλην Ar 3:2; 7:4; 13:1
   Ap 37:5 D 22:4; 118:1;
   124:3 M Ap HE 4:26:7
μέγα D 12:3; 60:4; 86:6 T
   24:1; 25:1 M Ap HE 4:26:7
μεγάλοι Ath 1:1
μεγάλαι D 56:18
μεγάλα D 31:4
μεγάλων D 31:3
μεγάλων D 84:3: 115:6: 134:2
   Ath 12:3
μεγάλα Ap 62:4 D 10:2: 31:
   5; 76:3; 112:4
μεγέθους Ath 9:2: 22:7
μεγέθει Ath 16:1
μέγεθος D 4:1 Ath 4:2: 28:5
μεγιστᾶνες T 3:4
μεγιστάνας D 107:2
μέγιστος Ath 6:1²
μεγίστη Ap 16:6; 28:4; 30:1;
   43:6 Ath 13:1
μέγιστον Ap 32:6; 55:2 D 2:1
   M Ap HE 4:26:8 Ath [Ins;]
   26:2
μεγίστου Ap 68:3 Ath 6:1
μέγιστον D 142:2
μέγιστον D 3:3
μέγιστοι Ath 2:4; 18:1
μεγίστων Ath 2:1
μεγίστοις Ath 2:2
μέγιστα Ap 44:13
μέθης Ar 10:8
μέθαις App 2:7
μεταστήσουσι D 31:7

μετεστάθη D 31:3
μέθυσος Ar 10:8
μεθύων D 15:6
μεθύοντες ⟨Ar 16:6⟩
μεθύσῃ D 14:6
μεθυσθῆναι Ar 10:9
μειζόνως Ar 13:5 Ap 20:3 T
   14:2 (MPV)
μείζων Ar 3:2
μεῖζον Ar 3:2 T 12:1: 14:3
   Ath 23:3
μείζονα Ap 20:5; 26:5²
μεῖζον D 3:3; 142:3 Ath 2:
   1, 2: 23:4, 5
μείζονα Ap 26:5 T 23:1
μειλίσσεται D 90:5
μειουμένην Ar 6:3
μειράκιον T 10:1; 32:2
μειράκιον T 2:1
μειράκια T 32:1
μειρακίοις T 33:1
(μείρομαι v εἵμαρμαι)
μειόνων Ath 1:4
Μελανίππη T 33:4
μέλαν T 33:3
Μελέαγρον T 8:3
μελετᾶν D 86:6
μελετῶντες T 21:1
μελετήσει Ap 40:8 D 70:3
μελετήσειν D 70:5
ἐμελέτησαν Ap 40:11
μελέτη Ath 33:2
Μέλητον T 3:2
μέλι D 30:2; 43:5: 66:2: 88:7
   Ath 12:3
μελισθῆναι D 120:6
Μελίτων M Ek HE 4:26:13
μέλλω D 55:3; 58:1; 115:3; 126:5
μέλλει Ap 51:8 D 32:4: 43:
   4; 58:1: 76:5; 96:3; 99:3;
   100:1; 113:5; 131:5: 137:4
μέλλομεν D 82:2
μέλλουσι D 64:7; 118:1
μέλλουσιν Ap 19:8: 52:7, 10
   D 111:2; 124:4
ἔμελλον D 2:5; 3:1: 55:3
ἔμελλε Ap 32:7: 35:1: 45:1

D 63:3; 68:6; 84:1, 2; 88:
8²; 89:3; 99:1, 2²; 125:5
ἔμελλεν Ap 34:1; 40:7; 47:1;
51:6 D 40:3; 53:2; 64:7;
78:8²; 84:1, 3; 97:2²; 104:
1; 105:2; 106:4; 107:1;
111:4; 120:1; 125:5; 139:1²
ἔμελλον Ath 32:1
μέλλῃ D 49:3
μέλλωσι T 14:1
μέλλειν Ap 33:2 D 35:2, 7:
36:1; 52:4; 53:3; 54:1;
77:3; 78:8; 84:4; 87:6;
88:1; 100:3; 130:2; 133:2
μέλλων D 51:3; 100:1; 113:
5; 120:6; 131:4 T 26:1
μέλλοντος Ar 15:3 D 32:3;
43:3; 91:4; 114:1; 118:1;
120:5²; 131:4
μελλούσης App 8:4 D 134:3
μέλλοντι D 115:3 Ath 23:1
μέλλοντα Ap 44:11 D 34:1:
94:2
μέλλουσαν App 2:2 D 11:4:
111:4; 138:3; 139:4
μέλλον D 96:1 T 7:2; 26:1
μέλλοντες D 62:2
μελλόντων D 53:1; 73:6
μελλουσῶν D 87:3
μελλόντων Ap 44:11; 52:1 D
16:3; 42:4²; 82:1; 102:5;
105:1; 114:1; 115:4 T 7:2;
29:2
μέλλουσιν D 53:4
μέλλοντας Ap 28:2; 62:1 D
69:7; 141:2
μέλλοντα Ap 31:1; 36:2; 39:1;
42:1; 44:11 App 10:8 D
7:1; 115:4 Ath 27:2
μέλος Ath 16:2
μελῶν Ar 13:5 D 42:3 Ath
22:6
μελέων Ath 21:3
μέλεσιν T 18:3
μέλη Ar 13:5 Ath 22:6
Μελχισεδέκ D 19:4; 32:6; 33:1.2³;
63:3; 83:2,3; 113:5; 118:1

μέλει App 9:1 D 6:1; 8:2
μέλειν Ap 28:4 Ath 35:2
μέλον Ap 44:11 T 3:1; 6:1;
34:1
ἐμέλησεν D 10:2
μεμπτέος Ap 43:2
Μέμφιδι Ath 28:1
μέμφῃ D 79:2
μέμψασθαι D 112:3
μέν Ar 3:2; 4:2; 7:2; 8:2²;
13:7 Ap 2:2, 4²; 4:1, 3, 6,
8: 7:3; 8:3, 5; 10:4; 12:
11; 13:1, 2; 14:1². 2: 15:
1; 16:12, 13; 17:3; 18:3;
21:2; 24:1, 3; 25:1; 26:2,
3, 7; 27:1; 28:1; 31:3, 8:
32:1, 9, 14; 33:1; 35:6;
36:2²; 37:9; 39:5; 43:6;
44:13; 45:6; 46:3; 52:3²;
53:1, 3, 4; 54:6; 55:3; 56:
1; 57:2; 58:1, 3; 60:4, 7,
11; 63:17; 68:1 App 2:7,
8, 9; 5:2, 4; 6:3; 7:2, 3, 7;
8:1; 9:3, 4; 10:1, 6, 8: 11:
4, 5; 12:2, 5²; 15:3 D 1:4;
2:3; 3:3². 4, 6: 4:2². 5:
5:3², 4; 6:1; 8:3, 4; 9:2;
11:1; 14:8; 19:3; 20:3;
23:5; 24:1; 29:2; 32:2²;
34:7; 35:6; 39:2, 8: 40:4;
43:7; 44:2; 45:4; 47:1, 2;
49:1², 2, 3, 5; 51:1². 2: 54:
1, 2; 55:3²; 56:3, 5²: 57:
1, 2; 58:2; 60:1; 65:2;
66:4; 67:10; 68:1, 6, 9;
69:2, 6; 70:4; 72:1²; 73:5;
76:1, 2; 77:1; 79:1²; 80:
2, 3, 4; 82:3; 83:1; 85:5;
87:3, 4, 6; 88:5; 89:2, 3;
90:1, 5; 91:3; 92:2; 93:4;
94:2; 95:3; 100:2; 101:2;
102:6; 103:2, 5; 110 2, 6;
111:1; 112:4; 113:2, 4;
114:4, 5²; 115:3, 6; 116:2;
117:2², 3, 4; 120:2³, 5; 121:
2; 122:1; 123:1, 2², 7²: 124:
2: 125:1, 3; 127:3; 128:4;

μερίδα D 22:10: 115:2
μερισμόν T 5:1
μερισμούς Ar 6:1
μεριστῶν D 80:4
μέρος D 4:2; 91:2 Ath 10:3
μέρους App 10:8; 13:3 Ath
    24:2, 3, 5; 25:2
μέρει D 127:3 Ath 12:3
μέρος App 8:3; 10:2 Ath 1:4;
    6:2, 5; 20:1
μέρη Ath 8:1; 20:4
μερῶν App 7:9 D 40:3 T 16:
    1; 26:2 Ath 8:2
μέρη D 110:4 Ath 8:2; 16:3
μερόπων Ath 30:1, 2
Μερρᾷ D 86:1; 131:3
μεσημβρία D 15:6
μεσημβρίας D 56:2; 126:4
Μεσοποταμίας D 58:8
μέσου D 16:5
μέσου Ap 48:6 D 13:2; 22:5;
    97:2; 118:1 Ath 4:1; 15:1;
    18:3
μέσῳ Ap 45:3 D 32:6; 83:2,
    3; 91:2; 98:4, 5; 102:1;
    103:7; 106:1, 2; 115:1²;
    119:3; 124:2; 133:5
μέσον Ap 39:1 D 9:3; 21:2;
    102:3; 107:4²; 109:2 Ath
    4:1
μεστοῦ D 131:2
μεστήν T 35:2
μεστά T 32:3
μεστοῖς D 9:1
μεμεστωμένοι D 14:2; 110:3
μετά (gen) Ar 6:1; 11:2³; 12:2
    Ap 8:2, 4; 11:1; 13:3; 15:
    2; 17:3; 28:1; 45:4; 46:3,
    4²; 50:1, 2: 51:8; 52:3³;
    53:12 App 2:2, 7 D 1:1;
    5:2; 7:2; 8:3; 9:2, 3; 13:
    2; 14:3; 15:6; 22:10; 26:
    1, 3; 31:3; 32:6; 34:2;
    37:1; 38:1; 39:7; 47:1, 2,
    4; 50:4; 53:4²; 56:7², 18;
    58:5, 7², 12; 65:2; 67:3, 9;
    69:7; 70:3, 4; 73:6; 76:4;

77:3²; 86:1: 90:5; 92:1, 6;
    106:3; 107:2²; 110:2: 112:
    3, 5; 113:1; 120:6; 123:7;
    125:3; 126:3; 130:1. 2, 4²;
    131:3; 132:1; 133:3; 138:
    1, 2; 140:4: 141:1² T 8:2;
    11:2; 13:1; 14:2²; 19:3;
    39:1; 41:1, 2 M Ap HE 4:
    26:7 Ath 9:2; 11:1: 23:3;
    31:1. 3
μετ'(gen) Ap 10:2; 20:3; 66:4
    D 2:3; 9:2: 16:1: 22:8;
    26:4; 50:4²; 56:17: 58:6²,
    8; 65:6; 81:2; 87:4: 106:
    1; 113:3 T 25:1; 33:3
μεθ' (gen) Ap 33:1 D 33:2
    T 9:1
μετά (dat) Ath 22:1
μετά (acc) Ap 12:7; 13:4: 14:
    1, 3; 18:3; 19:7²: 20:4;
    26:1: 32:3, 6, 10: 35:8:
    41:1; 44:9; 45:1; 50:12:
    57:3; 60:5: 65:1: 67:1. 7
    App 2:8; 5:4; 13:4 D 5:4²;
    10:1: 14:3; 17:1; 23:3;
    27:5; 30:1. 3; 32:3: 36:1;
    39:4; 40:2: 45:1: 46:3;
    49:6; 51:1; 52:1, 4: 53:5:
    56:17, 22; 57:4: 59:2: 63:
    1; 72:1; 74:3; 76:6; 78:2;
    81:4;82:1;86:1²;87:5,6²;90:
    3; 92:2; 99:2; 100:1: 102:
    2; 104:2; 106:1; 107:1², 2;
    108:1; 110:6; 113:4: 114:
    4; 119:3; 131:5: 132:1;
    136:1; 137:2; 138:2 T 2:2:
    6:1; 8:2; 9:2; 12:1: 15:4;
    16:1; 22:1; 31:2³, 3⁴: 37:
    1; 38:1; 39:1², 2²; 41:3³
    Ath 9:1; 28:4; 29:2
μετ' (acc) Ap 42:3 D 19:5;
    31:6; 34:1; 35:7; 46:3, 4:
    56:18; 68:6; 87:3; 126:4
    T 36:2; 39:2; 41:4 Ath
    9:2; 30:2
μεθ' (acc) Ap 32:4 D 11:2;

49:3; 142:3 M Ap HE 4:
26:5 Ath 31:3
μεταραίνοντα Ar 6:1
  μεταβαίνουσαν Ar 6:3
  μεταβάσα Τ 20:1
  μεταβάντας D 47:4
  μεταβέβηκας Τ 25:1
μεταβάλλει Ar 4:1 Ath 22:4, 5
  μεταβάλλειν Ap 12:11 (AB)
  μεταβάλλοντας Ap 21:6
  μεταβαλλομένων Ap 20:2
  μεταβαλοῦντας Ap 31:4
  μετέβαλεν Ath 30:1
  μετεβάλομεν D 110:3
  μετέβαλον Ap 16:4
  μεταβαλεῖν Ap 12:11
  μεταβαλών Ath 20:3
  μεταβαλόντων Ap 15:7
μεταβάσεως Τ 5:2
μεταβλητήν Ath 22:2
μεταβολῆς App 2:5;7:3 Ath 16:3
  μεταβολήν Ap 20:2; 66:2 T
  20:2
  μεταβολῶν Ap 13:2
  μεταβολαῖς App 5:2 (AB)
  μεταβολάς App 5:2
μεταγενόμενοι Τ 21:2 (MPV)
μεταγινώσκουσι D 13:1
  μεταγινώσκουσιν D 100:6
  μεταγνόντες D 35:8
  μεταγνόντας D 47:4
μετάγετε Τ 17:1
  μετάγων Τ 21:3
  μεταγόμενοι Τ 21:2
μετεδίδοσαν Ath 30:2
  μεταδοῦναι Ap 66:3
μεταιτοῦντες Τ 11:1
μετεκοσμήθησαν Τ 39:1
μεταλαγχάνειν Ath 22:3
μεταλαμβάνει Τ 11:1; 18:1
  μεταλαμβάνειν Τ 16:1
  μεταλαμβάνουσα D 6:1
  μεταλαμβάνοντες Τ 14:2
  μεταλαβεῖν Ap 65:5
  μεταλαβών Τ 7:1; 29:1
  μετείληφεν Τ 12:3
  μετειληφότες Τ 20:2; 26:2

μετάληψις Ap 67:5
μεταλλεύοντες Ath 11:2
μεταμείβουσιν D 4:7
μεταμελόμενον Ar 7:3
  μεταμεληθήσεται D 32:6; 33:
  1, 2; 63:3; 83:2
μεταμορφοῦνται Τ 10:1
  μεταμορφοῦσθαι Ar 9:6
  μεταμορφούμενον Ar 9:7
  μεταμορφουμένους Ar 8:2
μεταμόρφωσις Τ 10:1
Μετάνειραν Ath 14:1
μεταναστῇ Τ 16:1
μετανοεῖτε D 12:2; 108:3; 123:
  6; 133:6
  μετανοεῖν D 40:4; 51:2; 109:1
  μετανοοῦντα D 47:5
  μετανοοῦντες Ap 61:6 D 26:1;
  95:3; 138:3
  μετανοοῦσιν D 25:4
  μετανοήσετε D 28:2
  μετανοήσουσιν Ap 52:9
  μετενοήσατε D 17:1; 108:2
  μετενόησαν D 106:1
  μετανοήσητε D 108:1
  μετανοήσωσι D 141:2
  μετανοήσωσιν D 141:3
  μετανοησάτω D 12:3
  μετανοήσατε D 118:1
  μετανοῆσαι D 141:3
  μετανοήσας D 141:2
  μετανοήσαντι Ap 61:10
  μετανοήσαντες D 27:2
  μετανοήσαντα D 26:1
  μετανοήσαντας D 14:1; 108:3
μετανοίας Ap 28:2 D 14:1; 83:
  4; 88:7; 107:2 T 15:3, 4
  μετάνοιαν Ap 15:7, 8²; 40:7 D
  30:1; 49:3; 121:3; 139:4
μεταξύ Ap 26:2 D 51:2
μεταπείθειν D 82:3
  μεταπεῖσαι Ath 23:5
μεταπίπτει Ath 22:5
μεταποιεῖν Ap 9:5
  μεταποιῆσαι Ath 26:3
μεταρρυθμίζω Τ 5:3
μεταρσιοῦσθαι Τ 16:1

μεταστραφήσεται D 22:5
μετετίθετο Ap 43:6
  μετατιθέμενον D 47:5
  μετατιθεμένοις Ap 45:6
  μετατιθεμένους D 107:2
  μεταθήσω D 32:5; 49:6; 78:
    11; 123:4
  μετέθηκεν D 19:3; 49:7
  μετετέθη D 78:11; 82:1
  μεταθεῖναι D 32:5; 78:11;
    123:4
  μεταθώμεθα D 141:1
  μεταθῶνται App 15:2
  μετάθεσθε App 12:8
  μεταθέσθαι Ap 57:1
  μετατεθεικώς T 10:3
μετάφρενον D 40:3
μεταχειριζομένοις D 3:3
μετέλευσιν Ap 43:5
μετέπειτα D 11:2; 60:5
μετερχόμενον App 11:6
  μετερχόμενοι Ap 4:9
μετέχει D 6:12
  μετέχομεν D 20:3
  μετέχουσι Ar 2:1; 3:1 Ath 1:2
  μετεῖχον Ath 30:2
  μετέχον D 6:1
  μεθέξει D 6:2
  μεθέξουσιν T 14:2
  μετέσχε Ap 46:2
  μετέσχον D 86:3
  μετασχεῖν Ap 66:1
  μετασχούσῃ D 63:5
  μετασχόντας Ap 57:2
  μετέσχηκε Ath 16:3
μετεώρου T 17:1
  μετεώροις D 130:3
μετοικιῶ D 22:4
  μετῳκίσθησαν T 20:1
μετωνομάσθη D 113:3
  μετονομασθείς D 111:1; 113:4
  μετονομασθέντος D 132:3
  μετωνομάκει D 75:2
  μετωνομακέναι D 106:32
  μετωνόμασται D 113:2
μετουσία App 12:7; 13:6
  μετουσίαν T 20:1

μετόχους D 38:4; 56:14; 63:4;
  86:3
μετροῦντες Ath 13:1
  ἐμέτρησε D 50:5
μέτριον Ath 12:1
  μέτριοι Ath 37:1
  μέτρια D 3:3
μετριώτατος T 11:2
  μετριώτατον Ath 11:2
μέτρον Ath 33:1
  μέτρον Ath 32:2
  μέτρα T 27:3 D 112:42
μετωπίου Ap 55:4
μετώπῳ Ath 20:1
μέχρι Ap 31:5; 32:22; 60:9 D
  11:4; 18:3; 19:5; 22:7;
  30:2; 34:7; 39:5; 40:3;
  46:3,4; 51:3; 56:2,10, 192;
  59:2; 78:8; 82:1, 3; 92:2;
  93:4; 102:7; 103:6; 117:2;
  119:6; 120:3, 5; 131:22;
  132:1; 133:1; 134:1, 3, 5
  T 2:2; 34:1, 2; 41:3 Ath
  12:3; 17:2; 20:1; 33:12
μέχρις Ap 8:5; 49:5; 67:3
  D 8:4; 34:8; 52:32; 53:1,
  5; 76:6; 88:2; 93:4; 95:4;
  97:12; 102:4; 103:2; 111:
  1; 132:1 T 3:3; 12:4; 20:2;
  26:2 Ath 1:4; 2:1; 32:2;
  33:1
μή (adv) Ar 3:22; 4:1, 2; 7:1;
  8:4; 11:4; 13:7, 8; 15:7
  Ap 2:1, 3, 4; 3:1, 2, 3, 4,
  5; 4:22, 3, 6, 7; 5:1, 2, 4;
  7:4; 9:1, 4, 5; 10:5, 6;
  11:2; 12:4, 8; 14:1, 3, 4;
  15:10, 11, 14, 15, 172; 16:
  1, 52, 7, 82, 13; 18:2; 19:
  1, 2, 72,8; 20:5; 21:6; 24:
  1, 2; 26:7; 28:4; 29:13;
  30:1; 31:6; 32:2; 33:2, 32,
  9; 35:6; 36:1, 3; 38:3;
  39:12, 3, 5; 40:18; 41:3;
  42:1; 43:1, 2, 3; 44:4, 10;
  45:6; 46:1; 47:5; 49:22;
  52:10, 11; 53:2, 7, 12; 54:7;

App 7:2 D 10:2; 18:3;
35:7; 56:16; 92:2
μηδεμίαν Ar 6:2 Ap 58:2
μηδέν Ap 3:1; 4:2, 6; 5:1;
8:5; 12:11; 15:10; 18:6;
19:5; 24:1; 27:1; 28:4;
39:5; 43:8; 49:5; 57:3;
68:1 App 3:4; 4:4; 7:9²
D 1:4; 2:2; 10:4; 23:3;
29:3; 35:1; 46:3; 56:3;
67:7; 68:2; 88:7; 102:5;
103:9; 125:5; 134:1 T
17:4; 33:1 M Ap HE 4:26:5,
8, 10 Ath 1:3; 3:2; 20:4;
24:5; 32:2; 36:1
μηδέποτε Ap 49:5 D 112:4
μηδέπω Ap 28:2²; 45:1 D 110:2
T 5:1
μηδόλως Ap 29:3
μηκέτι App 7:1 D 6:2; 13:1;
24:3; 45:4; 51:3; 87:3;
102:5; 111:4 T 9:3
μηκέτ' T 6:2
μηκέθ' T 6:2
μήν D 5:1, 3, 5; 35:1; 127:3
Ath 1:4; 8:4; 23:1
μηνῶν D 91:1
μηνυτικόν Ap 32:4; 35:2
μηνύει Ap 40:6 D 32:3; 37:2;
47:5; 76:1; 81:3; 120:5;
129:1
μηνύειν Ath 24:5
μηνύων D 56:1; 62:1; 91:1;
101:1; 103:5; 104:1
μηνύον Ap 41:1; 59:1 D 73:2;
89:3
μηνύοντος D 105:2 T 21:2
μηνύεται D 72:3
ἐμηνύετο Ap 32:11 D 64:7
μηνύσων Ap 63:5
ἐμήνυσε Ap 33:6
ἐμήνυσεν Ap 17:4 D 31:1
ἐμήνυσαν Ap 39:3; 49:5
μηνύσῃ Ap 51:1
μηνῦσαι Ath 1:3
μηνυσάντων Ap 40:1
μεμήνυκεν D 19:4; 62:3

μήποτε D 22:10; 56:20
μήπω Ap 19:3 Ath 17:2
μηροῦ D 58:6²; 125:5
μηρόν D 38:3
μηρῶν Ap 32:1; 54:5 D 52:2;
120:3
μήτε Ap 63:15; 68:7 App 2:16⁶
D 1:5⁴; 7:1; 10:3³; 23:1³;
27:2², 5²; 34:8²; 46:5²;
47:2³; 65:2²; 67:2 (A);
92:2², 5²; 94:1⁴; 96:2²;
102:7³; 107:3²; 112:1² T
17:4 Ath 8:3², 4²; 36:1²
μήτ' D 7:1
μήθ' Ap 63:15
μήτηρ D 49:4; 77:4; 84:4 Ath
22:4; 29:2
μητρός Ap 62:3 D 22:10;
46:3; 98:3²; 102:1², 2 Ath
20:1; 32:1
μητρί T 28:1
μητέρα Ar 15:4 Ap 27:4 D
43:6; 66:3; 77:2², 3² Ath
18:2; 20:2; 28:1
μητέρων Ath 32:3
μήτι D 47:2; 68:3, 4, 6; 92:1;
135:3 T 8:2; 10:2; 14:2
Μῆτιν T 25:3
μήτρας D 84:2; 98:3; 102:1
μήτραν D 21:4 Ath 22:4
μήτρας Ap 61:5
μητραδέλφου D 86:2
Μητρόδωρος T 21:3
μητροκτονίαν T 24:1
μηχανῆς T 17:2
μιαίνεται Ar 4:3; 5:1
μιανῶ D 21:4
ἐμιάνθησαν Ar 12:1
μιαιφονούντων T 23:2
μιαιφονίαι Ath 30:3
μιαιφόνος Ath 30:1
μιαιφόνον Ath 21:3
μιαιφόνε Ath 21:3
μιαρά Ath 22:7
μιαρόν Ath 32:1
μιαρῶν T 23:2
μιαρώτατος T 4:1

μιαρωτάτους Τ 25:3
μίασμα Ath 35:2
μίγνυται Ap 27:3 Ath 3:1
μίγνυσθαι App 12:5 Ath 32:1
μιχθείς Ath 18:4
ἐμίγη Ath 20:3²; 32:1
μεμίχθαι D 69:2
μεμιγμένων Ath 10:2
Μίθρα Ap 66:4 D 78:6
Μίθρου D 70:1
μικρά D 56:21²
μικρόν D 43:5; 66:2; 115:6
μικρᾶς Ap 19:1, 4 Τ 30:1
μικροῦ D 115:5, 6 Ath 12:2
μικρῷ Ath 12:3
μικρόν D 60:2: 70:3
μικράν D 46:6
μικρόν D 18:3; 25:3; 56:17;
    57:2 Ath 2:1; 32:3
μικραί Ath 25:3
μικρά Ath 12:3
μικρά Ap 12:11
Μίκωνος Τ 33:4
μίλιον Ap 16:2
μιμουμένου D 90:4
μιμούμενοι Ap 60:10
μιμουμένοις App 4:2
μιμουμένους Ap 10:1 App 12:6
ἐμιμήσαντο Ap 54:4; 55:1;
    62:2
μιμήσασθαι D 70:1, 5
μιμησάμενοι Ap 66:4 Τ 7:3
μιμησαμένους Ap 64:1
μεμιμῆσθαι Ap 9:1 D 69:2,
    3²; 70:1
μεμιμημένα Ath 28:6
μίμημα App 13:6
μίμησις App 13:6
μιμήσεως Ap 67:4 App 11:7
μίμησιν Ap 64:4 D 14:3 Τ
    3:3; 5:3; 7:1; 25:1
μιμήσεις Τ 1:1
μιμηταί App 12:5
μιμητάς Ap 16:3; 21:4
μνησθήσομαι D 38:5
μνησθήσῃ D 13:9
μνησθήσονται D 25:4

ἐμνήσθη D 72:4
μνησθῇ D 72:2
μνησθῶσι D 81:1
μνησθείς D 25:5
μέμνησαι D 27:1
μέμνηται D 4:5²; 117:3 Ath
    30:1
μεμνῆσθαι D 142:1
μεμνημένος Τ 2:1 (MPV)
μεμνησόμεθα D 55:1
μιν Ath 21:1
Μινουκίῳ Φουνδανῷ Ap 68:5
Μίνως Τ 6:1; 41:3 Ath 12:1
Μίνως Τ 39:3
Μίνω Ap 8:4 Τ 25:2 Ath
    12:1
μίξις (μίξις) Ap 29:2 Ath 22:7
μίξεως Ap 64:5 D 69:2 Τ
    8:3 Ath 20:3
μίξει Ap 27:3
μίξιν Ap 61:10 Ath 33:2
μίξεις Ath 3:1
μίξεσιν App 5:3 D 10:1
μίξεις Ap 26:7 Ath 31:1:
    ⟨32:1⟩ (Sch)
Μισαήλ Ap 46:3
μισάλληλοι Ap 14:3
μισανθρώπους Ap 57:3
μισεῖ Ap 37:5 D 136:3 Τ 3:3
μισοῦμεν Ap 57:1 D 108:3
μισεῖτε D 39:1: 133:6
μισοῦσιν Ap 36:3
μισεῖν Ap 57:1 D 136:2 Τ
    9:4; 17:3 Ath 11:2; 31:1
μισῶν D 70:2; 136:3 Τ 17:2
μισοῦντες D 61:5
μισοῦσιν D 85:8; 130:1
μισοῦντας Ap 14:3; 15:9 D
    133:6
μισεῖται D 134:6
μισούμεθα Ap 20:3; 24:1
ἐμισεῖτο D 134:6
μισεῖσθαι Ap 4:5 App 8:2, 3
    D 82:2 Ath 2:3
μισουμένων Ap 1:1
ἐμίσησας D 22:9; 38:4; 56:14;
    63:4

μισήσαντας D 121:3
μισηθῇ T 2:2
μεμίσηκα D 22:2 T 11:1
μεμισήκατε T 25:3; 27:1
μεμισηκέναι T 27:1 Ath 32:1
μεμίσημαι T 4:1
μεμισῆσθαι App 8:1
μεμισημένην D 13:9
μισθός D 50:4
μισθοῦ Ar 11:1 T 1:3; 10:2;
    18:3
μισθῷ Ath 29:1
μισθόν Ap 15:17 D 2:3; 26:3
    Ath 12:3
μισθούς Ap 27:2
μισθοφόρων App 2:7
μίσους D 14:2 [Ath 1:2]
μιτρηφόρῳ T 10:3
Μιχαίας Ap 34:1
Μιχαίου D 109:1
Μνασέας D 85:6
μνήματος D 108:2
μνήμης Ar 11:7 T 3:1
μνήμην D 19:6; 46:5, 6
μνημονεύουσιν Ath 23:2
μνημονεύειν Ath 24:1
μνημονεύοντα Ath 29:2
μνημονεύεται T 39:2
μνημονεύεσθαι T 33:3
μνημονεύσω D 61:3; 129:3
ἐμνημόνευσας D 79:4
μνημονεύσαντες T 33:4; 40:2
μνημόσυνον D 131:5
μνημόσυνον D 131:4
Μνησαρχίδος T 33:2
μεμνηστευμένος D 78:3
μνηστῆρσιν T 41:2
μνηστήν D 78:3
μογγιλάλων Ap 48:2 (A) D
    69:5 (A)
μογιλάλων Ap 48:2 D 69:5
μόγις T 39:1
μοῖρ' Ath 21:2
μοίρας D 5:4; 8:3 T 7:1
μοιχαλίς D 107:1
μοιχαλίδα Ar 11:3 D 107:2
μοιχᾶται Ap 15:3 Ath 33:2

μοιχεία D 93:1 Ath 32:2; 33:2
μοιχείας T 22:1; 33:4
μοιχείαν Ath 21:3
μοιχείαις T 17:3
μοιχείας Ar 13:7 App 5:4
μοιχεύουσιν Ar 15:4
μοιχεύωσιν Ar 8:4
μοιχεύειν T 22:2
μοιχεύων Ap 15:5 T 8:1
μοιχεύοντα Ar 10:7
ἐμοίχευσε Ap 15:1
ἐμοίχευσεν T 34:2
ἐμοίχευσαν Ap 5:2
μοιχεύσῃ Ar 9:6
μοιχεῦσαι Ap 15:5
μοιχευθείσας Ap 21:5
μεμοίχευκεν Ath 32:2
μοιχός Ar 10:7; 11:4 D 12:3
    T 10:2 Ath 33:2
μοιχοῦ D 22:10
μοιχόν Ar 9:9; 11:3, 4 App
    2:16
μοιχοί Ath 34:1
μοιχῶν D 16:5
μοιχούς Ar 8:2
Μολόχ D 22:3
μοναρχίας D 1:3
μοναρχίαν T 14:1
μοναρχικόν T 29:2
μονάδα Ath 6:2
μονοβίβλῳ M Ek HE 4:26:14
μονογάμους Ath 34:2
μονογενής D 105:1
μονογενεῖ [Ar 15:3]
μονογενῆ D 98:5; 105:1, 2
μονοειδῶν Ath 19:2
μονοκέρωτος D 91:1, 2
μονοκερώτων D 98:5; 105:1, 2²
μονομαχοῦσι T 23:1
μονομαχούντων T 23:2
μονομαχοῦντας T 8:1
μονομάχους T 23:2
μονομερής T 15:1
μόνον Q HE 4:3:2² Ar 13:7 Ap
    2:1²; 5:4²; 8:4; 9:2, 3;
    10:1; 12:3; 15:5²; 16:8,
    14; 22:1; 26:1; 27:1²;

μοχθηρός Τ 7:1; 17:4
μοχθηρούς Τ 3:2; 34:2
μοχθηρῶς Τ 22:2
μύδρον Τ 27:2
μυελῶν Τ 12:2
μυεῖν D 70:1
    μυεῖσθαι D 78:6 Τ 1:1
    μυουμένου Ap 66:4
μυθεύεται Ar 9:4
μυθικόν Τ 24:1 (MPV)
    μυθικαί Ar 13:7
μυθολογοῦσιν Τ 6:1
    μυθολογοῦντας Τ 21:2
    μυθολογούμενα Ap 26:7 App
    12:4
    μεμυθολόγηται Τ 10:1
μυθολογήματα Τ 24:1; 34:2
μυθολογίαν Τ 40:1
μυθολόγοι App 5:5
μυθοποιοῦσιν Ath 10:1
    μυθοποιήσαντες Ap 23:3
    μυθοποιηθεῖσι Ap 53:1
    μυθοποιηθέντα Ap 54:1
μυθοποιῷ Ath 28:3
μῦθος Ath 30:1
    μῦθοι Ar 13:7 Ath 30:3
    μύθοις D 9:1; 67:2 Ath 21:2
    μύθους Τ 21:1. 2 Ath 22:7;
    23:5
μυῖαι D 115:5
μυξωτῆρα Ap 55:4
    μυξωτῆρσιν D 101:3
μυριάδες D 31:2; 107:4 Ath
    28:4
μυρίοι Ath 28:4
    μυρίαι D 31:2
    μυρίων Τ 29:2
    μυρία D 115:6
μύρου D 86:3
    μύρα D 22:5
μυρσίνη D 14:7
Μυρτίδα Τ 33:1
Μυρώ Τ 33:1
μῦς Ap 24:1
μυστήριον Ap 27:4; 29:2 D 40:1;
    85:7; 120:5; 138:1; 139:1
    μυστηρίου D 43:3; 91:1, 3;

97:4; 106:1; 112:3; 125:3;
    131:2; 134:5
μυστηρίῳ D 68:6; 75:1; 76:1;
    78:9; 81:3; 100:1
μυστήριον Ap 13:4 D 24:1;
    44:2; 74:3; 86:6; 94:2, 4;
    115:1; 138:2
μυστήρια D 141:4 Τ 8:4 Ath
    28:5
μυστηρίων D 134:2 Τ 29:1
μυστηρίοις Ap 54:6; 66:4 D
    68:6; 69:2
μυστήρια Ap 25:1; 27:4 App
    12:5 D 44:2; 70:1; 78:6;
    111:2; 131:4 Τ 27:1 Ath
    1:1², 1 (Sch); 4:1; 28:4, 5;
    32:1
μυστηριώδει D 97:3
μυστηριωδῶς Τ 3:1
μυστικός Τ 8:4
μυστικῶς Ath 20:2; 22:6
μυστικωτέρας Τ 34:2
    μυστικώτερον Ath 17:3
Μωάβ D 28:3, 4
μώλωπι Ap 50:9 D 13:5; 32:2:
    43:3; 95:3
    μωλώπων D 17:1
    μώλωπας D 137:1
μωραίνομεν Τ 21:1
    μωραίνειν D 67:2
    ἐμωράνθησαν Ar 8:2
μωρός D 123:4
    μωρόν D 48:1
    μωρά Ar 8:4
Μωυσῆς (Ap App Dial AB, Tat
    Sch, Ath Gef Μωσῆς etc)
    Ap 32:1; 33:6; 44:8; 54:5:
    62:3; 63:17; 64:2 D 20:1;
    29:2; 37:4; 56:1; 59:3;
    60:4; 63:2; 64:4; 86:1;
    87:4; 90:3, 4, 5; 94:3;
    103:5; 106:4; 111:1; 112:1.
    2; 113:1,3; 126:4, 6; 127:3;
    138:2 Τ 31:1; 36:1; 39:1;
    40 1; 41:1
Μωυσέως Ap 32:2; 44:1, 8;
    53:8; 54:7; 59:1, 5, 6;

60:1, 2, 6, 8; 63:6, 11; 64:1
D 11:1; 16:1; 19:5; 20:1,
4; 23:1, 3; 27:2, 5; 30:1;
33:2; 34:1; 37:2; 38:1;
42:4; 43:1; 45:2, 3²; 46:1,
2², 3, 4, 5; 47:2, 3; 49:7;
52:3; 54:1; 56:6, 13, 14, 22;
58:3, 4; 60:4; 62:1, 2;
67:4, 5, 7²; 69:2; 75:1;
79:4²; 90:4; 91:1, 3, 4;
92:2², 5; 93:5; 94:1²;95:1;
111:1; 113:3; 119:1; 126:1,
2, 5; 127:5; 130:1, 3; 131:4
T 36:2; 37:2: 38:1 M Ek
HE 4:26:14 Ath 9:1
Μωυσεῖ Ap 62:2; 63:1, 7, 11,
14, 16, 17 D 49:6, 7; 56:11;
59:1, 3; 60:1, 2², 3², 4, 5;
75:1, 2, 4; 113:4; 128:2
Μωυσέα Ap 60:3 D 49:6; 76:2;
127:4 T 39:2; 40:1
Μωυσῆν D 97:1; 126:2, 6;
127:1
Μῶχος Τ 37:1
μς Τ 41:3

Ναβουχοδονόσορ Τ 36:2
Ναζαρέτ D 78:4
Νάθαν D 118:2
ναί Ap 16:5²; D 1:4; 4:3; 73:6
ναός Τ 15:2 v νηός
ναοῦ D 36:6; 83:1; 127:3 T
37:1
ναῷ D 17:3; 99:2 T 3:1
ναόν D 22:11; 36:2; 38:5
ναοῖς Ar 3:2 Ap 9:1
νάπας D 50:5
ναρκᾶν D 125:5
ἐνάρκησε D 58:6
ναρκῆσαι D 125:5
νᾶς D 103:5
Ναυῆ D 49:6; 61:1; 62:4; 89:1;
90:4; 91:3; 111:4; 113:2;
115:4, 5; 131:5 M Ek HE
4:26:14
Ναυκύδης Τ 33:1

ναῦς Ath 22:8
νεώς Τ 26:1 Ath 22:8
νηΐ Ap 55:3
ναῦν Ath 22:7
ναυτίλλεται Τ 8:3
ναυτίλλεσθαι Τ 11:1
ναυτίλοις Ath 29:2
Νεαίρᾳ Τ 34:3
νεᾶνις D 43:8; 67:1; 71:3; 84:3
νεάνιδες D 84:3
νεανίσκος Ap 29:3; 35:2
Νέας Πόλεως Ap 1:1
νεῖκος Ath 24:2
νείκους Ath 22:2
νειός D 28:3
νεκριμαῖον D 20:1
νεκρός Τ 16:1 Ath 28:6
νεκρά Ar 4:3
νεκροῦ Τ 17:4
νεκρόν Ap 19:3
νεκροί Ap 48:2
νεκρῶν Q HE 4:3:2 A 14:3;
15:3 Ap 45:1; 50:12; 67:7
D 17:1, 4; 32:3; 36:5;
41:4; 45:2; 53:5; 72:4;
80:4; 82:1; 85:1, 2, 4;
100:1; 106:1²; 108:1, 2²;
112:4; 118:1; 138:1 Ath
28:6
νεκρῶν Ar 5:3
νεκρούς Ap 22:6; 31:7; 38:8;
48:1; 54:10 D 69:3, 6 Ath
36:1
νεκρά Ar 3:2; 7:4 Ap 9:1
νεκρούμενα Ap 18:6
νεκυομαντεῖαι Ap 18:3
Νεοπτόλεμος Τ 32:2
νέος D 81:1
νέαν D 14:3
νέοις Ap 54:1 T 32:2 Ath 34:1
νεοσσός Τ 20:1
νεότητος D 13:9
νεοτόκους D 132:2
νεώσατε D 28:2
Νερυλλῖνος Ath 26:3, 4
Νερυλλίνου Ath 26:2², 4
Νέρων M Ap HE 4:26:9

Νέστορα Τ 32:2
νεύματι D 123:8
νεύμασιν D 27:3
νευρῶν Τ 17:2
νεῦρα Ap 19:1
νεύρων Τ 12:2
νεύει Τ 13:2
νεύοντι Τ 22:2
νενευκυίας Τ 16:1
νεφέλη D 131:6
νεφέλης D 37:4; 38:1; 64:4
νεφελῶν Ap 51:9 D 14:8;
  31:1, 3; 115:2; 120:4
νέφη D 61:4
νεώματα D 28:2
νεωστί D 2:6
νεωτερίζειν Μ Ap ΗΕ 4:26:10
νεωτερίσαι Μ Ap ΗΕ 4:26:10
νεώτερος D 139:3 Τ 32:2
νεωτέρου Ath 23:6[2]
νεωτέρᾳ D 134:3
νεώτεροι Ath 17:4
νεώτερα Ath 17:1
νεωτέρων D 131:6
νηδύος Ath 20:3
νηκτά Τ 9:1
νηοῦ Ath 28:5
νηπίου Ar 10:7
νήπια Τ 30:1
νῆσοι D 34:4; 65:5
νήσοις D 65:6
νηστείας Ap 37:5
νηστεία D 40:4, 5; 46:2; 107:
  2; 111:1
νηστείαν D 15:1, 4[3]; 40:4;
  107:2
νηστειῶν D 15:3
νηστεύετε D 15:3[2]
νηστεύειν D 15:1
νηστεύοντες Ap 61:2
νηστευόντων D 40:4
ἐνηστεύσαμεν D 15:3
Νῆστις Ath 22:1[2]
ἐνίκα D 91:3; 111:1
νικᾶν D 112:2 Τ 15:4; 16:2
νικῶν D 125:3[2]
νικᾶται D 85:2

ἐνικᾶτο D 90:4
νικώμενος Τ 9:2
νικήσομεν Ath 3:2
νικηθήσεσθαι D 78:9
νικήσῃ Ap 63:16
νικήσασα Τ 8:4
νικηθείς Τ 8:5
νενίκηκεν Τ 8:4
νενικήκασιν Τ 15:4
νενικημένῳ Τ 15:4
νίκης Τ 19:3
Νίκην Τ 33:4
Νικήρατος Τ 33:2
Νικηράτου Τ 33:3
νῖκος D 135:2
Νινευΐ D 107:4
Νινευϊτῶν D 107:2, 3
Νινευΐταις D 108:1
Νιόβην Ath 14:1
νοερόν Ap 28:3
νοερά Ap 53:1
νοῶ D 69:2, 3
νοεῖ D 4:3; 56:10 Ath 16:3;
  23:2
νοοῦμεν Ap 20:2 D 46:5; 47:2;
  56:1; 60:1; 62:2 Ath 7:1,
  2; 10:1; 23:1; 32:2, 3
νοεῖτε D 29:2; 46:5; 68:3;
  114:5; 129:4
ἐνόουν Ap 54:4
νοεῖν Ap 9:5; 37:9; 53:1 D
  4:7; 38:2; 40:1; 55:3;
  56:10; 65:2; 68:4; 125:5;
  135:6
νοῶν Ath 5:2; 6:2, 3
νοοῦντες Ap 55:6 D 12:3
νοούντων D 27:2; 92:1
νοοῦντας D 39:1
νοεῖται D 60:3
ἐνοεῖτο Ap 55:1 D 51:1
νοῆται Τ 12:1
νοεῖσθαι D 76:6; 107:1
νοούμενον D 115:6
νοουμένῳ Ath 18:2
νοούμενον D 56:14
νοούμενον Τ 12:2 (MPV)
νοήσομεν D 49:2; 60:3

νοήσετε D 32:3; 75:2
νοηθήσεται D 94:3; 112:2
ἐνόησαν Ath 22:5
νοήσωμεν D 127:5
νοήσητε D 34:3; 38:2; 73:3
νοήσατε D 74:2; 75:2
νοῆσαι Ap 33:6; 44:9; 64:1
　　D 48:2; 49:8; 74:2; 92:1;
　　111:2; 119:1; 130:3 Ath 7:2
νοήσας Ap 60:5²
νοήσαντες Ap 33:3; 36:3;
　　44:10 App 7:4 D 56:4
νοηθῇ D 49:7
νοηθῆναι D 90:2
νενοήκαμεν D 65:7; 75:1;
　　81:3; 100:2, 4
νενοήκατε D 14:2; 56:8, 22;
　　59:3; 65:7; 78:10; 114:5;
　　126:2
νενοήκασι D 89:3
ἐνενοήκειτε D 64:3
ἐνενοήκεισαν D 56:2; 120:5
νενοηκέναι D 56:3; 119:1
νενοηκότες App 11:8 D 125:5
νενοηκότων D 27:2
νενοηκότας D 56:9
νοήματι D 62:1
νοήμασιν Ath 27:2
νοήματα D 23:1
νόησις D 2:6
νοητοῦ Ath 5:1; 19:1
νοητόν Ath 15:1; 19:1
νοητά Ath 36:2
νοητῶν D 4:1 Ath 36:2, 3²
νοητοῖς D 2:4
νομάδος T 39:1
νομίζω D 4:6; 16:3; 18:1;
　　123:7 T 31:1 Ath 9:1
νομίζει App 10:5
νομίζομεν Ap 30:1 Ath 14:1
νομίζετε D 67:3; 122:1 Ath
　　22:3; 23:1
νομίζουσι D 68:8 Ath 6:4
νομίζουσιν T 21:3; 28:1 Ath
　　1:2; 28:4
ἐνόμιζεν Ath 9:1
ἐνομίζομεν Ath 12:1

νομίζητε D 128:2 T 33:2
νομίζωσιν T 16:2 (MPV)
νομίζοιεν Ath 31:1
νόμιζε Ath 5:1
νομίζετε D 123:1
νομίζειν Ap 26:5 D 65:2;
　　102:6 Ath 21:1; 35:2; 36:1
νομίζων D 78:3 Ath 30:2; 33:1
νομίζοντες Ar 4:2, 3; 5:1, 3, 4;
　　6:1, 3; 7:1 Ap 54:2 T 14:1
　　Ath 6:3; 12:1, 2; 14:1;
　　15:1; 35:2
νομιζόντων Ap 3:4 D 35:6;
　　99:3
νομίζεται Ap 43:6 App 9:3
　　Ath 2:2; 22:4; 26:2
νομίζεσθε D 73:6
νομίζονται Ath 29:2
ἐνομίζοντο Ath 17:2
νομίζηται T 8:3
νομίζεσθαι Ath 30:2
νομιζομένου D 88:8²
νομιζόμενον T 18:2
νομιζόμενοι D 55:2 T 18:3
νομιζόμενα Ap 33:2
νομιζομένων Ap 6:1; 27:4 App
　　9:1; 11:8 D 7:1; 55:2;
　　118:3 T 41:3
νομιζομένων App 1:1 T 33:1
νομιζόμενα App 11:6; 12:1
νομισθήσεται T 8:1 Ath 3:1
ἐνόμισεν Ath 23:4, 5
ἐνόμισαν Ath 25:3
νομίσῃ Ath 10:1
νομίσητε Ap 36:1 D 39:8 T 6:1
νομίσαι D 2:2
νομίσαντες Ath 1:2
ἐνομίσθη Ap 26:2
ἐνομίσθησαν Ar 12:6 Ap 46:3
　　Ath 1:1; 30:4
νομισθῶσιν T 9:1; 16:2; 40:1
νομισθῆναι Ap 56:2
νομισθείς T 41:3
νομισθέντων Ap 53:1
νενόμικα D 8:4
νενόμισται Ar 5:5; 6:2, 3 App
　　9:3 D 8:4

νενομίσθαι Ath 28:4
νενομισμένα Ap 24:3
νομίμων D 29:3
νομίμοις T 4:1
νόμιμα D 52:3; 67:5
νόμισμα Ap 17:2
νομοθεσίας D 92:2 T 28:1; 41:3
νομοθεσία T 12:5
νομοθετεῖ T 41:3
νομοθετοῦντος T 27:3
νομοθετήσαντες App 7:7; 10:2
νομοθετησάντων T 9:1
νομοθετήσασι D 38:1
νενομοθέτηκεν T 8:2
νενομοθετήκασι T 14:2
νενομοθέτηται D 45:3 T 17:2
νομοθέτης D 12:2; 14:3; 18:3;
    112:3
νομοθέτου D 1:3
νομοθέτῃ D 127:1
νομοθέται App 9:1
νομοθέτας T 9:2
νόμος Ap 39:1 D 11:2⁵, 3, 4;
    12:3; 24:1; 34:1; 43:1;
    51:3; 109:2; 122:5 Ath 2:4;
    32:2
νόμου D 11:1, 2; 95:1; 110:2;
    111:2; 123:1; 141:1 Ath
    25:2(Sch) M Ek HE 4:26:13
νόμῳ Ap 15:5; 40:8² D 8:4;
    32:1; 45:3; 89:2²; 90:1;
    94:5; 96:1 T 7:2; 32:1
    Ath 1:1; 2:1; 3:1, 2; 13:1;
    23:3; 25:2
νόμον App 2:4; 5:2 D 10:1,
    4; 12:2; 34:1; 45:2, 3²;
    47:3, 4; 52:3; 53:4; 72:1;
    86:6; 95:1²; 122:3, 4, 5²;
    123:2²; 133:5 Ath 1:3; 7:1;
    25:4; 31:1
νόμοι Ar 13:7³ Ap 10:6 Ath
    1:2
νόμων Ar 13:7 D 93:1 T 28:1
    Ath 34:2
νόμοις Ath 1:1
νόμοισι Ath 25:2
νόμους Ar 13:7 Ap 12:3;

68:10 App 9:3, 4 T 15:4;
    40:1 Ath 32:2; 33:1
νοσεῖς T 19:2
νοσῶν T 17:2
νοσοῦντος Ath 26:4
νοσοῦσιν Ath 26:4
νοσοῦντας Ath 26:2
νόσου T 11:1
νόσῳ D 30:1
νόσον Ap 31:7; 54:10; 67:6
    T 18:3
νόσοι T 16:3; 20:2
νόσους Ap 48:1
Νοσσίδος T 33:2
νότῳ Ap 52:10
νότον D 58:12
νουθεσίαν Ap 67:4
νουμηνίας Ap 37:5 D 8:4
νουνεχέστατα D 87:3
νουνεχής Ap 12:8; 46:5
νουνεχῆ App 11:8 T 39:1
νοῦς Ap 15:16 D 4:1, 3 Ath
    10:2²; 24:1
νοῦ D 4:1, 2, 5; 112:3, 5;
    121:2 T 15:1²
νοΐ Ap 42:2
νῷ D 3:7; 4:1, 2 Ath 4:1;
    10:1; 23:4
νοῦν Ar 9:5 Ap 60:11 App
    7:9 D 2:1; 29:2²; 30:1;
    50:5; 58:2; 60:2; 65:3;
    68:1; 129:4; 142:3 T 1:2
    Ath 23:2; 26:2
νυκτερινάς Ar 10:8
νύκτωρ M Ap HE 4:26:5 Ath
    31:3
νυμφίος Ap 40:4 D 64:8
νῦν Ap 11:2; 14:2³, 3; 19:2;
    26:4, 5; 27:1; 29:4; 31:6;
    35:4; 40:16; 58:1; 63:1,
    10, 16 App 4:4; 6:5, 6;
    11:2; 12:6, 7; 14:2 D 1:2,
    3; 4:4; 7:1, 2; 8:1; 11:2;
    12:2; 15:3; 16:2, 4²; 18:2;
    19:1, 2; 22:5; 23:3; 25:5;
    32:2, 3; 35:8; 39:2; 46:1,
    2; 47:2; 56:22; 58:5; 60:3;

61:5; 62:5; 64:2; 68:3, 8;
76:6; 77:3; 78:8, 10; 82:1²,
3; 85:1, 5; 91:3; 93:4;
102:4; 108:3; 109:3; 113:1;
115:4²; 117:2, 4, 5; 119:4;
120:5; 122:1; 124:4; 129:1,
2; 133:3; 134:1, 3, 4, 6;
135:5, 6; 136:1; 137:3, 4
T 1:2, 3; 2:2; 8:4³; 9:2;
10:1; 12:5; 14:1, 2²; 15:2,
4; 16:2; 21:2²; 31:1²; 33:4;
34:1, 2; 35:2²; 41:1, 3;
42:1 M Ap HE 4:26:5 Ath
17:2; 22:6; 26:4
νυνί Ar 13:7 D 11:2 T 28:1
νυν Ath 28:2, 3
νύξ Ap 40:1 D 64:8 Ath 24:2
νυκτός Ap 40:8 D 1:4; 31:3;
98:2; 99:2; 103:1, 7; 108:2
Ath 28:5
νυκτί Ap 40:1 D 64:8 T 21:1;
22:2
νύκτα D 58:6; 107:4²
Νῶε App 7:2 D 19:4; 20:1, 2;
44:2; 45:2, 3, 4; 46:3;
92:2; 119:4; 127:1; 134:4;
138:1², 2²; 139:1², 3; 140:3
νωθές T 32:2
νώτου D 52:2
νῶτον Ap 38:2 D 53:1

ξανθῷ Ath 24:3
ξανθόν T 10:2
ξβ T 41:3
ἐξενηλατούμεθα Ath 24:1
ξένια D 103:4
ξενοκτονεῖν T 3:2
ξένῳ Ath 21:5
ξένον Ar 15:7
ξένην Ap 16:4
ξένον D 2:2 T 33:2
ξέναι D 55:3
ξένοις Ap 67:6
ξένους Ath 26:1
Ξενοφῶν App 11:3
Ξενοφώντειον (-φώτειον Α, -φώτιον
B) App 11:2

ξέοντες Ap 9:2
ξηρᾶναι D 107:3
ἐξηράνθη D 50:4; 98:4; 102:
1, 5; 103:9
ξηρᾶς D 117:3; 131:3
ξίφος T 24:1
ξόανον Ath 4:1
ξυλίνῳ D 120:5
ξύλινα Ath 28:6
ξύλον Ap 40:9 D 91:2²
ξύλου Ap 41:4 D 73:1², 4;
81:2, 3²; 86:1, 5, 6; 96:1;
97:1; 138:1, 3
ξύλῳ App 3:1 D 138:2 T 19:3
ξύλον D 72:2; 86:1, 4, 6 T
25:1
ξύλα D 14:7; 73:4
ξύλων T 37:1
ξύλα D 86:6 T 4:2 Ath 15:1
ξυμπαθειῶν T 17:1
ξυμφωνεῖται Ath 18:2
ξυρῶνται Ath 14:2
ξυστοῦ D 1:1; 9:3

ὁ ἡ τό passim
ὀβελίσκος D 40:3
ὀγδοήκοντα D 83:1 T 31:2, 3
ὀγδόη D 24:1; 41:4
ὀγδόης D 138:1
ὀγδόῳ D 37:2
ὀγδόη D 10:3; 23:4; 27:5;
41:4
ἥδε Ap 8:5 App 7:6
τόδε D 129 2
τοῦδε App 2:9
τοῦδε Ap 13:1; 26:5 Ath 4:2;
6:2; 8:1; 13:1; 30:4
τῇδε Ar 2:1 D 112:4
τῇδε Ap 57:2
τόνδε ⟨Ar 1:1⟩ Ap 43:2²
τόνδ᾽ Ath 5:1; 21:5
τήνδε App 5:3
τήνδ᾽ Ath 21:5
τόδε App 7:7 (AB) D 1:2; 11:1
οἶδε Ap 37:1; 47:2; 63:10
T 39:1
τάδε App 9:3

τῶνδε App 1:1; 12:6
τῶνδε Ap 2:3 App 7:7
τοῖσδε Ap 45:6
τούσδε App 15:2
τάδε App 7:7 D 25:1; 79:3
τάδ' Ath 21:5; 25:2
ὁδεύοντες ⟨Ar 16:6⟩
ὁδηγεῖ T 13:2
ὁδηγούμεναι D 132:3
ὁδηγήσει D 38:3
ὡδηγήθη D 132:3
ὡδηγήθησαν D 132:3
ὁδηγοί D 17:4; 112:4
ὁδοποιηθεῖσαν D 131:3
ὁδός Ap 40:10 D 14:5; 22:10
ὁδοῦ Ap 40:18; 52:12 D 8:2;
   14:5; 25:2; 44:4; 78:7;
   100:4²; 131:3; 133:5; 142:3
ὁδῷ Ap 35:3; 38:1; 40:8;
   49:3; 50:10 D 13:5; 24:4;
   32:6; 33:2; 58:12; 75:1;
   97:2; 122:1 Ath 6:4
ὁδόν Ap 40:4, 10; 54:9 D
   27:3; 39:2; 50:5; 64:8;
   69:3; 70:2; 85:5; 88:2;
   109:2; 125:1
ὁδοί D 14:5²; 92:5
ὁδῶν D 25:4; 61:3; 129:3;
   133:3 Ath 10:3
ὁδοῖς D 27:3
ὁδούς D 14:5; 15:2; 50:3²;
   61:5
ὁδόντες D 31:5; 52:2
ὁδόντων Ap 16:12
ὁδοῦσι D 57:2
ὁδυνᾶται Ap 50:8 D 13:4
ὁδυρμός D 78:8
ὁδύρηται Ath 21:2
ὁδυρόμενος Ath 21:2
ὁδυρομένου D 83:3
Ὀδυσσέως Ap 18:5
ὅθεν Ar 4:2; 8:4; 9:4; 11:7;
   15:2 Ap 7:4; 12:10; 17:3;
   33:8; 44:10; 56:3; 63:2,
   12 App 5:5; 7:1; 11:1 D
   5:6; 6:2; 19:6; 28:3; 41:2;
   48:1; 53:6; 78:4; 93:2;

100:3; 102:4; 105:5; 121:2;
   132:2; 139:5; 140:1 T 1:1;
   5:2; 19:2; 39:2 Ath 16:3;
   22:6
οἴακι ⟨Ath 24:3⟩
οἶδα D 38:2; 65:1 Ath 5:1;
   6:2; 16:4; 31:2
οἶδ' D 48:2; 67:11
οἶσθα D 90:2
οἶδας D 9:1 T 25:1
οἶδε Ap 15:15
οἶδεν T 6:2 Ath 6:2, 3
οἴδαμεν Ap 12:7; 26:4; 55:8;
   59:6 App 8:1²; 12:6 D
   75:4; 88:4; 90:1; 103:2
   Ath 31:3
ἴσμεν T 4:1; 5:1; 12:1; 30:1;
   36:2 Ath 23:4; 24:5
οἴδατε Ath 22:5
ἴστε Ath 2:2; 17:1
οἴδασι D 12:1; 14:4; 119:2
οἴδασιν D 4:6
ἴσασι D 5:1 Ath 14:1
ἴσασιν Ath 35:1
ἤδειν D 58:13
ἤδεισαν D 70:3; 119:2; 122:1
ἤδεσαν D 4:7
εἴδωμεν (εἰδῶμεν) D 103:8
εἰδῶσιν D 114:1
εἰδείης D 3:6
ἴσθι D 4:4; 69:1; 89:1
ἴστε D 120:5 Ath 24:5; 31:2
εἰδέναι App 2:19; 3:4, 7 D
   2:5; 3:6; 7:2; 71:2; 77:1;
   92:5 M Ek HE 4:26:13
   (AT¹) Ath 11:1; 12:2; 26:1
εἰδώς Ap 50:7 D 13:4; 40:2;
   47:1; 95:2 Ath 16:4; 30:3
εἰδότα D 125:1
εἰδότες Ar 3:2 Ap 12:11;
   53:3 D 10:4; 82:3; 117:5
   Ath 2:2; 6:3; 12:2; 22:7;
   25:3
εἰδότων Ap 18:3 T 19:1 Ath
   23:3
εἰδόσιν Ap 9:2
εἰδότας Ap 21:4 T 19:2 Ath 31:1

Οἰδιποδείους Ath 3:1
οἰκεῖον Τ 24:1
　οἰκεῖον Τ 2:1; 17:4; 35:2
　οἰκεῖον D 88:2
　οἰκεῖα Ap 10:1
　οἰκείων Ap 39:5 D 3:2; 15:5;
　　35:7 Τ 2:2
　οἰκείοις Τ 18:3
　οἰκείους Τ 30:1
　οἰκεῖα Τ 21:2 Ath 23:3
οἰκείως Ap 40:5
οἰκέτης D 139:3
　οἰκέτῃ D 62:5
　οἰκέτας App 12:4
οἰκεῖ Ap 32:8
　ᾤκει D 78:4; 119:5
　οἰκεῖν Ap 47:5 D 78:9
　οἰκοῦντος D 78:9
　οἰκούντων D 117:2, 5
　οἰκέοντας Ath 28:1
　οἰκουμένη D 22:9; 36:3 Ath
　　1:1, 3
　οἰκουμένης Ar 15:2 Ap 27:2;
　　40:3 D 34:4, 7; 42:1; 64:8
　οἰκουμένην D 53:5, 6; 61:4;
　　73:4²; 108:2
　οἰκούμενα D 61:4
　οἰκήσει D 70:2
　ᾤκησεν D 117:4
οἴκημα D 22:5
οἰκητήριον Τ 13:2
οἰκητόρων D 119:5
οἰκήσεις D 139:2
οἰκίας D 81:2
οἰκοδομήσετε Ap 37:3 Ath 9:2
　οἰκοδομήσουσιν D 81:2
　ᾠκοδόμησεν D 36:2; 58:8
　ᾠκοδόμησατε D 22:11
　ᾠκοδόμησαν D 127:1
　οἰκοδομήσωσι D 81:2
　οἰκοδομηθείσῃ D 80:5
　ᾠκοδομήκει D 127:3
οἰκοδομήν D 86:6
οἴκοι Τ 1:2; 31:1
οἰκονομία D 134:2; 141:4 Τ 12:2
　οἰκονομίας D 45:4; 87:5; 107:3
　　Τ 5:1; 12:2; 21:3

οἰκονομίᾳ D 30:3; 31:1 Τ 18:2
　οἰκονομίαν D 67:6; 103:3;
　　120:1 Τ 12:3; 19:4 Ath
　　21:4
　οἰκονομίαι D 134:2
οἰκονόμος Τ 9:3
　οἰκονόμον D 125:2
　οἰκονόμους Τ 11:1
οἶκος Ap 47:2; 53:4 D 17:3²;
　　22:3, 4; 25:5; 28:3; 34:7;
　　40:1; 43:5; 58:13²; 66:2:
　　135:6
　οἴκου D 22:8; 25:2; 26:2;
　　38:4; 56:19; 63:4, 5; 65:4;
　　86:6
　οἴκῳ D 11:3²; 15:2; 82:3;
　　118:2²
　οἶκον Ap 37:3 D 15:5; 22:2,
　　11²; 24:3; 43:6; 56:19;
　　66:3; 68:6³; 86:6; 109:2;
　　123:1; 127:3; 135:6 Ath
　　3:2; 9:2; 21:5
　οἴκων Ath 25:1
　οἴκοις D 133:3; 139:3
　οἴκους D 40:1; 135:6; 139:4
οἰκουμένη v οἰκέω
οἰκτίρμων Ap 15:13
　οἰκτίρμονα D 96:3
　οἰκτίρμονες Ap 15:13 D 96:3
οἰκτίστῳ Τ 17:4
οἴκτου D 90:5
οἶνος Ap 67:5
　οἴνου Ap 65:5 D 52:2; 139:3
　οἴνῳ D 52:2; 54:1
　οἶνον Ap 54:6 (AB) D 22:5;
　　81:2; 133:5
οἰνοχοίαν Τ 10:1
οἶμαι D 29:2; 142:2 Τ 41:2
　οἴεσθε D 10:1; 119:1
　οἴονται Τ 26:1 Ath 20:2
　ᾠόμην D 2:5
　ᾤμην D 2:6
　ᾤετο D 2:3
　οἴεσθαι Τ 16:1
　οἰόμενοι D 10:3; 114:3 Ath
　　31:1
　οἰομένους Ath 36:1

οἰηθείη D 135:5
οἰηθείς D 2:3
οἰονεί Ath 6:3
οἶος D 9:2 Ath 33:2
  οἷα Ap 52:7
  οἷον App 7:3 D 5:4
  οἷον Ap 19:2; 43:8; 46:3 D
    77:4; 87:4 Ath 6:2; 36:1
  οἷοι T 21:2
  οἷα T 22:1
  οἷα Ap 19:1 D 5:4 Ath 28:3
οἱανδηποτοῦν D 125:2
οἰστρηθεντα Ap 26:4 (Eus)
  οἰστρηθείσας Ap 25:1
οἶστρον Ap 25:2
οἴχεται T 21:1
  ᾤχετο D 8:1
ἐκλάσαντος D 90:5
ὄκνει D 142:1
ὀκνήσειεν T 23:1
ὀκτακοσίοις Ap 31:8
ὀκτώ D 138:1
ὀκτωκαιδέκατον T 39:1
ὀλίγος Ath 17:3
  ὀλίγου D 2:6; 72:3
  ὀλίγου Ath 12:2
  ὀλίγῳ D 60:2
  ὀλίγον D 25:1
  ὀλίγον Ap 12:2 D 3:1; 56:18;
    126:4 T 3:1
  ὀλίγοι Ap 26:3
  ὀλίγα Ath 12:3
  ὀλίγων Ap 53:6 T 3:2
  ὀλίγων Ap 14:4
  ὀλίγους Ap 44:13
  ὀλίγα Ath 28:1
ὀλιγόστους D 136:1
ὀλιγόψυχον D 13:9
  ὀλιγόψυχοι D 69:5
ἐλέσαι Ap 25:2
ὁλοκάρπωσιν D 50:5
ὁλοκαυτώματα D 22:8
  ὁλοκαυτώματα D 22:3
ὁλοκαυτώσεων Ath 13:2
ὁλόκληρον D 69:7
ὁλολυγμοῦ D 107:2
ὅλου Ath 6:4

ὅλης Ap 16:6² D 1:4; 93:2⁴,3²
ὅλου App 7:9 D 93:1; 95:4;
  139:1
ὅλῳ D 127:2
ὅλον Ap 15:12 D 99:1
ὅλην D 24:4; 34:5
ὅλον App 10:1 D 40:3; 113:2
ὅλοι D 56:9
ὅλων Ap 44:2; 61:3, 10; 63:
  11, 14, 15; 65:3 D 7:3; 16:4;
  34:8; 35:5; 38:2; 48:2;
  50:1; 55:1; 56:1, 3, 4², 10,
  12, 14, 15, 16, 23; 57:3;
  58:1, 3; 60:2³, 3²; 61:3;
  63:3; 67:6; 74:3; 75:4;
  76:1; 84:2; 95:2; 105:1;
  108:3; 114:3, 4; 115:4;
  116:3; 117:5; 125:3; 127:5;
  128:2; 133:6; 140:4 T 4:1;
  5:1; 6:1; 12:4; 27:2; 29:2
  Ath 6:3; 7:1; 23:5; 24:3;
  27:2
ὅλοις Ath 18:3
ὀλοφύρεται Ath 21:1
Ὀλυμπίαν Ath 26:3
ὀλυμπιάδα T 31:3; 41:2, 3, 4
  ὀλυμπιάδων T 31:3; 41:3
  ὀλυμπιάδας T 41:3
Ὀλυμπίασιν Ath 14:1
Ὀλυμπίου T 27:1
Ὀλύμπου T 1:1
Οὐλύμπου Ath 29:1
Ὀλύνθιος T 31:2; 33:4
ὅλως Ar 11:7 Ap 14:1; 16:5²;
  29:3 (K); 43:2; 45:5 D
  2:3; 5:2; 6:1; 21:1; 46:4;
  48:1; 87:3; 94:1, 3; 112:4,
  5; 117:5; 120:2 Ath 1:2;
  4:1
ὁμήγυρις T 27:2
  ὁμηγύρει T 33:3
ἐμηλίκων D 115:5
Ὅμηρος T 8:1; 31:1; 36:1 Ath
  18:3
Ὁμήρου T 21:3; 31:2,4; 41:1
  Ath 18:2
Ὁμήρῳ Ap 18:5

Ὅμηρον App 10:6 T 31:3
    Ath 17:1²
Ὅμηρε Ath 21:3
ὁμιλοῦσι D 56:23
    ὁμιλεῖν D 38:1; 82:4
ὁμιλῶν D 60:1
ὁμιλήσοντες Ap 2:3
ὡμίλησας D 2:4
ὡμίλησε D 59:1
ὁμιλῆσαι D 56:11
ὁμιλήσας D 113:4
ὁμιλήσαντος D 56:1
ὁμιλήσαντα D 60:3
ὡμιληκέναι D 56:1 (ed); 62:2
ὁμιλία D 68:8
    ὁμιλίας D 47:2; 137:3
ὁμιλία D 127:4
ὁμιλίαν T 26:4 Ath 22:4
ὁμιλίαις T 1:2
ὁμιλίας D 28:2; 56:22; 85:5;
    128:2
ὄμμα D 4:1
    ὄμματα D 123:2
ὀμνύναι Ap 16:5
    ὀμνύντα Ap 21:3
ὤμοσε D 32:6; 33:1, 2; 63:3;
    83:2; 118:1
ὤμοσεν D 36:3
ὀμόσητε Ap 16:5
ὀμώμοκεν Ap 39:4
ὁμογενῶν Ath 3:1
ὁμογνωμόνων Ap 29:3
ὁμοδίαιτος App 2:6
ὁμοδίαιτοι Ap 14:3
ὁμοζύγους Ap 27:4
ὁμοθυμαδόν D 81:4
ὁμοιοπαθής D 48:3; 57:3
    ὁμοιοπαθές D 93:3
ὁμοιοπαθοῦς App 10:8 T 35:2
ὁμοιοπαθῶν App 1:1
ὁμοιόπιστον D 119:6
ὅμοιος D 22:10; 73:2
    ὅμοιον D 3:6; 5:5
ὁμοίας D 119:5
ὁμοίῳ App 11:4
ὁμοία D 115:6
ὁμοίῳ Ath 24:4

ὅμοιον T 10:2; 26:2
ὁμοίαν D 57:2; 119:5; 130:4²
    T 12:2; 14:2²; 16:2
ὅμοιον T 12:4; 24:1; 34:2
    Ath 22:7
ὅμοιοι Ap 46:3 App 9:4 D
    40:4; 43:2; 141:2 Ath 8:1²;
    35:3
ὅμοια Ap 22:4 App 9:4; 13:2:
    15:3 Ath 8:1
ὁμοίων D 96:1 T 3:3; 14:1
ὁμοίων Ap 44:9 T 8:3
ὁμοίοις D 120:5 T 16:2
ὁμοίους App 7:3²; 9:4
ὁμοίας Ap 5:4 D 80:4 Ath 25:1
ὅμοια Ap 21:5; 22:6; 24:1;
    54:2 App 14:2 D 103:2;
    134:1; 142:3 T 8:2; 15:1
    Ath 4:2; 24:5 (ὁμοῖα)
ὁμοιότητι Ath 17:2
ὁμοιωθέντας D 100:6
ὁμοίωμα D 94:1, 3; 112:1
ὁμοίως Ap 3:2; 5:3; 8:4; 12:6:
    18:6; 19:6; 20:3; 21:3;
    25:2; 27:1; 31:5; 37:3;
    43:7; 52:1, 7; 53:1; 55:3;
    58:1; 60:1; 63:3; 64:5, 6;
    66:3; 67:5 App 1:1, 2;
    2:2, 12; 3:6; 5:5; 11:2 D
    1:5; 3:5, 6; 10:1, 3, 4; 11:1.
    2; 22:1; 23:3, 5; 27:4, 5:
    29:3; 38:3; 40:3, 4, 5:
    41:3; 42:4; 43:2; 44:2:
    45:2, 3², 4; 46:3; 47:2, 3.
    4; 53:1; 56:10, 19; 60:2:
    62:2; 63:5; 64:2, 7; 65:3:
    67:2, 8², 9; 68:9; 69:3²;
    70:1, 5; 72:4; 75:1, 2;
    76:3; 82:3, 4; 84:1, 4;
    85:1, 4, 5; 86:3²; 87:4;
    97:2; 101:3; 102:4, 5; 103:
    1, 8; 105:1, 2²; 107:2:
    108:1; 111:3, 4; 113:2²;
    118:2; 123:1; 124:4²; 126:
    4; 131:5; 138:2; 140:1:
    142:1 T 1:2; 14:1; 21:2;
    40:1 Ath 9:2

ὁμοίωσις Τ 12:1; 15:1, 2, 3
ὁμοίωσιν D 62:1
ὁμοιώσεσι D 77:4
ὁμόκοιτος App 2:6
ὁμολογῶ App 13:2 D 67:6²;
  80:3; 142:1
ὁμολογεῖ D 83:3
ὁμολογοῦμεν Ap 6:1; 7:3 App
  4:1 D 30:2; 46:4; 83:1;
  89:1
ὁμολογεῖτε D 80:1
ὁμολογοῦσιν D 68:9; 80:4, 5;
  110:1
ὡμολόγει App 2:19
ὡμολογοῦμεν App 5:1; 12:5
ὁμολογεῖν Ap 8:2; 11:1; 26:5
  D 23:1, 2, 4; 35:1, 2, 5;
  49:2; 56:14; 57:1; 67:8²;
  80:1; 101:1 Ath 3:2
ὁμολογοῦντος Ap 4:6
ὁμολογοῦντι Ap 11:1
ὁμολογοῦντα App 2:16 D 80:3
ὁμολογοῦντες Ap 17:3; 26:3,
  4; 39:3 D 9:1; 48:4
ὁμολογούντων Ap 45:5; 49:6
  D 108:2
ὁμολογοῦσιν D 35:7
ὁμολογοῦντας D 35:2; 39:6;
  80:4; 96:2
ὁμολογεῖται Ar 15:1 D 85:5;
  105:4
ὁμολογεῖσθαι D 85:5
ὁμολογουμένου Ap 57:2
ὁμολογούμενον D 43:8
ὁμολογουμένων D 39:8; 71:2;
  120:5²
ὁμολογήσω D 65:2
ὁμολογήσει Ap 13:2; 28:4 D
  36:6
ὡμολόγησα D 2:5; 67:6²; 80:2
ὡμολόγησας D 67:5
ὡμολόγησε D 67:9
ὡμολόγησεν App 2:13 D 22:11
ὡμολογήσατε D 68:4
ὁμολογήσῃ Ap 4:6
ὁμολογήσωμεν D 23:1
ὁμολογήσειας D 57:1

ὁμολογήσειε D 129:4
ὁμολογήσειεν D 80:4
ὁμολογῆσαι D 39:6; 68:4;
  131:2
ὁμολογήσας D 18:1; 87:2
ὁμολογήσαντα App 2:11
ὁμολογήσαντας D 47:4
ὡμολογήθη D 90:2²
ὡμολόγηται D 55:1
ὁμολογίας D 64:1; 110:4
ὁμολογία D 131:2
ὁμολογίαν Ap 4:6; 39:5 App
  2:14 D 11:4; 47:4
ὁμοσπλάγχνοις D 47:2
ὁμότιμοι D 134:4
ὁμοῦ D 60:1, 2 Ath 22:3; 28:2
ὁμοφύλους Ap 14:3
ὁμοφωνεῖν Τ 1:2
ὀμφαλός Τ 8:4²
ὁμωνύμου D 132:3
ὁμωνύμων D 34:1
ὁμώνυμα Ath 11:2
ὅμως D 10:3; 52:3 Τ 12:3;
  18:1
ὄναρ Ath 13:1
ὀνειδίζει D 37:2; 82:4; 124:4
ὀνειδίζετε D 29:3
ὀνειδίζοντα D 135:5
ὀνειδίζοντας D 93:2
ὠνειδίσθης D 13:9
ὄνειδος D 79:3; 98:3; 101:1, 2²
ὀνείδους D 131:2
ὄνειδος Ap 52:12 D 13:9; 79:3;
  130:4
ὀνείδη D 9:1
ονεινα Ath 19:1
ὄνειρον Τ 21:1
ὀνείρων Ap 14:1 Τ 1:1; 18:3
ὀνειροπομποί Ap 18:3
Ὀνησίλαον Ath 14:1
Ὀνησίμῳ Μ Εk HE 4:26:13
ὀνήσει D 92:1
ὤνατο Τ 8:4
ὄνομα Ap 7:3; 33:7; 53:8; 54:7;
  61:10 App 6:1², 3² D 3:5;
  17:2; 21:1, 3; 22:4; 25:2,
  3²; 28:5²; 34:5, 6³; 40:2:

ὁι : 2²; 62 : 2; 68 : 8; 102 : 6;
  110 : 4; 141 : 4
ὁποῖοι D 98 : 1 T 21 : 2
ὁποῖαι Ap 21 : 4
ὁποῖα Ap 37 : 9 D 105 : 4; 119 : 4;
  128 : 4 M Ek HE 4 : 26 : 13
ὁποίων Ap 19 : 5
ὁποίους Ap 19 : 5
ὁποῖα App 11 : 8; 14 : 2 D 137 : 2
ὁπόσα Ap 23 : 1
ὁπόταν Ap 31 : 5 D 95 : 4 T
  14 : 1; 16 : 3; 31 : 1
ὁπότε D 28 : 5; 68 : 4; 91 : 4;
  127 : 3 Ath 29 : 2
ὁπότ' Ath 21 : 4
ὅπου Ap 15 : 11², 12, 16; 34 : 1;
  54 : 3 D 34 : 1, 2; 78 : 5, 8;
  83 : 4; 102 : 5; 115 : 3; 126 : 3;
  127 : 2
ὀπτασίας D 56 : 5; 128 : 1
  ὀπτασίᾳ D 60 : 1, 2, 4
ὀπτᾶται D 40 : 3
  ὀπτώμενον D 40 : 3
  ὀπτηθῇ Ar 4 : 3
ὄπτησιν Ar 5 : 3
ὀπτόν D 40 : 3
ὀπωροφυλάκιον D 52 : 4
ὅπως Ar 2 : 1; 4 : 1; 9 : 6; 11 : 2,
  3; 14 : 1 Ap 3 : 4; 4 : 6; 11 : 2²;
  12 : 2; 14 : 1, 3; 30 : 1; 32 : 6;
  33 : 3; 42 : 1; 43 : 1; 44 : 12;
  47 : 6; 56 : 1; 61 : 1, 10; 65 : 1²;
  68 : 10 App 1 : 3; 2 : 6; 4 : 1;
  12 : 2; 13 : 4; 14 : 1 D 21 : 3,
  4; 22 : 11; 38 : 2; 39 : 8; 47 : 4;
  53 : 2; 58 : 1; 62 : 2; 65 : 3²;
  67 : 2, 11; 68 : 4; 70 : 2; 73 : 3;
  75 : 1; 88 : 6; 92 : 6; 98 : 1;
  102 : 5; 103 : 8; 108 : 1; 111 : 4;
  114 : 1; 134 : 2 T 3 : 1; 7 : 1;
  8 : 2; 16 : 1; 17 : 2; 19 : 1; 22 : 2;
  40 : 1 Ath 1 : 3; 9 : 2; 11 : 1;
  20 : 4; 31 : 2; 37 : 1
ὁπωσδήποτε Ap 43 : 3 App 8 : 2
ὁράματος D 78 : 3
  ὁράματι D 31 : 3
  ὅραμα D 60 : 4

ὅρασιν D 44 : 3; 130 : 2; 140 : 3
ὁράσεις D 31 : 4
ὁρατός T 4 : 1
  ὁρατήν T 6 : 2
  ὁρατόν D 3 : 7
  ὁρατῶν T 4 : 2; 5 : 1
  ὁρατούς Ar 13 : 8
ὁρῶ T 11 : 1
  ὁρᾷς Ar 9 : 5 D 56 : 16; 142 : 1
    Ath 5 : 1
  ὁρᾷ Ar 4 : 1 D 4 : 2, 3; 60 : 4;
    62 : 5
  ὁρῶμεν Ar 4 : 2, 3; 6 : 1, 3; 7 : 1
    Ap 19 : 1; 27 : 1; 43 : 5; 52 : 2
    (AB) D 11 : 4; 23 : 5; 35 : 2;
    61 : 2²; 96 : 3; 128 : 4 Ath 2 : 3
  ὁρᾶτε Ap 19 : 4; 44 : 13 D 12 : 2;
    28 : 4; 136 : 1
  ὁρῶσι Ap 19 : 5 D 4 : 7
  ἑώρα D 86 : 1 Ath 5 : 1
  ἑωρῶμεν Ap 53 : 2
  ἑώρων D 36 : 6; 69 : 4
  ὅρα D 68 : 2
  ὁρᾶτε D 23 : 3; 120 : 1
  ὁρᾶν Ap 30 : 1; 53 : 9 App 13 : 5
    D 64 : 7; 69 : 6; 85 : 5; 112 : 1
    Ath 31 : 3; 32 : 2
  ὁρῶν App 2 : 15; 12 : 1; 13 : 3
    D 127 : 2
  ὁρῶντα Ar 13 : 8
  ὁρῶντες Ar 13 : 2 Ap 10 : 1;
    53 : 3 D 20 : 4; 69 : 7 T 34 : 1
    Ath 35 : 2
  ὁρώντων T 18 : 3
  ὁρῶντας Ar 13 : 8
  ὁρῶμαι Ath 21 : 1
  ὁρώμενος T 6 : 2
  ὁρώμενον T 32 : 3
  ὁρώμενα Ap 53 : 12
  ὁρωμένων D 53 : 6; 133 : 1
ὄψομαι D 56 : 18; 60 : 4; 114 : 3
  ὄψει Ar 9 : 1
  ὄψεται Ap 51 : 3 D 4 : 1; 13 : 6;
    14 : 8; 50 : 3; 69 : 5
  ὀψόμεθα D 70 : 4
  ὄψεσθε D 70 : 3
  ὄψονται Ap 50 : 4; 52 : 12 D 4 : 3.

4; 13:2, 3; 44:3; 70:3;
118:4; 140:3
ὄψεσθαι D 3:2
ὀφθήσεται D 50:3
ὤφθην D 126:2
ὤφθη D 56:2; 58:8, 10; 59:2;
60:4²; 85:8; 86:5; 126:3,
4, 5
ὤφθησαν Q HE 4:3:2
ὀφθείη D 127:3
ὀφθῆναι Ap 37:5 D 56:4
ὀφθείς D 56:1; 57:3; 58:3,
5; 60:1, 3, 5
ὀφθέντος Ap 50:12 D 56:1;
86:2
ὀφθέντι D 86:2; 91:1
ὀφθέντα D 56:9, 13, 15; 60:5²
εἶδον D 58:4, 7; 124:1; 126:3
T 22:1; 23:1
εἶδες D 15:3
εἶδε D 4:5; 56:2²; 58:6;
60:4; 119:2; 126:4; 127:4
εἴδομεν Ap 50:6 D 13:4
εἴδετε D 123:3
εἶδον D 4:3; 7:1²; 8:1; 25:4
ἴδω D 1:2
ἴδης D 15:5; 87:3 Ath 30:3
ἴδη D 70:2
ἴδωμεν Ar 2:1; 3:1; 8:1; 14:1
D 77:1
ἴδωσιν Ar 15:7 Ap 52:10
ἴδοις D 3:6; 120:2
ἴδε Ap 48:5; 50:3 D 25:2;
38:4; 58:5; 63:4, 5
ἴδετε D 16:5; 22:4
ἰδεῖν Ap 19:2; 32:4; 36:2 D
24:3; 42:3; 52:4; 60:4;
87:3; 88:1; 93:2; 96:2;
121:2²; 127:1, 3; 129:1 T
12:1; 19:2 Ath 16:3; 25:1;
32:1, 2; 35:1², 2
ἰδών Ar 1:2 D 4:5; 56:2;
126:4; 134:1 T 22:1; 29:1
ἰδοῦσα D 56:7
ἰδόντος D 4:5
ἰδόντες Ap 50:12 D 3:7
ἰδούσαις D 4:5

ἰδού v sub ἰδού
ἰδέσθαι D 3:1, 6; 4:1
ἑώρακα D 58:5
ἑώρακεν D 85:9
ἑωράκασιν Ath 35:1
ἑώρακει D 115:3²
ἑωρακέναι Ap 19:3; 21:3
ἑωρακότος D 3:6
ἑωρᾶσθαι D 56:5; 86:2
ὧπτο D 56:5, 9
ὤφθαι D 56:11; 60:2, 5; 114:3
ὄργανον Ath 16:2
ὄργανον Ath 16:2
ὀργάνων D 22:3, 5
ὄργανα D 110:3 Ath 7:2
ὀργή Ath 21:1
ὀργῆς D 14:2; 32:6 Ath 21:1²
ὀργῇ Ap 40:12 D 26:4; 133:5
Ath 21:1
ὀργήν D 21:3; 39:2; 119:2;
123:3
ὀργίζεται D 136:1
ὀργιζέσθωσαν D 37:3; 64:4
ὀργιζόμενος T 8:1
ὀργιζομένους T 10:1
ὠργίσθης D 25:4
ὀργισθῇ Ap 16:2; 40:18
ὀργισθεῖσα Ath 18:4
ὀργίλον Ar 7:3
ὀργίλους Ar 8:2
ὀρέγεσθε Ap 12:5
ὀρεγόμενος T 11:2
ὄρεξις Ath 21:1
Ὀρέστου T 10:3
ὄρθιος D 40:3
ὄρθιον D 91:2
ὀρθογνώμονες D 80:5
ὀρθός App 9:4
ὀρθοῦ App 2:2 D 3:3
ὀρθῆς D 8:2
ὀρθόν App 7:7 D 141:1
ὀρθόν Ap 55:4
ὀρθούς Ap 5:4
ὀρθότητα Ath 31:2
ὤρθρισε D 56:2
ὄρθρος D 58:6
ὀρθῶς Ap 4:8 D 3:6, 7; 4:7;

5 : 2²: 56 : 9; 67 : 4; 80 : 4 T
18 : 2 Ath 7 : 1
ἔριζε Ap 68 : 10 (Eus)
ὁρίζετε Ap 68 : 1
ὁρίζεται Ath 6 : 1
ὥρισε D 102 : 4
ὥρισαν T 9 : 1
ὁρίσαι D 2 : 3
ὡρίσθη Ap 44 : 12
ὁρισθέντος Ap 45 : 5
ὡρίκασιν T 17 : 3
ὥρισται Ap 47 : 6
ὡρισμένην Ath 25 : 3
ὁρίνων Ath 29 : 1
ὄρια D 22 : 4
ὁρίων D 22 : 4
ὄρια D 131 : 1²
ὅρκου D 33 : 2; 58 : 11
ὁρμῶντας Ap 58 : 3
ὁρμώμενοι Ap 26 : 6 Ath 2 : 2
ὁρμῆσαι App 1 : 2
ὥρμηντο Ap 29 : 4
ὁρμῆς D 8 : 3
ὁρμῇ Ap 2 : 3
ὁρμαῖς Ath 36 : 1
ὄρνιθες T 19 : 3
ὀρνίθων T 1 : 1
ὄρος D 50 : 3; 109 : 2; 114 : 5
ὄρους D 25 : 3; 50 : 4; 70 : 1;
97 : 1; 103 : 1
ὄρει D 25 : 6; 26 : 1; 67 : 9; 81 : 2;
109 : 3; 136 : 1
ὄρος Ap 40 : 13 D 22 : 4; 36 : 3;
37 : 4; 56 : 20²; 99 : 2; 103 : 2,
7; 109 : 2; 135 : 4²
ὄρη D 14 : 7; 34 : 3; 64 : 6 T
26 : 1
ὀρέων Ar 11 : 2 D 34 : 5; 65 : 6;
91 : 1; 109 : 2; 119 : 2; 138 : 3
ὁρῶν T 8 : 2
ὄρεσι D 22 : 8 T 9 : 1
ὄρη D 25 : 3, 4; 50 : 5; 61 : 3;
129 : 3; 133 : 5
ὀρόν Ath 12 : 3
ὄρον T 2 : 1
ὅροι T 31 : 1
ὅρους Ar 4 : 2

Ὀρτυγία T 10 : 1
ὀρτυγομήτρα D 131 : 6
ὀρύττοντες T 30 : 1
ὠρύξατε D 14 : 1; 19 : 2; 114 : 5
ὤρυξαν Ap 35 : 5, 7; 38 : 4 D
97 : 3²; 98 : 4; 104 : 1; 140 : 2
ὠρύγη D 97 : 4
ὀρφανῷ Ap 44 : 3; 61 : 7 D 124 : 2
ὀρφανόν Ar 15 : 7
ὀρφανήν T 8 : 3
ὀρφανοῖς Ap 67 : 6 D 27 : 2
Ὀρφεύς T 1 : 1; 8 : 4; 41 : 1 Ath
20 : 3
Ὀρφέως T 39 : 3; 41 : 1, 2 Ath
18 : 2
Ὀρφέα Ath 17 : 1; 32 : 1
Ὀρφικόν Ath 4 : 1
ὀρχουμένης D 49 : 4
ὀρχηστικοῖς Ap 15 : 3 (A)
ὅς Ar 4 : 1 Ap 9 : 3; 15 : 1. 3;
16 : 2, 10; 26 : 2², 4, 5²; 32 :
10; 33 : 6; 40 : 8; 58 : 1; 63 :
14, 15 App 1 : 2; 2 : 17; 3 : 2,
6; 10 : 3 D 1 : 6; 3 : 2; 13 : 1;
36 : 3, 5; 45 : 4; 49 : 8; 50 : 5
52 : 3; 56 : 4, 7, 9; 58 : 8; 60 : 3;
61 : 5²; 64 : 8; 68 : 3; 69 : 6;
79 : 3; 81 : 1; 85 : 1²; 91 : 2;
95 : 1; 100 : 4; 107 : 4; 110 : 1²;
113 : 4 (A); 126 : 1², 5²; 127 : 2,
4; 129 : 1²; 132 : 3 T 5 : 1;
34 : 1 Ath 5 : 2; 11 : 1; 18 : 2;
33 : 2
ἥ D 23 : 4; 58 : 8²; 59 : 2; 69 : 4;
78 : 8; 137 : 3 [T 34 : 2] M Ek
HE 4 : 26 : 14 (AT¹) Ath 22 : 1,
6; 32 : 2
ὅ Ap 21 : 1; 32 : 6; 40 : 9; 54 : 5
(AB); 55 : 3; 60 : 2; 61 : 13;
68 : 2 App 7 : 3; 8 : 3 D 2 : 1,
4; 4 : 1; 14 : 1², 6; 19 : 1; 53 : 2;
62 : 4; 70 : 4; 80 : 3; 84 : 1;
88 : 4; 106 : 3; 111 : 1; 114 : 1
T 7 : 1 (?); 31 : 3 M Ap HE
4 : 26 : 6 Ath 18 : 3; 20 : 1:
22 : 4; 24 : 2
οὐ Ap 8 : 5; 12 : 7, 9: 32 : 3;

35:2; 46:2; 49:5; 55:4; 59:1; 65:3 App 7:2 D 17:1; 19:4, 5; 30:3; 34:4, 6, 7; 36:1; 40:3; 49:3³; 52:3[, 3]; 56:2, 22, 23; 61:2; 62:5; 70:1; 84:1; 85:4, 6; 88:2, 7; 89:3; 94:5; 97:2; 100:6²; 102:4; 103:3; 106:3; 107:4; 111:2; 113:5²; 117:3; 118: 2; 120:4; 131:2, 4, 5; 135:2; 141:1 T 39:1, 2² Ath 5:2²; 6:3; 8:3; 10:1; 14:1; 22:5, 6

ἧς Ap 66:1, 2 D 35:6; 43:6; 44:4; 56:21; 58:1, 11, 12; 65:3; 66:3; 68:8; 69:4; 100:4; 101:1; 102:5²; 103: 5; 111:4; 113:6 T 8:2; 33:4 Ath 6:4, 5; 20:3²; 22:6²; 33:2

οὗ Ap 32:7; 44:5 App 13:6 D 2:1, 2; 4:5; 6:1; 40:1; 41:1; 61:2; 63:2; 74:3; 82:1; 91:2; 94:1, 2; 103:5; 105:2; 106:3; 111:4²; 112:3; 128:4 M Ap HE 4:26:7 Ath 24:2; 30:1

οὕνεκα Ath 18:4; 30:2

ᾧ Ap 5:4; 17:4; 32:1, 2; 35:2; 53:8²; 54:5; 58:2 App 6:1 D 34:4; 40:2; 70:3; 81:4; 86:6; 103:4; 120:3, 4; 138:3; 141:2 T 24:1 M P HE 4:26:3 Ath 8:4; 18:3; 21:2; 23:1

ἥ Ap 34:2; 67:7 D 2:5; 5:4; 11:3; 14:8; 15:6; 22:6, 10; 32:2; 36:1; 40:4; 41:1; 49:2²; 58:12; 61:4; 81:3; 86:6; 107:4; 109:1; 110:2²; 117:3; 118:1; 119:5²; 131:3; 132:2; 138:1 T 13:1 Ath 22:7; 25:2

ᾧ Ap 13:4; 22:6; 26:8 App 12:5 D 2:1; 4:3; 40:3; 56:5; 91:2; 107:3 Ath 8:3

ὅν Ar 9:6 Ap 4:7; 7:3; 10:3; 12:8; 14:1; 19:4; 23:3;

25:2; 26:6; 27:1; 28:1; 29:4; 32:4, 6, 11; 40:10; 45:5; 50:4; 52:2, 12; 60:7; 61:1, 3; 66:2 App 2:9; 6:3 D 2:5; 11:1; 13:3; 14:8; 22:2; 23:3; 27:4; 28:6; 32:2, 3; 33:2; 34:1; 35:6²; 36:2; 37:2; 39:2, 7; 41:1; 43:4; 49:3, 8; 50:3; 54:2; 56:1, 4, 11, 13, 15; 57:3, 4; 58:13; 59:3; 60:5³; 62:1; 63:2; 64:7; 65:7; 67:1; 68:8; 70:4; 73:2; 74:1²; 76:2; 77:1, 4; 78:7; 79:2; 84:1; 86:1², 3; 87:5; 91:3; 102:2; 103: 5; 107:3; 108:2; 112:2; 113:3; 116:3; 119:6; 120: 5, 6; 122:1; 127:1, 3, 4; 130:3, 4; 131:4; 132:1; 133:5; 134:4; 136:1, 2; 138:2; 139:2; 141:1 T 14: 2²; 30:1; 31:2; 35:1 Ath 16:3; 26:3

ἥν Ar 9:5; 11:3 Ap 9:1; 46:5; 47:2; 52:12 App 4:1² D 11:2², 3; 18:2; 22:10 (A); 23:4; 25:5; 29:3; 40:4; 41:4; 43:2, 6; 50:2; 51:1; 54:2; 57:2; 65:1²; 66:3; 67:6; 68:6, 7; 69:2; 73:6; 74:2, 4²; 75:1; 78:6, 9; 79:2; 91:1; 109:3; 113:1, 7; 114:1; 115:3; 116:2; 120:4; 122:1; 123:5; 125:3; 127:3; 128:4; 137:1; 141:4 T 8:2; 10:1; 18:3; 27:2 M Ap HE 4:26:7 Ath 13:2; 20:1; 22:5²; 29:1; 33:1

ὅ Ap 12:6; 16:4; 43:8; 44:11; 67:6 App 4:4; 7:1, 4; 11:8 D 5:4; 9:1, 2; 10:1², 2; 13:1; 14:1, 3; 25:6; 28:1; 34:3; 37:4; 40:1²; 45:1; 49:4; 56:6, 20; 62:4; 75:1; 76:2, 5; 78:3; 86:4; 88:1;

80:6; 87:2; 89:1; 115:6;
117:1; 139:2 T 22:2 Ath
1:1; 18:1

ᾱ Ar 11:7 Ap 8:3; 9:2; 14:2;
16:1, 10; 23:3; 46:1; 60:5;
62:4 App 2:7; 3:2; 5:2;
10:6, 7; 12:4, 7 D 2:2;
7:1²; 8:1; 11:3; 16:2;
19:2; 21:2; 25:4; 27:2;
32:5; 34:8; 35:2, 7: 39:8;
40:4²; 42:4; 45:3; 46:5;
47:2; 50:1; 55:1; 56:4,
17:62:2; 64:4; 65:5: 68:1,
4, 8; 69:1; 70:2; 76:3;
78:10; 80:2, 4; 87:4, 5;
94:4; 99:2; 103:8; 112:5;
114:5; 115:3; 116:1; 117:3;
120:5; 126:5; 128:1, 4;
135:4; 142:3 Ath 2:1; 6:2;
7:1; 8:2; 9:1; 16:3; 22:1,
3 (Sch); 24:4, 5: 26:4; 32:1,
2; 34:1; 35:1

ὁσάκις D 16:4; 133:6 T 14:1
ὅσιον T 21:4 Ath 28:5
 ὅσιον Ath 28:5, 6
 ὅσιοι D 2:1
 ὁσίους Ap 15:13 D 22:7;
 96:3 Ath 13:2
 ὅσια D 12:1; 14:4
'Οσιριακή Ath 22:6
῏Οσιρις Ath 28:2
 'Οσίριδος Ath 22:6; 28:5
 'Οσίρεως Ath 28:1
 ῏Οσιριν Ar 12:2² Ath 22:6
ὁσίως Ar 15:10 Ap 21:6
ὅση Ap 13:1; 55:8; 67:5 D
131:6 Ath 28:5
 ὅσον App 4:3; 15:4 D 16:4
 Ath 16:3
ὅση D 117:5
ὅσον Ap 4:1, 4; 12:6; 40:7
 D 1:3; 2:6; 14:5; 17:1;
 110:5 Ath 6:2; 7:2; 15:2;
 24:5
ὅσαι Ap 61:2 D 11:2; 26:1;
 85:9; 87:4; 89:3; 93:1;

112:4 M Ap HE 4:26:10
 Ath 23:3
ὅσα Ap 10:1; 18:4; 40:9;
 63:5 App 13:4 D 5:4;
 47:2²; 48:1; 85:5; 93:1
 T 28:1 Ath 18:2
ὅσων Ath 34:1
ὅσας D 71:3; 141:4
ὅσα Ar 15:5 Ap 12:8, 10;
 19:8; 25:1; 44:9; 63:5, 10
 App 10:2 D 14:6; 45:1;
 49:5; 56:7; 58:5, 12; 59:2;
 67:6, 7; 81:1; 84:4; 86:3;
 87:1; 88:5; 90:2; 96:2;
 100:2; 102:4; 139:3 T
 20:3; 40:1³ M Ap HE 4:
 26:11 Ath 26:1; 27:2
ὅσωπερ D 110:4
ὅσαπερ D 56:4
ὅσπερ Ath 18:3
ἥπερ Ap 28:4; 30:1; 43:6
ὅπερ Ap 12:10; 18:1; 27:5;
 32:4; 35:1; 45:6; 55:2
 App 7:9 D 2:2; 20:1;
 32:3; 52:4; 53:5; 56:14;
 78:9; 82:2; 84:2; 85:7;
 88:8; 93:4, 5; 103:7; 104:1;
 110:2; 113:6; 125:3; 136:2
 T 14:1; 22:1; 34:1 Ath
 23:4
οὗπερ Ap 19:5 D 35:4; 51:1;
 128:4
ἥπερ D 57:2; 58:1; 99:2
ὅνπερ Ap 57:1 D 82:1; 88:6;
 94:5; 99:3; 115:4; 120:5;
 128:3; 135:6
ὅπερ Ar 10:2; 11:1 Ap 5:2;
 9:3; 10:6; 24:2; 36:3;
 44:12; 64:5; 66:4 App 5:6
 D 7:3; 19:6; 34:8; 56:10;
 62:3; 68:8, 9; 81:4; 84:3;
 87:3; 96:2; 99:1; 103:9;
 115:3; 120:2; 137:3 T 3:2;
 15:1; 20:1; 21:3; 29:2²
ἅπερ D 94:2; 140:1 T 22:2
ὧνπερ D 36:2 T 17:1
ὧνπερ D 76:3

οἷσπερ D 56:10
αἷσπερ D 128:2
οἷσπερ D 55:3 T 8:2
ἅπερ Ap 33:3; 67:7 App 5:5
  D 8:2; 17:1; 23:1; 27:1;
  49:1; 56:8. 11, 23; 93:2³,
  3; 101:2²; 108:2; 112:4;
  140:2 T 13:2; 14:2; 17:3²;
  38:1
Ὀστάνην T 17:1
ἄτε D 7:2; 113:4 T 30:1;
  cf Ap 8:3
ὀστέον v sub ὀστοῦν
ὅστις Ap 34:1 D 16:1; 43:1;
  48:3; 49:3; 78:1; 87:2;
  93:3 T 2:1; 3:2; 4:1;
  37:1; 41:1 Ath 5:1
ἥτις Ap 67:7 D 10:3; 31:4,
  6; 61:1; 73:4; 88:8; 91:4;
  100:3; 114:4; 120:2; 141:3
  T 33:3; 34:2; 35:1 Ath 2:1
ὅτι D 5:1; 9:1
οὗτινος Ar 11:3
ὅτου D 31:2; 53:5; 94:3
ᾧτινι D 10:4
ὅτῳ T 29:1
ὅτῳ Ath 2:3
ὅντινα Ap 68:6
ὅτι D 1:5; 4:5; 23:2 Ath 7:1;
  34:1
οἵτινες Ar 12:6 Ap 15:4; 63:11
  D 35:3; 48:2; 57:2; 64:1;
  68:7; 78:9; 88:1; 101:1;
  106:1; 107:2; 110:2; 114:3;
  116:1; 131:2; 134:1; 138:1
  T 1:2; 3:3; 20:2; 33:3
  Ath 37:1
ἅτινα Ap 38:7
ἅτινα T 36:2; 42:1
ἅττα D 2:2 (Ar)
ὁστισοῦν D 36:6; 60:2; 129:4
ὁτιοῦν D 115:6
ὁτουοῦν Ap 33:4
ᾑτινιοῦν D 47:4
ᾡτινιοῦν D 117:5
ὁντινοῦν App 11:6
ὁτιοῦν App 2:14 D 10:4; 64:2

ὀστέον Ap 52:5
ὀστέον Ap 52:5
ὀστᾶ D 15:6; 98:4; 102:1;
  103:1, 7
ὀστῶν D 103:8
ὀστέων D 17:4; 112:4 T 12:2;
  17:2
ὀστᾶ D 97:3; 98:4; 104:1
ὀστέα Ap 19:1
ὄστρακον D 98:4; 102:1, 5;
  103:9
ὀστράκου Ar 4:3
ὀσφρανθῶ D 22:2
ὀσφύος D 68:5
ὅταν Ap 7:2; 16:12; 33:2; 36:1;
  37:3; 38:1, 4, 6; 39:1; 40:
  18; 42:1; 44:10; 52:3, 10
  D 1:2; 6:2³; 22:2; 25:4;
  45:4; 49:3; 69:2, 3; 70:1.
  5; 76:1; 84:2; 91:2; 93:1.
  5; 110:1, 2; 114:2³, 3;
  117:3; 127:1; 128:3³; 129:
  1, 2; 135:1; 138:2 Ath 1:4;
  7:1; 13:2; 14:2; 21:2;
  26:2; 27:1
ὅτε Ar 13:2 Ap 5:3; 31:1, 2;
  52:3, 9; 54:8, 9, 10; 60:1,
  2; 62:3 App 2:12; 6:3 D
  14:8; 25:3; 32:2; 36:2, 5;
  40:2; 49:6; 52:3; 53:2;
  58:8; 60:5; 61:4; 83:1;
  90:4; 97:1, 3; 100:3; 103:
  1, 2, 3, 7; 106:1; 111:3;
  114:1²; 117:5; 123:6; 125:
  4, 5; 126:6; 127:1, 3, 5³;
  131:1; 141:3² T 1:3; 6:2;
  16:2, 3; 35:2 Ath 13:2;
  21:2, 4⁵
ὅτ' Ath 21:3
ὅτι Ar 1:2; 2:1; 3:2; 4:1; 5:4;
  12:8; 13:7 Ap 2:2; 4:8;
  7:3; 8:1, 2; 9:4; 12:7.
  11²; 13:3; 15:15; 18:1, 2,
  3; 19:4, 5; 21:4; 23:1²;
  24:1, 2, 3; 25:1; 26:1, 7;
  27:1; 29:2; 32:4; 33:9;
  35:9, 10; 38:3², 5, 7; 39:2;

40:7², 10; 41:1³; 42:2;
43:4, 6; 44:11; 45:1; 47:
1, 4, 6; 48:1, 3; 49:1, 6;
50:1, 4, 7; 51:1², 2; 53:1,
2, 5²; 54:4, 8; 61:5; 63:3,
10, 15; 66:4; 68:2 App 2:7;
3:4, 5, 6; 5:1; 7:1, 5;
9:1³, 3; 11:4; 12:2; 13:2²
D 1:2; 3:2, 6; 4:3², 4, 6²,
7²:5:1, 4; 6:1; 9:1; 10:1³,
3; 11:2, 3, 4; 12:1²; 13:2,
3, 4, 6², 8, 9⁴; 14:1, 3, 4,
5; 15:3; 16:1², 3; 17:2,
4²; 19:1, 2, 6; 20:1, 2, 3;
21:1², 2; 22:1, 6, 7, 8, 10,
11; 23:3, 4, 5; 24:1²; 25:
2², 5², 6; 27:2; 28:1, 3, 5;
29:1, 3; 30:1², 2², 3; 32:5;
33:1⁴, 2; 34:1, 4, 7², 8:
36:1, 2, 5, 6; 37:1², 3², 4;
38:2, 4; 39:3, 4, 6, 7³; 40:
1², 2, 4, 5; 41:2; 42:2;
43:3², 7; 44:2²; 45:3²;
46:1, 2², 4³, 7; 47:1², 2, 4;
48:1, 2², 3³; 49:2, 5³, 6,
8²; 50:1², 3³; 51:2², 3;
52:1⁴, 3; 53:5²; 54:2²;
55:1², 2, 3; 56:1, 3, 4, 5, 7,
8, 9², 10, 11, 12, 14, 15, 17²,
22; 57:1³, 2⁵; 58:3, 6, 7,
12, 13; 59:3²; 60:1, 2, 3,
4⁴, 5; 61:1, 4; 62:2², 3²,
4; 63:1², 2, 3, 4, 5³; 64:3,
4³, 5², 7; 65:1, 3, 7; 66:1,
4; 67:2², 3, 4, 5, 9; 68:1,
2, 4, 5, 6; 69:1, 5, 7; 70:1,
4², 5²; 71:2², 3; 72:1, 3;
73:2², 3², 4²; 74:1, 3, 4;
75:1, 2², 3², 4; 76:1, 2;
77:1², 2³; 78:1², 3, 6, 8, 10;
79:2², 3, 4⁴; 80:1, 2², 3;
81:1, 2, 3³, 4; 82:1², 2², 3²;
83:1, 2, 3³, 4; 85:4, 5², 6,
9; 86:1, 2, 3²; 87:4, 6;
88:6; 89:1³, 2, 3²; 90:2,
5³; 91:4; 92:2², 5; 93:1,
5; 95:2, 3; 96:1, 2², 3;

97:1, 2, 4; 98:1, 3⁴. 4; 99:
2, 3; 100:1², 3, 5; 101:2,
3; 102:1, 3, 4, 6; 103:1²,
2, 8³; 104:1³; 105:1, 2²,
4², 6; 106:1⁵, 4; 107:1⁴, 2²:
108:1, 2; 109:1, 2. 3²: 110:
1², 2, 3, 4², 6; 111:1, 2². 3,
4; 113:1, 4², 6; 114:5²;
115:1², 2, 3, 4. 5: 116:3;
117:2², 4⁵, 5; 118:1³, 4;
119:2², 5; 120:2. 3. 5², 6;
121:2; 123:1, 2; 124:1, 2,
4³; 125:2, 4, 5²; 126:3, 4;
127:1; 128:1, 2, 4²; 129:4;
130:1, 3; 131:1², 2. 4. 5²:
132:2, 3; 133:2, 6; 134:2;
135:1, 4, 5, 6; 136:1. 2. 3;
137:2, 3³; 138:1³. 3²: 139:
2, 3²; 140:1, 2, 3, 4; 141:1².
2², 3, 4; 142:1² T 3:2;
8:4; 10:2; 17:1; 20:2;
26:1; 29:2²; 31:1; 33:1,
3, 4; 34:1; 38:1; 39:1
M Ek HE 4:26:13 Ath 1:3;
2:1, 2, 3; 4:1, 2; 5:2; 6:2²;
8:1², 2; 14:2; 17:1²; 20:1²,
2², 3, 4; 22:7; 23:2⟨5⟩(Sch),
6; 24:1, 2²; 25:3; 28:4;
30:3; 31:1; 32:1, 3; 33:2;
36:2²; 37:1

ὀτρῦναι D 64:3
οὐ Ar 1:5; 3:2; 4:2; 5:5; 6:2,
3; 8:5; 12:1; 13:7, 8; 15:3,
4³, 5², 7² Ap 2:1, 3. 4 3:1;
4:2, 4, 5; 5:1, 4²; 7:2, 5;
8:2, 5; 9:1, 3; 10:1 (AB);
11:2; 12:3², 7, 11; 13:1;
14:5; 15:4, 5², 7; 16:3, 5²,
8, 11; 21:1; 24:1, 3 (AB);
26:1, 6, 7; 27:1, 5²; 30:1;
31:5; 33:4, 6; 35:3; 37:1,
7; 38:1, 3; 39:1², 3²; 43:8;
44:5, 11, 13; 45:6; 49:1,
3, 5; 52:8², 11²; 53:5;
54:7; 55:1, 3²; 57:1³, 2, 3;
58:3; 60:10, 11; 61:4;
63:2, 9, 12; 65:5; 66:2;

31:4; 32:3 Ath 1:3, 4³;
2:2; 6:2, 3; 8:3, 4; 12:1;
13:1²; 14:1²; 15:2: 16:1,
2. 3; 17:2: 21:1. 3, 4²;
22:8; 25:3²; 28:4; 29:1²;
34:2²; 35:1; 36:2
οὐδ᾽ Ap 37:5; 43:6, 8; 55:1
App 12:7 D 1:4; 4:3;
11:1; 12:2; 15:4²; 19:3;
33:1; 43:5 (A); 46:4, 6;
48:4; 52:3, 4; 78:10; 90:1;
95:1; 113:1; 118:3; 119:4²;
123:4; 127:3; 133:6 T 3:1;
30:1 Ath 10:3; 13:1; 21:2,
4⁷; 23:1; 31:2, 4; 35:1
οὐδείς Ar 13:6 Ap 16:7; 23:3;
42:3; 48:5²; 61:11; 63:3.
13 App 10:8 D 6:1; 16:3.
5²: 25:6; 26:4; 43:7; 44:2;
46:4; 49:3; 55:3; 62:5:
66:4; 76:2; 87:3; 93:2;
94:4; 95:1; 97:4; 100:1;
103:2; 110:6²; 117:4; 127:
2 Ath 1:1; 2:1, 3²; 22:1;
35:1²; 36:2
οὐδεμία D 65:2 T 6:1
οὐδέν Ar 4:3; 13:7 Ap 10:6;
43:6 App 2:14; 7:6; 8:3;
9:1: 12:4, 7 D 2:3; 19:2,
3: 34:7: 39:1: 85:3; 93:3;
112:3 T 11:2; 13:1; 15:2:
20:3; 27:2 Ath 2:2; 10:1;
14:2: 17:4: 20:1: 22:5,
8: 25:3
οὐθέν D 50:5
οὐδενός Ap 2:4 D 6:1; 8:3;
56:16; 64:2; 73:2: 76:6;
116:3 T 21:3
οὐδενός D 57:2; 91:2: 111:1;
120:6 T 23:1
οὐδενί Ap 33:9; 66:1 D 56:1:
65:1; 77:3
οὐδενί Ap 55:4 D 35:5: 82:4
οὐδένα Ap 12:7 D 4:3; 89:3;
93:2: 120:6; 121:2 Ath
36:2
οὐδεμίαν Ap 45:6; 54:1

οὐδέν Ar 12:8; 13:2 Ap 4:8:
7:4; 17:4; 33:6; 35:6:
43:8; 52:9; 55:4 App 2:17:
3:6; 11:7 D 3:3; 4:1, 3:
5:1; 6:1; 10:3; 14:1; 22:5:
25:6; 26:1: 34:1; 44:2:
46:4, 7; 50:5; 51:1; 56:11:
68:1; 92:1; 95:3; 110:6:
112:5; 120:2, 6; 123:1:
128:4; 131:1; 134:2; 142:3
T 19:1; 27:2 Ath 2:4; 3:2:
12:1; 21:4; 31:1, 2: 32:1
οὐδέποτε D 43:7; 52:3; 56:16:
66:4; 93:4; 121:2; 135:1
Ath 19:1
οὐδέπω D 39:2: 43:6: 66:3:
83:4: 110:1; 117:4, 5
οὐδεπώποτε M Ap HE 4:26:5
οὐδέτερον D 23:5
οὐδόλως D 47:4
οὐηξίλλων Ap 55:6
Οὐηρισσίμῳ Ap 1:1
οὐθέν D 50:5
οὐκέτι Ar 13:6, 7 D 8:1 (ed):
56:23; 72:2; 81:1; 113:3:
120:1; 121:1 T 26:3 Ath
25:1; 27:1
οὐκέτ᾽ Ath 30:3
οὐκοῦν D 62:3; 119:4 T 40:1
Ath 21:5
Οὐλαμμάους D 58:13
Οὐλύμπου Ath 29:1
οὖν Ar 3:1, 2; 4:1²; 7:3, 4:
8:1, 2, 6; 9:5, 9: 10:7, 8:
11:2, 4; 13:1, 6; 14:1 Ap
2:2; 3:4: 4:1: 5:1; 7:3:
8:3, 5: 12:11; 13:1; 15:1,
12, 15: 17:2; 19:3; 20:3; 24:3
(O); 31:1; 32:1, 2; 33:4, 6;
37:9: 45:5; 47:1; 50:12:
53:1; 54:5, 6; 55:8: 60:10,
11; 63:14; 64:4: 68:7, 8,
10 App 1:2; 3:1; 4:1, 3:
10:1; 13:4; 14:1; 15:5
D 1:2; 2:5; 3:2²; 3, 4, 6, 7:
4:1, 2². 3, 5, 6, 7; 5:1; 6:1:
7:1; 8:2, 4; 9:2²; 10:4²:

11:4; 14:1; 15:1, 7; 16:3;
17:3; 18:2; 19:4, 5, 6; 22:
11; 24:1; 25:6; 28:3; 29:1,
3; 32:3, 6; 35:4; 36:5;
38:3; 39:2, 5, 7; 40:1;
43:1, 3², 7; 45:1, 2;
46:2; 47:2; 48:1; 49:2, 3,
7; 50:1, 3; 52:3; 56:1, 6,
8, 10, 12², 13, 15, 17, 18, 19;
58:4, 5; 60:5; 61:5; 63:1;
64:3, 4; 66:4; 67:10; 68:2,
4, 5, 7; 69:1; 70:4; 72:1;
75:2, 4; 76:6; 77:1²; 78:2,
4, 8; 80:2; 81:3; 82:4²;
83:3; 85:6; 87:2, 5, 6; 88:8;
90:1, 3; 92:1, 4; 93:1, 3²;
94:5; 95:2, 3; 99:1², 3;
100:2, 3; 103:2; 106:4;
111:2, 4; 112:5; 113:7;
114:4; 117:1, 2; 119:5, 6;
121:4; 122:1, 2, 6; 123:1,
6, 7, 9; 125:2, 3; 127:3, 4;
128:4; 132:2; 134:1; 135:
3²; 136:1; 137:2; 138:1, 2;
139:4 T 3:1; 7:1; 11:1;
12:1, 3, 4; 13:2; 15:1, 2;
16:3; 20:2; 23:2; 29:1;
30:1²; 32:2; 35:1; 40:1;
41:2 M Ek HE 4:26:14
Ath [1:2;] 3:1; 4:1; 5:2;
6:2², 3; 7:1; 8:1; 9:1²;
10:1, 3; 11:1; 12:1, 3;
⟨13:2;⟩ 14:2; 15:1; 16:3:
17:1; 18:3; 20:1; 22:2, 3;
23:1², 3², 4; 24:5; 25:2;
26:2, 3; 27:1²; 28:1, 2,
2 (Sch); 30:2, 4; 31:2; 32:1,
2, 3²; 33:1; 35:1², 2; 36:1²
οὕνεκα Ath 18:4; 30:2
οὕνομα Ath 28:6; 30:2 v sub
     ὄνομα
οὐράνιος Ap 15:8, 15
     οὐράνιον T 20:3 Ath 31:3
     οὐρανίου T 20:1
     οὐρανίῳ Ar 4:2
     οὐράνιον Ath 22:7; 23:6
     οὐρανίων D 131:3

οὐρανίων Ap 44:9; 58:1
     οὐρανίους Ath 28:2
     οὐράνια App 5:2 Ath 27:1
Οὐρανίωνας Ath 18:4
οὐρανός Ar 4:2 Ap 37:4 D 14:
     5; 22:11; 81:1 T 9:3; 12:1;
     20:1 Ath 9:2
     οὐρανοῦ Ar 3:2; 6:2; 15:1
     Ap 51:9 D 14:6; 22:8;
     25:2; 31:3; 56:12, 21, 23;
     58:13; 62:1; 64:8²; 74:3;
     91:1; 127:5; 129:1; 131:6;
     136:3 T 20:1 Ath 5:2 (Sch);
     8:2; 23:2, 4, 6; 25:2
     οὐρανῷ D 36:6; 56:23; 78:1;
     85:6; 94:1; 106:4; 112:1;
     128:3; 132:1 T 9:1², 2, 3;
     10:2 Ath 5:1; 23:5
     οὐρανόν Ar 1:1; 4:2² Ap 21:1,
     2, 3; 26:1; 42:4; 45:1;
     46:5; 50:12; 51:6; 54:6,
     7², 8; 59:2; 64:2 App 5:2
     D 17:1; 22:7; 25:3; 31:7;
     32:3; 34:2; 36:5; 38:1;
     39:4, 7; 50:5; 58:11; 60:2;
     61:4²; 63:1; 65:4; 69:2,
     3; 80:4; 82:1; 85:1, 2;
     87:6; 108:2; 113:5; 126:1;
     131:4 T 10:2; 16:2; 26:1
     Ath 5:2; 16:3²
     οὐρανοί D 22:7; 64:8; 73:4;
     130:1
     οὐρανῶν Ap 15:2, 4, 16; 16:9;
     51:7, 8; 52:3; 61:4 App
     2:19 D 36:5; 49:3; 51:2,
     3; 64:7; 76:4; 85:6; 88:8;
     105:6; 110:2; 120:6; 140:4
     Ath 25:1
     οὐρανοῖς Ap 15:11, 12, 17;
     16:2, 9; 40:12 D 36:5;
     56:22; 57:2; 60:3, 5; 96:3;
     101:2; 127:5; 129:1 T 16:1
     Ath 11:1
     οὐρανούς Ap 31:7; 41:1 D
     73:3; 74:1; 114:3; 132:1
     Ath 10:4; 13:1
Οὐρανός Ath 18:3²; 20:2; 21:3

Οὐρανοῦ Ath 23:3; 30:1
Οὐρανόν Ath 18:4; 30:2
Οὔρβικος (Οὐρβίκιος etc Eus) App
  2:9
Οὐρβίκου App 1:1, 3; 2:15
Οὔρβικον App 2:12, 15
Οὔρβικε App 2:16
Οὐρίου D 141:4
οὓς T 12:2
  οὓς D 38:4; 63:4, 5
  ὦτα D 12:2; 33:1; 69:5;
    123:3
  ὠσίν D 123:8; 127:2
  ὦτα Ap 53:1; D 39:8; 51:3;
    70:2
οὐσία Ath 16:2; 22:2, 4
  οὐσίας D 4:1; 128:4 Ath 24:
    1, 4
  οὐσίαι Ath 5:1
  οὐσίας Ath 5:1; 23:2
οὗτα Ath 21:2
οὔτε Ar 11:7; 13:5² Ap 4:1²;
  15:11², 12²; 25:2; 36:3
  (AB); 43:2; 63:14² App 9:1
  D 1:5²; 4:1², 7²; 5:5²;
  7:3²; 11:1²; 22:6, 11²; 33:
  1²; 34:7³; 36:6²; 46:2³;
  48:2²; 52:1², 3²; 74:2;
  81:4²; 85:1; 90:5²; 93:4³;
  107:4; 118:3²; 123:2, 8²;
  125:1²; 127:2⁵, 4⁴; 136:2²;
  140:3² T 5:3²; 15:1²; 16:
  1²; 21:3³ Ath 2:3²; 5:1²;
  8:1², 2², 3⁴, 4²; 9:1²; 19:2,
  3; 21:1²; 22:1³, 5⁴; 23:5²;
  29:1, 2²; 33:2²
οὔτ' Ar 11:7 D 5:5² T 21:3²
  Ath 24:4²
οὔθ' Ap 43:2 App 10:6² D
  74:2
οὔτι T 15:2
οὔτι App 3:6
οὗτος Ar 15:1 Ap 32:13; 43:2;
  50:8; 51:7; 65:3 D 2:3;
  11:4; 13:4, 5; 14:3; 26:3²;
  28:2; 31:6; 32:1; 33:2;
  36:1, 3, 4³, 5, 6³; 39:4, 6,

7²; 43:7; 47:4; 48:3³;
49:1; 52:3; 53:1, 5; 56:11;
57:3; 58:3, 10, 13; 59:1.
3; 60:4; 61:3; 63:1; 64:5;
66:4; 67:4; 69:6; 70:2;
71:2; 72:1; 73:3; 74:4;
76:3; 78:1, 11; 84:1²; 85:4,
6; 89:3; 93:5; 96:3; 97:4;
98:2; 99:3; 100:6; 103:3.
6; 105:1; 113:5³; 118:1.
2; 124:1; 126:1, 5; 127:3;
131:4; 137:2; 141:3 T
17:2; 19:3; 38:1 Ath 3:1;
8:4; 15:2; 18:3; 20:4;
24:4, 5; 32:1
αὕτη Ap 66:1 App 5:1 D
4:6; 19:2, 5; 22:2; 23:5;
36:4; 38:2; 40:1; 44:4;
54:2; 56:21; 58:13; 66:2;
70:4; 72:3; 78:11; 111:2;
128:4; 141:4 T 15:4 M Ap
HE 4:26:6 Ath 19:1
τοῦτο Ap 4:8; 22:2, 3, 5; 23:1;
33:6; 37:1; 43:2, 8; 55:3;
61:12; 63:6; 66:3²; 68:2,
5 App 2:12; 3:5; 7:2; 9:1
D 1:3, 5; 2:6; 3:5; 10:1².
2; 13:1; 14:1, 2, 3; 19:1;
22:11; 28:1; 30:2; 32:4;
44:2; 58:13; 60:2; 62:4²;
63:1, 2; 65:1, 5; 72:1;
75:4; 78:8; 87:6; 88:1;
89:3; 92:5; 94:3; 97:1;
99:1, 2; 103:8; 106:3; 111:
2, 4; 115:2; 118:3; 119:4;
120:3; 124:4; 133:5; 137:4;
138:1; 139:1; 141:2 T
13:1; 17:4; 19:4; 41:1
M Ap HE 4:26:5 (D¹), 6, 8
Ath 18:2; 20:1, 2; 25:2;
34:2; 37:1
τοῦτ' Ap 5:1; 66:3 (A) D 4:1;
5:4; 14:1 Ath 6:1
τοῦθ' T 14:1; 16:1; 39:2
τουτέστι Ap 66:3 (AB)
τούτου Ar 15:3 D 2:3; 9:1;
11:5; 19:5; 34:6; 39:2;

43:2, 3; 45:4; 50:2; 63:2;
04:3², 65:3; 73:2; 74:1;
85:2; 86:3²; 88:3; 96:1;
97:2; 98:1; 106:1; 111:1;
118:2; 121:1, 3, 4; 124:1;
136:1 T 3:1; 7:3 Ath 8:
3³, 4
ταύτης Ap 56:3 App 2:6, 7, 9
D 1:4; 2:1; 3:3, 4; 4:6;
10:4; 45:4²; 49:2; 55:1;
56:7; 58:5; 77:3; 81:1;
86:1; 87:5; 100:4,6; 102:7;
110:1; 113:6; 142:3 T 1:3;
2:2; 3:1; 8:2; 9:2; 20:1
τούτου Ap 27:1; 31:5; 46:6;
55:2, 6; 60:4 App 10:8;
15:2 D 1:2, 4: 3:3; 4:4, 5;
5:5; 30:3; 35:1; 44:2; 46:
5; 55:3; 56:9; 57:4; 58:1;
63:2; 64:3; 89:2; 90:1, 4;
91:3; 94:2²,4; 97:1,4; 106:
4; 117:1; 125:5²; 129:1;
131:1; 141:3 T 1:3; 30:1;
33:2; 36:2 Ath 6:4; 23:5
τούτῳ Ar 9:2; 10:1 Ap 60:3
D 20:3; 55:1; 58:13; 65:7;
74:2; 75:1; 87:5 T 6:1;
7:3; 30:1 Ath 5:2; 6:1;
16:3; 19:1; 33:1
ταύτῃ D 29:3²; 70:4; 90:4;
110:2 Ath 28:5
τούτῳ Ap 13:4; 55:7 D 43:8;
48:3; 56:12, 21; 57:4; 62:
1, 4; 67:11²; 68:7; 69:3;
75:2² Ath 23:5
τούτον Ar 9:7; 10:1; 11:4
Ap 21:1; 22:4; 23:3; 26:5;
33:5 (AB); 60:3; 61:9[; 10]
App 2:16 D 5:4; 9:1; 11:1;
12:2; 32:5; 33:1; 37:2;
38:1; 43:8; 44:4; 45:4;
46:1; 47:1, 2, 3², 4³; 48:1,
2; 49:1, 4; 51:1; 56:9, 10,
13, 17; 64:1; 67:2; 68:7;
8, 9; 69:2, 3, 4; 70:4; 71:3;
74:1; 76:1; 77:1; 78:11;
80:1; 84:1; 85:1²; 86:1;

89:3; 90:5; 93:4; 94:2;
95:1, 3; 96:1; 97:4; 103:6;
115:3; 116:1; 118:1, 2, 3;
121:1; 123:4, 6; 126:4, 6;
128:3; 136:3²; 142:2 T 1:2;
4:1, 2; 5:1; 7:2, 3; 10:2;
18:2; 20:2; 27:1; 38:1, 2
Ath 5:1, 2; 6:3; 7:1; 8:2;
12:1, 2; 16:1; 18:1; 21:3;
26:3; 28:2
ταύτην Ar 11:2 Ap 3:2; 13:1;
26:2; 43:7; 68:8 D 2:3²;
4:6; 6:2; 8:1; 11:4; 15:4;
17:1; 18:2; 19:3; 28:4;
43:2; 44:4; 56:7; 58:12;
67:1; 68:7, 8; 72:1; 79:2;
85:9; 86:1; 90:3; 128:3, 4
T 8:3; 13:2; 27:2; 30:2;
33:4 M Ap HE 4:26:6 Ath
20:3; 33:1
τούτο Ar 12:2 Ap 4:2; 8:5;
13:3; 15:4, 9, 10; 25:2;
26:4; 28:2; 29:2; 30:1;
32:11; 33:5; 35:1; 38:3;
39:4; 40:10; 42:1; 43:1;
44:2, 6; 50:1; 51:5, 8; 52:
7; 55:1, 3, 6; 61:1, 9, 10;
62:1; 66:3; 68:3, 4, 8,9, 10
App 2:8, 10; 4:1, 3; 5:1;
7:7; 9:1, 3; 10:5; 12:3;
15:2 D 1:1; 2:2²; 3:3;
4:1, 5; 5:4, 6; 10:1, 4;
13:1, 7; 16:4; 18:2; 19:2,
6; 21:1; 22:5, 11; 23:5;
24:1; 25:4; 26:1; 28:1;
32:5, 6; 33:2; 38:3, 4, 5;
39:6; 42:2; 43:5; 44:3;
49:3², 6; 50:1; 52:1; 53:3;
55:1, 2; 56:10, 12, 14², 21;
57:1, 2, 4; 58:2, 7; 60:1,
4; 62:1, 4; 63:4; 65:2, 7;
66:2; 67:8, 9; 68:1², 3², 4,
6; 70:5; 74:3²; 75:2; 76:1;
77:2, 3²; 78:11; 79:2; 80:
2², 3², 4; 81:3; 85:5; 86:3;
89:1², 2; 90:3, 5; 95:2;
99:2; 102:4; 103:2, 4;

105:5; 110:1, 6; 113:1;
114:3; 117:5; 118:4;120:1;
121:4; 123:4, 7²; 125:3;
129:4; 132:3; 133:5; 134:1;
135:1; 136:1; 140:3; 141:
2, 4; 142:2 T 6:1; 13:2;
15:1, 3; 16:2; 21:2; 22:1²;
23:2²; 26:3; 28:1; 33:1,
4; 35:1² M Ap HE 4:26:6
Ath 2:2; 7:1; 24:5; 25:3²;
27:1; 32:2, 3; 35:2
τοῦτ' T 21:3
τοῦθ·' T 3:2; 17:1
τουτί App 14:1
οὗτοι Ar 2:1 Ap 39:3; 49:2
D 1:2; 2:1; 3:2; 7:1;25:1;
31:2; 32:6; 34:3; 37:3;
39:4; 53:1; 58:11; 62:3;
63:5; 64:4, 6, 8; 65:4;
70:2; 79:3; 85:8; 109:2;
122:4; 124:4; 128:2; 131:1;
136:2 T [9:1;] 10:1 Ath
9:1; 17:1; 25:1; 30:4;
32:2; 34:1, 2
αὗται Ap 35:11 D 21:1; 32:1;
33:1; 70:5²; 93:2 Ath 27:1
ταῦτα Ap 5:4; 8:3; 15:16;
16:1; 18:2; 21:4; 35:2;
45:2; 48:2, 5; 49:6, 7; 50:
2, 12; 51:9; 52:4, 8; 54:3
D 4:4²; 16:3; 23:2; 28:5;
31:4; 36:1²; 38:3; 47:1;
53:6; 55:2; 56:7, 12, 19;
59:2; 62:5; 69:1; 74:4;
75:4; 101:1; 105:6; 106:1,
2; 112:3; 115:1; 120:2;
122:3; 123:1; 135:5; 139:3
T 1:3; 23:1; 30:1 M P HE
4:26:3 M Ap HE 4:26:6
(ΑΛ) Ath 3:1²; 12:3, 17:4;
22:1², 2
τούτων Ar 3:1; 8:3; 12:1 Ap
4:9; 25:1; 26:6; 27:2;
28:4; 31:1; 54:6 D 2:3,
6; 7:1; 14:8; 15:7; 38:1;
46:3; 72:3; 99:2; 100:3;
125:5 T 1:1; 17:4; 22:2;

31:2; 37:1; 41:2 M Ap HE
4:26:10, 11 Ath 11:2: 12:1;
19:2: 22:1; 23:3³, 4; 24:1²,
3; 28:1², 2; 32:1; 35:1²
τούτων Ar 9:7 Ap 31:2 App
2:7 D 3:5; 22:4: 68:3:
87:3 T 16:3
τούτων Ar 1:1; 2:1; 4:4; 8:0;
12:8 Ap 8:2; 9:4; 13:3;
15:15; 16:5; 18:5: 25:3;
27:5; 35:6; 65:3; 67:1, 4
D 1:6; 3:5; 5:1; 22:1;
23:2; 24:1; 29:3; 31:4;
35:7; 46:3, 4. 5²; 48:1;
53:2; 58:3; 62:4; 64:2;
67:6; 76:3; 82:4; 87:1, 2.
3; 88:4, 8: 90:3; 123:7;
132:3; 133:1; 134:3 T 3:1;
8:2; 12:2²; 15:2; 19:1, 4;
30:1; 35:1; 41:3 Ath 1:4;
3:2; 8:2; 10:4; 27:1, 2;
36:2 (Sch)
τούτοις Ap 18:5; 27:3; 40:5
App 9:2; 12:7 D 7:1;
45:1; 59:3; 81:3; 125:7;
130:3 T 2:2; 8:1; 23:1 Ath
1:2; 17:2; 26:2
ταύταις D 4:7 T 29:1 M P HE
4:26:3 (B) Ath 18:1
τούτοις Ap 12:11; 29:4; 47:3;
55:6; 63:9 App 5:2² D 2:2;
7:2; 12:3; 25:5; 27:4;
47:5; 84:3; 93:4, 5; 96:3;
108:3; 125:5; 132:1; 133:1;
134:2; 140:2; 142:1 T
12:3; 31:4 Ath 10:3; 31:4
τούτους Ar 8:4 Ap 4:9 D 29:2;
46:3; 47:3; 65:2; 74:3;
85:4; 88:5; 130:3; 141:1;
142:1 T 3:3; 8:2; 9:3;
12:4; 16:2; 17:2 Ath 21:1;
22:4; 31:2; 34:2
ταύτας Ar 15:3 Ap 53:1 D
31:6; 36:2; 55:3; 56:12,
21; 68:9; 71:3; 73:1; 87:3
T 33:2 Ath 18:1; 22:7;
25:3; 27:2

ταῦτα Ar 7:4; 9:5; 11:7; 13:
7², 8 Ap 3:1; 5:1, 3, 4;
6:2; 8:1; 9:1; 10:5², 6;
12:1, 2, 5, 9; 14:4; 15:7,
9. 10, 17; 18:3; 19:5, 7, 8;
21:6; 22:6; 23:2; 28:4;
31:7; 32:6; 33:2; 35:6, 9;
37:8; 44:1, 4; 48:3; 50:12;
51:1; 60:11²; 61:2, 8, 12;
63:11; 66:2; 67:1, 7 App
3:2, 3; 5:5; 7:2; 10:8;
12:4, 5, 6²; 13:1[; 14:1] D
1:5; 2:2, 4, 5; 5:4; 7:1;
8:1, 2, 3; 10:4; 11:3; 17:1;
19:2; 22:1, 10²; 23:1², 2,
3; 27:1, 4, 5; 29:2; 32:5;
35:2; 38:2; 39:1, 3²; 42:3;
43:1; 47:1³; 48:2; 49:1,
6: 53:5; 55:3; 56:16, 23;
57:3; 58:2, 8; 59:1; 61:3;
62:1; 63:1, 5; 64:2; 65:7;
67:3; 68:2, 4², 8², 9; 69:4,
7²; 72:1, 2, 3, 4; 76:6²;
77:3²; 80:1², 2; 81:4; 85:7;
86:1; 87:1, 2, 4, 6; 88:8;
92:5; 93:1, 2; 94:3; 95:2²,
3²; 99:1; 101:2, 3; 102:4;
106:1; 107:1; 108:1, 2;
110:1, 6; 112:1², 4; 113:3,
3 (A); 114:5; 117:3; 118:4;
119:1; 120:6; 122:1, 3;
123:7; 126:4, 6; 128:2²;
129:4; 130:1, 2; 131:1;
132:1; 133:2; 138:2; 141:
2, 5 T 9:1; 12:5; 21:3;
35:1 M Ek HE 4:26:13
Ath 2:2; 9:1; 11:2; 16:4;
17:1; 22:3; 23:5; 26:1, 3;
28:3; 31:2; 34:1
ταῦτ' T 29:1
ταῦθ' D 70:2 T 42:1 Ath
18:1
οὕτω App 2:15; 7:3 D 1:4;
2:3; 4:2, 4; 5:2; 11:3;
13:1, 3; 15:2; 20:2, 4;
36:6; 44:1; 51:2; 53:5;
56:2; 57:2, 3; 65:4; 68:8;

80:2; 94:5; 112:1², 3; 114:
5; 115:4; 120:1, 5; 121:1;
122:5; 123:5, 6, 8, 9; 126:3,
5, 6²; 127:5; 130:4; 135:6;
136:1; 139:3 T 5:2²; 8:3;
12:1, 3; 14:1, 2; 18:3;
26:2 Ath 2:3; 3:2: 6:2;
17:3; 31:1
οὕτως Ar 2:1; 4:4; 9:2; 10:9
Ap 3:1, 2; 7:3; 12:8, 10;
15:8; 16:5, 6, 9; 27:1;
32:1, 11, 12; 33:1; 34:1;
38:1; 39:1, 2; 40:1, 8, 10²;
41:1; 42:2; 43:4; 44:1, 2;
47:5; 50:4², 10; 51:1, 7;
52:5, 10; 53:2, 5, 11; 54:5;
55:5; 59:1, 4; 60:4, 9; 61:
2, 7; 63:7; 65:1, 3 (A);
66:1, 2, 3; 68:10 App 8:5
D 1:3; 3:1, 2, 5³; 4:7;
5:2, 3; 6:1, 2²; 8:2; 9:2,
3; 10:1, 2; 11:1; 12:2;
13:3, 5; 14:3, 6; 15:2;
16:1; 17:1; 20:2; 21:2;
22:7; 23:1, 2; 25:4; 26:2;
27:1, 2; 33:2; 36:1; 37:1;
39:1; 40:1; 42:2; 43:1, 3,
4; 44:3; 46:6; 47:1; 49:
7²; 50:3; 51:3; 52:2; 53:3,
4, 5; 54:2; 56:8, 10, 16, 18,
23; 57:2; 58:2, 4, 6; 60:4,
5; 63:5; 65:1; 69:5; 70:2;
74:2; 75:1; 78:1, 8, 11;
81:1; 83:1, 2; 85:9; 89:2;
90:1, 5; 92:3; 97:1, 2, 3;
99:1; 103:2, 4; 105:4;
106:4; 111:3; 112:2; 113:3;
114:4; 116:3; 118:2, 3;
120:4; 123:1²; 124:2, 4;
125:3; 126:2, 5, 6; 127:5;
128:3; 130:1; 133:2, 6;
135:1, 3; 136:1; 139:3;
141:3 T 12:2²; 16:1; 17:4;
19:1; 32:1; 37:1; 38:1;
39:2; 41:3 Ath 6:2; 11:2;
12:1; 18:1, 2²; 19:1; 23:3;
24:2; 32:3; 35:1

οὕτωσί Ath 8:1
οὐχί Ap 6:1; 8:4; 16:9; 23:1;
40:2 App 10:8; 12:5 D
15:4; 18:3; 19:1; 22:2;
34:1; 42:2; 49:2²; 64:8;
68:7; 69:2, 3²; 70:1; 71:1;
76:3; 89:3; 94:1; 95:1, 2,
4: 112:2, 4; 113:3; 115:2;
122:5, 6; 135:1; 137:1 T
8:1; 9:3²; 15:1; 17:4
ὀφείλετε Ap 4:4 D 67:2; 68:4;
82:1; 115:1
ὤφειλε Ath 5:1
ὤφειλεν Ar 13:5
ὠφείλετο App 11:1
ὀφειλομένου Ap 11:2
ὄφελος D 1:2; 4:5, 7; 14:1 Ath
22:8
ὀφθαλμός Ap 15:2 D 4:1 T 12:2
Ath 8:1
ὀφθαλμοί D 12:2; 21:3; 25:4;
52:2; 69:5; 70:3; 134:5²
ὀφθαλμῶν D 20:1; 27:3;
46:5; 123:8 Ath 32:2
ὀφθαλμοῖς D 3:7; 56:2; 58:4,
5: 62:5; 126:4; 127:2 T
4:1; 22:1
ὀφθαλμοῖσιν Ath 21:1
ὀφθαλμούς D 26:2; 31:5;
65:4; 69:4; 70:2; 122:3
T 34:3 Ath 20:1; 32:2
ὀφιόδηκτοι D 94:1
ὄψις Ap 27:4; 28:1 D 22:2;45:4;
81:2; 103:5; 112:2; 125:4
ὄψεως D 39:6; 88:4; 94:2²,
5; 100:4, 5; 124:3
ὄψει D 91:4
ὄψιν D 70:5; 79:4; 91:4;
94:1, 3; 100:6; 102:3;
103:5; 112:1
ὄψεων Ap 60:2 D 76:6;91:4;
131:4
ὄψεις Ap 60:4 D 5:5 Ath 1:1
ὀφλήσω D 58:1
ὀφλήσωμεν Ap 3:4
ὀφλήσητε Ap 4:2
ὄφλημα App 11:1

ὀχούμενος Ap 54:7
ὀχούμενον D 3:3
ὄχημα T 8:5
ὀχίας Ath 10:2
ὄχλον Ath 1:4
ὠχυρωμένη D 62:5
ὀψέ D 52:4
Ὄψιμος Ath 6:1
ὄψεως T 22:1
ὄψει Ap 30:1; 32:4 D 35:2;
87:3; 96:2
ὄψιν Ap 55:2 App 6:5 D 85:1
T 33:2 Ath 5:2
ὄψεις Ap 60·11 App 11:4
ὀφοποιοῦ T 25:1

παγίως D 85:5
πάγος Ath 22:4
παθήματος App 2:16 (AB)
παθήματα Ath 28:4
παθητός D 34:2; 36:1²; 39:7;
49:2; 52:1; 70:4; 76:6;
99:2; 100:2; 110:2; 111:2;
126:1
παθητοῦ Ap 52:3 D 41:1; 85:2
παθητόν D 52:1; 68:9; 74:1;
89:2
παθητήν Ath 16:3
πάθος T 17:1
πάθους Ap 22:4; 32:7 D
30:3; 31:1; 40:3; 41:1;
89:2; 105:2; 114:2; 117:3;
125:5
πάθει Ap 3:1; 5:1 T 2:1
πάθος D 74:3; 97:3
πάθη Ap 22:4 Ath 28:5
παθῶν Ar 8:2 Ap 53:12; 57:3
App 13:4 D 98:1 T 19:3
παθέων Ath 28:5
πάθεσιν App 5:4 D 103:8
T 8:2
πάθη Ap 12:8 D 69:3; 134:2
Ath 21:1; 29:2; 30:4; 32:1
παιδεία Ap 50:9 D 13:5
παιδείας Ap 1:1; 2:2; 40:18
T 12:5; 27:1; 31:1; 34:1
Ath 2:2; 6:2

παιδεία Ath 37:1
παιδείαν D 22:9 T 1:1; 35:2
    Ath 6:2
παιδερασταί Ath 34:1
παιδεραστία T 28:1
    παιδεραστία T 19:1
    παιδεραστίαν T 10:1
παιδευτήν T 22:1
παιδεύεσθαι T 12:5
    παιδεύθητε Ap 40:16
    παιδευθείς T 42:1
    πεπαιδευμένοι T 25:3
παιδίον Ap 35:2; 50:5 D 13:3;
    34:2; 42:2, 3; 126:1
    παιδίου D 56:7, 8; 78:5
    παιδίῳ D 78:4, 7
    παιδίον D 42:3; 43:6^2; 66:3^2;
    77:2, 3^2; 78:2; 84:2; 88:1;
    103:3 T 33:3^2
    παιδία D 58:6; 85:9; 103:3
παιδίσκης D 56:7^4, 8
    παιδίσκας Ap 9:4 D 58:6
ἐπαιδοποιήσατο Ath 20:1
    παιδοποιήσασθαι Ath 33:1
    πεπαιδοποιημένον Ath 32:1
παιδοποιία Ath 33:1
παιδοποιόν Ath 21:1
παιδοφθορῶν T 8:1
    παιδοφθοροῦντα D 95:1
παίζειν D 20:1
    παίζοντα D 56:7
    παίζοντες T 8:1 Ath 31:1
    παίζουσαι D 27:3
παῖς Ap 50:3 D 13:2; 56:20;
    122:1; 123:8; 135:2; 139:3^3
    Ath 10:2; 20:3; 28:3; 37:1
    παιδός D 49:4; 56:17; 126:5
    T 33:2; 41:1 M Ap HE
    4:26:7 Ath 12:2^2; 20:2
    παιδί App 2:16 Ath 21:2
    παῖδα D 78:2, 7; 121:4 T 8:3
    Ath 21:5; 28:1; 29:2
    παῖδες D 123:3 T 22:2 Ath
    23:3; 29:2
    παίδων Ap 15:6; 18:3; 29:1
    T 28:1 Ath 18:4; 20:2
    παισί Ath 3:1

παισίν Ap 4:9 Ath 23:3
    παῖδας Ap 5:2; 21:5; 27:1
    App 5:3; 12:4 D 78:7;
    103:3 T 34:1^2 Ath 28:2
παίειν Ath 1:4
    παιόμενοι Ath 11:3
    παιομένοις Ath 34:2
Παιόνων T 33:3
πάλαι Ap 14:2; 25:1; 39:3 App
    2:7 D 13:1; 30:3; 46:7;
    51:3; 82:1; 111:4; 119:4
    T 6:2^2
Παλαίμων Ath 29:2
παλαιός D 3:1; 11:2; 31:2
    παλαιά D 67:9
    παλαιόν Ath 17:3
    παλαιοῦ D 31:3; 32:1
    παλαιᾶς D 121:3 M Ek HE
    4:26:14
    παλαιόν D 31:5; 79:2; 122:5
    παλαιάν T 11:2
    παλαιόν Ap 5:2 D 87:3
    παλαιοί Ap 25:1 (AB); 27:1
    παλαιῶν Ap 2:1; 3:3; 4:8
    παλαιῶν D 14:3; 63:5 M Ek
    HE 4:26:13
    παλαιοῖς Ath 17:1
    παλαιά Ap 49:6; 53:3 D 14:2
    παλαιότερον T 31:1 (MPV)
    παλαιότεροι D 7:1
    ἐπαλαιώθη D 131:6
Παλαιστίνης Ap 1:1
παλαίτατον T 31:1
    παλαίτατοι T 1:1
ἐπάλαιε D 126:3
    ἐπάλαιεν D 58:6
    παλαίειν D 58:6
    παλαίοντας T 32:2
    ἐπάλαισε D 126:3
    ἐπάλαισεν D 125:3
    παλαίσας D 58:10
πάλης D 125:3
πάλιν Ar 2:1 Ap 4:2, 6; 13:2;
    17:2; 18:6; 20:2; 29:1;
    31:4, 8; 32:4; 33:1; 35:3,
    5; 37:3, 5; 38:2, 4, 6; 41:1;
    44:2; 49:1; 50:1; 54:10;

56:1; 63:13 App 2:13, 18;
3:5; 7:2 D 2:5; 3:5; 4:5;
5:5; 6:2; 9:2; 10:1; 14:3;
17:2; 20:1; 22:6, 7; 26:3;
34:2; 35:8; 38:1; 39:6, 7;
40:3; 41:4; 46:2, 4, 5; 47:
1; 49:2; 51:2²; 52:1, 4;
56:4², 10, 11, 14, 18², 22;
58:2, 3, 6, 8; 60:2, 4; 62:
2; 63:2; 64:3, 7²; 66:1²;
67:7, 8, 9; 68:2, 3², 4²;
76:6; 78:4, 6; 79:4; 85:4,
5, 6, 7; 86:1; 87:5, 6²;
97:3; 99:1; 103:3; 105:1;
111:1; 114:2, 3; 116:2;
118:2, 5; 119:6; 120:4;
121:2; 122:3²; 123:6, 7, 8;
126:1², 3, 5³, 6; 127:5²;
128:1, 3; 129:2; 131:1;
132:1²; 133:4; 134:3, 4;
135:1, 5; 137:4; 138:2;
139:2, 4; 140:3 T 2:2;
3:1, 2; 6:2; 11:2; 13:1;
15:4; 19:3; 30:1 Ath 9:1;
19:2; 26:3; 32:3; 35:2;
36:2, 3
παλλακίδα Ap 25:2
παμμάχως App 13:2
παμπληθεί D 107:2
πάμπολυ Ath 15:1
παμπόνηρος App 3:3²
πανδεχής Ath 15:2
Πανδρόσω Ath 1:1
πανηγυρίσατε D 85:9
πανηγύρει T 19:2
πανηγύρεις T 3:3
πανηγύρεσιν D 22:2
πανηγύρεις T 22:1 Ath 14:2
πανήμαρ D 90:4
πανοῦργοι D 123:4
πανταχοῦ Ap 2:2; 17:1; 31:5;
45:5²; 55:6; 65:1 App 1:1,
2; 7:7 D 101:2 Ath 35:2
παντελές T 6:1
παντελικήν Ath 24:3
παντελῶς App 10:8
Παντευχίδα T 33:3

πάντῃ App 13:2; 15:4
παντοδαπῆς T 11:1
παντοδαπῶν Ar 5:3; 8:2 T
37:1
πάντοθεν D 139:5
παντοίων Ar 8:2
παντοίως T 22:1 Ath 34:1
παντοκράτωρ D 22:4
παντοκράτορος D 38:2; 139:4;
142:2
παντοκράτορα D 16:4; 83:4;
96:3
πάντοτε D 49:7; 93:4
πάντως Ar 13:7 Ap 11:2; 42:2;
52:1; 57:2 App 11:1 D
4:5; 26:1; 44:1; 46:5;
57:2; 80:2; 103:3; 105:5;
125:5; 140:2; 141:2; 142:3
T 16:2
πάνυ D 4:2; 56:10; 57:4; 131:3
T 1:1, 3; 2:1⁴; 3:2; 6:1;
12:3; 19:1; 34:1, 3; 36:1
Ath 14:1
πάππος M Ap HE 4:26:10
παρά (gen) Ar 4:2 Ap 4:7;
10:1; 12:2, 5; 14:3; 15:17;
17:4; 22:2; 23:1; 32:8;
33:6; 39:5; 44:8, 9, 13;
53:3, 6; 59:1; 60:1, 3, 7,
11; 61:2, 9; 62:4 App 14:2
D 1:3; 2:2; 8:4; 10:3;
11:4; 13:2; 17:3; 32:1;
36:4²; 39:5; 40:1; 43:2,
5; 44:1; 56:12, 21, 23²;
58:1; 60:2, 5; 61:5; 66:2;
69:6; 78:1, 10; 82:3; 87:4;
92:1; 102:2; 108:3; 110:1;
125:2; 126:6; 127:3, 5;
128:2³; 129:1; 131:2; 133:
1; 139:2; 141:2² T 19:1;
32:1; 36:2; 40:1 M Ap HE
4:26:6 Ath 1:3; 7:1, 2²;
11:3; 12:1; 16:3; 22:8;
28:2, 3; 31:2; 37:1
παρ' (gen) Ap 6:2; 14:4, 5;
15:10; 17:1, 4; 26:2; 40:15;
42:4; 44:11; 50:12; 65:3;

14*

66:2 D 7:3; 11:3; 22:11;
23:3; 29:1²; 31:4; 32:5;
33:2; 56:10, 12; 75:3;
80:3; 95:4; 102:2, 6; 110:
3; 116:3; 122:6; 125:1;
127:3; 139:4 T 19:1; 31:1;
35:1 Ath 2:1; 4:2; 6:3;
7:2; 10:⟨1.⟩ 4; 12:2; 16:1;
18:2; 28:1; 30:4
παρά (dat) Ap 15:1, 5; 18:3;
19:6²; 27:4; 28:3; 31:5;
33:2; 44:10; 59:6; 60:1;
67:6 App 13:1, 4 D 56:9,
17; 68:7; 71:1, 2; 82:1;
84:3; 126:4 T 2:2; 7:1²;
12:1, 5; 13:3²; 28:1²; 29:
1²; 31:4; 32:3; 40:1; 41:
2² Ath 11:3; 26:3; 30:1;
31:2; 36:1
παρ' (dat) Ar 2:1; 13:5 Ap
8:2; 15:5; 16:4; 18:4, 5;
20:3; 21:1, 2, 3; 24:3³;
27:4; 28:1; 30:1; 31:5;
36:2; 40:6; 55:6, 7; 56:2²;
60:11; 63:13; 65:5; 66:1
App 2:6; 7:2²; 9:3³; 12:5²
D 10:1; 17:3; 21:1; 32:2;
36:2; 49:3; 61:4; 62:3;
67:2; 70:1; 71:2; 73:6;
78:6; 81:4; 82:1²; 85:3;
87:3, 4²; 88:1; 103:9;
108:1; 130:4 T 1:1², 2, 3;
2:2; 3:3; 7:2; 8:1, 2;
10:1; 14:1; 19:1; 21:2;
22:2²; 25:1, 3²; 26:2; 27:
1²; 28:1²; 31:1², 4; 32:1²,
2², 3; 33:1³, 2⁴, 4; 34:1, 2;
35:1; 36:1; 37:1; 39:1, 2²
Ath 2:2; 18:2; 22:5; 33:1
παρά (acc) Ar 3:2 Ap 19:5;
20:3; 21:1; 22:2; 26:5;
40:9; 50:6; 58:1; 68:10
App 2:4²; 4:1; 7:9²; 14:1
D 13:4; 16:3; 31:6; 38:3,
4; 50:1; 55:1; 56:3, 9, 12,
13, 14², 15, 19; 63:4; 67:9;
86:3, 4; 88:4; 121:3; 125:4;

131:3; 141:1 T 2:2; 7:2;
17:2; 22:2; 26:2, 3 Ath
1:3; 6:1; 25:1²; 26:2;
31:3 (Sch); 34:2
παρ' (acc) Ap 8:4; 43:8; 44:
11 D 57:3; 68:4; 80:2:
124:4 T 14:2²; 15:4 Ath
25:2 (v παρό)
παραβαίνουσι Ar 4:2 Ath 25:3
παραβαίνων Ath 33:2
παραβαινούσῃ Ath 25:4
παραβαίνοντας App 9:1 D 141:1
παρέβησαν D 16:1
παραβάς T 7:2
παραβάντες App 5:3
παραβεβηκότων D 44:3; 130:2;
140:3
παραβαλλόμενοι D 110:4
παράβασις D 112:3
παράβασιν D 94:2 T 7:3
παραβολῇ D 36:2; 52:1; 63:2:
78:10; 97:3; 114:2; 115:1;
123:8
παραβολαῖς D 68:6; 77:4:
90:2; 113:6
παραβραβεύει T 9:2
παραβραβεύσωσιν T 40:1
παραγγελμάτων T 29:2
παραγγέλμασι T 32:1
παραγγέλματα D 10:2
παραγγέλλουσιν D 112:4
παρήγγειλε D 14:3
παραγγείλας D 112:1
παραγγείλαντος D 133:6
παραγίνεσθαι Ap 51:8 D 38:1;
39:7; 49:3
παραγινόμενος D 26:3; 34:2
παραγινόμενον Ap 31:7
παραγινομένοις Ath 7:1
παραγενήσεται Ap 50:1
παραγενήσεσθαι Ap 52:3 D
51:2; 86:1
παραγενησόμενος Ap 54:7
παραγενησόμενον Ap 32:4; 49:
5 (AB); 54:2 D 52:1, 4;
64:7; 132:1
παρεγενόμην Ath 20:1

παρεγένετο D 58:8; 139:4
παρεγένοντο D 106:4
παραγένηται T 12:4
παραγενόμενον Ap 36:3; 49:1,
   5; 52:10; 53:6; 57:1 D
   126:1
παραγενόμενοι D 77:4
παραγενομένοις D 56:10
παραγεγενῆσθαι Ap 36:3
παραγέγονα D 62:5
παραγέγονεν D 26:3
παραγράφειν D 84:3, 4
παρέγραψαν D 73:5
παραγεγράφθαι D 71:4
παραχθέντα Ar 4:1
παραδείγματος D 114:1; 128:4
παραδείγμασιν Ath 8:1
παραδείγματα Ath 28:6
παραδείσῳ D 86:1
παραδεκτόν T 31:1
παραδέχεσθε D 12:2
παραδεχομένους Ath 23:5
παραδεξόμεθα D 112:2
παρεδέξαντο Ath 30:2
παραδέξασθαι Ap 21:5
παραδεξάμενοι D 8:4
παραδεχθῆναι Ap 23:1
παρεδήλωσεν D 106:4
παραδίδωμι D 62:5
παραδιδοῦσιν D 70:1
παραδιδόναι Ath 31:4
παραδιδόντες Ap 6:2; 54:1 D
   70:1
παραδιδόντας D 78:6
παραδώσω D 135:4
παραδοθήσεται D 31:6; 40:2
   T 17:1
παρέδωκας D 25:5
παρέδωκε D 41:1; 49:3
παρέδωκεν Ap 50:10; 60:4;
   66:1 App 5:2 D 13:5; 70:
   4²; 117:1
παρέδωκαν Ap 49:5; 50:2;
   54:6; 66:3, 4
παρεδόθη Ap 32:4; 51:5² D
   13:7²

παρεδόθησαν T 7:3
παραδοθεῖσα D 41:1
παραδοθέντος D 139:4
παραδοθείσης D 132:1
παραδοθέντα Ap 53:6
παραδούς T 21:1; 34:2; 39:1
παραδόντας D 2:2
παραδεδώκασιν T 15:4
παραδεδωκέναι T 3:1
παραδέδοται D 100:1
παραδεδόσθαι D 42:1; 63:2
παραδεδομένων D 69:7
παράδοξος D 48:1, 2
παράδοξον D 48:1; 49:6
παραδόξων D 133:1
παράδοξα D 38:2
παραδοξοτέρους D 38:2
παραδόσεως D 38:2
παράδοσιν T 39:1
παρεζευγμένα D 91:2
παραζηλώσω D 119:2
παρεζήλωσαν D 119:2
παραθέσεως Ath 6:2
παραθολωθείη Ath 32:3
παραιτούμεθα Ap 46:3 T 18:1
   (MPV); 32:1 Ath 2:1; 33:2
παραιτοίμεθα T 18:1
παραιτεῖσθαι App 10:6
παραιτούμενος T 11:2²
παραιτούμενον T 15:4
παραιτούμενοι Ap 29:1
παραιτούμεναι T 13:3
παραιτουμένους Ap 2:1
παρῃτησάμην T 22:2
παρῃτήσατο T 7:3
παραιτησάσθω T 16:2
παραιτήσασθαι T 11:2; 20:1
παραιτησάμενος T 3:3
παραιτησάμενοι T 19:4
παραιτησαμένους Ap 53:3 T
   34:3
παρῄτημαι T 11:1
παρῃτήμεθα T 9:2
παραιτητέον T 3:2
παρακαλῶ D 46:2; 58:1; 74:2
παρακαλοῦμεν D 30:3
παρακαλοῦσι Ar 15:5

παρακαλεῖτε D 50:3
παρακαλεῖσθε D 69:5
παρακαλέσει D 50:4
παρακαλέσατε D 50:3
παρακληθῆναι D 78:8
παρακεκλῆσθαι D 86:5
παρακαλύπτοντες T 40:1
παρακεκαλυμμένος Ath 33:2
παρακεκαλυμμένα D 107:1
παράκειται Ath 6:1
παρακείμενον D 99:2
παρακεκαλυμμένως D 52:1; 76:
   2, 6
παρακελεύονται Ap 4:7
παρεκελεύσατο Ap 16:5
παρακλήσεως D 85:9
παράκλησιν D 78:8
παρακοή D 100:4; 112:3
παρακοήν D 100:5; 124:3
παρακολουθοῦσα D 31:1
παρακολουθούσης D 11:4
παρακολουθούντων Ath 25:4
παρακολουθοῦσι T 12:5
παρακολουθήσητε D 114:1
παρακολουθῆσαι D 114:1
παρακολουθήσασα D 31:1
παρακολουθήσαντες Ap 16:4
παρακολουθησάντων D 103:8
παρηκολούθηκε Ath 31:1
παρακολουθήματος Ath 24:2
παρηκούσατε D 135:4
παρακούσαντας Ap 44:5
παρακρούονται Ap 4:7 (ed)
παρακρουσθῆτε [Ath 1:2]
παραλαμβάνοντα D 32:1; 76:1
παραλαμβανέσθωσαν T 31:1
παραλήψομαι T 31:1
παραλήψονται D 31:4
παραλειφθέντων D 14:3
παρελάβομεν D 43:2
παρέλαβον D 117:3
παραλαβεῖν Ap 56:3
παραλαβών D 99:2
παραλαβόντες Ap 4:7; 13:1
   D 139:2
παρειλήφαμεν Ap 10:1, 2; 19:6
   T 5:1

παρειλήφειν D 128:4
παρειλημμένην T 17:3
Παραλειπομένων MEkHE 4:26:14
παρέλιπον D 27:2
παραλιπών Ath 16:3
παραλιπόντες Ap 61:1 Ath
   16:1, 2²
παραλιπόντας Ath 7:2
παραλήψεις T 17:2
παραλλαγή Ath 22:3
παραλλάξεις Ath 6:4; 22:3
παραλυτικούς Ap 22:6
παραλελυμένα D 69:5
παραμεινάντων D 56:13
παρανομήσητε T 9:4
παράνομος D 112:1
πανάνομοι Ar 13:7
παράνομα Ar 13:7
παρανόμων D 20:4
παράνομα Ar 13:7
παράπαν D 21:3
παραπεμπόμενοι Ath 12:2
παραπέμψῃ D 117:3
παρεπέμψαντο D 40:4
παραπεμφθῶμεν Ath 12:3
παρεπικράνατε D 21:2
παραπλησίως T 12:3; 17:2
παραποιοῦντες D 115:6
παραποιήσας D 69:1
παραπτωμάτων D 98:2; 99:2
παραπτώσεως D 141:4
παράπτωσιν D 141:3
παρασιωπήσεται D 22:7
παρασκευάζουσιν App 1:2
παρασκευάζοντες T 17:3
παρασκευαζόμενοι D 125:5
παρασκευαζομένοις D 64:2
παρασκευάσει D 2:4
παρασκευάσειν Ath 31:1
παρεσκεύασεν T 33:3
παρασκευάσαι D 79:2
παρασκευασθέντα D 57:3
παρασκευή Ath 15:2
παρασυρέτωσαν T 3:3
παρατίθεμαι D 105:5
παρέθηκεν Ath 29:1
παρατεθείσης Ap 12:11

παρατεθέντα D 57:1
παραθέσθαι D 131:4
παρατρέπουσι T 16:1; 17:3
παρατρεπόμενα App 7:9 (A)
παρατρέχοντες T 26:2
παρατριβῆς Ath 18:3
παρατρωπῶσ' Ath 13:2
παραυτίκα D 120:6
παραφέρῃ D 69:3
παραφέρωσιν D 69:2
παραφέρειν Ap 64:5
παραφέροντα Ap 36:2
παρήνεγκαν Ap 54:10
παραφόρων T 12:5
παραφρονῶ D 39:4
παραφρονεῖς D 39:3
παραπεφυλαγμένων D 73:6
παραχαράττειν T 40:1
παραχαράσσοντες D 82:3
παρεχρήσαντο Ap 49:5
παραχρῆμα D 8:1
παραχωροῦμεν T 24:1
πάρδαλιν T 2:1
πάρεδροι Ap 18:3
παρεικαζομένην T 34:2
πάρειμι D 15:5
πάρεστι Ap 40:5 D 26:4; 54:1
πάρεστιν Ap 32:4 D 8:2; 12:
   2; 52:4
παρῆν Q HE 4:3:2 D 31:3;
   51:3
παρῇ D 39:6
παρείη D 3:3
παρών Ap 65:3 Ath 21:5
παρόντος Ap 27:5 Ath 36:2
παρόν Ap 46:6
παρόντες Q HE 4:3:2
παρόντων Ap 65:5
παροῦσι Ap 67:5
παροῦσιν Ap 65:5
παρέσται D 14:8; 54:1; 110:2;
   124:1; 126:1
παρέσεσθαι D 120:4
παριών D 42:4
παριόντας T 17:3
παρεισάγουσι Ar 9:5, 7; 10:1, 3,
   5, 8, 9; 11:1, 4

παρεισάγουσιν Ar 11:2
παρεισάγοντες Ar 8:2; 13:1, 7
παρεισάγεται Ar 9:2, 6; 10:7
παρεισήγαγε T 10:3
παρεισήγαγον Ar 8:4; 11:7;
   12:1, 6
παρεισῆχθαι T 21:3
παρεκβάσεσι D 32:5
παρεμβολῆς D 83:1
πάρεξ Ath 9:2
παρεξηγεῖσθαι D 82:4; 84:4
παρεπιδήμοις Ap 67:6
παρείπετο D 3:1
παρεπομένης D 3:3
πάρεργον Ath 31:3
παρελεύσονται D 82:2
παρελθέτω D 99:2; 103:8
παρελθεῖν T 26:1
παρελθών App 9:4 D 60:4
παρεληλυθότα Ath 35:2
παρέχω Ath 18:1
παρέχει D 93:1
παρέχετε D 43:5; 66:2
παρέχουσι Ap 4:7 D 3:6
παρέχουσιν Ath 18:1; 25:3;
   27:2
πάρεχε Ap 16:1
παρέχετε App 4:1
παρέχειν Ap 3:2, 4 D 43:5;
   66:2; 106:1; 107:3 T 4:1;
   34:3 (MPV) Ath 1:4; 17:1;
   34:2
παρέχων Ath 8:2 (Sch)
παρέχουσα D 3:5
παρέχοντα Ap 10:1
παρεχομένῳ Ath 18:1
παρεχόμενοι T 23:2
παρέξω D 28:5
παρασχεθῇ Ap 68:7
παρέσχε Ap 42:3 T 8:1
παρέσχομεν T 30:1
παράσχῃ Ap 42:1
παράσχωσιν T 16:2
παράσχοι Ath 36:1
παρασχεῖν Ap 39:5
παρηγορίας T 32:2
παρθενία Ath 33:1

παρθενίαν Ath 33:2
παρθενικῆς D 84:2
παρθένος Ap 33:1, 4² D 43:5,
  8; 66:2; 67:1; 68:6; 71:3;
  84:1²; 100:5²
παρθένου Ar 15:1 Ap 22:5;
  31:7; 32:14; 33:1; 46:5;
  54:8; 63:16 D 23:3; 43:1,
  7; 45:4; 48:2; 50:1; 57:3;
  63:1; 66:1², 4; 67:2; 70:5;
  75:4; 84:1; 85:2; 87:2;
  100:2, 3, 4; 101:1; 105:1;
  113:4; 120:1; 127:4
παρθένῳ Ap 33:4
παρθένον Ap 33:4², 5, 6, 8
παρθένοι D 38:5 T 33:2
παρθένων Ath 24:5
παρθένοις T 33:1
παρθένους T 21:1; 32:2 Ath
  24:5
Ἰάριον Ath 26:2
Ἰάριον Ath 26:2
Ἰάριει T 10:3; 21:3
παρίστημι T 42:1
  παρίστησι Ath 33:1
  παριστᾶν T 33:1 Ath 11:3
  παριστῶντες T 1:3
  παραστήσω D 22:10
  παραστῆσαι T 31:1 Ath 7:1
  παρέστη D 38:4; 63:4
  παρέστησαν Ap 40:11
  παρειστήκεισαν D 31:2
  παρεστηκότες D 31:3
  παρεστῶτι D 9:1
παρό Ath 8:2
παροιμίας Ath 34:1
Ἰαροιμίαι M Ek HE 4:26:14
παρῳχηκός T 26:1
παρόμοιον T 15:2
παρωμοιωμένον T 4:2
παροξύνων Ap 49:4 D 24:4
  παρώξυναν D 119:2; 133:5
  παρωξύνθη D 119:2; 133:5
παροργιῶ D 119:2
  παρωργίσατε D 130:4
  παρώργισαν D 119:2
παρουσία D 49:7 T 39:3²

παρουσίας Ap 54:7 D 40:4;
  49:2; 51:2; 53:1; 88:2;
  120:3
παρουσίᾳ Ap 48:2 D 31:1;
  35:8; 45:4; 49:7, 8; 54:1;
  69:7; 110:5; 118:2; 121:3²
παρουσίαν D 14:8²; 36:1
παρουσίαι D 49:2; 52:1; 110:2
παρουσιῶν D 40:4
παρουσίας Ap 52:3 D 32:2;
  52:4; 111:1
παρρησίαν Ath 11:2
πᾶς Ap 3:2; 16:9; 65:3 D 28:
  3; 36:6; 58:8; 60:2; 82:3;
  95:1; 96:1; 129:4 T 30:1
πᾶσα Ap 41:1, 3; 52:6 D
  25:4; 31:4; 34:6; 38:5;
  42:1; 50:3², 4²; 64:6; 67:
  1; 73:3, 4; 74:2; 79:2;
  111:2; 115:2; 138:3 T 5:1;
  8:1; 32:1
πᾶν Ar 1:2; 3:2 Ap 16:13;
  46:2; 52:6; 60:2 D 13:1;
  20:3; 50:3; 56:10; 85:2;
  86:3; 89:1; 93:1; 95:1;
  106:1; 123:9 T 12:2; 18:1
  Ath 6:3; 8:3; 10:1
παντός Ap 2:1; 12:2, 3; 65:5
  App 7:1; 8:3 D 41:4; 56:
  14; 110:5; 121:3 Ath 25:3;
  28:5
πάσης Ar 15:6² Ap 32:3 App
  10:1; 15:3 D 4:1; 7:2;
  14:2; 37:1; 39:5, 7; 41:1;
  62:1; 74:3²; 76:6; 85:2;
  93:3; 110:3²; 114:4; 119:3;
  120:6; 130:2; 138:2; 142:3
  T 20:2; 31:1; 39:1; 41:1,
  2, 3 M Ek HE 4:26:13 Ath
  2:2; 34:1
παντός Ap 1:1; 7:3; 13:1;
  14:2; 25:1; 26:5; 40:7;
  53:2, 3 App 1:3; 2:4; 7:6;
  12:2 D 1:2; 27:5; 46:2;
  47:1, 3; 48:3; 49:1; 64:2;
  65:2; 67:11; 85:3; 95:2;
  119:4; 121:2, 3; 124:1;

130:3; 131:5; 134:5 T 3:1;
5:1, 14:2; 29:2 Ath 2:4;
4:2²; 6:2; 8:1; 12:1, 3²;
13:1; 22:2; 30:4 (v. διὰ-
παντός)
παντί Ap 1:1; 6:2; 14:2; 15:
10; 16:2; 27:4 App 10:8;
11:1 D 28:5; 41:2, 3; 43:
1; 61:4; 68:2; 113:6;
116:3; 117:1, 4; 142:3 T
15:4; 20:3; 31:4
πάσῃ Ar 12:1 App 2:7; 7:9
D 4:3; 13:9; 17:3; 38:5;
44:3; 46:5; 56:20; 58:12;
116:1; 117:5; 120:4; 140:3
παντί Ar 15:10 Ap 39:3;
56:1; 60:1, 5, 7 App 8:1
D 67:10; 93:1; 108:2 Ath
19:1
πάντα Ap 37:8; 59:5 App
5:2; 6:6; 11:8 D 3:3; 4:5;
15:4; 73:3; 98:1; 105:3;
131:3; 134:6 Ath 1:3; 24:1
πάνθ' App 11:6
πᾶσαν Ar 11:7; 13:6; 15:10
Ap 9:4; 31:7²; 40:3; 53:9;
54:9, 10 App 5:4; 7:9 D
15:4; 17:1; 31:6; 34:8;
38:5; 42:1; 50:5; 53:5;
56:12, 21; 64:8; 69:3;
87:6; 93:1, 2; 108:2; 110:
4; 117:3; 125:2; 141:4 T
12:1 Ath 6:2; 34:2
πᾶν Ap 15:6; 26:5; 27:1;
31:7; 50:12 D 11:1; 20:1;
21:4; 23:1; 68:3 T 16:2;
17:3; 20:1; 32:1; 34:3
Ath 7:1; 12:3; 13:2; ⟨24:3;⟩
25:3
πάντες Ar 1:5; 13:7 Ap 7:3;
12:2, 4, 8; 15:4; 18:4; 21:
4; 22:1; 26:3, 6; 29:4;
40:16, 19; 41:1; 50:10, 12;
60:10; 63:1; 67:5, 7 App
4:1, 3; 8:5; 13:5 D 13:5;
17:1; 19:5; 22:4; 24:3;
25:4, 5; 27:3²; 34:4, 7;

36:3; 40:1; 49:1; 51:1;
63:5; 64:1; 73:3; 85:6,
9²; 86:3; 93:1; 98:3; 101:3;
109:3; 116:2; 118:1; 120:3;
124:1, 2, 4; 125:5; 130:1²;
134:4; 135:4; 141:2 T 12:
4; 15:3; 23:2; 26:3; 32:3
Ath 14:2; 22:6²; 23:3;
25:4; 28:2, 4
πᾶσαι Ar 13:6 D 4:2; 31:7;
34:6; 49:8; 58:12; 64:6;
84:3; 85:1, 6; 89:1; 92:5;
105:4; 110:6; 120:1 T 33:2
Ath 14:2; 28:4
πάντα Ar 1:5 Ap 15:16; 38:7;
40:9; 43:2; 47:2; 50:12;
53:4, 6 D 5:4; 13:2; 14:7;
20:3; 22:8; 24:3; 25:5;
28:3; 31:4; 34:4, 6; 50:3,
5²; 64:6; 73:4²; 84:2;
95:1; 98:4; 100:1; 102:1;
103:1, 7; 120:1; 121:1²;
123:1; 124:2; 128:4; 141:
4 T 19:4 Ath 6:3; 8:3²;
10:2; 14:2; 16:2; 18:2²;
23:4²
πάντων Ar 9:2 Ap 4:7; 7:4;
8:2; 10:5; 12:1, 9; 13:2;
14:3; 21:2, 5; 23:1; 24:1;
31:2; 32:10; 39:5; 40:7;
44:8, 11; 45:1; 46:1, 5;
52:3; 54:5; 63:17; 65:1;
67:2, 3 App 6:1, 6; 10:5, 6
D 7:1; 11:2; 15:7; 27:2;
32:2, 3; 36:1; 37:2; 40:4;
61:3; 81:4; 85:7; 90:2;
95:2; 96:1, 2; 99:3; 102:4;
103:2; 108:3; 110:2; 112:
3; 125:2; 127:2, 4; 129:3;
130:1; 132:1; 133:6²; 134:
6; 139:4 T 11:1²; 18:3;
19:3; 22:1; 22:2 M Ap HE
4:26:8, 9 Ath 1:3; 6:2²;
37:1
πασῶν Ap 26:8 D 11:2; 22:4;
34:2; 41:4²
πάντων Ar 1:5; 12:1², 8 Ap

17:1; 20:2; 32:4²; 36:2; 55:1; 58:1 App 7:3; 12:6 D 3:3; 4:2; 5:4; 7:3; 11:4; 13:2; 20:3; 31:4; 39:7; 50:1; 56:18; 61:1; 62:1, 4²; 76:6; 84:2; 91:3; 96:1; 100 : 2, 4; 107 : 2; 111:4; 120:3, 5; 121:1; 129:4; 130:3; 133:1; 138: 3. 4 T 1:3; 4:2; 5:3; 12:2; 35:1 M Ek HE 4:26:13 Ath 22:4. 5; 23:4²

πᾶσι Ar 13:5 Ap 3:4; 16:1; 18:1, 2; 44:10; 45:6; 67:6 App 13:4; 15:2, 3 D 8:4; 11:4; 30:2, 3; 43:7; 66:4; 73:3; 74:2; 84:1; 86:1; 89:3; 117:3; 123:1; 137:1 T 29:1 Ath 7:1

πᾶσιν Ap 18:1; 28:3; 31:5; 44:13; 61:5; 67:1 D 7:3; 19:2; 43:2; 75:3 T 13:3; 32:3 Ath 1:2; 18:2

πάντεσσι Ath 18:3

πάσαις D 110:4

πᾶσι Ap 67:2 D 3:5; 41:1; 80:1; 91:3; 95:1; 119:6; 124:2; 133:1², 5 Ath 37:1

πᾶσιν Ap 13:1; 42:4; 54:3 D 3:6; 4:2; 57:3; 96:3 Ath 16:1; 17:1; 19:2; 22:8

πάντας Ap 4:4; 14:1; 16:3; 20:3; 24:1; 27:1; 39:3; 40:7²; 41:1 App 8:2; 10:6; 15:4 D 8:2; 11:2; 15:3; 23:1; 24:2; 28:3; 30:1; 37:3; 39:6; 42:3; 46:1; 58:1; 64:2, 4; 67:3; 70:1; 71:2; 73:3; 76:3; 78:7; 92:5; 94:5; 96:3; 102:6; 103:3, 9; 106:1; 107:2; 108:3; 110:1; 116:1; 117:3; 121:3²; 130:2², 3; 134:4; 136:1, 3; 140:1 T 19:1; 21:3; 30:2; 32:1 M Ap HE 4:26:10 Ath 6:1, 2; 17:1; 23:1, 4, 6; 31:2

πάσας Ap 48:1 App 9:4 D 5:3; 18:2; 31:6; 32:2; 74:4; 78:9; 88:2; 117:1; 121:3; 131:5; 132:1

πάντα Ar 1:2; 4:1; 8:4; 11: 7; 13:5, 8³ Ap 10:1, 2, 6; 12:9, 10; 16:7; 17:4; 20:4; 33:5; 36:2; 44:9; 52:1; 55:2; 61:13; 63:9 App 4:4; 6:3²; 7:2, 4; 9:4; 10:3; 12:1 D 8:4; 14:2, 6; 18:3; 19:1; 20:4; 22:8; 31:5; 32:5; 35:7, 8; 37:4; 42:4; 44:1, 2; 46:5; 49:5; 50:1; 53:1; 55:2; 56:7, 11, 16; 57:2; 58:6, 12; 61:1; 67:6; 68:2; 76:6; 78:10; 80:3, 4, 5; 84:4; 92:5; 95:1²; 97:3, 4; 98:1, 4; 100:2; 102:4, 6; 104:1; 106:1; 116:1; 117:4; 121:2, 3, 4; 122:2; 125:1; 127:2²; 128: 1; 131:1, 4; 141:3 T 5:1; 21:3; 22:2; 26:2; 35:2 M Ap HE 4:26:11 Ath 4:2; 6:1; 13:2; 16:1; 19:2; 22:7; 23:5; 31:3; 35:2; 37:1²

πάνθ' Ap 39:5 D 96:2; 131:2 T 22:2

Πασιφάγῃ ⟨Ar 9:7⟩ T 33:4

πασσάλους D 13:8

παστοῦ Ap 40:4 D 64:8

πάσχα D 40:1, 2; 46:2; 72:1²; 111:3⁵ M P HE 4:26:3

πάσχει Ath 27:1

πάσχομεν D 35:7 Ath 4:2

πάσχετε D 16:2; 19:2

πάσχουσιν D 4:6 Ath 21:4

ἔπασχον D 22:5

πάσχειν Ap 32:7 App 7:3 D 40:3; 89:3; 99:3; 100:3; 121:2

πάσχων Ap 51:1

πάσχοντος Ath 19:2

πάσχοντας Ath 1:3

πείσεσθαι Ap 2:4 Ath 12:1

ἔπαθεν Ap 35:6 D 41:1; 52:
    3²; 101:2
ἔπαθον D 112:5
πάθητε D 16:2; 19:2; 112:5
παθεῖν Ap 50:1; 63:10, 16 D
    40:2; 51:2; 53:5; 67:6;
    68:9; 76:7; 90:1; 93:2;
    95:2², 3; 100:3; 106:1²
παθόντα D 126:1
παθόντες Ar 13:7
παθοῦσιν App 22:3
πέπονθε D 117:3
πεπόνθατε D 110:6
πεπονθότος T 13:3
παταχθήσεται D 53:5
ἐπάταξεν D 133:5
πατάξῃ Ap 45:1
πάταξον D 53:6
πάσασθαι Ath 35:1
πατοῦσιν D 65:4
πατήσουσι D 122:1
ἐπάτησα D 26:4
πατήρ Ap 15:8, 13, 15; 45:1;
    63:3², 13, 17 App 6:2; 9:2
    D 2:2; 25:2²; 30:3; 62:4;
    63:3; 67:6; 76:3, 5; 77:4;
    86:2; 95:2², 3; 96:3; 100:1;
    101:2; 102:2; 103:8; 113:
    5; 119:4²; 127:2; 128:2, 3;
    129:1; 140:3 T 4:2 M Ap
    HE 4:26:10 Ath 6:3; 12:1;
    13:1; 17:2; 21:2; 29:1
πατρός Ap 6:1; 8:2; 12:9;
    15:17; 16:9; 21:5; 32:14²;
    36:2; 37:1, 3; 40:7; 44:2;
    46:5; 61:3, 10; 63:16; 68:3
    App 1:2; 6:5; 10:8 D 11:5;
    27:1; 35:6; 36:5, 6; 38:4;
    43:1, 6; 48:3; 52:2; 58:12;
    60:3; 61:1, 3; 62:4; 63:1,
    4, 5; 66:3; 68:4; 75:4²;
    76:1, 7; 85:1, 4; 86:3;
    88:8; 95:2; 100:1², 4²;
    102:5; 103:3; 108:3; 110:3;
    113:4; 115:4; 116:1; 121:
    4; 125:3; 126:6; 128:2³, 3,
    4²; 129:4; 131:2; 139:4;

140:3, 4 T 5:1, 2; 7:1, 1
    (MPV); 32:1 Ath 10:1, 2⁴;
    11:1; 12:2²; 16:3; 20:2;
    23:6; 24:1; 27:2; 28:3;
    37:1
πατρί Ap 36:2; 41:2; 63:15;
    65:3 App 6:1 D 58:3;
    62:4; 74:3; 105:1; 117:5;
    125:5; 126:5; 133:6 Ath
    10:2²; 18:2; 21:1
πατέρα Ar 15:4 Ap 16:2;
    22:1; 32:10; 63:3, 11, 13,
    14², 15² App 2:19; 10:6
    D 7:3; 17:1; 32:3; 43:6;
    56:1, 15; 60:2; 66:3; 74:1;
    77:2², 3²; 86:6; 98:1; 100:
    1, 3; 106:1; 114:3², 4;
    118:2; 119:4, 6; 127:4, 5;
    131:1 Ath 6:2; 10:3; 12:2;
    20:2; 24:1
πάτερ D 3:7; 99:2; 105:5
πατέρες Ap 47:2; 52:12 D
    25:5; 57:2; 98:2; 101:1²;
    103:2; 119:2; 136:3 M Ap
    HE 4:26:10
πατέρων Ap 63:7, 17 D 21:1,
    3; 38:5; 59:2 Ath 32:3
πατράσιν D 11:3; 22:6; 67:9
πατέρας D 11:1; 67:8; 75:2;
    100:3; 101:1; 120:3
πατητοῦ D 26:4
πάτον D 3:1
πατριαί D 73:3
πατριάρχου D 52:1; 53:4; 54:1;
    69:2; 78:8; 84:4
πατριάρχην D 135:3
πατριάρχαι D 67:7; 141:4
πατριαρχῶν D 26:1; 85:3;
    100:2; 134:1
πατριάρχαις D 56:9; 58:3;
    80:1; 106:3; 113:4; 120:5;
    126:5
πατρικῷ D 61:1
πατρικοί D 134:5
πατρικάς Ap 12:8
πάτρια Ath 1:1
πατρίδος Ap 39:5

πατρόθεν D 113:2
Πατρόκλοιο Ath 21:2
πατροκτόνον Ar 9:9
  πατροκτόνους Ar 8:2
πατροφόντην Ap 21:5
πατρῴων D 63:5
Παύλου, Σερουιλλίου M P HE 4: 26:3
παυόμενον Ath 19:1
  παύσομαι D 137:4
  παύσεται D 140:3
  παυσόμεθα App 15:4 D 9:1; 112:3 Ath 2:5
  παύσονται D 39:6; 40:2
  παύσεσθαι D 85:5
  παυθήσεται Ap 52:8
  ἔπαυσε D 11:2; 51:2 Ath 33:2
  ἐπαυσάμην D 141:5
  ἐπαύσω D 48:1
  ἐπαύσατο D 52:3, 4; 56:19; 87:5 Ath 24:2
  ἐπαυσάμεθα Ap 53:1
  ἐπαύσαντο D 51:1
  παύσηται D 45:4
  παυσώμεθα Ath 1:3
  παύσησθε D 32:5
  παυσάσθω D 12:3
  παύσασθε T 1:1; 26:1
  παύσασθαι App 2:7 D 43:1; 52:3; 87:5
  παυσάμενος D 56:2, 22
  παυσαμένου Ap 67:4 D 32:1; 51:1
  παυσάμενοι Ap 65:2 D 118:1 Ath 30:3
  παυσαμένων Ap 67:5
  παυσαμένους Ap 12:11
  πεπαύμεθα Ath 2:1
  ἐπεπαύμην D 66:1
  πέπαυτο App 2:7
παχυμερεστέρων Ath 10:3
ἐπαχύνθη D 20:1
  πεπάχυται D 12:2
πεδηθείς T 9:3
  πεπεδημένους D 26:2; 65:4; 122:3
πεδία D 73:4

πεδία T 10:3
πειθαρχήσουσιν D 31:7
πείθει Ap 10:4
  πείθομεν App 12:6
  ἔπειθε D 112:3
  πείθειν Ap 14:3 App 2:2 D 1:4; 10:4; 38:1; 47:1 T 36:1
  πείθων D 69:7
  πείθοντες D 47:2
  πείθομαι D 3:7; 71:1
  πείθῃ App 11:5
  πειθόμεθα Ap 25:2 D 29:2
  ἐπείθετο T 2:1
  ἐπειθόμεθα Ap 53:2
  πείθεσθαι D 47:1; 48:4; 68:7 T 17:3
  πειθόμενος D 9:1; 85:7
  πειθομένῳ D 138:3
  πειθόμενοι Ap 30:1 D 137:2 T 32:1
  πειθόμεναι T 13:3²
  πειθομένων D 96:2 T 30:1
  πειθομένους Ap 25:3; 26:5 D 45:3; 47:4; 70:1; 120:6
  πείσειν D 29:2
  πεισθήσομαι T 4:1; 27:2
  πεισθήσῃ D 46:2
  ἔπεισε Ap 26:4 App 2:10 D 76:6
  ἔπεισεν Ap 16:6
  πείσωμεν App 44:13
  πείσαιμι T 21:3
  πεισάτωσαν Ap 18:3
  πεῖσαι Ap 12:11; 29:2; 57:1² D 34:1; 56:4, 11; 65:2 Ath 11:1
  πείσαντας Ap 8:2
  ἐπείσθη App 10:8
  ἐπείσθητε D 46:6
  ἐπείσθησαν Ap 12:3 App 10:8
  πεισθῶμεν D 90:1
  πεισθῶσι Ap 61:2
  πεισθείην T 21:3
  πείσθητε T 21:2; 24:1
  πεισθῆναι Ap 14:1; 18:2; 31:5; 32:4; 39:2; 59:5

D 44:1; 51:2; 85:1; 106:1
T 29:1
πεισθέντες Ap 5:4; 58:2 D
32:5; 53:5; 137:1
πεισθέντων App 1:2
πεισθέντας Ap 53:3 D 38:1
πιθέσθαι T 27:2
πέπεικε D 83:4
πέπεικεν D 53:5
πέπεισμαι D 58:2
πεπείσμεθα Ap 10:1; 12:5
App 11:6 D 11:4 M Ap HE
4:26:11 Ath 12:1; 31:3
ἐπεπείσμεθα Ath 31:2
πεπεῖσθαι D 67:3; 130:3 Ath
36:1
πεπεισμένος D 65:2
πεπεισμένον Ap 65:1
πεπεισμένοι Ap 8:2; 17:4;
47:4 D 57:4; 58:3; 96:2
T 20:2
πεπεισμένους Ath 36:2
πέποιθας D 8:2
πεποιθώς D 27:1
πεποιθότες Ap 40:19
πεποιθόσιν D 22:4; 79:3
πειθώ Ap 53:12 D 53:6
πεινῶν T 23:1
πεινῶντι Ap 37:8 D 15:5, 6
πεινάσω D 22:9
πεῖραν D 132:2; 137:3
πειράζων D 103:6; 125:4
πειράσω D 43:5; 66:2
πειρῶμαι D 118:4 T 35:1
πειρᾷ D 3:3
πειρώμεθα Ap 17:1
πειράσθε D 117:4
πειρῶνται Ap 12:3; 40:7 D
71:1
ἐπειρᾶτο Ap 5:3 App 2:2;
12:2
ἐπειρώμεθα Ap 11:2
πειρώμενος D 67:4
πειρωμένου D 85:6
πειρωμένῳ App 2:4
πειρώμενον D 87:1 T 32:2
πειρώμενοι Ap 14:3

πειρωμένων T 28:1
πειράσομαι D 43:8; 45:1; 56:
4, 11; 63:2 T 35:2
πειρασόμεθα Ap 33:3 D 68:3
ἐπείρησαν D 79:4(ed)
πειρασώμεθα Ap 33:3 (AB)
ἐπειράθη Ap 31:3
ἐπειράθησαν T 40:1
πειραθέντες Ap 16:4 App 10:4
Πεισιστρατιδῶν T 41:2
πεισμονήν Ap 53:1
πειστέον Ath 23:3
πελ** Ath 22:6 (Sch)
πέλας Ath 32:2
πελεκουμένους Ar 13:2
Πελοπόννησον T 39:3
Πέλοψ T 25:3
Πέλοπος T 39:3
πελώρου Ath 22:6
πέμματα D 136:3
πέμπτου D 73:1
πέμπομεν Ap 67:5
ἔπεμπεν D 13:1
πέμπειν Ap 13:2
πέμπων D 5:6
πέμποντες Ap 13:2
πέμπεται Ap 67:5
πέμπωνται Ap 16:12 (AB)
πεμπόμενον Ath 34:1
πεμπομένους Ap 31:7
πέμψει Ap 52:3
πέμψω D 120:5; 122:5
πεμφθήσεσθαι Ap 28:1
ἔπεμψα M Ek HE 4:26:14
ἔπεμψε D 49:4; 103:4
ἐπέμψατε D 108:2
πέμψας Ap 31:4 D 53:1
πέμψαντος D 42:2; 140:4
πέμψαντι D 91:4
πέμψαντα D 16:4; 136:3
πέμψωνται Ap 16:12
ἐπέμφθη D 86:1
πεμφθῶσιν D 45:4
πεμφθῆναι Ap 15:2
πεμφθεῖσα D 116:1
πεμφθέντος D 127:3
πεμφθέντος D 17:3

πεμφθεῖσαν Ap 50:12
πεμφθέντες D 56:5; 111:4
πεμφθεῖσι D 56:1
ἐπέπεμπτο D 56:5
πεπεμμένος D 126:6
πένης Τ 11:1, 2
πένητος D 34:5
πένητα D 34:4; 124:2²
πένητες Τ 32:1
πενήτων D 34:3, 5; 64:6
πενθεῖτε D 85:9
πένθους D 58:8
πένθος Τ 9:2
πενίας Ap 12:8
πενόμενοι Τ 8:1
πεντακισχιλίοις Ap 31:8
πεντακοσίοις Ap 42:3 Τ 31:3
πέντε Ap 34:2 D 83:1; 134:1
    Τ 38:1 Μ Εκ ΗΕ 4:26:14
πεντήκοντα Ap 46:1 D 32:4 Τ 21:1
πεντηκοστήν Τ 41:2, 4
πέρ Ath 21:4³, 5: 28:5
περαίνωμεν D 9:2
    πέραινε D 48:1; 65:7
πεπέρανται Ap 55:8
πεπερασμένος Τ 20:2
πεπερασμένων Τ 6:1
περαίωσον D 77:1
περαιωθῆναι D 68:3
πέρας D 87:3; 137:4 Τ 12:4
περάτων D 34:4, 7
πέρατα Ap 40:3, 15 D 42:1;
    64:8; 122:6
Περγαμηνός Τ 37:1
περί (gen) Ar 2:1²; 3:2; 4:1²;
    8:1; 11:7; 12:8; 13:2, 6, 7;
    14:1 Ap 15:1, 9; 16:1, 5;
    21:5; 31:2; 33:5; 40:1;
    44:7, 9; 46:6; 47:5²; 49:
    5²; 50:4, 8; 51:3; 52:1;
    53:1, 2; 58:2; 60:1; 63:17
    App 2:8; 3:2, 3; 7:8²; 11:
    8² D 1:3³, 6²; 2:3; 3:7;
    5:1, 4²; 7:2²; 8:2; 9:3;
    10:1, 2, 3²; 11:3; 13:3, 4,
    6; 19:1; 22:1, 6; 23:2, 4;
    31:5, 6; 33:1; 34:5, 8; 36:

1, 6²; 39:1; 41:2, 3; 43:3²;
    44:2; 46:4; 48:1; 49:5;
    50:1, 2, 3; 51:3²; 53:5;
    56:7³, 8², 21; 57:1, 2², 3, 4;
    58:4, 6, 8; 63:2²; 64:2², 3;
    65:1; 67:4; 68:8; 69:3²;
    70:4²; 71:3; 72:1, 3; 73:
    2², 6; 74:1; 78:6; 81:1;
    84:1; 87:1, 3; 89:2; 92:1,
    3, 5; 94:4; 97:2; 100:1, 3,
    6; 103:3; 107:4; 112:3;
    114:1; 116:1; 117:4; 118:
    1, 2, 4; 120:4, 5³; 121:1, 2;
    122:1, 3; 123:1, 5, 7², 8;
    124:1; 126:5; 128:1; 131:
    4; 135:5 Τ 3:1; 15:2²; 17:
    1; 19:3²; 21:3, 4; 23:1;
    27:1, 2²; 31:2, 3; 32:2;
    33:2; 35:2; 36:1, 2³; 37:1;
    40:1, 2; 41:2, 3², 4 Μ Ρ ΗΕ
    4:26:3 Μ Ap ΗΕ 4:26:10³,
    11 Μ Εκ ΗΕ 4:26:13² Ath
    1:3; 2:1; 5:1; 6:2; 7:1, 2⁷;
    9:2; 10:1²; 11:1; 13:1²;
    14:1², 2; 17:1²; 18:3; 19:
    1²; 20:2; 21:3; 22:5⁴, 6²;
    23:2³, 3, 4³, 5; 24:1⁶, 5;
    27:2; 28:1, 3², 4; 29:1²;
    30:3²; 32:1², 3; 35:1: 36:
    2; 37:1²
περι (gen) D 2:2; 5:4; 9:1
περί (dat) Τ 12:2
περί (acc) Ap 54:2, 4; 60:7
    App 11:4 D 2:5; 3:2; 8:3;
    79:2; 92:3; 120:5; 132:2
    Τ 3:3²; 7:2; 8:4; 9:3; 27:
    3; 31:2², 3³, 4²; 32:1; 33:
    2; 36:1; 37:1; 41:2, 3³, 4
    Μ Ap ΗΕ 4:26:9 Μ Εκ ΗΕ
    4:26:13² Ath 7:2; 8:1, 2,
    3⁶, 4; 10:4; 15:2; 16:1;
    17:3; 19:1; 21:1; 22:6;
    23:4³; 24:2, 3, 4², 5²; 25:
    1², 3; 26:1³, 3²; 27:1, 2²;
    28:2; 29:1; 30:3⟨; 32:1⟩
    (Sch)
περιεῖλον D 71:2

περιαλείφουσιν Ath 26:3
περίβαλλε D 15:5
  περιβάλλοντες App 12:7
  περιβαλλομένη App 11:7
  περιβαλεῖν T 19:1
  περιβεβλημένη D 38:4, 5; 63:4
περιβλέψῃ D 56:20
περιβλήματος App 13:1
  περίβλημα App 13:1
περιβολῇ App 11:5
  περιβολήν D 31:2; 52:2; 54:1
περιβόλους T 21:3
περιγείων Ath 25:2
περιγίνεται T 11:2
περιγραφή T 39:1
  περιγραφήν T 11:1; 32:2 Ath 17:2
περιγράφοντες T 18:3
  περιέγραψεν Ath 17:2
  περιγράψας T 2:1
  περιγράψαντος Ath 17:2
περιεργία T 40:1
περίεργος Ath 17:4
  περίεργον Ath 36:2
  περίεργοι App 10:4
περιέχων Ath 6:1; 16:1
  περιέχον App 6:3 Ath 16:1 (Sch)
  περιειχόμην D 31:7
  περιεχόμενον Ath 10:1
  περιεχόμενον T 16:3
  περιέσχον D 98:4²; 102:1; 103:
    1, 2; 104:1
περίζωσαι D 38:3
περικεῖσθαι D 46:5
  περικειμένων D 1:2
περικεκομμένως D 118:4
Περικλύμενον T 34:1
περικολασθήσεσθαι App 1:2 (B)
περικοπή D 72:3
  περικοπῆς D 65:3; 78:6; 110:1
  περικοπῇ D 110:2
  περικοπήν T 78:6
περιέκοψαν D 72:2, 4
  περικεκοφέναι D 73:6 (ed)
περικρατεῖν D 80:1
περιεκύκλωσαν D 98:4; 102:1;
    103:1
περιειλῆφθαι Ath 6:1

περιλείπεται D 8:3; 28:2
  περιλειφθείς D 106:3; 132:3
  περιλειφθέντος D 32:2
  περιλειφθέντα D 113:3
περιληπτός T 4:1
περιλιχμώμενοι Ath 26:1
περιμένει Ath 33:1
  περιμένειν T 1:2; 3:3
περινοοῦντι T 29:1
  περινοῆσαι Ath 7:2
  περινοήσας Ath 23:4
περινοστήσαντα D 69:3
  περινοστήσασαν Ap 26:3
πέριξ D 123:6 Ath 5:1
περίοδον Ap 8:4
  περιόδους T 6:1
περίοικον D 56:12, 21
περιιδεῖν M Ap HE 4:26:6
περιωρισμένῳ Ath 8:3
περιπατεῖ D 127:2
  περιπατείτω D 101:3
  περιπατῶν T 2:1
  περιπατοῦντι D 1:1
  περιπατήσουσιν Ap 48:2
Περιπατητικόν D 2:3
Περιπατητικοί D 2:1 T 31:2
περιπάτοις D 1:1
Περιπάτου Ath 16:2
Περιπάτῳ T 34:2
περιπίπτωμεν Ath 36:2
  περιπεσεῖν D 32:1
περιπλάσας T 3:1
περιέπλεκε D 22:10
περιπροχυθείς Ath 21:4
περισπάσει D 2:4
περισπούδαστος T 34:2
περισσεύσῃ D 105:6
περισσή Ath 30:3
  περισσόν Ap 16:5
περιστελεῖ D 15:5
περιστεράς D 88:4, 8
  περιστεράν D 88:3 Ath 30:1
  περιστεράς Ath 30:1
περιτέμνει D 24:2; 114:4
  περιτέμνετε D 28:2
  περιτέμνειν D 41:4
  περιτέμνοντας D 27:5

περιτεμνόμεθα   Index Apologeticus   224

περιτεμνόμεθα D 10:1
περιτέμνονται D 26:1
περιτέμνεσθε D 28:2
περιτέμνεσθαι D 18:2; 27:5;
  46:2; 47:2
περιτεμνόμενος D 123:1
περιτεμνομένοις D 123:1
περιτεμνομένους D 27:5
περιτεμεῖσθε D 16:1
περιτμηθήσεται D 10:3; 23:4
περιετμήθη D 67:5
περιετμήθημεν D 41:4
περιετμήθησαν D 113:7
περιτμηθῆτε D 137:1
περιτμηθῆναι D 92:3; 113:7
περιτμηθέντες D 114:4
περιτμηθέντων D 113:6
περιτμηθέντας D 47:1
περιέτεμεν D 113:6
περιτεμοῦ D 8:4
περιτέμεσθε D 15:7
περιτετμηκέναι D 113:6, 7
περιτέτμηται D 28:4
περιετέτμητο D 46:3, 4
περιτετμημένοι D 19:3
περιτετμημέναι D 114:4
περιτετμημένους D 27:5; 28:3
περιτιθέναι D 46:5
περιτεθέντα D 117:3
περιθεῖσα App 11:7
περιτεθειμένον App 13:1
περιτομή D 16:2; 19:2, 5; 23:5;
  43:1; 46:4; 114:4
περιτομῆς D 1:3; 12:3; 16:3;
  19:3; 23:3; 24:1; 29:1;
  41:4²; 46:4; 92:2², 3; 113:6
περιτομῇ D 33:2²; 92:2
περιτομήν D 10:3; 18:2², 3;
  19:4; 23:1, 4, 5; 28:4²;
  43:2; 92:3, 4; 113:6, 7³;
  114:4
περιτρέπουσιν T 22:1
περιττολογῶν D 128:2
περιττόν T 14:1
περιτυχών T 23:2
περιφέρει T 24:1
περιέφερε T 2:1

περιφέροντες T 25:1
περιφέροντας T 23:1
περιφερόμενον Ar 5:3
περιείπον Ap 31:1
περιχώρου D 56:2
περιχώρῳ D 56:20
Περσεύς D 67:2 T 39:1
Περσέως T 39:3
Περσέα Ap 21:2; 22:5; 54:8
  D 70:5 Ath 30:2
Περσεφόνης Ar 11:3
Περσεφόνην Ap 25:1
Πέρσης D 28:4
Πέρσαι T 1:1
Περσῶν T 1:2; 28:1; 36:2
πεσσοῖς T 9:2
πετεινῶν Ap 15:14 D 62:1
πετεινά D 22:8
πέτρα D 113:6
πέτρας D 70:1, 2; 86:1; 114:4:
  131:6
πέτραν Ap 38:3 D 65:6
πετρίναις D 24:2; 113:6², 7;
  114:4
πετρίνας D 113:7
Πέτρον D 100:4; 106:3
πετρώδη D 125:1
πῇ Ath 28:2²
πήγανον D 17:4
Πήγασος T 18:2
Πηγάσου Ap 21:2; 54:7
πηγή D 15:6; 69:5, 6
πηγῆς T 40:1 D 102:5; 140:1
πηγήν D 19:2; 114:5
πηγῶν D 91:1
πηγαῖς Ap 64:1
πηγάς D 61:3, 4; 86:5; 129:3
πηγνύμενον Ar 5:1 D 91:2
πῆξον D 13:8
πήξας D 65:4
παγέντων Ap 35:7
πεπηγμένον D 91:2
πηλίνης T 22:1
πηλός Ath 15:2³
πηλῷ Ath 17:2
πηλώδη T 20:2
πήραν T 25:1

πηρῶν Ap 60:11
  πηρούς D 69:6
  πεπήρωνται D 12:2; 33:1
  πήχεις D 138:3
  ἐπίασαν D 56:19
  πιαίνει Ath 25:2
  πιανθήσονται D 15:6
  πιθάκνης T 2:1
  πιθανοῦ Ath 24:5
  πιθανότητες T 27:3
  πιθανώτερον D 49:1
  πίθηκον ⟨Ar 12:7⟩
  πιθήκων T 18:2
  πίθῳ T 26:1
  πικρίας D 120:2
  πικρόν Ap 49:7² D 17:2²; 86:1;
    133:4² T 14:2
  πικρούς Ath 31:1
  πικράς Ar 8:6
  πικρά D 17:3; 20:3
  πικροτάτη Ath 2:1
  πικρῶς Ar 12:2
  Πιλάτος D 103:4
    Πιλάτου Ap 40:6 D 102:5
    Πιλάτου, Ποντίου Ap 13:3; 35:9;
      46:1; 48:3; 61:13 App 6:6
      D 30:3; 76:6; 85:2
  πίνακι D 49:4 Ath 17:2
  Πίνδαρος Ath 29:1
  πίνομεν D 29:3
    πίνειν D 20:1
    πίνουσα D 120:2
    πίνοντες D 22:5; 133:5
    πίεται D 32:6; 33:2
    πίονται D 81:2
    ἔπιεν D 20:1
    ἐπίομεν Ap 16:11 D 76:5
    πίωμεν Ath 12:2
    πιεῖν D 114:4; 140:1
    πιοῦσα T 19:3
    πίωμαι D 22:9
  ἐπλήσθη D 50:3; 135:6
    πεπλησμένοι D 73:6
  πίμπραται T 24:1
  πιπράσκουσιν T 23:1
    πιπράσκοντες T 1:3
    ἐπιπράσκετο T 2:1

ἐπράθημεν T 11:2
  πεπραχέναι D 56:11
  πίπτετε D 124:2, 3 T 26:1
    ἔπιπτον D 105:4
    πιπτόντων Ap 55:2
    πεσεῖσθε D 135:4
    πεσοῦνται D 38:3
    ἔπεσεν D 49:8; 62:5; 125:1
    πεσόντος D 124:3
    πεσόντες D 34:7 Ath 24:5
    πεπτώκασι T 8:2
    ἐπεπτώκει D 88:4
  πιστευτέον D 20:3 Ath 23:3
  πιστεύει D 136:3²
    πιστεύομεν Ap 10:1; 21:6 D
      10:1; 121:1
    πιστεύετε D 114:5
    πιστεύουσιν D 42:2; 122:2
    πιστεύητε Ap 60:3
    πιστεύωσιν Ap 61:2
    πιστεύειν Ap 19:6; 31:7 D 42:
      4; 47:3; 52:4; 53:1, 4; 69:
      7; 70:5; 83:4; 91:4 T 18:2;
      40:1 Ath 7:2; 28:3; 30:3
    πιστεύων T 18:1, 2; 19:4 Ath
      30:2
    πιστεύοντι Ap 66:1
    πιστεύοντες Ap 8:2; 17:4; 19:8;
      30:1; 32:8; 53:5 D 30:2:
      40:1, 4; 43:4; 46:7; 76:6;
      92:4; 139:5
    πιστεύοντα D 52:1
    πιστευόντων Ap 63:16 App 6:5
      D 30:2; 45:4; 91:4; 95:4;
      106:1; 108:3
    πιστεύουσι D 35:7; 87:5
    πιστεύουσιν D 63:5; 94:2; 100:
      6; 101:2
    πιστεύοντας Ap 18:6; 32:7 D
      16:4; 33:2; 47:3, 4²; 51:1;
      70:4; 116:1; 122:2; 131:5
      Ath 36:2
    πιστεύονται Ath 12:2; 24:4
    πιστεύοιτο T 16:1
    πιστεύεσθαι Ap 40:7 D 7:3
    πιστευόμενον Ap 56:1
    πιστεύσοντα D 7:2

πιστευθήσεσθαι Ap 54:3
ἐπίστευσε Ap 50:5 D 13:3;
  23:4; 42:2; 92:3; 114:2;
  118:4; 119:6
ἐπιστεύσαμεν Ap 33:5 D 9:1;
  14:1
ἐπιστεύσατε Ap 19:2, 14
ἐπίστευσαν Ap 19:5
πιστεύσωμεν Ath 20:3
πιστεύσητε D 72:1
πιστεύσωσιν D 46:1
πιστεῦσαι Ath 20:3; 22:3
πιστεῦσαι Ap 18:2 D 10:2;
  28:2; 115:1
πιστεύσαντες Ap 50:12 D 35:
  8; 107:2; 116:3; 119:6
πιστεύσαντα D 26:1
πιστεύσαντας D 81:4; 111:3;
  133:6
ἐπιστεύθη App 10:8 (AB)
πιστευθῇ Ap 33:2
πιστευθεῖεν Ath 28:3
πεπίστευκα T 6:2
πεπιστεύκαμεν D 24:1; 89:3;
  118:3 Ath 7:1, 2 T 6:1²
πεπιστεύκατε D 10:1 T 33:4
πεπιστευκέναι D 47:1
πεπιστευκώς Ath 36:1
πεπιστευκόσιν D 122:2
πεπιστευκότας D 110:4
πεπίστευται T 10:2; 32:2 Ath
  18:2
πεπιστευμένον Ath 24:3
πεπιστευμένων Ath 24:5
πίστις D 20:4; 27:4; 119:1, 6;
  123:3 Ath 26:1
πίστεως Ap 49:5 D 40:1; 52:
  4; 111:2; 135:6; 138:1, 3
  T 15:4 M Ek HE 4:26:13
  Ath 8:1
πίστει D 11:5; 13:1; 44:2;
  53:6
πίστιν Ap 10:4; 13:2; 52:1;
  53:12 D 23:4; 24:2; 69:1;
  92:3; 100:5; 110:3; 119:5;
  121:2 M Ek HE 4:26:13

πιστός D 56:1
πιστή D 11:2
πιστόν D 70:3
πιστοῦ D 46:3: 79:4: 130:1
πιστῷ D 138:2
πιστόν D 84:2
πιστήν D 123:4
πιστοί D 110:4
πιστῶν Ap 60:11 D 35:3
πιστοῖς D 47:2
πιστά D 12:1; 14:4
πιστότεροι Ap 53:10 D 35:2;
  131:2
πιστοῦσιν Ath 9:1
ἐπιστούμην Ath 32:2
πίων D 28:3
πίονες D 98:4; 102:1; 103:1, 2
πλάγιοι D 16:1
πλαγίως D 16:1
πλαγέντα Ar 11:4
πλανᾶτε D 117:4; 125:5
πλανῶσι D 108:2
πλανῶσιν ⟨Ar 16:6⟩ D 133:3
πλανῶντες D 32:5
πλανῶνται Ar 4:2; 5:3, 4; 6:
  1, 3; 7:1⟨; 16:6⟩
πλανᾶσθαι D 82:3; 111:4:
  120:6
πλανώμενοι Ap 53:3; 54:4 D
  109:1; 113:7 Ath 25:1
πλανωμένους Ath 6:3
πλανήσουσιν D 35:3; 82:2
ἐπλάνησας Ap 52:12 D 25:2
ἐπλάνησεν D 103:6
πλανήσαντα D 79:4
ἐπλανήθη Ap 50:10 D 13:5
ἐπλανήθημεν Ap 50:10 D 13:5:
  25:4; 118:3
ἐπλανήθησαν Ar 3:2²; 4:3:
  5:1; 7:4; 12:1; 13:1
πεπλάνησαι D 65:2
πεπλανήμεθα D 9:1
πεπλάνησθε D 33:1 T 19:2
πεπλανῆσθαι D 48:3
πεπλανημένων App 3:2
πλάνη Ap 8:5 Ath 22:1
πλάνης Ar 2:1; 3:1; 8:6; 13:8

D 7:3; 35:2; 39:2, 4; 41:
   4; 47:1; 113:6 T 29:2;
   31:4
πλάνην Ar 3:2; 7:4; 9:5; 13:
   1, 6 Ap 56:3 D 3:3; 88:4
   T 13:2; 29:1
πλάνητες Ath 29:2
πλανῆται T 9:2
   πλανητῶν T 9:2
   πλανήτας T 10:1 Ath 23:2
πλάνου D 108:2
πλάνου App 15:1 D 7:3; 39:6
πλάνον D 70:5
πλάνων D 30:2
πλάσιν Ath 25:4
πλάσμα D 40:1
πλάσσειν Ap 9:5
   ἔπλασε D 19:3; 29:3
   ἔπλασεν D 40:1 Ath 13:2;
   31:3; 33:2
   πλάσαι Ap 51:4 D 13:7
   πλάσαντες ⟨Ar 11:7⟩
   πλασθέντι Ap 44:1
πλαστική T 34:2 Ath 17:2
   πλαστικήν Ath 17:3
πλατείαις D 123:8
πλάτος D 58:6
   πλάτους D 58:6
πλάττειν T 1:1
πλατυνθήσεται D 58:12
   πλατῦναι D 139:3
   πλάτυνον D 13:8
   ἐπλατύνθη D 20:1
   πλατυνθείσῃ D 80:5
Πλάτων Ap 8:4; 44:8; 59:5;
   60:5 D 3:7; 4:1; 5:4 T
   2:1 Ath 6:1, 2, 3; 12:1;
   16:2, 3; 19:1; 23:2, 5; 30:1
Πλάτωνος Ap 18:5; 20:4 App
   12:1; 13:2 D 2:6; 6:1;
   8:3 T 3:3; 25:1
Πλάτωνι Ap 60:1
Πλάτωνα Ap 59:1 D 5:6 Ath
   36:3
Πλατωνικοί D 2:1
Πλατωνικοῖς D 2:6²

Πλατωνικούς D 5:1
πλειστάκις Ap 43:6 D 68:1
πλεῖστον D 2:6; 7:2 Ath 7:1
   πλεῖστοι D 1:4; 48:4
   πλεῖστα D 90:2
πλεῖον D 105:6 Ath 12:3
   πλείονες Ap 53:5 D 110:4
   πλείους D 1:4; 107:4 T 3:2
   Ath 8:1; 35:1
   πλείονα D 22:4
   πλειόνων D 85:7
   πλειόνων App 9:4 D 58:3;
   118:5 T 11:1
   πλείοσι Ath 17:1
   πλείονας Ap 53:3 T 3:2; 9:2
   πλείονα D 88:2 T 36:1; 41:2
πλεονάσουσιν D 81:2
   ἐπλεόνασε D 22:10
πλεονεκτουμένων Ap 16:4
πλεονέκτην Ar 10:3 Ap 12:1
πλεονεξίας D 14:2
   πλεονεξιῶν T 19:2
πλευράς D 84:2
πλέοντες D 65:5
   πλευσεῖται Ath 22:8
   ἔπλευσεν Ath 22:8
πλέον Ap 17:4 D 2:3 Ath 5:2;
   16:3; 22:8; 26:4
   πλέον Ar 4:4; 11:7 Ap 17:4;
   45:6 D 4:5; 119:5; 142:1
   T 27:2 Ath 3:2; 22:5; 32:2
πληγῆς Ap 51:2 D 13:6; 132:2
   πληγῇ Ap 50:7, 8 D 13:4²
πλῆθος Ap 27:1 D 25:2; 34:4;
   119:4; 120:2
   πλῆθος Ap 15:7 D 22:3; 102:3
   T 35:2 Ath 10:3; 14:2
πληθύνωσι Ath 6:4
   πληθύνεσθε D 62:1
   πεπλήθυνται D 56:18
πλήκτην T 23:1
πλημμελῶσι Ap 3:4
   πλημμελεῖν T 14:2, 3
   πλημμελήσωσι App 7:5
πλήν Ar 15:3 Ap 15:4; 21:4;
   53:6, 8 App 3:7 D 11:1;
   20:1; 25:4; 44:2; 46:4;

15*

55 : 3; 68 : 3, 4; 71 : 3; 84 : 3;
88 : 7; 93 : 1 T 7 : 1; 12 : 2;
36 : 1 Ath 5 : 1; 9 : 1; 31 : 2
πλήρης Ap 37 : 2 D 26 : 4; 93 : 2
  πλήρεις Ap 37 : 6
  πλήρεις D 27 : 2
πληροῦν D 45 : 1
  πληροῦντες D 135 : 4
  πληροῦται D 87 : 2
  πληροῦσθαι D 93 : 2
  πληρουμένην Ath 5 : 2
  πληρώσει D 32 : 6
  πληρωθήσεται D 34 : 6; 50 : 3;
    64 : 6
  πληρώσατε D 62 : 1
  ἐπληρώθη D 42 : 1; 127 : 3
  πληρωθέντες Ap 49 : 5 D 7 : 1
  πεπληρωκέναι D 12 : 3
  πεπληρωκότος Ath 8 : 4
  πεπλήρωται Ath 8 : 3
πλήρωμα D 22 : 9; 36 : 3; 73 : 4
πληρώσεως D 91 : 1
πλησίον Ar 10 : 8; 15 : 4 D 3 : 1;
  36 : 3; 38 : 5; 93 : 2², 3⁴ T
  18 : 2; 21 : 3 Ath 11 : 3; 35 : 2
πλησμονήν D 126 : 6
πλήσσοντα Ath 16 : 2
  πληττόμενοι T 16 : 3
  πεπληγμένοι D 132 : 2
πλόκαμος T 10 : 1
πλοκαῖς Ap 9 : 1 T 8 : 2
πλοῦ D 142 : 3
  πλοῦν D 142 : 1
πλούσιος T 11 : 1
  πλουσίου T 6 : 2
  πλούσιοι D 38 : 5
  πλουσίους Ap 51 : 2 D 13 : 6;
    32 : 2; 97 : 2
πλουσιώτατοι T 11 : 1
πλουτεῖν T 11 : 1; 19 : 3
  πλουτῶν T 9 : 1; 23 : 1, 2
  πλουτοῦντες T 8 : 1; 11 : 2; 32 : 1
  πλουτούντων T 25 : 1
πλοῦτος T 2 : 2
  πλούτου D 47 : 5 T 30 : 1
  πλοῦτον D 102 : 6
Πλούτωνος App 5 : 5

πλύνων Ap 32 : 1, 5, 7; 54 : 5
  πλυνεῖ D 52 : 2; 54 : 1
  πλυνεῖν D 63 : 2; 76 : 2
πνεῦμα Ap 31 : 1; 33 : 5; 38 : 1;
  39 : 1; 40 : 5; 41 : 1; 42 : 1;
  44 : 1; 51 : 1; 53 : 6; 55 : 5;
  59 : 1, 3; 60 : 8; 63 : 2, 12;
  64 : 3 D 6 : 2; 25 : 1; 31 : 4;
  36 : 6; 37 : 2; 43 : 3, 4; 49 : 3,
  6; 52 : 1, 3; 54 : 1; 55 : 2; 56 :
  5; 73 : 2; 74 : 2; 77 : 3; 84 : 1;
  87 : 2⁵; 88 : 8; 91 : 4; 100 : 5;
  114 : 1; 124 : 1, 4; 139 : 1 T
  4 : 1, 2; 7 : 1; 12 : 4⁵; 13 : 2³,
  3; 20 : 1, 2 Ath 6 : 4; 10 : 3;
  12 : 2; 16 : 2; 18 : 2; 24 : 2, 3;
  27 : 1; 31 : 3
πνεύματος Ap 32 : 2, 8; 33 : 2,
  5; 40 : 1; 44 : 11; 47 : 1; 48 : 4;
  53 : 4; 61 : 3, 13; 63 : 14; 64 :
  4; 65 : 3; 67 : 2 D 7 : 3; 9 : 1;
  30 : 1; 32 : 3; 33 : 2; 34 : 1;
  36 : 2; 38 : 2; 39 : 6; 49 : 6, 7²;
  55 : 1; 56 : 3, 14; 61 : 1; 74 : 2;
  78 : 3, 8; 79 : 3; 82 : 3; 84 : 2;
  87 : 2, 3, 5; 88 : 1, 4; 93 : 1;
  113 : 4; 135 : 6 T 4 : 2; 7 : 1,
  3; 12 : 3; 13 : 2; 15 : 2; 16 : 2
  Ath 9 : 1²; 10 : 2; 12 : 2; 22 : 3;
  25 : 3; 27 : 1
πνεύματι Ar 15 : 1[, 3] Ap 35 : 3;
  60 : 7 D 4 : 1; 7 : 1²; 29 : 1;
  49 : 3 T 15 : 1, 3 Ath 5 : 2;
  6 : 3; 7 : 2²; 10 : 1
πνεῦμα Ap 6 : 2; 13 : 3; 33 : 6;
  60 : 6 D 39 : 2; 53 : 4; 56 : 15;
  65 : 4; 77 : 4; 87 : 4, 6; 88 : 3;
  105 : 5²; 123 : 8; 135 : 2 T
  12 : 3; 13 : 1, 3 Ath 6 : 4; 10 :
  3²; 22 : 3; 24 : 1²
πνευμάτων D 30 : 2; 35 : 2 T
  4 : 2; 12 : 1
πνεύματα D 7 : 3; 76 : 6
πνευματική T 15 : 3
  πνευματικόν D 11 : 5
  πνευματικήν D 43 : 2
  πνευματικούς D 118 : 2

πνοῆς Ath 7:1
πνοήν Ar 5:4, 5 D 65:4
ποδήρους D 42:1
ποδονιπτῆρα Ath 26:3
πόαις T 17:3
  πόας T 18:2
πόθεν Ap 29:4 D 7:1
ποθέν D 3:2; 127:1
ποθῶν D 2:3
ποθοῦσιν Ap 5:4
ποθούμενα Ap 39:5
ποθητόν D 57:4
πόθῳ M Ek HE 4:26:13
ποι D 5:2, 3; 9:2; 127:2
ποιῶ D 56:17; 81:1
  ποιεῖς D 56:20; 67:4; 118:5
  ποιεῖ Ap 16:10 App 3:3 D 3:4; 58:5; 128:3; 131:5 T 34:3 Ath 8:3, 4
  ποιοῦμεν Ath ⟨31:3⟩ (Sch)
  ποιεῖτε Ap 15:9, 10: 66:3 D 50:3; 95:2
  ποιοῦσι Ar 15:5² D 84:3 ⟨Ath 28:5⟩
  ποιοῦσιν Ap 15:9, 10 D 7:3; 40:4
  ἐποίουν D 115:3
  ἐποίει D 53:2; 61:4³; 69:7; 90:5; 102:4; 112:1; 114:1
  ἐποιοῦμεν D 11:1
  ἐποιεῖτε D 136:3
  ἐποίουν D 45:4; 87:4
  ποιῇς D 25:4
  ποιῇ Ap 40:9
  ποιῆτε Ap 15:17
  ποιῶσιν Ar 8:4
  ποίει D 8:4
ποιεῖν Ap 15:10; 39:4; 44:3; 52:10; 61:7 App 7:2 D 1:5; 21:2; 22:11; 23:1; 27:1, 2, 5; 41:1; 62:2; 67:8; 70:4²; 71:2; 84:1; 88:5; 94:3; 99:2; 100:1; 102:4; 117:3; 126:5; 128:3; 133:2, 6; 142:1 T 17:3
ποιῶν Ar 3:2 Ap 16:9 D 5:2; 34:6; 64:6 T 19:3

ποιοῦν Ap 16:13
ποιοῦντες Ar 13:1 App 4:3 D 10:3; 14:2 Ath 22:2
ποιοῦσι D 25:4
ποιοῦσιν D 55:2
ποιοῦμαι D 28:2; 32:2 Ath 28:5, 6
ποιεῖται Ap 65:3; 67:4
ποιούμεθα Ap 67:7
ποιοῦνται Ar 4:2 Ap 55:3; 61:3 D 1:3
ἐποιούμην D 39:8; 137:3
ἐποιεῖτο App 2:3 D 102:1
ἐποιοῦντο T 9:1
ποιεῖσθαι App 2:4 D 11:4; 29:3; 39:8; 56:16; 58:1; 68:2; 85:5; 87:3²; 115:3; 137:4; 142:1 T 15:3; 36:1
ποιούμενος D 44:1; 120:6; 124:1
ποιουμένου Ar 3:2
ποιούμενον Ap 43:5 D 85:5
ποιούμενοι Ap 14:3; 15:5 App 12:5 D 10:3 Ath 25:1
ποιήσω D 136:1
ποιήσεις D 25:4
ποιήσει App 11:4 D 46:7; 56:12 T 16:2
ποιήσειν D 69:4; 81:4; 125:3
ποιήσομαι D 39:8; 67:3; 68:9: 71:3; 80:3 T 30:2; 41:3
ποιήσεται Ar 11:4 Ap 53:2
ποιησόμεθα Ap 23:3; 30:1
ποιήσονται Ar 13:2
ποιησόμενοι Ap 65:1
ἐποίησα D 21:3; 70:2; 85:9; 118:2
ἐποίησας D 22:10; 37:3; 64:4
ἐποίησε Ap 10:3: 41:1; 67:7 D 13:6; 61:4; 86:1, 6; 90:3; 125:5 Ath 8:2
ἐποίησεν Ap 43:8; 48:3; 51:2; 59:2; 64:2 App 7:5 D 13:9; 23:5; 26:3; 62:1³; 69:1; 73:3; 88:5; 95:1; 102:4, 7; 112:3; 113:1; 127:3: 139:3; 141:2 T 7:1; 34:3

Ath 13:2²; 24:4; 25:2²; 32:1, 2
ἐποιήσαμεν Ap 16:11
ἐποιήσατε D 22:3;79:3;135:4; 136:2
ἐποίησαν Ar 8:5 D 7:3; 21:3; 49:5; 73:6; 74:4; 90:2; 111:1
ποιήσῃ D 8:4
ποιήσωμεν D 62:1, 2³
ποιήσητε Ap 3:5 D 142:3
ποιήσεις D 6:1
ποιήσαιμεν App 15:2
ποιῆσαι Ap 19:7; 57:1; 59:1; 60:3; 64:5 App 7:1; 11:7 D 9:3; 48:2; 49:7; 56:21; 58:12; 61:3²; 69:7; 78:7; 84:3; 94:1; 95:1; 102:3, 4; 114:5;125:5;129:3²;141:1
ποιήσας Ap 16:7; 26:2; 62:4 App 5:2 D 21:2; 55:2; 56:11; 65:4; 69:6²; 74:3; 92:6; 113:6 T 26:2
ποιήσαντος Ap 58:3 D 11:1; 56:11; 63:5; 64:1; 68:3 T 33:4
ποιήσαντι T 34:1
ποιήσαντα Ap 16:6 D 20:1; 74:1; 102:6
ποιήσαντες Ar 3:2; 13:7² Ap 56:1 D 20:4 Ath 17:1
ποιήσαντας D 103:2
ἐποιησάμην M Ek HE 4:26:14
ἐποιήσατο T 37:1
ἐποιησάμεθα D 68:4
ἐποιήσαντο T 20:2
ποιήσωμαι D 58:2 T 35:1
ποιήσηται App 13:4
ποιήσασθαι Ap 2:3 App 1:1 D 21:1; 71:3;120:5;123:7 Ath 3:2
ποιησάμενοι Ap 5:2
ποιησαμένους D 8:2
πεποίηκε Ap 26:5; 33:4 App 2:11 D 77:4 T 5:2
πεποίηκεν Ap 28:3; 32:11 T 5:2 Ath 8:4

πεποιήκατε D 17:3 T 1:3
πεποιήκασιν T 12:3; 33:3
ἐπεποιήκει D 20:2
ἐπεποιήκεισαν D 120:5
πεποιηκέναι Ap 22:6; 26:5: 30:1 App 4:2 D 18:1:46:6: 56:12; 115:4
πεποιηκώς App 5:2 D 15:2
πεποιηκότος T 12:3 Ath 8:2
πεποιηκότι Ath 12:1
πεποιηκότα Ath 4:2; 25:3
πεποιηκότων Ath 17:4
πεποίημαι Ap 1:1 D 56:18
πεποίηται Ap 45:1 App 2:7 D 29:3; 139:1 T 11:2
πεποιήμεθα Ap 68:3 D 123:7
πεποίηνται D 7:2
πεποιῆσθαι D 79:2; 121:3
πεποιημένος T 5:3; 30:1
πεποιημένη T 13:1
πεποιημένοι Ath 11:3: 34:1
ποίημα D 62:3 T 9:1
ποίημα T 34:1
ποιήματα Ath 5:2
ποιημάτων App 6:3 D 62:4²; 84:2; 100:4 T 33:1
ποιήμασι T 4:2
ποιήμασιν Ar 13:5
ποίησις T 42:1
ποιήσεως D 56:10:62:1 T 4:2; 7:1; 29:2; 31:2
ποίησιν D 64:8 T 1:1; 3:1; 5:1, 2; 10:2; 12:1 Ath 29:1
ποιητής D 56:4, 10; 58:1: 60:2; 67:6; 74:3 T 3:2: 6:1 Ath 8:1, 2, 3, 4; 10:4
ποιητοῦ D 38:2; 48:2; 56:12, 23; 57:3; 60:2, 3²; 84:2 T 31:4 Ath 8:4; 27:2
ποιητῇ D 117:5 Ath 23:5
ποιητήν Ap 20:2; 26:5; 58:1; 67:2 D 7:3; 16:4; 34:8; 35:5; 50:1; 55:1; 56:1, 3, 4, 14, 16; 60:2, 3; 116:3 Ath 4:2; 6:2; 16:3; 27:1; 30:4; 32:1
ποιηταί Ar 13:5 Ap 4:9; 44:9

App 5:5; 8:1; 10:6; 11:8
T 22:3 Ath 5:1; 7:1; 10:1;
24:1
ποιητῶν Ap 23:3; 54:1, 2 App
12:5; 13:2 T 31:1 Ath 24:1;
30:3²
ποιηταῖς Ap 20:3, 4; 33:3;
59:6 Ath 24:5
ποιητάς App 10:6
ποιητική Ath 22:1
ποιητικήν T 1:3
ποιητικόν Ath 19:3
ποιητικοῖς App 15:3
ποιητόν Ath 34:1
ποιητρίας T 34:2
ποικιλίαι T 17:2
ποικιλίαις T 32:1
ποικιλίας T 35:1
ποικίλον D 3:6
ποικίλην Ap 10:6
ποικίλοι D 58:4
ποικίλαι T 20:2
ποικίλων D 134:5
ποικίλαις T 16:1
ποικίλους D 58:5
πεποικιλμένη D 38:4, 5; 63:4
ποικίλως App 12:6
ἐποίμαινε T 21:1
ποιμαίνοντος Ap 62:3
ποιμανεῖς Ap 40:15
ποιμανεῖ Ap 34:1 D 50:4; 78:1
ποιμήν D 50:4
ποιμένα D 53:6²
ποιμνίον D 50:4
ποιμνίων D 22:5, 8; 135:4
ποῖος D 49:8
ποία D 8:3
ποῖον T 1:1
ποίου D 104:1
ποίας Ath 13:2
ποῖον Ap 37:3 D 22:11 Ath
9:2; 35:2
ποίαν Ap 19:5 T 17:2 Ath 25:2
ποῖα Ap 52:10 Ath 22:5
ποιοτήτων Ap 13:2
πόκον D 34:3
πολεμεῖ D 49:8

πολεμοῦμεν Ap 39:3
πολεμοῦσιν T 16:2
ἐπολέμει D 90:4
πολεμεῖν Ap 39:1 D 49:8;
109:2 T 19:2; 32:2
πολεμοῦντες T 26:3
πολεμούντων D 131:4
πολεμούντων Ath 3:1
πολεμούμεθα App 12:6
πολεμουμένην D 24:3
πολεμούμενοι Ath 2:5
πολεμηθήσεσθαι D 49:8
ἐπολέμησε D 77:2
ἐπολέμησεν Ath 20:2
πολεμῆσαι D 83:1
πολεμηθείσης D 52:3
πολεμηθέντες D 110:6
πολεμικάς T 32:2
πολεμικά D 110:3
πολέμιον D 91:4
πολεμίων D 132:2 M Ap HE
4:26:6
πολεμίους Ap 31:5 D 83:3;
111:4 T 16:2
πολεμιστής Ar 10:7²
πολεμοποιός [T 8:3]
πόλεμος T 39:3
πολέμου D 9:3; 110:3 T 36:1
πολέμῳ Ap 31:6 D 36:4 T 19:3
πόλεμον D 1:3; 31:5; 65:6
T 26:3; 41:2
πολέμοις T 8:3 Ath 21:3
πολέμους Ar 8:6 App 5:4
πόλις App 10:5 D 25:5; 26:3;
56:21; 108:1 T 26:1 Ath
26:2
πόλεως Ap 1:1 D 34:5; 56:21;
85:8; 107:2², 4; 108:3 T
29:1 Ath 31:1
πόλει Ap 26:2 App 1:1; 6:6
D 2:6; 58:13 T 17:1; 19:1;
35:1 Ath 28:4
πόλιν D 56:21; 107:2, 3²
πόλεις Ap 53:8 D 16:2 Ath
1:2; 14:2
πόλεων T 28:1; 40:1

πόλεσι M Ap HE 4:26:10 Ath
  13:1
πόλεσιν D 50:4 Ath 14:1
πόλεις Ap 3:3; 67:3 App 5:5
  D 13:8; 56:12, 21 Ath 2:1;
  23:1
πολιτείας App 10:6 D 119:5;
  121:3 T 40:1; 42:1
πολιτείαν Ap 4:2 D 47:4²;
  105:6 T 9:1; 27:2; 28:1;
  34:3
πολιτείας T 4:1
πολίτευμα T 19:2
πολιτευταί Ap 65:1
ἐπολιτεύοντο D 109:1
πολιτεύεσθαι D 67:2,4 T 25:2
πολιτευόμενοι T 12:4
πολιτευομένοις T 13:3
πολιτευομένας T 33:3
πολιτευσαμένους D 45:3
πολλάκις Ap 7:2; 9:2 App 3:3;
  10:3 D 55:1²; 62:2; 67:
  11²; 76:2; 77:1, 4²; 85:5²;
  94:4; 113:1; 123:3, 4;
  128:2 T 1:3; 11:2²; 18:1;
  22:1 M Ap HE 4:26:10
  M Ek HE 4:26:13
πολλάκι Ath 25:1
πολλαχοῦ D 114:2
Πολυδεύκους Ath 29:2
πολυειδές D 3:6
  πολυειδῶν D 134:5
πολυελέου D 108:3
πολύθεα Ar 13:8
πολυκοιρανίην T 14:1
πολύκρανος D 2:2
πολυμερής T 15:1
  πολυμερές Ar 13:5
πολυμόρφων D 134:5
Πολυνείκους T 34:1
πολύποδος T 2:1
πολυπραγμονεῖν T 24:1
πολύς D 78:8 Ath 36:2
  πολλή D 120:2 T 8:2 M P HE
    4:26:3
  πολύ D 2:6; 119:4; 120:2
  πολλοῦ D 7:1; 68:2

πολλῆς D 3:1; 50:1; 131:3
  T 32:3; 33:1²; 34:1 Ath
  11:1
πολλοῦ D 112:3 Ath 32:3
πολλῇ T 40:1
πολλῷ Ar 11:7 Ap 68:9 T
  17:4²
πολύν Ap 39:1 App 2:11 D
  123:7 Ath 21:3
πολλήν Ar 9:1 D 112:1 T
  14:1; 25:1; 35:1
πολύ Ar 6:2 Ap 65:3 App
  3:3²; 8:3 D 2:4; 4:4:
  14:5; 95:1; 115:6; 137:2;
  141:4 T 36:2; 37:2; 41:2.
  3 M Ap HE 4:26:6, 11 Ath
  4:1; 12:2; 20:4 (Sch); 33:1
πολλόν Ath 28:1
πολλοί Ap 15:6; 16:11, 13:
  46:3; 50:4; 58:2 App 6:6
  D 4:3; 10:2; 13:3; 35:3²,
  4; 42:3; 76:5; 80:2; 82:1,
  2, 3; 98:4²; 102:1; 103:1;
  104:1 Ath [1:2;] 13:1; 15:1
πολλαί Ap 15:6 D 92:5 Ath
  28:4
πολλά Ap 50:4; 53:5 D 5:6;
  13:3, 8; 74:4; 107:4:109:2;
  115:1; 119:3; 128:4 T 3:3:
  5:2
πολλῶν Ap 50:2; 51:5 App
  3:2 D 13:7; 42:3; 60:5;
  109:2; 115:6; 126:1; 128:4
  T 3:2; 22:2; 27:1; 29:2
  Ath 1:3; 2:5; 27:2; 30:3;
  31:2
πολλῶν D 86:3 T 5:2 Ath 16:3
πολλῶν Ar 4:2 Ap 16:4 D
  11:5; 35:7; 42:3; 46:5;
  57:4; 63:1; 119:4 Ath 12:3
πολλοῖς Ap 51:4 App 13:1 D
  13:7; 28:1; 30:1; 49:2;
  92:1; 124:4; 125:5; 128:1;
  130:3 T 35:1 M Ap HE 4:
  26:10² Ath 1:4; 26:1
πολλαῖς Ap 9:1 T 35:1
πολλοῖς D 46:4; 118:1; 120:4

Τ 36 : 1
πολλούς Ar 2 : 1; 5 : 3; 7 : 3;
  8 : 2 Ap 7 : 2; 25 : 2; 26 : 4,
  5; 51 : 5; 54 : 2; 56 : 1 App
  6 : 6 D 2 : 1; 13 : 7; 35 : 1, 3;
  50 : 1; 68 : 6; 80 : 2; 82 : 2;
  83 : 4 Τ 13 : 2 Ath 23 : 5;
  33 : 1; 36 : 2
πολλάς Ap 21 : 5; 53 : 1 D 59 : 2;
  71 : 2; 141 : 4 Τ 39 : 1
πολλά Ar 7 : 3; 9 : 7; 11 : 7 Ap
  10 : 6; 24 : 1 D 1 : 2; 2 : 5;
  8 : 1; 38 : 1; 51 : 2; 74 : 2;
  76 : 7; 85 : 4; 100 : 3 Τ 38 : 1
  Ath 18 : 3; 24 : 5; 29 : 2
πολυσπλαγχνίας D 55 : 3
Πολυστράτου Τ 34 : 1
πολυτιμοτέρου Τ 30 : 1
πολυΰδρου D 102 : 5
πολυφθογγία D 102 : 4
πολύφρονος Ath 21 : 3
πολυχρονίως Τ 14 : 2
πολυχρύσω Τ 10 : 3
πολυωνύμων Ar 2 : 1
πόμα Ap 66 : 2
πομπεύετε Τ 26 : 3
πομπάς Ap 13 : 2
Πομπήϊε, Μάρκε D 141 : 5
πονέσουσιν D 81 : 2
  πονέσαι D 90 : 2
  πονηθέντα App 10 : 2
πονηρεύειν Ap 61 : 1
  πονηρεύησθε D 64 : 2
  πονηρεύεσθαι D 64 : 3
  πονηρευόμενον D 30 : 1
  πονηρευόμενοι Ap 64 : 5
  πονηρευομένων D 98 : 4; 104 : 1[2]
  πονηρεύσωνται D 88 : 5
  πονηρευσάμενος D 45 : 4
  πονηρευσαμένου D 88 : 4
  πονηρευσάμενοι D 141 : 1
  πονηρευσαμένους D 79 : 1
πονηρίας D 41 : 1, 4; 114 : 4 Τ 7 : 2;
  15 : 3; 23 : 2; 30 : 1
πονηρία Ap 7 : 5
πονηρίαν Τ 11 : 2
πονηρίας Ap 44 : 3; 61 : 7 D 18 : 2

πονηρός D 125 : 4 Ath 2 : 3, 4[2];
  24 : 5; 32 : 2
πονηρά D 107 : 1
πονηρόν Ap 37 : 2 Ath 2 : 2
πονηροῦ D 78 : 9 Ath 36 : 1
πονηροῦ Ap 16 : 5 D 39 : 6
πονηρόν D 105 : 3
πονηράν Ap 3 : 1 D 17 : 2; 22 : 5;
  133 : 2; 136 : 2; 137 : 3
πονηρόν App 13 : 1 D 17 : 2[2];
  62 : 3; 133 : 4[2]; 135 : 4; 136 : 2
  Τ 10 : 2
πονηροί Ap 2 : 4; 66 : 4 D 79 : 3
  Ath 29 : 2
πονηρά D 133 : 2
πονηρῶν Ap 27 : 1 App 2 : 19;
  12 : 3 D 93 : 1 Τ 22 : 1
πονηρῶν D 30 : 2 Τ 17 : 3; 23 : 2
πονηραῖς Ap 61 : 10
πονηρούς Ap 15 : 13; 22 : 6; 51 : 2
  App 9 : 4 D 13 : 6; 42 : 3; 79 : 2;
  96 : 3; 141 : 2 Ath 2 : 3; 11 : 1;
  12 : 1; 24 : 4
πονηράς Ar 8 : 4 D 5 : 3 Ath 2 : 2
πονηρά D 17 : 2; 43 : 6[2]; 66 : 3[2];
  76 : 6
πονηροτέραν D 107 : 2
πονηρότερα Ar 11 : 7
πόνου Ap 51 : 4 D 13 : 7
πόνῳ Ap 50 : 8 D 13 : 4; 125 : 5
πόνον D 85 : 8
πόνων Ap 21 : 2 D 81 : 2, 3
Ποντικόν Ap 26 : 5
Ποντίου Πιλάτου Ap 13 : 3; 35 : 9;
  46 : 1; 48 : 3; 61 : 13 App 6 : 6
  D 30 : 3; 76 : 6; 85 : 2
πόντου Ath 29 : 2
Πόντου Ap 58 : 1
πόποι Ath 21 : 1
πορείαν Ar 4 : 2 Τ 16 : 1; 38 : 1
πορεύεται Ath 23 : 5
  πορεύεσθε D 13 : 2
  ἐπορευόμην D 3 : 1
  πορεύεσθε App 4 : 1 D 21 : 2
  πορεύεσθαι Ap 12 : 1, 2 App 2 : 19
  πορευόμενος D 70 : 2
  πορευόμενοι D 79 : 3

πορευομένοις D 24:4; 97:2
πορευομένους Ap 35:3; 38:1;
    49:3
πορεύσεται D 13:2
πορευσόμεθα D 109:2, 3
πορεύσονται D 109:2, 3
ἐπορεύθην D 16:1
ἐπορεύθη Ap 40:8 D 58:11
ἐπορεύθησαν D 16:1; 21:2;
    27:3
πορευθῆς D 58:12
πορευθῶμεν D 24:3; 135:6
πορεύθητε D 22:4
πορευθείς App 2:6
πεπορευμένοι D 86:6
πορίζειν T 25:1
πορνεία D 93:1
    πορνείας D 78:3 T 34:3 Ath
    34:1
    πορνεία Ap 27:1
    πορνείαν T 11:1; 34:3
    πορνείαις Ap 14:2 D 116:1
πορνεύουσιν Ar 15:4
    πορνεύοντες D 141:4
    ἐπόρνευσεν D 34:3
    πορνεῦσαι D 132:1
πόρνη Ath 34:1
    πόρνης D 16:5
    πόρνη D 111:4
    πόρνην D 116:3
    πόρνας D 34:2
πορνικόν T 33:2
πόρνος T 34:3
    πόρνον App 2:16
    πόρνοι Ap 15:9 D 111:4
πόρων Ap 13:2
    πόρους Ap 14:2 App 2:4
πόρπας T 8:3
πόρρω D 10:2; 27:4; 78:11;
    80:4 T 15:2; 32:1
πόρρωθε D 70:2
πόρρωθεν D 70:3
πορσύνη Ath 26:2
πορφυρίδι T 2:1
Ποσειδῶν T 8:3 Ath 22:2
    Ποσειδῶνος App 5:5 T 8:2; 25:3

Ποσειδῶνι Ath 1:1
πόσις Ath 22:2
πόση D 31:1
πόσον Ath 15:1
πόσον D 32:4
πόσοι T 40:2
πόσα D 85:5 M Ek HE 4:26:13
πόσους Ap 21:2
ποσόν App 12:7 D 142:1
ποταμός D 31:2
    ποταμοῦ D 51:2; 103:6
    ποταμῷ Ap 26:2
    ποταμόν D 49:3; 86:2, 6; 88:
        3, 4; 109:2
    ποταμῶν D 34:4; 36:3; 91:1
    ποταμοῖς T 6:2; 18:2
    ποταμούς Ap 24:1
ποταπή T 15:2
πότε D 124:2
ποτέ Ar 7:2²; 11:1,3³ Ap 14:1²;
    19:5; 31:8³; 36:2⁴; 40:18;
    43:6; 63:10² App 2:5, 9
    D 2:1; 3:1, 7; 4:1, 3; 5:1,
    4, 5, 6; 6:2; 11:1; 27:2;
    32:5; 48:1, 2; 52:4; 56:1,
    11; 61:1⁶; 65:2; 73:2; 75:
    2; 77:3; 97:4; 102:6; 119:
    1; 126:1; 127:2, 4; 128:2²;
    137:2; 142:1 T 1:2; 15:1;
    22:1² Ath 1:3; 3:2; 31:2
πότερον T 21:2 Ath 26:3
ποτήριον Ap 65:3; 66:4 D 99:2;
    103:8
    ποτηρίου D 41:3; 70:4; 117:1
    ποτήριον Ap 66:3
ποτιζούσης D 114:4
    ποτίσαντος D 107:3
πότνια Ath 18:4
ποτοῦ Ar 7:2
    ποτῷ Ar 15:10
ποῦ D 25:2²; 70:3³; 99:3² T
    10:1 Ath 5:2; 8:2, 3
πού Ap 3:3 D 8:4; 78:5; 122:
    5; 125:2; 126:2 T 37:1 Ath
    8:4; 23:3; 32:3
πούς Ath 8:1
    πόδα D 27:1²

ποδῶν Ap 37 : 4; 45 : 2 D 22:11;
  32 : 3, 6; 36 : 5; 37 : 3; 56 : 14;
  62 : 5; 64 : 4; 83 : 1, 2; 127 : 5
  Ath 9 : 2
ποσί D 31 : 5
ποσίν Ap 35 : 7
πόδας Ap 35 : 5, 7; 38 : 4 D 97 :
  3², 4; 98 : 4; 104 : 1; 114 : 3
πρᾶγμα Ap 39 : 5 D 68 : 6; 85 : 5;
  123 : 2
πράγματος App 2 : 14²; 6 : 3 D
  8 : 2; 91 : 2, 3 Ath 15 : 1
πράγματι Ath 28 : 5, 6
πρᾶγμα Ap 8 : 4; 68 : 7 D 42 : 3;
  56 : 21; 57 : 4; 68 : 1 Ath 11 : 3
πράγματα D 23 : 4
πραγμάτων Ap 68 : 1 App 2 : 8
  D 3 : 5; 28 : 2; 67 : 3; 84 : 3;
  105 : 4; 114 : 2 T 17 : 3; 33 : 1;
  36 : 1; 38 : 1 (MPV) Ath 5 : 1
πράγμασιν Ap 9 : 3
πράγματα Ap 3 : 1 App 4 : 1;
  10 : 4
πραγματείας T 41 : 2
πραγματεία Ath 17 : 3
πραγματείαις T 22 : 2
πραγματεύεται T 22 : 2
πραγματεύεσθαι T 15 : 1
πραγματευόμενον T 29 : 1
πραγματευόμενοι T 18 : 3
πραγματευομένους T 32 : 2
ἐπραγματεύσαντο T 18 : 3
πραγματεύσησθε T 35 : 2
πραγματεύσασθαι T 19 : 1
πραγματευσάμενος T 37 : 1
πρακτικός D 3 : 3
πράκτορες D 133 : 2
Πραξαγορίδα T 33 : 1
Πράξιλλαν T 33 : 1
πρᾶξις D 44 : 2; 134 : 2; 141 : 4
πράξεως D 103 : 5; 134 : 3
πράξει D 46 : 5; 116 : 1; 134 : 2
πρᾶξιν D 14 : 3; 35 : 7
πράξεις Ap 21 : 4; 64 : 6 D 94 : 2
  T 8 : 4; 39 : 2, 3
πράξεων Ap 4 : 1, 6; 12 : 1;
  17 : 4; 22 : 4; 43 : 2; 44 : 11

App 2 : 3, 7; 11 : 7; 12 : 4 D
  115 : 6 T 22 : 1; 29 : 1
πράξεσιν Ar 11 : 7
πράξεις Ap 5 : 2, 4; 7 : 4; 46 : 3
  D 68 : 8; 78 : 9; 115 : 4; 134:1
  T 9 : 3 (MPV); 38 : 1 Ath 2 : 2;
  11 : 3
Πραξιτέλης T 33 : 3; 34 : 3
Πραξιτέλους Ath 17 : 4
πρᾶος Ap 35 : 11
πράου Ath 12 : 1
πρᾶον D 3 : 1 Ath 1 : 2
πραότητος Ap 16 : 3 D 38 : 3
πραπίδων Ath 25 : 1
πράττω D 64 : 2; 85 : 7
πράττεις D 58 : 2
πράττομεν App 4 : 1
πράττετε Ap 55 : 6 App 12 : 7
πράττουσι Ap 4 : 8; 26 : 7
πράττουσιν App 12 : 4 D 141 : 4
  T 14 : 1; 16 : 2
ἔπραττες D 47 : 1
ἔπραττε App 2 : 7
ἔπραττον Ar 11 : 7 D 45 : 3
πράττητε D 14 : 2
πράττωσι D 93 : 1; 141 : 1
πράττωσιν D 93 : 1
πρᾶττε D 57 : 4
πράττετε Ap 12 : 6
πράττειν Ap 2 : 1; 27 : 5; 28 : 3;
  29 : 2; 43 : 8; 44 : 5 App 2 : 6;
  7 : 3, 7; 9 : 2; 14 : 2 D 35 : 4;
  45 : 3; 68 : 3; 88 : 5; 92 : 5;
  101 : 1; 141 : 4 T 21 : 2 Ath
  25 : 2
πράσσειν D 23 : 1 M Ap HE 4 :
  26 : 11
πράττων App 3 : 2
πράττοντος T 17 : 4
πράττοντα App 2 : 7 T 15 : 2
πράττουσαν Ap 43 : 6
πράσσοντες D 10 : 4
πράττουσι Ap 27 : 5 App 14 : 2
πράττοντας Ap 16 : 8; 68 : 10
  D 134 : 1
πράττεται Ap 4 : 8 M Ap HE
  4 : 26 : 6

πράττεσθαι Ap 44:11 D 114:1
   T 33:2
πραττόμενον Ap 12:3
πραττόμενα Ap 27:5 App 1:1
πραττομένων Ap 43:3; 44:11
πράξω D 72:1; 77:2
πράξεις D 57:4
πράξουσιν Ar 8:5
πραχθήσεσθαι Ap 44:11
πραχθησομένων Ap 32:5
ἔπραξε App 10:7 D 101:2;
   103:5
ἔπραξεν D 141:3
ἐπράξαμεν D 86:6
ἐπράξατε D 16:4; 17:1; 95:2;
   102:6; 108:1; 137:4
ἔπραξαν Ar 13:7 Ap 21:6;
   25:1
πράξωμεν App 4:3 D 116:2
πράξαι Ap 10:6; 12:5; 28:2;
   44:12; 57:1 App 5:5 D 34:
   8; 56:11; 126:6 M Ek HE
   4:26:13
πράξας D 46:2
πράξαντα App 2:16
πράξαντες App 15:4 D 12:2;
   29:3; 110:6
πραξάντων App 11:8 D 132:3
πράξασι App 14:2
πράξασιν Ap 2:1
πράξαντος Ap 5:4; 21:5 App
   10:6; 12:6 D 68:6; 94:5
ἐπράχθη M Ek HE 4:26:14
πραχθῆναι App 12:3
πραχθέντα D 34:8 Ath 20:2
πέπρακται Ath 18:2
πεπραγμένα App 1:3
πρασώδη T 20:2
πραΰς D 53:3
πραεῖς Ar 15:5
πρέπει M Ap HE 4:26:6
πρέπουσα D 123:4
πρέπον Ap 3:1
πρέποντα App 2:16
πρεσβεύοντος T 15:2
πρεσβεύοντι T 40:1
πρεσβυτάτου T 41:4

πρεσβύτατον T 31:1
πρεσβύτατοι T 31:2
πρεσβύτερος Ap44:8; 54:5 T 36:1:
   39:1; 40:1; 41:1
πρεσβυτέρου Ap 59:1
πρεσβύτερον App 6:1
πρεσβυτέραν T 31:1 Ath 19:3
πρεσβύτεροι D 40:4; 68:7; 84:3
πρεσβύτερα Ap 23:1 Ath 36:2
πρεσβυτέρων D 71:1, 2; 78:1²;
   133:3
πρεσβυτέραις T 29:1
πρεσβυτέρους D 131:1 Ath 17:1
πρεσβύτης D 3:1; 81:1
πρεσβύταις T 33:1
πρεσβῦτις T 21:1
πρεσβύτιδες T 32:1
πρηνεῖ D 90:5
πριζομένους Ar 13:2
ἐπρίσατε D 120:5
πρίν Ap 4:4; 12:10; 19:2; 23:3:
   30:1; 31:1, 8; 40:7; 42:3;
   52:1; 53:2; 62:1 D 9:2²:
   43:6³; 47:4²; 66:3³; 77:2²,
   3²; 80:1; 81:2; 85:8²; 103:
   3; 118:1; 127:2; 128:4:
   141:3 T 6:1; 9:3; 10:1:
   27:1; 36:1
Πρίσκου Ap 1:1
πρίονι D 120:5
πρό Ar 9:2 Ap 2:1; 12:6²; 14:
   4; 17:1; 39:5; 42:3; 44:1:
   45:4; 46:1; 55:5; 56:1:
   67:7; 68:8 App 3:6; 6:3
   D 7:1, 3; 11:2; 13:2; 16:4:
   20:1; 23:3²; 27:5²; 32:6:
   34:3, 6; 45:4; 46:3, 5; 48:
   1; 49:2, 5; 56:5, 10; 61:1,
   3⁶; 62:4²; 63:3; 64:5, 6²:
   65:2,5; 67:7; 68:1; 72:3:
   75:1; 76:7²; 83:2, 4; 92:
   3, 5; 96:1; 100:2, 4; 106:
   1; 115:2, 5; 129:3⁶,4; 131:4
   T 6:1; 7:1; 12:1; 31:2, 3:
   36:2; 41:1, 3 Ath 2:3; 18:1, 2
προαγγελία D 53:4; 102:5; 103:
   1, 7, 9; 104:1; 105:1

προαγγελίαν D 102 : 1; 131 : 6
προαγγελτικόν Ap 32 : 7; 45 : 5
προαγγελτικῶς Ap 36 : 2
προαγορεύσεων T 13 : 3
προαγορεύει T 19 : 3
 προαγορεύουσι T 19 : 3
 προηγόρευε D 14 : 1
προάγει Ath 36 : 2
 προάγετε Ap 21 : 3
 προάγων T 41 : 2
 προάγοντα D 33 : 1
 προάγοντας Ap 27 : 1
προαγωγεύονται Ap 27 : 4
προαιρέσεως Ap 61 : 10 T 7 : 1
 Ath 11 : 3; 18 : 1
 προαιρέσει Ap 43 : 3, 4, 8 D 88:5
 προαίρεσιν Ap 67 : 6 App 7 : 3
προαιρῇ T 19 : 2
 προαιρούμενοι D 38 : 2
 προελέσθαι D 43 : 6; 66 : 3
προῄρημαι T 5 : 2
 προῄρησθε T 33 : 4
προημάρτομεν Ap 61 : 10
 προημαρτημένων Ap 61 : 2
προανιστόρησα D 32 : 2; 68 : 9
 προανιστορημέναι D 73 : 6
 προανιστορημένα D 131 : 5
 προανιστορημένων D 39 : 7
 προανιστορημένοις D 63 : 2; 64: 5
προαπέδειξα D 88 : 2
 προαποδέδεικται D 92 : 5; 138 :
 3; 139 : 4
προβεβηκόσι Ath 32 : 3
προβάλλειν D 67 : 3
 προβάλλοντος D 28 : 1; 76 : 1
 προβάλλοντες D 61 : 2
 προεβάλλου D 77 : 1
 προεβάλλοντο Ap 26 : 1; 54 : 2,
 8; 56 : 1; 58 : 1
 προβάλλεσθε T 1 : 2
 προβαλλόμενος T 5 : 2
 προβαλλόμενοι D 61 : 2
 προβαλεῖσθε D 64 : 2
 προβληθῇ D 65 : 2
 προβληθέν D 62 : 4
 προβάληται App 9 : 3
 προβεβλημένη T 5 : 3

προβεβλημένην T 12 : 1
πρόβατον Ap 50 : 10 D 13 : 5; 32 : 2;
 40 : 3²; 72 : 3; 89 : 3; 111 : 3;
 114 : 2
 προβάτου D 40 : 1, 3
 πρόβατον D 40 : 2; 46 : 2; 90 : 1
 T 10 : 2
 πρόβατα Ap 50 : 10 D 4 : 3; 13 : 5;
 53 : 6; 58 : 4
 προβάτων Ap 16 : 13; 27 : 1 D 13 : 1;
 35 : 3²
 πρόβατα Ap 62 : 3 D 58 : 4, 5;
 86 : 2 Ath 31 : 3
προβίβασον D 90 : 1
πρόβλημα App 11 : 7 D 65 : 3
προγενέστερος T 41 : 1
προγενόμενοι Ap 46 : 4
 προγενομένοις D 45 : 4
 προγεγενημένοι App 10 : 4
 προγεγενημένων Ap 46 : 1
προγινώσκει Ap 28 : 2
 προεγίνωσκεν D 77 : 3; 141 : 2
 προεγινώσκετο Ap 49 : 6
 προεγινώσκοντο Ap 53 : 10
 προγινωσκόμενοι D 140 : 4
 προγνούς T 8 : 4
 προέγνωστο D 70 : 5
 προεγνωσμένος D 70 : 5
 προεγνωσμένων Ap 45 : 1 D 42 : 4
 προεγνωσμένα Ap 43 : 1
προγνώσεως D 39 : 2
 πρόγνωσιν D 92 : 5; 134 : 4 T 1 : 1
προγνώστης D 16 : 3; 82 : 1 T 19 : 3
 προγνώστου Ap 44 : 11
 προγνώστην D 23 : 2; 35 : 7; 92 : 2
προγνωστικῇ T 12 : 5
 προγνωστικόν T 7 : 2; 29 : 2
προγόνου M Ap HE 4 : 26 : 7
 πρόγονοι D 119 : 4 M Ap HE
 4 : 26 : 7 Ath 34 : 2
 προγόνων Ath 30 : 2
 προγόνοις D 10 : 1
 προγόνους Ath 23 : 3
προέγραφα D 78 : 6; 128 : 1
 προεγράψαμεν Ap 61 : 6; 63 : 2;
 64 : 2
 προγράψητε App 15 : 2

προγέγραπται D 43 : 3
προγεγραμμένοι App 10 : 4 (AB)
προγεγραμμένων D 60 : 2
προγεγραμμένων D 56 : 18
προγεγραμμέναις Ap 54 : 9
προεδήλωσα D 105 : 1
  προεδηλώσαμεν Ap 56 : 1
  προδηλωθέντων Ap 59 : 5
  προδεδήλωται Ap 55 : 1
  προδεδηλωμένος Ap 33 : 6
  προδεδηλωμένου Ap 33:5; 59:1
προδήλωσις D 53 : 1
προδιαβεβλημένοι Ap 14 : 1
προΐασιν T 23 : 2
  προιέναι T 18 : 3
  προϊών D 88 : 2
  προϊόντος Ap 22 : 4; 35 : 2 Ath
    1 : 3
προελεύσεως D 50 : 2, 3
προεξηγησάμην D 105 : 2
προηπίστατο D 56 : 8
  προεπιστάμενος D 133 : 2
προηρεύνησαν T 31 : 2
προέρχεσθαι D 64 : 7
  προελευσόμενος D 43 : 1
  προῆλθε D 49 : 3 Ath 18 : 3
  προελθεῖν D 61 : 3; 129 : 3
  προελθών T 5 : 2 Ath 10 : 3
  προελθοῦσα D 30 : 1
  προελθόντα D 64 : 7; 100 : 4
  προελθόντων Ap 23 : 1
  προελήλυθε D 51 : 2
  προελήλυθεν D 50 : 2; 88 : 2
προετοιμάζων D 16 : 3
  προητοίμασεν D 138 : 3
  προητοιμασμένην D 131 : 2
προὔχει T 15 : 3
  προὔχειν T 41 : 3
  προὔχων T 23 : 2
  προὔχοντι D 2 : 6
  προὔχοντες Ath 7 : 2
  προὔχοντας T 3 : 3
  πρόσχες D 98 : 2, 5; 99 : 1; 105 : 1
προὐθυμήθην T 33 : 1, 2
  προεθυμήθημεν Ap 12 : 11
  προὐθυμήθησαν T 12 : 4
πρόθυμος Ath 28 : 3

προθυμότεροι D 38 : 2
προθύμως D 59 : 1 Ath 37 : 2
προέσθαι Ar 15 : 10
  προεμένῳ App 3 : 7 (AB)
προῖκα T 32 : 1
προεστώς Ap 67 : 4, 5
  προεστῶτος Ap 65 : 5
  προεστῶτι Ap 65 : 3; 67 : 6
Προῖτος T 39 : 1
Προῖτον T 39 : 3
προκαλεῖσθαι D 123 : 7
  προκαλουμένων T 23 : 1
προκατηριθμημένοις Ap 22 : 3
προκατάρχειν Ath 19 : 3
  προκατάρξαντες Ath 11 : 2
προκατασχεθῆναι Ath 2 : 4
προκατεσχηκυίᾳ Ap 2 : 3
πρόκειται Ath 34 : 2
  πρόκεινται T 23 : 1
  προκείμενον Ath 18 : 1
  προκείμενον App 9 : 5
  προκειμένων D 67 : 3
  προκειμένοις Ath 36 : 2
προκηρύγματα D 131 : 5
προκήρυξις D 134 : 2
  προκήρυξιν D 115 : 4; 125 : 5
προεκήρυσσε D 111 : 4; 122 : 5
  προεκήρυσσεν D 76 : 3; 120 : 3
  προκηρυσσόντων Ap 54 : 3
  προκηρυσσούσας D 115 : 4
  προεκηρύσσετο D 91 : 4
  προκηρυσσόμενος Ap 54 : 7
  προκηρυσσόμενον D 111 : 1
  προκηρυσσόμενον Ap 31 : 7
  προεκήρυξε Ap 31 : 1; 61 : 13
  προεκήρυξεν D 84 : 2
  προεκήρυξαν Ap 52 : 3 App 8 : 5
  προκηρυχθέντα Ap 58 : 1
  προεκεκηρύχει D 78 : 6
  προεκεκήρυκτο Ap 36 : 3; 56 : 1
    D 106 : 1
  προκεκηρύχθαι Ap 52 : 1
  προκεκηρυγμένα Ap 52 : 2
πρόκλησιν Ap 3 : 2 (AB); 67 : 4
Προκοννησίου T 41 : 1
προκόπτει D 56 : 16
  προέκοπτον D 2 : 6

προκοπτόντων D 11:5
προκρίνεις M Ek HE 4:26:13
προκριθείη D 5:5
προλαμβάνοντος D 131:4
προλαβών D 35:2; 84:2; 102:
3; 117:1; 124:1
προσειλήφαμεν Ap 19:6 (AB)
προλέγει Ap 42:2; 44:11 D 41:3;
141:2
προλέγομεν Ap 14:1; 68:2
προϋλεγε T 7:2
προέλεγεν D 69:4; 101:2; 103:
2; 139:2
προϋλεγον T 20:3
προλέγειν D 128:2
προσελέγετο D 111:1
προλεχθέντας Ap 7:2
προλεχθέντα D 56:4
προλέλεκται Ap 54:9 D 134:4
προσελέλεκτο D 132:3
προλελεγμένη D 56:12
προλελεγμένην D 69:2
προλελεγμέναι D 43:1
προλελεγμένων D 60:1
προλελεγμένων Ap 43:1
προλελεγμένοις D 46:4; 49:2;
63:4; 64:3
προλελεγμένους D 14:3; 62:2
προλελεγμένα D 42:2; 64:3
προλήμματι T 3:3; 27:1
προλήψεως App 4:4 D 17:1
προλήψει Ap 2:3
πρόληψιν Ath 5:1
Προμηθεύς T 21:1; 39:2
Προμηθέα T 10:2
προμηνύει D 141:2
προεμήνυεν D 76:2
προεμηνύομεν Ap 33:5
προεμήνυον D 17:1
προμηνύουσα Ath 27:2
προεμήνυσε Ap 33:2; 60:8 D
51:2
προεμήνυσεν Ap 28:1 D 54:2
προεμηνύσαμεν Ap 46:2; 54:5
προμηνυθῆναι D 140:1
προμεμήνυται Ap 48:4
προμεμηνυμένου Ap 63:2

Προναπίδου T 41:1
προνοεῖ Ath 8:4³
προνοοῦσι T 2:2
προνοοῦσιν D 1:4
προνοεῖται Ap 44:11
προνοούμενον Ath 19:2
προνοουμένων Ath 25:2
προνοῆσαι D 116:2
προνενόησθε Ath 1:3
πρόνοια Ath 19:2
προνοίας D 1:3 Ath 22:8; 25:2
προνοίᾳ Ar 1:1 D 118:3 T 2:1
Ath 8:2; 24:3
πρόνοιαν Ar 13:2 App 5:2 Ath
24:3
προνομίας T 28:1
προόδῳ D 128:2
πρόοδον D 49:2
πρόοδοι Ap 55:6
προειδώς D 103:4 Ath 21:5
προωμολογημένα D 130:2
προωνομασμένα D 19:5
προπαρασκευαζόμενοι D 138:3
προπάτωρ Ap 32:3, 14
προπεμψάντων D 19:4
προπηδᾷ T 5:1
προπηδᾶν D 128:3
προπηλακίζωσιν Ath 1:4
προπεσοῦνται D 34:4
προπορευόμενος D 126:6
προπορεύσεται D 15:5
προρρίζους Ath 3:1
πρός (gen) Ap 2:4; 4:9; 62:3
App 7:9 D 58:11, 13 T 9:2
M Ap HE 4:26:8 Ath 2:1,
4; 3:2; 10:2; 37:1
πρός (dat) Ap 27:3; 40:5 D
3:1; 18:1; 56:1, 2; 60:4;
68:3; 86:5; 93:4, 5; 96:3;
105:3, 5; 108:3; 126:4;
130:3; 132:1; 140:2; 142:1
M Ap HE 4:26:7
πρός (acc) Ar 9:7⁵; 13:5⟨; 17:1⟩
Ap 2:3; 3:5; 8:5²; 10:6;
12:1, 2, 10; 14:3; 15:1, 5,
10, 17; 17:3, 4; 18:1; 21:4;
22:5; 32:1, 5, 6; 33:5, 8;

40:12, 14; 43:3; 46:6; 52:
5², 12; 54:5; 61:10 App
1:2; 2:9², 15, 17, 19; 3:2,
3; 9:1, 4; 10:5, 6; 11:2, 4²;
12:1 D 1:4; 3:2; 4:1, 2;
8:1; 10:4; 11:1, 3; 19:2,
6²; 20:1; 22:5; 28:1, 5;
30:3; 31:4, 5, 6; 32:2², 5;
34:1; 35:3; 36:2; 37:4;
39:1, 3, 4, 8; 45:3²; 46:7;
48:2; 49:6; 50:1², 3, 5;
52:2; 53:1²; 55:3; 56:6,
16, 17², 18, 19, 20; 58:6, 7;
59:2; 62:2⁴, 5²; 64:2³, 3²,
4; 65:7; 67:3, 8, 10; 68:1,
2, 6⁴, 8, 9³; 69:4; 72:4;
76:1; 77:4³; 78:1, 2, 7, 9;
79:1, 2², 3; 80:1³, 3; 83:4;
85:5; 87:2; 88:1, 7; 89:1,
2; 90:5; 93:3, 4³; 97:1²;
98:1, 2²; 99:2; 101:1; 102:
4, 7; 103:2; 105:6; 107:2;
112:4; 115:1², 2, 6; 116:1;
118:2; 120:4; 121:2, 4;
122:1², 3², 4, 5; 123:1³, 6;
124:4²; 126:2⁴, 3, 5, 6²;
127:1, 3, 4; 128:2; 131:2,
4; 132:1²; 133:6; 134:2²;
136:1; 137:4; 138:1, 2;
140:2; 141:1, 4 T 1:1;
3:4; 6:2; 11:2; 12:4; 13:
1, 2²; 14:2; 15:2; 16:1, 2;
17:3³, 4²; 18:1, 2; 20:3;
21:1, 2²; 24:1; 25:2; 26:4;
27:1; 29:1²; 30:1²; 34:3[, 3];
36:1; 37:1; 39:3; 40:2;
41:2; 42:1 M Ap HE 4:
26:10³ M Ek HE 4:26:13²
Ath 1:2³, 3; 2:3²; 3:1⁴, 2;
4:1, 2; 5:2; 8:1; 9:1; 10:3;
12:2²; 15:2²; 16:1; 17:4;
20:2; 22:3, 4², 7²; 24:1;
25:2², 3; 27:1²; 28:1; 29:2;
30:2, 4; 31:1, 2³; 32:1², 2;
33:2²; 34:2
πρός (adv) D 123:2
προσαγόρευμα App 6:3

προσηγόρευον Ap 5:2
προσαγορεύοντες Ar 8:4
προσαγορεύονται Ap 4:8; 7:3²
   D 42:3
προσαγορεύηται App 6:1
προσαγορευομένων D 117:5
προσηγόρευσαν Ar 9:7 App 5:6
προσαγορεύσας D 1:1
προσηγορεύθησαν Ap 50:12
προσηγόρευται D 100:4; 103:5
προσηγόρευτο D 123:9
προσάγει D 2:1; 60:4
προσάγειν Ath 13:2
προσάγουσιν D 114:5
προσάγεται D 79:2
προσάξουσι D 34:4²
προσαχθέντες D 11:5
προσηγάγετε D 16:5
προσήγαγον D 31:3
προσανεπλήρωσεν Ath 17:2
προσανέχων T 18:1
προσαποδέδεικται D 60:3
προσάπτειν T 8:3; 17:3; 20:1
προσαρμοσθῇ D 91:2
προσαρτῶνται D 40:3
προσαρτηθείς T 21:1
προσηύδα Ath 21:1
προσβάλλω D 71:2
προσβλέπητε Ap 60:3
προσβλέπειν D 94:3
προσβλέποντες Ap 15:5
προσγειότεροι T 2:2
προσγίνονται D 3:6
προσγράφετε Ap 27:5
προσγράψουσιν T 16:3
προσδεόμενον Ar 10:2
προσδέχομαι D 28:5 (A)
προσδέχεται D 117:2
προσδέχεσθαι Ap 10:1
προσδεχόμενοι D 14:7
προσδέξομαι D 22:3; 28:5;
   41:2; 117:1
προσδέξεται D 31:6; 33:2; 135:2
προσδῆσαι D 111:4
προσδεδεμένην D 53:2
προσδοκῶ App 3:1
προσδοκᾷς D 142:1

προσδοκῶμεν Ap 8:3; 18:6 D
49:1; 52:4; 120:3
προσδοκᾶτε D 80:1; 125:5
προσδοκῶσι Ap 32:4
προσεδοκῶμεν Ap 11:2 D 142:1
προσδοκῶν D 142:2
προσδοκῶντες Ar 15:3 Ap 49:1
D 1:2; 102:7
προσδοκώντων Ap 42:4; 85:7
προσδοκῶντας Ap 11:1
προσδοκᾶται D 120:4
προσδοκώμενον Ap 56:1
προσδοκωμένων Ap 11:2
προσδοκώμενα D 53:1; 121:3
προσδοκήσει D 52:1
προσδοκήσουσιν Ap 32:4
προσεδόκησα D 3:2
προσδοκήσαντες Ap 49:1, 5:
53:6
προσδοκηθῆναι D 142:1
προσδοκία Ap 32:1, 4; 54:5 D
11:4; 52:2, 4; 120:3², 5
προσδοκίαν D 85:9
προσεοικότα D 2:2
πρόσεστι App 2:14 T 24:1 Ath
1:4
πρόσεστιν Ap 10:6 App 12:4
προσῆν T 32:3
προσούσῃ Ap 7:5
προσόντα Ap 10:1 App 4:2;
11:7², 8; 12:7
πρόσειμι Ath 16:2
πρόσιμεν Ath 20:4
προσίασι Ath 15:1
προσίασιν Ath 18:1
προσιέναι Ap 62:1 Ath 14:1
προσιόντες Ath 16:3
προσιόντας D 33:2 T 32:3
προσεξεῦρον Ath 17:3
προσεπευξάμενοι App 15:4
προσέρχομαι D 1:2
προσέρχῃ T 18:2
προσελευσόμεθα Ath 15:1
προσῆλθον D 2:4; 31:4
προσῆλθεν D 125:4
προσέλθητε D 112:5
προσελθεῖν Ath 18:1

προσελθών Ap 62:3, 4 D 62:5;
103:6
προσελθόντος Ap 16:7
προσελθούσης T 16:2
προσελθόντες Ap 17:2 D 35:4
προσελθόντων D 56:22
προσελθόντας D 11:4
προσεληλύθαμεν Ap 2:3
προσεληλύθειμεν Ap 2:3 (AB)
προσέτι App 5:4 D 52:4
προσευχῆς D 17:3
προσευχήν D 137:2
προσεύχεσθε Ath 11:1
προσεύχεσθαι Ath 11:2
προσεύξονται D 34:5
προσεχής T 19:1
προσέχομεν D 10:1;94:4 Ath 11:1
προσέχωμεν D 135:3
πρόσεχε D 58:2; 75:1
προσέχετε D 35:3;55:3;129:4;
134:2
προσέχειν Ap 13:4; 57:2 T
34:3 Ath 7:3; 23:2
προσέχοντες ⟨Ar 8:5⟩ D 22:11:
27:2
προσέχοντας T 12:3
προσεσχήκειτε D 64:3
προσεσχηκότες D 2:1
προσηγορίας T 17:1
προσηγορίαν Ap 4:2
προσηγορίαις Ath 6:4
προσῆκεν Ap 68:9
προσήκειν T 31:1
προσήκοντος Ath 9:2
προσήκοντι D 39:8
προσῆκον Ath 15:1
προσηλοῦσι Ap 58:3
προσήλωσαν Ap 58:3
προσηλύσεως D 28:2
προσήλυτος D 123:1
προσήλυτοι D 122:2, 4; 123:1
προσηλύτων D 80:1; 123:2
προσηλύτοις D 23:3
προσηλύτους D 122:1, 3, 5²
προσθήκης D 77:3²
προσιέμεθα T 32:1

προσίεσθαι D 117:2
πρόσκαιρος D 40:1
πρόσκαιρον D 113:4
προσκαλέσεται D 22:7
προσκάμνειν D 38:2
προσκλαύσητε D 108:1
προσέκλεισαν D 56:19
πρόσκλησιν Ap 3:2
προσκόπτειν Ap 52:10
προσκρούσματα T 3:3
προσκυνῶ Ath 16:2, 4
προσκυνεῖς T 10:2
προσκυνεῖ Ath 1:1
προσκυνοῦμεν Ap 6:2; 17:3
    App 13:4
προσκυνεῖτε T 12:4
προσκυνοῦσι Ar 3:2 Ap 26:3
προσεκυνοῦμεν D 30:3
προσεκυνεῖτε D 20:4
προσκυνεῖτε D 37:3, 4; 64:4
προσκυνεῖν Ap 16:6; 20:5 D
    55:1; 121:2 T 2:1; 4:2;
    10:1 Ath 16:2
προσκυνοῦντες D 69:4 Ath 16:3
προσκυνοῦσι D 55:2
προσκυνοῦντας D 55:3
προσκυνεῖσθαι Ap 9:5 D 125:4
προσκυνήσω T 4:2
προσκυνήσεις Ap 16:6 D 63:
    4, 5; 103:6; 125:4
προσκυνήσομεν Ath 15:1
προσκυνήσουσι D 52:2
προσκυνήσουσιν Ap 49:1 D 34:4;
    38:4
προσεκύνησεν D 56:2
προσεκύνησαν D 34:7; 77:4;
    88:1; 106:4
προσκύνησον D 103:6
προσκυνήσατε Ap 41:3 D 73:4
προσκυνησάτωσαν D 130:1
προσκυνῆσαι D 78:1, 2, 7; 125:4
προσκυνήσαντες D 78:9
προσκυνησάντων D 78:2
προσκύνημα Ath 32:3
προσκυνήσεως Ar 2:1 D 64:1;
    86:6

προσκυνητέον Ath 16:1
προσκυνητός D 63:5; 126:1
προσκυνητόν D 38:1; 68:3, 9²;
    76:7
προσκυνηταί Ar 2:1
προσλαμβάνομεν D 19:2 T 14:2
προσλαμβάνεσθαι D 47:2
προσλήψεται D 140:1
προσλαβοῦσα Ath 27:1
προσλαβόν T 5:1
προσλαβόντες Ath 27:2
προσειλήφαμεν Ap 10:1 (AB),
    2 (AB)
προσέμενον D 64:2
προσμένειν App 2:5
προσμενῶ D 64:2
προσμεμενηκέναι D 107:2
προσενείματε T 26:2
προσνείμῃ D 39:6
προσνενέμηται D 78:10
προσενόησα D 26:4
προσόδους Ath 18:1
προσομιλεῖ D 62:4
προσωμίλει D 56:22
προσομιλεῖν D 1:2
προσομιλῶν D 120:6 T 5:2
προσωμίλησε D 60:4
προσωμίλησεν Ap 62:3
προσομοιοῦντες Ath 16:3 (Sch)
προσωνόμαζον Ap 5:2
προσονομάζεσθαι D 61:1
προσωνόμασαν Ap 9:1
προσιδεῖν Ath 20:3
πρόσοψις D 31:5
προσπαίζων D 1:3
προσέπεμψε Ap 31:2
προσέπεμψεν D 83:1
προσπεμφθῶσιν D 141:4
προσπλεκόμενος D 80:1
προσπολεμεῖν Ath 31:1
προσπολεμούντων Ath 1:3
προσραίνετε App 12:5
προσραίνεται App 12:5 (AB)
προσρήσεις App 6:2
προσρήσσονται ⟨Ar 16:6⟩
πρόσταγμα D 11:2
προστάγματι Ar 4:1

πρόσταγμα Ap 40:13 D 37:4;
  122:5
προστάγμασι D 21:2²
προστάγματα Ar 15:10 D 21:1,
  3, 4; 64:4; 86:6; 124:4
προστάξει Ap 19:4 D 132:1
προστάσσεις D 62:5
  προστάττει T 4:1
  προστάσσοντα D 14:4
  προσέταξεν Ar 15:10 D 20:1
  προσετάγη D 12:3; 18:2
  προστέταχεν D 19:6
  προσετετάχει D 21:1
προστατῶν D 92:2
προστετηκότες Ath 26:1
προστιθέναι Ap 12:11
  προστιθέντες D 55:1
  προσθήσω D 32:5; 78:11; 123:4
  προσθήσεσθε Ath 2:3
  προστεθήσεται Ap 15:16 D 123:1²
  προστεθήσονται D 115:1
  προσέθηκα D 86:1
  προσέθηκε Ap 35:2
  προσετέθη D 113:2
  προστεθῆτε D 123:6
  προσθεῖναι Ap 12:11 D 79:3
  προσθείς D 137:4
  προσέθετο D 43:5; 66:2
προστιμᾶν App 14:2
  προσετιμήθη App 2:20
  προστετίμηνται D 131:2
προστίμησις D 139:1
πρόστιμον App 14:2 (AB)
προστρέχετε D 115:5
προσετρίβετο Ath 4:2
  προστριψαίμεθα Ath 35:2
  προστριψάμενος Ath 2:4
προστρίψεως D 50:1
πρόσφατοι D 119:2
προσφέρομεν M Ap HE 4:26:6
  προσέφερον D 12:1
  προσφέρειν Ap 13:1 Ath 13:2
  προσφέροντος D 52:3
  προσφέροντες D 116:3
  προσφέροντας D 27:5
  προσφέρεται Ap 65:3; 67:5 D
  28:5; 41:2

προσφερόμεθα Ap 13:1; 67:2
προσφέρεσθαι D 40:5; 41:1;
  46:2
  προσφερομένων D 111:1
  προσφερομένων D 41:2, 3
  προσηνέγκατε D 22:3
  προσενέγκαντος D 19:3
  προσενέγκαντα D 33:2
  προσενεγκάντων D 78:2
προσφεύγοντες D 125:5
  προσφεύγουσι D 91:4
προσεῖπον D 1:2
προσείπω Ath 16:4
  προσειπεῖν Ath 23:5
προσφιλεῖς Ar 15:5
προσφορά D 40:4, 5; 41:1
  προσφοράς Ap 10:1
  προσφοράν D 40:4
  προσφοραί D 40:2; 43:1
  προσφορῶν D 22:1; 23:3; 92:
  2, 5
  προσφοραῖς D 13:1; 28:4; 112:4
  προσφοράς D 19:4; 27:5; 29:3;
  46:2; 52:3; 67:8; 92:4
προσφυέντος D 31:5
προσπεφυκυῖαν Ath 18:3
προσφώνησιν Ap 1:1; 68:3
προσέχαιρε D 61:4
προσεχρήσατο Ath 23:6
  προσχρήσασθαι Ath 23:2
πρόσχυσιν App 12:5
προσχωροῦσιν D 17:1
  προσχωρήσαντες D 43:2
  προσκεχωρηκέναι D 123:1
προσωνυμία Ap 4:1
  προσωνυμίας D 35:4 T 9:3
  προσωνυμία Ap 4:1 (AB)
  προσωνυμίαν App 2:16
πρόσωπον Ap 50:7 D 13:4; 126:3
  Ath 18:3; 20:4
  προσώπου Ap 36:1, 2³; 37:1,
  3, 9; 38:1; 40:10; 41:3;
  44:1, 2; 47:1; 48:6; 49:1;
  53:7; 55:5 D 13:2; 16:5;
  22:2; 25:1, 3; 26:3; 30:2;
  31:2; 36:6; 42:2, 3; 43:6;
  58:8; 60:5; 66:3; 73:4²;

75:1; 79:1; 88:8; 115:2²;
126:6
προσώπῳ Ap 55:4 App 11:4, 5
D 61:4
πρόσωπον Ap 38:2, 3; 41:2, 3
D 16:1; 22:10; 25:5; 36:4;
38:5; 56:2², 17, 21; 58:7²;
62:2; 74:4²; 119:2; 126:3,
5; 133:3 T 34:1
πρόσωπα Ap 36:2 D 124:2
προτείνοι Ap 68:10
προετείναμεν T 21:3
προταθέντα App 3:4 (AB)
προτέρας Ath 33:2
προτέραν D 11:2
πρότερον Ap 26:3; 59:6; 63:
10, 16 App 2:1,8; 3:6 (Eus):
7:2 D 3:6; 28:1; 50:1, 2;
57:4; 58:13; 68:9; 75:2;
77:4; 78:3; 80:2; 100:4;
113:4;121:2;128:1;130:1;
132:3²; 137:3; 141:1 M Ap
HE 4:26:6, 7 Ath 2:2; 28:
1, 4; 33:1; 35:1²
προτέρων D 116:2
προτέρων D 31:5; 81:1
προτέρους Ath 30:1
προύθηκαν Ar 13:5
προθεῖναι App 14:1
προθέντα App 3:4
προθεμένῳ App 3:7
προτεθεικώς D 65:3
προτιμῆσαι D 142:2
προτιμότερον Ath 15:2
προτομήν Ath 20:1
προέτρεπεν D 106:1
προύτρεπεν D 113:7
προτρέπομαι D 142:2
προτρέπεται Ap 40:5
προτρεπόμεθα Ap 13:4
προύτρέπετο App 10:6
προτρέπεσθαι Ap 10:5
προτρεπόμενος D 108:1
προετρέψατο Ap 16:3
προύτρέψαντο T 8:2
προτρεψάμενοι Ap 55:8
προτροπήν Ap 21:4

προΰπῆρχε D 48:3
προΰπῆρχεν D 48:2
προΰπάρχειν D 48:1
προΰπάρχων D 87:2
προΰπάρχοντα D 87:2
πρόφασις D 28:1
προφάσει T 2:2; 22:1
πρόφασιν D 65:2; 141:1
προέφην App 3:6 D 19:2; 21:1:
41:2; 51:2; 53:4; 56:10;
63:2; 88:8; 92:3, 6: 94:2;
102:2;113:1;130:3;134:2;
138:2
προέφης D 57:3
προέφημεν Ap 12:5; 21:6:
22:2; 32:11; 45:6; 54:5, 7;
56:2; 58:1;63:4;67:5 App
4:2; 6:5; 8:1; 9:1 D 83:4
προερρήθη Ap 32:2; 40:1
προεῖπον D 20:2; 35:6; 47:2;
64:7; 95:3; 103:9; 104:1:
108:2;111:1;112:2;118:1;
125:4; 131:4; 140:1
προεῖπε Ap 12:9; 53:6 D 35:
7; 50:3; 105:2; 141:2
προεῖπεν Ap 12:10; 34:1; 55:2
D 35:7; 82:1; 99:1; 101:3
προείπομεν Ap 60:6; 63:16
προεῖπον D 14:8; 67:9; 89:3
προειπεῖν Ap 43:1
προειπών App 10:8 D 65:2
προειπόντος D 96:1
προείρηκα D 56:14
προείρηκει D 77:3
προείρηται Ap 12:10; 52:4 D
92:2
προείρητο Ap 47:4; 50:12 D
84:1
προειρῆσθαι Ap 33:2 D 67:9
προειρημένος T 36:1
προειρημένον Ap 44:5 D 118:1
προειρημένου Ap 37:1; 40:1
T 31:4
προειρημένης T 10:3
προειρημένη Ap 31:3
προειρημένην T 10:1

προειρημένον Ἀp 43 : 6 D 118 : 1
T 34 : 1
προειρημένοι T 12 : 4 Ath 26 : 1
προειρημένα T 12 : 5
προειρημένων D 139 : 4 T 21 : 3;
37 : 1; 40 : 1; 41 : 4
προειρημένων Ἀp 35 : 1; 64 : 1
D 92 : 5
προειρημένοις D 128 : 4 T 14 : 2;
39 : 1
προειρημένοις Ἀp 42 : 1
προειρημένους Ἀp 23 : 3 T 18 : 2
προειρημένας T 9 : 3
προειρημένα Ἀp 42 : 3 D 123 : 7
Ath 28 : 1
προφητεία D 30 : 1; 54 : 2; 67 : 1;
68 : 6; 70 : 4; 77 : 3; 118 : 1;
120 : 3
προφητείας Ἀp 32 : 6; 35 : 10;
41 : 1; 54 : 7 D 30 : 2; 42 : 2;
50 : 2; 51 : 1; 70 : 5; 85 : 4;
109 : 1; 110 : 2, 5
προφητεία D 43 : 8; 70 : 4; 87 : 6
προφητείαν Ἀp 33 : 3 D 43 : 8;
66 : 1; 67 : 1; 68 : 6, 7; 69 : 2;
71 : 3; 85 : 1
προφητεῖαι D 17 : 1; 43 : 1
προφητειῶν Ἀp 31 : 2²; 32 : 2;
50 : 1 D 27 : 2; 35 : 8; 36 : 2;
63 : 2; 70 : 5
προφητείαις Ἀp 50 : 12; 54 : 9
προφητείας Ἀp 31 : 1; 49 : 5²;
53 : 1 D 69 : 3; 84 : 4 Ath 9 : 2
προφητεύειν D 51 : 2
προφητεύων Ἀp 32 : 12
προφητεῦον Ἀp 39 : 1
προφητεύοντες Ἀp 33 : 9
προφητεύουσι Ἀp 30 : 1
προεφητεύετο Ἀp 35 : 10 (A)
προεφητεύοντο Ἀp 31 : 1 D 49 : 2
προφητευόμενον D 35 : 5
προφητεύσουσι D 87 : 6
προεφήτευσε D 81 : 4; 86 : 4
προεφήτευσεν D 43 : 4
προεφητεύσαμεν D 76 : 5
προφητεύσασι Ἀp 30 : 1 (B txt)
προεφητεύθη Ἀp 30 : 1; 31 : 8;

33 : 1; 48 : 1; 51 : 6; 53 : 5;
54 : 5 D 36 : 1²; 39 : 4; 52 : 1;
53 : 3, 5; 72 : 3; 139 : 1
προφητευθέντα Ἀp 52 : 10
προφητευθέντων Ἀp 40 : 5
προφητευθεισῶν D 35 : 8
προφητευθέντων Ἀp 52 : 1
προφητευθέντα Ἀp 53 : 5; 54 : 10
πεπροφητευκέναι D 70 : 2
πεπροφήτευται D 114 : 5
ἐπεπροφήτευτο D 53 : 2; 66 : 1;
78 : 8; 84 : 4; 87 : 5, 6; 88 : 1;
125 : 3
προεπεφήτευτο Ἀp 35 : 10 D 53 : 5
πεπροφητεῦσθαι Ἀp 44 : 11 D
77 : 1; 88 : 6
προπεφητευμένον D 54 : 1
προφήτης Ἀp 32 : 12; 33 : 6; 34 : 1;
35 : 3, 6²; 37 : 3; 54 : 5; 55 : 2
D 49 : 3; 50 : 2; 52 : 1, 3, 4;
75 : 3; 87 : 3; 89 : 3; 115 : 3;
117 : 5; 133 : 4; 135 : 6; 138 :
2; 141 : 3
προφήτου Ἀp 32 : 8; 35 : 5, 10;
37 : 1; 40 : 1; 44 : 2, 8; 45 : 1;
47 : 5; 51 : 8; 52 : 5, 10; 53 :
10; 54 : 8; 55 : 5; 59 : 1; 61 : 6;
62 : 1; 63 : 2 D 53 : 5; 112 : 3;
116 : 3; 120 : 5; 133 : 2
προφήτῃ Ἀp 62 : 2 D 49 : 3; 78 : 1
προφήτην D 49 : 4; 51 : 3; 52 : 3;
97 : 1
προφῆται Ἀp 31 : 1, 8; 52 : 3
App 8 : 5 D 51 : 1, 3; 55 : 1;
68 : 6; 75 : 3; 80 : 5; 87 : 4²;
89 : 3; 90 : 2; 112 : 5; 119 : 3
προφητῶν Ἀp 23 : 1; 31 : 1, 7;
32 : 1; 36 : 1, 3; 37 : 9; 43 : 2;
44 : 9, 12; 52 : 1; 53 : 6; 54 : 2,
3, 4; 56 : 1; 58 : 1; 59 : 1;
61 : 13; 67 : 3 App 10 : 8 D
1 : 3; 8 : 1; 14 : 8²; 19 : 5; 26 :
1; 27 : 2; 28 : 5; 48 : 4; 52 : 3;
53 : 4, 6; 67 : 10; 76 : 6; 82 : 1;
85 : 3; 86 : 6; 89 : 3; 92 : 1;
94 : 4; 100 : 4; 105 : 4; 106 : 1;
111 : 2; 112 : 3; 113 : 6; 114 : 1;

119:6; 122:1; 120:2; 133:1;
134:1; 136:3; 139:5 T 20:2;
36:2 M Ek HE 4:26:13
Ath 7:3; 9:1²
προφήταις Ap 63:16 D 52:3;
56:9; 80:1; 120:5; 127:1
Ath 24:5
προφήτας D 7:1; 16:4; 39:1;
73:6; 87:3; 93:4; 95:2;
118:2; 130:2 Ath 7:2
Προφητῶν M Ek HE 4:26:14
προφητικός D 56:6; 77:2; 110:3:
128:4; 129:1
προφητικόν Ap 31:1; 33:5;
38:1; 39:1; 40:5; 41:1;
42:1; 44:1; 51:1; 53:6;
59:1; 60:8; 63:2, 12 D 43:
3, 4: 49:6; 56:5; 77:3; 91:
4; 139:1 Ath 10:3; 18:2
προφητικοῦ Ap 32:2; 33:2:
40:1; 44:11; 47:1; 48:4;
53:4; 63:14 D 32:3; 38:2;
55:1; 84:2
προφητικῷ Ap 35:3
προφητικόν Ap 6:2; 13:3 D
53:4
προφητικά D 82:1
προφητικῶν Ap 54:6 D 27:1;
39:5; 92:4, 6; 112:5
προφητικῶν D 32:2; 85:5
προφητικοῖς D 112:5
προφητικοῖς D 18:1
προφητικούς D 114:1
προφητικῶς Ath 10:3
προφορᾷ T 1:2
προχυθείς Ath 20:4
προώλεις D 103:1
πρῴην App 1:1 Ath 17:1; 29:2
πρωΐ D 56:2; 58:6, 13
πρώϊμον D 15:5
Πρωτεύς Ath 26:3, 4
Πρωτέως Ath 26:2, 3
Πρωτέα (Περεγρίνον) T 25:1
πρώτιστοι Ath 30:2
πρωτόγονος T 7:3
πρωτογόνου Ap 58:3
πρωτόγονον Ath 20:4

πρωτόγονον T 7:2
πρωτόπλαστοι T 20:1
πρῶτος Ap 32:1 D 19:4; 90:3
T 39:2 Ath 9:1; 18:2; 23:2, 5
πρώτη Ap 32:10; 67:7 D 41:
4²; 49:7; 114:4
πρῶτον Ap 21:1
πρώτου Ap 34:2; 59:1
πρώτης D 49:3; 53:1; 78:4:
138:1 T 5:2 Ath 23:4
πρώτου T 5:1
πρώτῳ Ap 44:1 D 97:3; 113:2
πρώτῃ D 49:7; 52:1; 121:3
πρῶτον Ap 26:3; 60:5
πρώτην Ap 26:3; 61:10; 64:5
D 14:8; 36:1 Ath 18:3
πρῶτον Ap 24:1; 27:1 D 2:4:
8:4; 20:3; 33:2; 34:2; 36:
2; 45:1; 71:4; 77:2; 115:3;
117:4 T 40:1; 42:1 Ath
10:2; 13:1; 24:5; 26:2
πρῶτοι Ap 63:17
πρώτων D 139:4
πρώτοις D 2:2 T 12:1
πρώτοις Ath 36:2
πρώτους D 31:6 Ath 28:2
πρώτας D 2:3
πρῶτα D 22:5 Ath 27:1
πρωτότοκος Ap 23:2; 33:6; 53:2:
63:15 D 91:1; 138:2
πρωτότοκον T 5:1
πρωτοτόκου D 85:2; 116:3
πρωτότοκον Ap 46:2 D 84:2:
100:2
πρωτότοκον D 125:3
πρωτότοκα D 111:3
πρωτοτόκοις D 84:1²
πρωτότυπον T 9:3
πτεροῖς T 26:1
πτέρωσις T 20:1
πτηνόν Ath 23:5
πτῆσιν T 19:3
πτήσεις T 1:1
ἔπτηξεν T 20:1
Πτολεμαϊκῶν [T 39:2]
Πτολεμαῖος (βασιλεύς) Ap 31:2
Πτολεμαίῳ D 68:7; 71:1, 2; 84:3

22:1; 43:5; 50:1; 51:2;
56:6; 57:3; 58:10; 59:1;
66:2; 68:4, 5; 69:4; 75:4;
87:2; 89:3; 95:4; 102:7;
115:5;123:6;124:1;127:3;
137:3; 141:3 T 4:2²; 8:1,
2, 4; 9:3³; 10:1; 11:1;
16:1; 17:3⁴,4²; 21:1; 22:1;
26:1, 4; 27:1, 2²; 32:2;
34:1, 2 Ath 16:4; 19:2, 3;
22:2; 25:2; 32:2; 35:2
πως Ath 31:1

'Ραάβ D 111:4
ῥαββί D 112:5²
ῥάβδος D 38:4²; 50:14²;63:4²;
   86:4, 6; 87:2; 100:4; 126:1
   Ath 20:3
ῥάβδου D 86:1
ῥάβδῳ Ap 40:15 D 86:2, 5
ῥάβδον Ap 45:3, 5 D 32:6;
   83:2, 3, 4; 86:4; 138:2
ῥάβδους D 86:2
'Ραδάμανθυς T 6:1 Ath 12:1
'Ραδάμανθυν Ap 8:4 T 25:2
   Ath 12:1
ῥάδιον App 10:6 T 14:2
ῥαδίαν T 30:2
ῥαδίως D 90:2 T 14:1
ῥάκος D 25:4
'Ραμᾶ D 78:8²
'Ραμᾶ D 78:8
ῥάμμα D 46:5 (ed)
ῥανίδος Ap 19:1, 4
ῥαντίζειν Ap 62:1
ῥαντοί D 58:4
ῥαντῶν D 134:5
ῥαντούς D 58:5
ῥάξ D 136:1
ῥαπίσματα Ap 38:2
'Ραφάν D 22:3
'Ραχήλ D 46:3; 78:8²; 134:3, 5
ῥᾷον D 85:1
ῥᾷον Ap 12:11
'Ρέα T 8:2; 10:1 Ath 23:3
'Ρέας Ath20:1; 23:3; 30:3; 32:1

'Ρέαν Ath 20:1, 2; 22:4; 26:1
'Ρεβέκκας D 58:8
'Ρεβέκκαν D 46:3
ῥεμβεύοντες D 123:3
ῥέμβεσθαι Ar 11:2
ῥεμβομένη Ar 11:2
ῥεπούδιον App 2:6
ῥευστήν Ath 22:2
ῥέοντι App 11:5
ῥεύσαντος D 67:2
ῥυῆναι M Ap HE 4:26:9
'Ρηγῖνος T 31:2
ῥαγήσεται D 15:5
ῥῆξον Ap 53:5 D 13:8
ἐρράγη D 69:5 Ath 18:3
ἐρράγησαν D 131:6
ῥῆμα D 14:6; 50:4; 56:7, 17;
   126:4
ῥήματι D 56:21
ῥῆμα Ap 40:1 D 15:6; 31:7;
   64:8; 85:8²; 100:5
ῥήματα Ap 40:3 D 42:1; 64:8
ῥημάτων T 1:2
ῥήμασι T 14:1
ῥήματα Ar 8:4 D 28:5; 31:6
ῥηματίου D 115:6
ῥήσεων Ap 32:12
ῥήσεις D 92:1
ῥητέον T 15:2
ῥητολογίας T 40:1
ῥητορικήν T 1:3
ῥητόν D 4:1
ῥητῷ D 135:3
ῥητῶς Ap 35:10; 54:7; 63:11
ῥίζα Ap 50:5 D 13:3; 42:2;
   133:5
ῥίζης Ap 32:12, 13 D 86:4;
   87:2²
ῥιζῶν T 17:2
ῥίζαις T 17:3
ῥιναυλοῦσι T 22:2
ῥιπτούμενοι Ap 18:4
ῥίψας Ath 29:1
ῥίψαντα Ath 26:3
ῥομφαία D 53:6
ῥομφαίας D 98:5; 105:1, 2, 3
ῥομφαίαν D 38:3

ῥοπή D 50:5
Ρουβίμ D 120:1
Ρούθ M Ek HE 4:26:14
ῥυθμῷ Ath 16:2
ῥυόμενος D 22:10
  ῥυόμενοι Ap 57:3
  ῥύσεται D 111:3
  ἐρύσω D 98:2
  ἐρρύσω D 101:1
  ἐρρύσατο D 26:4; 34:4; 111:3
  ῥῦσαι D 25:2; 98:5; 105:1, 2
  ῥυσάσθω Ap 38:6, 8 D 98:3; 101:3
  ῥύσασθε D 124:2
  ῥυσάμενος D 13:9
ῥυπαρᾷ D 116:1
  ῥυπαρά D 116:1, 3²; 117:3
ῥῶ D 113:2 M P HE 4:26:3 (M)
ῥωμαϊκήν Ap 26:2
Ρωμαῖοι App 1:1
  Ρωμαίων Ap 1:1; 56:2 T 19:1; 28:1; 35:1² M Ap HE 4:26:7
  Ρωμαίοις T 29:1
  Ρωμαίους T 34:2
ῥώμη T 2:2
Ρώμη Ap 26:2; 56:2
ἐρρωμένον T 32:3
  ἐρρωμένων Ath 27:1

σαβαώθ D 32:2; 64:2; 123:5; 133:5²; 140:3
Σάββα D 34:4
σαββατίζει D 23:3
  σαββατίζομεν D 10:1
  σαββατίζουσι D 26:1
  σαββατίζειν D 12:3; 19:6; 27:1; 46:2; 47:2; 92:4
  σαββατίσαντες D 19:5; 92:2
  σεσαββάτικε D 12:3
σαββατισμοῦ D 23:3
σάββατον D 43:1
  σαββάτου D 27:5; 92:2
  σάββατον D 8:4; 21:1
  σαββάτων D 22:5; 27:1, 5²; 41:4²; 92:5
  σάββασι D 27:5; 29:3

σάββασιν D 27:5
σάββατα Ap 37:5 D 10:3; 12: 3; 18:2, 3; 21:2², 3; 23:1; 27:1, 5
Σάγαρις M P HE 4:26:3
σάγκτῳ Ap 26:2 (B)
Σαδδουκαίους D 80:4
Σάι Ath 28:5
σάκκον D 15:4
σακκοφορήσαντας D 107:2
σακκοφορίας D 107:2
σαλευθήσεται D 73:4²
  σαλευθήσονται D 124:2
  σαλευθήτω Ap 41:3 D 37:3; 64:4; 73:4
Σαλήμ D 113:5
σάλπιγγος D 37:1
  σάλπιγγι D 15:2
  σάλπιγγα T 1:2
Σαμαρείας Ap 56:1 D 22:4; 43: 6; 66:3; 77:2², 3³; 78:9
  Σαμαρείᾳ D 77:2
  Σαμαρείαν D 78:10
σαμαρειτικόν Ap 53:4
Σαμαρέα Ap 26:2, 4
  Σαμαρεῖς Ap 26:3; 53:6
  Σαμαρέων Ap 53:3, 5 D 120:6
Σαμίου T 41:1 Ath 17:2
  Σάμιοι Ath 14:1
  Σάμῳ Ath 17:3
Σαμουήλ D 37:2, 4; 64:4; 84:4; 105:4
SANCTO Ap 26:2 (ed)
Σαούλ D 105:4
Σαπφώ T 33:1, 2
Σαρδανάπαλον App 7:3
Σαρδώ T 9:3
σαρκικῆς T 6:2
  σαρκικήν D 18:3; 23:5
  σαρκικόν D 125:5
  σαρκικῶς D 14:2
σαρκίον T 6:2; 15:3; 25:2
σαρκοειδεῖς Ath 21:1, 2
  σαρκοειδεῖς Ath 21:1
σαρκοποιηθείς Ap 32:10; 66:2 D 45:4; 100:2
  σαρκοποιηθέντος Ap 66:2

Σεργίου M P HE 4:26:3 (Λ)
Σερεννίου Γρανιανοῦ Ap 68:6 (Eus)
Σερηνίου Γρανιανοῦ Ap 68:6
Σερουιλλίου Παύλου M P HE 4:
    26:3
Σερουίννου Παύλου M P HE 4:
    26:3 (D)
Σερουλλίου Παύλου M P HE 4:
    26:3 (M)
Σηγώρ D 56:12, 21²
Σήμ D 139:2³, 3³, 4²
σημαίνει Ap 33:4; 65:4 D 19:6;
    21:1; 23:4; 56:6; 59:3;
    60:5; 63:3; 69:4; 91:4;
    125:3
σημαίνουσι D 33:1; 43:1;63:5;
    131:5
σημαίνουσιν D 56:8; 64:1
ἐσήμαινε D 78:9
ἐσήμαινεν D 78:9;99:3; 100:1
σημαίνειν Ap 54:7 T 17:2
σημαίνων D 60:5
σημαίνοντες D 114:2
ἐσημαίνετο Ap 54:7
σημαινομένων Ap 84:3
ἐσήμανα D 80:2; 85:6
ἐσήμανε D 52:4
ἐσημάναμεν App 8:2
σημήναντες Ath 17:2
ἐσημάνθη D 83:1
σημαντικόν Ap 32:9; 63:17 D
    106:3
σημαντικῷ Ath 23:5
σημασίαν App 6:3, 4
σημεῖον D 84:2; 107:1³; 111:4;
    131:4
σημείου Ar 4:2; 6:1,3 D 91:4;
    94:1, 2, 3; 112:1
σημείῳ D 72:1
σημεῖον Ar 4:2; 6:1,3 D 14:7;
    16:2; 21:1, 2; 23:4, 5; 28:
    4; 43:5²; 66:1, 2; 84:1²;
    90:5; 94:1, 5; 107:1; 108:
    1; 112:2; 137:1
σημείων D 90:3; 93:5
σημείοις Ath 7:1
σημεῖα Ap 55:6 T 17:2

σήμερον Ap 40:14 D 15:3; 30:3;
    78:6; 88:8; 92:5; 103:6;
    118:4; 122:6; 134:5 Ath 2:1
σαπέν Ath 36:2
σής Ap 15:11², 12
Σθενέλαος T 39:1²
    Σθενέλαον T 39:2
Σθένελον T 39:2 (MP)
σιαγόνα Ap 16:1
σιαγόνας Ap 38:2
Σίβυλλα Ap 20:1 Ath 30:1
Σιβύλλης Ap 44:12 T 41:1
σιγώντων D 137:3
ἐσίγησα D 22:10
ἐσίγησας D 65:2
σιγήσαντος D 57:1; 102:5
σιγῆς D 103:9
σιδήρου D 114:4
σίδηρον D 86:6
σιδηρᾷ Ap 40:15
σιδηροῖ D 31:5
Σιδῶνι D 34:8
Σικελίαν T 3:2; 9:3
Σικελοί Ath 14:1
σίκερα D 133:5
Σικυωνίου Ath 17:2
Σιλανίων T 33:1, 2
Σίμων (μάγος) Ap 56:2
    Σίμωνος Ap 26:4
    Σίμωνι Ap 26:2 (AB) D 120:6
    SIMONI Ap 26:2 (ed)
    Σίμωνα Ap 26:2; 56:1
    Σίμωνα (Πέτρον) D 100:4
Σιμωνιανοῦ [App 15:1]
Σινᾷ (Σινᾶ) D 127:3
σινοποιίας D 131:3
σίτου Ath 22:6
    σῖτον D 49:3
Σιών Ap 35:11; 39:1; 40:13;
    47:2 D 22:4,7; 24:1; 25:5;
    26:3; 27:3; 32:6; 37:3;
    50:4; 53:3; 64:4; 70:2;
    85:9; 109:2,3; 114:5; 115:1
ἐσιώπησας Ap 47:3 D 25:5
σιώπησον Ath 21:3
σκαίους Ath 21:1
σκανδαλίζει Ap 15:2

σκάνδαλον D 22:10
σκαπανεῖς Ap 55:3
σκάφος ⟨Ath 24:3⟩
σκεπασθῆναι D 79:3
σκέπη D 79:3
σκέπην D 79:3
σκέψασθε Ath 8:1; 13:1; 17:1;
    18:2
σκέψασθαι Ath 1:3
σκέπε Ap 37:8
σκευαζομένου Ap 20:5
σκεύη App 10:8 (AB) Ath 15:2
σκευῶν Ap 9:2 D 52:3
σκεύεσι Ath 15:3
σκεύη Ap 40:15 D 13:2 T 26:3
σκηνή D 132:3
σκηνῆς D 13:8; 36:6; 56:2²;
    126:4; 132:2 T 22:2
σκηνῇ Ap 60:3 D 56:6, 9
σκηνήν D 22:3; 36:2; 127:3;
    132:2
σκηναῖς D 117:5
σκηνώματος T 15:3
σκήνωμα Ap 40:4 D 64:8
σκιάν D 107:3; 131:6 Ath 17:2
σκιάς Ath 17:2
σκιαγραφίας Ath 17:2
ἐσκιάζετο D 107:3
σκληροκάρδιος D 27:4; 123:4
σκληροκάρδιον D 39:1
σκληροκαρδίαν D 16:1; 18:2;
    45:3; 46:7; 137:1
σκληροκάρδιον D 27:2; 43:1;
    44:2; 46:5; 47:2; 67:4, 8, 10
σκληροκάρδιοι D 44:1; 53:2;
    68:1; 114:4
σκληροκαρδίων D 95:4
σκληρόν D 56:7², 8
σκληρά App 11:6
σκληρυνεῖτε D 16:1
ἐσκλήρυνας D 25:2
σκληρῶς D 43:6; 66:3
σκολιά D 50:3
σκολοπενδρῶν D 76:6
σκοπεῖν Ath 10:2
σκοπῶν D 2:5
σκοπήσων D 3:2

σκοπόν D 82:3
σκορπιζόντων T 30:1
ἐσκορπισμένα Ap 52:10
σκορπίος T 9:2
σκορπίων D 76:6
σκοτεινά D 17:3
σκοτία T 13:1
σκοτίαν T 13:1
σκότος Ap 59:3 D 15:6; 22:2²
    T 13:1, 2 Ath 22:4
σκότους Ath 13:2
σκότει ⟨Ar 16:6⟩ D 15:6; 26:2;
    65:4; 124:2
σκότος Ap 67:7 D 17:2²; 76:
    4, 5; 120:6; 133:4²; 140:4
    T 3:1
σκυζομένη Ath 21:1
Σκύθης D 28:4
Σκύθην T 12:5
σκυλευσάσης D 78:9
ἐσκυλευμένοι D 78:9
σκῦλα Ap 51:5 D 13:7; 43:6;
    66:3; 77:2², 3³; 78:9
σκύμνος D 52:2²
σκυτίδων T 17:2
σκυτοδέψου T 25:1
σκώληξ Ap 52:8 D 44:3; 98:3;
    101:1, 2; 140:3
σκώληκος D 130:2
σκώληξι T 3:2
Σμῖλις Ath 17:3
Σμίλιδος Ath 17:3
σμύρναν D 38:4; 63:4; 78:2
Σοδομιτῶν D 55:3
Σόδομα Ap 53:7, 8 D 140:3
Σοδόμων D 19:4; 56:1, 2, 5,
    17, 18, 19; 60:2, 3, 5; 126:5;
    129:1
Σοδόμαις D 56:23
Σόδομα D 56:12, 13, 15, 18.
    19, 21, 22, 23; 127:5; 128:1
Σολομών D 34:2, 7; 36:5; 87:4;
    127:3² T 37:1
Σολομῶνος D 36:6; 61:3; 62:
    4²; 126:1 M Ek HE 4:26:14
Σολομῶνι T 37:1

Σολομῶνα D 34:1; 36:2; 64:5³; 85:1
Σόλων Τ 41:3
σορόν Ath 30:3
σή D 1:6
σοῦ Μ Ap HE 4:26:7
σῷ D 62:5
σῇ Μ Ap HE 4:26:7
σῷ Ap 16:11 D 76:5
σόν D 4:4
σοί Μ Ap HE 4:26:10
σοῖς Μ Ap HE 4:26:7
σοφία D 38:2; 61:1, 3; 62:4; 100:4; 126:1 Ath 24:1; 29:1
σοφίας D 3:4; 61:3; 87:2, 4; 121:2 Τ 26:2; 31:1; 41:3 Ath 24:⟨3,⟩ 5
σοφίᾳ Ap 60:11 D 2:4 Τ 1:3; 13:3
σοφίαν Ap 22:1 D 32:5; 55:3; 78:11; 102:6; 123:4 Τ 26:2²
Σοφία Μ Ek HE 4:26:14
Σοφίᾳ D 129:3
σοφίζεσθαι Ap 14:4
σοφισθέντες D 30:2
σοφισθέντων D 32:5
σοφίσματα Τ 26:1
σοφιστεύων Τ 25:1
σοφιστεύοντας Τ 22:2
σοφιστεύσας Τ 35:1
σοφιστής Ap 14:5 D 3:3
σοφιστήν Τ 35:2
σοφισταί D 129:2 Τ 40:1
σοφιστικῆς Τ 12:5
Σοφοκλέους Ath 5:2
Σοφονίου Ap 35:10
σοφός D 2:6; 102:7
σοφή Τ 33:4
σοφέ Ath 21:5
σοφοί Ar 8:2; 13:7 D 123:4² Ath 29:1
σοφῶν Ap 7:3; 60:11 D 32:5; 78:11; 123:4 Τ 41:3²
σοφούς D 5:6; 39:5
σοφάς Τ 33:4
σοφῶς Τ 10:3
σπαργώσης D 2:4

Σπάρτην Τ 41:1
σπαρτίου D 111:4
σπασθείς Τ 3:1
σπείρει Τ 11:1
σπείρετε D 28:2, 3
σπείρων D 125:1
σπερεῖν D 136:2
ἔσπειρε Τ 9:2
ἔσπειραν App 5:4
σπεῖραι D 125:1
σπείραντι D 14:6
σπαρέντας D 135:5
σπέρμα Ap 32:8; 37:2 App 13:6 D 13:8; 16:5; 56:7; 58:12; 68:4; 81:2; 98:5²; 106:2²; 120:2; 135:5 Ath 21:1
σπέρματος Ap 19:1; 32:9, 11, 14 D 15:5; 47:4; 54:2; 63:2; 76:1; 102:3²
σπέρματι D 58:12²; 120:1²; 121:1
σπέρμα Ap 19:2; 51:3; 53:7 App 7:1; 8:1 D 13:6; 14:6; 44:1; 55:3; 123:5²; 125:5; 134:4; 135:4; 140:3 Ath 13:2; 21:1; 22:4
σπέρματα Ap 44:10
σπερμάτων Ap 19:4 Τ 30:1
σπέρματα D 135:6 Ath 33:1
σπερματικοῦ App 8:3; 13:3
σπερματικούς Ath 6:4
σπερμολόγους Τ 6:1
σπεύδω D 58:1
σπεύδομεν Ap 8:2
σπεύδετε Τ 26:2
σπεύδουσι D 122:2
σπεύδοντες App 4:4
σπεῦσον D 56:21
σπεύσατε Τ 12:5
σπευστέον Τ 41:1
σπηλαίῳ D 70:2; 78:5, 6
σπήλαιον D 17:3; 70:1; 78:6
σπιθαμῇ D 50:5
σποδοειδεῖς D 58:4
σποδοειδεῖς D 58:5
σποδῷ D 13:1
σποδόν D 15:4

σποδῶν D 92:2
σπονδῆς Ar 1:5
  σπονδῶν Ap 13:1 App 5:4 D
    22:6; 118:2
σπορᾶς Ap 61:10 App 13:5 D
    140:2 T 11:1
  σπορᾷ App 5:5
  σποράν Ath 22:6
σπόρον D 125:1
σπουδάζεις D 56:16; 74:1; 80:1
  σπουδάζομεν D 82:4
  σπουδάζετε D 115:6
  σπουδάζουσι Ar 15:5
  σπουδάζητε D 82:4
  σπουδάζων T 8:1
  σπουδαζόντων D 85:7
  σπουδάζοντας App 8:2
  ἐσπούδασα D 120:5 M Ek HE
    4:26:13
  ἐσπουδάσατε D 17:3; 132:1
  σπουδάσαι D 44:4; 142:2
σπουδαῖον T 17:3; 34:2
  σπουδαῖον Ap 43:6
  σπουδαῖον T 3:3; 34:3² M Ek
    HE 4:26:13
  σπουδαῖοι Ap 43:6 App 7:2
    Ath 24:4
  σπουδαῖα Ath 1:4
  σπουδαίων Ap 20:4 T 2:1
  σπουδαίοις T 3:1
  σπουδαίους App 7:3
  σπουδαῖα T 28:1; 29:1
σπουδαιοτάτην Ath 28:6
σπουδαιότερον T 33:2
σπουδαίως T 3:1 (MPV)
σπουδῆς Ath 3:2; 35:1
  σπουδῇ M Ek HE 4:26:13
  σπουδήν D 9:3
σταγών D 34:3; 50:5
  σταγόνας T 8:3
στάδιον D 9:3
σταδίους Ap 34:2
στάζουσα D 34:3
στάθμην Ath 31:2
σταθμῷ D 50:5
  σταθμῶν D 111:3
  σταθμούς D 61:5

στακτῆς D 86.3
  στακτήν D 38:4; 63:4
στάσεως T 1:2; 23:1; 31:4
  στάσεις T 16:3
  στάσεις T 19:3
στασιώδεις T 25:2
σταυροῦ Ap 35:2; 55:4; 60:3, 5
    D 40:3²; 90:4, 5; 91:1;
    94:2; 105:2; 108:2; 111:1,
    2; 131:2; 134:5²; 138:2
  σταυρῷ Ap 35:7 D 105:5
  σταυρόν D 90:4; 91:2; 97:3
σταυροῦσθαι D 91:4; 94:2(AB);
    99:2; 105:2; 125:5; 131:4
  σταυρούμενος D 71:2; 89:2;
    110:2
  σταυρούμενον Ap 31:7
  σταυρούμενοι D 91:2; 110:4
  σταυρουμένων D 94:5
  ἐσταυρώσατε D 111:3
  ἐσταύρωσαν Ap 67:7 D 97:3
  σταυρῶσαι Ap 35:8 D 17:1
  σταυρώσαντες Ap 35:8 D 72:3;
    97:3; 104:2
  σταυρωσάντων D 108:2
  ἐσταυρώθη Ap 32:6 D 32:1;
    106:1
  σταυρωθῆναι Ap 41:1; 42:3;
    50:12; 55:1 D 38:1; 51:2;
    53:5; 63:11; 74:3; 76:7²;
    86:1, 6; 88:4; 89:2; 90:1;
    97:4; 100:1, 3; 103:3; 104:
    2; 107:1²; 141:1
  σταυρωθείς Ap 35:2, 6; 42:3,
    4; 46:5 D 71:2; 99:1; 105:
    2; 111:2
  σταυρωθέντος Ap 38:8; 61:13
    App 6:6 D 11:4, 5; 30:3;
    34:8; 73:2; 85:2; 96:1;
    106:1; 110:3; 112:2; 117:
    5; 131:5
  σταυρωθέντι Ap 13:4; 53:2 D
    49:8
  σταυρωθέντα Ap 13:3; 21:1;
    32:4 D 10:3; 35:2; 38:1;
    46:1; 67:6; 76:6; 95:2;
    116:1; 132:1

ἐσταυρῶσθαι Ap 22:3; 36:3
 D 39:7; 93:4
ἐσταυρωμένος D 89:3
ἐσταυρωμένου D 53:6; 96:1
ἐσταυρωμένον D 91:4; 93:4;
 101:3; 137:1
σταφυλῆς Ap 32:1, 5, 7, 9; 54:5
 D 52:2; 54:1,2;63:2;76:2
στάχυες D 119:3
στέαρ Ap 37:7
στέγην Ar 15:7
στεῖρα Ap 53:5 D 13:8
 στεῖραν D 85:9
 στειρῶν D 84:3
στέργειν Ap 2:1; 15:9 Ath 1:1;
 12:3
 στέργοντες Ap 14:2
στερεάν Ap 38:3
 στερεόν D 5:2
 στερεώσας D 65:4
στερηθῇ App 12:2
 στερηθείη App 12:2 (Eus)
 στερηθέντα D 3:3
 ἐστερῆσθαι T 8:3
στερέωμα D 64:8
 στερέωμα Ath 24:5
στέρνων Ath 29:1
Στερόπην Ath 18:4
στέφανοι T 23:1
 στεφάνους Ap 24:2 T 11:1
 στεφανοῦσιν Ath 16:2; 26:3
 στεφανούμενον T 23:1
στῆθος Ath 21:1
 στήθεσσι Ath 21:4
 στήθη Ath 14:2
στήλην D 58:5, 13; 86:2
στήριγμα D 34:5
 ἐστήρικτο D 58:11
 ἐστηρίχθαι D 86:2
 ἐστηριγμένη D 58:11
Στησίμβροτος T 31:2
στιχοποιός T 24:1
στίχοι T 17:2
Στοᾶς Ath 6:4; 19:2; 22:3
στοιβῆς D 14:7
στοιχεῖον T 9:3
 στοιχεῖα Ath 22:1, 8

στοιχείων Ar 3:2²; 4:1; 7:3
 Ap 60:11 T 21:3²; 36:1
 Ath 19:2; 22:3, 7, 8
 στοιχεῖα Ar 4:1; 7:4 App 5:2
 D 23:3; 62:2 T 39:1 Ath
 10:4; 16:2, 3, 4; 22:6
στοιχείωσις T 9:1; 17:2
στολή Ap 32:8
 στολῇ D 26:3
 στολήν Ap 32:1, 5, 7; 54:5 D
 52:2; 54:1²; 63:2; 76:2 T
 24:1
στόμα Ap 44:4,6; 61:8 D 22:10;
 27:1; 109:3
 στόματος D 14:6; 22:9; 27:1;
 98:5; 105:1, 2, 3
 στόματι Ap 51:2 D 13:6; 102:7
 στόμα Ap 50:4, 10² D 13:3,
 5²; 16:5; 31:5; 98:4; 102:
 1; 103:1, 3; 118:4 Ath 21:5
 στομάτων Ap 52:11
 στόματα Ath 7:3
στοχαστικῶς Ath 7:1
στραγγαλιάς Ap 37:8 D 15:4;
 40:4
στρατεύσαντος T 36:2; 41:1
ἐστρατήγει T 32:3
στρατηγίαν T 11:1
στρατηγικῇ D 3:5
στρατιά Ath 23:5
 στρατιᾶς Ap 28:1; 52:3 D 131:2
 στρατιᾷ D 136:3
στρατιώταις Ap 40:6
 στρατιώτας Ap 39:5
στρατόπεδον T 7:3
 στρατόπεδον T 23:2
στρατόν Ap 6:2
στρεφόμενοι Ath 22:6
 στρέψαντα Ap 59:1
στροφῶν Ap 14:1
στρωμναῖς D 22:5
στύλος D 131:3
 στύλῳ D 37:4; 38:1; 64:4
Στύξ Ath 21:3
Στωϊκῷ D 2:3
Στωϊκοί Ap 20:2 App 7:3, 4, 8
 D 2:1 T 6:1

Στωϊκῶν Ap 20:4 App 13:2
Στωϊκῶν App 8:1
Στωϊκούς Ath 22:2
στωμύλματα T 1:3
στώμυλοι T 14:1
σύ Ap 34:1; 40:14: 68:6 App
2:17 D 1:3², 6; 3:2, 3, 5;
5:1; 11:3; 22:9²; 25:2², 4;
26:3; 32:6; 33:1, 2; 37:3,
4²; 43:6; 47:1; 51:1; 57:1;
58:12; 63:3; 64:4²; 66:3;
67:5; 74:1; 78:1: 83:2:
88:8; 94:4: 98:2, 3², 5;
99:2; 100:1; 102:1, 6; 103:
6: 105:1; 107:4; 113:1;
122:6; 124:2; 135:6 T 19:
3²; 27:1 M Ap HE 4:26:7
Ath 21:3; 30:2
σου Ap 15:2; 16:1², 6³; 34:
1; 35:11; 37:8; 40:15²;
44:1; 45:2², 3, 4³; 50:4²;
52:12; 62:3; 63:7, 17 D
1:2, 3, 4; 8:3; 9:2; 10:4;
12:1; 13:3, 8⁵, 9; 14:4;
15:2, 4, 5⁹, 6⁸; 22:3², 8⁵,
9², 10⁷; 25:2⁵, 3⁷, 4⁴, 5⁵;
26:2, 4²; 27:1⁶; 28:1; 32:
6⁷; 34:2, 3⁴; 37:3; 38:3⁷,
4¹², 5⁴; 39:1², 7; 43:5, 6²;
50:4; 52:2⁴; 53:3; 55:1²;
56:7, 8, 14⁶, 16, 20³, 21;
58:5³, 7⁴, 8², 12⁵; 60:5;
62:5; 63:3, 4¹², 5⁵; 64:4,
6⁴; 65:4; 66:2, 3²; 68:9;
75:1; 77:4²; 78:1; 79:1, 2;
82:3; 83:1², 2³; 85:6; 86:
3²; 93:2⁴; 98:5²; 100:5;
103:6; 105:1, 5; 106:2;
114:3; 115:1²; 120:1²; 122:
3, 5, 6²; 125:4; 126:6²;
127:5²; 131:1² M Ap HE 4:
26:6³, 7, 10³, 11 M Ek HE
4:26:13
σεῦ Ath 21:4
σεῖο Ath 30:2
σοί Ap 15:2; 16:2 (AB); 35:
11; 40:15; 45:3, 5 App 2:8

D 2:1; 3:6; 4:4; 5:4; 7:3;
8:2², 3, 4; 9:1³; 22:8², 9,
10; 23:3; 26:3; 32:6; 38:
1, 5²; 45:1; 49:6²; 53:3;
55:3; 56:4, 7²; 57:4; 58:2,
5², 12³; 60:5; 62:5; 63:1,
2; 68:2; 75:1; 77:1; 79:2.
4; 80:2², 3; 90:1; 94:4;
98:2²; 101:1²; 115:2: 118:
4: 120:1; 121:4; 122:5, 6;
131:1² T 19:2², 3²; 20:1;
25:1.2²; 26:4 M Ap HE 4:
26:6 M Ek HE 4:26:13, 14
σε ⟨Ar 17:1⟩ Ap 15:2; 16:2.
6; 40:14; 45:4; 50:4; 68:9
D 1:2, 5; 8:3, 4; 12:1⁵;
13:3, 9²; 14:4⁵; 15:5; 22:
8, 9, 10; 25:2; 26:2³; 27:
1²; 32:6; 38:3², 4²; 39:3;
43:6²; 48:1; 52:2²; 56:6,
12, 14, 17, 21; 58:7, 12³;
63:3, 4²; 65:4³; 66:3; 67:
3, 8; 71:4; 75:1³; 77:1²;
79:2; 80:1: 82:3; 83:2, 4;
86:3: 88:8; 98:2², 3, 5;
99:2; 101:1; 102:1: 103:6;
106:2; 113:1; 115:1; 119:
2²; 121:4³; 122:3³, 5, 6;
123:7; 126:6: 138:1, 2 T
8:4²; 19:3: 20:1; 26:3 M
Ap HE 4:26:11
ὑμεῖς Ap 2:2, 4; 11:1; 12:3, 4,
6; 15:11, 14; 32:3; 33:9:
45:6; 55:8; 59:5 App 15:2
D 8:4; 10:1², 3, 4; 11:1;
12:2, 3²: 14:1, 2; 16:5;
17:1, 3: 19:3; 27:4: 28:5:
29:2; 32:4; 33:1; 34:1;
39:6; 41:2; 43:8: 44:1;
53:2; 56:15; 57:4: 64:2:
65:3: 67:2; 68:7; 77:2;
80:1, 4; 84:3; 85:3: 93:4,
5: 95:1, 2; 96:2; 102:6, 7:
110:6²; 112:1; 117:1, 4;
120:4²: 122:1, 3; 123:2, 7:
124:2²; 125:5; 130:4; 131:
2: 133:3²; 135:3, 4; 136:2, 3;

137:3²; 138:3; 139:3; 140:
1; 141:2 T 5:2; 12:3; 14:1;
17:1; 19:1, 4; 22:2; 24:1;
26:2²; 32:2; 33:3, 4 Ath
1:2; 2:2; 3:2; 7:2; 16:1;
17:1; 34:2; 37:1
ὑμῶν Ap 4:4, 9; 8:1; 11:1;
12:3; 15:9, 13, 15, 17; 16:
2², 5, 14; 17:1; 26:1, 2², 7;
32:6; 37:5², 6, 8; 39:5;
44:3²; 47:6; 51:3; 55:6;
61:7²;68:3 App 1:1, ῑ(AB);
3:5 D 10:1, 2; 11:1², 2;
12:1, 2²; 13:2, 6; 14:4, 5⁵,
8; 15:3⁴, 7; 16:1², 2³, 3²,
4; 18:2²; 19:5, 6; 21:1³,
2⁴; 22:1, 2², 3³, 4, 6², 11²;
27:2³, 4; 28:2², 3, 5²; 29:1;
30:1; 32:2³, 5²; 33:1, 2;
34:1; 35:8; 36:4²; 38:1, 2;
39:1², 8; 40:2, 4²; 41:2³;
43:1, 8³; 44:1, 2, 4; 46:5²,
6,7; 48:2²; 49:1,3,4; 50:4;
51:1,2,3; 52:1,3⁵, 4²; 53:4;
55:3²; 56:10; 57:2; 59:2;
62:2; 64:1, 2, 5; 67:4, 6,
8, 9, 10; 68:1, 4, 7²; 69:6;
70:3²; 71:1, 2; 72:1; 73:2;
75:2; 77:4; 78:1², 10; 80:
1², 3; 82:1, 4; 83:1; 84:3;
85:1³, 2, 3²; 87:3, 5; 90:5;
92:2; 93:4³; 95:3, 4; 96:
1, 2², 3²; 97:4; 101:2; 102:
5; 103:1, 2²; 105:6; 107:1,
2; 108:1², 3; 110:1, 6; 112:
2², 4; 114:3, 4, 5; 115:3²,
4; 117:1⁴, 3², 4⁴, 5; 118:1,
3; 120:2², 3, 5⁴, 6; 122:2;
123:2, 3, 4, 7, 9; 125:1;
126:1; 127:5; 130:2; 131:
2, 3, 4; 133:2², 3², 5, 6²;
134:1, 2, 3, 5, 6; 135:1;
136:2, 3; 137:1, 2,3; 138:2,
3; 139:3; 140:2; 141:1, 4;
142:2 T 1:2, 3³; 21:1², 2²;
22:1², 2², 3; 23:1; 24:1;
26:1²; 31:2; 32:2; 33:3;

35:1, 2 Ath 1:2, 3; 2:1²,
4²; 3:2; 11:1; 16:1; 18:1;
24:4; 34:2; 35:2; 37:1
ὑμῖν Ar 2:1 Ap 7:4; 9:2;
12:1; 14:1; 15:9², 16; 16:
4; 17:3; 18:4; 19:2; 20:3;
21:1, 2, 3; 22:2, 5; 23:1;
24:2; 27:4, 5; 30:1; 31:5;
32:4²; 36:2; 37:1; 39:5;
40:5; 44:13; 45:6; 55:6,
7; 56:2²; 67:7; 68:1², 2
App 1:3; 2:6; 3:5, 6²; 7:
2²; 12:5²; 14:1 D 10:1;
11:1; 12:1, 3²; 14:1, 4, 5;
16:3, 4, 5; 17:3², 4²; 18:2²;
19:2, 5, 6; 20:1², 4; 21:1;
22:2; 27:2; 28:2, 3, 5²;
32:2, 3²; 33:1; 36:2; 38:2;
41:2; 43:5³; 44:4; 46:3, 5;
49:3, 5; 52:3², 4; 56:6, 10,
12, 15; 58:1, 10; 59:1, 2;
60:2²; 61:1, 3; 62:3, 4;
63:3; 64:2²; 65:5; 66:2²;
68:1, 3, 9; 69:4; 70:2²;
71:2, 3; 72:1; 73:3, 6; 76:
6; 77:2; 78:6²; 79:3; 82:
1, 3; 84:2; 85:3; 87:3², 4²;
88:1; 90:2; 93:5; 95:3;
96:1, 2; 99:1; 103:9; 105:
2,4; 108:1²; 110:5; 112:4²;
114:5; 115:6; 116:1; 120:
5; 122:2; 123:2; 124:4;
129:3; 130:3; 131:3, 4, 6;
132:1³, 3; 133:1²; 139:3;
140:2; 141:2; 142:3 T 1:
1, 2, ⟨2,⟩ 3; 5:2; 10:1; 14:
1; 16:2²; 19:1; 21:2²; 22:
2²; 23:2; 24:1; 25:1, 3;
26:1², 2²; 28:1; 31:1; 33:
1³, 2, 3²; 34:1, 2; 35:1;
41:3; 42:1² Ath 2:1, 2;
9:2; 10:2; 11:1; 12:3²;
18:2; ⟨22:5;⟩ 31:2; 32:2
ὑμᾶς Ap 2:3; 7:5; 12:3, 5;
13:4; 14:1², 4; 15:9³; 17:3;
18:3; 19:3, 7; 22:3; 29:2;
44:4,5,6; 55:8; 61:8; 68:3

App 3:4; 4:4; 14:1; 15:5
D 12:3; 13:1, 2; 14:3, 7;
17:1, 2; 19:6; 20:4; 21:1;
22:4; 27:4; 32:5; 34:1;
35:3; 37:2; 39:5; 41:3;
44:1, 4; 46:4, 5³, 6; 47:5;
49:3²; 52:4; 55:3; 56:4.
10. 11; 59:2; 63:2²; 64:3;
65:3; 68:1². 2, 3, 4, 7, 8;
69:4; 71:2; 74:2; 76:1;
78:10; 80:3; 84:4; 85:1,
5, 8; 88:1; 92:2, 4, 6; 93:
4; 108:3²; 114:5; 115:6;
119:6; 120:4; 123:2², 6²;
125:1; 131:3², 4; 132:1;
133:2², 3²; 134:1³; 135:4²;
140:2; 142:2 T 1:1; 3:3;
19:2; 21:1, 2; 25:2; 26:2,
3; 27:1; 30:1; 32:2 Ath
3:2;9:1;11:1²:16:1³:24:1
συγγένεια D 4:2
συγγένειαν T 20:3
συγγενοῦς T 5:3
συγγενεῖ Ap 27:3
συγγενές App 13:3 D 4:1, 3
   T 13:3
συγγενεῖς T 1:3
συγγίνεται T 8:4
συγγιγνόμενοι Ath 17:1
συγγενήσεσθαι App 1:2
συγγενέσθαι App 1:2 (AB) T
   28:1
συγγνῶναι Ath 18:1
συγγνώμη, D 9:1
συγγνώμην T 20:1
συγγνωστός D 65:2
συγγράμματα Ap 67:3 D 7:2
συγγραμμάτων Ap 28:1; 62:4;
   63:6
συγγράμματα Ap 31:2 App 12:5
συγγραφεῖς Ap 21:2; 22:1 App
   13:5
συγγραφέων Ap 18:5; 23:1;
   36:2; 44:8; 54:5; 59:1 App
   13:2 T 41:1
συγγραφήν D 15:4
συγγραφαῖς Ar 13:5

συγγράφοντα Ap 36:2
συνέγραψαν App 5:5
συγγράψαντος T 41:1
συγγραψάμενοι Ath 22:5
συγκαυθήσεται D 133:5
συγκαταθέσεως D 123:7
συνκατάθεσιν D 63:2
συνκαταθέσεις D 67:4
συγκατακλίνεσθαι App 2:4
συγκαταπίπτοντες Ath 31:3
συγκατατίθεμαι D 5:1
συγκατατεθειμένον Ap 65:1
συγκείμενος Ath 8:2
συγκλείσαντες Ar 3:2
συνεκεκλείκει D 49:4
συγκεκλεισμένη, D 62:5
συγκληρονόμα D 140:1
συγκλήτῳ Ap 1:1 App 2:16
σύγκλητον Ap 56:2, 3
συγκολασθήσεσθαι Ath 36:1
συγκόψουσι Ap 39:1 D 109:2
συγκρατεῖται Ath 10:1
συγκρίματα Ath 22:2
συγκρίματα Ath 22:3
συγκρίνειν T 21:4
συγκρινόμενον T 15:2
συγκρίνατε T 21:1
συγκρίναντες T 33:2
σύγκρισιν T 31:1
συγκρούεις T 26:3
συγκρούειν T 4:1
συγχαίρομεν Ath 22:6
συγχεόμενα Ath 22:2
συγχρῆσθαι T 4:1
συγχρησάμενος T 18:2
συγχρησαμένου Ath 9:1
συγκεχρωσμένου Ath 24:2
σύγχυσιν App 7:1 T 5:3
συγχωρῶ D 50:2
συγχωρεῖ D 40:2
συγχωρεῖτε Ath 1:3
συγχωροῦσι D 134:1
συγχώρει D 57:4
συγχωροῦντες D 110:5
συνεχωρεῖτο D 141:4²
συγχωρήσεις T 36:2
συγχωρηθήσεται D 77:2

συνεχώρησας App 2:8
συγχώρησον D 50:2
συγχωρῆσαι Ath 3:2
συγχωρηθῆναι App 2:8
συγκεχωρηκέναι D 55:1
συγκεχώρηται App 15:3 D 40:5
συγκεχώρητο D 20:1
συγκεχωρήσθω D 4:4
συζῆν D 47:2
συζητεῖτε D 93:5
συζητεῖν D 64:2
συζητοῦντες D 107:1
συζητοῦντας D 102:5
συζητῆσαι D 120:5
συζυγίας App 2:4
συζυγία App 2:6
συζυγίαν T 13:2; 15:1
συκῆς D 109:3
συκοφαντεῖσθαι D 30:1
συκοφαντούμενοι Ath 2:1
συκοφαντηθήσεται D 92:5
συκοφάντην D 34:3; 64:6
συκοφάνται M Ap HE 4:26:5
συκοφαντῶν Ath 1:3
συκοφάνταις Ap 68:7
συκοφαντητά D 94:4
συκοφαντίας Ap 68:10 M Ap HE 4:26:9
συκοφαντία App 12:4 T 1:3
συλαγωγεῖσθε T 22:2
σεσυλήκατε T 10:2
συλλαμβάνουσαν T 33:3 Ath 22:4
συλλήψῃ Ap 33:5
συνελάβετε D 111:3
συλλαβεῖν Ap 33:4 D 4:2; 103:2. 7
συλλαβοῦσα D 100:5
συλλαβόντα D 3:3
συλλεγόμενον Ap 67:6
συλλήψεως Ap 26:5
συλλογίζῃ D 113:1
συλλογισμῶν T 27:3
συλλογισμούς Ath 11:2
συμ- v. et ξυμ-
συμβαίνει D 93:5
συμβαίνωσιν T 16:3
συμβαίνειν D 105:1

συμβαινόντων D 103:8
συμβήσεται D 17:2; 23:1; 127:5; 133:2
συνέβη Ar 8:6 D 2:2; 34:7 T 29:1²
συμβάντων Ap 62:2 D 103:1
συμβέβηκεν D 59:2 M Ap HE 4:26:9 Ath 5:1
συμβεβηκέναι D 77:3; 110:6
συμβεβηκότι D 78:8
συμβεβηκός Ath 24:2
συμβάλλεται T 24:1
συμβάλλεσθαι D 46:7
συνεβάλετε D 80:4
συμβάλητε D 93:5
συμβαλεῖν D 2:3; 68:1; 142:1
συμβασιλεύοντας Ap 10:2
συμβιβάσει D 50:5
συνεβίβασεν D 50:5
συνεβίου App 2:1
συμβολικῶς Ap 55:1 D 52:4; 86:3; 111:1²
σύμβολον Ap 27:4; 32:5; 55:2 D 14:2; 40:3; 42:1; 53:4; 111:4 Ath 20:3
συμβόλου D 78:6; 111:1
σύμβολον Ap 54:7 D 86:1; 90:5; 111:4; 138:1
σύμβολα Ap 55:6 D 120:2; 131:5
συμβόλων D 138:3
συμβόλοις D 68:6
σύμβολα D 42:4; 88:8; 112:2; 138:2
συμβουλεύεις T 27:2
συμβουλεύων T 19:1
συμβουλευόντων App 2:5
συμβουλεῦσαι D 56:8
συνεβουλεύσατο D 50:5
συνεβουλεύσαντο D 70:3
σύμβουλος D 50:5
σύμβουλον T 19:2
σύμμαχος Ath 21:3
σύμμαχον Ap 10:6
σύμμαχοι Ap 12:1
συμμέτοχος App 13:4
συμπαθείας Ath 25:3

συμπάθειαν Ath 7:1; 22:7
συμπαθῶν D 38:2
συμπαραληφθῆς D 56:20
συμπαραμενεῖ D 34:3; 64:6
συμπαρήμην D 61:4
σύμπασα Ath 2:1; 1:2
σύμπαντος D 1:4
σύμπαντα Ap 19:5
σύμπασαν T 12:1
σύμπαντα D 42:3
συμπάντων Ath 10:2
σύμπαντα M Ap HE 4:26:10
συμπέμπων D 56:17
συμπερινοστήσασαν Ap 26:3 (Eus)
συμπεριεπάτει D 1:1
συμπεριπλεκόμενον T 13:3
σύμπηξις T 12:2; 15:3
σύμπηξιν T 12:3
συμπίνοντες D 120:2
συμπιεῖν D 51:2
συνέπεσε Ap 47:2 D 25:5
συμπληροῦντες Ath 8:1
συμπληρούμενον Ath 18:3
συμπληρουμένων D 32:3
συμπληρωτικά Ath 8:1
συμποσίοις T 2:1
συμπραγματευομένων Ap 16:4
συμπροπέμπων D 56:17
συμφέρει Ap 15:2
συμφερομένοις Ath 14:2
σύμφημι D 77:1
συμφάμενοι D 137:2
συμφήσετε Ap 12:3
συμφθαρῆναι Ath 22:3
συμφοραῖς T 26:3
σύμφορον D 8:1
συμφράδμονας T 19:3
συμφύρδην T 1:3
συμφωνοῦσιν Ath 14:1
συμφωνῆται Ath 7:1
συμφωνίας T 12:3
σύμφωνον Ar 13:5
συμφώνῳ Ath 22:2
σύμφωνον Ath 4:2; 16:2
συμφώνους T 25:2
σύν Ar 4:2²; 10:1 Ap 14:3;
    40:6; 51:9; 53:8 App 7:2

D 9:3; 24:3; 25:1; 31:1:
    35:8; 41:1; 45:4; 53:2, 5:
    56:1, 10, 13, 15, 18; 60:3;
    68:3; 78:6; 80:1; 91:2;
    110:6; 112:2; 118:4; 119:
    5; 120:5² T 5:1²; 7:3; 13:
    1; 21:3; 25:2; 31:3; 33:1,
    3²; 34:1 Ath 3:1; 29:1; 31:3
συναγείρει T 23:2
συναγείρειν T 28:1
συνάγειν Ap 31:2 D 81:3
συνάξω D 109:3; 119:2
συνάξει D 49:3; 50:4
συναχθήσεται Ap 52:5
συναχθήσεσθαι D 80:1
συνάξαι Ap 52:10
συνήχθησαν Ap 40:11 D 37:1;
    104:1
συναχθῶμεν D 24:3
συνήγαγεν Ath 13:2
συνηγάγομεν D 123:7
συνάγαγε D 59:2
συναγάγετε D 22:6, 7
συναγαγεῖν D 57:4
συνηγμένοι Ap 65:1
συναγωγή D 98:4; 104:1²; 134:3
συναγωγῆς D 53:4
συναγωγῇ D 63:5; 124:1, 2
συναγωγαῖς D 16:4; 47:4; 72:3;
    96:2
συναγωνίσασθαι T 19:2
συνᾴδει Ath 10:3
συνᾴδειν T 1:2
συνᾴδοντος Ath 5:2
σύναινος D 47:2
συνελόντι D 81:4
συνελόντα Ath 17:4
συναίρεται D 132:1
συνακμάσαι M Ap HE 4:26:8
συνακολουθήσαντας T 7:3
συναλλαγμάτων Ap 37:8 D 15:4;
    40:4
συνάμα T 16:2
συναναμίγνυσθε D 21:2
συναντήσεται D 25:4
συναντήσῃ D 22:2
συναντήσας D 1:1

σύνθετον D 5:2; 103:5; 114:3
　Ath 6:3
συνθήκας D 79:3
συνέθλασεν D 32:6
συνίημι D 70:5
συνίης D 113:1
συνίετε D 12:2 T 23:2(MPV)
συνιᾶσι Ap 31:5
συνίασι Ap 31:5 (AB) D 9:1
συνίεσαν D 69:4 T 40:1
συνιέναι D 7:3; 11:4; 58:1;
　64:2, 3; 82:1; 93:5; 132:1;
　140:1
συνιέντες D 97:4; 110:2
συνιών (συνίων) D 27:3; 123:7
συνήσει Ap 50:3 D 13:2
συνήσουσι Ap 50:4 D 13:3;
　118:4
συνῆκα Ar 1:2 T 29:2
συνῆκε Ap 63:2, 12 App 3:3
συνῆκεν Ap 37:1
συνήκαμεν D 81:3
συνήκατε D 34:1
συνῆκαν Ar 3:2; 13:7 D 49:5;
　124:2
σύνετε Ap 40:16 D 22:10;
　24:1
συνεῖναι Ap 14:1; 60:11 D
　55:3; 69:4; 121:4 T 39:1
συνείς App 3:3
συνίστησιν D 2:1
συνιστάντος Ath 18:3
συνιστάμενον D 31:5
συνισταμένων Ath 36:3
συνισταμένας T 29:1
συνεστήσασθε T 1:3
συνεστήσαντο T 1:2
συνέστη Ath 36:3
συστῆναι Ath 19:2; 36:2, 3
συνέστηκεν Ar 1:5
συνεστηκότα Ath 6:3
συνεστάναι T 30:1 Ath 25:3
συνεστώς Ath 8:2
συνεστῶτα Ar 4:2
συνευσάντων D 58:10
συνηγστευόντων Ap 61:2
συννοεῖτε D 135:5

συννοῆσαι D 1:5; 75:4
συννοητά D 7:3
συνοδοιπόρων Ap 16:4
συνόδων D 91:1
συνίσασιν Ath 34:1
συνοικίαν D 139:4
συνολκάς T 3:1
συνοπτά D 7:3
συνορῶμεν Ap 19:5
συνορῶντας Ap 9:5
συνουσία D 2:3
συνουσίας Ar 15:6 Ap 10:3;
　33:6 D 1:2; 78:3; 84:1, 3
　T 20:1
συνουσίᾳ D 46:2; 142:1
ἐσυνουσιάσθη Ap 33:4
συνουσιασθεῖσαν Ap 33:4
συνουσιαστής D 2:4
σύνταγμα Ap 26:8
συνταγμάτων T 34:2
συντάγμασι Ap 63:11
συντάξεως T 12:5
σύνταξιν App 1:1 D 80:3
συνταραχθέντας D 124:1
συντάσσητε T 1:3
συντάσσειν T 1:2; 35:1
συντάττειν T 1:1; 31:4; 41:2
συνταττόμενον T 17:2
συνέταξα T 42:1
συνετάξαμεν App 15:2
συντέτακται T 15:2
συντετάχθαι D 103:8 T 41:2
συντεταγμένον Ap 26:8
συντεταγμένας Ap 31:1
συντελείας T 17:1
συντελείᾳ T 13:1
συντέλειαν T 6:1
συντελούσης D 1:4
συντελούντων D 2:4
συντελοῦνται D 56:18
συντελέσαι D 21:3
συντελέσας D 61:4
συντελέσαντος Ap 65:3
συντελεσθῇ Ap 32:6; 45:1 D
　14:6
συντετήκασιν Ath 22:7
συντηρήσῃ D 30:2

συντηρηθῆναι D 30:3
συντίθεμαι D 4:7; 48:4
συντίθεσαι D 67:7
συντίθενται D 68:9
συντίθεσθαι D 7:2; 44:1
συντιθεμένου D 123:8
συντιθέμενοι App 9:2
συντιθεμένων D 68:4; 130:1
συντιθεμένους Ap 39:5
συνετέθης D 67:11
συντεθέντες Ar 13:7
συνέθεσθε D 58:3
συνθώμεθα D 56:12
συνθέσθαι D 67:11; 68:2²
συντεθειμένος D 67:7
συντεθειμένοις D 71:1
σύντομοι Ap 14:5
συντόμως Ap 12:11 T 41:4
συντομωτέρας T 36:1
συνέτρεχες D 22:10
συνέδραμεν D 56:2; 126:4
συντριβῇ D 22:5
συντρίψεις Ap 40:15
συντρίψει D 65:6; 135:2
συντετριμμένον D 123:8
συντετριμμένοι D 14:1; 140:2
συντετριμμένων D 140:1
συντετριμμένους D 19:2; 114:5
σύντριμμα D 27:3
σύντροφον M Ap HE 4:26:7
συνυπάρχον Ath 24:2
συνωθῶν D 105:6
συνώνυμα Ath 11:2
Συρία Ath 30:1
Συρίας Ar 12:2 Ap 1:1 D 58:8
σύριγγος T 1:2
Σύροι Ath 30:1
Σύρων D 103:5
Συροφοινίκη D 78:10
σύρουσαι D 27:3
σός T 18:2
συΐ T 34:2
σύας D 5:5
συσκεψώμεθα D 46:2
συνεσκευασμένοι D 29:2
συσκίοις D 136:3
σύσσημον D 26:3

σύστασις T 12:2 Ath 19:2; 22:1;
     24:3; 26:3
συστάσεως T 15:2 Ath 24:2;
     25:2; 36:2
σύστασιν T 1:1; 4:1; 6:1;
     12:2; 14:2; 15:4; 30:1 Ath
     19:2; 20:1; 25:3
συστάσεσιν Ath 25:1
συνεστρατεῦσθαι T 36:1
συνεσφαίρωσεν Ath 13:1
συνεσχηματισμένον D 91:2
συχνούς Ar 8:6
σφαγῇ D 135:4
σφαγήν Ap 50:10 D 13:5;
     72:3; 89:3; 111:3; 114:2
σφαγαῖς Ath 14:1
σφαγάς Ar 8:6
σφάγια D 22:3
σφάζειν Ar 13:5
σφάξαι Ar 10:9
ἐσφάγησαν Ar 13:6
σφαγῆναι Ar 10:8
σφαγείς Ar 10:8
σφαγέντος Ath 22:6
σφαγέντα Ar 12:2
σφαῖραν Ath 6:3
σφαιρικός Ath 8:2
σφαιρικῷ Ath 16:1
σφάλλεται Ap 43:4
σφάττεις T 10:2
σφαττόμενοι Ath 1:3
σφῶν T 7:3; 12:4; 16:1, 3
σφίσιν T 13:3; 17:2, 3 Ath
     14:1; 28:6
σφιν Ath 28:3
σφέας Ath 28:1
σφετερίζοντες T 26:3
σφετέρων Ath 32:1
σφετέρους Ath 34:1
σφόδρα Ap 35:11; 41:1; 47:3;
     50:3 D 2:6; 13:2; 22:7;
     25:5; 31:7; 37:1; 53:3;
     56:7, 18; 73:3; 134:5 T
     22:1; 32:2; 41:2
σφῦραν Ar 10:1
σχεδόν Ap 26:3; 27:1 D 68:1;
     02:5; 97:1 T 41:4

σχετική Τ 15:2
σχέτλιος Ath 29:1
σχῆμα Ap 55:4 D 91:3; 105:2
     Τ 24:1
σχήματος Ap 55:2, 6, 8 D 90:
     4; 91:2; 97:1 Τ 32:3 Ath
     20:3
σχήματι Ap 55:7 D 1:2; 40:3
     Ath 16:1; 20:3
σχῆμα Ap 4:8; 9:2; 55:3, 4
     D 1:2; 4:1; 23:5 Ath 4:2;
     15:2; 20:4; 26:3
σχημάτων Τ 4:2; 22:3
σχήμασι Τ 26:3
σχήματα Ap 9:1 Τ 34:1
σχηματιζόμενος D 128:2
σχηματιζόμενον D 40:3
σχηματοποιήσας D 30:2
σχηματουργίᾳ Τ 9:3
σχίσωσιν Ap 52:11
σχίσματα D 35:3
σχοινίῳ D 17:2; 133:4
σχοίνισμα D 131:1
σχοινίσματα D 13:8
σώζει D 94:5
     ἔσωζον Ath 21:5
     ἔσωζεν Τ 8:3
     σῶζε D 56:20²
     σώζων D 53:3
     σώζεται Ath 17:2
     σώζονται D 46:4; 64:3; 67:7;
     111:4
     ἐσώζοντο D 94:1; 112:1
     σώζου D 56:20
     σώζεσθαι D 76:5; 102:6, 7
     σωζόμενοι D 64:3, 5
     σωζομένων D 138:1
     σώσει Ap 33:5, 8 D 34:3, 5;
     64:6; 69:5
     σώσειν D 111:2
     σωθήσομαι D 56:21
     σωθήσεται D 45:3; 47:1². 2;
     140:3
     σωθήσεσθε Ap 60:3
     σωθήσονται D 45:4; 47:2;
     64:5; 105:6
     σωθήσεσθαι Ap 16:8; 28:2;

     53:6 D 45:3; 46:3; 47:1²,
     4³; 101:1; 102:7²; 125:5
     ἔσωσα D 138:1, 2
     ἔσωσε D 111:3
     ἔσωσεν D 74:3 Τ 13:1
     σῶσον D 98:5; 105:1, 2
     σωσάτω D 98:3; 101:3
     σῶσαι D 16:3
     ἐσώθη D 19:4; 126:3 Τ 13:1
     ἐσώθησαν D 98:2; 101:1
     σωθῶμεν Ap 65:1
     σωθῆτε D 35:8; 92:6
     σωθῆναι D 46:1, 2; 56:21;
     64:2; 98:1; 105:3; 121:4;
     133:1
     σωθέντος Ap 53:8
     σωθέντας D 101:1; 111:3
     σεσωκέναι D 112:2
     σεσῶσθαι D 73:2
Σωκράτης Ap 5:3; 46:3 App
     10:5 Ath 8:2
Σωκράτους Ap 5:4; 18:5 App
     10:8 Τ 3:2 Ath 31:1
Σωκράτει App 3:6; 10:8
Σωκράτην App 7:3
Σωκρατικοῦ D 1:2
Σωκρατικόν App 3:6
σῶμα Ar 13:5 Ap 66:3 D 4:4;
     6:2; 14:2; 31:3; 42:3;
     62:3 Ath 16:2; 22:3
σώματος D 4:5; 29:3; 42:3;
     69:7 Τ 2:2; 3:1; 12:2;
     13:1; 15:1²; 16:1, 3 Ath
     6:3, 4; 16:2, 3
σώματι Ap 19:1 D 4:4² Τ 13:1
     Ath 24:2; 36:1
σῶμα Ap 19:7 App 10:1 D
     5:2; 6:2; 14:1 Τ 25:2 Ath
     6:3; 8:1; [20:4;] 21:2;
     36:1, 2
σώματα Τ 15:3 Ath 36:2
σωμάτων Ar 4:3; 5:3 D 5:2
     Τ 6:1 Ath 20:3; 22:3; 36:
     2, 3²
σώμασι Ap 8:4 D 4:6 Τ 32:3
σώμασιν Ath 36:1
σώματα Ap 18:6; 19:4; 52:3

D 4:6, 7 Ath 1:4; 20:1;
32:3; 34 1; 36:1
σωμασκίας T 23:1
σωματοποιήσασθαι D 70:4
σῶον Ap 55:3
σωρεία T 27:3
σωταδείοις App 15:3
σώτειραν Ath 28:2
σωτήρ Ap 33:7; 66:2; 67:7 D
26:3; 72:1
σωτῆρος Q HE 4:3:2² Ap 33:
5; 61:3 App 6:4 D 8:2;
18:1; 36:4; 93:2; 110:4
M Ek HE 4:26:13
σωτηρία D 8:3; 91:4
σώτηρίας Ar 3:2; 13:2 Ap
14:1; 63:16; 66:2 D 8:2;
47:4; 98:2; 99:2; 122:5;
142:2 M Ap HE 4:26:6 M
Ek HE 4:26:13
σωτηρία D 91:4
σωτηρίαν Ar 3:2[; 15:1] Ap
12:1; 65:1 D 13:2; 32:2;
55:3; 94:2; 102:6; 111:4;
121:4; 131:2; 142:3
σωτήριον D 11:3; 13:1
σωτηρίου D 22:3; 26:3
σωτηρίῳ D 24:1
σωτήριον Ap 41:1 D 22:10;
50:3; 72:4; 73:3; 74:2, 3²
σωφρονεῖ T 33:1
σωφρονοῦσιν T 33:2
σωφρονεῖν App 2:2 Ath 32:2
σωφρονῶν Ap 3:2; 13:2
σωφρονούσης Ap 21:5
σωφρονίζηται App 1:2
ἐσωφρονίσθη App 2:2
σωφρονίσθητε App 12:8
σωφρόνως App 2:2
σωφροσύνης Ap 6:1; 15:1
σωφροσύνην Ap 10:1; 14:2
D 8:3
σώφρων Ap 2:1 D 4:3 T 10:3; 34:2
σώφρονα Ap 17:3; 58:3 Ath
34:1
σώφρονας Ap 15:7 App 7:9;
15:3

ταλαιπωρία D 27:3
ταλαιπωρίᾳ Ar 11:4
ταλαίπωροι Ar 12:8
τάλας D 80:2
τάλανες Ap 49:6 D 134:1
ταμείοις T 6:2
Τάνει D 79:2, 3
τανῦν Ap 46:3, 6 App 2:9; 9:5
D 8:4; 24:1²; 36:2; 39:8;
42:4; 55:1; 132:1
τάξις T 17:2
τάξει Ar 4:2 Ap 13:3; D 42:4;
90:4 Ath 2:3; 10:3; 25:3
τάξιν App 5:3 D 19:4; 32:6;
33:1, 2²; 63:3; 83:2, 3;
113:5; 118:1; 134:4 M Ek
HE 4:26:13 Ath 25:3
τάξεις T 9:3
ταπεινός D 33:2
ταπεινόν D 15:3; 124:2
ταπεινῶν D 133:3
ταπεινοῦν D 15:4; 72:1
ταπεινούμενοι T 26:3
ταπεινώσει D 31:6; 34:3; 64:6
ταπεινωθήσεται D 50:3
ἐταπείνωσας Ap 47:3 D 25:5
ἐταπεινώσαμεν D 15:3
τεταπεινωμένην D 15:6
ταπεινῶς D 112:1, 4
ταπείνωσις D 50:3
ταπεινώσει Ap 50:11 D 13:6
ταπείνωσιν D 98:5; 105:1, 2
ταράσσουσιν D 133:3
ἐτάρασσον D 31:4
ταράττωνται Ap 68:7
ταράσσεσθε D 38:2
ταράξει Ap 40:12
ταραχθήσονται D 25:3
ταραχῆς D 13:2
ταριχεία Ath 28:5
Τάρταρον Ath 22:4
ἔταξε App 5:2
τάξας App 5:2
ταχθέντες D 36:5 Ath 24:3
τεταγμένος D 126:5
τεταγμένοις Ap 17:1
Τατιανός T 35:2; 42:1

ταῦρος T 10:2 (cf Ath 22:7)
  ταύρου D 91:1 T 33:3 ⟨Ath
    18:3⟩
  ταῦρον Ar 9:7
  ταῦροι D 98:4; 102:1; 103:1. 2²
  ταύρων Ap 37:7 D 22:9
  ταύρους D 103:2²
Ταῦρος Ath 22:7
Ταύροις Ath 26:1
ἐταυτολόγησα D 85:5
ταφή Ap 48:6 D 16:5: 97:2:
    118:1 Ath 22:6
  ταφῆς Ap 51:2 D 13:6
  ταφήν Ath 22:6
  ταφαί Ath 28:5
  ταφαῖς Ap 24:2 (O)
τάφος D 27:3 T 8:4: 27:1 Ath
    26:2; 28:5
  τάφῳ Ath 30:2
  τάφον Ath 30:2: 36:1
  τάφοι D 17:4; 112:4
  τάφους Ath 28:4
τάχα D 5:2
τάχιον D 4:1
τάχος D 133:4
  τάχει Ap 40:18 D 68:3
  τάχος D 17:2
ταχύ D 11:3: 15:5
τε Ar 1:1; 2:1; 3:2; 4:1, 3:
    6:3²; 11:7; 12:1; 13:1|, 5;
    15:1]Ap 1:1; 2:1; 4:1(AB).
    2; 6:1, 2²; 8:3; 10:4; 12:
    11; 13:2, 3²; 18:2, 5: 19:
    1. 2: 21:5²; 22:1². 4; 29:4;
    40:7: 48:3 (AB), 4: 53:3:
    55:4², 6; 56:3; 60:2; 61:2,
    10; 65:1; 67:2, 6 App 2:2:
    4:2; 7:5, 9; 11:1, 2, 3, 4²;
    12:4; 13:2 D 1:2³, 5; 2:1,
    3, 5², 6; 3:2, 5⁴: 5:4; 8:1²,
    2; 11:2; 14:8; 17:2; 20:3;
    28:2²; 35:8: 41:1²; 46:5:
    51:2; 56:11, 16; 61:1; 67:
    3, 6; 69:2; 70:4; 74:3; 76:
    3; 88:5; 91:3; 93:3; 95:4;
    98:1; 100:6; 102:5; 107:2;
    114:4; 115:3; 116:2; 117:3;

119:1, 6; 120:2; 123:6:
    120:5; 127:2: 128:1; 129:
    1; 133:1, 6: 134:1, 4; 138:
    1: 142:3² T 1:2², 3²; 3:1².
    2: 4:2: 5:1: 6:1, 2; 7:2:
    8:1⁴; 9:1, ⟨3, 3²; ⟨10:1:⟩
    12:1, 2, 3, 5; 13:1: 15:1:
    16:2; 17:1, 2²; 18:3; 21:3;
    23:1: ⟨25:1:⟩ 26:2: 27:2:
    29:1²; 31:2⁴, 4; 32:1²; 33:
    1, 2²; 34:2: ⟨35:2;⟩ 37:1:
    39:1, [2,] 2², 3³; 40:1²: 41:
    1², 2², 3 M Ap HE 4:20:5
    (M), 7 M Ek HE 4:26:13²
    Ath 1:3; 2:4: 6:1, 2, 3²:
    8:2: 10:4: 13:2²: 16:1:
    17:1: 18:1, 2; 19:1²; 20:4;
    21:2²; 22:1², 1 (Sch), 2, 3,
    8²: 23:2², 3⁵, 4², 5; 24:[1,]
    4; 26:2; 28:2: 29:1²; 30:
    1, 2; 31:1: 35:2
  τ’ D 1:3; 9:2 Ath 5:2: 25:1
  θ’ Ath 22:1
τέγγει Ath 22:1
τέγους Ap 26:3
τεθηπέναι T 24:1
τεταμένον Ap 55:4
τεῖχος D 5:6
  τεῖχος Ath 21:1
τεκμήριον T 36:2 M Ap HE 4:
    26:8 Ath 26:2
  τεκμήρια Ath 18:1
ἐτεκνοκτόνει Ath 20:2
  τεκνοκτονούντων Ath 35:2
τέκνου App 1:2
  τέκνῳ Ap 27:3
  τέκνον D 56:5: 125:3
  τέκνα Ap 53:5; 61:10 D 13:8:
    16:5: 21:2; 79:3; 81:4;
    119:5; 120:2²; 123:9: 124:
    1; 125:5 Ath 30:1
  τέκνων App 5:5 D 100:3;
    134:4; 138:1
  τέκνοις App 5:6 D 19:4; 92:2;
    103:2
  τέκνα Ar 9:2, 7; 10:9 Ap 27:4;
    52:10 D 19:6; 25:1; 27:2;

46:6; 73:6; 78:8²; 80:4;
133:1; 140:1
τεκνοποιήσουσιν D 81:2
τεκνοποιΐας Ath 3:1
ἐτέκνωσεν D 140:1
ἐτέκνωσαν App 5:3
τεκνώσατο Ath 20:3
τεκταίνειν T 26:3
ἐτεκτήνοντο Ath 30:2
Τεκταίου Ath 17:3
τεκτονικά D 88:8 T 26:3
τέκτονος D 88:8²
τέλειος T 15:2 Ath 16:2
τελεία Ath 13:1
τέλειον T 20:1
τελείου T 12:4; 17:4
τελείῳ D 8:2 T 4:2
τέλειον T 25:2
τελείαν D 41:1
τέλειαι D 117:2
τέλεια T 13:2
τελειοτέραν T 12:4
τελείως Ath 26:2
τέλεον Ap 29:1; 62:1 D 45:4;
55:3; 71:2, 4
Τελεσίλλης T 33:2
τελεταῖς Ap 66:4 D 35:6
τελετάς Ath 1:1, 1 (Sch)
τελευταῖος D 11:2² Ath 28:2
τελευταῖον App 2:12 D 74:1
τελευτᾷ D 1:5
τελευτῶσιν T 11:1
ἐτελεύτα D 103:3
τελευτήσει D 44:3
ἐτελεύτησεν D 59:2 T 3:1
τετελευτηκόσιν Ath 14:2
τετελευτηκότας Ar 8:2
τελευτῆς D 47:4² T 6:1
τελεῖ Ath 2:3
τελεῖν Ap 17:2 App 12:5 T 4:1
τελούμενον D 139:1
τελουμένης D 49:4
τελούμενα D 35:2
τελέσας D 110:1
ἐτελέσθη Ath 18:3
τελέως D 67:2
Τελμησσέων T 1:1

τέλος D 2:6; 31:7
τέλους D 7:2; 31:7
τέλει D 33:2; 34:6 Ath 25:4
τέλος Ar 4:2 Ap 18:1; 44:12
App 3:7
τελῶν Ath 23:5
τέλη Ap 27:2
τελῶναι Ap 15:10
τεμένους T 39:3
τεμένει T 8:4
τεμένη T 21:3
τέμνει Ath 23:2
τέμνειν D 120:5
τεμνούσης Ap 44:7
τέμνουσαν Ath 22:4
τέμνοντες Ap 9:2
τέμνεται Ap 55:3
τεμνόμενα D 128:4
ἐτμήθη D 70:1
τμηθῆναι D 128:4
τμηθέντος D 114:4
τμηθείσης D 131:3
τμηθέντα D 76:1
τεμόντας D 44:4
τετμημένης D 93:3
τεννηνοδίαν Ath 1:1
τέρας Ath 20:2
τεράστιον T 33:3
τερατολογεῖν D 67:2
τερατολογίαν Ap 54:2
τέρματι T 20:2
τέρποντα T 22:2
ἐτέρπετο D 3:5
τερπόμενον T 29:1
τερπωλήν T 8:1
τεσσαράκοντα T 31:3²
τεσσαρακοστοῦ ἕκτου D 37:1
τεσσαρακοστῷ ἐνάτῳ D 22:7
τεσσαρακοστῷ τετάρτῳ D 38:3
τέσσαρες D 31:4
τέσσαρα D 85:5² M Ek HE
4:26:14
τέσσαρσιν Ap 52:10
τέσσαρας D 134:1
τέταρτος D 56:13
τετάρτη D 31:6
τετάρτου D 31:5, 6

τετάρτῳ D 38:3
τετάρτῃ T 38:1
τετρακοσίοις T 31:3; 39:1; 41:3
τετρακοσίοισι Ath 17:1
τετρακτύς Ath 6:1
τετράποδα D 50:5
τετράποδα Ap 43:8 T 9:1
ἔτευξε Ath 5:2
τέτυκται Ath 18:3
ἐτεχνάσαντο D 70:1
τετεχνασμέναι D 79:1
τέχνη T 25:1 Ath 16:2; 17:3, 4²
  τέχνης Ap 9:2; 26:2, 4; 28:4
  D 54:2 T 1:3; 8:4; 27:2;
  33:3 Ath 15:2; 16:4; 17:4
  τέχνῃ Ap 30:1 D 29:2; 58:1;
  85:3 T 4:1; 17:3; 18:2
  Ath 13:2; 16:3; 21:5; 30:2
  τέχνην D 114:1 T 33:4; 34:3
  Ath 2:3; 11:3; 15:2³
  τέχναις Ap 14:2 D 3:5 T 35:1
  τέχνας Ath 17:2
τεχνήεντες Ath 21:3
τεχνικόν Ath 6:4
  τεχνικῶν D 58:2
τεχνίτης Ath 15:2²
  τεχνίτου Ar 4:2 Ath 19:2, 3
  τεχνίτῃ Ath 16:2; 19:3
  τεχνίτην Ath 15:2; 16:1; 17:3
  τεχνῖται Ap 9:2, 4
τέως D 68:4
Τηθύς Ath 23:3
  Τηθύν Ath 18:2
τήκεται D 25:3
  τηκόμενος D 98:4; 102:1; 103:7
  τηκομένῳ D 103:8
  τακήσονται D 25:3
τηλεκλειτοῖο Ath 21:4
Τηλεκλέους Ath 17:3
τηλικοῦτον Ath 12:1
  τηλικαῦτα Ath 3:1; 35:1
τηροῦσιν Ar 3:2
  τηρεῖν Ap 49:6 D 10:3; 47:2
  τηρῶν D 61:5
  τηροῦν Ar 3:2
  τηρουμένου Ar 3:2
  ἐτήρησα D 31:7

τηρῆσαι D 88:5
Τιβερίου Ap 13:3
Τίβερι Ap 26:2
τίθετε Ap 4:9
  ἐτίθεις D 22:10²
  τιθέντος Ath 32:3
  τιθέντες D 17:2²; 133:4²
  τιθέντων Ap 17:4
  τίθεται Ap 66:4
  ἐτίθετο Ap 5:2
  τίθεσθαι Ap 3:2
  τιθέμενοι Ath 12:2; 22:6
  θήσω D 102:3; 109:3; 122:3;
  123:8
  θήσειν D 119:4
  θήσονται D 109:2
  ἔθηκα Ap 38:3
  ἔθηκε D 58:11
  ἐθήκατε Ath 34:2
  ἐτέθησαν D 31:2
  τεθείς D 11:2
  θῶ Ap 45:2 D 32:6; 56:14;
  83:1, 2; 127:5
  θῇ D 32:3; 36:5; 123:8; 135:2
  θῶμεν Ath 22:2
  θείς T 2:1
  θέντες Ath 30:2
  ἔθετο Ap 40:4 App 5:6 D
  64:8
  θέμενον App 6:1
  θέμενοι Ar 13:7
  τέθεικα Ap 38:2 D 82:3; 121:4
  ἐτεθείκει D 78:5
  τεθεῖσθαι D 113:1
  τεθειμέναι D 67:4
  τεθειμένους Ath 33:1
τίκτειν D 84:3
  τίκτουσα Ap 53:5 D 13:8; 84:4
  τέξομαι D 56:17; 126:4
  τέξῃ Ap 33:5
  τέξεται Ap 33:1 D 43:5, 8;
  66:2; 67:1²; 77:3; 84:1²
  τεχθήσεται Ap 54:8
  τεχθησόμενος Ap 33:1
  ἐτέχθη Ath 33:2
  ἔτεκε D 85:9; 100:5
  τέκε Ath 21:3

τέκοι D 85:9
τεκεῖν D 85:8 T 34:2
τεκοῦσα D 84:4
τεκουσῶν Ap 61:5
τέτοκε D 84:4
ἐτετόκει D 78:5
Τιμαίῳ Ap 60:1 D 5:4
τιμᾷ App 3:6
τιμῶμεν Ap 9:1; 13:3 D 39:5
τιμᾶτε Ap 12:6
τιμῶσι Ar 15:4 App 7:8 D 78:11
ἐτιμᾶτε Ath 24:4
τιμᾶν Ap 2:1
τιμῶντες Ap 6:2; 12:6 D 27:4
τιμῶντας D 39:5
τιμᾶται D 28:5
τιμωμένῳ App 12:5
τιμώμενοι Ap 21:2
τιμώμενα Ap 27:5
τιμωμένων Ap 24:1
τιμωμένοις Ap 20:3
τιμωμένους Ap 9:1 (A); 56:2
τιμήσει D 93:2
ἐτίμησαν M Ap HE 4:26:7
τιμήσῃ D 93:2
τιμήσατε Ap 68:1
τιμηθῆναι Ap 56:2
τετιμήκατε T 1:3; 33:4; 34:3
τετίμηται Ap 26:2 T 10:2
τετίμηνται T 9:3
τετιμῆσθαι T 34:1
τιμή D 31:4; 37:3; 64:4; 69:5
τιμῆς T 9:1; 10:2; 32:1; 33:3
Ath 1:2; 30:2
τιμῇ D 5:5; 38:4; 63:4
τιμήν Ap 9:1; 13:1 D 73:3
Ath 15:3; 32:3
τιμῶν Ap 26:1
τιμάς Ap 4:9 Ath 17:1
τιμητέος App 3:6
τιμητέον T 4:1, 2; 8:2
τιμίων T 33:1
τιμιώτατον D 2:1 T 8:5
τιμιώτατον D 3:3
τιμωρεῖτε Ap 4:4
τιμωροῦσιν App 9:1

ἐτιμωρούμεθα App 5:1
τετιμωρήκατε T 27:1
τιμωρία Ath 2:1
τιμωρίας D 47:4 M Ap HE 4:
26:6 T 13:1; 18:1 [Ath 1:2]
τιμωρίαν Ap 3:4 App 7:5;
8:3 D 34:8 T 17:4; 21:1
τιμωριῶν Ap 20:4; 44:9 App
5:4 D 18:3 T 17:1
τιμωρίαις App 14:1
τιμωρίας Ap 31:6; 43:2 D 46:7
τίσειν Ap 17:4
τισάσθην Ath 18:4
τις Ap 3:1², 3; 4:6²; 7:1, 4;
8:5; 12:2; 19:1, 2²; 22:3;
27:3; 28:4; 29:1, 2; 30:1;
32:6; 34:2; 56:3; 61:11;
68:9, 10² App 2:1, 15; 4:1;
9:1, 3; 12:7; 13:3 D 1:1;
3:1, 3², 5, 6; 4:1, 3; 5:6;
7:1²; 9:2; 12:3³; 28:4;
36:6; 44:2²; 46:2; 47:1;
48:1; 56:3, 14; 58:1; 64:2;
65:2; 68:4; 69:7; 80:4;
81:4; 82:4; 85:3; 91:2;
92:1, 2; 95:3; 99:3; 102:3;
108:2; 110:4; 112:3; 115:
6; 123:8; 134:1; 135:5;
136:3; 141:4² T 1:3; 8:4;
10:2; 16:2; 18:1; 19:3;
25:2²; 27:1; 33:4; 34:1;
36:1; 39:1 Ath 2:1, 3; 3:1²;
9:1; 10:1; 12:1; 13:2; 16:
3; 22:1, 2, 7; 24:5; 25:2;
32:2, 3; 33:2²; 35:1; 36:1
τι Ar 13:7 Ap 4:3 App 6:1
D 1:2; 3:4; 4:1, 7; 6:1;
10:1; 128:4; 135:5 T 12:1,2
Ath 8:4; 15:2; 19:1; 24:2
τινος Ar 4:2 Ap 16:7; 19:1;
53:8; 55:1 App 3:1 D 3:6;
5:2; 9:3; 69:4; 90:5; 101:2;
108:2; 115:3; 120:6; 132:3
T 12:5; 17:4; 30:1; 36:2;
40:1 Ath 8:1; 17:2
του D 8:3
τινος Ar 1:5 App 13:6 D 6:1;

τινι

Index Apologeticus 270

τινι 10:3; 16:3; 46:2; 112:1
T 12:2; 18:1 Ath 12:2
τινι Ap 32:6 D 2:3; 53:2;
65:7; 69:7; 93:5; 120:1;
127:3; 134:2 T 7:2 Ath
25:3
τιω D 3:3 Ath 36:2
τινι D 78:5
τινα Ar 10:1 Ap 21:3; 25:1;
26:2, 3, 4, 5³; 43:2; 58:1
App 2:9; 4:3; 5:1; 11:3
D 1:2; 3:2, 5, 6; 4:3; 7:1;
8:4²; 11:1; 32:2; 53:2;
56:15; 61:1, 2; 62:2; 68:3;
74:1; 87:4²; 105:5; 127:3
T 22:1 Ath 8:1; 31:1; 35:1
τι Ar 8:1; 13:5 Ap 2:1, 4;
12:3, 5; 19:7; 20:2; 21:1;
27:5; 45:0; 58:3; 61:1;
68:10 App 2:16; 12:7; 14:2
D 1:2, 5³; 2:4, 5; 3:1, 6,
7; 4:6; 6:1²; 8:2²; 24:1;
56:12; 62:2; 64:2; 73:5;
90:4; 101:1; 103:6; 114:1;
123:7; 137:1,4 T 2:1; 6:1;
12:1, 2; 15:4; 16:2; 17:4;
26:1; 33:2; 34:2, 3²; 40:1
Ath 1:3, 4; 2:2; 4:1, 2;
11:2; 21:3; 36:2
τινες Q HE 4:3:2 Ar 12:7, 7,
Ap 4:7, 8, 9; 7:1; 9:1;
15:4, 6; 17:2; 23:3; 26:4;
27:4; 31:1; 33:3; 43:1;
46:1; 53:8 D 1:5; 7:1;
35:6; 45:4; 46:1, 3; 48:4;
67:4; 78:10; 80:5; 84:4;
85:1; 92:2; 120:2; 122:4;
134:2; 141:2 T 3:3; 8:2,
4; 9:1; 12:2², 3; 14:1; 16:
2; 17:2; 18:1; 23:1; 31:3
Ath 12:1; 18:1; 23:1; 25:3
τινα D 110:4
τινων Ap 53:6; 60:11; 66:4
App 12:3 D 3:2; 46:5;
55:3 T 3:2; 4:1; 18:3 M
Ap HE 4:26:9 Ath 31:2
τινων Ar 10:7 Ap 14:4 D 20:1

τισι D 80:4 T 13:3; 28:1
Ath 23:2
τισιν T 29:1
τισιν App 8:1 D 68:7
τινας Ar 8:2² Ap 26:1; 28:2²;
31:7 App 3:4; 12:4 D 5:1;
7:3; 21:1; 39:2; 50:2; 57;
4; 65:3; 67:11; 71:4; 82:4;
114:2; 115:4; 128:2; 130;
1, 3; 136:1; 141:2 T 6:1;
9:3; 17:3; 18:3; 19:1; 32:2
Ath 23:1
τινα Ar 3:2 Ap 20:3 D 4:6;
20:2; 137:4 T 12:3[, 3;
ἄττα D 2:2

τίς Ar 9:5 Ap 13:2; 29:4; 37:8;
50:5; 51:1, 7 App 2:16;
12:2 D 1:3, 6; 3:4; 4:2;
13:3,6; 26:3; 29:1²; 30:3²,
4², 6²; 42:2; 43:3; 50:5⁶;
52:2; 63:2; 68:4; 70:2;
75:2; 76:2; 83:3³; 85:9²;
88:6; 90:5; 92:2; 114:2;
118:4; 122:5, 6²; 123:3;
125:1; 126:1; 134:2 T 2:1;
3:3; 6:2; 10:1, 2; 15:2, 4;
22:1; 23:1; 26:1; 32:2;
42:1² Ath 7:1; 8:2, 4; 9:2;
10:3; 12:2³; 13:1², 2²; 20:
3; 21:2; 22:3; 30:3; 35:1³;
36:1

τί Ap 5:1; 19:1; 30:1; 40:11;
63:3² D 1:1, 3; 2:1, 4; 3:
4, 6; 4:3, 5; 5:3; 14:1;
15:3; 22:2, 9; 25:6; 58:5,
7²; 67:10; 81:2; 98:2; 99:
1²; 118:1; 119:2; 122:4;
123:7 T 19:2; 22:2; 31:4;
33:2, 3; 34:2 Ath 5:2; 11:
2²; 12:2; 13:1; 15:1³; 19:1²;
20:3; 22:7; 24:2; 27:1; 30:1
τίνος Ap 17:2 Ath 25:2
τίνος Ap 32:2 App 12:5 T 4:1;
9:3; 18:2; 34:3
τοῦ D 20:2
τίνι Ap 50:5; 53:2 D 7:1;

13:3: 16:5²: 42:2: 85:7:
118:4 T 9:3 Ath 23:1
τίνα Ap 32:10; 61:6 D 1:6:
5:2: 16:5; 50:5: 135:1 T
1:3: 37:1 Ath 3:1; 12:3
τί Ar 4:1; 14:1 Ap 9:2: 15:
7, 9. 10. 12², 14², 15²; 20:3:
21:3²: 52:12 D 1:3: 3:2²,
3. 5: 4:5. 6; 12:3: 15:3:
25:2; 26:4; 27:1, 5: 46:4:
47:2; 50:4; 56:17:62:5; 65:1:
67:10²: 84:1: 95:2: 101:2:
112:4³; 113:2³; 115:5; 110:
5: 126:4: 133:3² T 4:1:
9:2, 3: 10:1, 2²; 11:2²:17:1:
18:2³: 19:2: 21:2: 24:1³:
25:1, 2²: 26:1, 2², 3⁴: 27:1.
2², 3; 30:1; 33:3, 4: 34:1.
3; 35:2²: 36:1 Ath 2:3:
8:3; 9:1; 10:2: 13:2; 14:2:
15:2: 17:4³; 19:2²; 20:4:
22:5; 24:1: 26:3, 4: 29:2;
34:1 (Sch)
τίνες Ar 2:1²: 3:1² T 40:2
Ath 11:1, 2; 23:1²: 28:3:
37:1
τίνων D 90:3
τίνων Ap 59:1
τίσιν D 122:2
τίσιν D 72:3
τίνας T 19:1
τίνα D 46:2 T 26:1
Τιτάν Ath 30:1
Τιτάνες Ath 21:3
Τιτάνων Ar 10:8 Ath 21:3
Τιτάνας Ath 18:4: 20:2
Τιτῆνας Ath 18:4
Τίτῳ Ἀδριανῷ Ἀντωνείνῳ ⟨Ar Ins⟩
(Gef)
Τίτῳ Αἰλίῳ Ἀδριανῷ Ἀντωνίνῳ
Ap 1:1 ⟨Ar Ins⟩ (Hen)
τιτρωσκέσθω Ath 21:2
τιτρωσκόμενος T 8:1
ἔτλην Ath 21:4
Τληπολέμου T 41:1
τμητικόν D 51:1
τοι Ap 4:8

τοιγαροῦν D 55:3: 65:7: 113:1:
120:4; 123:5: 134:2; 136:2
T 1:2: 9:3
τοίνυν Ar 13:8 Ap 52:1 D 17:2:
133:2 Ath 2:3: 6:3; 8:1;
12:1: 14:2: 16:2, 3; 17:4:
18:1, 2: 19:1: 21:1: 22:1,
4: 25:1: 26:2: 28:3: 29:1
τοῖον D 3:6²
τοιόδε Ap 19:2
τοιόνδε [Ap 19:2] (O)
τοιάδε D 3:2
τοιάσδε Ath 29:2 (Sch)
τοιάσδ' Ath 29:2
τοιοῦτος Ap 43:8 App 2:17; 3:3
D 47:1. 2 Ath 22:1; 29:1
τοιαύτη Ar 11:2 Ap 21:5 D
4:1: 58:1; 65:2 Ath 25:2
τοιοῦτον Ap 12:4 D 4:4:5:4;
61:2: 73:5: 113:1 T 15:2:
28:1
τοιούτου Ap 21:5 M Ap HE 4:
26:6
τοιαύτης D 47:3: 112:5 M Ap
HE 4:26:6 Ath 20:3
τοιούτου T 15:2
τοιούτῳ D 141:3
τοιαύτῃ D 113:3: 134:2 M Ap
HE 4:26:6
τοιούτῳ D 1:2 Ath 28:5. 6
τοιοῦτον T 22:2 Ath 12:3
τοιαύτην Ap 9:1 D 15:4: 69:4:
105:5 T 19:3: 27:3
τοιοῦτον App 14:2 D 3:6: 4:1:
85:9: 110:6 T 34:3
τοιοῦτο M Ek HE 4:26:13
τοιοῦτοι D 47:2: 68:1: 92:2:
140:4 T 2:2: 9:1: 14:1:
21:2 Ath 12:3: 34:1
τοιαῦται D 32:1
τοιαῦτα Ap 18:4 D 47:2: 77:1;
93:1: 110:4; 127:1 T 23:1:
27:2
τοιούτων Ap 6:1: 19:2 App
2:19 D 14:8 T 3:2 Ath
11:2
τοιούτων D 22:1: 27:2; 105:4

τοιούτων Ap 11:4 D 133:1
　Ath 36:2
τοιούτοις Ap 19:2 D 10:1;
　47:2 Ath 21:2
τοιαύταις D 3:2; 71:2; 128:2
　Ath 9:1
τοιούτοις Ar 12:6² App 15:3
　D 4:6; 103:8
τοιούτους Ar ⟨8:4;⟩ 13:1, 7 Ap
　9:5; 15:6; 19:4,5 App 1:2;
　9:4 D 35:2; 82:4²; 92:6;
　93:2; 141:2 T 11:1; 18:3;
　19:4; 26:3 M Ap HE 4:
　26:9 Ath 28:1; 35:1
τοιαύτας App 3:4 D 46:3;
　55:3; 75:4 T 33:4 Ath 35:2
τοιαῦτα Ar 8:5²; 11:7 App
　11:8; 14:2³ D 2:2; 6:1;
　14:2; 18:3; 19:1; 23:2;
　30:1; 46:5; 55:3; 77:4;
　86:3; 108:3; 112:2; 133:1;
　141:3 T 21:1
τοίχου Ath 28:5
τοίχῳ Ath 17:2
τοῖχον D 22:2
τόκου D 34:5
τόκον Ath 30:3
τολμῶ D 34:8
τολμᾷ App 3:6
τολμᾶτε D 33:1; 43:8; 84:3;
　108:3
τολμῶσι D 7:3; 68:7, 8, 9;
　80:4; 85:1; 112:4
τολμῶσιν Ap 35:4
ἐτόλμων D 69:7
τολμᾶτε D 67:2; 84:4
τολμᾶν D 133:1
τολμῶντες D 47:1
τολμήσω D 65:2
τολμήσει D 16:3; 60:2
τολμήσετε D 33:1; 52:3; 95:1
ἐτόλμησεν D 36:6
ἐτολμήσαμεν Ath 1:3
ἐτόλμησαν D 83:1 M Ap HE
　4:26:10
τολμήσῃ D 110:2
τολμήσειεν Ap 19:2; 61:11

τετολμηκέναι D 133:1
τόλμης T 14:1
τόλμῃ D 79:2
τολμήματος Ath 36:1
τολμημάτων D 115:6
τολμηράν Ap 3:1
τολμηρά D 32:3
τομήν Ath 22:4
τονοῖ D 96:1
τόξον Ar 11:1, 2
τόπος Ap 19:8 D 40:2; 58:13;
　62:5; 72:1; 78:8 Ath 8:2,
　4²; 9:2
τόπου Ar 5:3 D 3:1; 58:7, 8,
　11, 13 M Ek HE 4:26:14
τόπῳ Ap 41:2 D 9:3; 28:5;
　36:2, 3; 39:8; 40:2, 4; 41:
　2, 3; 58:5, 11², 13; 78:6;
　86:2; 112:4; 113:6; 116:3;
　117:1, 4; 127:2 Ath 8:3, 3
　(Sch)
τόπον Ar 5:3 D 13:8; 25:1;
　56:2, 19, 22; 70:1, 2; 78:8;
　80:1; 92:4; 126:3; 132:3
　T 15:3 Ath 22:7
τόπων D 31:7 T 20:2
τόποις D 136:3
τόπους D 64:7 T 3:3 Ath 23:1
τοσαυτάκις T 14:1
τόσα D 112:4²
τοσοῦτος Ath 17:3
τοσαύτη Ar 13:5 D 4:1; 31:1;
　131:6
τοσαύτης D 132:1 T 1:2
τοσούτου Ath 12:3
τοσούτῳ D 110:4
τοσαύτην D 30:3; 68:4
τοσοῦτον Ap 12:6; 15:1 D 1:
　3; 14:5; 90:4; 121:3 T 19:1
　Ath 6:2; 7:2; 15:2; 20:3;
　24:1; 32:1
τοσοῦτο Ap 56:2
τοσοῦτοι App 7:2 D 29:3; 113:7
τοσαῦται D 73:6 T 28:1
τοσαῦτα Ap 53:12 D 77:1
τοσούτων Ap 46:5 Ath 12:2
τοσούτων D 65:1; 68:3

τοσούτοις Ath 14:1
τοσαύταις D 75:4 Ath 14:1
τοσαύτας D 68:1; 75:4; 92:2;
    100:6 T 34:2
τοσαῦτα D 67:6 Ath 4:2
τότε Ap 16:11, 12; 31:2; 32:6;
    40:12; 52:9, 11, 12; 61:3
    D 5:3; 7:2; 8:4; 15:5², 6;
    16:1; 17:1; 31:3, 5; 39:2;
    41:2, 3; 49:5², 7; 50:1;
    51:2, 3; 52:3; 56:8, 19;
    60:1, 2; 69:5², 6; 77:4;
    78:1, 4, 5²; 81:2; 88:3, 8;
    103:3; 110:1, 2; 112:2;
    114:1; 117:2²; 125:4; 126:
    1; 127:5; 141:3 T 7:2 Ath
    21:1; 30:1
Τουσκανοί T 1:1
τουτέστι Ap 66:3 (AB) D 18:2;
    33:2; 41:3; 49:2; 56:23;
    62:2; 74:3; 78:8; 84:2; 91:3;
    92:2, 4; 94:2; 97:4; 105:2;
    110:3; 114:4; 116:3; 118:
    3; 124:3; 138:1 T 31:3
τουτέστιν D 14:3; 30:2; 33:2;
    34:2; 40:1; 51:3; 78:3, 8;
    87:3, 5; 110:5; 113:6; 116:
    1; 117:1; 125:4, 5
τουτί App 14:1 (cf οὗτος)
τραγικῇ App 12:7
τράγον ⟨Ar 12:7⟩
    τράγοι D 40:4; 58:4
    τράγων D 13:1; 22:9; 40:5;
    111:1
    τράγους D 58:5
τραγῳδοποιοῦ T 8:4
τρανή Ap 48:2 D 69:5
τράπεζαν D 125:2; 135:4 Ath
    21:4; 29:1
    τραπέζας D 17:3
ἐτραυματίσθη Ap 50:9 D 13:5
τραχήλου Ath 20:1
    τραχήλῳ D 27:3
    τράχηλον D 15:4; 16:1
τραχεῖα D 50:3
τρεῖς D 56:2, 5, 9; 126:4 T 37:1
    τρία Ar 2:1 D 31:5

τριῶν D 56:5², 6, 10, 22
τριῶν D 138:1
τρισί T 36:2
τρεῖς D 31:6; 57:2; 99:2;
    107:2
τρία Ar 2:1 Ath 3:1
τρέμει D 30:3
τρέμοντες D 85:8
τρέποντα Ath 22:3
τρέπεται Ath 22:4, 5
τρέπεσθαι App 7:6
τρεπομένου Ath 19:2
τρεπόμενον Ar 4:2; 6:1 Ath
    22:4
τρεπομένην Ar 6:3
τρεπόμενα App 7:9
τρέψεται T 3:3
τρέψας Ap 67:7
ἔτραπε Ath 29:1
ἐτραπόμην Ath 6:2
ἐτράπετο App 2:9
ἐτράπησαν D 91:3
τραπῶσιν Ap 68:8
τραπέντες T 12:3, 4
τρέφει Ap 15:14; 27:1
τρέφοντος D 119:2
τρέφοντες T 23:2
τρέφονται Ap 66:2 D 57:2
τρεφόμενος D 88:2
τρεφόμενον Ar 7:1
τρεφόμενοι D 57:2
τρεφομένους D 70:3
ἐτράφησαν D 57:2
τραφέν Ath 35:2
τεθραμμένους Ap 57:1
τρέχουσιν T 26:1
    δραμεῖν Ap 40:4; 54:9 D 64:8;
    69:3
τριάκοντα Ap 34:2 D 88:2; 132:1
    T 34:1
τριακοσίοις Ath 31:1
    τριακόσια D 32:4
τριακοστήν T 41:3
τρίβον D 133:3
    τρίβοις D 109:2
    τρίβους D 50:3; 122:1; 123:4
τρίοδον App 11:3

Τριόπας Τ 39:1
　Τριόπαν Τ 39:2
Τριπτόλεμος Τ 9:2
　Τριπτολέμου Τ 39:3
Τρισμέγιστος Ath 28:4
τρισχιλίοις Αρ 31:8
τρίτος App 2:20 D 123:5
　τρίτον Ath 23:4
　τρίτου D 134:4
　τρίτου Ath 23:4
　τρίτῳ Τ 36:2
　τρίτῃ Αρ 13:3 D 51:2; 76:7;
　　97:1; 100:1, 3; 107:1², 2, 3
　τρίτον Αρ 26:2 (AB); 60:7
　τρίτην Αρ 60:7 Τ 31:3
　τρίτον Αρ 26:1; 60:6
　τρίτα Αρ 60:7
　τρίτα D 3:3 Ath 23:4
τρίχωμα D 31:2
Τροίας Τ 32:3
τρόμος D 25:3, 4; 70:2
　τρόμου D 67:9, 10
　τρόμῳ Αρ 40:17
τρόπαιον Αρ 55:3
　τροπαίων Αρ 55:6
τροπούμενον D 31:5
τροπήν Ath 22:4
　τροπῶν D 91:1
　τροπάς D 85:5 Ath 22:7
τροπολογίας D 57:2
　τροπολογία D 114:2
　τροπολογίαν D 129:2
τρόπος Τ 17:2
　τρόπου Αρ 2:1; 12:2, 3 App
　　2:9 D 56:14; 57:3; 97:2;
　　121:3
　τρόπῳ D 8:3; 10:4; 68:2, 9
　　Τ 17:1; 18:1; 29:1
　τρόπον Αρ 4:7²; 7:3; 10:3²;
　　12:8; 14:1; 19:3, 4²; 23:3;
　　26:6; 27:1; 32:10, 11; 50:
　　4; 52:2²; 57:1; 61:1, 3, 6;
　　66:2 App 6:3 D 13:3; 22:
　　2; 27:4; 33:2; 35:5, 6², 7;
　　39:2²; 43:4; 54:2; 60:5;
　　76:2; 82:1; 84:2; 86:3;
　　88:6; 90:5; 91:1(A), 3; 94:5;

99:3; 100:4; 110:4; 113:3;
　115:4; 116:3; 119:6²; 120:
　5; 128:3²; 130:4; 131:6;
　133:5; 134:4; 135:6; 136:
　1; 138:2; 139:2 Τ 6:2; 7:
　1, 2; 18:1; 21:2; 26:2; 29:2;
　35:1; 38:2 Ath 18:1; 28:5
　τρόπους Αr 5:3; 7:3
τροφή Αρ 66:1
　τροφῆς Αr 10:1, 5 D 57:2;
　117:3
　τροφήν Αρ 66:2 D 20:2; 57:2;
　131:3
　τροφάς D 88:2 Ath 31:1
τροφιμωτάτων D 20:3
τροφός D 58:8
　τροφόν Ath 28:2
τροχοειδής Ath 28:5
τροχοί D 31:2
τρυφήσητε D 85:9
τρυφερά D 12:3; 27:1
Τρύφων D 1:3; 10:2; 11:1, 2;
　14:8; 18:1, 3; 23:3; 25:6;
　27:1; 28:1; 29:2; 32:1;
　35:1; 36:2; 38:1; 39:3, 7;
　45:1; 46:3; 47:1², 2, 3;
　48:1, 2; 49:1, 6; 50:1; 51:
　1²; 55:1, 3; 56:9, 12, 16;
　57:1, 3, 4; 58:2; 60:1, 3,
　4; 63:1; 64:1, 2; 65:1, 2,
　7²; 67:1, 3, 5, 7, 8; 68:1,
　2, 3², 4, 5, 6, 7; 69:1; 70:5;
　71:4; 73:5; 74:1; 77:1;
　79:1; 80:1, 2; 87:1; 89:1:
　118:4; 123:7; 126:1; 131:
　5; 142:1
Τρύφωνος D 8:3; 9:3; 56:4;
　65:3
Τρύφωνι D 9:3; 56:13, 18;
　115:3
Τρύφωνα D 122:5
Τρωαδεῖς Ath 26:3
Τρωάς Ath 26:2
Τρωϊκόν Τ 41:2
Τρωϊκῶν Τ 41:1
Τρωϊκά Τ 31:2
Τρωός Τ 36:1

τυγχάνει D 4:5 T 32:1
ἐτύγχανεν Ap 43:8
τυγχάνειν Ath 16:3
τεύξεται D 5:4
τεύξεσθαι D 10:3
ἔτυχες D 3:2
ἔτυχε Ath 30:2
ἔτυχεν D 113:1
τύχῃ Ap 12:2 (AB)
τύχωμεν Ap 11:2; 61:10
τύχωσι D 47:4
τύχοι Ap 12:2; 27:3
τύχοιεν Ath 16:1
τυχεῖν Ap 8:2; 14:3 D 108:3;
    141:2 Ath 37:1
τυχόντα Ap 25:2
τυχόν D 4:7
Τυδέος Ath 21:2
Τυνδάρεω Ath 1:1
Τυνδάρεων Ar 10:5
Τυνδαρίς T 10:3
τύπος D 40:1; 41:1, 4; 114:1;
    140:1 Ath 17:2
τύπου D 91:2, 3, 4; 131:4
τύπῳ Ap 60:3
τύπον Ap 60:3, 5 D 111:1, 2²
τύποι D 134:3
τύποις D 90:2
τύπους D 22:3; 42:4
τύπτετε D 15:3
τύπτοντι Ap 16:1
τύπτοντες Ap 9:2
τύπτονται Ath 14:2; 28:4², 5
τυραννεῖ T 8:3
τυραννίδι Ap 3:2 Ath 30:1
τυραννοκτονεῖ T 8:3
τύραννος D 9:1 T 34:1
τυράννων Ap 16:4 T 29:2
Τύρου D 38:5
Τυρρηνοί T 1:2
τυφλός D 27:4; 123:3 T 26:3
τυφλοί Ap 48:2 D 12:2; 17:4;
    112:4
τυφλῶν D 26:2; 65:4; 69:5;
    122:3
τυφλοῖς D 134:1
τυφλούς D 122:1; 123:2

ἐτυφλώθησαν D 123:3
τυφλώττοντες Ap 3:4 D 97:4
τῦφον T 1:2
τυφόμενον D 123:8
τυφόμενον D 135:2
τετυφωμένοι D 102:6
Τυφῶνος Ar 12:2 Ath 22:6
Τυφῶνα Ar 12:2 Ath 28:2
τύχα Ath 25:1
τύχῃ Ath 25:3

Ὑάκινθον T 8:4
ὑβρίζει D 136:3
ὑβρίζων D 136:3
ὑβρίζοντες Ath 34:1
ὑβρίζουσι Ap 4:9
ὑβριζομένην Ar 4:3
ὕβρεως T 23:1
ὕβρει Ap 9:3
ὑγιές D 3:3
ὑγιεῖς Ap 22:6
ὑγρά Ath 22:4
ὑγρᾶς Ap 61:10 D 117:3
ὑγραῖς Ath 5:1
ὕδρωπι T 3:1
ὕδωρ Ap 61:3; 67:5 D 13:1;
    14:1; 15:6; 22:3; 69:5;
    70:3; 98:4; 102:1, 5; 103:
    1,7;131:3;138:3 Ath 18:3;
    19:2; 22:1³
ὕδατος Ap 65:3, 5; 66:4 D
    15:6; 69:5, 6; 86:6; 88:3;
    138:2, 3 Ath 18:3²; 19:2:
    20:1
ὕδατι Ap 60:7; 61:3, 10; 64:4
    D 49:3
ὕδωρ Ar 5:1, 2 D 19:2; 50:5:
    86:1²; 88:3; 114:4², 5; 120:
    2; 131:6; 140:1, 2 T 19:3
    Ath 13:2
ὑδάτων Ap 40:9; 59:3; 60:6;
    64:1, 3 D 61:3; 86:2, 4;
    129:3
ὕδασι D 138:2 T 9:1; 12:4
ὑετός D 14:6; 34:3
υἱός Ar 15:1 Ap 12:9; 22:1²;
    23:2; 32:10, 14; 33:5; 40:14;

51:9; 54:7²; 63:3³, 4, 10,
13², 15 App 6:3² D 31:1,
3; 48:2; 56:6, 7, 17; 61:1;
79:2; 81:1²; 88:8; 90:4;
100:1², 5; 102:7²; 103:6,
8; 113:4; 115:5; 116:2;
117:3; 118:2; 122:6; 126:
1², 4; 128:1; 135:1; 139:3;
140:3 Ath 10:1, 2; 21:2²;
24:1
υἱοῦ Ar 12:2 Ap 14:1; 60:1;
63:14; 65:3; 67:2 D 22:10;
34:6; 56:6, 7³; 85:2; 88:8;
91:3; 105:5; 115:4; 116:3;
139:1³; 140:3 Ath 10:1, 2²;
22:6
υἱῷ [Ar 15:3] Ap 1:1² D 34:3;
64:6; 89:1; 113:2; 115:4
Ath 10:2; 18:2²
υἱόν Ap 6:2; 13:3; 30:1; 31:
7; 33:1, 5; 35:11; 40:7;
54:6; 58:1²; 63:3, 13, 14,
15 D 7:3; 23:3; 32:1; 43:
1, 5, 8; 45:4; 56:7²; 66:2;
67:1²; 68:5; 69:2; 76:1²,
7; 77:3; 84:1²; 91:4; 100:
1, 2, 3², 4³; 101:3; 103:8;
108:2; 118:2; 126:2, 4; 127:
4; 131:5; 132:1; 137:2;
139:1² Ath 10:1², 3; 12:2;
21:2; 24:1²
υἱέ D 52:2; 61:5
υἱοί Ap 37:2 D 16:5; 19:5;
20:4; 27:4; 32:5; 38:5;
52:2; 59:2; 76:4; 86:6;
106:3; 119:2; 120:6; 122:
1; 123:3²; 124:1, 2, 4; 127:
1; 134:4; 139:3; 140:4 Ath
11:1
υἱῶν Ap 21:4; 53:1; 55:1 D
119:2; 130:1; 131:1; 138:
1; 139:2, 3
υἱοῖς Ap 22:3 D 28:4²; 61:4;
87:6; 134:4
υἱούς Ap 21:1, 2; 54:2; 56:1;
64:6 App 5:5 D 13:4; 28:
3; 34:3; 38:3; 44:2; 45:3;

64:6; 106:3; 124:4; 131:1;
139:1; 140:1, 3 T 25:3 Ath
32:2
υἱεῖς Ath 20:2
υἱωνοῦ D 58:4
ὕλη T 5:3; 15:3 Ath 15:1², 2³,
3; 17:4; 19:2; 26:3
ὕλης Ap 10:2 D 69:4 T 4:2²;
5:3; 6:2; 12:1³, 2, 3², 4;
15:3; 16:3; 18:1, 2 Ath
4:1; 6:1, 4, 5²; 7:2; 15:1,
3²; 16:3; 19:2, 3²; 20:4;
22:1, 3³, 6, 7; 24:1², 3, 4,
5; 25:1, 3; 26:3; 27:1
ὕλη T 4:2; 16:2; 17:3 Ath
19:2; 24:3
ὕλην Ap 9:2; 59:1; 67:7 T
5:2²; 6:2; 12:1; 13:2; 16:
2²; 18:1; 20:1; 21:4; 37:1
Ath 4:1, 2; 16:3²; 19:3;
22:2, 3; 24:2, 3; 27:2
ὑλικῆς Ap 10:1
ὑλικοῦ T 12:3 Ath 27:1
ὑλικοί D 134:5 T 12:1
ὑλικαί T 18:1
ὑλικῶν T 4:2 Ath 10:2
ὑμέτερος D 32:1
ὑμετέρα Ath 1:1
ὑμέτερον Ap 3:4; 4:2; 14:4;
32:2 D 55:3
ὑμετέρου Ap 34:2; 40:6 D
53:4; 82:4
ὑμετέρας Ap 27:2; 63:16 T
32:1 Ath 2:1; 37:1
ὑμετέρου D 47:3; 48:4 (A);
64:3
ὑμετέρᾳ App 6:6 Ath 1:3
ὑμέτερον Ap 56:3 D 10:3;
77:1 Ath 3:2
ὑμετέραν Ap 39:5 D 55:3;
114:4; 131:1 T 17:1 Ath 1:3
ὑμέτερον D 130:3, 4
ὑμέτεροι Ath 34:2
ὑμέτεραι D 79:1
ὑμέτερα T 21:2; 32:3; 33:1
ὑμετέρων D 38:2; 112:5 T 26:3;
27:2 Ath 30:2

ὑμετέρων T 24:1; 31:1
ὑμετέροις App 12:7 D 29:2²
ὑμέτερα D 78:10 T 35:1; 42:1
ὑμέσι D 46:5
ὑμνῶν Ath 21:5
ὑμνήσω D 98:5; 106:2
ὕμνησε D 106:1
ὑμνήσατε D 65:5
ὕμνον Ap 65:3 (C) D 65:5
ὕμνοι D 34:6
ὕμνους Ap 13:2
ὑπαγανακτῶν D 79:1
ὑπαγορεύει Ap 2:1²; 3:1
ὑπαγορεύειν App 7:7
ὑπαγορεύσῃ Ap 12:8
ὕπαγε D 103:6
ὑπάγετε D 76:5
ὑπήγαγον T 31:3
ὑπακοῆς Ath 3:2
ὑπακοῇ D 131:2
ὑπακούειν T 30:2 (MPV)
ὑπακούουσα Ath 15:2
ὑπήκουσε D 28:6
ὑπηκούσατε D 135:4
ὑπάρχω T 11:1
ὑπάρχεις T 19:3
ὑπάρχει Ap 22:3; 55:2; 63:15
ὑπάρχομεν Ap 4:1
ὑπάρχετε Ap 2:2 D 17:1²
ὑπάρχουσι Ap 46:4
ὑπάρχουσιν T 8:1
ὑπῆρχον D 64:2 T 6:2
ὑπῆρχε Ap 43:8 D 34:4; 103:2
ὑπῆρχεν Ar 13:5 Ap 14:5;
    29:4; 32:14 T 12:1; 19:3
ὑπήρχομεν Ap 19:1
ὑπάρχῃς T 19:3
ὑπάρχωμεν D 57:2
ὑπάρχειν Ar 13:8 App 12:1
    D 88:8; 117:1; 128:3
ὑπάρχων Ap 23:2 D 60:4;
    61:3; 69:7; 87:2; 93:2;
    113:5; 128:1 T 4:1; 5:1
ὑπάρχουσα D 120:2
ὑπάρχον T 4:2; 12:5
ὑπαρχούσης D 1:5; 138:1

ὑπάρχοντα App 2:10 D 30:1;
    62:2; 76:1; 129:1
ὑπάρχοντες D 116:1 T 2:2;
    16:2
ὑπαρχόντων T 12:2
ὑπάρχοντας D 35:5 T 21:3
ὑπάρξει Ap 3:5
ὑπάρξῃ D 69:7
ὑπάρξαι D 60:2
ὑπεκκρούοντες Ap 58:3
ὑπεναντίων D 62:5
ὑπεναντίοις D 25:3
ὑπεναντίους D 25:3
ὑπέρ (gen) Ar ſ5:10 Ap 1:1; 3:4;
    8:1; 10:5; 12:11; 13:2;
    14:1, 3; 15:9²; 29:2; 39:
    3, 5; 50:1; [61:10;] 63:10,
    16; 65:1, 3; 66:1, 2; 68:10
    App 1:1; 6:5; 7:5; 10:8;
    15:5 D 14:1; 31:4, 5; 35:
    8²; 40:4; 41:1⁴; 44:4; 46:
    7; 74:3; 88:4; 95:2²; 96:
    3²; 107:4; 115:6; 121:2;
    131:2; 133:6³; 134:3², 5²;
    140:3²; 142:2, 3 Ath 2:4;
    3:2; 11:1, 2; 22:7
ὑπέρ (acc) Ap 41:1 D 30:2;
    31:6; 34:5; 56:4, 11, 16;
    60:2, 5²; 73:3, 6; 109:2;
    121:1, 2 T 20:2; 35:2² Ath
    8:2², 4²; 17:1; 32:1
ὑπεραρθήσεται D 34:5
ὑπερηρμένον D 91:2
ὑπεράνω D 120:6
ὑπερβαίῃ Ath 13:2
ὑπερβάλλειν D 105:6
ὑπερβάλλον D 136:2
ὑπερβολῇ Ath 31:1
ὑπερβολήν Ath 10:2
ὑπερέχει Ath 6:1
ὑπερέχετε Ath 6:2
ὑπερέχοντες Ath 23:1
ὑπερήφανον T 3:1
ὑπερηφάνοις D 85:8
ὑπέρθυμος Ath 21:2
ὑπερθύρου D 111:3
ὑπερκύψαι Ath 22:7; 25:1

ὑπερμέγεθες Ath 18 : 3
ὑπερορῶσιν Ar 15 : 7
  ὑπερόψει D 15 : 5
  ὑπερεῖδον D 16 : 1
ὑπερουρανίοις D 56 : 1
  ὑπερουράνια Ath 25 : 1
ὑπεροχήν Ath 6 : 1
ὑπερπαίει T 32 : 1
ὑπέρτερος D 9 : 2
  ὑπέρτερα App 15 : 3
ὑπερτίθεσθε D 28 : 2
  ὑπερθέμενος T 35 : 2
ὑπερέφερε D 31 : 5
  ὑπερήνεγκεν T 19 : 1
ὑπερφόβου D 31 : 5
ὑπερφρονοῦντες Ath 31 : 2
ὑπέλθοι App 5 : 1
ὑπεύθυνοι App 14 : 1
ὑπέχειν Ath 2 : 1
  ὑφέξειν Ath 12 : 1; 35 : 2; 36 : 1
  ὑποσχών Ath 3 : 1
ὑπήκοον Ath 16 : 1
  ὑπηκόους D 42 : 3 Ath 30 : 2
ὑπηρεσίας D 131 : 2
  ὑπηρεσίαν T 17 : 3
ὑπηρετοῦμεν Ap 17 : 3
  ὑπηρετοῖμεν Ath 37 : 2
  ὑπηρετεῖν D 61 : 1; 125 : 3; 127 : 4
    T 4 : 1; 17 : 3
  ὑπηρετῶν D 56 : 22; 60 : 2; 113 :
    4; 126 : 5
  ὑπηρετοῦντα D 58 : 3; 60 : 5
  ὑπηρετοῦντες D 95 : 2
  ὑπηρετῆσαι D 42 : 3
  ὑπηρετήσας D 60 : 2
ὑπηρέτης D 57 : 3
  ὑπηρέται D 116 : 2
  ὑπηρετῶν App 2 : 7
  ὑπηρέτας Ap 14 : 1 T 4 : 2
ὑπηρετικούς Ap 16 : 1
ὑπισχνεῖται D 119 : 6; 120 : 1; 126 : 4
  ὑπισχνοῦνται Ath 11 : 2
  ὑπισχνῶνται Ap 61 : 2
  ὑπισχνεῖσθαι D 135 : 5
  ὑπισχνουμένου D 56 : 15
  ὑπισχνουμένων Ap 5 : 1

ὑπεσχόμην D 9 : 2; 39 : 8; 68 : 8;
  71 : 3
  ὑπέσχετο D 67 : 10; 116 : 2; 119 : 4
  ὑπεσχόμεθα Ap 22 : 4
  ὑπέσχηται D 96 : 2
ὕπνος Ath 12 : 2
  ὕπνου D 58 : 13
  ὕπνῳ D 58 : 4
  ὕπνον Ath 12 : 2
  ὕπνους D 58 : 4; 60 : 5²
ὕπνωσα Ap 38 : 5 D 97 : 1
ὑπό (gen) Ar 3 : 2; 4 : 3²; 5 : 1, 3;
  7 : 3; 10 : 5, 7², 8; 11 : 4; 12 :
  2, 6; 13 : 2, 6, 7 Ap 5 : 4;
  8 : 4; 15 : 4, 17; 18 : 3; 20 : 4;
  22 : 6; 24 : 1; 25 : 2; 26 : 4;
  32 : 2, 8; 33 : 4; 35 : 6; 38 : 7;
  39 : 3; 40 : 7; 44 : 1, 11; 47 :
  1; 48 : 4; 53 : 4, 8, 12; 54 : 1,
  2; 58 : 2; 59 : 6; 60 : 6; 62 : 2;
  63 : 10; 66 : 3 (C); 68 : 3 App
  1 : 1, 2; 2 : 5; 3 : 1²; 5 : 1; 6 :
  6; 7 : 2; 8 : 4; 9 : 1; 10 : 8;
  13 : 1 D 1 : 2; 2 : 6; 11 : 5;
  14 : 3, 8; 20 : 1, 2, 4; 23 : 1;
  26 : 3; 29 : 1, 3; 30 : 1; 32 : 3,
  4, 5; 33 : 2²; 34 : 1; 35 : 7;
  36 : 2, 5; 38 : 2; 39 : 6, 7; 42 :
  4; 45 : 3; 46 : 2; 51 : 3; 53 : 2,
  3, 6; 54 : 1²; 55 : 1; 56 : 1, 3,
  6, 14, 22; 57 : 1, 3; 58 : 3;
  60 : 3; 61 : 1; 62 : 4; 63 : 2, 3,
  5; 65 : 1, 3; 68 : 6, 9; 69 : 2;
  70 : 1; 71 : 1, 2; 74 : 2; 76 : 7;
  78 : 6, 9; 79 : 1, 3, 4²; 81 : 2;
  82 : 3; 83 : 1; 85 : 2; 86 : 5;
  87 : 1; 88 : 1²; 90 : 2; 91 : 4;
  92 : 1², 3; 93 : 1, 2; 94 : 2;
  96 : 3; 99 : 1 (ed); 100 : 1, 3;
  101 : 1, 2; 103 : 1, 5, 8; 105 :
  4; 106 : 1; 107 : 1; 108 : 1;
  109 : 1; 110 : 4, 6; 111 : 1 (ed),
  2; 112 : 3, 5; 115 : 4², 6; 116 :
  3; 117 : 1, 2; 118 : 3; 119 : 3;
  126 : 2; 129 : 4; 130 : 1, 2;
  131 : 2²; 132 : 2, 3; 133 : 5²,
  6; 134 : 3, 6²; 138 : 1; 139 : 1

Τ 2:1, 2; 5:3²; 6:2; 7:1;
8:5; 10:3; 11:2; 12:1, 2;
16:1, 2; 17:1, 3; 18:1, 2;
22:2²; 23:1; 28:1²; 29:2;
35:2; 39:1, 3; 41:2 M Ap
HE 4:26:9 Ath 1:3²; 6:1;
7:1; 8:3³; 12:2; 17:2²;
18:3, 4; 20:3, 4; 21:2³;
22:1, 2, 4, 6; 23:2, 6; 24:3,
4; 30:1, 3; 34:1
ὑπ' (gen) Ar 5:1, 3 Ap 5:4;
12:10; 13:1; 26:3; 31:1,
7; 32:5; 36:3; 40:13; 42:4;
66:3 D 14:3; 18:1; 29:2;
34:5, 8; 35:2, 8; 40:4; 42:
4; 48:4; 53:1², 2; 62:2;
64:3; 67:3; 68:3; 69:7;
70:1; 74:3; 76:6; 78:6;
86:2; 87:4, 6; 91:4; 92:2,
4; 93:2; 101:1; 102:5; 103:
3; 106:1; 122:4; 124:4;
126:5; 131:5; 138:2; 141:1
Τ 4:2; 13:1; 16:3; 19:2, 4;
Ath 17:1, 4; 24:3²
ὑφ' (gen) Ap 11:1; 12:3; 14:1;
16:14; 17:1; 26:1, 7; 32:6;
43:1; 46:1; 47:6; 61:2, 3;
66:1 App 9:1 D 32:2; 35:
4; 39:8; 40:4; 41:2, 3; 55:
3; 93:4; 96:1; 117:1, 3;
120:5², 6; 131:2; 134:6;
141:1 Τ 1:2; 4:3; 20:2;
21:2²; 23:1; 27:2; 31:1²
Ath 3:1; 5:2; 6:3; 10:1;
14:1; 24:4; 33:1; 34:2; 35:2
ὑπό (dat) D 126:5
ὑπ' (dat) Ath 21:3
ὑφ' (dat) D 132:2
ὑπό (acc) Ar 15:7 Ap 5:2 D
27:3; 31:7; 45:3; 52:4;
56:4², 8; 58:8; 88:4; 99:1;
95:1³; 105:4, 5; 107:4²;
110:3; 131:4 Τ 8:2
ὑπ' (acc) Ap 55:2 App 6:5
D 61:4; 85:1 Τ 33:2
ὑφ' (acc) D 43:8; 65:3; 107:3
ὑπέβαλλεν D 49:4

ὑπεβάσταζον D 90:4; 97:1
ὑποβασταζομένων D 111:1
ὑπογράψαι Ap 29:3
ὑπογράψαντας App 14:1
ὑποδήματα D 131:6
ὑποδημάτων D 131:6
ὑποδήματα Ap 62:3 D 49:3;
62:5; 88:7
ὑποδιαλλάσσειν Ath 20:4
ὑποζυγίου Ap 35:11
ὑποζύγιον D 53:3, 4
ὑποζύγια Ath 31:3
ὑπόθεσις Τ 8:1
ὑποθέσεως Ap 19:2 Τ 21:3
ὑποθημοσύνας Ap 14:3
ὑποκάτω D 38:3; 109:3²
ὑπόκεινται Ath 5:1
ὑποκείμενον Ath 11:2
ὑποκειμένων Ap 59:5 Ath 5:1;
10:2
ὑποκειμένας Ath 2:2; 5:1
ὑποκρίνεται Ath 2:3
ὑποκριτήν Τ 22:1
ὑποκριταί D 17:4
ὑπολαμβάνω Ap 33:9 D 47:4; 127:1
ὑπολαμβάνεις D 115:3
ὑπολαμβάνομεν D 56:12
ὑπολαμβάνετε D 138:3
ὑπελάμβανον D 88:7
ὑπολάμβανε D 87:1
ὑπολαμβάνειν D 10:2; 84:4
ὑπολαμβάνοντες D 93:5; 140:2
Τ 17:3
ὑπολαμβάνοντας D 65:2
ὑπέλαβες D 22:10
ὑπολάβητε D 80:4
ὑπολαβεῖν App 11:8
ὑπολαβόμενος D 135:5
ὑπειλήφαμεν Ap 12:5
ὑπειλήφατε Ap 11:1
ὑπειληφότας D 108:3
ὑπειλήφθω Τ 36:1
ὑπόλειμμα D 109:3
ὑπελείπετο D 8:3
ὑπελείφθην D 39:1
ὑπελείφθη D 58:6
ὑπολειφθείς D 56:22

ὑπολύεσθαι Ap 62:2
ὑπόλυσαι Ap 62:3
ὑπολυσάμενος Ap 62:4
ὑπομειδιάσας D 1:6; 8:3
ὑπομένω Τ 11:1
ὑπομένομεν D 18:3; 46:7; 96:
2; 131:2
ὑπομένουσι D 34:8²
ὑπομένειν D 53:1
ὑπομένοντες D 19:1
ὑπομένουσιν D 25:4 (ed)
ὑπομένοντας D 11:4; 121:2
Ath 35:1
ὑπέμεινε Ap 50:1; 63:10 D
50:1; 68:1; 100:2; 127:3
ὑπέμεινεν Ap 63:16 D 45:4;
48:3; 63:1; 88:4
ὑπομεῖναι Ap 39:5 D 48:1;
67:6
ὑπομείναντος D 95:2
ὑπομείναντα D 121:2
ὑπομείναντας D 121:2
ὑπομεμενηκέναι D 67:6
ὑπομιμνήσκῃ Ath 30:3
ὑπόμνημα Τ 34:3
ὑπομνήματα Τ 27:1; 34:1
ὑπομνηματιστήν Τ 22:1
ὑπομονῆς Ap 16:3
ὑπομονήν Ap 16:4 D 27:4
ὑπονοεῖν D 103:3
ὑπονοοῦντα D 125:1
ὑπονοοῦντες D 44:1
ὑπονοίας Ath 1:4
ὑπονύσσετε D 15:3
ὑποπιπτουσῶν Ap 4:1
ὑποπεσεῖν D 105:5
ὑποπόδιον Ap 37:4 D 22:11 Ath
9:2
ὑποποδίῳ D 37:3; 64:4
ὑποπόδιον Ap 45:2 D 32:3, 6;
36:5; 56:14; 83:1, 2; 127:5
ὑποπτεύειν Ath 31:2
ὑποπτευθῆναι App 3:3
ὑποσαγής D 53:4
ὑπόστασις Τ 5:[1,] 1; 15:3
ὑποστάσεως Τ 18:1
ὑποτάσει Τ 6:2 Ath 24:4

ὑπόστασιν Τ 6:2; 21:3
ὑποστάσεις Τ 21:3
ὑποστείληται D 75:1
ὑπέστρεψεν D 56:22
ὑποστρώσῃς D 15:4 (O)
ὑποστρώσῃ D 15:4 (A)
ὑποσχέσεως Ap 4:8
ὑποτάσσειν Ap 40:7
ὑποτάσσεται D 30:3; 85:2
ὑποτάσσεσθαι D 30:3; 121:3
ὑποτασσομένης D 39:7
ὑποτασσόμενα D 76:6
ὑποταγήσεται D 85:3²
ὑποταγήσονται D 31:7
ὑπετάξαμεν Ap 68:4
ὑποτάξας App 5:2 Μ Ek HE
4:26:14
ὑποτέτακται Ath 18:2
ὑπέθηκεν D 58:13
ὑπέθηκαν D 53:1
ὑποτυχών D 3:4; 4:4
ὑπουργῆσαν Ath 36:1
ὑπήνεγκε Τ 21:1
ὑποχείριον D 62:5
ὑποχειρίων Ath 37:1
ὑποχειρίους App 1:2 D 15:3
ὑποχωρήσαντες D 9:2
ὑός Ar 11:4
Ὑστάσπης Ap 20:1 (Ὑστασπις Α)
Ὑστάσπου Ap 44:12
ὕστατον Ath 28:2
ὑστερεῖσθαι D 82:1
ὕστερος Τ 36:1
ὕστερον Ar 10:5, 7, 8 Ap 32:6;
46:1; 50:12 D 4:7; 45:4;
68:9; 90:5; 105:1; 111:3
Τ 3:1; 13:1; 31:3³; 41:3
Ath 28:1
ὑφαιροῦνται Ap 12:8
ὑφάντου Τ 25:1
ὑπέστησεν Τ 5:1
ὑποστησάμενοι D 1:5
ὑποστάς D 3:1
ὑφορᾶσθαι D 131:5
ὑψηλός D 37:3; 64:4
ὑψηλή D 133:5, 6
ὑψηλοῦ D 50:4

ὑψηλῷ D 11:1; 27:3; 131:3
ὑψηλῷ D 70:2
ὑψηλόν App 12:7
Ὑψικράτης T 37:1
ὕψιστος D 131:1
ὑψίστου Ar 15:1 Ap 33:5 D
  19:4; 31:5², 6, 7; 33:2;
  100:5; 113:5; 124:1, 2, 4
ὑψίστῳ D 22:9
ὕψιστον D 31:6; 32:3; 110:2
ὑψίστοις D 85:6
ὕψος Ath 22:1
ὕψος D 39:4, 5; 43:5; 66:2;
  69:5; 87:6
ὑψοῦ Ath 5:1
ὑψοῦτε D 37:3, 4; 64:4
ὑψούντων D 112:5
ὑψώσει D 32:6; 33:2
ὑψωθήσεται Ap 50:3 D 13:2;
  33:2
ὕψωσον D 15:2; 50:4
ὑψώσατε D 50:4
ὑψώθη D 138:3

Φαέθοντος T 10:1; 39:2
Φαίαξιν T 41:2
φαιδρότερα T 12:3
φαιδρύνει D 14:1
φαίνεται Ap 11:1; 12:10; 22:4
  App 5:2; 10:1 D 23:1;
  30:2; 34:7; 51:2; 56:6;
  57:1; 61:2; 70:4; 79:1;
  91:4; 101:2; 102:7; 105:4,
  5; 120:3; 128:2²; 131:5;
  138:3; 139:3 M Ap HE 4:
  26:10 Ath 21:3
φαίνεσθε D 92:4
φαίνονται App 13:3 D 68:8;
  78:9; 92:5; 95:1
φαίνηται Ap 4:6 D 48:3; 49:1;
  91:2
φαίνεσθαι D 35:7; 36:1 Ath
  18:1
φαινόμενος D 128:1
φαινομένου D 88:8; 125:3
φαινομένου Ap 55:8

φαινόμενον D 56:10; 76:1
φαινόμενοι D 17:4; 102:6;
  112:4
φαινόμενα D 39:6
φαινομένων Ar 1:5
φαινομένας App 11:3
φαινόμενα Ath 5:2; 24:2
φανήσεται Ap 30:1 D 49:2;
  140:4 T 36:1
φανήσεσθε D 44:1
φανήσονται App 7:9 D 3:2;
  95:1
φανήσεσθαι Ap 44:13 D 14:8;
  85:7
φανησόμενον Ap 32:9
ἐφάνης D 67:11
ἐφάνη Ap 63:16 App 7:3 D
  5:2; 19:5; 49:3, 7; 56:7;
  58:8; 116:3; 138:1
φανείη D 127:3 T 15:1
φανῆναι Ap 31:8 D 92:4
φανείς Ap 63:10; 67:7 D 58:
  10; 59:1; 113:4 Ath 29:1
φανέντος D 78:1, 3
φανέντι D 60:3
φανέντα App 10:1 D 61:1; 85:1
φανεῖσαν D 128:2
φανεῖσαι D 5:3
φανέντων Ap 9:1
φάνηται Ap 7:4
πέφηνε T 40:1; 41:1
πέφηνεν T 39:1
πεφηνέναι D 17:1
πεφηνότας T 35:2
πέφανται D 59:1; 69:6; 128:1
πεφάνθαι D 60:2
Φάλαρις T 34:1
φανερόν Ar 2:1; 4:2; 5:4; 13:6
  Ap 23:1; 37:1; 61:5; 63:6
  App 3:6 D 25:3; 30:2;
  43:7; 56:6; 62:4; 66:4;
  75:3; 89:2; 110:4 T 41:1
φανερόν D 8:4; 53:2
φανεράν T 15:1
φανερόν Ap 5:3; 17:4 App 15:2
  D 30:3; 56:12; 131:5
φανερά App 1:3

φανερῶν Ap 15:5
φανερωθεῖσα D 114:4
φανερωθέντος Ap 56:1
πεφανερώκασι T 8:2
πεφανερῶσθαι D 60:3; 75:4
φανερῶς Ap 27:4, 5 App 12:4, 7
 D 63:5 M Ap HE 4:26:5
φανερώσεως Ap 32:2; 56:1 D 49:3
φανέρωσιν Ap 32:3 D 52:4
φανερώτερον T 4:3 Ath 2:2
Φάνης Ath 20:3
 Φάνητα Ath 20:4
φαντασία D 128:2
 φαντασίαν D 69:7
 φαντασιῶν T 14:1
 φαντασίας Ath 27:1, 2
φαντάσματα T 7:3
φάραγξ D 50:3; 69:5; 135:4
Φαραώ D 79:3²
Φαρές D 120:2
φαρέτρας Ar 11:2
 φαρέτραν Ar 11:1
Φαρισαῖοι D 17:4
 Φαρισαίων D 51:2; 76:7; 80:
 4; 100:3; 103:1; 105:6²
 Φαρισαίοις D 137:2
 Φαρισαίους D 102:5
φαρμακεία T 18:1
 φαρμακείας Ar 13:7
φαρμακευτῶν App 6:6
φαρμάκοις T 20:1
 φάρμακα Ar 10:5
φαρμακούς Ar 8:2
φάσκετε D 64:5 T 26:2
 φάσκουσι Ap 21:2
 φάσκειν Ap 21:1; 22:6; 43:1
 D 56:12; 128:2
 φάσκοντες Ap 19:5; 63:15 App
 12:5
 φασκόντων Ap 35:6 T 32:2
 Ath 23:3
φάτνη D 78:5
 φάτνην Ap 37:1; 63:2
ἐφαυλίσατε D 12:2
 πεφαυλισμένος D 70:3
φαῦλος T 7:1
 φαῦλον Ap 4:3 T 11:2; 19:2

φαύλῳ T 18:1
 φαῦλον Ap 43:2, 6 App 4:4
 M Ap HE 4:26:8
 φαῦλοι Ap 5:2; 10:6; 21:6:
 43:6; 56:1; 57:1; 58:1 App
 1:2; 7:1, 2; 12:3 D 140:4
 T 21:2
 φαῦλαι Ap 2:1
 φαύλων Ap 5:1; 12:5; 16:3;
 43:6; 44:12; 52:3; 54:1
 App 7:2, 3; 13:1 D 18:3
 φαύλων D 115:6
 φαύλων D 14:3; 93:1; 100:6
 φαύλοις Ap 57:1; 61:10
 φαύλους Ap 5:2; 57:3 App
 10:6 Ath 23:2
 φαῦλα Ap 44:5 App 4:2; 9:4;
 11:7
φαυλοτάτων Ath 20:4
φαυλοτέραν T 18:1
φέγγος D 22:2 T 20:2
Φειδίου Ath 17:3, 4
φειδόμενοι Ath 34:1
 φείσομαι D 107:4
 φείσεται D 34:5
 ἐφείσω D 107:4
 φείσῃ D 13:8; 15:2
 φείσησθε Ath 3:1
 φείσασθαι D 56:19
πέφνε Ath 29:1
Φερεκύδους T 3:2; 25:2
φερέσβιος Ath 22:1
φέριστε D 1:3
 φέριστα Ath 30:1
Φερσέφασσαν T 10:1
Φερσεφόνη Ath 20:2
 Φερσεφόνῃ Ath 20:3
φέρει Ap 27:5; 45:6; 50:8 D
 13:4; 128:2
φέρομεν Ap 21:1; 22:5; 24:2;
 44:13 M Ap HE 4:26:6
 φέρουσι Ap 54:1
 φέρουσιν Ath 14:1
 ἔφερεν D 88:6
 φέρητε Ap 37:7
 φέρε Ath 18:1
 φέρειν Ar 11:7 Ap 5:3; 17:1;

50:7; 52:10; 55:4 D 13:4;
18:3; 19:6; 35:6; 55:3;
92:4 Ath 23:6
φέροντες Ap 14:2 App 12:5
D 13:2
φέροντας Ap 2:3
φέρεται Ath 25:4
φέρεσθαι Ath 1:3; 25:3
φερόμενον D 72:2
φερομένης T 26:1
φερόμενα Ar 4:2
οἴσεις D 43:6; 66:3
οἴσει D 25:4
ἐνέγκητε D 22:3
ἐνέγκατε D 73:3³
ἐνεχθῆναι D 49:4
ἐνεχθέν Ath 18:3
φεύγει Ar 12:2 App 2:14
φεύγομεν Ath 33:1
φεύγωσι Ath 2:2
φεύγειν Ap 43:3 App 8:2; 12:6
T 27:2
φεύγων T 8:1
φεύγοντι D 58:10
φεύγοντα App 11:6 D 22:5
φεύξονται Ap 61:6
φυγεῖν Ap 12:12; 40:7; 56:3
Ath 20:2
φυγών D 1:3
φευκτοῦ App 11:8
φευκτόν T 28:1
Φήλικος Ap 29:3
Φήλικι Ap 29:2
φήμη Ath 2:1
φήμης Ath 2:5
φήμῃ Ap 2:3 Ath 2:4
φήμην Ap 3:1
φημί Ap 12:9 D 3:7; 4:5; 5:
3, 6; 7:1; 26:1; 49:7; 56:
11; 67:9; 69:3; 89:1, 3;
90:3,4; 103:8; 111:4; 116:
1; 117:2 Ath 17:1
φής D 39:7; 49:1; 51:1; 74:1
φησί D 1:3; 3:2, 4, 7; 4:1³,
3, 4; 19:5; 49:8; 58:4; 68:
6; 83:4; 119:4; 120:3; 121:
2; 123:5²; 126:6; 127:5;

129:1; 135:4; 142:1 T 25:2;
36:2; 38:1² Ath 12:3; 16:
2,3; 18:2; 28:4; 32:1;33:2
φησίν D 1:2; 8:3; 11:3²; 15:
1; 20:1; 37:4; 49:2; 56:2,
18; 58:6, 8; 64:4; 78:11;
79:2, 4; 84:3; 86:4; 87:3;
89:3; 93:3; 102:4, 7; 106:
4; 122:5, 6; 123:7; 126:3,
4; 135:6 T 1:2; 8:1; 21:3
Ath 6:2; 10:3; 22:1
φαμέν Ap 5:4; 8:4; 43:7;
44:11; 46:1 App 7:3 Ath
10:3²; 12:1; 22:4; 24:1;
35:2
φατέ D 12:3; 20:2; 34:2:
56:15; 60:2; 68:7; 110:6;
T 12:3; 19:2 Ath 22:3
φασί Ar 9:6 Ap 9:1 D 110:1;
112:2; 128:3 Ath 6:4; 18:
1; 22:6; 28:1
φασίν D 110:1, 2 T 3:1; 8:2;
9:2; 17:1; 21:1; 31:2; 34:
2; 41:2 Ath 18:2; 19:2;
22:5; 28:6
ἔφην App 3:6 (Eus) D 1:1, 3,
4; 2:1; 3:2², 3, 4, 5, 6; 4:
2, 3², 5; 9:1, 2; 34:6; 35:
7; 36:2; 37:1; 42:4; 46:3,
4; 48:2; 49:3; 50:2; 52:1;
56:5, 14, 17; 58:10; 61:1;
65:7; 67:3, 8, 9, 10, 11;
68:1, 3, 6²; 70:5; 73:6²;
77:2,4; 78:6; 81:3; 88:1;
90:2; 100:3; 115:3, 5; 118:
4; 120:4; 122:5; 123:7;
126:1; 130:3; 138:1; 141:4;
142:2, 3
ἔφης D 18:1; 46:2; 67:1, 4;
73:5; 74:1; 79:4; 89:1
ἔφη Ap 3:2; 8:4²; 15:10:
16:1, 8; 33:5; 34:1; 35:3;
42:3; 51:1; 53:11; 59:1;
60:7, 9; 64:2 App 2:15, 17:
11:3 D 1:1, 6; 2:4; 3:2²,
3, 4, 5, 6, 7; 4:3, 6, 7; 6:1:
9:2; 10:2; 13:1; 22:7; 28:6;

35:2; 38:2; 43:3; 44:3;
45:2; 46:4; 55:3; 56:9, 10,
13, 15; 57:4; 60:4, 5; 63:
1, 2²; 65:1², 7; 67:5, 8², 10,
11; 68:2, 3², 4, 6, 7; 74:1;
76:5, 6; 77:2; 80:1; 85:1;
86:2; 87:1; 89:1; 90:1, 3;
97:2; 100:3; 111:3; 112:4;
115:4; 118:4, 5: 121:2;
135:1; 142:1 Ath 12:1; 23:5
ἔφημεν Ap 8:1; 26:6
ἔφαμεν Ap 26:6 (Eus)
ἔφητε D 68:2
ἔφησαν Ap 23:3 D 90:2
ἔφασαν Ap 17:2; 20:1; 44:9;
54:6, 7, 9; 64:4, 5² App
10:5,6; 11:8 D 56:3; 119:3
T 31:3 Ath 23:3
φῶ D 65:1
φαίην D 62:3
φάναι D 76:2; 81:4 Ath 17:4
φήσεις D 5:2, 6
φήσει Ap 7:1; 8:5; 28:4
φήσετε Ap 33:9 D 95:3; 123:2
φήσουσι App 7:9
φήσουσιν D 89:3
ἐρῶ Ap 16:11 App 4:1 D 2:1;
32:3; 64:3; 65:3; 76:5;
81:2; 113:4(A); 125:1; 129:
1; 131:1; 134:2 Ath 10:2
ἐρεῖς D 59:2
ἐρεῖ D 15:5; 74:4
ἐροῦμεν Ap 32:10; 35:10
ἐρεῖτε D 122:3 T 21:3
ἐροῦσι Ap 16:11; 52:12; 76:5;
109:2; 131:1; 136:1
ἐροῦσιν Ap 33:1
ἐρεῖν D 76:5
φήσειεν Ar 9:5
φῆσαι Ath 20:1
φήσας Ap 4:6 D 131:4 T 10:2
φῆσαν Ap 44:1 D 77:4
φήσαντος App 2:18 D 61:3;
118:1; 120:5
φῆσασι Ap 20:5
εἶπα D 21:3; 24:4; 124:2
εἶπας D 47:2; 94:4

εἶπον D 50:4
εἴπατε Ap 17:2 D 26:3; 27:5;
73:1², 4; 85:8; 94:1
εἶπον Ap 49:2 D 4:7; 34:3;
45:3; 46:4; 48:2; 50:3, 4;
55:3; 56:6, 11, 12; 57:4;
58:1, 5; 62:2; 68:2, 3; 72:
1; 73:6; 76:2; 78:6; 79:2;
80:1, 2; 85:3, 7; 87:6;
118:1; 119:1; 120:6²; 124:
1; 126:6; 129:1; 130:1;
131:1; 137:3; 138:3; 141:1
εἶπε Ap 12:10 (AB); 15:8:
16:9; 19:7; 33:8; 40:14:
44:7, 8; 53:7; 60:5; D 13:
1, 8; 28:5; 35:3; 39:3; 44:
3; 46:6; 56:2, 7², 8, 17, 18,
20; 58:4, 7²; 60:4; 62:1, 5:
71:4; 73:5; 75:1; 77:3:
79:1; 82:2; 85:6, 9; 102:4:
105:5; 115:2; 122:1; 126:
2, 6²; 136:2; 139:2
εἶπεν Ap 15:1; 32:1, 12; 35:6:
41:1; 45:2; 59:4; 60:1:
61:4; 62:3; 63:2, 3, 5, 7.
11, 12, 13 D 22:9; 32:1, 6;
38:1; 43:3, 5²; 44:2; 47:5;
48:1; 49:1, 4, 5; 50:3; 51:
1; 55:2; 56:17, 18, 21; 57:
1; 58:5, 6, 7⁴. 8, 12, 13²:
62:3, 5³; 66: 2²; 72:1; 77:1;
79:4; 81:1, 4; 87:6; 91:1:
94:4; 97:3; 99:1; 103:2;
119:2; 120:6; 121:1, 2; 125:
1; 131:4; 133:4; 139:3²:
140:3, 4 Ath 18:2
εἶπον Ap 23:3; 35:6 App 10:3
D 56:20; 90:2 [Ath 20:1]
εἴπω D 22:9; 65:2
εἴπῃ Ap 30:1 App 4:1; 9:1
D 56:7; 115:6; 138:2
εἴπητε D 137:1
εἴπωσι Ap 46:1
εἴποιμι D 98:1 Ath 34:1
εἴποιμ' D 57:2; 114:1; 130:1
εἴποι Ath 22:2; 25:2; 35:1

εἴποιμεν D 57:2
εἴποιτε Ath 7:2; 23:1
εἴποιεν D 48:4
εἰπέ D 1:6; 4:4; 45:2; 75:1;
80:1; 87:2 T 10:1; 19:3
εἰπεῖν Ap 8:3; 12:10; 53:1;
56:1; 59:1; 60:3,6; 61:11;
66:3² App 3:2; 10:6; 11:2,
4, 5 D 2:2; 3:6; 4:6; 5:1;
16:3; 20:2; 28:1; 36:6;
42:3; 50:2; 52:3, 4; 54:2;
58:10; 60:2; 65:2; 71:4;
76:1³, 2; 78:6, 9; 79:4;
85:5²; 91:2; 101:2; 102:3,
5, 6; 103:2², 6; 106:3; 124:
1; 126:6; 131:6 T 33:2 Ath
12:1, 2; 17:1, 3; 20:3; 22:
3; 23:3, 4, 5; 24:1; 25:2;
27:1; 28:1; 29:2; 35:1
εἰπών Ap 16:6; 17:4; 33:5;
35:6; 44:8; 60:7 App 10:6
D 1:1; 2:5; 8:1; 41:3; 49:3;
56:6, 8, 23; 59:1; 60:2;
62:3; 63:2, 4; 65:1, 2, 7;
76:3²; 78:6, 11; 82:3; 86:1;
96:3; 99:1; 100:1; 106:4;
113:7; 116:3; 119:5; 126:
4; 128:4; 129:4; 130:2, 4;
131:1, 4; 136:1; 137:3;
141:2, 5 T 35:1 Ath 21:5
εἰπόντος Ap 16:7; 40:1 D 8:3;
45:3; 49:6; 62:4; 75:2;
78:3; 87:1,2; 115:5; 137:3
εἰπόντος D 78:8
εἰπόντα Ap 19:6; 63:11 T 3:1;
15:4
εἰποῦσαν T 33:1
εἰπόντες D 7:1; 111:4; 133:2;
136:2; 137:3² T 31:3 Ath 20:1
εἰπόντων Ap 18:5 D 78:1² T
29:2; 31:4
εἰποῦσιν Ap 33:3
εἰπόντας D 68:6
εἴρηκα Ath 31:2
εἴρηκεν D 77:3
εἰρήκασι Ath 6:2
εἰρήκασιν T 40:1

εἰρήκειν D 51:3(A)
εἴρηκει D 49:5; 51:3; 77:3;
103:4
εἰρήκεισαν D 103:3
εἰρηκέναι D 52:2; 60:5; 62:2;
85:5; 105:6; 117:2; 126:3;
129:2
εἰρηκώς D 138:3
εἰρηκότες App 13:3
εἰρηκόσιν Ath 23:2, 3
εἴρηται Ap 47:5; 61:6 App
13:4 D 20:2; 27:1; 30:2;
33:1²; 34:1²; 37:1; 38:3;
49:8; 56:14; 65:3; 68:6;
69:5; 75:1; 77:2; 83:2, 4;
86:4; 87:6; 92:3, 4; 95:1;
102:5; 120:5; 122:1, 3; 123:
1; 124:3; 126:2; 129:3;
130:1; 139:3 T 41:4 Ath
24:5; 28:4
εἴρηνται Ap 40:8; 47:1 D 14:
3, 8; 64:5; 89:1; 124:2
εἴρητο D 23:4; 44:2; 81:3; 97:2
εἰρήσθω T 30:1; 31:4
εἰρῆσθαι Ap 44:1; 54:1; 59:6
D 33:1; 34:1, 2²; 36:2;
43:8²; 64:5; 68:8², 9; 71:
3²; 74:1²; 77:1; 83:1; 85:
1²; 87:2; 93:2; 97:4; 100:
6; 110:1; 120:4; 122:1;
123:1; 127:1; 137:3
εἰρημένον Ap 32:9; 45:5; 63:17
D 68:6; 81:3; 96:1; 102:5
T 13:1 Ath 23:5
εἰρημένου D 34:1; 63:2; 73:1
εἰρημένῳ Ap 62:2 D 32:5
εἰρημένον D 99:1
εἰρημένην D 68:7
εἰρημένον Ap 54:9; 60:6; 63:
11; 64:1 D 32:4; 70:1; 81:3
εἰρημένοι D 14:8; 56:8; 130:1
εἰρημέναι D 21:2
εἰρημένα D 63:3; 103:1; 122:
1; 127:1
εἰρημένων D 14:8; 65:3
εἰρημένων Ap 40:1
εἰρημένων Ar 2:1 Ap 45:1;

46:5; 47:1; 49:6; 51:8;
52:7; 55:1; 59:1 D 34:7;
56:6; 74:2; 85:4; 103:5;
112:1
εἰρημένοις D 128:1; 137:4²
εἰρημένους D 32:3; 50:2;62:2;
70:2
εἰρημένας D 68:1
εἰρημένα Ap 31:5; 53:10; 56:
2; 65:2; 68:9; 92:1; 110:2;
126:2
εἰρήσεται Ap 5:2 App 9:4
ἐρρέθη Ap 52:5 D 31:6; 49:6;
112:3; 120:3; 137:4
Φήμιος T 41:2
Φημίου T 41:1
φθάνω D 64:2
φθάνεις D 67:7
ἔφθασαν App 11:8 (AB)
φθάσῃ D 28:2
φθάσας Ap 12:10 D 141:1
φθάσαντες Ap 23:3; 46:1;
141:1
φθαρτός D 5:4 Ath 8:2; 21:4
φθαρτή Ath 22:3
φθαρτόν Ath 19:1
φθαρτήν D 5:4 Ath 4:2; 22:2
φθαρτά Ar 4:1 D 5:4
φθαρτῶν Ap 20:1 App 7:9;
11:7 (AB)
φθαρτοῖς Ap 9:3
φθαρτά Ar 7:4 Ath 15:3
φθέγγεται Ap 36:2; 38:1
φθέγγονται T 1:2
φθεγγόμενον D 114:1
ἐφθέγξατο App 13:3 D 114:1
ἐφθέγξαντο App 10:2
φθέγμα Ap 60:11
φθείρουσιν Ap 9:4
φθείρουσαν Ath 22:4
φθείρεται Ar 4:3; 5:1, 3; 7:3
φθειρομένῳ App 11:5
φθειρομένων Ath 22:3
φθαρῇ D 31:4
φθίνον D 5:2
φθόγγος Ap 40:3 D 42:1; 64:8

φθόγγους Ath 16:2
φθονερός T 21:1
φθονούμενον Ap 31:7
φθονήσητε T 1:1
φθόνου D 14:2 D 32:3
φθόνον D 125:1
φθορέως T 33:3
φιάλαις D 22:5
φιάλας Ath 15:2
φιλαινιδείοις App 15:3
Φιλαινίδος T 34:3
φιλαλήθης D 3:3
φιλαλήθη Ap 2:1 App 2:11
φιλάληθες Ath 2:4
φιλαλήθεις Ap 12:11 D 67:11
φιλαλήθως D 67:4
Φιλάμμων T 41:2
Φιλάμμωνος T 41:1
φιλανθρωπία D 47:5
φιλανθρωπίᾳ Ath 30:2
φιλανθρωπίαν Ap 10:1 D 110:3
φιλάνθρωπος D 107:2
φιλανθρώπου Ath 12:1
φιλάνθρωπον D 23:2 Ath 12:1
φιλάνθρωπον Ath 1:2
φιλάνθρωποι D 136:2 Ath 37:1
φιλανθρωπότατοι Ath 12:3
φιλανθρωποτάτων Ath 2:1
φιλανθρωποτέραν M Ap HE 4:
26:11
φιλαργυρία T 19:1
φιλαργυρίαν T 11:2
φιλάργυρον T 19:3
φίλαυτον D 68:8
φιλαύτους D 92:6
φιλεργός D 3:3
φιλέριδας D 67:11
φιλεριστεῖν D 118:1; 123:7
φιλέριστος D 64:2
φιλερίστους D 67:11
φιλέχθρως T 1:1
φιλέει Ath 21:2
φιλοῦσι Ar 15:4
φιλοῦντες D 27:2; 82:4
φιληδονία App 12:1
φιληδονίαν D 82:4
φιλήδονος App 12:2

φιλήδονον App 1:2
φιλήματι Ap 65:2
φίλημα Ath 32:3
φιλία Ath 22:2
φιλίη Ath 22:1
φιλίας Ath 22:1
φιλία Ath 24:2
φιλίαν D 93:4; 139:4
Φιλίππου Ath 28:1
Φίλιππον Ath 14:1
φιλοδοξοῦσι Ap 53:12
φιλοδοξοῦντας Ap 57:1
φιλοδοξίαν D 82:4
φιλόδοξος App 3:6
φιλοδόξους Ap 57:3
φιλοθέων D 118:3
φιλοθέους Ath 21:2
φιλόλαος Ath 6:1
φιλολογία D 3:2
φιλόλογος (al -λόγος) D 3:3
φιλόλογοι App 10:8
φιλοκόμπου App 3:1
Φιλοκτήτης T 32:3
φιλομαθεστάτων Ath 2:1
φιλομαθεστάτους Ath 9:1
φιλομαθές M Ek HE 4:26:13
  Ath 2:4
φιλομαθεῖς T 41:2
φιλονεικοῦντες D 117:2
φιλονεικίας M Ap HE 4:26:6
φιλονικία T 23:1
φιλοπευστεῖς D 113:1
φίλος D 28:4 T 17:1
φίλον Ap 10:4; 68:2 D 72:1
φίλου App 1:2
φίλον App 2:10 D 8:4 T 2:1
  Ath 21:1, 5; 29:1
φίλον App 4:4 D 3:3
φίλε D 63:1; 68:2
φίλοι D 1:1; 8:1; 10:1; 27:2;
  28:5; 35:4; 48:4; 56:22;
  60:2; 61:1; 62:1; 65:7;
  68:6; 85:7; 121:1; 137:3
  T 16:2
φίλων D 142:1
φίλους Ath 12:3
φιλοσοφεῖ D 35:6

φιλοσοφοῦσι T 32:1
φιλοσοφείτωσαν T 2:2
φιλοσοφεῖν D 3:3; 8:3; 35:6
  T 25:1; 32:3
φιλοσοφῶν T 2:1; 42:1 Ath 2:4
φιλοσοφοῦντες T 2:1
φιλοσοφούντων T 40:1
φιλοσοφούσας T 33:2
φιλοσοφήσωσι Ap 3:3
φιλοσοφήσαντες App 7:7; 10:2
φιλοσοφησάντων T 35:2
φιλοσοφία D 1:6; 2:1²; 3:4³ M
  Ap HE 4:26:7
φιλοσοφίας Ap 4:8; 7:3; 12:5;
  26:6 App 15:3, 5 D 1:3²;
  2:4, 6; 3:3²; 5:6; 8:3;
  35:6 T 35:1 Ath 2:2, 3;
  23:2
φιλοσοφία Ap 3:2 D 2:1 Ath 2:4
φιλοσοφίαν App 12:5 D 8:1, 3
  T 3:1; 31:1 M Ap HE 4:
  26:7
φιλόσοφος ⟨Ar Ins⟩ App 3:6 D 8:2
φιλοσόφου Ap 1:1 (Eus) App
  2:16 (AB)
φιλοσόφῳ Ap 1:1² App 2:16
φιλόσοφον App 3:2 D 2:3;
  7:2 T 19:2
φιλόσοφε D 1:1
φιλόσοφοι Ar 13:5 Ap 2:2;
  4:8; 20:2; 44:9 App 7:8;
  10:8 D 1:3; 3:7; 5:1 T
  19:1; 25:1 Ath 5:1; 7:1;
  19:1; 24:1
φιλοσόφων App 9:1 D 7:1 T
  3:3, 3 (MPV); 27:3; 37:1
  Ath 6:2; 11:2; 36:2
φιλοσόφοις Ap 20:3, 4; 26:6
  [Ath Ins]
φιλοσόφους Ap 2:1 T 19:1
φιλοσοφωτέραν M Ap HE 4:26:11
φιλοφρονεῖσθαι D 1:2
Φιλόχορος D 31:2, 3
φιλοχρηματίαν D 82:4
φιλοψόφου App 3:1
φιλοψόφων T 3:3
φίλτατον T 2:2 Ath 21:2

φίλτατε D 8:3; 141:5
Φίλων T 34:3
Φλαουΐας Ap 1:1 (Φλαυίας Eus)
φλαῦρα Ath 2:2
φλέγον D 3:2
  φλέξει D 119:2
φλήναφα T 21:2
  φληνάφους T 6:1
φλόξ D 31:2; 56:2
  φλογός Ap 63:11 D 59:1, 3:
    60:4; 133:5
  φλογί Ap 63:7 D 60:1
  φλόγα Ath 22:7
φλυαρεῖν T 33:1
φλυαρίας T 26:2; 35:2
  φλυαρίας T 34:2
ἐφοβοῦντο D 4:7
  φοβοῦ D 13:9; 58:12
  φοβεῖσθε Ap 19:7 D 50:4;
    69:5
  φοβεῖσθαι D 25:2; 83:1
  φοβούμενοι D 10:4; 24:3; 98:5;
    106:2
  φοβουμένοις D 1:5
  φοβουμένους D 106:1
  ἐφοβήθη D 58:13
  φοβηθείς D 78:4
  φοβηθεῖσαν Ath 20:2
  φοβηθήτω Ap 41:3
  φοβήθητε Ap 19:7
  φοβηθήτωσαν D 98:5; 106:2
φοβερός Ap 41:1 D 16:1; 55:1;
  58:13; 73:3; 74:3
  φοβερόν D 37:3; 64:4
  φοβεροῖο Ath 20:4
  φοβερᾶς D 49:2²; 132:2
  φοβερῶν App 12:4
  φοβερά App 12:1
  φοβερωπόν Ath 20:3
  φοβερώτερον D 73:6
φοβητέον T 4:1
φόβητρα App 9:1
  φόβητρα Ap 5:2
φόβου Ap 44:12 App 3:3; 10:8
  D 39:2; 67:9, 10; 87:2, 4
  φόβῳ Ap 40:17 Ath 1:1; 30:2
  φόβον Ap 29:4 App 9:1 D 70:3, 5

φόβων App 5:4
Φοῖβος T 21:1
  Φοίβου Ath 21:5
  Φοίβῳ Ath 29:1 (Sch)
Φοινίκης T 39:3
  Φοινίκην T 37:1
φοινικοῦν Ap 44:3; 61:7
φοῖνιξ D 86:4
Φοίνικος Ath 21:4
Φοίνικες T 1:1
  Φοινίκων T 37:1
  Φοίνιξιν T 36:1
  Φοίνικας T 36:2
φονεῖς Ap 46:4 D 93:4; 102:6
  φονεῖς Ar 8:2
φονεύει T 23:2 Ath 26:1
  φονεύετε D 133:6
  φονεύουσι Ap 57:3
  φονεύωσι Ar 8:4
  φονεύειν Ap 45:6 App 1:2 D
    122:2 Ath 35:2²
  φονεύοντες App 12:4 T 8:1
  φονεύονται Ap 26:7
  ἐφονευόμεθα App 11:1
  φονεύεσθαι D 82:2
  φονευόμενον Ath 35:1
  φονευόμενον Ath 35:2
  φονευόμενοι T 8:1
  φονευομένων Ar 4:3
  φονεύσομεν App 4:3
  φονεύσοντας T 23:1
  ἐφονεύσατε D 136:2
  φονεῦσαι T 23:2
  φονεύσαντες App 4:1
  φονευθῆναι T 23:1
  φονευθέντα T 27:3
  φονευθέντων App 12:5
  φονευθήσεσθαι Ap 44:5
  φονευθησόμενον App 12:2
  πεφονεῦσθαι App 8:1
φόνος Ath 14:1
  φόνῳ T 23:2
  φόνον D 13:1 Ath 21:5
  φόνων T 19:2; 22:1
  φόνους App 5:4
φόξος T 32:3
φορβάδων Ap 27:1 T 28:1

Φόρβας T 39:1
  Φόρβαντα T 39:2
φορεῖ T 24:1
  φορῶν D 116:3
  φοροῦντος D 88:7
Φόρκος Ath 23:3
φόρους Ap 17:1, 2 T 4:1
φορτικά D 3:3
φορτίον T 23:1
Φορωνεύς T 39:1
  Φορωνέως T 39:1
  Φορωνέα T 39:2
Φουνδανῷ, Μινουκίῳ Ap 68:5
  Φουνδανῷ M Ap HE 4:26:10
    (Φουδδ- M)
φράζομεν Ap 20:5
  φράζειν D 3:4
  φράσον D 3:4
  πέφρακται D 12:2; 33:1
φρέατος D 58:11
φρήν Ap 39:4
φρίσσει D 49:8
  φρίσσετε D 123:4
  ἔφριξε D 31:4
φρονῶ D 80:2, 4
  φρονεῖς D 1:6; 48:1
  φρονοῦμεν D 80:2
  φρονεῖτε D 12:3; 23:2; 68:4
  φρονοῦσι Ar 8:1; 14:1
  ἐφρονοῦμεν Ath 4:2
  ἐφρόνουν Ath 24:1
  φρονοῖεν D 3:7
  φρονεῖν D 65:2
  φρονῶν Ath 35:1
  φρονοῦντι D 2:4
  πεφρονήκαμεν Ath 10:1
φρόνησις D 3:3
  φρόνησιν D 2:6 Ath 22:5
φρονιμωτέρῳ T 7:2
  φρονιμωτέραν T 16:1
φροντίζω D 120:6
  φροντίζομεν App 12:4, 6
  φρόντιζε Ap 68:10
  φροντίζειν D 125:1
  φροντίζοντες Ap 5:1
  πεφρόντικα D 3:2
  πεφροντίκαμεν Ap 11:2

πεφροντίκατε D 115:6
  πεφροντίκασιν D 1:4
φροντίς Ath 25:1
  φροντίδα Ar 11:4 D 120:6
φρουρᾷ Ath 6:1
  φρουρουμένοις T 15:3
  ἐφρύαξαν Ap 40:11
Φρυγίας T 39:3
Φρυγίων T 8:2
  Φρυγίοις T 27:1
Φρύνην T 33:3
Φρύγες T 1:1[2]
  Φρυγῶν D 119:4
φυγάδας Ar 8:2
φυγῇ Ap 21:2
φυήν D 3:6
φυλακῆς D 26:2; 65:4
  φυλακῇ D 49:4
  φυλακήν D 49:4; 131:6
φυλακτήριον D 46:5
φύλαξ D 69:7
  φύλακες Ap 2:2; 65:1
  φύλακας Ap 9:5[2]
φυλάσσει D 28:4
  φυλάσσετε D 19:1
  φυλάσσουσι D 26:1
  φυλάττουσι Ar 15:3
  φυλάττουσιν Ar 15:10
  ἐφυλάσσομεν D 18:2, 3
  ἐφύλασσον D 37:4; 64:4
  φυλάσσῃ D 75:1
  φυλάσσετε D 21:2
  φυλάσσειν D 11:2; 21:1; 23:5;
    46:2[3], 4; 47:1[2], 2, 4
  φυλάσσων D 24:2[2]; 46:2 M
    Ap HE 4:26:7
  φυλάσσοντος D 52:3
  φυλάσσοντες D 10:4; 40:4;
    46:1; 95:3; 123:9
  φυλάσσοντας D 134:4
  φυλάσσεται Ap 47:6
  φυλάττονται App 3:3
  φυλάσσεσθαι D 82:1
  φυλάξω D 47:1
  φυλάξει D 61:5
  ἐφύλαξε D 67:5
  ἐφύλαξεν D 46:4

ἐφυλάξατε D 19:6
ἐφύλαξαν D 21:2; 23:1; 43:2;
  95:1
φυλάξωσι D 124:4
φυλάξωσιν D 47:1
φύλαξον D 8:4
φυλάξαι D 10:2; 95:1
φυλάξαντες D 46:3(ed); 67:7
φυλάξαντας D 27:5; 46:3
ἐφυλάξασθε D 123:3
φυλάξασθαι Ap 14:1
φυλαξάμενος D 55:1
πεφυλαγμένου D 102:4
φυλή Ap 52:12 D 32:2; 121:2
φυλῆς D 43:1; 78:4
φυλήν Ap 52:12 D 32:2; 121:2
φυλαί D 32:2; 34:6; 58:12;
  64:6; 120:1; 126:1
φυλῶν D 68:6; 118:1
φυλάς D 25:3; 121:4
φύλλον Ap 40:9
φύλλον D 86:4
φύλλα D 25:4
φῦλον Ap 53:4 D 119:4
Φυλονόην Ath 1:1
φυρᾶσαι D 14:3
φυσώμενοι T 26:3
φυσικός Ath 22:1
φυσικοῦ Ath 13:1
φυσικῷ Ath 3:1
φυσικαί Ar 13:7
φυσικάς D 93:1
φυσικώτερον T 21:2; 26:3
φυσιολογοῦσιν Ath 22:2
φυσιολογούμενον Ap 60:1
πεφυσιολογηκότων Ath 22:5
φυσιολογίαν Ar 13:6
φύσις Ar 13:5, 6 App 7:6
φύσεως Ar 4:2 App 2:4 D
  10:2 T 21:3² Ath 3:1; 10:2;
  22:5
φύσει Ar 13:5 Ap 1:1; 10:6;
  19:6 App 6:3; 7:1; 14:2
  D 45:3, 4; 47:2; 134:6 Ath
  16:3; 19:2; 25:4; 37:1
φύσιν D 5:4 T 7:1; 22:2 Ath
  5:2; 20:1; 22:6; 26:2

φυτεύσωσι D 81:2
φυτεύσαντος D 107:3
φυτευθεῖσα D 110:4
πεφυτεῦσθαι D 86:1
πεφυτευμένον Ap 40:9
πεφυτευμένον D 86:4
φυτῶν T 19:3
φυτοῖς T 12:4
φυτά Ar 6:1; 12:1
φύουσα Ath 25:2
φύεται Ar 4:3
φυομένοις T 19:4
ἔφυσαν Ath 22:6
πεφύκασι T 8:2
πεφυκυίας D 4:1
φωνή D 50:3, 4; 78:8; 81:1²;
  85:8³; 88:7, 8; 135:2
φωνῆς D 42:1; 56:7; 102:7;
  103:6; 119:5; 131:2
φωνῇ Ap 4:6; 31:1, 3; 33:7;
  65:4 App 12:7 D 37:1;
  79:2;97:1;103:5;119:5, 6²
φωνήν Ap 3:1; 31:4 D 4:4;
  15:2, 3; 22:5; 31:3; 50:4;
  78:8; 123:8 T 1:3; 5:2;
  15:3; 37:1
φωναί Ap 40:2 D 21:1; 33:1;
  64:8 Ath 9:1
φωνῶν D 70:3
φωναῖς T 1:3
φῶς Ap 59:4 D 15:5, 6; 22:2²;
  128:3, 4 T 5:2; 9:2; 13:
  1, 2 Ath 16:2; 24:2
φωτός Ar 6:2 Ap 27:5 D 7:3;
  17:3; 131:3
φωτί D 24:3; 131:3; 135:6
  Ath 10:1
φῶς Ap 51:4 D 11:3, 4; 13:
  7; 17:2²; 26:2; 65:4, 7;
  113:5; 121:4; 122:3; 128:
  3; 133:4² T 13:1 Ath 13:2;
  31:3; 32:2
φωστήρων Ar 3:2
φωστῆρσι Ar 4:2
φωστῆρσιν T 12:4
φωτεινόν Ap 32:13 T 13:1
φωτεινότερος D 121:2

φωτίζειν D 122:5
  φωτιζόμενος Ap 61:13
  φωτιζόμενοι D 39:2
  φωτιζομένων Ap 61:12
  φωτιζομένους D 122:4
  φωτιοῦσιν D 109:2
  ἐφώτισεν D 122:5
  φωτισθέντος Ap 65:1
  πεφωτισμένων D 122:3
  πεφωτισμένους D 122:1; 123:2
φωτισμός Ap 61:12

χαίρω D 3:2
  χαίρει Ar 7:2 D 28:4
  χαίρομεν D 46:7; 85:6
  χαίρουσιν Ar 15:7 App 9:4
  χαῖρε Ap 35:11 D 1:1; 53:3;
    115:1
  χαίρετε D 85:9
  χαίρειν Ap 28:4 App 2:7; 4:2;·
    14:2; 114:4; 118:5 T 35:1
    M Ek HE 4:26:13
  χαίρων App 12:1
  χαίρουσα App 2:7
  χαίροντες Ap 14:2; 17:3
  χαιρόντων Ap 5:3
  χαρήσεται D 73:4
  ἐχάρη D 58:7
χαῖται Ath 20:3
Χαῖτος T 37:1 (MPV)
ἐχάλασεν D 111:4
  ἐχαλάσατε D 16:5
  χαλασθῶσιν D 90:4
Χαλάνην D 22:4
Χαλδαίου Ap 53:8
  Χαλδαῖοι Ar 3:2²; 7:4; 13:1
  Χαλδαίων Ar 8:2; 12:1[; 13:5]
    T 36:2
  Χαλδαίοις T 36:1
  Χαλδαίους Ar 2:1 T 37:1
Χαλέβ D 113:1
χαλεπόν D 1:5 T 16:1; 34:1;
    35:2
  χαλεποί Ath 18:1
  χαλεπώτερα App 2:6
χαλκευτικῆς T 34:2

χαλκεύειν T 1:2
  χαλκεύοντα Ar 10:1
  χαλκεύσαντος T 33:3 Ath 15:2
χαλκός Ath 26:3²
  χαλκοῦ D 94:5
  χαλκόν Ap 60:3
ἐχαλκούργησεν T 33:1, 3
χαλκοῦν D 94:1, 3; 112:1
  χαλκοῖ D 31:5
χαμᾶθεν Ath 23:6
Χαμαιλέων T 31:2
χαμαιπετής T 201
  χαμαιπετεῖς App 11:7
  χαμαιπετῆ D 134:2
χαμερπῶς D 112:4
Χαναάν D 58:8; 113:1; 139:2³,
    3⁴, 4²; 140:1
ἔχαδε Ath 21:1
κέχηνεν T 24:1
  κεχηνέναι T 22:2; 34:3
  κεχηνότες T 26:1
χαρᾶς Ap 49:5
  χαρᾷ D 14:7
  χαράν D 58:11; 100:5
χαρακτῆρες T 17:2
  χαρακτήρων D 46:5
  χαρακτῆρας Ap 60:11
χαρακτηρίζον D 89:3
  κεχαραγμένας Ar 15:3
χαρίζεται D 119:5
  χαρίζεσθαι D 131:4
  χαριζόμενος D 103:4
  χαρίσονται Ar 3:2
χάρις D 38:3; 58:1; 78:11
  χάριτος D 32:5; 42:1; 58:1;
    87:5; 92:1; 100:2; 116:1
  χάριτι D 9:1 Ath 28:2
  χάριν Ar 10:1, 5; 11:1 Ap 2:3;
    33:3; 41:3; 68:10 App 2:19;
    3:2; 12:5; 13:6; 15:2 D
    1:2; 2:1, 2; 5:5; 8:4; 30:1;
    32:2; 44:1; 55:3; 58:1;
    64:2; 65:2; 78:10; 94:3;
    114:1; 119:1; 128:4; 142:2
    T 1:3; 4:1, 2; 6:1; 7:1;
    18:2; 19:2; 21:1², 3; 23:2²;
    33:2; 34:2, 3 Ath 2:1

χαρίσματα D 82:1; 88:1
χαροποί D 52:2
χεῖλος D 102:4
　χειλέων Ap 52:11
　χείλεσι D 38:3; 39:5
　χείλεσιν Ap 38:6 D 27:4; 78:
　　11; 80:4; 98:3; 101:3
　χείλη Ap 38:8 D 27:3; 101:3
χειμάρρους D 22:3
　χειμάρρου D 32:6; 33:2
　χειμάρρουν D 58:6
χειμῶνι T 16:3
　χειμῶνας Ar 4:2
χείρ D 126:6; 133:5, 6 Ath 8:1
　χειρός D 11:3; 22:6; 26:2;
　　50:3; 56:19²; 65:4; 98:5;
　　105:1, 2, 3; 122:3; 124:2
　　Ath 34:1
　χειρί D 11:1; 49:3, 8²; 50:5
　　Ath 18:2
　χεῖρα D 21:3; 138:2 Ath 33:2
　χεῖρε T 22:1
　χεῖρες Ap 37:6 D 40:3; 52:2;
　　69:5 Ath 17:3
　χειρῶν Ap 20:5; 37:8; 53:6;
　　55:4 D 17:2; 28:5; 41:2;
　　56:19; 64:8; 70:1; 76:1²;
　　91:3; 111:1; 112:2; 114:4;
　　117:1; 131:4; 133:2
　χερσί Ap 35:7 D 36:3 Ath
　　29:1²
　χεῖρας Ap 35:3, 5, 6, 7; 38:1,
　　4; 49:3 D 12:3; 22:2; 24:
　　4; 27:2; 31:6; 40:4; 49:6;
　　56:19; 70:2; 86:1; 90:4;
　　93:4; 95:4; 97:1, 2, 3², 4;
　　98:4; 104:1; 105:5; 111:1;
　　114:2, 3; 133:5 Ath 13:2
Χειράμου T 37:1
Χείραμον T 37:1, 2
χειροποιήτοις Ap 58:3 D 35:6
χειροτέχναι App 10:8
　χειροτέχνας Ath 11:3
χειροτονήσαντες D 108:2
χειροτονίαν D 15:6
χειροῦνται Ap 14:1

ἐχειρώσατο T 30:1
　κεχείρωται Ath 18:2
χείρων App 3:3
　χείρονι D 5:3
　χείρονα Ath 31:3
　χεῖρον Ar 8:2; 12:1²
　χείρους Ath 31:1
　χείρους D 1:5
　χείρονα D 67:3
Χείρων T 9:2
χελιδόνων T 1:3
χερουβίμ D 37:3; 64:4
χερσαίων D 20:3
　χερσαῖα Ar 12:1
Χετταῖα D 77:4
ἔχυντο Ath 21.3
χηρείας D 13:9
χήραν Ar 15:7 Ap 44:3; 61:7
　χήρων Ap 60:11
　χήραις Ap 67:6
　χήρας D 27:2
χθές App 1:1 D 85:4² Ath 17:1;
　29:2
ἐχίασεν Ap 60:1
　κεχιάσθαι Ap 60:5, 7
χίασμα Ap 60:5
χιλιάδες D 31:2
　χιλιάδας D 83:1
χιλιονταετηρίδος D 81:1
χιλιονταετῆ Ap 8:4
χίλιαι D 31:2
　χίλια D 81:3
　χιλίοις Ap 31:8; 42:3
　χίλια D 80:5; 81:3², 4
χιμάρους D 22:8; 46:2
χιτῶνα Ap 16:1 Ath 1:4
　χιτῶνας D 27:3
χιών D 14:6
　χιόνα Ap 44:3; 61:7 D 31:2
χλευάζητε T 33:2
　χλευάζοντες T 33:1, 3
　χλευάσητε D 137:1
　χλευάσειε T 22:1
　χλευάσαντες D 9:3
χλεύης T 30:2
χνοῦς Ap 40:10 D 133:5
χοάς Ap 24:2

χόλος Ath 21:1
  χόλον Ath 21:1
χορηγία Ap 68:7
χόρτος D 20:3 (O); 34:5; 50:4²
  χόρτου D 20:2², 3 (ed), 3; 50:4
  χόρτων D 20:2
χοῦν D 34:4, 7; 98:4; 104:1
χρώμεθα D 57:2 Ath 25:2
  χρῶνται D 85:3 Ath 1:1
  χρῆσθαι Ap 27:1 D 131:3
    Ath 1:2
  χρώμενος D 88:2 M Ek HE 4:
    26:13
  χρώμενον Ath 32:1
  χρώμενοι Ap 14:2 D 55:1;
    85:3; 110:3
  χρωμένων Ap 27:3
  χρωμένας Ath 35:2
  χρήσομαι T 31:1 (MPV); 36:1
  χρήσατε D 65:3
  ἐχρήσατο T 17:4
  χρήσαιτο D 7:1
  χρήσασθε T 12:5
  χρησαμένους D 79:2
  κεχρημένοι T 40:1 Ath 24:1
χρεία App 9:4 D 12:3; 23:3²;
    29:1; 122:5
  χρεία Ap 67:6
  χρείαν Ap 15:15 Ath 13:2
  χρειῶν Ap 57:3
χρεματισμός D 22:5
χρή Ar 13:8 D 3:3; 5:1; 7:2
    T 1:2; 15:1; 20:1; 36:1;
    39:1; 40:1
  ἐχρῆν T 1:3; 3:3; 22:2; 28:1;
    34:3
  χρῆν Ath 32:1
χρήζει Ar 1:5
  χρήζετε D 19:3
  χρήζουσιν Ar 1:5 D 123:1 T
    11:1
  ἔχρῃζεν T 32:3
  χρῄζοντες T 25:1
χρημάτων Ap 14:2 Ath 29:2
  χρήμασιν Ath 1:4
  χρήματα Ath 1:3
χρηματίζειν Ath 26:2, 3

χρήσιμος D 28:4
  χρησίμην D 2:4
  χρήσιμον T 6:1; 19:1; 33:1;
    34:2
  χρήσιμοι D 14:1
χρῆσιν Ar 4:4; 5:1, 3; 6:1, 3
χρησμόν Ath 32:1
χρηστός Ap 15:13
  χρηστόν Ap 4:5 Ath 2:2; 20:3
  χρηστοῦ Ath 36:1
  χρηστόν D 96:3
  χρηστόν D 1:2
  χρηστοί Ap 15:13 D 96:3 Ath
    37:1.
  χρηστότατοι Ap 4:1
  χρηστότης D 47:5
χρίσμα D 86:3
  χρισμάτων D 86:3
Χριστιανός Ap 7:4² App 2:10,
    12, 15; 13:2 Ath 2:1, 3
  Χριστιανοῦ App 2:16
  Χριστιανῷ App 2:14 D 93:5;
    110:5
  Χριστιανόν App 2:11
  Χριστιανήν App 2:7
  Χριστιανοί Ar 2:1; 15:1, 2 Ap
    4:5; 7:3; 12:9; 16:8; 26:6;
    46:3, 4 D 63:5; 64:1; 80:
    5; 117:3 Ath 1:3; 2:3
  Χριστιανῶν Ap 4:7; 68:8 App
    1:2; 2:9; 3:2; 6:6; 7:1;
    11:8; 13:1, 4 D 17:1; 35:1;
    78:10; 80:2; 96:2; 110:5;
    117:1
  Χριστιανοῖς D 44:1; 47:2; 80:4;
    117:3
  Χριστιανούς Ap 11:1; 16:14;
    31:6; 53:3 App 12:1 D
    35:2, 6; 80:3, 4; 96:2; 110:2
Χριστός (cf. Ἰησοῦς Χριστός) Ap
    12:9; 15:7; 17:4; 23:2;
    28:1; 32:13; 34:2; 35:1,
    6; 41:1; 42:4; 48:1; 55:5;
    61:4; 62:3; 63:3, 10; 66:1,
    2; 67:7 App 6:3; 10:3, 7
    D 7:3; 8:4; 11:2; 24:2;
    28:2; 32:1, 3; 34:2; 36:1,

2, 5; 39:6, 7²; 40:3; 41:1;
43:7; 46:1; 47:4, 5; 48:3²;
49:1, 3, 5, 7; 51:2, 3; 52:3;
53:1, 2, 5; 54:2²; 63:5;
64:1; 66:4; 67:2; 69:6;
70:4; 76:6; 85:4; 86:3², 6;
88:6², 7; 89:3; 91:4; 97:4;
100:1; 111:2, 3; 112:4;
113:1², 3, 4, 6²; 117:1;
118:1, 2; 119:5; 120:1;
121:1; 122:1, 2, 6; 124:1;
125:3, 5; 126:1²; 128:1;
134:3, 4, 5, 6; 138:1, 2;
139:4; 140:1; 141:3
Χριστοῦ Ar 15:1, 3, 10 Ap 4:7;
5:4; 8:3, 4; 14:3², 4; 16:8;
19:8; 23:1; 24:1; 25:1;
26:1; 32:2; 33:5; 36:2;
38:1; 39:3; 40:6, 7, 11;
45:5; 49:1, 5²; 56:1; 58:3;
61:1, 3, 13; 62:4; 63:14,
17; 67:2 App 2:2, 13; 3:3;
6:6; 8:3, 4; 10:4; 13:2 D
8:1; 11:4, 5; 13:1; 14:8;
28:4; 30:3²; 32:5; 35:2;
39:2², 4, 5, 6; 40:1, 4; 41:4;
42:1², 4; 43:3; 44:1, 2; 45:
4²; 46:7; 47:1; 48:4; 49:2,
5, 7, 8; 50:2; 52:1, 4²; 53:
2; 54:2; 58:1; 68:3; 69:3²;
72:3; 74:3; 81:4; 88:3;
92:4, 6; 93:2, 4; 94:5; 96:
1, 2², 3; 99:1; 108:1; 110:
4; 111:1, 3, 4²; 115:1, 4;
116:1²; 118:1, 3; 119:6;
120:2, 3, 5³; 121:1, 4; 122:
6; 123:8, 9²; 127:4; 130:3;
133:1, 6; 134:3; 135:3;
140:1
Χριστῷ Ap 15:6; 32:5; 38:7;
46:4 App 1:2; 10:8 D 42:
2, 4; 49:8; 65:3; 77:3;
78:9²; 80:1; 81:4; 83:4;
110:6; 121:1
Χριστόν Ap 13:3; 19:6; 21:1;
30:1; 31:6, 7; 35:6; 36:3;
39:3; 42:3; 45:1; 46:1, 2;

49:5, 6; 53:6; 54:2², 3, 4;
57:1; 58:1 App 10:1 D 7:3;
8:2, 4; 16:4; 17:1; 23:3;
26:1; 28:3; 32:3; 34:1, 2;
35:2, 5, 7, 8; 36:2; 37:1;
38:3; 39:5; 40:2; 43:1, 8;
44:4; 45:4; 47:1, 2, 3², 4⁴;
48:1, 2, 3, 4; 49:1²; 52:1;
53:2; 56:15; 67:2, 4; 68:
7, 8, 9³; 69:4²; 71:3; 74:1;
76:7; 77:1; 78:5; 80:1;
82:4; 85:1, 7; 86:4; 87:2;
88:6, 7; 89:1, 2²; 90:5;
93:4; 95:2, 3; 96:1; 97:4;
99:1, 3; 100:4; 103:3, 6;
108:2; 110:1; 114:2, 5;
116:1; 118:1; 120:3; 122:
3, 5; 123:1; 124:4; 131:2;
132:1; 133:1, 6; 135:1, 3²;
136:3; 139:5; 141:1; 142:
2, 3
χριστοί D 86:3²
ἔχριε D 52:3
χρίονται D 40:1
χριόμενοι D 22:5
ἔχρισε D 38:4; 56:14; 63:4;
86:3
χρίσῃ D 8:4
χρίσαι D 49:1
χρισθέν D 111:3
κεχρῖσθαι (κεχρίσθαι) App 6:3
    D 49:1
χροίαν Ath 4:2
χρονία Ap 2:3
χρόνος D 28:2; 31:3 T 37:1;
    38:2 Ath 17:3; 22:4
χρόνου D 2:6; 7:1; 31:3; 72:3
    T 31:2
χρόνῳ D 51:2 T 4:1
χρόνον Q HE 4:3:2 App 2:11
    D 2:3, 5; 4:5; 5:3; 32:4;
    72:1; 81:1; 134:6 T 12:3;
    14:2²; 26:1; 31:3; 41:2
    Ath 22:3, 4²
χρόνων D 32:3 T 1:1; 31:3,
    4; 38:1; 41:2

χρόνοις Ap 13:3; 46:1; 63:16
  D 87:5 T 38:1
χρόνους Q HE 4:3:2 D 31:6;
  102:4
Χρόνος Ath 18:3
Χρυσάωρ T 8:3
χρύσεον D 20:4
χρυσίου D 34:5
χρυσίδας Ath 15:2
χρυσός Ath 29:1
  χρυσοῦ D 67:2
  χρυσῷ Ath 26:3
  χρυσόν Ar 9:7 D 78:2 Ath
    15:1; 29:2
  χρυσέ Ath 29:2
  χρυσοῖς D 38:5
  χρυσοῦς T 19:1 (v sub χρύσεος)
χρῶμα D 4:1
  χρώμασι Ar 5:1
χρόα Ath 21:2; 24:2
χωλός Ap 48:2 D 27:4; 69:5
  χωλόν Ar 10:1, 2 Ath 21:2
  χωλούς Ar 8:2 Ap 22:6 D 69:6
χώματος D 72:4
χωνεύοντες Ap 9:2
χώσατ' Ath 29:1
χώρα D 135:6
  χώρᾳ Ap 13:3; 34:2 D 78:1;
    79:2; 127:2
  χώραν Ap 13:4; 53:9; 60:7
    D 61:4; 78:7; 103:3
  χῶραι D 16:2
  χώραις D 21:3
  χώρας D 123:6
χωρεῖ D 6:2
  χωροῦσι D 4:2; 72:3
  χωροῦσιν Ap 15:4 D 129:2
  ἐχώρει Ap 18:1
  ἐχώρουν D 5:5
  χωρεῖν Ap 19:5; 57:3 Ath 6:4
  χωρούσης Ath 25:2
  χωρήσομεν Ap 46:6
  ἐχώρησας D 80:1
  ἐχώρησε Ar 2:1
  χωρήσας T 5:1
  κεχώρηκε D 10:2 T 6:2 Ath
    6:5

κεχωρηκότα T 15:2
κεχωρηκός Ath 22:3
Χωρήβ D 11:2; 67:9
χωρίζοντες Ath 15:1
  ἐχωρίσθη App 2:6
  χωρισθῆναι App 2:4
  χωρισθέντος T 7:3
  κεχώρισται T 5:1; 32:1
  κεχωρισμένοι T 32:1
  κεχωρισμένας Ath 23:2
χωρίον D 3:1; 28:3; 132:3²
  χωρίων T 20:2
  χωρία D 3:2 T 13:2; 38:1
χωρίς App 1:2 T 15:1²; 16:1;
  19:4 Ath 15:2; 19:3; 22:
  1, 8; 23:1
χωρισμόν T 13:2
χώρῳ D 5:3

ἔψαλλεν D 29:2
  ψάλλοντας D 74:3
  ψάλατε D 37:1⁵
Ψαλμῶν M Ek HE 4:26:14
ψαλμός D 36:3; 83:2; 85:1
  ψαλμοῦ D 30:2; 33:2; 34:1,
    2, 3, 6; 36:5; 37:1,3; 73:1;
    74:1; 101:1; 105:1; 106:1;
    124:4
  ψαλμῷ D 22:7; 34:7; 37:2;
    38:3; 73:2; 74:2; 97:3;
    98:1; 99:3; 103:1
  ψαλμόν D 33:1; 34:2; 73:3;
    97:4; 98:1; 99:1
  ψαλμῶν D 22:3
ψάλτριαν T 33:4
ψαύομεν T 26:3
ψευδνός T 32:3
ψελιούμενον T 34:3
ψελλισμόν T 26:3
ψευδεῖς Ath 2:3; 30:3
  ψευδῶν D 22:5
  ψευδέσι D 8:3
  ψευδεῖς T 31:4 Ath 27:2
  ψευδῆ Ap 10:6
ψευδαπόστολοι D 35:3
ψευδοδιδάσκαλοι D 82:1

ψευδοδοξίας App 14:1
ψευδοδόξους Ath 27:2
ψευδολογοῦντες Ap 8:2
　ψευδολογούμενον App 13:1 (AB)
　ψευδολογουμένων App 13:1
ψευδολόγον App 2:11 T 34:2
　ψευδολόγοι T 22:3
ψευδόμαντιν Ath 21:5
ψευδομαρτυροῦσιν Ar 15:4
　ψευδομαρτυρεῖν App 3:3
　ψευδομαρτυροῦσι Ap 27:5
ψευδομάρτυρες T 25:3
ψευδοπροφῆται D 7:3; 82:1, 2
　ψευδοπροφητῶν D 35:3; 69:1
　ψευδοπροφήτας D 51:2
ψεῦδος M Ap HE 4:26:9
　ψεύδεα Ath 24:5
ψευδόχριστοι D 35:3; 82:2
ψεύδεται T 22:1
　ψευδόμεθα T 32:1
　ψεύδεσθε D 117:4
　ψεύδεσθαι Ap 39:3 D 68:8
　　T 27:1 Ath 28:3
　ψευδόμενον T 22:2
　ψευδόμενοι Ath 35:1
　ἐψεύσατο T 19:3
　ἐψεύσαντο Ath 30:4
　ψεύσασθαι T 27:2
　ψευσθείς D 134:3
　ἐψευσμέναις T 16:1
ψεύστης T 4:1
　ψεῦσται Ath 30:2
ψηφιστικόν D 85:5
ψῆφον Ap 2:3; 3:2 Ath 2:3
ψιλῶς D 112:1
ψολόεντι Ath 29:1
ψυχή Ap 37:5; 51:3, 5 D 4:2,
　4; 5:1; 6:1³, 2²; 10:3; 12:
　1; 13:6, 7; 14:4; 15:6;
　23:4; 56:21; 58:7; 70:3;
　126:3; 135:2 T 12:1; 13:
　1², 2; 15:1, 2 Ath 18:2;
　27:1², 2
　ψυχῆς Ap 2:1; 21:5; 44:9 D
　2:4; 5:4; 13:7; 15:6; 105:
　3²; 134:5 T 1:4; 12:1;
　15:1, 2, 3; 20:1; 25:2; 29:2

Ath 6:3; 7:1; 12:1; 27:1²,
　2; 33:1; 36:1
ψυχῇ D 6:2; 8:1; 17:2; 63:5;
　133:2; 136:2 T 13:2, 3; 20:
　2; 23:2
　ψυχήν Ar 15:7 Ap 12:11; 15:
　12; 19:7; 50:2; 51:4 App
　10:1 D 1:5; 2:4; 6:2; 14:
　2; 15:4, 6; 36:3; 39:1;
　56:20²; 98:5; 105:1, 2, 3,
　4; 114:3 T 11:1; 15:1; 25:2
　Ath 6:4; 21:2; 31:3; 36:1
ψυχαί Ap 18:3 D 4:2, 7; 5:5;
　105:4² T 16:1; 20:3 Ath
　25:1
ψυχῶν Ap 8:4; 18:3; 44:3:
　61:7 D 18:2; 44:4 T 6:1
ψυχαῖς Ap 18:4 D 4:1 T 13:3
ψυχάς Ar 15:10 Ap 20:4 D
　5:2, 3; 14:2; 15:3; 34:5²;
　41:1; 61:5; 80:4; 105:5
　T 14:1; 16:2 Ath 1:4; 3:2;
　11:2; 23:2; 37:1
ψυχικῇ D 30:1
　ψυχικῶν T 16:2
　ψυχικοῖς T 15:3
　ψυχικάς Ath 23:2
ψυχρολογίᾳ T 35:1
ψυχρόν T 20:2
ψωμιεῖ D 27:1

ὦ Ar 2:1; 4:1; 13:6, 8; 14:1
　App 1:1; 2:16 D 9:1; 11:
　1, 2; 14:8; 18:1, 3; 23:2,
　3; 24:1; 27:2; 30:2; 32:1,
　2; 35:4; 36:2; 38:1; 39:4,
　8; 41:1; 42:4; 45:3; 47:1,
　2, 3; 48:2, 4; 51:1²; 54:2;
　55:3; 57:4; 58:3; 59:3;
　60:2, 4; 61:1; 62:1; 63:2;
　64:2; 65:2, 3, 7; 67:3, 7;
　68:2, 6²; 69:1; 70:5; 78:
　10; 79:2; 80:1, 2; 110:1;
　118:4; 119:1; 120:4; 121:
　1; 122:3; 124:1; 125:1;
　126:1; 128:2; 129:4; 130:3;
　137:1, 3; 138:1; 141:4, 5;

142:3 T 8:4; 14:1; 17:1;
20:1[, 2][; 25:2] Ath 21:4,
5; 29:2; 30:2; 37:1
ὦ Ar 9:5 Ap 9:5 Ath 21:1
Ὤγυγος T 39:2
ὧδε ⟨Ar 17:1⟩ D 16:5; 31:7
Ath 13:1; 21:4
ᾠδῶν D 22:3
ὠδίνων D 85:8
ὤδινε D 85:9
ὤδινεν D 85:9
ὠδίνουσα Ap 53:5 D 13:8;
111:2
ὠδίνουσαν D 85:8
Ὠκεανός Ath 18:3; 23:3
Ὠκεανόν Ath 18:2
ὠκέως Ath 29:1
ὠμοβορίᾳ T 2:1
ὤμων Ap 35:2 T 25:1
ὤμους Ap 35:2
ὤν Ath 28:1
ὠνεῖται T 23:1, 2
ὠνεῖσθε T 23:2
ᾠόν Ath 18:3
ᾠοῦ Ath 20:4
Ὤρ D 90:4; 97:1
ὥραν Ar 15:10 D 91:1 (ed)
ὡρῶν Ap 13:2 App 5:2 D 85:5;
91:1; 132:1 T 20:2
ὥρας D 56:6, 17; 126:4
ὡραῖος D 26:3; 38:3
ὡραῖον T 10:1
ὡραῖοι D 17:4; 112:4
ὡραιότης D 22:8; 73:3
ὡραιότητος D 22:7
ὡραιότητι D 38:3
Ὦρος Ar 12:2
Ὤρου Ar 12:2 T 41:1 Ath 22:6
(Sch) (Ὤρου)
Ὤρον Ath 28:1
ὠρυόμενος D 98:4; 102:1; 103:1, 3
ὠρυόμενον D 103:5
ὡς Ar 15:7⟨; 16:6⟩ Ap 3:1, 4;
4:4, 6; 5:2, 3; 6:2; 7:4³;
8:3, 4; 11:1; 12:1, 3, 5,
10; 13:1²; 14:4; 15:5, 13;
16:6,8,12; 17:1,4; 21:5,6;

22:2, 4; 23:3; 24:1; 26:2,
3, 4, 5, 6; 27:5; 28:1; 29:4;
30:1²; 31:1, 5; 32:2, 11;
33:1, 5², 6, 9; 34:1, 2; 35:
1, 2, 6; 36:1, 2⁴, 3; 38:3;
39:1, 3; 40:4², 7, 9, 15;
42:1²,2; 43:6; 44:2,3³,13²;
45:6²; 46:1; 47:1, 2, 4;
48:2, 5; 49:1, 6; 50:5²,10³;
51:6, 8, 9; 52:1, 3,4; 53:5,
7², 10; 54:4, 5², 7, 9²; 55:
1, 2²; 56:1, 2³; 57:1, 3²;
58:1, 2²; 60:2, 6, 8, 11;
61:6, 7³, 12; 63:2, 4, 5, 13,
14, 16, 17; 64:2, 5; 66:1,
2; 67:5; 68:1², 8, 10 App
1:2; 2:5; 3:2, 6; 5:1, 5;
6:5, 5 (O); 7:2, 3, 8; 8:1²,
2; 9:1; 10:4; 12:5,6; 14:2³
D 1:4²; 2:1, 3², 4, 5, 6;
3:1, 3, 6, 7²; 4:1, 2, 4, 7;
5:3; 6:1, 2; 8:4; 9:1, 3;
10:1³, 2, 4; 11:5; 13:1², 3²,
5³, 9²; 14:1, 6, 8; 15:1, 2²,
3, 4, 6², 7; 16:3, 5; 17:1,
2²; 18:1, 2, 3²; 19:2, 3, 5,
6; 20:1, 2⁴, 3; 21:1; 22:3²,
5², 11²; 23:1, 3, 4², 5; 25:
1², 3², 4², 5; 26:4²; 27:2²,
4; 28:1, 4; 30:1, 2, 3; 31:
1², 3; 32:1², 2; 34:2, 3;
35:6, 7³; 36:1, 2², 5; 38:2;
39:2, 6, 8; 40:4; 41:2; 42:
2³, 3⁴; 43:1²,3²,4; 44:4; 45:1,
8; 46:2; 47:1, 2³, 5³; 48:2,
3; 49:2, 7²; 50:4², 5³; 51:
2; 52:2³, 3, 4; 53:1, 2 (ed),
4²; 55:1, 1 (ed), 2², 3³; 56:
4, 8³, 10, 14, 16, 19, 21, 23;
57:2, 2 (O), 3, 4; 58:3, 12,
13; 60:2³, 4; 61:2, 4; 62:
3², 4, 5; 63:2³, 5²; 64:1, 8²;
65:2, 3², 7²; 67:1, 6, 9, 10³;
68:6, 7, 8; 69:1, 3, 5²; 71:
3; 72:1, 2, 3³; 73:2,5; 74:3;
76:1²; 77:1, 2²; 74:3; 78:
7², 11; 79:1², 2², 4²; 80:2²,

3, 4, 5; 81:2², 3²; 82:1, 3;
83:1, 4²; 84:2², 3²; 85:1³;
86:4², 5, 6; 87:2, 3², 5²;
88:2, 3, 4², 5, 6, 8⁴; 89:3;
90:1, 2³, 4, 5; 91:2³, 4;
92:2, 3, 4², 5², 6; 93:2², 3,
4³; 94:2; 95:2², 4; 96:1²,
3; 98:1², 4²; 99:2², 3; 100:
3; 102:1², 2, 4. 5², 6. 7;
103:1, 2³, 3², 6, 9; 104:1;
105:1, 4, 5; 106:1², 4²; 107:
2, 3; 108:1, 2; 110:2, 3, 6²;
111:3³; 112:2³; 113:1², 3;
114:1², 2⁴, 3, 4; 115:3, 6;
116:3²; 117:5; 118:1, 2, 4;
119:3²; 120:1, 2, 4, 5; 121:
2, 3; 122:1, 2, 5, 6; 123:1²,
6, 9²; 124:2³, 3², 4²; 125:
1, 2, 4²; 126:1, 4; 128:1²,
4⁴; 129:1, 2³; 130:3; 131:1,
4²; 132:1, 3²; 133:4², 5³, 6;
134:2; 135:3, 5³, 6²; 136:1,
3; 137:1², 2², 3²; 138:2, 3²;
139:4; 140:1², 2, 3, 4; 141:
2², 3, 4²; 142:1 T 3:1; 4:3;
6:1²; 8:1, 3; 9:2⟨, 3⟩; 10:2;
12:2², 5²; 15:1, 2, 3; 16:1;
17:1; 19:1, 2; 21:1, 2; 22:
1²; 26:3; 27:1; 28:1; 29:1²;
31:4; 32:2, 3; 34:1², 2, 3;
35:1²; 38:1; 39:2; 40:1;
41:1, 2 M P HE 4:26:3 (M)
Ath 1:[2,] 2, 3; 2:2, 4; 5:1;
6:1, 2, 3; 7:1², 2²; 8:1;
9:1; 10:1, 2², 3; 11:1, 2²,
3; 14:2²; 15:2³,3(A); 16:1,⟨1⟩
(Sch), 2², 4; 17:1², 3²; 18:2³;
19:1²⟨,2⟩(Sch); 20:2³; 21:2,3,
5; 22:1, 2(A), 8; 23:2, 3², 6;
24:1⁴, 2⁵, 3²; 25:1; 26:1, 3²;
27:1, 2²; 28:3³, 4, 5; 29:
⟨2,⟩ 2; 30:1, 2², 4; 31:1, 2,
3⁴; 32:1, 3; 33:1; 34:1, 2;
35:1, 2; 36:1
ὡσανεί D 3:2 Ath 2:2

ὡσαύτως D 3:5; 85:5; 128:4
ὡσεί Ap 40:10; 44:3; 61:7 D
31:2³; 34:3,5; 56:2; 98:4²;
102:1²; 103:1, 7², 8
Ὡσηέ D 14:8; 19:5
ὥσπερ Ap 15:5(AB); 43:8 App
13:2 D 5:6; 6:2; 14:5²;
24:2; 49:7; 55:1; 80:4;
84:2; 85:3; 88:4; 99:2;
114:3; 115:3, 5; 116:2;
122:4 T 2:1; 4:1, 2; 5:2;
6:1, 2; 7:1; 8:1², 2 (MPV);
9:2; 12:2; 13:2; 14:1, 2;
15:1; 17:1², 2; 18:1, 2, 3;
19:3; 20:1; 21:3; 26:1²;
28:1 Ath 2:1; 6:1⟨; 24:3⟩
ὥστε Q HE 4:3:2 Ar 13:6 Ap
15:5 (O); 22:4; 44:8, 11;
46:4; 59:5 App 9:4 D 2:4;
17:1; 20:4; 23:4; 27:4;
30:3; 35:7; 44:4; 52:3;
57:2, 3; 60:1, 2; 70:3; 72:
3; 78:10; 84:4; 88:1; 89:
2; 94:4; 118:1; 121:3;130:
2; 138:3; 141:2 T 9:1;19:1
Ath 12:3; 15:3; 22:2
ὥστ' Ap 24:1; 28:3
ὥσθ' T 14:1
ὠτίου D 28:6
ὠφέλειαν T 24:1 Ath 11:3²
ὠφελοῦσαν D 92:4
ὠφελεῖται Ap 15:12 Ath 3:1
ὠφελήσει D 79:3
ὠφελήσουσι Ap 52:9
ὠφελήσειε T 27:3
ὠφελήθημεν D 142:1 (A)
ὠφελήθησαν Ath 23:1
ὠφεληθείης D 1:3
ὠφεληθείη D 7:1
ὠφεληθεῖμεν D 142:1 (ed)
ὠφεληθῆναι D 7:2
ὠφελημένος D 1:2
ὠφέλιμον D 28:4; 112:5
ὠφέλιμα T 24:1

Addenda

Plerumque ex codicum manuscriptorum lectionibus collecta, paucis vero ex Aristidis fragmentis additis admissis.

Ἀβραάμ D 100:3 (AB)
ἀγαθόν acc nt D 3:3 (AB)
ἄγγελος D 58:6 (AB)
ἤχθην D 43:3 (AB)
ἀλλά D 20:3 (A)
ἄλλοις m Ar 10:9
[ἀμε]λῶμεν Ap 55:6
ἀναστροφαῖς Ap 61:10 (ed)
Ἄνδρων T 34:2
ἄνθρωπος D 100:4 (A)
  ἀνθρώπου D 48:1 (AB)
  ἄνθρωποι D 124:2 (AB)
ἀνοήτους Ath 9:1 (A)
ἄνομοι D 70:2 (A)
ἀπό D 56:3(A); 72:4(A); 80:1(AB)
ἀπόδειξον D 63:1 (AB)
ἀποκρινομένου m D 23:3 (A)
ἄρκος D 22:2 (A)
ἀσωμάτῳ f Ap 63:10 (A)
ἠσωτεύσατο T 2:1
αὐτός D 56:11 (A)
  αὐτοῦ m Ap 13:3 (A)
  αὐτῷ m App 9:2 (A)
  αὐτοί T 16:3 (MPV)
  αὐτῶν m Ar 12:7 D 138:1 (AB)

βαστάξαντες D 53:1 (A)
Βηθσφαγῆς D 53:2 (A)
βοηθήσει Ar 10:9
  βοηθῆσαι Ar 10:9

γάρ Ar 12:7
γῆν D 58:8 (AB)

δέ Ar 12:7 D 4:2 (A) T 16:3 (MPV)
  δ' Ap 36:2 (A)

δή D 47:1 (AB)
δῆλον acc nt D 63:1 (AB)
διά (acc) Ar 10:5
διαφθόρων Ap 18:3 (A)
διό D 42:2 (AB)
διχῆ D 93:3 (A)
δυνηθείς Ar 10:9

ἑαυτῷ Ar 10:9
ἐγκατελίπατε Ap 37:2 (A)
ἡμῶν D 142:3 (AB)
  ἡμῖν Ap 22:5 (A)
ἦσαν D 79:4 (AB)
  ᾖ T 15:2 (cf MPV)
  εἶναι Ar 10:4
εἰς D 58:8 (AB)
ἐκ D 37:3 (A)
ἐκδεξάμενος D 79:4 (AB)
ἐκδότως D 89:1 (AB)
ἠλπίσαμεν D 11:1 (AB)
ἐν D 58:8 (A)
ἐνδέχεται Ar 10:4
ἐνεστός acc T 26:1 (O)
ἐπιγνωσθήσεσθαι D 40:4 (A)
ἐπωνομακέναι D 106:3 (A)
ἕτεροι Ar 12:7
εὐθύτητα D 37:3 (A)
εὕρηνται D 89:1 (A)
ἔχει D 8:1 (A)
ἤ Ar 10:9 T 8:3 (P)

Ἡρώδου D 49:4 (A)
Ἠσαΐα gen Ath 9:1 (A)

θεός D 60:3 (AB)
  θεῷ D 68:4 (AB)
  θεόν Ar 10:4

300 Addenda et Corrigenda

[ἵνα] Ap 55:6
ἵν᾽ Ap 33:2 (A) D 65:2 (A)
Ἰσαάκ D 59:1 (AB)
ἰσχυρόν m D 69:3 (AB)

κατά (acc) D 78:2 (A)
καταβαλοῦσι ind Ath 21:3 (Sch)
  καταβάλετε T 1:2 (MPV); 9:3 (MV)
καταθεματίζοντας D 47:4 (A)
  καταθεματίσαντας D 47:4 (A)
κατακαιόμενος Ar 10:9
καταμέμψοιτο Ath 21:2 (A)
κρείσσονας D 1:5 (AB)
Κρίσκης T 19:1 (P Eus codd)

λογιεῖσθαι D 142:1 (A)

Μαμβρῆ (pro Μαμβρῇ) ed rec
μέθυσος Ar 10:9
μέν D 41:4 (ed)
Μεσοποταμίᾳ D 58:8 (A)
μέχρις D 132:1 (A corr)
μόσχον Ar 12:7

εἰδῆς D 87:3 (A)
ὁμολογήσατε D 68:4 (AB)
ὄψονται D 121:2 (AB)
ἅ acc D 68:8 (AB)

ὅπερ acc Ar 10:4
οὐκ Ar 10:4
(οὖν) cf ὧν Ath 28:1
οὗτος D 105:5 (AB)
  τούτου nt T 15:2 (MPV)
  τοῦτον D 56:10 (AB)
οὕτω Ap 27:1 (AB)
  οὕτως D 99:3 (AB)

παρά (dat) D 68:4 (AB)
πλύνειν D 63:2 (A); 76:2 (A)
πονηρευόμενοι D 79:3 (AB)
προαγγελτικός Ap 36:2 (A)
πρόβατον acc Ar 12:7

σικυών D 107:3 (AB)
  σικυῶνος D 107:4 (AB)
  σικυῶνα D 107:3 (AB)
ὑμῖν T 35:2 (MPV)
Σώφρων T 34:2

τεκνοκτόνος Ar 10:9
τις T 12:2 (MP)

ὑπνῶν D 61:5 (AB)

χοῖρον Ar 12:7

ὡς T 19:1 (M)

Corrigenda

Ἀλεξανδρείᾳ ... Ἀλέξανδρον post ἀλέκτῳ
ἀπό D 103:1² pro 1
ἀποθνήσκετε imv T 19:2
αὐγήν Ap 67:7 (C) pro (A)
γεννητοῦ App 7:6 (A) pro (ed)
γίνεσθε imv T 19:2
Γύγην pro Γύγνην
δεωσάγκτῳ Ap 26:2 (A) pro δεῷ
δίδωσιν Ap 65:5 (C) pro (A)
  διδόασιν Ap 65:5 (A) pro (ed)

εἰς Ap 67:7 (C) pro (A)
ἐπικοροῦμεν Ap 67:1 (C) pro (A)
ἐπιστρέψειν Ap 67:7 (C) pro (A)
εὐφημήσαντος Ap 65:5 (C) pro (A)
εὐχωρεῖν Ap 67:3 (C) pro (A)
καλοῦνται Ap 66:3 (C) pro (A)
μειζόνως T 14:3 (MPV) pro 2 (MPV)
ὁρῶμεν Ap 53:2 (AB) pro Ap 52:2 (AB)
τοῦτ᾽ nom Ap 66:3 (C) pro (A)
σύμπασα Ath 1:2; 2:1

Verlag der J. C. HINRICHS'schen Buchhandlung in Leipzig.

Von Prof. Edgar J. Goodspeed erschien 1907:

Index patristicus sive clavis patrum apostolicorum operum. Ex editione minore Gebhardt — Harnack — Zahn lectionibus editionum minorum Funk et Lightfoot admissis composuit. (VIII, Index graecus 248 S. et index latinus 13 S.) 8⁰. M. 3.80; geb. M. 4.80

Ferner erschienen:

Patrum apostolicorum opera. Textum ad fidem codicum et graecorum et latinorum adhibitis praestantissimis editionibus recensuerunt O. de Gebhardt, A. Harnack, Th. Zahn. Editio quinta minor. (VII, 232 S.) 8⁰. 1906. M. 1.60; geb. M. 2 —

Dasselbe. Editio major. 1876—78 . . . . M. 16 —

Athenagoras: Libellus pro Christianis. — Oratio de resurrectione cadaverum. Recensuit Ed. Schwartz. (XXX, 143 S.) 1891. M. 3.60

Tatianus: Oratio ad Graecos. Recensuit Ed. Schwartz. (X, 105 S.) 1888 . . . . M. 2.40

Verlag der J. C. Hinrichs'schen Buchhandlung in Leipzig.

DIE GRIECHISCHEN

CHRISTLICHEN SCHRIFTSTELLER

DER ERSTEN DREI JAHRHUNDERTE

Herausg. von der Kirchenväter-Commission der K. Preuss. Akademie d. Wissenschaften

Nicht nur die Werke der Väter im kirchlichen Sinne des Wortes, sondern alle in griechischer Sprache geschriebenen Urkunden des ältesten Christentums (einschließlich der gnostischen, der zuverlässigen Märtyreracten usw.) sollen in kritischen, nach einem einheitlichen Plane gearbeiteten Ausgaben vorgelegt werden. Wo die Originale nicht mehr vorhanden sind, treten die alten Übersetzungen ein. Die Ausgaben erhalten außer einem vollständigen Apparat historisch orientierende Einleitungen und Register und sie sollen sowohl in philologischer als in historisch-theologischer Hinsicht den Anforderungen entsprechen, die heute mit Recht an solche Veröffentlichungen gestellt werden.

Der Umfang dieser monumentalen Ausgabe ist auf etwa 50 Bände berechnet.

Jährlich noch nicht 20 Mark hat die Anschaffung der ganzen Reihe bisher durchschnittlich beansprucht, ein Betrag, der gewiß auch jeder kleinen Bibliothek die Subskription möglich macht, um sich die so wertvolle Sammlung vollständig zu sichern.

Bisher erschienen:

Adamantius. Der Dialog περὶ τῆς εἰς θεὸν ὀρθῆς πίστεως. Herausg. v. W. H. van de Sande Bakhuyzen. Mit Einleitung u. dreifachem Register. (19³/₈ Bogen). 1901.   M. 10 —

Clemens Alexandrinus. Protrepticus und Paedagogus. Herausgegeben von Otto Stählin. Mit Einleitung und dreifachem Register zu den Scholien. (27¹/₄ Bogen). 1905.   [Clemens Alexandrinus Bd. I] M. 13.50

— Stromata Buch I—VI. Herausgegeben von Otto Stählin. Mit Einleitung. (33³/₈ Bogen). 1906.   [Clemens Alexandrinus Bd. II] M. 16.50

— Stromata Buch VII und VIII — Excerpta ex Theodoto — Eclogae Propheticae — Quis dives salvetur — Fragmente. Herausgegeben von Otto Stählin. Mit Einleitung und drei Handschriftenproben in Lichtdruck. (20¹/₈ Bogen). 1909. [Clemens Alexandrinus Bd. III] M. 11 —

Ein vierter (Schluss-) Band wird Register, Nachträge und Berichtigungen enthalten.

Die Esra-Apokalypse (IV. Esra). I. Teil: **Die Überlieferung.** Herausgegeben von Bruno Violet. (31⁷/₈ Bogen). 1910.   M. 17.50

Eusebius. Über Constantins Leben. — C's Rede an die Heilige Versammlung. — Tricennatsrede an Constantin. Hrsg. v. J. A. Heikel. Mit Einleitg. u. dreif. Reg. (29¹/₈ Bogen). 1902. [Eusebius Bd. I] M. 14.50

— Die Kirchengeschichte mit der lateinischen Übersetzung des Rufinus. Herausgegeben von Ed. Schwartz und Th. Mommsen. I. Teil: Die Bücher I—V. (32¹/₂ Bogen). 1903.   [Eusebius Bd. II, 1] M. 16 —

— — II. Teil. Die Bücher VI—X. Über die Märtyrer in Palästina. (33³/₄ Bogen). 1908.   [Eusebius Bd. II, 2] M. 17 —

— — III. Teil. Einleitungen (zum griechischen Text von Ed. Schwartz, zu Rufin von Th. Mommsen †), Übersichten (Kaiserliste, Bischofslisten, die Oekonomie der Kirchengeschichte) und fünffaches Register. (30¹/₂ Bogen). 1909.   [Eusebius Bd. II, 3] M. 12 —

— Die Kirchengeschichte. Drei Teile (vollständig).   M. 45 —

Verlag der J. C. Hinrichs'schen Buchhandlung in Leipzig.

Eusebius. Das Onomastikon der biblischen Ortsnamen, mit der lateinischen Übersetzung des Hieronymus. Hrsg. von E. KLOSTERMANN. Mit Einleitung, doppeltem Register und einer Karte von Palästina. (15³/₈ Bogen.) 1904.   [Eusebius Bd. III, 1] M. 8 —

— Die Theophanie. Die griechischen Bruchstücke und Übersetzung der syrischen Überlieferung. Hrsg. v. H. GRESSMANN. Mit Einleitg. u. vierf. Reg. (15⁵/₈ Bg.). 1904.   [Eusebius Bd. III, 2] M. 9.50

— Gegen Marcell. Über die kirchliche Theologie. Die Fragmente Marcells. Hrsg. von ERICH KLOSTERMANN. Mit Einleitung und dreifachem Register. (18 Bogen.) 1906.   [Eusebius Bd. IV] M. 9 —

— Die Chronik. Aus dem Armenischen übersetzt. Herausgeg. von JOSEF KARST. (23¹/₂ Bogen). 1911.   [Eusebius Bd. V] M. 15 —

Hegemonius. Acta Archelai. Herausgegeben von CHARLES HENRY BEESON. Mit Einleitung und vierfachem Register. (11⁷/₈ Bogen). 1906. M. 6 —

Buch Henoch. Herausgeg. von JOH. FLEMMING und L. RADERMACHER. Mit Einleitung und vierfachem Register. (11¹/₄ Bogen). 1901. *M. 5.50

Hippolyt. Kommentar zum Buche Daniel und die Fragmente d. Kommentars zum Hohenliede. Herausg. v. G. N. BONWETSCH. — Kleine exegetische und homiletische Schriften. Herausgeg. von H. ACHELIS. (25³/₄ u. 20 Bogen). 1897.   [Hippolytus Bd. I] M. 18 —

Koptisch-gnostische Schriften. Die Pistis Sophia. Die beiden Bücher des Jeû. Unbekanntes altgnostisches Werk. Herausgegeben von CARL SCHMIDT. Mit Einleitung und dreifachem Register. (27¹/₂ Bogen). 1905.   [Koptisch-gnostische Schriften Bd. I] M. 13.50

Oracula Sibyllina. Bearbeitet von JOH. GEFFCKEN. Mit Einleitung und doppeltem Register. (18¹/₂ Bogen). 1902.   M. 9.50

Origenes. Schrift vom Martyrium (exhortatio). — Die acht Bücher gegen Celsus. — Die Schrift vom Gebet (de oratione). Herausg. von P. KOETSCHAU. Mit Einleitung und dreifachem Register. (29¹/₈ und 34⁵/₈ Bogen). 1899.   [Origenes Bd. I/II] M. 28 —

— Jeremiahomilien. — Klageliederkommentar. — Erklärung der Samuel- und Königsbücher. Hrsg. v. E. KLOSTERMANN. Mit Einleitg. u. dreif. Reg. (25¹/₄ Bogen). 1901.   [Origenes Bd. III] M. 12.50

— Der Johanneskommentar. Hrsg. v. E. PREUSCHEN. Mit Einleitg. u. vierf. Reg. (48¹/₂ Bogen). 1903.   [Origenes Bd. IV] M. 24.50

Theodorets Kirchengeschichte. Herausgegeben von LÉON PARMENTIER. (33⁵/₈ Bogen). 1911.   M. 17 —

Gebunden in geschmackvolle Halbfranzbände je M. 2.50 mehr.

*Vorläufig nur in Interimskartonage zu 50 Pf.; Eusebius III 1/2 in 1 Band geb.

Im Druck befinden sich:

Philostorgius' Kirchengeschichte bearbeitet von J. BIDEZ in Gent.

Origenes' Περὶ ἀρχῶν bearbeitet von P. KOETSCHAU in Weimar.

Euseb. Demonst. evangel. bearbeitet von I. A. HEIKEL, Helsingfors.

In Vorbereitung sind:

Die Chronik des Hieronymus bearbeitet von R. HELM in Rostock.

Epiphanius bearbeitet von K. HOLL in Berlin.

Hippolyt's Philosophumena bearbeitet von P. WENDLAND, Göttingen.

Verlag der J. C. Hinrichs'schen Buchhandlung in Leipzig.

Feine, D. Dr. Paul, Professor an der Univ. Halle-Wittenberg:
Theologie des Neuen Testaments. Drittes und viertes Tausend.
[Der zweiten, stark umgearb. Auflage 2. und 3. Tausend.]
(XII, 731 S.) gr. 8⁰. 1912. M. 12.50; geb. in Halbfrz. M. 14.50

Theologischer Literaturbericht 1911 Nr. 10:
> Überraschend schnell ist die zweite Auflage nötig geworden.
> Noch bemerkenswerter ist die starke Umarbeitung, die sie
> in dieser kurzen Zeit gegenüber der ersten erfahren hat. Von
> Bedeutung dürften auch die vielen scharf herausgearbeiteten Ausein-
> andersetzungen mit der religionsgeschichtlichen Forschung sein, die
> namentlich bei Paulus und bei Johannes, aber doch auch noch im
> vierten Teil einsetzt, und die, bei aller Anerkennung formeller Paral-
> lelen auf klare Herausstellung des eigentümlichen Christlichen hin drängt.
> So ist das Buch, das übrigens die Schlattersche Theologie in keiner
> Weise verdrängen will und darf, in seiner neuen Auflage in noch höherem
> Maße als zuvor, ein Buch wie für Studenten und Pfarrer, so auch
> für religiös Gebildete geworden.

Deutsch-Amerik. Zeitschrift f. Theologie u. Kirche 1911 Nr. 5:
> Es berührt wohltuend und vergewissernd, den äußerst gediegenen
> und gründlichen Ausführungen des sachverständigen Verfassers zu folgen
> und bei ihm ein so sicheres Fußen auf den wesentlichen Glaubens-
> sätzen der positiven Theologie zu finden. Wer einen auf der Höhe
> stehenden, gründlich untersuchenden und dabei in den dem Christen-
> tum wesentlichen Lehren sichern Führer auf dem Gebiete der Theologie
> des Neuen Testaments sucht, findet ihn hier.

Robertson, Prof. D. A. T.: **Kurzgefaßte Grammatik des neutestament-
lichen Griechisch** mit Berücksichtigung der Ergebnisse der
vergleichenden Sprachwissenschaft u. der Κοινή-Forschung.
Deutsche Ausgabe von Sem.-Oberlehrer Hermann Stocks.
(XVI, 312 S.) 8⁰. 1911. M. 5—; geb. in Leinw. M. 6—

Prof. Stellhorn, Columbus in den Theol. Zeitblätter 1911 Nr. 5:
> Ein höchst interessantes und gediegenes Werk ist es, das der bis-
> herige Direktor des Kropper Predigerseminars H. Stocks deutschen
> Lesern zugänglich gemacht hat, und zwar durch eine Übersetzung, der
> man nirgends anmerkt, daß sie eine solche ist, sondern die sich durch-
> weg wie ein Original liest. ... In Robertsons Grammatik wird besonders
> auf die vergleichende Sprachwissenschaft und die Κοινή Rücksicht
> genommen, während dies Element bei Blaß in den Hintergrund tritt
> und das klassische Griechisch mehr zur Vergleichung angezogen wird.
> Ferner findet man bei R. zu Beginn der verschiedenen Abschnitte,
> z. B. über Nomen, Pronomen, Adjektiv, Verbum, allgemeine die Eigen-
> tümlichkeit der betreffenden Wortklasse behandelnde interessante und
> lehrreiche Bemerkungen, die bei Blaß fehlen, während dieser mehr ein-
> zelne Beispiele anführt und erklärt. Beide bringen im ganzen dasselbe,
> ergänzen sich aber in vielen Fällen. R. liest sich viel angenehmer,
> Blaß ist mehr ein trockenes Buch, wie es Grammatiken in der Regel
> mehr oder weniger sind.

Druck von August Pries in Leipzig.